上城年鉴

（2017）

杭州市上城区地方志编纂委员会办公室 编

方志出版社

图书在版编目(CIP)数据

上城年鉴.2017/杭州市上城区地方志编纂委员会办公室编.
—北京:方志出版社,2017.11
ISBN 978-7-5144-2770-7

Ⅰ.①上… Ⅱ.①杭… Ⅲ.①区(城市)—杭州—2017—年鉴
Ⅳ.①Z525.54

中国版本图书馆CIP数据核字(2017)第296833号

上城年鉴(2017)

编　　者:杭州市上城区地方志编纂委员会办公室
责任编辑:刘　珊
出 版 人:冀祥德
出 版 者:方志出版社
地址 北京市朝阳区潘家园东里9号(国家方志馆4层)
邮编 100021
网址 http://www.fzph.org
发　　行:方志出版社图书经销中心
电话(010)67110500
经　　销:各地新华书店
印　　刷:杭州余杭人民印刷有限公司
开　　本:889X1194　1/16
印　　张:27
字　　数:639千字
版　　次:2017年11月第1版　2017年11月第1次印刷
印　　数:001~500册

ISBN 978-7-5144-2770-7　　定价:260.00元

编辑说明

一、《上城年鉴》是中共杭州市上城区委、杭州市上城区人民政府主办，由中共杭州市上城区委党史研究室（杭州市上城区地方志编纂委员会办公室）承编的年度资料性文献，系统记述上城区自然、政治、经济、文化、社会等方面的基本情况，为社会各界了解和研究上城提供丰富、翔实的信息资料。

二、《上城年鉴（2017）》为第12卷。本卷年鉴以中共十九大及习近平总书记系列重要讲话精神为指导，全面反映2016年上城区围绕建设"现代化美丽上城"目标，努力提升发展、文化、生态、健康、平安五大品质，推动区域经济社会稳步健康发展的基本情况及重大事件。

三、本卷年鉴依据事物的发展变化，对框架的部分内容进行更新、调整。编排采用分类法，由类目、分目、条目3个层次构成。以条目做为记述的主要形式，条目标题统一用黑体加【】表示。全书基本内容分为综合情况、动态信息、辅助资料三大部分。综合情况设特载、总述、专记3个专栏。动态信息设上城区委、上城区人大、上城区政府、上城区政协、上城区纪律检查委员会、民主党派与工商联、群众团体、法治、军事、综合经济管理、工业、城区建设管理、环境保护、社会·生活、街道等部类。辅助资料有大事记、统计资料和附录。全书设类目33个、分目174个，收入条目1117条、随文照片98幅、表格34张、图片5张、附属资料49篇。卷首刊有各级领导在上城调研、上城风貌等照片。

四、本卷年鉴记载时限为2016年1月1日至12月31日。特载部分提前收录2017年2月7日政府工作报告，人物部分提前收录2017年新任区领导，以保持相关内容的完整性。

五、本卷年鉴具有双重检索系统，卷首刊有详细目录和英文要目。卷末有主题分析索引，方便读者查阅利用。

六、本卷年鉴的统计资料均使用法定计量单位。数字用法、标点符号用法均执行国家新颁布的标准。

七、本卷年鉴中涉及上城区国民经济和社会发展的数据以区统计局的统计公报为准。区统计局未统计的数据由各业务部门提供。由于统计口径不同，一些单位提供的数据会与区统计部门提供的数据不尽相同，引用时请注意。

八、本卷年鉴载录的内容分别由上城区各有关部门和单位提供并署名，并经各供稿单位审核。借此卷年鉴出版之际，感谢广大编撰人员所付出的辛勤劳动。书中如有疏漏或不足之处，敬请批评指正。

上城区地方志编纂委员会

上城年鉴编辑部

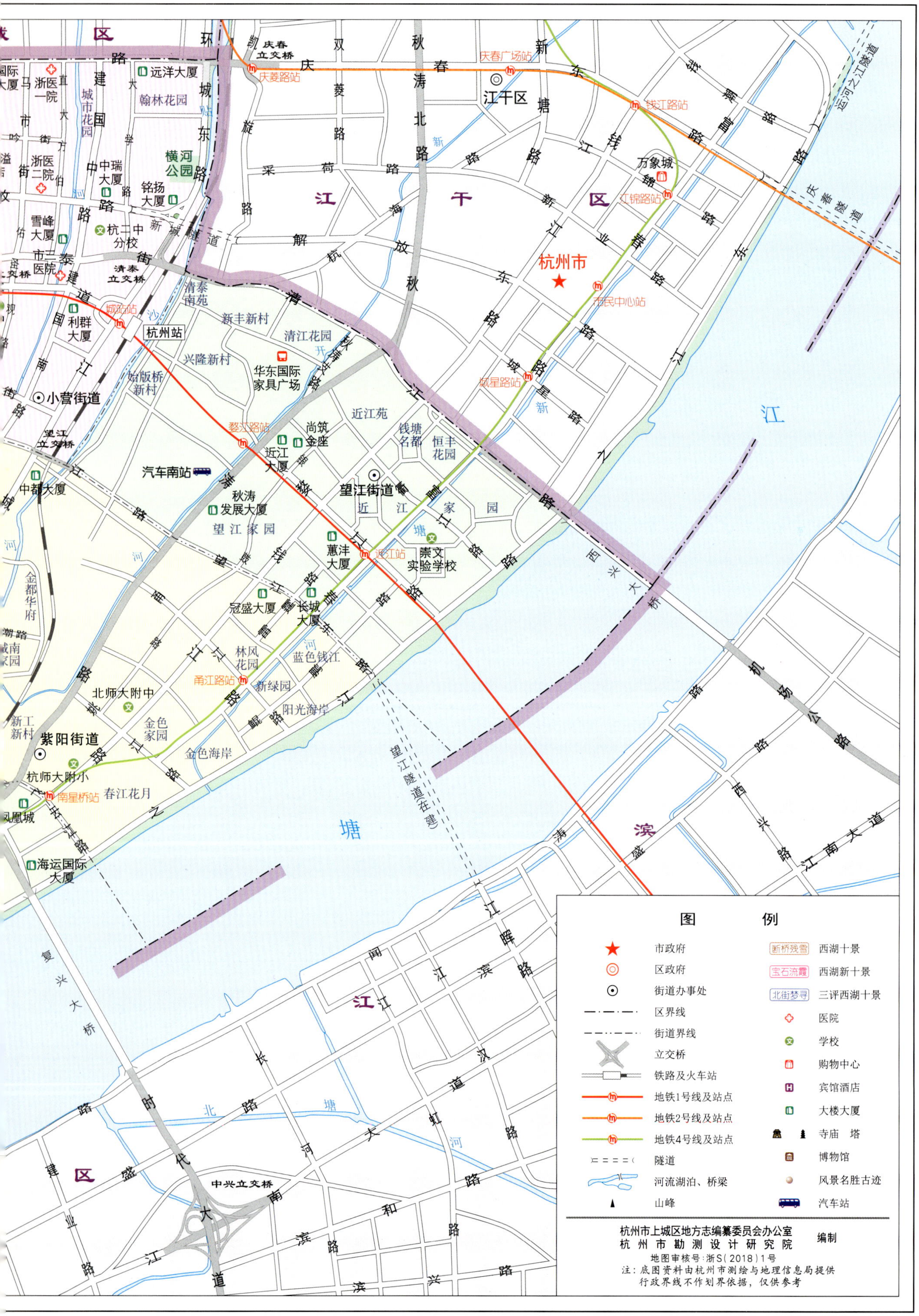
江干区
杭州市
望江街道
小营街道
紫阳街道
钱江路站
江锦路站
市民中心站
城星路站
庆春广场站
庆菱路站
城站站
婺江路站
近江站
甬江路站
南星桥站
杭州站
汽车南站
万象城
华东国际家具广场
庆春立交桥
清泰立交桥
望江立交桥
中兴立交桥
远洋大厦
翰林花园
横河公园
中瑞大厦
铭扬大厦
杭二中分校
雪峰大厦
市三医院
浙医一院
浙医二院
利群大厦
清泰南苑
新丰新村
清江花园
兴隆新村
始版桥新村
近江苑
尚筑金座
钱塘名都
恒丰花园
近江大厦
秋涛发展大厦
望江家园
近江家园
中都大厦
金都华府
惠沣大厦
崇文实验学校
冠盛大厦
长城大厦
林风花园
蓝色钱江
新绿园
阳光海岸
北师大附中
金色家园
金色海岸
新工新村
杭师大附小
春江花月
凤凰城
海运国际大厦
庆春路
环城东路
建国中路
秋涛北路
新塘路
采荷路
解放东路
新业路
富春路
之江路
钱江路
清江路
婺江路
望江路
复兴大桥
西兴大桥
庆春隧道
运河之江隧道
望江隧道(在建)
钱塘江
机场公路
江南大道
滨盛路
江晖路
时代大道
闻涛路
长河路
北塘河
江汉路
滨和路
滨兴路
江虹路
南江道
滨江区
图例
市政府
区政府
街道办事处
区界线
街道界线
立交桥
铁路及火车站
地铁1号线及站点
地铁2号线及站点
地铁4号线及站点
隧道
河流湖泊、桥梁
山峰
断桥残雪 西湖十景
宝石流霞 西湖新十景
北街梦寻 三评西湖十景
医院
学校
购物中心
宾馆酒店
大楼大厦
寺庙 塔
博物馆
风景名胜古迹
汽车站
杭州市上城区地方志编纂委员会办公室
杭州市勘测设计研究院
编制
地图审核号：浙S(2018)1号
注：底图资料由杭州市测绘与地理信息局提供
行政界线不作划界依据，仅供参考

杭州市上城区行政区划图

西湖音乐喷泉经过改造后于2016年5月1日重新亮相 （吴海平 摄于2016年7月7日）

望江新城 （艾 琳 摄于2016年9月16日）

①　②
③

①望江智慧产业园
（望江智慧产业园管委会　供稿
摄于2016年2月18日）
②"尚城·1157"商业综合体
（李　忠　摄于2016年8月18日）
③玉皇山南基金小镇
（吴海平　摄于2016年9月18日）

蝶变中的馒头山

（南星街道　供稿　摄于2016年3月1日）

馒头山邻里中心　　（王荣贵　摄于2016年8月24日）

思鑫坊历史街区新貌　　（徐　晖　摄于2016年9月16日）

龙翔里历史街区新貌　　（艾　琳　摄于2016年9月3日）

勾山里新貌　　（陆瑞芬　摄于 2016 年 7 月 29 日）

直饮马井巷新貌　　（刘玲慧　摄于 2016 年 12 月 30 日）

杭州古城门中唯一的一座水城门——凤山水门　　　　（杨志坚　摄于2016年5月17日）

南宋御街夜景　　　　（俞秋杭　摄于2016年5月）

中河高架　　　　（张关春　摄于2016年7月）

上城年鉴

整治后的西湖大道　　(姚　杰　摄于2016年9月1日)

整治后的城站广场　　(城站管委会　供稿　摄于2016年5月5日)

钱塘潮涌　　（陈卫国　摄于2016年8月25日）

馒头山公园　　（南星街道　供稿　摄于2016年8月4日）

西湖大道G20绿化小品“相约西湖”　　（区城管局　供稿　摄于2016年8月18日）

国家AAA级红色旅游景区“小营·江南红巷”（顾　越　摄于2016年8月28日）

五柳巷历史街区（汪建春　摄于2016年5月22日）

“最美上城人”墙景　　（何德英　摄于 2016 年 7 月 27 日）

公安巡防　　（钟黎明　摄于 2016 年 8 月 28 日）

平安上城巡防
平安上城巡

上城年鉴

2016 年 11 月 6 日，国家卫计委副主任、国家中医药管理局局长王国强（右二）率健康城市考察团考察小营巷，副市长陈红英（左二）陪同考察　　（区卫计局　供稿）

2016 年 10 月 20 日，中国残疾人联合会党组成员、副理事长程凯（中）在杭州市杨绫子学校调研指导残疾人就业工作　　（区残联　供稿）

2016 年 4 月 18 日，民政部基层政权和社区建设司副司长刘勇（左二）率督查组调研上城区社区民主协商自治工作，区委副书记、区长陈瑾（左三）陪同调研

（清波街道　供稿）

2016 年 8 月 31 日，省委书记、省人大常委会主任夏宝龙（右八）考察中国社区建设展示中心，并在邻里舞台与参加“童心共绘 G20”的青少年交流，区委书记缪承潮（右七）陪同考察

（中国社区建设展示中心　供稿）

2016年7月13日，省委副书记、代省长车俊（左三）调研玉皇山南基金小镇建设发展情况，省委常委、市委书记赵一德（左四），区委书记缪承潮（左一）陪同调研

（区委宣传部　供稿）

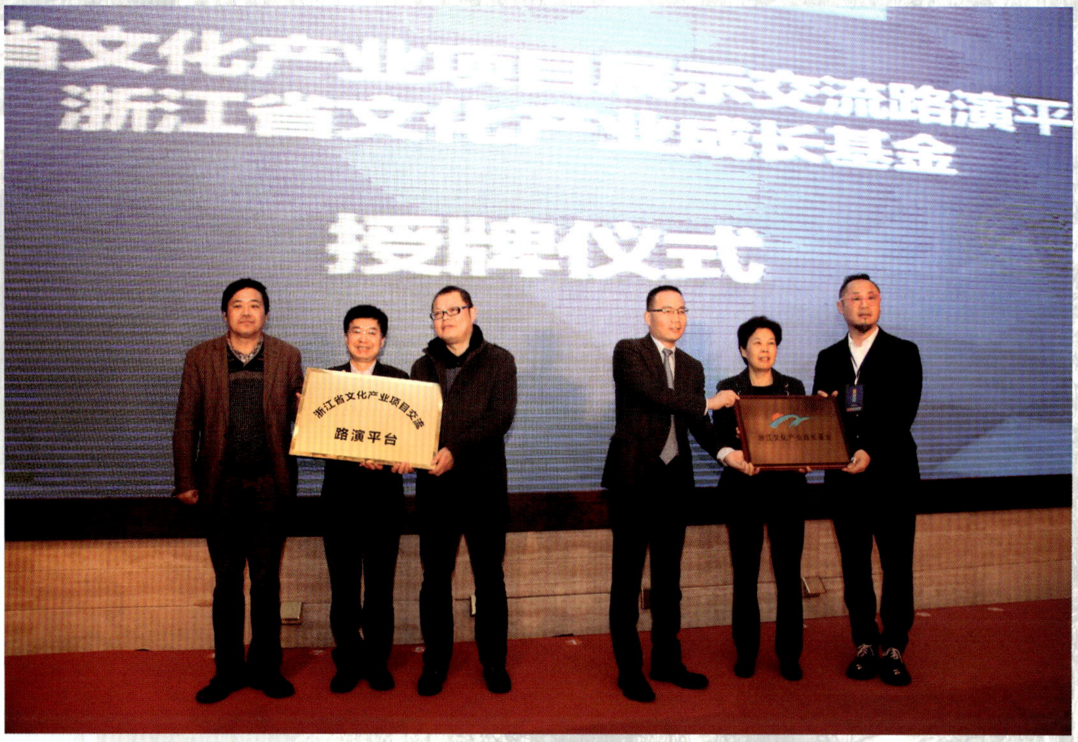

2016年1月12日，省委常委、宣传部部长葛慧君（右二）参加在玉皇山南基金小镇举行的浙江省文化产业项目投融资活动

（区委宣传部　供稿）

2016 年 8 月 23 日，省委常委、市委书记赵一德（左二）调研 G20 杭州峰会上城区安保工作
（清波街道　供稿）

2016 年 5 月 10 日，省政协副主席陈加元（右二）调研西湖大道整治项目，区委书记缪承潮（右一）陪同调研
（区城管局　供稿）

2016年10月10日，市委副书记、市长张鸿铭（左三）调研由广宇集团代建的近江单元保障房项目，区委书记缪承潮（左二），区委副书记、区长陈瑾（右二）陪同调研

（广宇集团　供稿）

2016年6月22日，市政协主席叶明（左二）看望上城区平安志愿者，区委书记缪承潮（左一）陪同看望　（清波街道　供稿）

2016 年 7 月 12 日，市委常委、组织部部长张仲灿（左三）调研小营街道社会组织双孵化基地，并与党员交谈，区委书记缪承潮（左四），区委副书记、区长陈瑾（右三）陪同调研 （区委组织部　供稿）

2016 年 5 月 11 日，市人大常委会副主任徐祖萼（左三）调研上城区“五水共治”工作，区人大常委会主任袁建祥（右二）陪同调研 （区城管局　供稿）

2016 年 12 月 28~30 日，中共杭州市上城区第十次代表大会召开

（陈建荣　摄）

2016 年 12 月 30 日，中共杭州市上城区纪委第十届一次全体会议召开

（区纪委　供稿）

2016 年 2 月 24~28 日，杭州市上城区第十四届人民代表大会第五次会议召开

（陈建荣　摄）

2016 年 2 月 23~26 日，中国人民政治协商会议第四届杭州市上城区委员会第五次会议召开

（陈建荣　摄）

2016年4月28日，上城区召开"两学一做"学习教育部署会

（区委组织部　供稿）

2016年4月29日，上城召开庆"五一"劳动模范表彰大会，表彰百名区级劳模

（区总工会　供稿）

2016年3月14日，上城区举办第三届"草根民师讲堂"服务保障G20杭州峰会专场活动

（区委组织部　供稿）

2016 年 3 月 3 日，区委常委、组织部部长陈秋芳（左一)、区人大常委会原主任丁晓芳(左二)等参加“四季党建”主题活动启动仪式　　（区委组织部　供稿)

2016 年 1 月 1 日,上城区举行以“打赢攻坚战,护航 G20,上城当先锋”为主题的 G20 杭州峰会安保工作誓师大会　　（区公安分局　供稿)

2016 年 4 月 9 日,上城区平安巡防志愿者在湖滨公园为外国游客提供相关服务　　（张闻涛　摄)

2016年4月15日,外国驻华武官夫人团参观杭州市杨绫子学校,并与学校师生合影

（区教育局 供稿）

2016年5月13日,市妇联、市文明办在上城区召开浙江省暨杭州市服务G20峰会家庭志愿者行动推进会暨杭州市家庭教育工作领导小组会议。图为上城区家庭志愿者代表集中亮相 （区妇联 供稿）

2016年9月22日,上城区残疾人联合会召开政策业务培训会议

（区残联 供稿）

2016年11月25日，市妇联会同上城区政府等单位在吴山广场举行杭州市“他为她”全球行动之“消除对妇女的暴力”主题活动暨橙色亮灯仪式 （陈建荣 摄）

2016年8月8日，上城区举行南落马营体育文化公园揭牌仪式　（区文广新局　供稿）

2016年9月6日，北京师范大学附属杭州中学进行机器人主题互动教学活动
（区教育局　供稿）

2016年4月29日,上城区启动文体惠民工程
（区文广新局　供稿）

2016年2月17日，上城区在杭州市建兰中学举办“迎接G20,上城社工在行动”年度主题活动。图为社工参加跳大绳活动　（区民政局　供稿）

2016 年 2 月 18 日，清波街道在杭州孔庙举办“喜迎 G20 峰会，争做友好使者”中外友人迎峰会专题活动

（清波街道　供稿）

2016 年 9 月 3 日，土耳其第一夫人阿米娜–埃尔多安（右四）携夫人团 20 余人到胡庆余堂体验中药文化。图为夫人团在胡庆余堂中药博物馆大接待室听取关于胡庆余堂发展经营情况

（叶建华　摄）

2016 年 11 月 12 日，南星街道在凤凰御元艺术基地举办首届馒头山邻居节，区委书记缪承潮（左七），区委副书记、区长陈瑾（右七）参加邻居节启动仪式

（南星街道　供稿）

2016 年 4 月 8 日，紫阳街道志愿者“向阳群众”队伍在鼓楼公交站台维持秩序

（紫阳街道　供稿）

2016 年 11 月 15 日，望江街道在浙东四明山革命根据地旧址开展党员活动

（望江街道　供稿）

2016 年 5 月 26 日，湖滨街道平安巡防“千眼卫士”在思鑫坊进行集中宣誓 （湖滨街道　供稿）

2016 年 6 月 23 日，区委书记缪承潮（右二）与浙江大学副校长罗卫东（左三）为学术交流合作中心暨中国新时期发展研究中心揭牌，区委常委、组织部部长陈秋芳（右一）参加 （区科技局　供稿）

2016 年 9 月 5~9 日，中国社区建设展示中心（中国社区建设培训基地）承办的全国社区治理和服务创新实验区经验交流会在黑龙江省哈尔滨市举行 （中国社区建设展示中心　供稿）

2016 年 11 月 22~25 日，区人防办参加市人防跨区域指挥通信保障演练 （区人防办　供稿）

2016 年 11 月 30 日，区卫计局与中国美术学院联合举办“世界艾滋病日”主题宣传活动 （区卫计局　供稿）

2016 年 10 月 18 日，紫阳街道举行纪念红军长征胜利 80 周年暨好声音儿歌大赛活动

（区关工委　供稿）

2016 年 7 月 1 日，湖滨街道举行“服务 G20·先锋在行动”主题活动暨庆祝中国共产党成立 95 周年大会　（湖滨街道　供稿）

2016 年 10 月 20 日，小营街道在红巷生活广场举行“追忆漫漫长征，唱响红色情怀”纪念红军长征胜利 80 周年合唱比赛

（小营街道　供稿）

杭州索菲特西湖大酒店“夫人茶歇”
（区风景旅游局　供稿
摄于2016年8月3日）

2016年11月11日，上城区在吴山广场举办纪念红军长征胜利80周年歌咏大会暨第四届群众合唱节活动
（区人武部　供稿）

南落马营体育文化公园上城区青少年足球训练基地
（李　忠　摄于2016年8月6日）

2016 年 11 月 2 日，上城区举行以“从南宋走来，看韵味上城”为主题的杭州国际体验日欢迎晚会

（区风景旅游局　供稿）

2016 年 10 月 20 日，南宋皇城小镇开镇，并在鼓楼小广场举行文艺表演启动仪式

（区风景旅游局　供稿）

2016 年 12 月 31 日，上城区在紫薇原点广场举行跨年祈福表演

（区风景旅游局　供稿）

2016 年 10 月 14 日，上城区举办“四季党建”第三季之“南宋古韵文化季”主题活动

（区委组织部　供稿）

2016 年 12 月 15 日，杭州市娃哈哈双语学校学生在上城区小学生英语节课本剧（戏剧）大赛中表演节目

（区教育局　供稿）

2016 年 3 月 20 日，上城区开展“‘五水共治’全民同行·护航 G20”宣传活动

（区治水办　供稿）

上城区重点单位

金融服务业重点单位

杭州联合农村商业银行股份有限公司
中国华融资产管理股份有限公司浙江省分公司
浙江省浙商资产管理有限公司
财通证券资产管理有限公司
杭州市金融投资集团有限公司
浙江美林创业投资有限公司
杭州上城区投资控股集团有限公司
西泠印社拍卖有限公司
杭州市城市建设投资集团有限公司
南华期货股份有限公司
杭州赛智投资有限公司
敦和资产管理有限公司
杭州城建众创投资股份有限公司
永安国富资产管理有限公司
浙江国金融资租赁股份有限公司
浙江华威建材集团有限公司
浙江商裕投资管理有限公司
杭州金融清算中心
中银投资浙商产业基金管理(浙江)有限公司
浙江泰隆商业银行股份有限公司杭州分行
杭州好望角投资管理有限公司
人保汽车保险销售服务有限公司浙江省分公司
浙江浙旅投资有限责任公司
浙江香溢控股有限公司
浙江烟草投资管理有限责任公司
杭州凯泰资本管理有限公司
浙江省电信实业集团公司资产管理分公司
杭州投资发展有限公司
浙江热联中邦投资有限公司

文化创意产业重点单位

浙江省水利水电勘测设计院
杭州市电力设计院有限公司
毛戈平化妆品股份有限公司
杭州市建筑设计研究院有限公司
浙江省机电设计研究院有限公司
中国美术学院
浙江泽大律师事务所
浙江工程设计有限公司
浙江南方建筑设计有限公司
浙江浙电经济技术研究院
杭州文化广播电视集团(杭州广播电视台)
思美传媒股份有限公司
杭州市城建设计研究院有限公司
浙江汉帛服饰营销管理有限公司
杭州群乐机动车驾驶理论培训股份有限公司
杭州信立传媒广告有限公司

信息技术产业重点单位

杭州橡胶(集团)公司(从属名称:杭州橡胶总厂)
中国电信股份有限公司杭州分公司
杭州海兴电力科技股份有限公司
杭州娃哈哈集团有限公司
思创医惠科技股份有限公司
杭州畅捷电子商务有限公司
浙江赞宇科技股份有限公司
浙江华云电力实业集团公司
杭州界内电子商务有限公司
中国铁通集团有限公司杭州分公司
浙江万向系统有限公司杭州分公司
杭州华日电冰箱股份有限公司
杭州捷尔思阻燃化工有限公司
浙江威星智能仪表股份有限公司
杭州哈希环境科技有限公司
杭州璟江瑞华科技有限公司
中国铁塔股份有限公司浙江省分公司
浙江公众数据通信有限公司
思科(中国)有限公司

商贸旅游产业重点单位

浙江东方集团股份有限公司
杭州市水务控股集团有限公司
浙江省商业集团有限公司
浙江省国际贸易集团有限公司
杭州市商贸旅游集团有限公司
杭州解百集团股份有限公司
杭州银西百货有限公司
浙江浙农爱普贸易有限公司
浙江浙盐连锁贸易有限公司
浙江物产环保能源股份有限公司
杭州饮食服务集团有限公司

杭州红牛饮料有限公司
杭州华溥实业有限公司凯悦酒店分公司
杭州腾飞汽车服务有限公司
浙江咸亨国际通用设备有限公司
浙江特产金属材料有限公司
安利(中国)日用品有限公司杭州分公司
苹果贸易(上海)有限公司杭州上城分公司
杭州新丰小吃有限公司
浙江省手工业合作社联合社
杭州新湖滨商业发展有限公司
浙江省化工进出口有限公司
杭州杭派清江服饰市场有限公司
杭州捞派餐饮有限公司
杭州龙翔商业发展有限公司湖滨分公司
杭州市土特产集团有限公司
浙江省二轻集团公司
浙江威龙葡萄酒销售有限公司
浙江明日控股集团股份有限公司
浙江省茶叶集团股份有限公司
杭州银泰奥特莱斯商业发展有限公司
浙江省纺织品进出口集团有限公司
浙江福士达集团有限公司
浙江特产石化有限公司
浙江广杰投资管理有限公司
浙江省赞成集团有限公司
航天通信控股集团股份有限公司
杭州利星名品百货广场有限公司
上海新上铁实业发展集团有限公司浙江分公司
浙江滔搏体育用品有限公司
杭州西湖大酒店有限公司
杭州木材有限公司
浙江物产化工集团有限公司
爱马仕(上海)商贸有限公司杭州第二分公司
杭州陶瓷品市场有限公司
浙江两岸食品连锁有限公司
杭州新开元大酒店有限公司
杭州新花海商贸有限公司
浙江蔓哈顿服饰有限公司
杭州炉鱼餐饮有限公司
杭州欣联实业有限公司
杭州久琪工贸有限公司
杭州维景大酒店有限公司
浙江梅地亚宾馆
杭州华辰国际饭店
浙江省中国旅行社集团
杭州海外旅游有限公司
中国国旅(浙江)国际旅行社
浙江省国际合作旅行社
浙江上铁旅游有限公司

健康服务业重点单位

浙江大学医学院附属第一医院
浙江大学医学院附属第二医院
杭州胡庆余堂国药号有限公司
杭州口腔医院有限公司
杭州市第一人民医院
浙江大学医学院附属妇产科医院
杭州娃哈哈保健食品有限公司
国药控股浙江有限公司
杭州方回春堂国药馆有限公司
浙江上药新欣医药有限公司

建筑业重点单位

杭州铁路枢纽建设有限公司
浙江电力建设监理有限公司
浙江省三建建设集团有限公司
浙江省工业设备安装集团有限公司
浙江浙电电网工程技术有限公司
浙江明康工程咨询有限公司
杭州兴合建筑劳务有限公司
杭州运河隧道有限公司
浙江中源幕墙装饰集团有限公司
浙江亚厦装饰股份有限公司杭州分公司

现代服务业重点单位

浙江省体育彩票管理中心
上海铁路局杭州站
沪昆铁路客运专线浙江有限责任公司
浙江省对外服务公司
杭州市钱江新城建设管理委员会
杭甬铁路客运专线有限责任公司
浙江杭州安邦护卫有限公司
杭州市排水有限公司
浙江浙安建设劳务有限公司
中国邮政集团公司杭州市分公司
杭州近江股份经济合作社
杭州市安保服务集团有限公司

目 录
Contents

产业平台建设

大事记

总述

中国共产党上城区委员会

上城区人民代表大会及其常务委员会

上城区人民政府

政协上城区委员会

上城区纪律检查委员会

民主党派与工商联

群众团体

法 治

军 事

特色产业与街区

综合经济管理

人力资源和社会保障

经济合作交流

工　业

环境保护

科学技术

教 育

文化

卫生

体　育

社会·生活

街道

人　物

统计资料

附　录

索　引

Contents

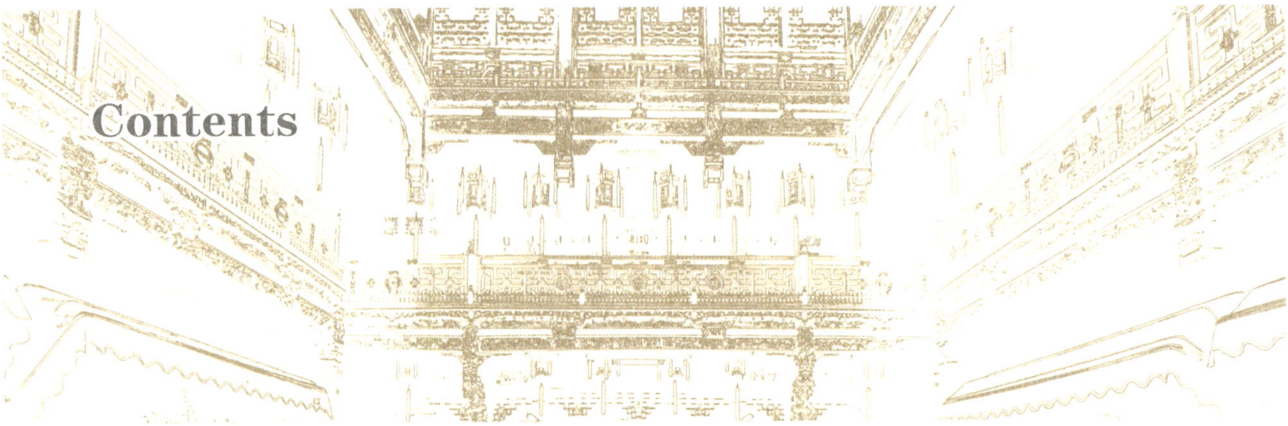

Features

Special Records

Building of Industrial Platforms

Chronicles of Events

General Survey

Shangcheng District Committee of Hangzhou Committee of the CPC

People's Congress Standing Committee of Shangchegn District

People's Government of Shangcheng District

Shangcheng District Committee of the CPPCC

Discipline Inspection Committee of Shangcheng District

Democratic Parties & Association of Industry Commerce

Mass Organizations

Rule of Law

Military

Characteristic Industry and Characteristic Urban Block

Integrated Economic Management

Human Resources and Social Security

Economic Cooperation and Exchange

Industry

Finance and Tax Administration

Urban Construction and Administration

Environmental Protection

Science and Technology

Education

Culture

Public Health

Sports

Society and Livelihood

Streets

Figures

Statistical Data

Appendix

Index

《上城年鉴》部分组织机构全称简称对照

全　称	简　称
中共上城区纪律检查委员会	区纪委
中共上城区委办公室	区委办公室
上城区人民代表大会常务委员会办公室	区人大常委会办公室
上城区人民政府办公室	区政府办公室
政协上城区委员会办公室	区政协办公室
中共上城区委组织部	区委组织部
中共上城区委老干部局	区委老干部局
中共杭州市上城区委党史研究室 （杭州市上城区地方志编纂委员会办公室）	区委党史研究室（区地方志办公室）
中共上城区委宣传部	区委宣传部
中共上城区委统一战线工作部	区委统战部
中共上城区委政法委员会	区委政法委
上城区机构编制委员会办公室	区编委办
中共上城区直属机关工作委员会	区直机关工委
中共上城区委、上城区人民政府信访局	区信访局
上城区档案局	区档案局
上城区发展改革和经济信息化局	区发改经信局
上城区教育局	区教育局
上城区科学技术局	区科技局
上城区民族宗教事务局	区民族宗教局
上城区人民政府侨务办公室	区侨办
上城区监察局	区监察局
上城区民政局	区民政局
上城区司法局	区司法局
上城区财政局	区财政局
上城区人力资源和社会保障局	区人力资源和社会保障局
上城区住房和城市建设局	区住房和城建局
上城区商务局	区商务局
上城区风景旅游局	区风景旅游局
上城区文化广电新闻出版局	区文广新局
上城区卫生和计划生育局	区卫计局

全　　称	简　　称
上城区审计局	区审计局
上城区统计局	区统计局
上城区市场监督管理局	区市场监管局
上城区城市管理局(城区城市管理行政执法局)	区城管局(区城管执法局)
上城区安全生产监督管理局	区安全监管局
杭州市公安局上城区分局	区公安分局
上城区电子机械功能区管理委员会	区电子机械功能区管委会
上城区行政审批服务管理办公室	区审管办
杭州市城站广场管理委员会	城站广场管委会
上城区总工会	区总工会
中国共产主义青年团上城区委员会	团区委
上城区妇女联合会	区妇联
上城区科学技术协会	区科协
上城区残疾人联合会	区残联
上城区工商业联合会	区工商联
上城区红十字会	区红十字会
中国人民解放军杭州市上城区人民武装部	区人武部
上城区人民法院	区法院
上城区人民检察院	区检察院
杭州市国土资源局上城分局	区国土分局
杭州市望江地区改造建设指挥部	望江指挥部
杭州市湖滨地区商贸旅游特色街居建设整治指挥部	湖滨指挥部
上城区绿化委员会办公室	区绿化办
杭州市上城区国家税务局	区国税局
杭州市地方税务局上城税务分局	上城地税分局
杭州市公安局交通警察支队上城大队	上城交警大队
杭州市规划局上城规划分局	上城规划分局
杭州市环境保护局上城环保分局	上城环保分局
杭州市公安消防支队上城区大队	上城消防大队
湖滨街道办事处	湖滨街道
清波街道办事处	清波街道
小营街道办事处	小营街道
望江街道办事处	望江街道
南星街道办事处	南星街道
紫阳街道办事处	紫阳街道

勇立潮头　争做标杆
加快建设一流的国际化现代化城区

——在中国共产党杭州市上城区第十次代表大会上的报告

（2016年12月28日）

中共上城区委书记　陈　瑾

同志们：

这次大会的主题是：高举中国特色社会主义伟大旗帜，全面落实党的十八大和十八届三中、四中、五中、六中全会精神，坚持以习近平总书记系列重要讲话精神为指引，深入贯彻落实中央经济工作会议、省委十三届十次全会、省委经济工作会议和市委十一届十一次全会决策部署，认真总结区第九次党代会以来的工作，研究确定今后五年的奋斗目标和主要任务，进一步动员全区上下为建设一流的国际化现代化城区而努力奋斗！

现在，我代表中国共产党杭州市上城区第九届委员会向大会作报告。

一、在转型道路上开拓奋进的五年

区第九次党代会以来，在中央和省委、市委的正确领导下，区委团结带领全区人民，以科学之策、务实之举，全力提升发展、文化、生态、健康、平安五大品质，"现代化美丽上城"建设取得显著成效。预计2016年，全区实现地区生产总值895亿元，财政总收入128亿元。人均GDP达到3.7万美元，亩产税收47.1万元，均保持全省90个县(市、区)首位。先后获得国家可持续发展实验区、全国和谐社区建设示范区、中国地方政府创新奖等荣誉，圆满完成了区第九次党代会提出的各项目标任务。

五年来，区委主要抓了以下几项工作：

（一）围绕峰会圆心，圆满完成保障任务。全区上下积极抢抓G20杭州峰会的历史机遇，围绕"四个满意"目标，按照"四最"要求，坚持"四问"强责，夙兴夜瘵、不辱使命，顺利完成了各项服务保障任务。发扬“工匠”精神提升城市品质，全面打赢94个峰会整治工程攻坚战，西湖大道、南山路、高架两侧、城站等重点区域整洁靓丽，思鑫坊、馒头山等成为全省民生改善的样板，始版桥、南落马营实现华丽转身，整治成果得到群众普遍赞誉，被中央媒体报道90余次。B20欢迎酒会保障顺利，宾馆服务工作得到各国元首的赞许和肯定。严格落实峰会维稳安保“十大行动”，广泛动员3万余名志愿者开展平安巡防，有效筑牢铜墙铁壁，确保了峰会期间绝对安全。

(二)聚焦发展品质，转型升级明显加快。金融服务、文化创意、信息技术、商贸旅游、健康服务五大主导产业对财政总收入的贡献率达70%，成为全区经济发展的主引擎。大湖滨商圈、山南基金小镇、望江智慧产业园、南宋皇城小镇、科技工业基地等五大平台建设快速推进，尤其是山南基金小镇发展模式得到习总书记批示肯定。五年累计利用外资10.3亿美元，成功引进思科(中国)总部等世界500强项目5个。推进高端发展，勾山里、四宜大院等优质楼宇建成招商，陶瓷品市场、四季星座等传统市场率先转型，新增税收亿元楼宇10幢。加快创新创业，打造国家级众创空间4个、新增挂牌上市企业19家，科技进步对经济发展的贡献率达59%。全面深化改革，研究出台“上改六条”，国资运营、建设体制、行政审批、“四单一网”等改革取得成效，“店小二+专业化”为企服务模式初步形成。探索建设金融人才管理改革试验区，集聚金融高端人才2000余名。实施区“1211”引才计划，累计引进和培养国家“千人计划”人才3名、省“千人计划”人才10名、市“521”计划人才5名。城乡统筹和区域协作有序推进。

(三)聚焦文化品质，上城经典不断彰显。全面落实文化发展战略，深入发掘以南宋文化为核心的文化基因，加强文化遗产的保护利用，二十三坊、大资福庙等一批历史街巷和历史建筑修缮开放。坚持文商旅融合与品牌塑造，打造恋上南山路、五柳芳庭等一批时尚文化街区，西湖基金峰会、杭州国际设计周、杭州国际体验日、吴山庙会等特色品牌影响力不断提升。扎实推进社会主义核心价值观建设，最美精神、邻里价值观、红巷精神深入人心。全面加强意识形态领域工作，健全网络舆情监管联动机制，牢牢把握正确舆论导向。深入推进群众性文体工作，加快建设“两馆两中心”，建成开放全省第一家城市文化公园——吴山文化公园，持续开展“七送”文体惠民工程和“百团百场”公益演出，公共文化供给能力不断提高。

(四)聚焦生态品质，发展环境持续优化。编制低效用地再开发和沿山、沿江空间发展规划，调整完善望江新城、山南基金小镇、吴山广场地下空间等区块规划设计，进一步优化空间布局。全面打好征迁改造攻坚战，五年累计征迁9251户、安置7596户，望江新城建设顺利推进。依法开展“三改一拆”，累计完成旧住宅区、旧厂区、城中村改造426.1万平方米、拆除违法建筑51.5万平方米，老城保护提升全面推进，城市功能配套进一步完善。持续实施生态文明建设行动计划，大力推进“两路两侧”“四边三化”等专项行动，深入开展“五水共治”“五气共治”“五废共治”，成功创建“清三河”达标区，水气声废等各项环境指标持续向好。全面实施城管执法重心下移，加强交通治堵和环境专项整治，“智慧城管”经验不断深化，“四化”管理水平持续保持全市领先。

(五)聚焦健康品质，民生改善扎实推进。始终坚持将80%以上可用财力用于民生保障，居民群众满意度、幸福感稳步提升。不断完善以“托底”为核心的社会保障救助体系，发放各类困难群体补助1.36亿元，基本社会保障实现全覆盖。坚持以创业带动就业，新增大学生创业企业219家，帮助失业人员实现再就业7.3万余人次，劳动关系和谐指数位居全市前列。探索机构、日托、居家等多元化养老服务，养老床位数五年实现翻两番。有序实施社区卫生用房提升改造，积极推行分级诊疗，医养护一体化服务综合指标居于全市前列。开展区域教育综合改革，推进优质教育资源均衡配置，义务教育教学质量稳步提升，成功创建全省首批基本实现教育现代化区。坚持每年完成一批民生实事工程，残疾人、妇女儿童、计划生育等事业加快发展，连续四届被评为全国实施妇女儿童发展纲要示范区。

(六)聚焦平安品质，社会大局和谐稳定。五年来，全区安全形势总体平稳，未发生重特大食品安全、生产安全事故，社会治安状况评估排名位居全市前列，实现浙江省“平安区”十一连创。健全多元化矛盾纠纷化解体系，建立11家专业调委会深化矛盾调解，依法处理各类信访问题，妥善化解突发群体性事件，社会稳定状况良好，“五味和”大调解工作经验被全省推广。深入整合平安信息化资源，完善专业化打击与网格化防控工作机制，“平安365”社会服务管理平台受到各级领导和群众的好评，被列为全国纪念“枫桥经验”50周年现场会参观点之一。深化和谐社区建设，创新社区、社会组织和社会工作“三社联动”发展模式，群众参与社区治理能力不断提升。持续深化法治上城建设，“六五”普法继续保持全国先进，依法行政得到有效规范，成功创建省法治工作示范区。

（七）聚焦从严治党，党的建设全面加强。深入开展党的群众路线教育实践、“三严三实”专题教育和“两学一做”学习教育等活动，严格落实中央八项规定精神，认真抓好省委巡视组反馈意见及“四风”问题整改落实，党风政风持续好转。扎实推动党建责任落实，在全市双百分党建考核中位列第一。认真落实班子成员联系街道、党派、重点项目等制度，努力打通服务群众“最后一公里”。深入贯彻“双基十条”，加强基层党组织和党员队伍建设，“堡垒指数”和“先锋指数”不断提升。严格落实《党政领导干部选拔任用条例》，制定规范干部选拔任用制度体系，树立重基层、重实干的选人用人导向。坚持民主集中制，完善工作规则和决策程序，重大问题集体决定。全面落实“两个责任”，通过健全制度体系层层传导压力，加强财政、审计监督和执纪问责，党风廉政建设和反腐败工作取得明显成效，在近三年全市党风廉政建设责任制考核中均位列第一。

同时，区委充分发挥总揽全局、协调各方的领导核心作用，保障区人大及其常委会依法履行职责，支持区政府依法行政，为区政协全面履职创造良好条件，区四套班子的整体合力不断增强。深化新形势下统一战线工作，各民主党派、工商联和无党派人士作用得到进一步发挥，民族、宗教、外事、对台、侨务等工作取得新成效。全面贯彻中央和省市群团工作会议精神，工会、共青团、妇联、科协、红十字会工作实现新突破；老干部、老龄、关心下一代以及新闻、档案、史志等工作取得新进展。坚持党管武装原则，推动军民融合深度发展。

五年的开拓奋进，不仅为未来发展奠定了更加坚实的基础，也积累了许多宝贵的经验。第一，必须要有科学准确的目标定位。我们始终坚持用科学的分析判断锚定发展方向，相继提出“具有国际水准的高品质中心城区”“现代化美丽上城”的战略定位及发展目标体系，创造性地制定并实施一系列符合上城实际的政策措施。实践证明，只有以科学定位为引领，才能推动各个领域又好又快发展。第二，必须要有发展为民的责任情怀。我们始终坚持以人为本、执政为民，在财力有限的情况下，持续加大民生事业投入，扎扎实实办好民生实事，不断创新社会治理，人民群众有了更多幸福感和获得感。实践证明，只有以人民群众为中心，才能得到群众的真心信任和拥护，和谐社会的基石才能更加稳固。第三，必须要有抢抓机遇的强烈意识。我们始终坚持不断解放思想，准确把握外部环境、内在条件的新变化，抓牢G20杭州峰会、特色小镇发展等机遇，快人一拍、先人一步，使上城不断迈上发展新台阶。实践证明，只有时刻保持机遇意识，善于把握大局、勇于抓住机遇，才能赢得战略主动，抢占未来发展制高点。第四，必须要有改革创新的魄力勇气。我们始终坚持问题导向，自觉用新理念引领发展，精准施策出台“上改六条”，着力推进体制机制创新，不断激发经济社会发展的动力活力。实践证明，只有以改革创新为基调，才能跟上时代步伐、不断取得突破，经济社会发展的新亮点、新动力才能积聚放大。第五，必须要有敢于担当的拼搏精神。我们始终坚持营造凝心聚力、团结干事的良好氛围，充分调动各级各界的积极性和创造性。广大干部群众敢闯敢干、奋勇争先，形成了推动上城发展的强大合力，有效破解了一大批长期未能解决的顽疾难症。实践证明，只有坚定迎难而上、开拓进取的信念，才能更好凝聚力量、行稳致远，实现上城新一轮跨越式发展。这“五个必须”既是过去五年的成功经验，也是未来发展必须遵循的工作要求，务必长期坚持、大力弘扬。

五年成绩来之不易、令人振奋，这是省市党委、政府正确领导的结果，是全区党员干部群众共同奋斗的结果，是历届班子打下良好基础以及老同志关心支持的结果，也是社会各界共襄发展的结果。在此，我代表中共上城区第九届委员会，向所有为上城改革发展和现代化建设做出贡献的同志们、朋友们，表示衷心的感谢,并致以崇高的敬意!

当然,在前进的道路上,我们还面临不少困难和挑战,推动各项事业发展的能力和水平仍需与时俱进。特别是对照新一轮发展的要求,自主创新能力、历史文化传承、国际化功能配套等方面还存在不少短板;对照人民群众过上美好生活的期盼,公共服务优质均衡程度、生态环境质量、社会治理智慧化水平等方面还存在一定差距;对照全面从严治党的责任,基层组织建设、党员干部队伍管理、作风效能等方面还存在薄弱环节。对此,我们要始终保持清醒头脑,求真务实、攻坚克难,迎接挑战、奋发有为,努力开拓上城发展崭新局面!

二、加快建设一流的国际化现代化城区

站在新的起点上展望未来,世界经济深度调整曲折复苏,国内外形势错综复杂,国内经济面临较大的下行压力;但我国仍处于"四个没有变"的重要战略机遇期,特别是"一带一路"、长江经济带、钱塘江金融港湾、"两区"建设等国家和省、市重大战略交汇叠加,为上城跨越发展提供了广阔空间。我们必须紧跟大势、因势利导,主动适应引领经济新常态,积极寻求在新一轮科技革命和金融改革中的新机遇,勇于开拓、奋力前行,在观大势、谋大事中把握主动、赢得发展;必须审时度势、顺势而为,深刻认识到推进高质量可持续发展、率先高水平全面建成小康社会是上城当前的中心任务,超前谋划、系统安排,切实增强工作针对性、有效性;必须发掘优势、乘势而上,充分发挥好上城历史文化悠久、自然环境优良、干部群众干事创业激情高涨等优势,尽力拉长长板、积极主动作为,不断开拓各项事业发展新境界。

今后五年,全区工作的指导思想和总体要求是:高举中国特色社会主义伟大旗帜,以邓小平理论、"三个代表"重要思想、科学发展观为指导,深入贯彻落实习近平总书记系列重要讲话精神,紧紧围绕"五位一体"总体布局和"四个全面"战略布局,践行新发展理念,着力打好转型升级系列组合拳,着力提升国际化水平,着力促进产业、城市与人的协调发展,着力加强党的执政能力建设,着力推动高质量可持续发展,率先高水平全面建成小康社会,努力争做创新转型标杆区、文化传承标杆区、生活品质标杆区和社会治理标杆区,加快建设一流的国际化现代化城区。

今后五年,全区经济社会发展的总目标是:到2021年,地区生产总值比2011年翻一番,确保人均GDP和亩产税收继续居于全省前列。经济社会转型发展、创新发展、绿色发展进一步加快,区域国际化程度明显提高,人民群众的幸福感和获得感不断增强。具体体现在四个方面:

——产业更加优化。城区创新发展能力和产业国际竞争力明显增强,主导产业结构不断优化,平台带动产业发展作用进一步凸显,现代产业生态圈基本形成。

——文化更加繁荣。国际往来和人文交流持续深入,南宋文化更具魅力,城市精神充分彰显,公民素质不断提升,在杭州打造历史文化名城进程中的作用有效增强。

——城市更加宜居。人居环境不断优化,国际化功能配套更加健全,公共服务水平显著提高,生产、生活、生态融合发展不断深化,"城市让生活更美好"的实践再上新台阶。

——社会更加和谐。精细化、智能化管理水平不断提高,社会安全稳定形势持续良好,法治上城建设更加深入,人民群众在和谐社会共建共治共享中有更多获得感。

加快建设一流的国际化现代化城区,核心理念是勇立潮头、争做标杆,做时代的弄潮儿。G20杭州峰会上,习总书记强调"弄潮儿向涛头立,手把红旗旗不湿"。省委也提出浙江要打造全面小康标杆省份。作为各项工作走在前列的中心城区,上城率先提出争做创新转型标杆区、文化传承标杆区、生活品质标杆区和社会治理标杆区,既是对中央、省委"拿出弄潮儿的勇气、树立起标杆意识"的响应,也是锐意进取、敢于争先、超越自我、勇创一流,努力为中国声音、中国方案、中国智慧以及打造全面小康标杆省份提供素材的责任担当。

加快建设一流的国际化现代化城区,重中之重是实施国际化战略,把国际化贯穿于各领域各方面各项工作之中。在杭州大力推进世界名城建设的重要历史阶段,市委对上城提出了加快国际化的期望,这要求我们必须当好杭州城市国际化的排头兵。大力实施国际化战略,遵循城市发展规律和国际先进理念,既要接轨国际、海纳百川,又要根植本土、个性

发展。必须发挥上城的自身优势,彰显上城的独特韵味,在提升产业国际竞争力、文化影响力和区域吸引力上实现新突破,走出一条有中国特色、杭州特征、上城特质的国际化发展道路。

加快建设一流的国际化现代化城区,根本基础是推进高质量可持续发展,全面实现现代化。我区正处在率先高水平全面建成小康社会的关键时期。在这一阶段,必须坚持高质量可持续发展,进一步深化改革创新,加快高端产业集聚,着力形成以创新为引领的经济体系和发展方式;必须重点补齐科技创新、楼宇提升、城市功能配套、公共服务设施等方面的短板,让高质量可持续发展的理念,成为全区的自觉追求和共同行动,从而激发出建设一流的国际化现代化城区的强大动力。

三、奋力开创各项事业发展新局面

今后五年,全区上下必须围绕"建设一流的国际化现代化城区"这一目标,结合"十三五"规划落地,抢抓战略机遇,突出发展重点,狠抓工作落实,努力争做"四个标杆区",全面推动上城经济社会发展迈上新的台阶。

(一)努力争做创新转型标杆区

紧抓新一轮科技革命和杭州"两区"建设机遇,以创新为核心,以转型为路径,着力构建以"五主产业"为引领、"六大平台"为支撑的现代产业生态圈,不断提升产业国际竞争力。

构建高端产业体系。立足现有"五主产业"基础,促进产业融合发展。抓住资本市场发展与钱塘江金融港湾建设的大势,做大特色金融,做优金融生态,努力成为全省促进实体经济发展的中心。深入落实"互联网+""一号工程"战略,以思科(中国)为龙头,加快信息经济与智慧经济发展,建设千亿级信息产业集群。大力推动文商旅深度融合,实施旅游国际化战略,带动文化创意、商贸旅游等产业结构优化,打造全域化景区和文化旅游产业链。依托健康中国战略,充分发挥医疗资源丰富的优势,推动健康服务业集聚发展。不断壮大发展总部经济,着力引进一批国际知名领军企业,培育一批具有国际竞争力的本土跨国企业。积极发展先进装备制造业、高端中介服务业、生产性服务业等业态,进一步完善适合新时期上城发展的现代产业体系。

拓展全域发展空间。以提升产业集聚度为目标,大力优化"一圈两镇三园"发展平台,加快形成全域化的现代服务业集聚区。顺应消费升级和旅游国际化趋势,加快大湖滨商圈提升,建设华东最美的商圈。按照专业化、国际化、市场化要求,大力整合环湖沿江空间资源,加强小镇产业生态建设,打响西湖基金峰会品牌,持续做强山南基金小镇。充分对接南宋皇城遗址综保工程,推动南宋皇城小镇市场化运作,努力成为杭州国际化旅游金名片。持续拓展望江智慧产业园、科技工业基地(园)发展内涵,集聚一批具有自主知识产权和关键核心技术的高新技术企业,抢占信息经济发展高地。以小营地区为核心推动健康服务业集聚区规划落地,做大产业规模,打造小营健康产业园。坚持"筑巢引凤"与"腾笼换鸟"并举,支持引导经合社发展,加快传统市场和传统楼宇转型提升,做大做强楼宇经济。

扩大国际开放合作。加快营造高标准国际化营商环境,促进"走出去"与"引进来"协调发展,不断提升开放型经济发展水平。探索完善大招商体制,加强国际化专业招商队伍建设,加快构建高层次、国际化招商平台和招商网络,瞄准世界500强、央企国企、浙商回归项目等开展重点招商,提高招商质量效率。加快跨境电商发展,支持海兴电力、思创医惠等有实力的企业通过参股、并购等方式整合境外优质资源。加强与国际组织、国际友好城区合作交流,大力推动"双向办会",提升举办国际会议、国际论坛的承载服务能力。主动接轨跨江(拥江)发展,加大区域合作,构建功能衔接、优势互补的联动发展格局。积极做好对口支援和帮扶工作。

完善创新创业生态。深化国家可持续发展实验区和省级创新型城区建设,不断优化创新创业生态环境。完善政产学研合作机制,整合利用区域内的旧厂房、旧仓库等资源建立更多创新基地、创业苗圃、孵化器,形成一条完整的创新成果转化链。完善"金融+科技"政策服务体系,支持企业设立研究院、研发中心、技术中心,推进技术创新及商业模式和管理创新。优化机制体制,持续落实"上改六条",全面深化投融资、行政审批制度等领域改革,释放市场活力,加快资源要素合理流动和优化配置。加速推动国有资产证券化,促进国有资产保值增值。完善为企服务和人才政策机制,当好经济发展的“店小二”,深入落实“1211”、金融人才等政策,培育和集聚一批站在行业前沿、具有国际视野的领军人才和创新团队。

(二)努力争做文化传承标杆区

越是民族的,才越是世界的。我们必须深入挖掘上城历史文化优势,以“一线两基地”为载体,讲好上城故事、传播南宋文化,努力在推进国际文化交流和提升城市文化软实力上实现新突破。

打响南宋文化品牌。依托杭州建设历史文化名城的契机,进一步突出南宋文化、吴越文化特色,着力打造“一线两基地”。结合智慧旅游平台开发,实施城市记忆修复工程,丰富南宋御街、清河坊、二十三坊等历史街区文化内涵,加快思鑫坊、泗水新村等历史建筑保护修缮,打造“南宋150”皇城文化体验线。稳步推进南宋皇城、钱塘江古海塘等文化遗址的保护性开发,弘扬浙派古琴等非物质文化遗产和优秀传统文化,整合建设上城非遗展示基地。依托馒头山文创产业基础,积极培育影视传媒、动漫娱乐、工业设计等文化相关产业,规划建设南宋文化创意影视基地,提升南宋文化国际影响力。

深化国际文化交流。充分发挥后峰会效应,建立健全对外文化交流合作机制,开展南宋文化节等大型文化活动,深化整合中国民间艺人节、杭州国际体验日、杭州国际设计周、吴山庙会等文化品牌,全面展示推广上城特有文化。充分发挥中医药特色和优势,深化河坊街、五柳巷中医药特色街区建设,积极扩大中医药文化传播范围。依托东坡剧院等平台,鼓励社会力量参与文化交流事业,支持艺术团体创作富有东方特色和国际元素的作品。支持文化企业开拓海外市场,输出一批历史人文、当代文学、创意设计等方面的文化精品,不断增强文化国际传播力和影响力。

打造人文精神高地。坚持把社会主义核心价值观作为文化建设的“魂”,引导社会践行最美精神、邻里价值观和红巷精神,提炼弘扬上城精神,进一步增强道路自信、理论自信、制度自信和文化自信。依托丰富红色资源,传播红色文化。巩固G20杭州峰会成果,拓展国际视野,提升国际意识,加强国际理解教育,培育开放包容、多元共融的城市文化,增强融入国际社会、同国际社会交往的能力。深化市民文明素质提升工程,实施公民道德培育、社会诚信建设、网络文明建设和未成年人思想道德建设等行动,提升社会文明程度。

繁荣群众文化生活。健全公共文化服务体系,鼓励社会力量、社会资本参与公共文化产品和服务供给。基本完成文化馆、体育中心等区级文化场馆建设,深入打造一批城市文化公园和社区文化家园,提升街道、社区公共文体设施标准,优化居民“10分钟文化圈”和“10分钟健身圈”。推动文化惠民项目与群众文化需求有效对接,支持群众性文化团体发展。创新公共文化服务方式,打造“线上线下”相结合的公共文化服务平台,提高公共文化产品可及性和服务均等化水平。更好发挥新闻宣传、档案、史志等工作在文化传承发展方面的作用,建立省、市、区三级文史资料共享机制。

(三)努力争做生活品质标杆区

城市发展依靠人民,也是为了人民,最终目的是提升老百姓的幸福指数。我们必须充分尊重和顺应城市发展规律,坚决打好“三个全域化”攻坚战,全面提升城市宜居宜业水平。

优化城区功能布局。结合杭州城市总体规划,修编上城区分区规划,积极推进“多规合一”,进一步完善城市功能。加快城市立体开发,落实沿湖、沿江、沿山、地下空间等发展规划,积极推动吴山商圈地下综合体、城站东出口、之江路景观提升工程等大项目落地。加快实施城中村改造和治危拆违行动,打好“三个全域化”攻坚战,确保2017年全域化完成危旧房屋治理、2018年全域化完成城中村改造、2018年全域化完成“无违建区”创建,彻底消除脏乱差面貌。加大货币化及异地安置力度,引导人口和功能适当向外疏散,推进人口与城市功能协调发展。加强城市建筑美学研究,开展城市修补工程,打造更具上城特色的城市景观。

优化城区生态环境。紧扣生态文明建设要求,加快推进生态文明体制改革,加强环境治理和生态修复,筑牢生态安全屏障。深入推进“五水共治”,加快望江地区海绵城市试点建设,强化水环境综合治理;深入推进“五气共治”,加强油烟、扬尘等大气污染物专项治理,努力推动空气质量持续向好;深入推进“五废共治”,严格落实生活垃圾“三化四分”,完善固废收集、运输、处置等体系。深化“四边三化”“两路两侧”行动,加强综合施策、长效治理,打好城市环境综合治理攻坚战。深入推进低效用地再开发,实现“优地优用”“亩产倍增”。大力发展循环经济、绿色经济。全面实行节能低碳减排行动,倡导绿色环保生活方式,推进低碳社区、低碳园区等试点建设。

优化公共民生服务。坚持“保基本、兜底线、促公平、可持续”原则,进一步健全覆盖全体居民的社会保障和社会救助体系。实施更加积极的就业创业政策,帮助困难群体再就业,促进大学生就业和自主创业。深化教育领域综合改革,优化教育资源布局,加强教育国际交流与合作,全面推进教育现代化,推动基础教育优质均衡发展。贯彻“健康杭州2030”规划,不断深化医药卫生体制改革,加快构建面向全民、覆盖生命周期的健康服务体系。主动应对人口老龄化趋势,加快完善以居家为基础、社区为依托、机构为补充的多元化养老服务体系。建立健全教育、医疗、养老等公共服务国际化配套。积极发展妇女儿童、残疾人、慈善、红十字、老龄、关心下一代等事业,做好计划生育、爱国卫生、人民防空等工作,进一步提升民生服务水平。

(四)努力争做社会治理标杆区

持续加强社会治理创新,引导人民群众充分参与共建共治共享,深化智慧上城、平安上城和法治上城建设,不断提升老百姓的幸福感和获得感。

深化智慧上城建设。以信息经济、智慧经济为依托,加快智慧化基础设施更新换代和超前布局,提高基础承载和网络服务能力。依托行政综合执法体制改革,加快推动“互联网+”在城市管理上的应用,促进各类信息资源的互通共享、综合利用和创新应用,提升城区治理信息化、智能化水平。完善智慧政务应用服务体系,逐步实现网上办公、互动交流,推进政务阳光透明。加强医疗、教育、就业、养老、交通等领域智慧应用和示范推广,努力构建全域覆盖、全民共享的智慧民生服务体系,切实提升居民生活舒适度便捷度。探索建立城区国际化标准体系,打造具有上城特色的国际化街区和社区,全面提升国际化综合服务功能。

深化平安上城建设。严格按照“党政同责、一岗双责、失职追责”以及“三个必须管”的要求,明确部门、属地、行业、企业的责任边界,落实安全生产责任和管理制度。常态化开展重点行业、重点领域专项整治,坚决杜绝重特大安全生产事故发生。创新公共安全监管,强化灾害监测预警和风险防范,提升突发事件应急处置能力,确保人民群众生命财产安全。完善覆盖全过程食品药品监管制度,形成食品药品监管社会共治新格局。深化“平安365”“民情E点通”等平台运行,完善社会矛盾纠纷有效预防和多元化解决机制,加强和改进信访、调解工作,全力化解不稳定因素。健全立体化现代化社会治安防控体系,坚决打击涉恐涉暴活动,确保治安形势持续平稳,浙江省“平安区”持续连创。

深化法治上城建设。坚持依法治区、依法执政、依法行政共同推进,让法治成为核心竞争力的重要标志。积极推进司法体制改革,确保审判权、检察权依法独立公正行使,提升司法公信力。健全法治政府建设指标体系和考评体系,严格落实政府权力清单和责任清单,确保“清单之外无权力,清单之内必须为”。加强社区治理体制改革,深化“政社互动”和社区减负增效,促进社会组织健康有序发展,切实形成居民自治、多元共治的社区治理局面。深入开展“七五”普法,深化法律顾问制度,健全公共法律服务体系,弘扬法治精神,培育法治文化,在全社会形成良好法治氛围和法治习惯。

四、坚定不移推进全面从严治党

牢固树立“抓好党建是最大政绩”的理念,坚决落实全面从严治党的部署要求,以落实党建工作责任制为抓手,充分发挥各级党委的领导核心作用、基层党组织的战斗堡垒作用、广大党员的先锋模范作用,为建设一流的国际化现代化城区提供坚强保证。

(一)从严加强思想政治建设。坚持把思想建党作为不忘初心、继续前进的重要法宝,进一步坚定理想信念,增强政治意识、大局意识、核心意识、看齐意识,自觉在思想上政治上行动上与以习近平同志为核心的党中央保持高度一致,坚决维护党中央权威。进一步完善两级中心组常态化学习制度,切实把系统掌握马克思主义的基本理论和中国特色社会主义理论体系作为看家本领,把学习研究习近平总书记系列重要讲话精神作为重要政治任务,教育引导广大党员干部用科学理论武装头脑、指导实践、推动工作。进一步锻造绝对忠诚的政治品质,在大是大非面前旗帜鲜明,在危机风浪面前无所畏惧,在利益矛盾面前立场坚定,在关键时刻靠得住、信得过,自觉在实践中练就“钢筋铁骨”。认真贯彻党委意识形态工作责任制,强化新闻舆论、网络信息和宗教领域意识形态的引导和管理,巩固发展健康向上的主流舆论,构筑团结奋斗的强大向心力。

(二)从严加强干部队伍建设。围绕“选好班长、配好班子、建好梯队”,着力培养具有战略眼光、国际视野的干部,重点选拔“狮子型”“老黄牛型”干部,打造“不忘初心有信念、敢于担当有本领、干事创业有活力、清正廉洁有纪律”的浙江铁军上城排头兵。突出实干实绩导向,有计划地选派干部到基层单位、艰苦环境和重点工程中去培养、去磨练,注重考察干部在急难险重任务中的表现,优先提拔基层一线干部。规范干部选拔任用,严格履行动议、民主推荐、考察、讨论决定、任职等关键环节的各项要求,防止随意变通、程序空转。优化干部考评方式,运用大数据思维、智慧化手段,继续深化完善“线上+线下”的干部绩效考评系统,加快形成干部选拔的量化评判体系。严格加强干部监督管理,推进干部“能上能下”。建立健全激励和容错免责机制,营造支持改革、鼓励创新、宽容失败的良好环境。加强对干部关心关爱,充分激发干部队伍活力。

(三)从严加强基层组织建设。着力健全大党建工作格局,形成区委统领主抓、部门协同作战、基层组织你呼我应的工作运转体系。全面实施党群工作与经济社会发展“双百分制”考核,从严落实党组织书记“第一责任人”职责和班子成员“一岗双责”。进一步深化“双网双领”城市党建工作机制,全面推行“党建+”和“互联网+”工作方式,不断完善党建带群建、党建促发展、党建助攻坚等党建工作新模式。完善“上门看、当面谈、马上干”等服务群众机制,优化党组织服务功能。科学优化组织设置,抓实党支部经常性工作,认真执行“三会一课”、党员固定活动日等制度,让基层支部严起来。结合“整街推进、整区提升”,推进基层党建“百佳”示范群和百个网格党员志愿服务工作室建设,进一步激活党支部政治功能和服务功能。加强党员先锋“链式”管理,严把发展党员入口关,畅通不合格党员出的渠道,始终保持党员队伍生机和活力。

(四)从严加强党风廉政建设。深入落实党风廉政主体责任,认真履行“双岗双责”,逐级推动主体责任落实。坚决支持纪委履行监督责任,稳步推进监察体制改革试点工作。严明党的政治纪律和政治规矩,狠抓党章和上级新发布重要党内法规的学习贯彻。严格落实《关于新形势下党内政治生活的若干准则》要求,修订区委工作规则;全面落实《中国共产党党内监督条例》要求,进一步改进党内监督工作的薄弱环节,完善党内监督体系。巩固和发展派驻机构统一管理全覆盖成果,重点加强对监督单位领导班子的监督。落实《关于巡察工作的实施意见》,完善区委巡察体制机制,突出政治巡察,着力发现问题、形成震慑,实现巡察常态化、全覆盖。深化惩防体系建设,健全“三重一大”“五不直接分管”等制度规定,强化对权力运行的制约和监督。高标准严格执行中央八项规定精神,紧盯顶风违纪行为和变化出的新形式、新动向,驰而不息纠正“四风”。认真贯彻《中国共产党问责条例》,把握运用好监督执纪“四种形态”,加强和改进纪律审查工作,以无禁区、全覆盖、零容忍的鲜明态度,有腐必反、有贪必肃,始终保持惩治腐败的高压态势。

(五)从严加强作风效能建设。积极践行“三严三实”“两学一做”,坚持干字当头、实干至上、行动至上,以良好的作风推进各项工作落实,让“抓落实、见成效、创特色”成为全区党员干部的鲜明特征。大力发扬艰苦奋斗的工作作风,自觉把精力和资源用在发展经济、改善民生、干事创业上,不比待遇比贡献,不比名利比作为,不比回报比付出,始终保持艰苦朴素、勤勉干事、务实创业的持久定力。大力发扬求真务实的工作作风,积极推行一线工作法、精准工作法,下基层、听真话、干实事、解民忧,切实做到工作务实、措施落实、业绩真实。大力发扬勇于担当的工作作风,着力整治慵懒散慢等问题,全面整治“为官不为”,引导党员干部一心一意谋发展、心无旁骛抓落实。大力发扬马上就办的工作作风,实行督查、考核、效能立体联动,引导督促党员干部雷厉风行、真抓实干,以“钉钉子”精神抓好工作落实,努力推动各项事业再上新台阶。

我们党是中国特色社会主义事业的领导核心。

加快建设一流的国际化现代化城区，必须充分发挥党委总揽全局、协调各方的核心作用，加强社会主义民主政治建设，推动领导方式与时俱进，巩固和发展民主团结、生动活泼、安定和谐的政治局面。继续加强和改进党对人大、政协工作的领导，支持人大依法监督和政协民主监督，保障人大代表、政协委员依法依章履行职权、开展活动。巩固和壮大爱国统一战线，加强同各民主党派、工商联、无党派人士的团结合作，切实做好民族、宗教、外事、对台和侨务工作。高度重视老干部工作，积极发挥老干部作用。加强和改进对工会、共青团、妇联、科协等群团组织的领导，充分发挥群团组织的桥梁纽带作用。坚持党管武装，加强后备力量建设、国防动员和双拥等工作，不断巩固军政军民团结大好局面。

同志们，伟大的事业激励我们奋力向前，美好的未来需要我们共同创造。让我们紧密团结在以习近平同志为核心的党中央周围，在省委、市委的坚强领导下，凝心聚力、开拓进取、奋发有为，为建设一流的国际化现代化城区而努力奋斗，以实际行动和优异成绩向建党100周年献礼、迎接党的十九大胜利召开！

资料

“四个满意”：即浙江省委提出的让党中央和总书记满意、外国元首满意、全国人民满意、全省人民满意。

“四最”：即杭州市委提出的最高标准、最快速度、最实作风、最佳效果。

“四问”：即上城区委提出的一问区四套班子是否尽到领导责任，二问建设单位是否尽到主体责任，三问街道社区是否尽到属地责任，四问监督协调部门是否尽到配合责任。

“上改六条”：指《中共杭州市上城区委关于认真贯彻落实党的十八届三中全会精神全面深化重点领域改革的决定》，其中做出了经济、文化、生态、民生、社会、党委政府自身6个领域的体制机制改革部署。

“四单一网”：政府权力清单、责任清单、企业投资项目负面清单、财政专项资金管理清单和区政务服务网。

“1211”引才计划：从2011年开始，上城区计划用5年时间，引进和培养带项目、带技术的海内外高层次创新创业团队10个；力争引进和培养海内外领军型人才20名(其中符合国家“千人计划”、浙江省“千人计划”及杭州市“521”计划条件的人才5名左右)；大力引进留学人员创业企业10个，海外留学人才100名。

两馆两中心：上城区文化馆、上城区图书馆、上城区“非遗”展示中心、上城区体育中心。

“七送”文体惠民工程：即居家文化服务、“百团百场”公益演出、送戏送电影进社区、公共文化体育项目免费培训、向文体团队赠送器材、发放文体惠民消费券、开展国民体质免费监测7项文体服务项目。

“三改一拆”：即改造旧住宅区、旧厂区、城中村以及拆除违法建筑行动。

“两路两侧”：指对公路、铁路两侧可视范围内的山体、河道乱采乱挖，乱搭乱建，废品垃圾乱堆乱放，违规堆积物、易燃物，黑臭河、垃圾河，绿化缺失等环境问题开展整治。

“四边三化”：在公路边、铁路边、河边、山边等区域开展洁化、绿化、美化行动。

“五水共治”：即治污水、防洪水、排涝水、保供水、抓节水。

“五气共治”：即治理燃煤烟气、工业废气、车船尾气、扬尘灰气及餐饮排气。

“五废共治”：即生活固废、污泥固废、建筑固废、有害固废、再生固废治理。

“清三河”：即治理黑河、臭河、垃圾河。

“四化”管理：即城市管理“洁化、序化、亮化、绿化”。

“五味和”大调解：上城区积极贯彻落实省委、省政府建设“法治浙江”重要精神，建立健全矛盾纠纷疏导化解机制，努力探索“党委政府牵头、街道部门实施、社会组织联动”的区域化大调解新格局，形成“发展和、医患和、鱼水和、劳资和、邻里和”的“五味和”大调解新机制。

“平安365”社会服务管理平台：该平台以促进治理现代化为目标，通过实施“社情民意采集、部门协调联动、社会力量协同”三大机制，建立有效的社会参与机制以及科学的考评体系和保障机制，并结合运用现代信息技术等智能手段，推动城市基层治理方式改革和公共服务转型，形成“党委领导、政府负责、社会协同、公众参与、法治保障”的社会治理多元主体参与体系。

“三社联动”：在党委和政府的领导下，统筹协调、整体运作社区建设、社会组织建设和社会工作人才队伍建设，使之相互支持、渗透融合，推进社区治理。

“双基十条”：2015年7月，市委十一届九次全体(扩大)会议审议通过《中共杭州市委关于全面加强基层党建巩固基层政权的决定》，提出加强基层党建巩固基层政权的10个方面措施政策，简称“双基十条”。

“两个责任”：中共十八届三中全会提出，落实党风廉政建设责任制，党委负主体责任，纪委负监督责任。

杭州“两区”建设：指杭州市推进国家自主创新示范区和跨境电商综合试验区建设。

“南宋150”皇城文化体验线：通过挖掘南宋150年的历史变迁，采取“一景一故事”的历史叙述，碑文、牌坊、景观小品等展示载体，串联南宋皇城遗址、三省六部、太庙、鼓楼、德寿宫、佑圣观、龙翔宫、开元宫、忠王府等古建筑古迹点，以及朱炳仁铜雕、胡庆余堂中医药等博物馆，借助智慧旅游、VR(虚拟现实)技术等现代展示手段，打造一条以展示南宋历史为主题的皇城文化体验旅游线路。

“三化四分”：生活垃圾减量化、资源化、无害化；生活垃圾分类投放、分类收集、分类利用、分类处置联动。

“健康杭州2030”规划：指根据国家及浙江省卫生和健康大会精神，杭州市建设健康城市工作领导小组起草的《健康杭州2030规划纲要》。

“三个必须管”：管行业必须管安全、管业务必须管安全、管生产经营必须管安全。

“民情E点通”：由手机互动平台、运行管理平台和综合展示平台组成，集民情反映、民情处置、民情管控、党员管理、党员服务、活动招募、宣传引导等功能于一体的智慧民生服务平台。

“双百分制”考核：指党群工作和经济社会发展的考核各占100分，运用综合考评得分和党群责任考核得分，确定综合考评的等次结果。

“双网双领”城市党建工作机制：即“网格+网络、统领+引领”的城市党建工作机制。

“三会一课”：是指定期召开支部党员大会、支部委员会、党小组会，按时上好党课。

“双岗双责”：指绝大多数领导干部既担负着党内职务，又担任着行政职务，既要履行抓好分管业务工作的责任，又必须认真履行管党治党政治责任，落实分管领域的全面从严治党主体责任，既抓业务又带队伍，既管事又管思想管作风。

“三重一大”：即一个单位或部门的重大决策、重要人事任免、重大项目安排和大额度资金使用。

“五不直接分管”：即党政群机关及国有企事业单位等主要负责人不直接分管财务、人事、工程建设项目、物资(服务)采购和审批(执法)事项，改由班子里的其他副职或确定分管领导进行具体负责，“一把手”只监督审核把关，重大事项要经班子集体研究决定。

政府工作报告

——在上城区第十五届人民代表大会第一次会议上

(2017年2月7日)

上城区人民政府代区长　金承涛

各位代表：

现在，我代表上城区人民政府向大会报告工作，请予审议，并请区政协各位委员和其他列席人员提出意见。

一、2016年和过去五年工作回顾

2016年是"十三五"规划开局之年，也是G20杭州峰会举办之年，面对错综复杂的宏观经济形势和繁重严峻的发展稳定任务，区政府在市委、市政府和区委的坚强领导下，在区人大和区政协的监督支持下，深入贯彻党的十八大和十八届三中、四中、五中、六中全会以及习近平总书记系列重要讲话精神，以"四个全面"战略布局为统领，以服务保障G20杭州峰会为圆心，振奋精神、凝聚力量，锐意改革、大胆创新，全面落实五大发展理念，统筹推进"现代化美丽上城"建设，着力提升城区国际化水平，全区经济社会各项事业总体健康向好。全年实现地区生产总值900.16亿元，同比增长6.1%，其中服务业增加值557亿元，同比增长10.6%；财政总收入128.34亿元，同比增长19.8%，其中一般公共预算收入72.39亿元，同比增长8.9%，同口径增长20.7%；固定资产投资109.08亿元，同比增长23.1%；社会消费品零售总额379.47亿元，同比增长11%；新增城镇就业21410人。一年来，我区先后获得全国"六五"普法先进区、全国实施妇女儿童发展纲要示范区等国家和省市级荣誉77项。

(一)峰会保障胜利完成

按照"四最"要求，坚持"四问"强责，全力推进峰会整治项目，圆满完成各项服务保障工作，实现了"四个满意"目标，全区19家单位和398名同志被评为省级先进。

高质量完成峰会整治项目。建立区领导领衔挂包峰会项目机制，全面完成94个峰会整治项目。高质量实施西湖大道、解放路等10个重点街容提升工程，完成62条城市道路改造平整。曾经脏乱差的馒头山焕然一新，拆除违建3.19万平方米，立面整治26.6万平方米，惠及居民1000多户2700余人。百年思鑫坊通过住户外迁、改造整治、业态调整，实现华丽蝶变。中河、秋石高架两侧整治房屋立面189幢，惠及居民8500余户。望江门外直街、大马弄露天市场等城市顽疾彻底消除，直饮马井巷、大河下直路改造提升，"恋上南山路"艺术休闲特色街区、始版桥樱花公园精彩亮相。湖滨商圈、城站广场、汽车南站等区域展现国际化城市形象，钱塘江北岸、河坊街等亮灯工程成为杭州标志性景观。

高标准维护社会和谐稳定。扎实开展峰会维稳"十大专项行动"，成立杭州首家"公民警校"，广泛动员3万名平安巡防志愿者，着力构建"平安上城"安

保网络。全面排查调解矛盾纠纷1744起,排查涉恐、涉稳重点人员316名。妥善预防和处置群体性事件,有效管控湖滨音乐喷泉和南山路人流聚集,完成627个峰会制高点管控任务。整治出租房1105处,拆除群租房422处,查扣非法液化气钢瓶6064只。严格落实安全生产责任制,重点加强危化品、特种设备等领域的安全隐患执法查处,全年未发生重大消防、安全生产以及公共卫生安全事故。

高水平做好峰会接待服务。着力提升G20驻点宾馆的软硬件,推动旅游接待宾馆向国际会议接待宾馆转型。圆满完成B20欢迎酒会和G20宾馆驻点保障工作,接待德、英、法等国家和国际组织领导人9人、外宾1254人。加强市场供应和业态引导,圆满实现峰会期间市场平稳、群众生活正常有序。实施市民文明素质提升"十大行动",微笑迎客、鲜花迎客成为上城品牌。接待中央和省市媒体采访团10批近百家、外媒采访团2批20余家,中央媒体集中报道200余篇,省市媒体报道2000余篇。

(二)综合实力不断增强

坚持深化改革和创新驱动,做大做强五大主导产业,做精做优五大发展平台,区域经济发展质效进一步提升。

主导产业增强动力。金融服务、文化创意、信息技术、商贸旅游、健康服务等五大主导产业实现税收78.89亿元,同比增长12.9%。金融服务业招大引强,玉皇山南基金小镇累计引进企业1090家,资金管理规模达5900亿元,实现税收10.77亿元,同比增长151.6%。文创产业亮点纷呈,凤凰御元成功创建省级重点文化园区,馒头山文化街区入选省级文创街区试点名单,南落马营体育文化公园建成开业,《兰陵王入阵曲》《鸡毛飞上天》等影视作品顺利拍摄,纪录片《钱塘江》央视开播,全区文创产业实现主营业务收入256.50亿元,同比增长24%。信息经济突飞猛进,全年增加值同比增长28.5%。望江智慧产业园集聚信息经济类企业3500余家,实现税收11.2亿元;思科(中国)总部实现营业额16亿元,税收1.38亿元。科技工业基地工业企业实现一般公共预算收入1.94亿元,同比增长14.52%。商贸旅游全域拓展,南宋皇城小镇精彩开镇,25个"韵味杭州"体验点正式开放,三大特色街区接待游客3200余万人次,同比增长15.94%;实现营业收入95.82亿元,同比增长6.63%。健康服务产业稳步增长,实现税收6.97亿元,同比增长23.8%,彩虹鱼康复护理院开业,首届国际专科护士大会成功举办,全景医学影像诊断中心顺利落户。

创新创业释放潜力。紧抓杭州市打造国家自主创新示范区机遇,深入推进国家可持续发展实验区和省"创新型试点城区"建设。制定实施"大众创业、万众创新"若干意见,新增国家级众创空间4家。荣获省市科技进步奖6个,双元科技"相控阵"项目荣获浙江省技术发明一等奖。新增国家重点扶持领域高新技术企业9家、浙江省百强高新技术企业1家。深入实施小微企业三年成长计划,新增省级科技型中小微企业23家,联众医疗获得国家创新创业大赛第一名。积极开展产学研合作,与浙江财经大学等高校签订战略合作协议,浙江大学上城区科技合作交流中心、省高校科技成果转化基地、市科技成果转化中心先后落户。全区专利申请量同比增长8.46%,其中发明专利授权182件。全面落实杭州"人才新政",4人参加国家千人计划答辩,2人入选省千人计划,2人入选市"521"计划,杭州市金融人才管理改革试验区正式挂牌。

深化改革激发活力。深入贯彻落实"上改六条",着力加强供给侧结构性改革,制定实施"1+3"产业发展政策,不断释放改革红利。推进"三去一降一补",处置僵尸企业284家;拓展"风险池"规模,降低中小企业融资成本;完善各类财政扶持政策,资助项目81个。积极落实营改增税制改革,优化服务扩大税源。深化国资管理和投融资体制改革,与市城投集团合作的PPP项目成功落地。推进基金小镇管理服务体制改革,聘任中国银联前总裁万建华为小镇镇长,新组建2家国有公司开展投资建设与运营管理。积极支持企业上市发展,海兴电力成功登陆上交所主板,衣之家、风盛传媒等9家企业实现"新三板"挂牌。

扩大开放展现魅力。加强与美国格林尼治基金小镇友好互动,成功举办第二届全球基金西湖峰会,签订合作项目4个,落地资金超千亿元。坚持产业链招商和精准化招商,国同基金、中金启元、浙能资本等大项目相继入驻基金小镇,嘉凯城上市企业总部、德勤浙江分所、省担保集团等一批优质项目顺利落户。土地招商成效明显，味精厂、西湖电子等4个地块顺利挂牌出让，总金额达70.1亿元。全年引进市外资金500万以上项目129个，实际到位市外资金120.1亿元，实际利用外资2.36亿美元；引进浙商回归项目89个，到位资金57.48亿元。继续加强与淳安、临安的区县协作，扎实开展对贵州雷山、四川若尔盖的对口支援。

（三）环境品质显著提升

围绕优化功能布局、拓展发展空间，加快城市征地拆迁步伐，推进平台项目建设，提升城市精细化管理水平，区域环境得到明显改善。

征地拆迁刷新“上城速度”。全面打响征地拆迁攻坚战，全年完成征迁3577户，提前半年完成地铁南星桥站等9个市级征迁项目清零，完成安家塘等19个区级征迁项目清零，荣获全市重点项目征迁安置“双清”工作一等奖。积极引导货币安置、外迁安置，货币安置总量达到1788户，外迁安置374户，货币化签约率达50%，创历年新高。建设安置房项目6个，面积36.4万平方米；竣工交付南星小区、大小塔儿巷等安置房项目2个，惠及居民459户。继续推进危房治理三年行动计划，完成222处9.2万平方米危旧房整治。

平台建设提升“上城高度”。坚持大项目、大平台带动，全域化推进城市有机更新，3个省市重点项目顺利推进，投资额同比增长121%。全年开工建设58万平方米，竣工43万平方米。大湖滨商圈精品工程完成整体布局，湖滨三期、五期顺利推进，工联二期开工建设。玉皇山南基金小镇完成控规方案编制调整，小镇二期交付使用，三期开工建设，小镇面积扩容到5平方公里。望江新城基本完成城市设计方案编制，甬江路、海潮路一期等全面完工，区行政中心等重点项目顺利推进。南宋皇城小镇建设统筹推进，四宜大院、勾山商务中心竣工交付，尚城1157精彩亮相。

城市管理彰显“上城精度”。全面落实“路长制”，及时协调解决影响城市环境品质相关问题。深入实施城管执法重心下移，持续推进十大环境整治行动，累计整治大型违法广告216块2万余平方米，整治店招店牌4837块2.7万平方米。全面推进“三改一拆”，完成“三改”94.9万平方米，拆除违建13.52万平方米，整治各类彩钢棚8万平方米，全区97%的存量违建已完成拆除。深入实施“五水共治”，完成雨污水管网建设14.03公里，实施截污纳管项目60个，清淤2.26万立方米，全年水质基本符合Ⅲ类标准。大力推进“五气共治”“五废共治”，全区垃圾分类小区达384个，垃圾总量增速下降，各项环境指标持续向好。开展“两治一整”专项行动，查处各类交通违法行为7.48万起，全市率先建立智慧停车诱导系统，着力缓解交通“两难”。

（四）民生福祉持续增进

坚持执政为民、真心惠民，加大民生保障力度，加快发展社会事业，加强公共文化供给，全面完成十大为民办实事工程，人民群众的获得感和幸福感切实提高。

民生保障强化兜底。坚持新增财力2/3以上用于民生保障，全年民生支出达23.6亿元，占一般公共预算支出的79.2%。深化充分就业城区建设，安置就业困难人员3802人，失业再就业12288人。坚持创业带动就业，新增大学生创业企业36家。推进社保提质扩面，启动机关事业单位养老体制改革，养老保险净增10703人次、工伤保险净增8956人次、生育保险净增10567人次。出台困难残疾人生活补贴、重度残疾人护理补贴实施办法，加强对困难群体的帮扶救助，累计发放生活保障金及各类补贴3000余万元。开展居家养老专业化服务改革试点，政府购买服务覆盖面稳步提升。缘外缘、好地方等4家社会养老机构建成运营，新增养老床位553张。

社会事业强化均衡。深化教育基本现代化区建设，完善“管办助评”教育治理体系，荣获全国“地方教育制度创新奖”。优化教育资源配置，建成杭六中艺体综合楼，续建新世纪外国语学校紫金校区，开工建设胜利小学新城校区及附属幼儿园。探索教育国际化新模式，中国驻外使领馆阳光学校合作基地落户上城。深化医养护一体化工作，推进医养结合试点，全年签约服务9.8万余人，社区就诊率达60%以上，区域分级诊疗体系建设稳步推进。65岁以上老年人中医药健康管理服务率达40%以上，荣获全国基层中医药工作先进单位称号。完成第二轮社区卫生用房提升改造，基层卫生服务站点全部达到150平方米以上。落实全面两孩政策，不断优化计生服务，全市首家独立的妇幼保健和计划生育服务中心正式挂牌。

公共文化强化特色。深入挖掘城市历史脉络和文化基因,制定实施上城区文化发展战略,扩大文化交流与合作,提升城区文化品牌的影响力和知名度。加快公共文体设施建设,续建区体育中心,建成美丽上城展示中心。加强文化遗产的保护利用,成立南宋文物保护基金会,制定出台扶持非遗保护若干意见,完成《上城非遗地图》《上城区系列传说》等书籍编撰,2个项目被认定为杭州市第六批非遗代表性项目。出版我区第一部地方志,启动二轮区志编修工作。实施"七送"文体惠民工程,惠及群众10余万人。举办庆祝中国共产党成立95周年、纪念红军长征胜利80周年等文化体育活动,组队参加杭州市第二届体育大会,获团体总分和奖牌总数第一。

(五)自身建设切实加强

不断巩固"三严三实"专题教育成果,深入开展"两学一做"学习教育。规范政府行为,提升行政效能,加强廉政建设,治理能力进一步提升。

依法行政获得新发展。出台政府重大行政决策程序制度,坚持区政府常务会议会前学法,全年征求法律顾问意见建议930条,审核规范性文件6件。建立区政府与法院联席会议制度,完善行政复议审理、裁决程序,扎实化解行政争议,提高行政复议与行政诉讼的应对能力。全面启动"七五"普法,切实提高法治思维和依法办事能力。积极推进政务公开,全年主动公开政务信息2486件,受理依申请公开78件;区政府及部门预算公开率达100%。主动接受区人大及其常委会的法律监督、工作监督和区政协的民主监督,坚持人大代表、政协委员列席区政府常务会议制度,全年承办人大代表建议92件,政协委员提案108件,办结率、满意率均为100%。

行政效能实现新提升。深化"四张清单一张网"建设和"放管服"改革,加大简政放权力度,推进权力清单"瘦身"。推广服务清单模式,梳理全区22个部门273项服务事项,纳入省政务服务网的223项行政审批事项实现了网上公开透明运行。深化商事登记制度改革,严格执行工商登记前置审批和后置审批事项,推进工商登记全程电子化。全市率先试运行"市民之家"APP,基金小镇服务中心、出入境管理大厅投入使用,政务服务更加高效。完善领导干部实绩记录研判系统,强化绩效考核,推进政务督办,全年督查各项任务283项。

廉政建设取得新成效。深入开展"两学一做"学习教育,着力解决干部队伍在思想、组织、作风、纪律等方面存在的问题。持之以恒落实中央八项规定精神,推进作风建设常态化、长效化。严格落实"一岗双责",认真执行"三重一大"和"五不直接分管"制度。加大行政监察和问责力度,开展正风肃纪行动24次,政纪处分5人,效能问责55人次。全面推进公车改革,公务接待及会议培训支出继续压缩。强化审计监督,任中审计、离任审计相结合的经济责任审计制度有效落实。加强对峰会项目、政府投资项目和民生资金的跟踪审计,完成审核结算项目118个,净核减率8.6%。

此外,我们积极发展民族宗教、对台、侨务、老龄、工会、青年、妇女儿童、志愿服务、红十字、慈善等事业,大力加强统计、保密、档案、人防、国防动员、人民武装、双拥共建等工作。

各位代表,同志们!

在全区广大干部群众的共同努力下,本届政府各项工作画上了圆满的句号,实现了"十三五"发展的精彩开局。回顾过去的五年,是我区发展方式加快转变、综合实力明显增强的五年,是社会事业全面进步、生活品质不断提升的五年。五年来,上城经济社会各个领域都发生了深刻而又显著的变化。主要表现为:

经济建设在高位发展中加快转型。五年来,我们始终坚持把保增长与调结构、抓改革、增后劲结合起来,准确把握经济走势,牢牢把握发展主动权,经济结构持续优化,发展动能持续增强。地区生产总值突破900亿元,财政总收入突破百亿元大关,年平均分别增长7.3%和7.4%,人均GDP和亩产税收保持全省第一,五大主导产业一般公共预算收入同比增长57%。累计利用外资10.34亿美元,成功引进思科(中国)总部等世界500强项目5个。大湖滨商圈、山南基金小镇、望江智慧产业园、科技工业基地等产业平台加快发展,支撑引领作用进一步增强。

发展活力在改革创新中不断增强。五年来,我们始终坚持改革开放、创新驱动,大力实施"互联网+"

战略,区域科学发展的运行机制更加健全。深入落实“上改六条”,扎实开展国资管理体制改革,组建望海潮、清河坊等4家国有公司;推进建设体制调整,部门、街道和指挥部的职责进一步明晰。推进政府管理与公共服务标准化建设,行政效能持续提升,政府管理更加规范,荣获第七届中国地方政府创新奖。五年累计引进各类人才6.9万余名,新增高新技术企业68家,新增发明专利授权量819件,科技进步对经济发展贡献率达59%。鼓励和支持企业发展壮大,19家企业实现挂牌上市。

城市品质在建管并举中有效提升。五年来,我们始终坚持“有限空间、无限发展”理念,加大征迁改造力度,加快基础设施建设,创新城市管理模式,国际化、现代化的城区形象进一步提升。积极拓展融资平台,引入国开行等政策资金50亿元,全面推进馒头山、思鑫坊等重点地区改造。五年累计开工267万平方米,竣工275万平方米;征迁9251户,安置7596户;完成危旧房治理622处,建设公共停车场(库)项目53个、停车泊位7638个。推进历史街区改造提升,御街二十三坊、五柳巷等精彩亮相。智慧城管平台高效运行,精细化管理水平持续保持全市领先,荣获中国城市管理进步奖。全省率先全面消除劣五类水质断面,成功创建省“清三河”达标区。推进低碳型城区建设,万元工业增加值能耗累计下降2.1%。

公共服务在统筹推进中均衡发展。五年来,我们始终坚持以人为本、民生优先,切实加大公共财政支出,民生事业投入累计达89亿元,人民生活水平进一步提高。社会保障提质扩面,发放低保金、残保金等各类救助金1.38亿元。教育、卫生事业优质、协调发展,获得全国义务教育发展基本均衡区、国家卫生城市先进城区等荣誉。深入实施文化惠民工程,成功打造“民间艺人节”“杭州美术节”“吴山庙会”“国际设计周”等一系列在国内有较大影响力的文化品牌,公共文化服务体系进一步健全。“平安365”“三社联动”等社会治理机制不断深化,培育发展社会组织251家,成功创建全国和谐社区建设示范区,社会安定有序,人民安居乐业。

各位代表,同志们!

过去五年,我区实现了经济社会的全面转型和高位可持续发展,成绩来之不易,这是省市党委、政府和区委正确领导的结果,是全区人民团结一心、奋勇拼搏的结果,是历届班子打下良好基础以及老同志关心支持的结果,是区人大、区政协以及各位代表、委员履行职责、参政议政和有效监督的结果,也是各民主党派、工商联、人民团体和社会各界共同参与的结果。在此,我代表区人民政府,向所有为上城改革开放和现代化建设做出贡献的同志们、朋友们表示衷心的感谢,并致以崇高的敬意!

在总结成绩的同时,我们也清醒地看到,目前我区经济社会发展中仍存在一些困难和问题:一是自主创新能力还不够强,转型升级的力度有待进一步加大。二是经典古都的品牌优势尚未得到充分发挥,文化竞争力有待进一步增强。三是城区国际化水平还不够高,部分区域环境品质有待进一步提升。四是社会事业发展与人民群众的新期待还有差距,群众关注的就学、就医、养老等方面短板有待进一步补齐。五是政府自身建设仍存在薄弱环节,科学决策水平和治理能力尚需进一步提升。对此,我们将高度重视,直面困难和问题,采取更加有力措施,认真加以解决。

二、今后五年经济社会发展的指导思想与奋斗目标

今后五年,是我区抢抓“后峰会、前亚运”重大机遇、加快转型发展的黄金时期,更是争做“四个标杆区”、加快建设一流的国际化现代化城区的关键时期。在新的历史阶段,我们必须切实肩负起时代和全区人民赋予的重任,深刻把握上城当前所处的历史方位,主动适应和引领新常态,坚定信心、抢抓机遇,勇立潮头、争做标杆,全面推进经济社会又好又快发展,确保“十三五”规划与区第十次党代会目标任务的圆满完成。

今后五年发展的指导思想是:高举中国特色社会主义伟大旗帜,以邓小平理论、“三个代表”重要思想、科学发展观为指导,深入贯彻落实习近平总书记系列重要讲话精神,紧紧围绕“五位一体”总体布局和“四个全面”战略部署,认真践行五大发展理念,着力推动区域经济转型升级,着力提升城市国际化水平和文化竞争力,着力增强人民群众的幸福感和获得感,着力推进治理体系和治理能力现代化,全力打造创新转型、文化传承、生活品质、社会治理“四个标杆区”,加快建设一流的国际化现代化城区。

今后五年的主要奋斗目标是:到2021年,地区

生产总值比2011年翻一番，人均GDP和亩产税收继续保持全省前列，服务业增加值年均增长8.5%，社会消费品零售总额年均增长10%，财政总收入年均增长5%，一般公共预算收入年均增长5%，五大主导产业占全区一般公共预算收入比重60%以上；固定资产投资五年累计超过550亿元。城区国际化程度明显提高，产业结构更加优化，公共文化更加繁荣，城市功能更加完善，政府运行更加规范，人民生活更加幸福美好。

今后五年发展的基本思路是：

做强五主产业，做优六大平台，全力打造创新转型标杆区。紧紧抓住"一带一路"、长江经济带、钱塘江金融港湾、"两区两会"等国家和省市重大战略机遇，积极发展具有上城特色的现代产业体系，重点发展金融服务、文化创意、信息技术、商贸旅游、健康服务等主导产业。坚持产城融合，着力打造"一圈两镇三园"发展平台，优化公共设施和公共服务配置，积极构建相互叠加、互联共生的全域化发展格局。大力实施"标准化+""国际化+"行动计划，积极构建与一流的国际化现代化城区相匹配的标准和评估体系，着力提高城区国际化水平。坚持"筑巢引凤"和"腾笼换鸟"并举，全面推进27家专业市场和重点楼宇的提升改造，着力引进世界500强、央企国企、行业龙头企业等总部经济和重大项目。坚持创新驱动战略，加大创新资源投入力度，提高创新要素集聚密度，打造集聚研发、销售等关键环节的科技创新高地，提高产业核心竞争力。

增强文化自信，讲好上城故事，全力打造文化传承标杆区。坚持文化为魂，以南宋皇城小镇建设为载体，大力挖掘、保护和弘扬优秀历史文化。推进历史建筑和非遗保护，推动南宋皇城、钱塘江古海塘等文化遗址开发。加强史料发掘和研究，做好区志、年鉴编纂。整合各种文化活动资源，着力打造南宋文化节品牌。规划建设南宋文化创意影视基地，积极创作具有上城元素的影视精品。以毛主席视察小营巷纪念馆、钱学森故居等为核心，着力打造小营红色文化基地。突出我区中医药文化特色优势，有效发挥中医药品牌助推区域发展的作用。鼓励社会力量参与对外文化交流合作，支持重点文创企业开拓海外市场。积极打造具有国际影响力的文化品牌，文化软实力、竞争力有效增强。切实完善现代公共文化服务体系，公民素质不断提升，人民群众的精神文化需求得到更好满足。

优化城市环境，持续改善民生，全力打造生活品质标杆区。全面对接杭州"拥江发展""四沿发展"规划，完善城市空间布局、功能设计，统筹推进城市立体开发和有机更新。扎实推进治危拆违和城中村整治，2017年全域化完成危旧房屋治理、2018年全域化完成城中村改造、2018年全域化完成"无违建区"创建，2019年基本完成望江规划地块征迁。保障性住房开工100万平方米，竣工50万平方米。水环境功能区水质达标率保持100%，区域污水截污纳管率达到99%，城区绿地面积每年新增1万平方米。大湖滨商圈完成建设，望江新城基本建成，基金小镇核心区物业建筑面积达70万平方米并向全域拓展，吴山商圈地下综合体、之江路景观提升工程全面推进。深入实施"五水共治""五气共治""五废共治"和交通治堵等专项行动，加快建设海绵城市。深化社会保障制度改革，完善社会保险筹资机制，促进劳动关系总体和谐稳定，五年新增城镇就业10万人。推进教育治理现代化，完善"管办助评"体系，增强各类学校自主办学能力。认真落实《健康浙江2030行动纲要》，制定实施健康上城行动计划，完善计划生育服务管理，持续巩固国家卫生城市成果。合理配置基层医疗资源，推进分级诊疗体系建设，完成望江社区卫生服务中心建设。加快养老服务体系改革和残疾人全面小康进程，加强妇女、儿童和青少年工作，努力实现发展成果普惠可及。

建设智慧城市，推进共建共享，全力打造社会治理标杆区。深化基层社会治理创新，推进治理体系和治理能力现代化。持续深化"四张清单一张网"和"放管服"改革，加快建设创新政府、廉洁政府和服务型政府，"法治政府"基本建成。深化街道、社区管理服务体制改革，积极引导群众参与社区共治和平安建设。加快推动"互联网+""标准化+"在城市治理上的应用，切实提高政府管理、社区建设、民生服务等方面的精细化、智能化水平。严格按照"党政同责、一岗双责、齐抓共管、失职追责"以及"三个必须管"的要求，健全安全生产责任体系，持续开展重点区域、重点行业、重点单位安全生产和消防安全专项整治。完善基层责任网络建设，深化食品安全社会共治机制，推进药品安全信息化建设。全面实施“七五”普法规划，加快推进公共法律服务体系建设。深化“信用上城”建设，加快形成社会法人与个人诚信激励、失信惩戒机制。加强“平安上城”建设，着力构建立体化、现代化社会治安防控体系，确保社会持续和谐稳定。

三、2017年重点工作

2017年是新一届政府开局之年，是实施“十三五”规划、推进供给侧结构性改革的深化之年，更是放大峰会效应、加快国际化现代化城区建设的关键之年。做好2017年工作，必须全面贯彻党的十八大和十八届三中、四中、五中、六中全会精神，牢固树立和贯彻落实新发展理念，坚持稳中求进工作总基调，按照中央、省市和区委的决策部署，全面做好稳增长、调结构、促改革、惠民生、保稳定各项工作，全面提高城区国际化水平，努力在新一轮发展中抢占先机、赢得主动，实现高起点上新发展。

2017年全区经济社会发展的主要预期目标建议安排为：地区生产总值增长5%；服务业增加值增长8.5%；社会消费品零售总额增长完成市下达任务；固定资产投资增长6%；一般公共预算收入同口径增长7.5%；新增城镇就业18000人。

重点抓好以下几方面工作：

（一）坚持创新驱动，进一步加快经济转型升级

加快主导产业发展。积极把握新动能新业态，坚持高端化、特色化、差异化发展，做大做强五大主导产业。加快建设全域化金融生态圈，加快引进国际化金融机构，大力培育和引进高端法律、会计、咨询等金融中介服务组织，办好第三届全球基金西湖峰会。全面推进“一号工程”，以思科（中国）总部为龙头，着力引进、培育和孵化以物联网、云计算、大数据为核心的信息技术企业，加快形成具有上城特色的智慧经济产业集群。大力实施旅游国际化战略，打造南山路国际旅游体验一条街，推进湖滨、吴山等商圈转型升级，推动商贸旅游全域化发展。加快区健康产业展示中心建设，继续推进高端护理、影像诊断、消毒供应等重点项目，着力提升清河坊、五柳巷中医特色街区业态，促进健康产业集聚发展。

深化六大平台建设。以“一圈两镇三园”为主体，加快打造全域化的现代产业发展平台。深入推进国家品牌消费集聚区和跨境电子商务综合试验区建设，继续实施省流通业综合改革试点，建成运行工联O2O海淘展示交易中心，全力打造国际化大湖滨商圈。着力提升基金小镇专业化、国际化、市场化水平，积极组建具有全国影响力的私募基金研究院，力争引进全国百强私募基金等各类金融机构1000家以上。扎实推进南宋皇城小镇建设，提升小镇业态，优化产业结构，争创第三批省级特色小镇。加快望江智慧产业园建设，深化大数据开发利用，推进星光互联产业总部落地，谷歌体验中心投入使用。加快推进科技工业基地“二次创业”，主动对接城西科创大走廊，积极搭建金融资本和园区企业互动共赢平台，支持企业淘汰落后生产装备、开展资本运作。加快省级健康服务业集聚区规划落地，着力打造以小营地区为核心的全域化健康产业园。

加快创新创业步伐。全面实施科技企业“双倍增”行动计划，加快科技合作与成果转化“三中心”建设，着力补齐科技创新短板。深入推进“双创”战略，鼓励企业利用闲置楼宇、老旧厂房等场地发展众创空间，新增国家级众创空间2家。全面落实浙江省钱塘江金融人才计划和杭州市“人才新政升级版”，深化金融人才管理改革试验区建设，加快引进各类高层次人才。加大科技投入，积极探索多元化、多层次、多渠道科技投融资模式。鼓励支持企业对接资本市场，实现4家以上企业挂牌上市。坚持大项目带动，着力发展总部经济，实施新一轮楼宇提升改造计划。

深化重点领域改革。全面落实“上改六条”，深化“三去一降一补”，着力推进供给侧结构性改革。以强化清查监管和薪酬制度改革为重点，不断完善国有资产管理体制。继续推进基金小镇管理服务体制改革，两家运营公司实体化运行，提供专业化的“店小二”服务。推广新型融资模式，鼓励社会资本参与城市基础设施建设。探索建立责任明确、运转有序、科学有效的招商机制，切实发挥产业平台、招商部门和街道的联动作用。坚持招大引强，重点围绕世界500强、央企国企、行业龙头开展产业招商，力争在重大项目引进上有新突破。深入实施“浙商回归”工程，积极发挥商会、中介的桥梁作用，扩大招商成果。大力推进土地招商，完成莫邪塘项目等5个地块出让。继

续扩展与淳安、临安的区县协作，加大对贵州雷山、湖北鹤峰的对口支援力度。

(二)坚持文化引领，进一步提升发展软实力

夯实文化发展平台。充分发挥文化在推进国际化、现代化中的引领作用，加快建设"一线三基地"。稳步做好南宋皇城遗址开发前期各项准备，积极打造"南宋150"皇城文化体验线，加快"皇家文化、南宋风情、古都商业、宋学经典、宫廷养生"等五大主题板块建设。积极引进社会力量参与文化遗产保护和开发，推进非遗进校园、进社区，举办"文化遗产日"非遗系列活动，加快建设上城非遗展示基地。规划建设南宋文化创意影视基地，重点培育影视传媒、工艺美术、动漫娱乐等文化产业，加快1905电影网等关联机构在馒头山地区落地。不断挖掘整合、保护利用辖区红色资源，大力弘扬红色文化、培育红色品牌，加快建设小营红色文化基地。

弘扬传统特色文化。实施城市记忆修复工程，推进思鑫坊、洽丰里、泗水新村等历史建筑保护性建设和开发。整合各类会展资源，集中力量办好南宋文化节。积极推进茶艺、传统手工技艺等老字号的市场化，推动中医药养生和文化旅游产业深度融合。依托东坡剧院等平台，积极争取"最忆是杭州"室内舞台剧落户上城。拓展对外文化交流渠道，支持各类文化企业开拓市场，提高文化领域的国际化交流与合作。加大文化品牌宣传力度，提高上城文化的国际影响力。

增强公共文化供给。完善公共文体设施建设，图书馆完成"一馆多点"布局，区体育中心加快建设，馒头山社区文化公园全面建成，大华书场重装开业。积极培育和发展文化类社会组织，推进吴山古玩城等文化艺术品交易平台建设，推动公共文化服务市场化。大力实施文体惠民工程，举办"百团百场文艺专场演出"和建军90周年大型文化活动。组团参加杭州市第十九届运动会，办好运动休闲嘉年华等群众文体活动，大力推进全民健身，积极营造迎接亚运的浓厚氛围。

(三)坚持民生为先，进一步提升城市生活品质

优化城区功能布局。坚持绿色发展理念，开展分区规划修编，完成基金小镇发展规划和望江城市设计方案编制。全面打响"除隐患、保安全、促转型"治危拆违攻坚战，完成危房治理改造任务，推进"无违建"创建工作。加大阳光征收和货币安置力度，计划拆迁2000户以上，完成市级征迁清零项目9个。加快重点基础设施建设，实施重点项目112个，开工建设40万平方米，竣工70万平方米。启动海潮路三期、四期建设，区行政中心和科技文化馆竣工交付。开工建设元福巷和西湖天地二期项目，湖滨三期精彩亮相。继续推进基金小镇三期、轿子巷等项目建设，八卦山庄等4个项目建成交付。开展"四无"企业(作坊)整治专项行动，加快推进陶瓷品市场等专业市场转型。结合地铁7号线规划，实施吴山商圈地下综合体、地铁上盖物业等工程建设，深度推进城市空间立体开发。

加强城市环境治理。深化综合行政执法体制改革，加快建立权责统一、权威高效的综合行政执法体系。深化"五水共治"，纵深推进"河长制""井长制""渠长制"，确保水环境功能区水质达标率100%。深化"五气共治"，加强大气污染源头防治，重点推进施工扬尘和餐饮油烟治理，努力减少雾霾。以"三化四分"为抓手，大力推进"五废共治"，建设完成30个垃圾分类示范小区。完善户外广告、店招标牌、景观绿化等城市设施的标准化管理，持续推进城市环境秩序整治。以望江地区为试点，加大海绵城市打造力度，增强城区内涝防治能力。开展老旧小区综合整治行动，每个街道实施2个老旧小区提升改造项目。深化"两非"车辆整治，着力缓解交通"两难"。

完善公共服务体系。严格落实各项社会保障政策，健全社会救助体系，推进基本公共服务均等化。加快完善就业创业政策，实施高校毕业生就业创业促进计划。进一步优化教育资源配置，建成交付新世纪外国语学校紫金校区，推进胜利小学新城校区及附属幼儿园建设。深化"区管校聘"改革，实施未来名师名校长工程。优化阳光招生机制，为辖区适龄儿童提供公平优质教育服务。深化医养护一体化工作，签约服务10万人次。继续推进社区医疗卫生用房提升工程，完成清波、小营、紫阳社区卫生服务中心改造。深化幸福·家品牌建设，打造"健康颐养园"6家。

办好十件民生实事。经过广泛征求群众意见，确定我区2017年十件实事为：

1.治理危房62幢(处)，面积9万平方米，全域化完成危房治理。

2.推进消防隐患整治,完成馒头山消防站功能提升;实施电动车车库消防改造提升工程,安装电动自行车智能充电设备91处;安装智慧式独立感应火灾报警器9300个。

3.帮扶困难企业退休人员4000名,帮助2380名就业困难人员实现再就业。

4.积极推进医疗、养老机构建设,实施医养护一体化服务提升工程,完成在水一方社区卫生服务站扩建;交付茅廊巷社区、在水一方社区、徐家埠社区居家养老服务照料中心;增设4家老年食堂,实现2家机构养老医疗一体化服务。

5.加快安置房建设,开工建设3万平方米,续建16万平方米,竣工4.5万平方米,安置500户。

6.加快教育设施建设,实施惠兴中学改建工程,续建望江单元SC0403-R22-09地块(行知幼儿园)。

7.加快公共停车场库建设,建设9处,泊位1500个。其中竣工4处,泊位800个。

8.加快城市基础设施建设,全年完成改扩绿3万平方米,截污纳管29处。

9.加强食品安全、电梯安全管理,投入使用4家食品快检室;完成老旧小区使用15年以上200台电梯参保。

10.加强社区建设,建成海潮、木场巷社区公共服务站,提升改造美政社区公共服务站、在水一方社区邻里互助中心;打造春江国际化社区;馒头山邻里服务中心投入使用。

(四)坚持协同共治,进一步推进社会治理创新

深化城市智慧治理。全面推进智慧上城二期项目建设和应用,着力提升城市治理信息化水平。优化升级智慧城管平台,加快推进网格拓面,提高城市管理的精准度。稳步推进垃圾智慧分类,全面实现垃圾零增量。完成城市消防物联网、“阳光餐饮智慧管控平台”项目建设,提高监管效率。有序推进智慧教育项目建设,整合全区教育数据,构建教育信息网络服务体系。完善游客客流特征、出行规划、消费分析等系统,强化重点区域游客数量预警、监测分析等功能,加快建设智慧旅游大数据库。加大智慧停车覆盖面,提升停车智能化水平。全面推广“民情E点通”升级版,打造综合式、集成式、共享式的智慧社区移动终端平台。

推进基层共建共治。深化“三社联动”模式,完善多元协商机制,扎实推进全国社区治理和服务创新实验区建设。稳步实施街道、社区管理服务体制改革,推进街道“四个平台”建设,制定社区服务“两张清单”,全面完成社区换届工作。盘活社区人才、场地等资源,优化社区公共服务站点设置。拓展社会组织发展基金融资渠道,优化社会组织公益服务项目评审、监管、评估制度,提高社会组织参加社区治理和服务居民的能力。继续加强双拥共建和武装工作,扎实做好民族宗教、对台、侨务、档案、地方志、工会、青年、妇女儿童、慈善和红十字等工作。

维护社会和谐稳定。完善“平安365”联动平台,健全突发事件应急管理机制。加强安全隐患排查整治,深化联动挂牌督办制度,强化出租房屋、危化品、特种设备、建筑施工等领域的安全监管,坚决杜绝重特大事故。积极防范互联网金融风险,加强对P2P平台监管。继续推进餐桌安全治理三年行动计划,着力提高食品安全监管能力,争创省食品安全区。全面实施新型居住证制度,加强流动人口服务与管理。完善矛盾纠纷多元化解机制,深化“律师进社区”,推进社区矫正规范化建设。总结完善峰会群策群治、“公民警校”、“楼道长”平安巡防、网格化管理等工作机制,全面推进“平安上城”建设,努力实现省级平安区十二连创,力夺平安金鼎。

(五)坚持依法行政,进一步加强政府自身建设

依法履行职能。健全依法决策、民主决策、科学决策机制,落实重大行政决策程序制度,修订区政府工作规则,加强政府智库建设,提高政府决策的科学性。严格行政执法程序,规范执法行为。深化政府法律顾问制度,完善府院联席会议机制。加强信用政府建设,着力提升政府公信力。推进政务公开,建立健全信息发布和政策解读机制,主动回应社会关切。自觉接受区人大及其常委会的法律监督、工作监督和区政协的民主监督,认真办理建议、提案。广泛听取各民主党派、工商联、无党派人士以及各人民团体的意见和建议,高度重视司法监督、舆论监督和社会公众监督。推进审批事中事后监管,全面推行“双随机、一公开”抽查机制。加大对政府投资项目、重大工程项目和涉及民生专项资金的审计监督力度。

提升服务效能。深化“放管服”改革,完善“智慧大厅2.0”系统,开展网上办公和联审联办,实现公共资源交易全过程电子化。落实国税、地税征管体制改革,推进税收征管现代化。按照“最多跑一次”的理念和目标,全面推行“互联网+政务服务”,加快形成覆盖行政许可、行政处罚、行政征收、行政裁决、行政服务等领域的“一次办结”机制,逐步实现“在线咨询、网上办理、证照快递送达”等各项便民服务“零上门”。加强公务人员法制教育和业务培训,不断提高履职能力。

改进工作作风。坚持把纪律和规矩挺在前面,严明政治纪律政治规矩,切实增强政治意识、大局意识、核心意识、看齐意识。全面落实从严治党要求,深入推进政府系统党风廉政建设和反腐败斗争。持之以恒落实中央八项规定精神,坚决整治“四风”,继续压缩行政开支,“三公”经费实现零增长。深化“两学一做”学习教育。优化绩效管理和考核评价办法,建立合理容错机制,大力发扬勇于担当的工作作风。加大督查问责力度,深入整治“不担当、不作为、不落实”行为。大力弘扬G20服务精神,按照“四个最铁”的标准,着力打造勇立潮头的铁军排头兵。

各位代表,加快建设一流的国际化现代化城区,任务艰巨,使命光荣。让我们在市委、市政府和区委的坚强领导下,紧紧团结和依靠全区人民,以更加宽广的视野谋划发展,以更加昂扬的斗志迎接挑战,以更加务实的作风勤勉做事,撸起袖子加油干,甩开膀子拼命干,把上城经济社会各项事业不断推向前进,以更优异的成绩迎接党的十九大胜利召开!

领导调研（选录）

2016 年 3 月 22 日，省司法厅副厅长吉永根、司法部基层司有关部门负责人调研上城区基层司法所建设工作。区司法局向调研组介绍司法所建设情况，并陪同参观清波司法所。调研组肯定清波司法所做的工作，强调要加强信息化工作，完善矛盾纠纷化解预防机制，积极探索社区矫正和公共法律服务的新路子，为经济社会和谐稳定发展营造良好的法治氛围。

2016 年 4 月 14 日，人力资源和社会保障部副部长邱小平、劳动关系司司长聂生奎调研玉皇山南基金小镇。省委组织部副部长、省人力资源和社会保障厅厅长吴顺江，副市长谢双成，区委副书记、区长陈瑾，副区长马彦等陪同调研。邱小平重点了解基金小镇的发展历史及入驻企业的运作模式、管理方法和小镇文化创意、金融服务等产业发展情况，认为小镇为浙江省乃至全国积累了宝贵的金融发展经验。

2016 年 4 月 18 日，民政部基层政权和社区建设司副司长刘勇到清波街道督查调研社区民主协商自治工作。督查调研组听取有关社区自治协商组织在 G20 杭州峰会环境整治中所做工作的介绍，实地查看社区为老服务设施、楼道庭院精细化治理、“清波话访”基层民主协商平台运行等情况，高度评价清波街道推进社区民主协商自治工作。

2016 年 4 月 23 日，全国政协副主席、科技部部长万钢，科技部副部长阴和俊等到玉皇山南基金小镇调研。副省长郑继伟，省科技厅厅长周国辉，市委常委、常务副市长马晓晖，市科委主任阳作军，区委书记缪承潮，区委副书记黄爱芳，区委常委、常务副区长金承涛等陪同调研。万钢要求上城区借杭州市成为国家自主创新示范区的机遇，发挥好小镇优势，为深入实施创新驱动发展战略、加快建设创新型国家、促进经济转型注入更多动力。

2016 年 4 月 29 日，中国证监会副主席李超调研玉皇山南基金小镇。省证监局局长吕逸君，市委常委、副市长范辉，区委书记缪承潮等陪同调研。李超先后考察基金小镇一期、二期建设情况，参观敦和资产管理有限公司办公环境，了解入驻企业发展情况并召开座谈会，听取缪承潮的汇报及敦和资产管理有限公司、杭州凯泰投资管理有限公司负责人的发言。李超表示，私募基金行业是中国财富管理行业的新生力量，证监会将继续支持私募基金行业长期健康发展。

2016 年 5 月 11 日，中共中央政治局原常委、国务院原副总理李岚清在市长张鸿铭、省教育厅副厅长朱鑫杰、区委书记缪承潮等陪同下调研上城区艺术教育工作。李岚清参观了杭州市娃哈哈小学，与教师、学生交流了音乐艺术，并举行题为“篆刻艺术与素质教育”的讲座。李岚清指出，要让篆刻艺术进校园，降低高雅艺术的门槛，让更多的孩子接触、传承中华文化瑰宝。

2016 年 5 月 22 日，国家民委监督检查司副司长李钟协带领考察团 20 余人到上城区考察、交流。考察团一行参观美政桥社区特色站点——“七彩美政民族园”，了解社区围绕少数民族居民开展的联络联谊、志愿服务、文化活动、参政议政、权益维护等工作。随后，考察团考察凤凰寺，就依法开展宗教活动、促进民族交流、开展社会服务等话题与凤凰寺教职人员进行交流。李钟协对上城区促进民族间文化融合等方面的工作表示肯定。

2016年6月20日,财政部党组成员、部长助理戴柏华一行到玉皇山南基金小镇调研。区委书记缪承潮陪同调研。戴柏华先后考察基金小镇一期、二期片区,实地走访敦和资产管理有限公司、杭州凯泰资本管理有限公司,了解基金小镇发展规模、企业经营、环境设施等情况。戴柏华希望小镇以美国格林威治小镇为标杆,充分发挥资源优势,积极引进高端企业,推动上城区经济不断发展。

2016年6月25日,国务院发展研究中心金融研究所副所长、中国银行业协会首席经济学家巴曙松到清波街道专题调研杭州南山金融科技创新中心(简称创新中心)。巴曙松在考察创新中心硬件配套及办公设施后,就如何发挥创新中心作用,利用新技术解决传统金融问题,推进新型金融服务,为科技型企业寻求资金支持等问题,与清波街道、创新中心负责人进行深入探讨,并对创新中心提出发展海外市场、借势发力、集聚人气等建议。创新中心是由清波街道商会与省中小企业协会及重点金融行业共同打造的"金融家创新交流平台"。

2016年6月30日,科技部副部长徐南平一行到上城区调研国家可持续发展实验区建设情况。省科技厅副厅长曹新安,市科委主任阳作军,区委书记缪承潮,区委副书记、区长陈瑾等陪同调研。徐南平一行考察望江智慧产业园,参观众创空间"江南1535茶馆"、玉皇山南基金小镇,观看科技创新宣传片,了解企业科技成果转化、产品研发、市场开拓等情况。随后召开座谈会,听取缪承潮关于上城区国家可持续发展实验区建设情况的汇报。徐南平要求把可持续发展实验区建设摆在重要位置,进一步落实地区可持续发展方针,努力走好创新之路。

2016年8月17日,国务委员、公安部部长、G20杭州峰会安全应急指挥小组组长郭声琨到杭州城站火车站视察反恐防暴工作。郭声琨慰问在高温酷暑下一线执勤的民警、武警、辅警、保安人员和公安院校增援学警,与从新疆伊犁地区到杭增援的民警握手,充分肯定北警南调的做法。郭声琨详细了解区公安分局与武警部队联勤联动一分钟快速反应处置工作机制建立情况,强调要用心用力做好应急反恐处突工作,确保峰会期间绝对安全。

2016年10月10日,中国侨联副主席、中央国家机关侨联主席邵旭军会同中国人民银行、国家外汇管理局、中国证监会、中国工商银行、中国进出口银行等单位有关司局负责人、首席经济学家一行14人调研玉皇山南基金小镇。浙江省侨联副主席张维仁,区委常委、副区长童玉玲,区政协副主席、区委统战部部长袁巧玲等陪同调研。邵旭军一行参观基金小镇新展厅和园区,听取园区和入驻企业负责人有关情况介绍,并召开座谈会。与会领导和专家对相关问题和中央出台的有关政策进行解析,并就金融市场稳定等问题发表观点和意见。

2016年10月24日,中国残疾人联合会副理事长程凯一行60余人在市残联党组书记、理事长钟文静和副区长宣寅等陪同下,调研"中国残疾人事业发展研究基地"工作。程凯对基地整体环境、办学情况及开展残疾人就业服务和创办"智慧树"服务社等工作表示肯定,鼓励基地继续发挥自身优势开展相关研究和实践。

2016年11月6日,国家卫生和计划生育委员会副主任、国家中医药管理局局长王国强一行在省卫生计生委巡视员、省爱卫办主任叶真,副市长陈红英等陪同下,参观中共杭州小组纪念馆、钱学森故居、国家AAA级红色旅游景区"小营·江南红巷",对小营巷弘扬爱国卫生精神,不断提升健康服务品质的做法给予肯定。

2016年11月17日,中共中央政治局常委、中央书记处书记刘云山调研考察玉皇山南基金小镇以党建促发展,推动特色小镇和新金融业态发展的情况,并走访基金小镇二期内浙江浙能资本管理有限公司等企业,了解新金融产业助力实体经济发展、产业转型升级的成效。他强调要把抓好基层党建与推动改革发展有机结合起来,大力推进基层党建理念思路、平台载体和方式方法创新,及时总结基层好的经验做法,不断提升党建工作实效。区领导缪承潮、陈瑾、金承涛等陪同调研。

2016年12月8日,民政部救灾司副司长杨晓东、民政部紧急救援促进中心副总干事高玉成率全国防灾减灾检查组调研近江东园社区。检查组一行走访社区避灾安置人员休息区、防灾减灾放映厅、防灾减灾宣教室、物资储备库、避灾安置点指挥中心等场所。对近江东园社区通过现代化手段创新防灾减灾工作给予充分肯定，希望社区坚持应急救灾与常态减灾相结合、救灾与减灾并重，提高应对各类灾害的处置能力，全力推进防灾减灾工作，努力把社区建设得更美好。

2016年12月15日，由中共中央宣传部、共青团中央、国家安监总局等部门组成的国家安全生产宣教工作督导调研组到清波街道，对清河坊社区安全生产宣传进社区工作进行调研。督导调研组实地查看社区楼道安全宣传牌、安全宣传栏、安全知识流动车等硬件设施，了解街道、社区日常安全宣传的内容和形式，督导调研组对清河坊社区"社、巷、楼""三位一体"的全景式安全宣传新模式给予充分肯定。

（上城年鉴编辑部）

服务保障 G20 杭州峰会

【概况】 2016年，上城区国际峰会筹备工作领导小组召开31次（扩大）会议，分析研究国际峰会项目进展情况，提出精心组织、加快进度、确保质量的要求。制定《建设"美丽杭州"打造"两美浙江"示范区和工程项目管理细则》，有效推进环境整治的开展。在峰会筹备关键阶段，调整组织指挥体系，成立1个总指挥部和7个分指挥部（增加抵离迎送指挥部和民生保障指挥部），总指挥部每日召开视频会议，就相关工作进行研究部署。深化区领导领衔破难、区管干部领办项目、普通党员引领岗位的"三领"机制，出台《上城区服务保障G20峰会工作专项激励办法》，开展每日"四问"、每周"三比"（比进度、比质量、比安全）。开展峰会维稳安保"十大专项行动"，组织实施"扮靓杭城迎峰会、上城党员当先锋"党员志愿服务行动，动员3万余名志愿者开展平安巡防，着力构建"平安上城"安保网络。全区按照"四最"要求，坚持"四问"强责，全面完成94个峰会整治项目。编辑整理《蝶变》一书，全方位展示上城区在服务保障G20杭州峰会期间做出的努力、发生的变化和在工作中涌现出的优秀干部典型，留下全体上城人的峰会记忆。圆满完成宾馆接待和驻点保障工作。各项服务保障实现"四个满意"目标，全区19个单位和398名个人被评为省级先进。

（王　斌）

【峰会整治项目高质量完成】 2016年，上城区围绕打造精品工程，以"工匠精神"实施94个峰会整治项目。统筹推进"多杆合一"及城市标识提升改造，高质量实施西湖大道、解放路等10个重点街容提升工程，完成62条城市道路改造平整，设置33个彩化美化小品。曾经脏乱差的馒头山焕然一新，思鑫坊历史街区通过住户外迁、改造整治、业态调整，面貌大变。东望天际线、钱塘江北岸等6个区块亮灯工程成为杭州标志性景观，"恋上南山路"艺术休闲特色街区、始版桥樱花公园相继开放。全区拆除违法建筑4135处，面积20.19万平方米。整治违法户外广告680块，拆除面积4.53万平方米。整治店招店牌（含电子屏）4102块，拆除面积2.16万平方米。清理"牛皮癣"7263张。提升改造公厕11座，更新环卫设施2200余处，清理卫生死角2363处。严厉查处各类交通违法行为，加强非机动车和行人交通秩序、机动车停车秩序管理，全区交通秩序和谐有序。

2016年1月14日，区委书记缪承潮（左）为区机关党员上G20杭州峰会专题党课，区委副书记、区长陈瑾（右）主持党课教育活动　（区委组织部　供稿）

【峰会维稳安保专项行动】 2016年，上城区扎实开展峰会维稳安保"十大专项行动"，积极维护社会和谐稳定。制定安保方案19套，重点楼宇制定"一楼一方案"。加强对进入安保圈人员的安检，累计受检158.1万人次。出动民警及志愿者10万人次，完成183批次重要活动的安保任务。升级"135"反恐处突反应圈，增设反恐突击备勤点位，率先启用"人车核录系统"。深入开展以"网格化"工作机制为主题的基础排查管控，在全市首推"一区双警"做法，进一步提高见警率和管事率，全区总体发案率下降，命案和五类恶性案件全破。严格落实安全生产责任制，重点加强民用爆炸物品、剧毒化学品等的管控。全年未发生重大消防、重大安全生产事故。

【宾馆接待服务安全有序】 2016年，上城区有7个宾馆承担G20杭州峰会接待任务。各单位加大投入，着力提升驻点宾馆的软硬件，推动旅游接待宾馆向国际会议接待宾馆转型。加大安全管理、病媒防制、食品卫生、培训提升、工程进度、内部接待六大类基础保障工作的推进力度。全面优化提升宾馆外部环境，先后解决宾馆外围道路、亮灯工程、文化花坛、屋顶绿化、垃圾清运等方面问题70余个。制定严密的保障项目方案，明确九大类100项保障任务，排查整改各类隐患400余个。启动"1+6"指挥体系(1个指挥平台体系，6个接待宾馆指挥分中心)，实行24小时应急值守。对专家接待、国旗悬挂、主宾鲜花摆放、食材采购等细节事宜进行反复推敲。制作明信片、中英文地图等资料，为客人游览杭州提供方便。圆满完成B20欢迎酒会和G20杭州峰会嘉宾驻点保障工作，接待德国、英国、法国等8个国家和国际组织领导人9人、外宾1254人。

【志愿服务能力提升】 2016年，上城区积极做好峰会志愿者招募工作。根据报名情况，选拔4万余名平安巡防志愿者、3000余名党团员志愿者、300余名教师和行政执法人员等社会志愿者及20余个社会组织，分别参与人流劝导、社区服务、"韵味杭州"推介、安检、B20会务等服务。峰会期间，张能庆公益服务站"益起来"公益(峰会)项目开展大型活动10余场、小组活动100余场，参与志愿服务超过1万人次，服务时数3万余小时，全国各地多家主流媒体、网站对该站志愿活动进行跟踪报道。湖滨"千眼巡防"团队开展以不间断巡防为主要形式的平安巡防活动500余场，进一步拓展群防群治工作触角。全国优秀志愿者周炎珍及其志愿团队为来宾提供温馨、友好、热情的服务，其事迹被中央电视台新闻频道、英语新闻频道宣传报道。

【嘉宾抵离迎送服务】 2016年，上城区把城站广场硬件升级改造作为峰会环境治理的重点项目之一，实行领导领衔挂包机制，全力以赴加以推进。升级改造包括大厅中央立体景观提升、周边大厦实施亮灯工程等。加强安全防控，增派警力和安保人员，实行全天24小时专人巡查，确保消防设施、电梯、高压配电房、停车系统等设施完好。加强过往人员身份信息核查。8月29日至9月7日，上城区在城站火车站接送峰会嘉宾59人，做到安全抵离。

2016年7月2日，上城区举行千人"夏安"系列行动启动仪式。图为参加系列行动人员进行保障G20杭州峰会宣誓
(区直机关工委　供稿)

【峰会主题宣传活动】 2016年3月15日，上城区印发“当好东道主，办好G20”主题宣传教育活动实施方案，采取以媒体联动树形象、以文明创建抓引领、以文化活动浓氛围的思路，为峰会举办形成立体式、多维度的宣传阵势。加强与中央和省、市媒体的协作联动，有计划、分批次、全方位地组织新闻宣传。峰会前后，中央和省、市媒体采访团4次到馒头山、思鑫坊、玉皇山南基金小镇集中采访。其中《人民日报》、新华社、中央电视台《新闻联播》《焦点访谈》《经济半小时》等中央媒体（栏目）对基金小镇建设成效进行专题报道。全年接待中央和省、市媒体采访团10批近100家、外媒采访团2批20余家，中央媒体集中报道200余篇，省、市媒体报道2000余篇。实施市民文明素质提升“十大行动”，营造良好的社会氛围和人文环境。制作宣传展板和海报1000余块（张）；发放宣传资料2.5万册，制作主题墙绘12个、面积5500余平方米。举办较大规模的演出活动5场，开展排舞书绘、阅读摄影、环境共治等文化活动500余场，参与群众14万余人次。

【民生和食品安全保障】 2016年，上城区坚持保民生与保峰会并重，做好保民生、保供应和保经营工作。坚持“群众民生无小事”的理念，按照“应开尽开、能开则开”原则，全区近3000个中小菜场、小餐饮店等“八小行业”商家中，坚持正常营业的超过70%，有效保障居民日常生活的需求。全区消费市场平稳有序，蔬菜和副食品价格稳定。加强食品安全监管，对进入峰会食品总仓的食材及原辅料严格把关，每个环节均实行严格监控。对重点区域的餐饮单位开展地毯式排查，在重点时段进行驻点监管，确保峰会期间餐饮和食品安全。

【峰会总结表彰大会】 10月12日，上城区召开服务保障G20杭州峰会总结表彰大会。会议学习贯彻习近平总书记对G20杭州峰会总结表彰工作的重要指示精神，贯彻落实省、市总结表彰大会的精神，动员全区干部群众化关怀为动力，变成绩为起点，乘势而上，开创未来，为基本建成“现代化美丽上城”而努力奋斗。区四套班子领导成员，区法院院长、区检察院检察长，区长助理，区直属各部门党政主要负责人，各街道领导班子成员，各建设指挥部、上投集团领导班子成员，社区干部和辖区企业代表，以及受到表彰的先进集体和先进个人代表参加会议。表彰大会上，对全区参与峰会服务保障工作的111个单位和1281名个人，以及10个峰会环境整治优秀项目进行通报表彰，并为部分先进集体和先进个人授奖，各条战线先进代表分别表态发言，区委书记缪承潮做峰会服务保障工作总结讲话。

（周　影）

“两学一做”学习教育

【概况】 2016年，上城区组织全体党员参加“两学一做”学习教育。区委印发《关于在全区党员中开展“学党章党规、学系列讲话，做合格党员”学习教育的实施方案》，组织开展“大轮训、大宣讲、大研讨、大比武、大体检、大整改、大评议、大提升”八大主题行动，实施“扮靓杭城迎峰会、上城党员当先锋”党员志愿服务行动。坚持问题导向，组织开展党员组织关系、党费收缴情况、班子换届风气、廉政风险点等排查，把全面“从严治党”要求落实到每个支部、每名党员，推动党员思想政治教育、基层组织建设等工作上新台阶。

【开展宣讲活动】 2016年，上城区组织红色专家讲师团到区社区学院为党员深入讲解党章党规和习近平总书记系列重要讲话精神。举办第三届“草根民师讲堂”，7名在服务保障G20杭州峰会中表现突出的干部以访谈形式，讲述服务和保障G20杭州峰会的故事，发挥先进典型的引领示范作用，在全区上下营造“比学赶超，争做标杆”的浓厚氛围。

【组织集中轮训】 2016年，上城区分层分类开展“千名书记万名党员”集中大轮训。4月，在市委党校举办为期3天的区直部门组工干部业务培训。6月6~8日，对区委两新工委成员单位、街道两新工委和全区两新党组织书记及党务工作者开展集中轮训。同月，对社区党支部书记、区直机关党支部书记和党务工作者开展专题培训。机关、街道、社区等各基层党组织同时制定学习教育计划，对党务干部进行党建业务培训，对全体党员进行不少于4天的集中培训。培训中，针对学习教育需要重点解决的问题，引导大家带着问题学、针对问题改，把提高履职服务能力贯穿学习教育全过程。

【“两学一做”专题党课】 2016年4月28日，区委召开“两学一做”专题党课暨学习教育部署会，区委书记缪承潮带头为区机关党员讲党课，拉开全区“两学一做”学习教育序幕。26名区直党委、工委书记，1400余名基层党支部书记先后在所在单位和党支部带头讲党课，提出“两学一做”学习教育的基本要求和主要任务，强调要把学习教育成果转化为推进各项工作的强大动力。

【开展专题研讨】 2016年，区委理论学习中心组围绕学习《中国共产党问责条例》和《党委会的工作方法》、“学党章党规增党性”、“学系列讲话主动看齐”3个专题，开展研讨活动，并组织学习体会交流。全区各级党组织针对“加强党性学什么、对照先进改什么、围绕G20杭州峰会干什么”3个话题，开展各具特色的学习活动。湖滨街道东平巷社区党委结合研讨开展英语沙龙活动，帮助党员志愿者提升在峰会期间与各国游客的交流能力。

【开展五项排查】 2016年，上城区拉紧组织关系排查工作网、信息网、人际网，全面推进党员档案标准化工作，排查失联党员376人，复联率93.9%。采取印发一本换届指导手册、组建一支观察员队伍等“六个一”工作法，以及先整转后换届、专人驻点指导、设立统一换届日等办法，43个未按期换届党组织全部完成整改。制定《上城区党员党费缴纳基数标准》，按照集中学习、支部查改、党委审核、区委督查“四步走”的程序推进党费补缴工作，全区26784名党员补缴党费94.78万元。建立组织、纪检、公安等部门联动、联查、联办三大机制，排查违纪违法党代表1人，追究刑事责任党员19人、行政责任党员25人。5名涉及违法建筑问题党员按照要求进行整改，拆除违法建筑192平方米。

【服务保障峰会主题活动】 2016年，上城区围绕服务保障G20杭州峰会，推出项目攻坚、平安巡防、环境美化、文明劝导、法规宣传、旅游服务六大行动，在服务保障峰会中检验学的成效、亮出做的标尺。深化区领导领衔破难、区管干部领办项目、普通党员引领岗位“三领”机制，开展峰会项目比进度、比质量、比施工标准“三比”活动。通过一名党员带动一个团队、一个支部带动多支队伍的方法，创造100天拆除2万多平方米违法建筑的“馒头山整治速度”和7天签约656户的“始版桥征迁速度”。全面实施“扮靓杭城迎峰会、上城党员当先锋”党员志愿服务行动，建立机关党员包街巷、社工党员包网格、居民党员包楼道、青年党团员包车站、妇女党员包阳台的“五包”机制，1.5万名党员带头戴上“红袖章”、吹响“黄哨子”，织密群防群治安全防护网，努力在志愿服务中提升党员形象。

【学习教育全程督导】 2016年，上城区建立区四套班子领导联系指导机制，四套班子领导分别挂包指导56个单位开展“两学一做”学习教育，区委两新工委重点联系40个党组织，区直各党(工)委班子成员直接联系所在党支部，并严格落实“四个一”责任清单。区委“两学一做”学习教育工作协调小组充分发挥协调作用，全面推行落实工作例会、专项座谈、实地督查等工作机制，推动学习教育有序开展。成立8个督查组，通过“五查五看”工作机制，分别对26个党委、工委学习教育开展情况进行检查，确保全区所有基层党组织和党员都学起来、做起来。

（方　洁）

换届工作

【概况】 2016年7月，按照市委统一部署，上城区启动区级班子换届工作。该次换届时间跨度长、程序严格、工作量大、政策性强。全区上下统一步调，通力合作，严肃认真地做好各项工作。区委突出党组织的领导把关作用，把加强党的领导贯穿换届工作全过程，落实到推荐考察、大会选举、严肃纪律等换届各个环节、各个方面。区人大常委会党组、政协党组、纪检、宣传、统战、政法等部门各负其责，密切协作，形成合力。区委组织部统筹协调，配合市委组织部全面分析班子现状、整体结构、优化方向等情况，有针对性地做好思想政治工作。换届期间，配合做好领导干部民主推荐、个别谈话、新进班子人选考察、信访核实等工作的安排、组织、协调和各类材料、名册的编制，为顺利完成区级班子换届提供良好的服务保障。

【加强换届工作领导】 2016年，上城区在换届工作中认真贯彻落实中央和省、市委一系列新精神、新要求，坚持党的领导、发扬民主和依法办事有机统一。着眼事业发展和领导班子长远建设，把握新时期干部标准，选拔政治强、懂专业、善治理、敢担当、作风正的优秀干部，树立好担当有为、注重实绩、群众公认、重视基层4个导向，推进干部能上能下。落实全面从严治党要求，强化党组织对换届工作的主导权。增强领导班子整体功能，坚持老中青相结合的梯次配备，统筹把握领导班子中不同年龄层次干部配备比例，既重视大力选拔培养优秀年轻干部，又注意发挥经验丰富、事业心强、工作得力的年龄较大干部的作用。该次换届选出政治素质好、业绩突出、公认度高的好干部，换出团结坚强的好班子和风清气正的好风气，为加快建设"现代化美丽上城"提供坚强的组织保障。

【代表委员推选严格规范】 2016年，区委在换届工作中，针对"两代表一委员"(党代表、人大代表、政协委员)推选中可能出现的各种问题，坚持标准、注重实绩，严把代表、委员提名质量关。对代表、委员参政议政能力问题，采取"个人自评+团内组评"的方式，进行全面评价。制订《履职情况登记表》，组织现任628名代表、委员就依法履职、议案建议、联系群众、发挥作用、自身形象等情况进行填报登记，为代表、委员连任提供依据。组织各代表团进行排序推荐，并书面说明排序理由。走访区委统战部、区总工会、团区委、区妇联、区工商联等单位，以个别谈话和调研座谈相结合的方式，了解党外人士、团干部、妇女代表、企业家代表和一线职工代表中优秀人选情况，对新任"两代表一委员"人选做到心中有数。根据代表结构要求，提前估算各类结构人选所需人数要求，结合摸底情况合理分配选区名额，做精做优初步建议人选名单。建立考察工作机制，开展考察业务培训，签订考察工作责任书，落实考察工作"九必问"。对照"十种情形人员"标准，由区委组织部牵头，会同区纪委、区法院、区检察院等25个部门和6个街道，开展联查联审，切实把好初审关。

【严肃换届纪律】 2016年，区委和各部门、街道通过理论中心组、读书会等形式，组织学习干部选拔任用标准和换届选举工作法律政策，观看中共中央组织部拍摄的警示教育片《镜鉴——湖南衡阳、四川南充"两案"警示录》。全区区管领导干部、参加换届工作会议人员、"两代表一委员"观看警示教育片。区纪委、区委组织部、区委统战部和区人大机关、区政协机关组织机关干部集中学习《严肃换届纪律文件选编》，确保换届纪律入心入脑。通过《上城报》、上城网、"民情E点通"、微信、微博等传播平台，集中宣传换届纪律，扩大干部群众的知晓度，营造社会了解、群众理解、各方支持的良好换届工作氛围。区纪委发挥监督责任，认真落实"九严禁"纪律规定，以"零容忍"的态度正风肃纪。

资料

"九严禁"纪律规定： 严禁拉帮结派，严禁拉票贿选，严禁买官卖官，严禁跑官要官，严禁造假骗官，严禁说情打招呼，严禁违规用人，严禁跑风漏气，严禁干扰换届。

【开展谈心谈话活动】 2016年，上城区结合区委领导"走访谈心"活动和年度全区党员领导干部民主生活会，认真开展专题谈话。区委书记、纪委书记和组织部部长开展"四必谈"，即四套班子成员必谈、区管主要领导干部必谈、重点岗位干部必谈、负责换届工作人员必谈。区委组织部副部长与其他区管领导分别开展1次谈话。通过谈心谈话，了解干部的思想情况，引导各级领导干部和换届工作人员知边界、明底线、讲规矩、守纪律，确保换届工作顺利进行。

（周才娇）

金融人才管理改革试验区建设

【概况】 2016年，市委人才办启动人才管理改革试验区试点工作，确定上城区为全市两个专项类试点单位之一。上城区根据国家供给侧结构性改革和全省金融体制、机制改革趋势，围绕省、市“打造钱塘江金融港湾”“十三五”战略，结合玉皇山南基金小镇区域资源优势、功能定位和产业特色，积极探索金融人才发展和改革路径，优化创新创业环境，加快金融人才集聚。

【杭州市金融人才管理改革试验区落户上城】 2016年7月24日，杭州市金融人才管理改革试验区授牌仪式在玉皇山南基金小镇党群人才服务中心举行。市委常委、组织部部长张仲灿为改革试验区授牌，并与区委书记缪承潮，区委副书记、区长陈瑾共同为基金小镇党群人才服务中心揭牌。玉皇山南基金小镇自挂牌以来，积极引进国际化金融人才和国内专业领域具有领军地位的专家型人才，通过人才引进带动产业集聚。基金小镇集聚金融机构1240余个、高层次专业人才2000余人，其中海归人才200余人，成为浙江省CFA(特许金融分析师)最为集中的区域。

2016年7月24日，市委常委、组织部部长张仲灿(中)与区委书记缪承潮(右)和区委副书记、区长陈瑾(左)共同为基金小镇党群人才服务中心揭牌

(区委组织部　供稿)

【政策扶持力度加大】 2016年，上城区根据区域定位、服务定位、私募基金产业定位和现实需求，破解金融人才发展的体制机制障碍，研究制定差别化、个性化的人才激励机制。出台《关于建设金融人才管理改革试验区的若干政策意见(试行)》，加大金融人才激励力度，对A类、B类人才，根据其年薪所产生地方贡献的100%给予奖励。出台《上城区打造玉皇山南基金小镇扶持意见》，进一步支持基金小镇金融服务业发展。

【人才评价机制创新】 2016年，上城区细化人才评价标准，根据人才的行业影响力、学术地位和引领带动作用，将金融人才划分为国内外金融顶尖人才(A类)、国内金融领军人才(B类)、区域金融领军人才(C类)、区域金融紧缺人才(D类)和金融高级人才(E类)五大类。制定《上城区金融人才分类认定办法(试行)》，开展高层次金融人才分类评定工作，根据申请人才所在单位对地方贡献情况，组织行业专家开展首批金融人才分类认定，全区认定金融人才B类10人、C类8人、D类4人、E类1人。经认定的金融人才，均享受相应的奖励政策。制定《上城区高层次金融人才评选奖励办法》，面向基金小镇金融人才开展杰出金融人才、突出贡献金融人才评定推荐工作，在保证人选质量的基础上，针对私募金融行业的产业特色，打破唯学历、唯论文、唯资历、唯职称的倾向，从业界影响力、企业资产管理规模、经济效益等方面入手，组织行业专家参与评选，评出上城区首届杰出金融人才10人、突出贡献金融人才20人。

【高端人才集聚】 2016年，上城区根据私募基金企业需求，积极引凤入巢。联合敦和资产管理有限公司、浙江天堂硅谷资产管理集团有限公司和永安期货股份有限公司3个行业巨头，成立浙江玉皇山南对冲基金投资管理有限公司，采用“种子基金”的孵化模式，引进美国、英国、新加坡等国家的高端金融团队和人才入驻发展。芝加哥衍生品交易对冲基金经理毛煜春在考察北京、上海、广州、深圳的金融中心后，将其第一个分公司的注册地选在玉皇山南基金小镇。基金小镇利用毛煜春在华尔街的金融人脉资源，吸引一批华尔街金融人才到基金小镇发展。浙江省国际对冲基金人才协会在小镇成立，并推出国内首个对冲基金行业的人才交流平台，通过与AIMA（另类投资协会）等全球性金融投资人才组织的合作，引进金融企业急需的CFA人才及资产管理人才。

【实施人才培育工程】 2016年，上城区着力在金融人才培育上下功夫，建立由高等院校、培训机构、金融行业协会和地方政府共建共享的多层次金融人才培养体系，有计划地开展各类培训、交流活动，推进金融人才多元化发展。与股权投资行业权威数据分析机构、中介机构清科集团合作成立“清科创投学院”，定期组织专题沙龙、路演，进行投资人和创业者培训，培养全能型创投人才。成立私募（对冲）基金研究院，作为对冲基金产业研究、信息发布中心和基金小镇形象宣传的窗口。联合金融机构和金融组织挂牌成立“国际基金人才教育基地”，培育金融行业基础性人才。与园区重点企业合作设立金融人才孵化基地，着力跟踪、挖掘和培育未来优秀私募基金经理人或团队。与浙江大学、浙江财经大学建立战略合作关系，共建产学研联合体，全面深化校地合作。成立浙江财经大学中国金融研究院上城分院、浙江财经大学创业学院上城分院、上城区与浙江大学学术委员会学术交流合作中心暨中国新时期发展研究中心。举办“全球对冲基金西湖峰会”“大资产管理时代领军人才峰会”等国际化峰会，吸引国内外金融业界领袖、行业领军人物参加，第一时间传递国际最新金融咨询信息。定期举办小镇财富讲堂，为金融人才尤其是私募金融人才发行产品提供路演平台，鼓励园区企业进行商业合作。

【配套设施建设】 2016年，上城区按照当好“店小二”的要求，结合玉皇山南基金小镇自身特点，加快配套设施建设，构建多层次服务体系。成立邵逸夫医院杭州玉皇山南基金小镇国际医疗中心，为不同需求的小镇企业员工提供医疗（含中医）和国际医保结算服务。杭州娃哈哈双语学校按照国际化学校的标准完成改建。成立基金小镇党群人才服务中心，为小镇企业开展理论研讨、集中培训、项目路演和联谊活动提供便利。设立基金小镇行政服务中心，企业不出小镇便可办理国税和地税缴纳、工商登记、职工社会保险、出入境发放等行政事务。建设基金产业链平台，探索与浙江对冲基金人才协会等单位合作。成立“基金经理人之家”，通过提供商务交流空间等形式，搭建小镇金融人才日常交流平台。建成项目路演中心，为小镇金融企业提供项目路演场所。启用目术塘小企业孵化平台，扶持有潜力的金融小企业发展。启动国家AAAA级旅游景区创建工作，打造全国首个“金融+旅游”的AAAA级小镇。完善小镇展示中心功能，作为小镇对外交流展示的窗口。与省金融办合作，推进浙江省金融博物馆项目落户小镇。成功举办第二届全球对冲基金西湖峰会。

【基金产业链平台打造】 2016年，上城区坚持“市场化运作、产业链招商、生态圈建设”的模式，通过联合行业协会组织、龙头企业和知名中介机构，开展海内外招商及业务合作，集聚要素资源，优化玉皇山南基金小镇业态布局，构建具备从资金募集、投资管理到账户清算的一套完整功能的私募基金产业链，以及核心业态、中介机构、辅助型产业、共生性产业、配套支持部门共同构成的成熟金融微生态。延伸发展有关投资板块，打造项目和资金对接的投融资平台，扩大小镇服务实体经济的辐射面，有效服务“大众创业，万众创新”。重视引进功能性机构，将银行、券商等机构内真正紧密为私募基金服务的专业化功能导入小镇，完善私募基金产业链。做优做强对冲基金，引进知名期货投资机构，把小镇期货板块打造成国内具有鲜明特色的优势集聚板块。对接境外机构，招引合格的境外投资者、管理人到小镇落地发展，进一步提升小镇的国际影响力。发挥专业机构平台优势，积极探索与美国彭博资讯公司、浙江省国际对冲基金人才协会等机构战略合作,实现资源共享、合作共赢。

(周才娇)

五水共治

【概况】 2016年,上城区以推行“河长制”为抓手,深入实施“一河一方案”,加快疏通城市“毛细血管”,上城区成为杭州主城区“清三河”首个达标区,全区实现无黑臭河、垃圾河和劣Ⅴ类河道,并摸索出一套科学创新的治水方法,G20杭州峰会水环境保障工作交出满意成绩单,夺得全省治水工作最高奖“大禹鼎”。

【实施截污纳管项目54个】 2016年,上城区建成污水管网6.98千米、雨水管网7.05千米,分别完成年度目标的137%和139%。实施截污纳管项目54个,完成家庭阳台污水治理1500户,清理河道淤泥总长2538米、总量2.26万立方米,总量完成年度目标的195%。整治小沟小渠3条。完成管网清疏650千米,完成年度考核目标的167%。完成新塘河、新开河河道生态治理项目。实施防洪排涝项目15个。紫阳、南星等街道申报创建节水型小区3个。完成馒头山公园雨水收集项目和“五水共治”主题公园提升。

2016年,上城区夺得全省治水工作最高奖“大禹鼎”

(区治水办 供稿)

【“河长”、河道“警长”全覆盖】 2016年,上城区深入推进“河长制”,实现“河长”、河道“警长”全覆盖,为全面提升区域水环境质量提供制度保障。5月,调整区“五水共治”工作暨“河长制”领导小组及办公室成员名单,调整充实区级“河长”名单,完善《上城区深化“河长制”落实河道长效管理实施方案》,全面督查“河长制”工作,内容包括各级“河长”(含“警长”)配备到位情况,各级河长公示牌信息规范化、完整性、更新及时性情况,“河长制” 信息化系统信息更新情况,“河长”签到、巡河情况等。

【“五水共治”特色明显】 2016年,上城区创新形成“3×3”巡河模式,建立包含小微水体(“渠长”)、古井水源(“井长”)等上城特色的全方位、全覆盖、全民众巡河体系,即区、街道、社区三级“河长”带头巡查,河道“警长”、民间“河长”、民间“井长”共同参与,社区党员、护河队员、行政执法队员一起上阵的巡河模式。首推“渠长制”,强化精细管理。上半年完成辖区所有沟渠池塘清理。5月,区治水办联合《杭州日报》策划“寻找身边的渠长”系列专题活动,招募“民间渠长”,动员居民群众参与污水治理。《浙江日报》刊登《杭州上城区将治水向沟、渠、塘等小微水体延伸——小小“渠长”,守护水系毛细血管》文章,全面介绍上城区小微水体整治工作,在全省起到推广示范作用。北京师范大学附属杭州中学雨水回收利用系统和中水回收利用系统工程作为节水典范工程,在杭州市节水工作现场会上进行推广。实施新塘河、新开河生态治理项目,生态治理面积7万平方米,通过安装曝气装置、底泥处理、水生植物种植等,打造生态廊道和滨水景观,实现河洁岸绿、环境优美、人水和谐。推进科技治水,依托“平安365智慧城管”等平台,结合智能监控系统,全天候监控河道杂物及各类不文明行为。利用井盖管理无线覆盖网格及物联网技术,在新塘河、新开河、东河、中河、浣纱渠试点安装200处排水口电子标签,第一时间监测污水满溢、预测污水管道堵塞问题,确保沿河排水口晴天不出现排污现象,主城区河道实现“零直排”。全区河道统一安装河水流速监测设备,在汛期实现对河水流速的实时监测和自动报警。利用“电子河长”公示牌,向公众展示河道情况、河长信息、治理方案、治理时间表及宣传标语等内容，提高市民的关注度与参与度。

【峰会水环境保障】 2016年，上城区6条河道均为G20杭州峰会重点管控河道。年初，区治水办制定《上城区国际峰会河道保障方案》，各街道制定街道级水环境质量保障方案，并积极储备相关应急物资，防范水质突变。每月开展水质监测，建立完善辖区交接断面水质考核制度，进一步做好小沟小渠的疏通和养护。全年交接断面水质考核为优秀，达到水质功能区标准，集中饮用水源地水质达标。峰会召开前，立项建设截污改造项目44个，内容包括雨污分流、截流改造、截流限流等，有效减少污水管网压力和污水溢流总量。按照“条块结合，以块为主”的原则，排查整治“清三河”反弹隐患。成立3个专项检查组，分别查处工业企业、医院、餐饮、建筑工地违法排污情况，辖区内自查问题均及时得到解决，上城区在省、市两轮督查通报中为唯一“零问题”城区。

【“五水共治”宣传】 2016年，上城区“五水共治”工作注重智慧化、精细化管理，组织民间力量参与，在提升治水实效上下功夫。区治水办联合各街道发放入户调查问卷，印发《致上城区居民群众的一封信》6万份，“五水共治”公众评价满意度、知晓度、支持度、信心度、参与度综合得分均明显提升。全年全区组织开展各类群众性大型宣传活动20余场，参与人数3000余人次。全市民间护水模范“紫阳群众”成为上城区治水护水“正规军”。南星街道组建江河护卫队和残疾人喊潮队，对钱塘江安全文明观潮进行劝导，并巡查监管钱塘江水质、江边垂钓、排水口排水情况等。全区义务监督员、巾帼护河队、娃娃护河队、企业护河队、环保护河队等民间志愿护水力量推进联合治水。全年全区“五水共治”工作2次在中央媒体报道，《新华社每日电讯》分别以《钱江起风潮，特色小镇领风骚》和《杭州：城市治理“智能化”“复古范”》为题，大篇幅报道具有上城特色的古井长效保护、北京师范大学附属杭州中学节水示范项目和“智慧治水”相关工作。《浙江新闻》播出5期，《浙江日报》刊登11篇，《杭州日报》刊登34篇，其他网络、电视等大众媒体报道上城区治水新闻300余篇。在省委宣传部组织开展的“流淌的故事——来自浙江‘五水共治’的报告”主题采风创作活动中，上城区“外行也能管治水”的故事入选其中。

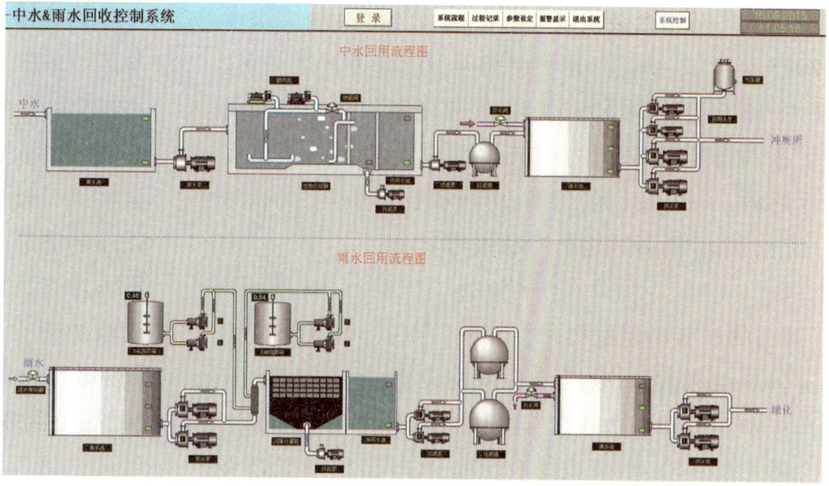

北师大附属杭州中学雨水回收利用系统和中水回收利用系统图

（区治水办　供稿）

（占志铖）

“三社联动”服务机制

【概况】 2016年，上城区以“加强和创新社会治理，推进社会治理精细化”为总要求，以构建和完善基层社会治理体系、推进基层多元协商共治为主要内容，以创建全国第三批社区治理与服务创新试验区为契机，以“三社（社区、社会组织和社会工作）联动”实践为抓手，统筹谋划社区、社会组织和社会工作的融合发展，加快社会管理向社会治理转变。改革“三社”组织架构，完善基层社会治理结构，同步开展街道、社区、部门管理体制改革，推动社区治理体系由垂直的科层结构（以等级为基础，命令从上向下发出，信息从下向上流动的“金字塔”式结构）转变为多元互动的横向网络结构。健全“三社”协商机制，激发社区多元主体参与社区建设活力，逐步形成居民自治、多元共治的社区治理局面。建设“三社”发展平台，最大限度地盘活基层社会治理资源，激发社会活力，实现“三社”的互联互通。3月22日，上城区“从管理走向治理，构筑基层社会建设新格局——上城区‘三社联动’推进基层社会治理和服务创新”项目获杭州市2015年度区、县(市)特色创新项目综合考评第一名。6月18日,“上城区‘三社联动’推进基层社会治理和服务创新”项目被列为2016年度杭州生活品质总点评活动。《中国社区报》和《中国社会工作》等报刊对“三社联动”的做法进行专题报道。

【街道终端事务功能强化】 2016年,上城区推行街道体制机制改革,优化街道机构设置,推进街道“五部一中心”和“四个平台”建设,将区属有关行政执法主体下移,统一由街道属地管理,推动街道办事处由“行政机关”向“民生窗口”转型。强化街道的终端功能,将承接政府公共服务和公共事务的社区公共服务工作站交由街道直接管理。充实街道服务资源,明确街道在深化社区居民自治、培育社会组织品牌、开发社会工作岗位中的主体责任,提升街道对“三社联动”的资源调配和属地管理能力。

资料

五部一中心:党政工作部、城市管理部、民生事业部、综合治理部、经济服务部和街道行政服务中心。

四个平台:综合治理工作平台、市场监督平台、便民服务平台、综合执法平台。

【基层协商体系构建】 2016年,上城区筹建由社区居委会、小区业委会、物业管理公司、社区社会组织和辖区单位等多元主体共同参与的社区发展协会,构建具有议事、决策、执行和监督等功能的社区公共事务协商体系。以社区议事协商平台为支点,设立以小区、楼宇、院落为单元的居民自治载体,开展2016年度“金点子”案例评选与推广工作,充分发挥社区有特长的人的作用,推进社区热点、难点问题的解决。支持社会组织依法参政议政,通过组织推荐、择优选聘等方式,将社会组织骨干人才和社会工作领军人才选为区“两代表一委员”,提高代表、委员参政议政协商质量和水平。

【社区公共复合空间打造】 2016年,上城区在打造红巷生活广场、“左邻右舍”社区治理创新园等功能设置多元、场馆布局合理、出行环境便利的社区公共服务复合空间的基础上,投入近1000万元,完成湖滨街道众创空间、馒头山创客空间等综合性社区公共复合空间的打造,并采用“政府出资、定向委托、合同管理、评估兑现”的运作模式,依托社会组织公益项目等开展各类社区服务。社区公共服务复合空间的服务项目涵盖社区综合服务、社会组织特色服务、社会工作个案服务等,使复合空间成为上城区新型社会组织综合服务阵地。

【智慧服务手段提升】 2016年,上城区升级改造“民情E点通”智慧民生服务平台,实现与区行政服务应用系统和杭州市智慧社区平台的有效对接,推进社区基础数据、便民服务、社工走访、社会组织推介、OA系统、审批事项等信息的兼容和共享,促进居民需求与政务服务、社会组织服务的有效融合,让居民群众享受到人性化、系统化、精细化、高效化的智能服务体验。 (沈 洁)

产业平台建设

Building of Industrial Platforms

湖滨商圈

【概况】 2016年，上城区着力推进湖滨商圈特色休闲商家和餐饮娱乐品牌打造，相继举办第五届“我们聚惠湖滨欢乐Go、购、购”等主题活动。开展商圈街面乱象整治，对无证商贩实施“零容忍”，对“野导”“黑车”和拦车拒客等不良现象形成“合围打”的高压态势，净化商圈治安环境。与辖区211个单位签订年度安全生产目标责任书，排查安全隐患350余处，协助有关部门开展专项整治，组织一线员工800余人安全生产培训。年内，湖滨旅游商贸特色街区、南山路艺术休闲特色街区实现销售额约74亿元、税收约3亿元，吸引游客1198万人次。在市商务委等单位举办的“最具国际范儿”商业特色街区评选活动中，两大街区均被评为杭州“最具国际范儿”特色街区。市商务委组织编写的《悦游杭州》——杭州市级商业特色街宣传册，用4国文字对两大街区进行全方位、立体式介绍。

【第五届“湖滨美食·舌尖艺术”活动】 2016年11月3日，由区商务局、区风景旅游局、湖滨街道主办，湖滨（南山路）管委会承办的第五届“湖滨美食·舌尖艺术”活动在杭州湖滨银泰in77C区举行，旨在通过厨艺表演、现场互动、美食展示，让美食更加亲民，助推杭州建设“购物天堂、美食之都”。参与活动的餐饮企业有知味观、胡庆余堂药膳等15个，均来自湖滨商圈。现场展示的各种绝活，体现饮食文化与时尚潮流的融合。经现场观众品尝和投票，知味观的美食获第一名。

【“中国美术学院建设世界一流大学十周年”展览】 2016年4月9日，“中国美术学院建设世界一流大学十周年”展览在该院美术馆举行。展览分15个主题，展出画作、雕塑、照片、视频和文创设计作品等，全面展示中国美术学院在建设世界一流大学过程中取得的显著成绩。展览持续到5月9日。

（洪斯斯）

【南山路综合提升改造】 2016年8月19日，南山路综合整治提升完工。整治范围南起万松岭路，北至解

2016年11月3日，第五届“湖滨美食·舌尖艺术”活动在杭州湖滨银泰in77C区举行

（湖滨管委会　供稿）

放路,全长2.14千米。先后提升绿化面积2885平方米,修复人行道4000平方米,修缮路面4.6万平方米。改造以美化"一街二十馆"为重点,对沿线青砖小楼、欧式建筑进行美化,用鲜花布满墙门窗台,增设户外体验区,将沿线大批历史保护建筑改造成画廊、纪念馆、陈列室等艺术体验馆,引入具有国际化元素的咖啡、西餐、画廊和酒吧等休闲体验馆20个。通过增设引导性地灯、行道树亮化装饰、统一LOGO标识等艺术手段,从解放路口到罗马广场近1900米道路两侧呈现"火树银花"效果。

(李月江　李安坤　洪斯斯)

玉皇山南基金小镇

【概况】 2016年,玉皇山南基金小镇产业发展势头强劲,经济发展呈现爆发式增长,《人民日报》、新华社、中央电视台等主流媒体竞相报道,在国内外影响力不断扩大,充分展现"山南速度"和"山南效应"。基金小镇抓住国家推进金融改革与浙江省打造民间财富管理中心的历史新机遇,以集聚境内外私募股权基金、私募证券基金、私募商品(期货)基金、对冲基金、量化投资基金及各类资产管理机构为重点,以与之相关联的中介服务组织为补充,形成完整的新金融产业链,推进供给侧结构性改革,助力产业转型升级。至2016年末,基金小镇集聚入驻企业1090个,其中股权类企业705个、证券类企业354个、期货类企业31个,资金管理规模达5900亿元。全年投向实体经济项目805个,投资额1800亿元;扶持上市公司85个,受益企业600余个。实现税收10.77亿元,比上年(指2015年,下同)增长169%。

【基金小镇引领产业转型升级】 2016年,上城区坚持生产、生活、生态"三生"融合和产业、城市、人才、文化"四位一体",以美国格林威治小镇为标杆,加快玉皇山南基金小镇各方面工作提升。对小镇园区进行环境改造、生态提升和文化挖掘。坚持创新驱动,提供有效供给,发挥金融资本对撬动产业转型升级、推动实体经济发展的杠杆作用,把玉皇山南基金小镇建设成为国际知名、全国领先的特色示范小镇。基金小镇通过企业集聚引领产业转型升级的模式基本形成。

【基金小镇管理体制改革深化】 2016年,玉皇山南基金小镇深化管理体制改革,多次召开专题会议研究管理体制事宜,制定出台《玉皇山南基金小镇管理服务体制机制改革实施方案》,设立杭州市玉皇山南基金小镇管理委员会,下设2个国有独资公司,分别负责玉皇山南基金小镇投资建设和运营管理。

【小镇空间规划和产业规划优化】 2016年,玉皇山南基金小镇管委会委托杭州市城市规划设计研究院、浙江大学金融学院等单位在原有规划方案基础上优化空间规划、产业规划,形成"多规合一"的综合规划。在空间规划方面,将园区规划面积由3平方千米拓展为5平方千米,新增勾山里、四宜大院、杭州铁路机务段地块等,形成"一路一带,多点激活,串珠成链"的总体格局。在产业规划方面,明确五大产业片区(环八卦田片区、白塔片区、天使创业村、凤凰山片区、复兴商务广场片区)、两个综合配套片区(陶瓷品市场综合配套区和机务段片区)的产业布局。

【小镇重点项目建设】 2016年,玉皇山南基金小镇完成二期扫尾工作,制定八卦山庄、三角地、啤酒厂仓库等11个地块开发方案。年内,三角地地块开工建设,啤酒厂仓库地块和八卦山庄项目土建结顶,目术塘组团一期建成并投入使用。全年建成项目投入使用面积8.67万平方米。陶瓷品市场完成主体部分近9000平方米的立面整治,疏通白塔片区水系,完善交通布局。小镇启动国家AAAA级旅游景区创建工作,融自然景观与人文资源于一体,新增绿化面积2000平方米。

【私募金融集聚发展】 2016年,上城区制定"1+3"金融、人才扶持政策,大力推进玉皇山南基金小镇新金融产业集聚。发展金融中介服务组织,积极争取与私募基金、财富管理等新金融产业相配套的一流金融中介服务组织入驻小镇。在小镇内成立中国金融研究院上城分院,形成协同发展的新金融产业链,为小镇入驻机构与省股权交易中心挂牌企业提供对接。国新国际投资有限公司、中金启元国家新兴产业创业投资引导基金等"中字头"基金公司落户小镇,永安期货股份有限公司、财通证券经纪有限责任公司等在小镇成立资产管理机构。交通银行成立山南对冲基金支行专门服务小镇企业，浙商银行、中信证券股份有限公司等银行、券商先后入驻，夯实小镇财富管理示范基地的基础。

玉皇山南基金小镇展示中心　　（玉皇山南基金小镇管委会　供稿）

【提供“店小二+专业化”服务】 2016年，玉皇山南基金小镇建立专业顾问机制，聘请著名经济学家、上海市互联网金融行业协会会长万建华为小镇镇长，分领域建立专委会，提升小镇专业化服务水平。小镇当好“店小二”，让园区环境更舒适、服务更便民。杭州娃哈哈双语学校、基金小镇行政服务中心、邵逸夫医院杭州玉皇山南基金小镇国际医疗中心、基金小镇(二期)展示中心、党群人才服务中心、路演中心、文化健身中心等配套设施投入使用。

【第二届全球对冲基金西湖峰会】 2016年11月7日，以“立足规范发展，推动产业服务”为主题的第二届全球对冲基金西湖峰会在玉皇山南基金小镇举行。副省长朱从玖出席峰会并致辞，美国格林威治市市长 Peter Tesie 做主旨演讲。中美双方资产管理机构负责人就如何在全球化背景下促进中国私募（对冲)基金的规范健康发展、中国私募(对冲)基金如何在实体经济转型升级过程中贡献自己的力量、中国私募(对冲)基金的可持续发展道路在哪里等话题进行“双城论道”。区委书记缪承潮出席峰会主论坛，向嘉宾推介玉皇山南基金小镇，并发布“基金小镇服务实体经济”倡议书。峰会为全球资本市场的私募机构提供专业化、精品化、国际化的高端资本对话平台。

（楼钟飞）

望江智慧产业园

【概况】 望江智慧产业园位于上城区东南部，以望江东路为中轴，由中河路、清江路、之江路和贴沙河合围而成，园区面积7.5平方千米，园区“临江、靠山、望江”，生态环境优美，地理位置优越，生活配套完善。产业园为杭州市“一号工程”重点项目，以“科技+金融”为战略定位，集聚发展“产业链+创新链”；以新一代信息技术(云计算、大数据)、物联网、互联网金融等智慧产业为核心，完善“互联网+”创新体系，建设“互联网+”解决方案提供商的集聚地；发展信息经济十二大类产业，助推杭州建设国家自主创新示范区的创新中心。产业园抓住新一轮国际产业结构调整的契机，吸纳国内外信息产业转移企业，初步形成信息经济、智慧应用产业的集群。

2016年，园区信息经济增加值稳步上升，增加值比上年增长28.5%。累计入驻信息经济类和金融类企业3500余个，园区实现产值80亿元、税收11.2亿元。其中，新引进信息经济类和金融类企业782个，增长57.0%；注册资金231亿元，到位资金63亿元。产业园以思科公司大中华总部、中国铁塔浙江分公司、浙江省海投集团有限公司、浙能天然气有限公司、盛景网联杭州创新中心、杭州好望角投资管理有限公司、杭州幼发拉底孵化中心等企业为龙头，分别打造产业链链状平台、战略产业平台、投融资平台、创客平台，形成以云计算与大数据产业、物联网产业、电子商务产业为核心，移动互联网产业、数字内容产业、电子信息产业、智能机器人产业、互联网金融产业为延伸的信息经济产业的集群，推进上城区信息经济、智慧应用产业的发展。

（王　铮　金伟峰）

【创新型企业发展环境建设】 2016年，上城区立足望江智慧产业园推进创新型企业发展环境建设，实施“科技+金融”的产业定位和“产业定商、平台招商、生态留商”的战略，为园区招大引强凝聚起强大向心力。园区内全市首个VR(虚拟现实)体验馆正式开业，全国首个无人机7S店正式运营，浙能资本控股平台、中科天维三维激光扫描雷达项目、浙江刚玉工业智能机器人项目相继入驻园区。VR体验馆、无人机7S店、机器人产业联盟初具规模，园区形成产业生态链。

资料

7S店：指兼有销售、零配件供应、售后服务、信息反馈、专业培训、方案解决、行业赛事等功能的专卖店。

【思科公司大中华总部T5系统上线】 2016年8月1日，思科中国公司大中华总部T5系统上线。年内，除中国电信集团自行采购外，其他200余个代理商均使用T5系统。全年实现营业额16亿元，完成税收1.38亿元。年内，思科WebEx研发中心7400平方米研发场地整体搬迁启动，将入驻中豪望江国际4号楼，与思科公司大中华总部集中办公。

【中国铁塔浙江分公司快速发展】 中国铁塔股份有限公司浙江分公司是中国铁塔股份有限公司在浙江省的分支机构，主营铁塔的建设、维护和运营，兼营基站机房、电源、空调等配套设施和室内分布系统的建设、维护和运营，以及地铁、机场、交通枢纽、特大型场馆、大型楼宇等重大公用场所室内分布系统的建设。2016年，该公司业务快速发展，新建通讯站点1.1万个，杭州市区范围移动网络规模增长22%，联通网络规模增长80%，电信网络规模增长74%。公司实现营业收入4亿元，利税850万元。

(金伟峰)

【无人机7S店落户望江智慧产业园】 2016年10月18日，杭州首个无人机7S店落户望江智慧产业园。无人机7S店是咸亨国际航空自动化有限公司国际技术研究院旗下全球首个无人机旗舰店，位于近江时代大厦。7S店是4S店的升级版，除开展销售、零配件、售后服务、信息反馈4项服务外，还有专业培训、行业赛事、方案解决等服务。实体店实施用户需求的精准对接，为客户提供定制的解决方案，并推广无人机技术。

【HTC官方授权VR体验馆落户望江智慧产业园】 2016年7月11日，国内最大的HTC(宏达电子)官方授权VR体验馆落户望江智慧产业园并试营业。体验馆隶属杭州春派电子商务有限公司。望江智慧产业园联手该公司打造全品类VR硬件销售，建立VR内容分发平台，开发并发行VR游戏，组建VR内容开发与制作公司，并联合HTC厂家设立VR产业孵化器，打造VR相关产业闭环链条，全方位打造VR产业，为望江智慧产业园的发展注入全新动力和智力。

咸亨国际无人机7S店　　(望江街道　供稿)

【望江智慧产业园入选首批市级总部(浙商)基地名单】 2016年10月20日，望江智慧产业园入选杭州市公布的首批市级总部(浙商)基地名单。产业园总部基地位于钱塘江北岸，紧邻钱江新城和玉皇山南基金小镇，集聚约企业1万个，其中包括思科(中国)有限公司、安正科技有限公司、昆仑控股集团有限公司、南华期货股份有限公司等高科技行业龙头企业，智慧产业形成集群效应。

【浙能资本控股有限公司落户望江智慧产业园】2016年11月1日，浙能资本控股有限公司落户望江智慧产业园。公司为浙江能源集团全资控股的子公司，主要从事电源建设、电力热力生产、煤矿投资开发、煤炭经营、天然气开发利用、能源服务和金融地产等业务，注册资金100亿元，首期到位资金20亿元。

（周廷波）

电子机械功能区

【概况】 2016年，上城区电子机械功能区积极探索都市型工业园区发展新思路，以转型升级和创新驱动为核心，以项目推进、平台建设和服务优化为着力点，推动功能区工作全面提升。园区注册企业481个，其中规模以上工业企业22个、在孵工业企业13个、限额以上商贸和服务业企业21个。全年实现技工贸总收入57.92亿元，税收收入4.1亿元，地方财政收入1.94亿元，工业产值亩产922万元，主要经济指标在全省各功能区排名靠前。杭州海兴电力科技股份有限公司在上海证券交易所主板挂牌上市，成为功能区第一个本土培育的主板上市企业。杭州柯林电力设备有限公司、杭州大光明通信系统股份有限公司等企业基本具备上市条件，园区储备浙江威星智能仪表股份有限公司、杭州交联电气工程有限公司等拟上市(挂牌)企业12个。由浙江双元科技开发有限公司参与研发的相控阵三维声学摄像声纳实时信号处理和图像构建关键技术项目获浙江省技术发明一等奖，中科院杭州射频识别研发中心研发的SimImage毫米波全息人体安检成像仪获第十八届中国国际工业博览会“创新银奖”，杭州智感科技有限公司(在线检测机器人)在“浙江好项目·2016浙江省中小微企业创新创业大赛”中获一等奖。功能区29个高新技术企业拥有专利561项，其中发明专利93项。全面启动“二次创业”，制定产业发展和空间优化两项规划，促进园区更新改造。规划主要内容为调整容积率，由厂房车间变为工业总部经济，实现产城融合。全力建设工业创新创业平台——“工创空间”。规划设计研发服务区、创业工作区、商务服务区和生活服务区四大服务区域。推进全省首个创新实验室(Fab Lab)建设，实验室设有接待区、3D打印区(无噪音区)、机械加工区(噪音区)、分享交流区四大功能区，年末实验室完成室内装修。

【筑牢安全生产防线】 2016年，区电子机械功能区以服务G20杭州峰会为圆心，筑牢安全生产和消防安全两道防线。由园区安保人员、企业安保人员组成97人的平安巡防队伍，实行24小时巡查。由管委会、物业公司组成12人安全综合治理排查小组，不间断排查企事业单位安全生产、消防安全、综合治理等情况。召开由55个企业法人代表及安全管理员参加的安全生产会议，将其分3组对园区内48个单位、52个租赁单位开展安全大排查，并委托属地专业机构进行复查。对园区主干道两侧存在视觉污染和有碍观瞻的彩钢房(棚)等建(构)筑物进行整治，拆除园区内违法建筑1210平方米，关停无证经营和超范围经营餐饮店3个。

【园区道路提升改造】 2016年，区电子机械功能区完成环境改造提升项目2个，对园区2号路、上园路连接段、祥园东路连接段、祥园北路连接段、7号路连

区电子机械功能区二期标准厂房　　（区电子机械功能区管委会　供稿）

2016 年 9 月 26 日，区电子机械功能区管委会联合杭州电视台综合频道举办“绿色发展，先锋先行”主题论坛　（区电子机械功能区管委会　供稿）

接段等道路重新铺设沥青，更换行道板和井盖，安装道路地面标识标线停车位、路边标志标牌标杆及整体交通安全设施。实施道路提升改造后，功能区交通环境大为改善。通过公开招标成立新的物业公司。实施以“小提升、大封闭、微循环”为目标的停车系统综合改造，划出路面停车泊位 518 个、地下停车泊位 736 个，科学设置 2 条单向循环线路。

【服务功能区企业】 2016 年，区电子机械功能区把为企业提供高效服务作为首要任务，创新“二次创业”工作三法、安全生产社会化服务等工作方法，提升为企业服务的能力和水平。协调解决企业的各种问题，促进园区建设项目早日动工投产。开展“工匠汇”“知行汇”“趣享汇”三大品牌活动，为园区员工搭建有效的交流学习平台；通过举办讲座、沙龙和论坛等活动，为员工提供政策、金融、管理、技术等最新最实用的信息；结合“两学一做”学习教育，联合杭州电视台综合频道《钱塘论坛》栏目举办“绿色发展，先锋先行”主题论坛，与非公有制企业党组织探讨“党建与企业发展”话题，共同分享学习习近平总书记系列重要讲话精神和《中国共产党问责条例》的心得体会；帮助企业完善工会运作机制，以“工创尚城”微信公众号为服务职工平台，从企业员工兴趣爱好出发，组织摄影大赛等活动，丰富员工业余生活。

（李　岚）

南宋皇城小镇

【概况】 南宋皇城小镇(原吴山宋韵小镇)以南宋皇城遗址和清河坊国家 AAAA 级旅游景区为核心，总规划面积 3.1 平方千米。北起西湖大道，南至宋城路，西接南山路，东抵建国南路。南宋皇城小镇以彰显“南宋千年文化”为核心，以“一线五板块”为产业发展载体，推进南宋经典文化与“文商旅养”大旅游产业深度融合发展，打造独具文化特色的国家 AAAAA 级旅游景区和一流的旅游国际化先行示范区。南宋皇城小镇按照产业、文化、旅游、社区功能“四位一体”，生产、生活、生态“三生融合”的特色小镇发展要求，出台旅游、文创、“非遗”等产业扶持政策，“皇家文化、南宋风情、古都商业、宋学经典、宫廷养生”五大旅游主题板块集聚发展。2016 年，南宋皇城小镇完成固定资产投资 25.4 亿

2016 年 10 月 20 日，上城区举行南宋皇城小镇启动仪式

（区风景旅游局　供稿）

元，新增产业发展空间 17.8 万平方米；接待游客 3200 万人次，40 余家中央和各省市媒体对小镇进行专题报道。G20 杭州峰会期间，多国嘉宾专程到访。12 月 5 日，南宋皇城小镇入选浙江省特色小镇文化建设示范点。

【南宋皇城小镇开镇】 2016 年 10 月 20 日，南宋皇城小镇启动仪式暨 2016 年吴山庙会开幕式在鼓楼广场举行，副市长陈红英等领导及相关部门负责人、小镇劳模代表、社区居民代表 80 余人参加活动。陈红英致辞并宣布小镇启动。区委书记缪承潮致欢迎词。小镇将重点打造南宋“150”皇城文化体验线路，形成“皇家文化、南宋风情、古都商业、宋学经典、宫廷养生”五大主题板块。

【全国网络媒体杭州行专题采访团走进上城】 2016 年 12 月 1 日，由人民网、新华网、中国新闻网、央视国际、新浪、网易、腾讯网、凤凰网等全国 40 余家重点网络媒体组成的“看后 G20 时代的杭州”全国网络媒体杭州行采访团专题采访南宋皇城小镇。采访团对南宋皇城小镇独特的历史文化韵味和丰硕的建设成果进行了解，先后在全国各主流网络媒体上刊发新闻报道 100 余篇。

（沈建军）

【南宋皇城小镇入选省首批特色小镇文化建设示范点】 2016 年 12 月 5 日，浙江省特色小镇文化建设现场会在紫金港国际饭店召开，上城区南宋皇城小镇等 20 个特色小镇入选浙江省首批特色小镇文化建设示范点。浙江特色小镇建设发展迅速，在文化遗产保护、传统经典文化产业发展、公共文化服务配套等方面取得明显成效。南宋皇城小镇是区委、区政府贯彻落实市委关于“推进跨湖桥、良渚、南宋皇城等文化遗址保护与开发”要求，着力打造国际化的旅游休闲中心。未来将聚焦旅游休闲产业，实现南宋皇城大遗产保护与旅游观光、娱乐休闲、文化创意等产业发展的良性互动，激发“大遗址+”的创新活力，助推区域经济发展、文化提升、产城融合。

（张雪梅）

美丽上城

大事记

Chronicles of Events

2016年大事记

1月

1日 上城区举行以“打赢攻坚战，护航G20，上城当先锋”为主题的G20杭州峰会安保工作誓师大会。

4日 上城区启动2016年有效投资重大项目集中开工仪式。

5~6日 中共上城区委九届十四次全体(扩大)会议召开。

6日 2015年上城区“邻里价值观”践行活动年度总结暨第四届“最美邻里”(道德模范)颁奖大会在杭州电视台举行。

7日 市人大常委会主任王金财率领督察组督查馒头山地区环境提升工作。

8日 上城区职工品质生活体验点暨凤凰文创小镇职工之家揭牌。

11日 上城区被国际旅游年会中国区组委会授予“艾里缇斯奖”，并获“中国最佳投资旅游典范区”荣誉。

12日 浙江省文化产业项目投融资活动在玉皇山南基金小镇举行。

同日 副省长朱从玖调研玉皇山南基金小镇。

15日 上城区第十四次妇女代表大会召开。

16日 省委常委、市委书记赵一德调研馒头山区块综合整治工程。

17日 上城区与外交学院举行《基于学生发展的国际理解课程研发项目》框架协议签订仪式。上城区被授予“外交学院国际理解教育研发基地”称号，杭州新世纪外国语学校被授予“外交学院国际理解课程示范基地”称号。

19日 杭州市第一轮“互看互学”大比武活动启动。赵一德、张鸿铭、王金财、叶明、杨戌标等市领导率领考察团到上城区实地考察环境整治项目，并逐一进行点评。

26日 区委常委召开“三严三实”专题民主生活会。市委副书记、市长张鸿铭到会指导并讲话。

28日 省委常委、市委书记赵一德复信杭州市崇文实验学校少先队员，点赞上城少先队员号召全市20万名少先队员响应喜迎G20杭州峰会的四点倡议。《杭州日报》头版对此进行跟踪报道，并转载四点倡议。

是月 上城区启动南山路近10年来最大力度提升改造工程。

2月

1日 上城区主办的市区中英文标识标牌纠错“啄木鸟行动”正式启动。

5日 上城区召开“打赢攻坚战、护航G20、上城当先锋”主题报告会暨年度表彰大会，表彰上城公安围绕“护航G20”工作布局开拓创新、勇创佳绩的成果。

8日 由上城区选送的歌曲《幸福家园——社区之歌》在“小康梦想，幸福家园”2016年全国社区网络春晚上播出。

14日 副市长陈红英率领市峰会办相关负责人到上城区开展新春下基层调研活动。

同日 上城区启动东宝路夜市整治工作。

16日 省委书记、省人大常委会主任夏宝龙考察馒头山综合整治工程。

16~17 日 上城区举行“金猴闹新春，喜迎G20”为主题的群众新春文艺演出。

17 日 上城区启动杭州最大的露天菜场——望江门外直街菜市场专项治理。

同日 由全国人大常委会委员、浙江省人大常委会副主任姒健敏率领的浙江省全国人大代表团到上城区调研玉皇山南基金小镇。

同日 由《人民日报》、新华社、《光明日报》、《经济日报》、中央人民广播电台、中央电视台等中央主要媒体及部分重点网络媒体30余名记者组成的采访团在中共中央宣传部新闻局副局长张小国带领下，到玉皇山南基金小镇进行大型集中采访。

18 日 清波街道推出的“清波话坊”基层民主协商平台得到民政部基层政权和社区建设司批示肯定。

同日 上城区率先启动“办好G20·文明伴我行”市民文明素质提升十大行动，并推出百项文化活动。

资料

上城区市民文明素质提升十大行动：“办好G20·文明伴我行”舆论宣传行动、“中国故事·上城魅力”公益广告宣传行动、“迎峰会、讲文明、树新风、做文明有礼的杭州人”市民学习行动、“我为峰会添光彩”文明共建行动、“小手拉大手，文明齐步走”文明校园创建行动、“我参与、我奉献、我快乐”文明劝导行动、“办好G20·书香满上城”全民阅读行动、“人人动手，美化家园”环境提升行动、“净化社会文化环境”专项行动、“健康快乐迎峰会”专项行动。

20 日 省委常委、市委书记赵一德考察上城区“五水共治”工作。

23 日 中国人民政治协商会议第四届杭州市上城区委员会第五次会议开幕(26日闭幕)。

同日 市委副书记、市长张鸿铭调研湖滨路街容提升整治工程进展情况。

24 日 上城区第十四届人民代表大会第五次会议开幕(28日闭幕)。

26 日 来自15个国家和地区26家知名海外华文媒体的31名记者到玉皇山南基金小镇考察采风。

同日 上城区出台《关于进一步加强非物质文化遗产保护和扶持工作的若干意见》，该意见于3月25日起实施。

26~27 日 “2016国际(杭州)文物交流博览会”在杭州吴山品悦豪华精选酒店举行。

29 日 上城区开展第17次全国“爱耳日”关注听力健康宣传服务活动。

同日 上城区申报的杨氏太极拳（牛春明太极拳）和俞同春中药炮制技艺两个项目被市政府公布为第六批杭州市非物质文化遗产代表性项目。

同日 上城区志愿者协会鼓楼微笑驿站负责人周炎珍获全国“最美志愿者”称号，为杭州市唯一入选的志愿者。

同日 中央电视台《新闻联播》栏目专题报道玉皇山南基金小镇打造基金产业链和聚集孵化近400余个金融类企业的情况，并采访区委书记缪承潮。

3月

1 日 上城区召开区政府全体扩大会议。

同日 杭州首个“少数民族服务站”在汽车南站正式投入使用。

同日 上城区启动“护航G20·普法在行动”系列活动。

2 日 市委常委、组织部部长张仲灿到上城区调研基层党建工作。

3 日 省委常委、市委书记赵一德调研钱江新城亮灯工程。

4 日 上城区举行纪念“三八”国际妇女节大会暨“服务G20·贡献她力量”系列活动启动仪式。

5 日 市委常委、宣传部部长翁卫军到上城区调研雷锋广场活动。

7 日 区委书记缪承潮接受中央电视台《焦点访谈》栏目采访。

9 日 上城区新概念康复养老中心项目在瑞莱克斯大酒店举行签约仪式。

10 日 上城区公民警校揭牌仪式暨首期培训班开班典礼在区青少年活动中心举行。

11 日 上城区在吴山广场举行“文明东道主，微笑满杭城”主题系列活动启动仪式。

14 日 上城区举办第三届“草根民师讲堂”之服务保障 G20 杭州峰会专场活动。

16 日 省委常委、市委书记赵一德调研上城区街道峰会平安巡防队伍建设和网格化管理等工作。

17 日 区委书记缪承潮接受中央电视台财经频道采访。

22 日 司法部基层政权和社区建设司调研组调研上城区基层司法所建设工作。

同日 美国德克萨斯州警察研修团到上城区考察交流禁毒工作。

同日 上城区在杭州文化广播电视集团演播厅举行“美丽上城众创天堂，杭州青年创业创新项目路演汇”活动，并为青年创业大街获“青年创业创新示范基地”称号举行揭牌仪式。

同日 上城区在全市率先开展残疾人机动轮椅车更新及车棚安装工作。

23 日 中央电视台《焦点访谈》栏目以“小镇撑起大格局”为题，对玉皇山南基金小镇进行大篇幅报道。

同日 浙江省科协党组成员、副主席陆锦，杭州市科协党组成员、副主席张贵书等调研钱学森航天科普馆。

24 日 市人大常委会主任王金财一行到上城区督查 G20 杭州峰会环境提升工程与街容美化项目。

同日 上城区中小学配备“心理健康副校长”。

25 日 上城区紫阳街道凤凰社区工作人员孟晨在浙江省中医院进行造血干细胞捐献，帮助北京 1 名白血病患者重获生的希望。

同日 上城区举办第三十二期吴山大讲堂，北京市政府新闻办主任、新闻发言人王惠应邀做主题为“国际峰会背景下的境外媒体应对和新闻宣传”的讲座。

27 日 上城区举办第三届智力运动会。

28 日 上城区政府获“2015 年度浙江省法治政府建设(依法行政)先进单位”称号。

同日 省委常委、市委书记赵一德调研西湖大道整治提升工程和望江街道始版桥直街改造提升情况。

同日 上城区举行“两学一做”专题党课暨学习教育部署会，启动“两学一做”学习教育。

30 日 省委组织部部务会议成员、省委两新工委副书记马小秋等到上城区调研特色小镇党建工作。

同日 上城区在云居山浙江省革命烈士陵园举行悼念革命先烈活动。

4 月

1 日 上城区举行“清洁家园除‘四害’、安全健康保峰会”百日大行动启动仪式。

2 日 省、市 11 家新闻媒体对馒头山整治工作进行集中报道。

6 日 省委书记、省人大常委会主任夏宝龙调研玉皇山南基金小镇。

同日 省委副书记、省长李强考察上城区文创企业杭州佳平影业有限公司。

同日 中国国际金融有限公司董事兼首席执行官毕明建一行参观玉皇山南基金小镇。

同日 邵逸夫医院杭州玉皇山南基金小镇国际医疗中心正式开业运营。

7 日 杭州市开展“互看互学”大比武活动。赵一德、张鸿铭、王金财、叶明、杨戌标等市领导到上城区实地考察思鑫坊历史街区整治工程和西湖大道街容提升工程，并进行点评。

同日 上城区首个学校卫生管理手机 APP 在全区 42 所学校试点上线。

11 日 市委副书记、市长张鸿铭到上城区调研地铁建设项目。

同日 上城区在湖滨地区投入使用新型电动保洁车。保洁车小巧、美观、大方，装有双轮液压碟刹制动和限速装置，车上配备垃圾箱、扫把、垃圾铲和火钳等环卫常用工具及高压水枪，安全性能好，可快速处理路面垃圾。

12 日 上城区启动“为中国加分”文明旅游公益活动。

13 日 审计署驻南京特派办特派员周敦祥等一行调研玉皇山南基金小镇。

14 日 人力资源和社会保障部副部长邱小平一行调研上城区。

15 日 “香港大昌行爱心车轮浙江行（杭州站）”第一站在南星街道工疗站拉开帷幕。

同日 上城区举办第三十三期吴山大讲堂，中华文化促进会礼仪文化中心主任王珊应邀做题为“做优礼杭州人——公务礼仪与涉外礼仪”的讲座。

16日 上城区“非遗”项目——振兴祥中式服装制作技艺、杭州铜雕工艺、南宋官窑瓷烧制技艺等10余件作品参加“东亚文化之都·2016宁波”浙江省非物质文化遗产传统工艺品及相关衍生品设计展。该展览由浙江省文化厅主办、宁波市文化广电新闻出版局承办。

17日 上城区首款公共卫生管理员手机APP正式上线启用。

18日 民政部基层政权和社区建设司副司长刘勇率督查调研组到上城区督查调研社区民主协商自治工作。

19日 副市长项永丹率市相关部门负责人及专家团检查上城区峰会环境整治提升工作。

20日 市委常委、组织部部长张仲灿到上城区调研干部工作。

21日 上城区第十三届“城市一家人”文艺演出在海勤疗养院举行。演出主题为“军民共筑强军梦，助力峰会一家亲”。

22日 上城区志愿者工作委员会第八次全体会议暨团区委十二届三次全体（扩大）会议召开。

23日 全国政协副主席、科技部部长万钢调研玉皇山南基金小镇。

25日 市委副书记、市长张鸿铭调研上城区峰会整治项目。

28日 上城区联合“西湖之声”电台开展为期一个月的“办好G20，微笑迎嘉宾——上城微笑，上城味道”宣传行动在吴山广场启动。

29日 中国证监会副主席李超调研玉皇山南基金小镇发展建设情况。

同日 上城区委、区政府召开2016年度百名区级劳模评选表彰大会。

同日 上城区成立由律师、医生、教师、工程师、社区干部等不同职业组成的特邀监察员队伍。首届特邀监察员正式上岗。

同日 在第十二届中国国际动漫节期间，杭州市建兰中学学生的动漫作品吸引中央电视台关注，央视记者专程到建兰中学拍摄专题课。

30日 省委书记、省人大常委会主任夏宝龙视察思鑫坊改造提升工作。

5月

5日 上城区举行《G20知识小学生读本》首发仪式，杭城首本以G20为主题的小学生校本教材进入学校课程。

6日 副市长戚哮虎率市和谐社区建设领导小组成员到上城区考察社区治理和服务创新工作。

9日 省政协副主席王建满到上城区开展“规范提升城市社区物业管理水平”专题调研。

10日 中国侨联副主席、省政协副主席、省侨联主席吴晶率浙江侨界名媛会会员80人访问玉皇山南基金小镇。

同日 省政协副主席陈加元一行到上城区开展“G20杭州峰会交通建设与管理情况”专题调研，并考察西湖大道交通秩序管理情况。

同日 上城区中医院和浙江省中医院等医疗机构合作的医联体智慧医疗健康中心正式启动。

10~21日 上城区、西湖区、富阳区、建德市、淳安县五地“走亲”文艺演出先后在五地举行。

11日 中共中央政治局原常委、国务院原副总理李岚清到上城区考察艺术教育工作，并做题为“篆刻艺术与素质教育”的讲座。

同日 上城区残疾人“圆梦书法篆刻社”在中山南路326号圆梦阁成立。

同日 市人大常委会副主任徐祖尊到上城区检查大气污染防治暨“五水共治”工作。

12日 省政协副主席、民建省委会主委陈小平到上城区调研杭州民建企业家联谊会上城分会会员企业。

同日 上城区首个“科技大厦”在近江时代大厦揭牌。

13日 浙江省暨杭州市服务G20家庭志愿者行动推进展示活动在上城区举行。

15日 2016年全国“最美家庭”揭晓暨第十届全国五好文明家庭表彰大会在北京召开，上城区鲁立清家庭获全国“最美家庭”和“全国五好文明家庭”两项荣誉，并代表浙江省获奖家庭到北京人民大会堂领奖。

19 日 上城区百团百场文艺演出在杭州市工人文化宫启动。

同日 2016 年“中国旅游日”杭州旅游服务暨法治宣传进社区活动在鼓楼广场启动。

21 日 省委副书记、省长李强到上城区检查 G20 杭州峰会筹备工作。

同日 上城区 2016 年“科技活动周”开幕式暨创意青年原创产品展在“匠·无界”展厅举行。

同日 上城区“十三五”教育事业发展规划专家论证会召开。

22 日 国家民委监督检查司副司长李钟协带领考察团到上城区考察交流。

23 日 财通证券股份有限公司全资子公司浙江财通资本投资有限公司正式落户玉皇山南基金小镇。

25 日 由中共中央宣传部组织的 100 余家中央和省、市主流媒体记者组成的媒体采访团集中采访百年思鑫坊历史街区综合整治成果。

26 日 市人大常委会主任王金财到上城区督查峰会项目进展情况。

同日 市政协、区政协联合举办的“服务 G20，‘五送’进社区”活动启动仪式在上羊市街社区举行。

同日 上城区举行庆“六一”儿童节暨第十五届“奋飞奖”表彰大会。

同日 上城区启动“环境美化百日行动”。

27 日 上城区举行“决战 100 天、全力保峰会”誓师大会，正式拉开全力奋战 G20 杭州峰会筹备工作最后冲刺阶段的帷幕。

同日 市人大常委会副主任徐祖萼一行到上城区督查城市环境提升工作。

28 日 由市委宣传部、市文明办、区委宣传部、区文明办主办的第十一届公民爱心日活动在吴山广场开幕。

30 日 上城区劳动路社区新民村小区加装接力式站座式电梯。该小区是浙江省《关于开展既有住宅加装电梯试点工作的指导意见》实施后，杭州既有住宅加装电梯的第一个小区。

同日 上城区首个屋顶(中山苑小区)羽毛球场投入使用。

31 日 省委书记、省人大常委会主任夏宝龙，省委常委、宣传部部长葛慧君，省委常委、市委书记赵一德，省委常委、秘书长陈金彪到杭州市娃哈哈小学慰问少先队员，祝小学生们儿童节快乐。

同日 浙江紫桓华韵影视制作有限公司开业仪式暨 3D 魔幻巨制电影《兰陵王入阵曲》开机仪式在上城区凤凰御园 1138 园区举行。市委常委、宣传部部长翁卫军等出席。

同日 区委举办理论学习中心组(扩大)专题学习会，传达学习习近平总书记在全国哲学社会科学工作座谈会上的重要讲话。

是月 上城区被中共中央宣传部和司法部授予“2011~2015 年全国法治宣传教育先进县(市、区)”称号。

6 月

1 日 上城区颁发第一本不动产登记证明，标志着上城区不动产统一登记工作进入登记发证阶段。

同日 省政协视察组到上城区考察西湖大道交通秩序管理情况。

2 日 省政协副主席汤黎路率检查团到上城区检查峰会项目实施情况。

3 日 玉皇山南基金小镇出入境服务站正式挂牌运行。

同日 杭州新世纪外国语学校、杭州市胜利实验学校被外交部命名为“中华人民共和国驻外使领馆阳光学校合作基地”。

7 日 市委副书记、市长张鸿铭一行到上城区调研南山路、东望天际线景观亮灯工程。

8 日 上城区承办纪念越剧诞生 110 周年暨舒锦霞从艺 35 周年活动。

13 日 上城区首次挂牌出让住宅用地(近江单元 B-C1-01 地块和 SC0302-05 地块)。

14 日 市委副书记、市长张鸿铭考察上城区行政服务中心基金小镇分中心。

15 日 省人大常委会党组书记、副主任茅临生到上城区调研峰会项目进展情况。

20 日 财政部党组成员、部长助理戴柏华调研玉皇山南基金小镇。

21 日 上城区举行第三十四期吴山大讲堂暨黄亚洲长篇小说《红船》杭州首发赠书仪式，黄亚洲做主题为“红船精神的时代解读”的专题讲座。

资料

黄亚洲：男，诗人、作家，1949年8月生于杭州。1970年开始文学创作，已出版诗集《无病呻吟》《磕磕绊绊经纬线》《父亲，父亲》和小说集《交叉口》、剧本集《老房子新房子》等文学专著9部，其中2001年由人民文学出版社出版的长篇小说《日出东方》获国家图书奖。现为中国作家协会影视委员会副主任，曾任中国作家协会副主席、浙江省作家协会主席。

22日 省委常委、市委书记赵一德调研紫阳街道基层党建工作。

同日 市政协主席叶明一行到上城区开展文明督导活动，视察吴山公交站排队上下车志愿服务情况和河坊街、南宋御街、鼓楼等景区环境卫生、公共秩序、志愿者服务情况，以及平海路湖滨商圈环境卫生、公共秩序和文明旅游劝导情况。

同日 上城区召开全区经济工作暨科技创新大会，总结2015年经济和科技工作，研究部署2016年经济和科技工作主要任务。

23日 上城区与浙江大学学术活动交流合作中心暨中国新时期发展研究中心揭牌。

25日 “喜迎G20，唱响新上城”上城区第十六届歌手大赛决赛在上城区青少年活动中心礼堂闭幕。

同日 宁波云朵网络科技股份有限公司创业者以“云朵十点·见”为主题的十周年见面会在上城区召开。由宁波云朵网络科技股份有限公司和浙江省文化产业促进会联合设立的浙朵云文化产业大数据服务平台落户上城区。

资料

云朵网络：宁波云朵网络科技股份有限公司是一个大数据公司。公司自主研发“云朵精准搜索引擎”“云朵数据推荐引擎”“大萝卜数据机器人”等核心技术。云朵网络各类服务器传输能力达到200T，跻身于国内规模较大的信息化服务商行列。

26日 省、市、区三级禁毒办公室及社会团体等联合举行的以“参与禁毒，护航峰会；拒绝毒品，绚丽青春”为主题的纪念“6·26”国际禁毒日暨“护航G20，禁毒在行动”毅行公益活动在吴山广场启动。

27日 上城区举办纪念中国共产党成立95周年书画展(7月10日结束)。

28日 上城区工疗站学员俞晨阳凭借绘画作品《树景之谜》入围首届“无界国际青年艺术展”。《树景之谜》是WABC无障碍艺途杭州区域唯一入选的作品。

同日 盛景全球创新大奖中国区“互联网+”行业专场大赛在上城区举行。

同日 全省首个物业纠纷调解工作室在上城区挂牌，工作室设在区住房和城建局。

29日 省委副书记、政法委书记，省人大常委会副主任王辉忠检查上城区峰会安保工作。

同日 副省长熊建平率调研组到上城区调研养老服务工作。

同日 市委副书记、市长张鸿铭调研上城区G20杭州峰会维稳安保工作。

30日 科技部副部长徐南平调研上城区国家可持续发展实验区工作。

7月

1日 上城区召开庆祝中国共产党成立95周年大会。区委书记缪承潮出席并讲话。

同日 省委常委、市委书记赵一德调研上城区养老服务业综合改革试点工作。

2日 上城区正式启动“夏安”系列行动。民警、特警、城管、民兵预备役、平安志愿者等1200人参加启动仪式。

同日 国内最大的HTC官方授权VR（虚拟现实)体验馆落户上城区。

同日 上城区联合团省委、省钱江管理局等单位组织开展“同一条钱塘江”系列活动之“喜迎G20，最美钱塘江”海塘彩绘活动。

4日 各级人大代表100余人参加上城区“公民警校”人大代表“保平安、保洁化、迎峰会”活动启动仪式。

7日 国土资源部副部长王世元、赵龙调研玉皇山南基金小镇。

同日 上城区工商联第九次会员代表大会召开。

同日 上城区与市城管委、浙报集团共同发起的“打造国内最清洁城市——‘市民路长’在行动”启动仪式在上城区小营公园举行。

8日 上城区启动“服务G20,青春要出征”行动。

11日 上城区组织“迎接G20,我为七一献热血”活动。

同日 上城区首个医养护一体康复护理机构“彩虹鱼”康复护理院开张。

12日 上城区举行纪念习近平同志复信小营巷社区党委五周年活动。

同日 上城区举行“‘五长五包’护峰会,决战决胜50天”——上城区党(团)员践行“先锋365”主题活动誓师仪式。

同日 在省政府公布的第五批省级历史文化名镇名村街区名单中,上城区有9处入选,分别为清河坊、小营巷、中山中路、湖边邨、思鑫坊、五柳巷、中山南路—十五奎巷、泗水坊、安家塘,入选街区占全市总数的60%。

13日 省委副书记、代省长车俊到玉皇山南基金小镇考察,并调研上城区工作。

同日 省人大常委会环境与资源保护委员会副主任谭庆华一行陪同江西省人大调研组到上城区调研低碳环保、垃圾分类工作,实地调研水澄桥社区低碳生活馆。

同日 上城区政府与浙江财经大学签署战略合作协议。

14日 上城区开展“比进度、比质量、比安全”大竞赛活动。

同日 上城区举行第十次“全国特奥日”庆祝活动,活动主题为“推动社区特奥,促进融合发展”。

15~16日 上城区开展夏季治安大整治集中清查行动。

15日 上城区残疾人艺术家陈巍创作的作品《朝露》在“2016年东京国际残疾人艺术展”展出。

19日 区委书记缪承潮在思鑫坊接受浙江广播电视集团“浙江之声”和“新蓝网”专访,介绍上城区峰会保障工作开展情况和取得的成效。

同日 由教育部和北京语言大学共建的中国语言资源保护研究中心《浙江方言》摄制组到上城区拍摄方言传承与保护专题片。

20日 “南宋遗韵”上城区非物质文化遗产摄影作品展展出。

21日 省委常委、公安厅厅长徐加爱一行到上城区检查安保工作落实情况。

22日 上城区举行全省扩大有效投资重大项目集中开工活动仪式暨望江单元(中策橡胶厂地块)安置房项目开工仪式。

24日 杭州市金融人才管理改革试验区授牌暨“先锋星·西湖先锋”线下联盟——玉皇山南基金小镇党群人才服务中心揭牌仪式在目术塘园区举行。

25日 市委副书记、市长张鸿铭到上城区慰问高温一线工作人员。

同日 上城区申报并起草的杭州市地方标准规范《道德模范培育宣传管理工作规范》正式发布,并于9月1日起实施。

26日 区委九届十五次全体(扩大)会议召开。

27日 中美文化产业发展投资基金筹备组组长、海通创意资本管理有限公司副总经理鱼建光等到上城区对接有关工作。

同日 省公安厅党委副书记、常务副厅长洪巨平和党委委员、政治部主任刘静到上城区调研指导峰会安保工作。

28日 上城区“我看上城新变化”市民体验周活动启动(8月3日结束)。

28~29日 区政协举行政协委员暑期读书会。

30日 省委常委、市委书记赵一德到“小营·江南红巷”国家AAA级红色旅游景区检查G20杭州峰会安保和基层社会治理工作。

8月

1日 上城区启用房政监察和住宅装修管理新模式。

2日 上城区召开区委常委(扩大)会议暨半年度经济形势分析会。

2~3日 中共中央宣传部组织50余家中央和省、市主流媒体的100余名记者集体采访馒头山地区整治和玉皇山南基金小镇建设发展情况。

3日 省公安厅党委副书记华乃强带领厅机关

干部组成夜间巡逻队，到上城区开展“护航G20夜间巡逻”活动。

4日　习近平主席出访官网发布杭州迎峰会宣传片。宣传片展示上城区百年思鑫坊、韵味馒头山、宜居始版桥、鲜花迎宾西湖大道、最美南山路、璀璨钱塘江等美景。

同日　区委书记缪承潮主持召开上城区B20商务推介活动专题会议。

同日　区人大常委会召开半年度政情通报会。

5日　上城区召开全区党政信息工作会议。

同日　上城区最大的社区卫生服务站——大通桥卫生服务站开放。

6日　上城区召开纪念“法治浙江”建设十周年暨“七五”普法工作动员大会。

8日　位于望江门外的南落马营体育文化公园正式揭牌。该公园是全市首个由政府、民营企业、行业协会共同搭建的体育产业平台。

同日　上城区开展第七次全国“肢残人活动日”活动。

10日　上城区联合杭州网推出的“G20来我家·幸福小巷在上城”网络主题报道第五季正式上线，区委书记缪承潮接受杭州网专访。

12日　《杭州市上城区志》首轮志书发布，同时召开二轮志书编纂工作动员会。

13日　上城区开展“人人动手清洁家园”环境卫生清洁大行动，2000余名党员干部、居民群众参加活动。

同日　上城区G20杭州峰会志愿者形象登陆中央电视台英语新闻频道。

15日　市委常委、杭州警备区司令员潘方敏一行到上城区检查指导G20杭州峰会安保工作。

同日　上城区工疗员俞晨阳绘画作品《树景之谜》在纽约联合国总部联大会议厅展出。

同日　百年文房老字号浣花斋以“浙江浣花斋美术馆”形式回归南宋御街。浣花斋始创于1637年。

17日　G20杭州峰会安全应急指挥小组组长、国务委员、公安部部长郭声琨到城站火车站视察反恐防暴工作。

20日　黄亚洲中英文双语诗集《听我歌唱杭州》首发仪式和诗歌朗诵会在“尚城1157·利星”商业综合体举行。

21日　上城区成立G20杭州峰会服务保障总指挥部和安全保卫服务保障指挥部、环境质量服务保障指挥部、宾馆服务保障指挥部、环境提升与交通保障服务指挥部、新闻宣传与媒体服务保障指挥部、抵离迎送服务保障指挥部、民生保障与市场供应服务保障指挥部7个分指挥部，提升G20杭州峰会服务保障工作。

同日　上城区举行服务保障指挥部应急演练，区总指挥与各专项组相关单位及6个街道参与服务保障工作人员在各指挥中心进行互联互通和视频对话。

23日　区委书记缪承潮参加杭州电视台西湖明珠频道“发现杭州之美——与区委书记面对面”访谈活动。

同日　省委常委、市委书记赵一德调研上城区G20杭州峰会服务保障工作。

同日　“匠·无界”非物质文化遗产展厅开放。

26日　区委书记缪承潮接受中央电视台国际频道关于玉皇山南基金小镇建设发展情况专访。

27日　上城区开展安全大检查。

28日　市委副书记杨戌标慰问上城区峰会一线保障人员和平安志愿者。

29日　中央电视台综艺频道大型益智类综艺节目《开门大吉》播出，来自上城区爱馨互助会的4名特殊孩子为现场观众表演非洲鼓。

同日　省公安厅副厅长、市委常委、公安局局长叶寒冰到上城区检查指导住地宾馆安保工作。

31日　省委书记、省人大常委会主任夏宝龙实地走访吴山广场、河坊街、望江路农贸市场、上羊市街社区等地，看望慰问市民，了解峰会民生服务保障情况，感谢广大市民对峰会筹备工作的理解和支持。

9月

1~7日　由中金公司、中国银行、黑石投资基金、加拿大OPUS咨询公司、全球最大的气象信息公司AccuWeather、海内外记者采风团组成的考察团参观考察玉皇山南基金小镇。

2日　中外媒体到玉皇山南基金小镇采访报道

上城区服务保障峰会工作。

3日 中央财经领导小组办公室副主任、中国人民银行副行长易纲一行调研玉皇山南基金小镇。

5日 省委常委、统战部部长王永康检查凤凰寺运行管理和安全保障工作。

7日 上城区领导慰问街道峰会保障一线工作人员。

8日 上城区庆祝第32个教师节暨优秀教师表彰大会在区政府大礼堂召开。

同日 由省委宣传部、省新闻出版广电局、市委宣传部，以及上城区文创企业杭州佳平影业有限公司等联合制作的大型人文纪录片《钱塘江》在中央电视台综合频道播出。

12日 上城区委召开常委(扩大)会议,传达贯彻习近平总书记关于G20杭州峰会的重要指示精神和省委常委扩大会议、市领导干部会议精神,并对上城区峰会筹备工作进行总结，对下一步工作进行研究部署。

同日 全市穆斯林在上城区举行古尔邦节庆祝活动。

13日 钱学森长子、中国航天十二院钱学森决策顾问委员会主任钱永刚到上城区考察。

14日 市人大常委会主任王金财到湖滨商圈考察慰问。

同日 中国红十字生命健康安全教育项目公益讲座在上城区举办。讲座主题为"救在身边——急救知识与技能大讲堂",美国心脏协会导师宋秋忆担任主讲,辖区居民、《钱江晚报》读者等70余人参加。

17~23日 上城区开展2016年全国科普日暨杭州市第三十届科普宣传周活动。

19日 上城区召开推进固定资产投资工作和扩大有效投资、推进重点项目"互看互学"大比武部署工作专题会议。

20日 上城区妇女儿童发展"十二五"规划终期监测报告获浙江省一等奖。

21日 上城区与德勤中国签署战略合作协议暨德勤华永会计事务所杭州分所入驻基金小镇仪式举行。

22日 "尚城1157·利星"商业综合体开业。

同日 上城区统一公共支付平台正式上线。

同日 省委督察组到上城区调查"五水共治""三改一拆"工作。

25日 省政协副主席汤黎路率考察组到上城区走访整治后的思鑫坊和馒头山，并参观玉皇山南基金小镇。

27日 国务院第三次大督查督查组考察上城区。

28日 省委常委、市委书记赵一德到湖滨商圈检查"十一"黄金周旅游服务保障工作。

29~30日 2016年东亚区特奥融合计划——杭州融合足球赛暨杭州市上城区第三届特奥会竞赛在杭州市杨绫子学校举行。

30日 上城区召开"最美楼道长"表彰大会。

10月

8日 玉皇山南基金小镇聘任万建华为小镇第一任"镇长"。

资料

万建华 1956年出生于江西南昌。曾任职中国人民银行总行，后担任招商银行总行副行长、常务副行长,中国银联股份有限公司总裁,上海国际集团总裁,证通股份有限公司董事长等职务，著有《现代公司理财》《商业银行战略管理》《商业银行专家管理》《金融e时代》等著作,是国内金融科技和互联网金融创新的主要倡导者。

10日 市委副书记、市长张鸿铭视察上城区重点建设项目。

同日 中国侨联副主席、中央国家机关侨联主席邵旭军带领中国人民银行、国家外汇管理局、中国证监会、中国工商银行、中国进出口银行等单位部门负责人、首席经济学家一行14人考察玉皇山南基金小镇。

11日 上城区开展市扩大有效投资推进重大项目"互看互学"大比武活动。

12日 上城区召开服务保障G20杭州峰会总结表彰大会。会上对上城区参与峰会保障工作的111个区级先进集体及1281名先进个人进行通报表彰，并通报全区10个峰会环境整治优秀项目。区委书记缪承潮做全区服务保障G20杭州峰会工作总结。

13日 全国特色小(城)镇建设经验交流会考察团到玉皇山南基金小镇考察调研。

15日 第三届中国民间艺术产业示范展在上城区中山南路187号梓府开幕。

同日 上城区2016年全民终身学习活动周暨上城区第十三届终身教育节开幕(23日闭幕)。

17~18日 德国包纳市市长卢德克访问上城区。

18日 杭州首个无人机7S店落户近江时代大厦。

19日 上城区举行全市第三批重大项目开工仪式。

20日 南宋皇城小镇开镇仪式暨2016年吴山庙会开幕式在鼓楼举行。

同日 望江智慧产业园入选杭州市公布的首批市级总部(浙商)基地名单。

21日 上城区市场监管局设立外资企业注册办理窗口。

22日 上城区"南山艺街"开街仪式在南山路举行。

24日 中兴通讯集团金融控股(杭州)有限公司落户上城区。

25日 区委九届十六次全体会议举行,会议表决通过《关于召开中共杭州市上城区第十次代表大会的决议》。

同日 中国作家协会副主席何建民调研玉皇山南基金小镇。

同日 上城区"出生医学证明"档案电子化管理项目启动。

26日 省委常委、市委书记赵一德慰问上城区一线环卫工人。

26~28日 上城区举办党外代表人士读书会。

28日 G20杭州峰会上城战区安保总结表彰大会召开。

31日 区委召开全区领导干部会议,传达学习中共十八届六中全会精神,部署全区学习贯彻工作。

11月

1日 省委常委、市委书记赵一德调研东河8号地下停车场库项目和大学路社区垃圾分类减量工作。

同日 副市长陈红英、市政府副秘书长杨建华等到上城区调研杭州马拉松比赛保障工作。

同日 上城区通过"浙江省教育基本现代化区"复查。

2日 上城区全域化旅游发布暨杭州国际体验日活动启动。

同日 上城区参加市第四区(县)协作组第二轮协作第一次联席会议。

同日 杭州皇城根南宋文物保护基金会在浙江省人民大会堂举行成立仪式。基金会设在上城区。

3日 全球私募基金西湖峰会召开新闻发布会。

4日 南宋皇城小镇"皇城小戏台"接受中央电视台纪录频道录制采访。

6日 国家卫生和计划生育委员会副主任、国家中医药管理局局长王国强参观考察小营巷社区。

7日 全球私募基金西湖峰会在玉皇山南基金小镇召开。

同日 省人大常委会副主任、政法委书记王辉忠一行调研上城区人大代表联络站工作。(2016年10月,中央决定王辉忠不再担任浙江省委副书记)

同日 上城区启用全市首批基层食品安全快速检测室。

8日 纪念钱学森105周年诞辰活动之"钱学森实验班"杭州时代小学试点授牌仪式举行。

同日 上城区纪念红军长征胜利80周年书画展在环球雅葵艺术中心开幕,画展持续至18日。

同日 美国格林威治小镇代表团访问上城。

同日 杭州市城乡社区治理创新论坛第一期在上城区举行。

9日 纪念孙中山150周年诞辰书画篆刻摄影展在上城区浣花斋举行。

同日 馒头山文化街区入选浙江省文化创意街区创建工作试点名单。

10日 省委书记、省人大常委会主任夏宝龙调研玉皇山南基金小镇。

11日 上城区纪念红军长征胜利80周年歌咏大会在吴山广场举行。

12日　省委常委、秘书长陈金彪考察玉皇山南基金小镇建设发展和人才队伍建设等工作。

13~14日　中国名师名校长论坛在上城区举行。

15日　全国党建研究会顾问、中共中央组织部原副部长张柏林调研上城区基层党建工作。

17日　中共中央政治局常委、中央书记处书记刘云山调研玉皇山南基金小镇。

同日　团中央书记处书记徐丰调研上城区青年TV品牌创建工作。

同日　市委副书记、市长张鸿铭到上城区调研重点项目建设。

18日　上城区入选省教育厅中小学教师"县管校聘"管理改革试点地区名单。

18~19日　杭州吴山运动休闲嘉年华分别在杭州海华大酒店和吴山广场举行。

20日　区委召开全区领导干部会议，宣布省委、市委对区委、区政府主要领导进行调整的决定。省委常委、市委书记赵一德到会并讲话。市委常委、组织部部长张仲灿宣读文件，缪承潮主持会议并做表态发言。会议宣布：陈瑾任中共杭州市上城区委书记，金承涛任中共杭州市上城区委副书记，提名金承涛为杭州市上城区区长候选人。

21日　"喜迎G20峰会·发现美丽上城"摄影大赛揭晓颁奖，110幅获奖作品在"尚城1157·利星"商业综合体展出。

23日　上城区举行中共十八届六中全会精神宣讲报告会。

同日　全国人大常委、省人大常委会副主任姒健敏一行到上城区代表联络站，开展联系群众活动。

同日　杭州浩毓云势网络科技有限公司领到上城区第一本外资营业执照。

同日　上城区与1905电影网签署合作协议。

资料

1905电影网：成立于2010年，是国家新闻出版广电总局主办的电影综合门户网站，自身拥有1905技术服务、1905数字、1905互动、1905影业、1905影业国际、1905香港投资6个子公司。经营业务涉及电影制片、版权销售、院线票务、娱乐营销、后期制作、教育培训、演艺经纪、互联网电视硬件研发、电影票务系统服务等领域，形成较为完整的电影产业体系。

24日　市人大常委会副主任朱金坤到上城区调研人大工作。

25日　上城区举办纪念第25个"国际残疾人日"演唱会暨好节目选拔赛。

29日　上城区举行"12·4"国家宪法日主题宣传暨上城区第十届法治文化节"流动大舞台"法治文艺演出。

30日　中共中央办公厅调研组调研玉皇山南基金小镇和智慧城管工作。

12月

1日　由40余家媒体组成的"看后G20时代的杭州"中国网络媒体杭州行采访团实地考察南宋皇城小镇。

同日　杭州美术节在上城区开幕。

2日　市委常委、杭州警备区司令员潘方敏检查上城区党管武装工作。区委书记陈瑾陪同。

3日　上城区委召开专题务虚会，就未来五年上城区国际化发展、"法治上城"和"平安上城"建设、五大产业发展、创新驱动以及社会治理等课题进行交流发言，并就区人大常委会和区政协今后五年工作提出意见和建议。

3~7日　上城区残疾人陈巍作品《清风亮节》在中国残联、全国政协书画室联合举办的"放飞梦想，共奔小康"首届全国残疾人书画展上展出。

5日　南宋皇城小镇入选浙江省首批20个特色小镇文化建设示范点。

6日　市委常委、常务副市长马晓辉一行到上城区检查安全生产工作。

7日　上城区文创企业华语之声传媒公司获"2016中国网络视听年度公益团队"称号。

8日　全国防灾减灾检查小组调研上城区近江东园社区。

同日　上城区与浙江能源集团签署战略合作协议。

12 日　郁达夫故居入选第三批杭州市党史教育基地。

同日　杭州红色博物馆联盟成立,“小营·江南红巷”国家 AAA 级红色旅游景区、中国社区建设展示中心入选该联盟。

12~13 日　中共中央组织部组织二局调研组考察玉皇山南基金小镇和上羊市街社区党建工作。

13 日　全国政协常委苏士澍调研上城区教育工作。

14 日　国家中医药管理局调研组调研上城区中医药工作。

同日　省检察院检察长汪瀚调研玉皇山南基金小镇。

15 日　省政府副秘书长、办公厅主任王晓峰一行调研玉皇山南基金小镇。

同日　团省委书记朱林森调研思鑫坊。

同日　浙江省高校科技成果转化基地、杭州市科技成果转化中心揭牌暨上城区与省内高校合作仪式在玉皇山南基金小镇举行。

16 日　国家安全生产宣教督导组调研上城区安全示范社区创建工作。

18 日　上城区获全国第五届“地方教育制度创新奖”。

20 日　市委副书记、市长张鸿铭调研上城区文化事业发展情况。

22 日　上城区召开司法行政基层“五位一体”工作模式推进会。

同日　上城区召开 2016 年度市对区综合考评指标分析会,梳理分析全年全区各考核指标完成情况。

同日　中央电视台综艺频道《向幸福出发》栏目播出杭州市上城区爱馨互助会特殊孩子的故事。

23 日　区委九届十八次全体会议召开。

同日　全省首个创新实验室(Fab Lab)落户上城区。

24 日　杭州国际设计周在“尚城 1157·利星”商业综合体开幕。

同日　中国社会福利基金会心唤醒基金的 AED(自动体外除颤器)捐赠仪式在南星街道玉皇山社区举行。

28 日　中共杭州市上城区第十次代表大会开幕(30 日闭幕)。区委书记陈瑾代表中共杭州市上城区第九届委员会向大会做题为《勇立潮头,争做标杆,加快建设一流的国际化现代化城区》的报告。会议选举产生中共杭州市上城区第十届委员会常务委员会委员和区委书记、副书记。陈瑾、金承涛、周徐胤、富永伟、金晓东、秦文、来剑波、范卫东、王歆、宣寅当选为新一届区委常委。陈瑾当选为区委书记,金承涛、周徐胤当选为区委副书记。

29 日　副市长陈红英到杭州娃哈哈外籍人员子女学校调研。

31 日　上城区举行紫薇原点跨年祈福活动。

(上城年鉴编辑部)

馒头山新貌

总述
General Survey

地情概貌

【历史沿革】 上城区是杭州市的老城区。南宋时建皇城于杭城南部,习惯称南边为上,区名由此而得。

上城区所辖区域远古系湖海相连之海湾。东汉光武年间,会稽郡议曹华信筑堤挡海潮,堤西成湖,堤东泥沙淤积,遂成陆地。隋开皇九年(公元589年),置杭州;开皇十一年(公元591年),移州治于柳浦西凤凰山麓,依凤凰山筑城。唐建中年间,杭州刺史李泌在涌金门至钱塘门之间,开井6口,均在上城区境内,导西湖水入城,原负山而居依山泉为生的居民逐渐北展,生齿日繁,民居日众。后梁龙德三年(公元923年),封钱镠为吴越国王,建都杭州,钱镠两次扩展罗城范围,今上城区范围皆是都城中心。自北宋至清末,今上城区范围分属钱塘县和仁和县。民国3年(公元1914年)属钱塘道之杭县。民国16年(公元1927年)5月,始建杭州市,属杭州市之城区。民国19年(公元1930年),杭州编为13个区,一至四区为今上城区范围。民国23年(公元1934年),合并为8个区;民国26年(公元1937年),日军侵占杭州后,改为7个区;民国34年(公元1945年),抗战胜利,恢复为8个区,今上城区范围为一、二区。1949年5月,杭州解放,当月建8个区,一区更名为上城区,二区更名为中城区。1957年5月30日,杭州市人民委员会决定,撤销中城区建制,其大部分区域划归上城区。

自隋唐以来,辖区一直是商贾辐辏、官衙毗邻、名贤辈出的繁华地区。辖区内的凤凰山东麓是隋唐时期州治及五代吴越国王宫和南宋皇宫所在地,留有众多的古迹遗址和人文景观,具有较高的历史价值,通过遗址考古发掘,累计有5项考古发现被评为年度全国十大考古新发现。宋时的三省六部,德寿宫,龙翔宫,安抚司;元时的江浙行省;明清时期的织造署,南巡行宫;清代的旗营将军署,以及宋至清的杭州府署;元至清的仁和、钱塘县署;民国时期的浙江省政府等省、市官衙、名宅、重要机关;中华人民共和国成立至1995年12月,中共杭州市委、市人大常委会、市人民政府、政协杭州市委员会等机构均设在上城区域内。

上城区道路纵横,交通发达。省、市、区的大批商业、旅游业、服务行业,省市各大银行,省市著名医院和文化设施皆云集于此,是杭州市的商贸“黄金”地段。上城区在保留和开发历史街区、加快旧城改造、打造精品街区等方面加快建设,全力提升发展、文化、生态、健康、平安五大品质,“现代化美丽上城”建设取得明显成效,城区面貌日新月异,全区旅游、购物、休闲环境日益优化。

杭州悠久的历史为上城区留下极其丰富的文化遗产,上城区拥有秀丽的自然风光,至2016年末,国家、省、市有关部门公布的上城区辖区内的重点文物保护单位92处,其中国家级文物保护单位13处、省级文物保护单位12处、市级文物保护单位52处,市级文保点15处。

【地理位置与面积】 上城区地处杭州城区中部偏南,东以贴沙河、清江路至西兴大桥与江干区为界;西自钱塘江大桥经虎跑路、铁路涵洞桥、玉皇山脚、万松岭路、西湖东岸、庆春路西延伸段与西湖区接壤;南以钱塘江主航道为界与滨江区相望,北以庆春路与下城区毗连。区域面积18.3 平方千米,2006 年,杭州市国土资源局上城分局组织专家对上城区区域面积重新测定(含山体、水域面积)为 25.4 平方千米。地形以平原、丘陵为主,地势西南高、东北低。

【气候】 上城区地处亚热带季风气候区,冬季受蒙古高压控制,盛行西北风,以晴冷、干燥天气为主,是低温少雨的季节。夏季受太平洋副热带高压控制,以东南风为主,海洋带来充沛的水汽,空气湿润,是高温、强光照的季节。春秋两季为过渡期,气旋流动频繁,锋面雨较多。2016 年,全区年平均气温偏高,夏季高温特征较为明显,高温日数 39 天,比常年明显偏多,年平均气温 18.2℃。降水量偏多,年降水量在 1797 毫米左右,比常年偏多。全年雨日数 170 天,比常年均值(147.4 天)偏多 22.6 天。吴山、凤凰山、紫阳山、玉皇山等林木覆盖、郁郁葱葱,平地以柳浪闻莺、南落马营体育文化公园等为代表的各大公园分布辖区。全区绿地面积约 566.24 万平方米,覆盖率 35.25%,人均公园绿地面积 7.82 平方米,人均绿地面积 17.41 平方米。

(上城年鉴编辑部)

【行政区划】 2016 年,上城区有街道 6 个、社区 54 个。其中湖滨街道有社区 6 个、清波街道有社区 5 个、小营街道有社区 12 个、望江街道有社区 11 个、南星街道有社区 8 个、紫阳街道有社区 12 个。

(沈　洁)

【人口】 2016 年末,上城区有户籍家庭 113708 户,常住人口 326903 人,比上年(指 2015 年,下同)减少 416 户、1021 人,平均每户 2.87 人。其中,男性 163356 人,占总人口的 49.97%,减少 753 人;女性 163547 人,占总人口的 50.03%,减少 268 人。男女性别比 99.88:100,全区首次出现男性人数少于女性人数情况。出生人口 3023 人,其中男性 1561 人、女性 1462 人,出生率 9.25‰,增长 1.68 个千分点;死亡人口 1529 人,其中男性 828 人、女性 701 人,死亡率 4.68‰,下降 0.27 个千分点;人口自然增长率 4.56‰。全区暂住人口 162836 人,上升 38.4%。

【少数民族】 2016 年末,上城区有少数民族人口 3182 人,分属 39 个少数民族,其中回族 1189 人、满族 760 人、畲族 277 人、土家族 202 人、蒙古族 198 人、壮族 133 人、苗族 109 人、朝鲜族 76 人、瑶族 47 人、侗族 34 人、布依族 18 人、藏族 18 人、彝族 16 人、黎族 16 人、白族 15 人、达斡尔族 13 人、锡伯族 12 人,其他少数民族 49 人。

(蔡　勤)

经济建设

【概况】 2016 年,上城区以“四个全面”战略布局为统领,以服务保障 G20 杭州峰会为圆心,全面落实五

表 1

2016 年上城区行政区划情况

街道名称	区域面积(平方千米)	所　辖　社　区
湖滨	1.6	涌金门、青年路、东平巷、岳王路、东坡路、吴山路
清波	2.2	清河坊、定安路、劳动路、清波门、柳翠井巷
小营	2.7	小营巷、金钱巷、西牌楼、紫金、马市街、大学路、葵巷、老浙大、长明寺巷、茅廊巷、梅花碑、姚园寺巷
望江	4.0	大通桥、始版桥、兴隆、莫邪塘、清泰门、婺江、耀华、近江东园、近江西园、在水一方、徐家埠
南星	4.31	美政桥、海月桥、馒头山、玉皇山、紫花埠、复兴街、水澄桥、白塔岭
紫阳	3.49	上羊市街、彩霞岭、十五奎巷、太庙、候潮门、北落马营、新工、海潮、木场巷、凤凰、春江、甬江

大发展理念,充分发挥“123+2”(湖滨商圈、山南基金小镇、望江智慧产业园和电子机械功能区、南宋皇城小镇)五大平台作用,重点发展金融服务、文化创意、信息技术、商贸旅游、健康服务五大主导产业,坚持稳中求进总基调,统筹推进“现代化美丽上城”建设,着力提升城区国际化水平,全区经济社会各项事业总体健康向好,“十三五”发展实现良好开局。全区生产总值达928.35亿元,比上年增长6.2%,其中服务业增加值557.09亿元,增长9.4%。财政总收入128.34亿元,增长19.8%。一般公共预算收入72.39亿元,增长8.9%。完成固定资产投资109.08亿元,首次突破百亿元大关,增长23.1%。实现社会消费品零售总额379.47亿元,增长11.0%。新增城镇就业2.14万人。实到外资23610美元,完成年度目标的103.1%。实到市外500万元以上项目资金120.1亿元,完成年度目标的129.1%;实到浙商回归资金57.48亿元,完成年度目标的115.0%。引进杭州浩毓云势网络科技有限公司、嘉凯城集团股份有限公司、国新国控投资有限公司、浙江省担保集团有限公司、中兴通讯集团金融控股有限公司等企业。出让住宅用地两幅(南星单元B-02地块、近江单元SC0302-05地块)、商务用地两幅(湖滨单元FG01-C2/U2-01地块、近江单元B-C1-01地块)。玉皇山南基金小镇被评为省级优秀特色小镇,“望江智慧产业总部(浙商)基地”获批第一批市级总部(浙商)基地,南宋皇城小镇入选浙江省特色小镇培育名单。

(魏建军　黄逸真)

【产业结构完善】 2016年,上城区产业结构不断完善,科技创新有力推动经济发展,产业质效加快提升,经济发展质量持续提高。新增“123茶楼”等国家级众创空间4个,众创空间面积2.4万平方米,培育科技型小微企业300余个,累计获风险融资3亿元。列入国家火炬计划项目3个,获省科技发展专项资金扶持项目5个、科技型中小企业扶持资金项目6个。新增省级企业研究院1个,升格为省级重点企业研究院1个。新增省科技型中小微企业23个、市级高新技术企业13个、市级高新技术企业研发中心8个,杭州海兴电力科技股份有限公司入选浙江省百强高新技术企业,杭州市第一人民医院成为市级院士专家工作站。金融人才改革试验区正式挂牌,出台金融人才分类认定办法等扶持政策,金融服务业实现一般公共预算收入12.23亿元,比上年增长31.6%。《兰陵王入阵曲》等影视作品开机拍摄,人文纪录片《钱塘江》中央电视台开播,黄亚洲诗集《听我歌唱杭州》首发,文创产业实现一般公共预算收入3.55亿元。“智慧上城”一期项目完成“云计算资源”等3个子项目验收,二期项目签约,“透明厨房”等5个子项目有序推进建设,信息技术实现一般公共预算收入4.91亿元。“尚城1157·利星”商业综合体正式开业,25个“韵味杭州”体验点开放,南山路中英文双语智慧旅游体验系统上线。三大特色街区实现营业收入95.82亿元,增长6.6%。举办首届国际专科护士大会,健康服务业实现一般公共预算收入2.97亿元,增长28.6%。

【“123+2”产业平台建设加快】 2016年,上城区“123+2”平台建设加快推进。大湖滨商圈完成泗水坊、星远里、齐心里等地块提升改造,引进民营资本开展思鑫坊业态调整;举办“湖滨美食·舌尖艺术”等活动,解百新元华初步打造成全新的时尚购物综合体。玉皇山南基金小镇举办全球基金西湖峰会,成立全省首个特色小镇出入境服务站,小镇展示中心正式开放。年内小镇入围省级示范小镇;累计引进企业1090个,管理资金规模5900亿元,实现税收10.77亿元,税收比上年增长169%。望江智慧产业园入选首批市级总部(浙商)基地,位于婺江路的杭州首条青年创业大街入孵企业200余个,引进融资项目46个;区首个“科技大厦”——近江时代大厦揭牌。浙江风盛传媒有限公司、浙江易之园林股份有限公司在新全国中小企业股权代办转让系统(简称“新三板”)挂牌。南宋皇城小镇开镇,举办杭州国际体验日、中国民间艺术产业示范展等活动,“匠·无界”非物质文化遗产展厅开业,巨型铜雕壁画《遥望》在G20杭州峰会主会场宴会厅展示。电子机械功能区内的杭州海兴电力科技股份有限公司、杭州柯林电气股份有限公司、杭州大光明通信系统集成有限公司、杭州交联电力设计股份有限公司挂牌上市;中科院杭州射频识别研发中心研发的人体安检成像仪在中国国际工业博览会上获“创新银奖”;功能区科技进步对经济发展的贡献率达59%。

【重点项目投资】 2016年，上城区重点项目开工建设面积58万平方米，竣工43万平方米，重点项目完成投资16.93亿元。编制建设“现代化美丽上城”年度重点工程项目节点计划、分月计划及用款计划，出台固定资产投资考核实施办法。召开重大项目协调会12次，浙江稠州商业银行大楼、上城区体育中心等项目有序推进。举行集中开工仪式3次，开工中华饭店地块等项目13个。甬江路、塘南旅游服务用房竣工交付，信达滨江·壹品商品住宅项目开工。全年发放望江单元SC0403-R21-01地块等项目征收令24个，完成望江单元映霞街道路工程等市、区级“清零”项目28个，完成住宅征迁3541户、企业征迁36个，超额完成住宅征迁1577户。建设安置房项目6个，大小塔儿巷、南星小区2个安置房项目竣工交付，安置拆迁户459户。

【年度改革任务落实】 2016年，上城区改革任务稳步推进，重点领域和关键环节改革取得突破。与市城投集团合作的PPP项目成功落地。明确玉皇山南基金小镇管理机构设置，新组建2个国有公司开展投资建设与运营管理。完成全区72个涉及车改单位人员、车辆、费用支出等基础数据统计和测算，新一轮公务用车制度改革正式实施，车改后节约费用273万元，节支率7.5%。全年全区境外投资项目18个，其中新增项目11个、增资项目7个；中方合计投资1.06亿美元，实现境外工程承包1.2亿美元。杭州海兴电力科技股份有限公司、杭州博世华环保技术工程有限公司等企业积极开拓塔吉克斯坦、尼日利亚等境外市场，获肯尼亚服务外包合同1600万美元。新洲国际的美国洛杉矶仓等2个项目被认定为市级公共海外仓。引进市外资金500万元以上项目129个，实际到位市外资金120.1亿元；新设外商投资企业24个，实际利用外资2.36亿美元；引进浙商回归项目89个，到位资金57.48亿元。

（魏建军）

政治建设

【概况】 2016年，上城区深入贯彻中共十八大和十八届三中、四中、五中、六中全会精神，坚持以习近平总书记系列重要讲话精神为指引，以服务保障G20杭州峰会为圆心，围绕“五位一体”总体布局和“四个全面”战略布局，全面落实五大发展理念，进一步加强党的建设，深化重点领域改革，推进依法治区建设，着力提升城区国际化水平，圆满完成区第九次党代会提出的各项目标任务。

【重点领域改革深化】 2016年，上城区深入贯彻“上改六条”，推进国资运营、建设体制、行政审批、“四单一网”等改革，着力加强供给侧结构改革，不断释放改革红利。制定实施“1+3”产业发展政策，全年处置“僵尸企业”284个，实施财政扶持项目81个，与市城投集团合作的PPP项目成功落地。推进基金小镇管理服务体制改革，聘任中国银联公司前总裁万建华为小镇镇长，新组建两个国有公司开展投资建设与运营管理。支持企业上市发展，杭州海兴电力科技股份有限公司登录上海证券交易所主板，衣之家商业管理股份有限公司、浙江风盛传媒股份有限公司等9个企业实现“新三板”挂牌。探索建设金融人才管理改革试验区，全区引进金融高端人才2000余人。

【“法治上城”建设】 2016年，上城区委统筹全局，推进“法治上城”建设。支持区人民代表大会及其常务委员会依法履职、开展工作。2月1日，区委印发《关于加强和规范街道人大工作的意见》，推进街道人大工作实现坚持党的领导、充分发扬民主和严格依法办事的有机统一。区人大强化执法监督检查工作，全年依法审议重大事项18项。支持区政协开展多种形式的协商议政，加强同各民主党派、工商联政治协商，年内开展政治协商7次。着力构建阳光司法机制，推进审判、检务、警务公开，支持司法机关依法独立公正行使职权。举办国家宪法日系列宣传活动和领导干部法制讲座活动，坚持区委常委会、区政府常务会议会前学法，全年征求法律顾问意见930条，审核规范性文件6件。

【区委换届】 2016年，上城区委换届认真贯彻落实中央和省、市委一系列新精神、新要求，坚持把加强党的领导贯穿区委换届始终，强化组织把关作用。严格把好选人关，通过全面走访、积极调研，以“三表三会三察”为抓手开展推荐人选工作,即填好上届代表委员的《履职审核表》、提任人选的《初始提名表》和《考察审核表》,开好街道党组织初审会、部门联审会、区委常委会,抓好代表委员人选的有关事项核查、信访举报督查和测评谈话考察,切实保障代表委员提名质量。加强换届风气监督,坚持教育在先、警示在先、预防在先,印发《上城区加强换届风气监督工作实施意见》,组织观看专题警示教育片《镜鉴》《警钟》,认真开展“四必看”“四必谈”“四必训”,由组织部门会同纪检、检察、公安等部门,建立违反换届纪律问题专门核查组。12 月 28~30 日,中共上城区第十次代表大会召开,选举产生新一届区委、纪委及出席杭州市第十二次党代会代表。

资料

“四必看”:把“一片一书”作为进行政治纪律学习教育的必备教材,在换届前做到各级领导班子成员必看;参加换届工作会议的人员必看;负责换届工作机构人员必看;党代会代表、人大代表、政协委员必看。

“四必谈”:各级党委书记和有关负责人要认真开展谈心谈话,做到本级四套班子成员必谈;本级党委管理的主要领导干部必谈;重要岗位干部必谈;负责换届工作人员必谈。

“四必训”:做好换届风气监督专题培训工作,组织部门分管领导和干部监督机构人员必训;换届考察组成员必训;人大、政协和纪委、统战部门等有关方面参加换届工作的人员必训;“两代表一委员”必训。

(王　斌)

文化建设

【概况】 2016 年,上城区聚焦文化品质,加快公共文化服务标准化建设。围绕“喜迎峰会”主题,持续开展“七送”文体惠民工程和“百团百场”公益演出。推进社会主义核心价值观建设,“最美”精神、邻里价值观、“红巷”精神深入人心。开展“净网”“清源”等扫黄打非专项行动,提升文化市场环境。大力发展休闲旅游业,推动重大文化旅游项目建设,进一步提升公共文化服务水平。全省第一个城市文化公园——吴山文化公园建成开放。出版上城区第一部地方志,启动二轮志书修编工作。开展文物普查,加强非物质文化遗产保护和利用,御街·二十三坊、大资福庙等历史街巷和历史建筑修缮开放。举办第三届智力运动会、楼宇运动会、吴山运动嘉年华等全民健身活动 10 余场,组织全区篮球、游泳、田径等体育赛事 20 余次,参与群众 3 万人次。

【文化阵地建设】 2016 年,区文广新局下属单位有区文化馆(含龚自珍纪念馆)、大华书场、6 个街道文化站、54 个社区文化室。全区创建全国示范文化社区 1 个,省级“东海文化明珠”工程建设街道 3 个,市级“东海文化明珠”工程建设和示范文化街道在全市城区中率先全覆盖;创建特级文化站 1 个、一级文化站 5 个、省级示范文化社区 5 个;创建“全国文化信息资源共享工程”基层点 26 个、服务点 14 个;市级综合示范文化站 4 个、市级示范文化街道 6 个、市级示范文化社区 38 个、市级示范文化户 125 户。累计创作剧目(歌曲、舞蹈)77 个。获奖节目中,国家级 28 个、省级 91 个、市级 200 个。全区有群众文化系列专业技术职称 18 人,其中中级以上职称 11 人。群众文化业余团队 438 支,队员 1.29 万人。

【群众文化活动】 2016 年,上城区举办以“永远跟党走”为主题的庆祝中国共产党成立 95 周年文艺演出、以“不忘初心、继续前进”为主题的纪念红军长征胜利 80 周年歌咏大会暨第四届群众合唱节、第十六届歌手大赛、“我送你秀”——社区文化行和以“喜迎峰会,欢度新春”为主题的新春文化活动等 20 余场。突出抓好“繁荣走亲文化,点亮文体惠民”温岭—三门—上城三地、“服务 G20,文化一家亲”上城、西湖、富阳、建德、淳安五地、“喜迎峰会 G20,‘东海明珠’耀上城”—嵊泗、上城两地等文化走亲活动。举办“迎峰会”新春书画摄影展、“翰墨飘香书盛世,丹青溢彩谱华章”——庆祝中国共产党成立 95 周年书画展、“喜迎 G20 峰会、发现美丽上城”摄影展、纪念红军长征胜利 80 周年书画展、“喜迎峰会,最美上城”少儿书画摄影大赛获奖作品展暨“喜迎 G20,最美杭州梦”杭州市少儿书画摄影大赛上城区获奖作品展等书画摄影比赛、展览。组织创作的《峰会小唱》《老街长长》《斗蟋蟀》《霞光丽影》《岳阳楼记》等群众喜闻乐见的文艺作品分别在省、市比赛中获奖。群众文化活动丰富多彩。6个街道举办“百年思鑫坊，鲜花迎宾客”迎接G20峰会倒计时100天、“清波峰味”十二场、“喜迎G20，畅想中国梦”世界读书日专题征文比赛、“全民阅读，书香望江”G20杭州峰会知识阅读竞赛、第三届“乐活南星”摄影大赛、全民阅读暨第二届“紫阳书香节”等文化活动260余场。加快公共文化设施建设，续建上城区体育中心，建成美丽上城展示中心。成立杭州皇城根南宋文物保护基金会，两个项目被认定为杭州市第六批“非遗”代表性项目。实施“七送”文体惠民工程，惠及群众10余万人。组队参加杭州市第二届体育大会，获团体总分和奖牌总数第一。（张雪梅）

社会建设

【概况】 2016年，上城区加快推进社会治理创新，加大民生保障力度，加强公共文化供给，全年10件民生实事全部完成，人民群众的获得感和幸福感切实提高。年内新增就业16090人。扩大养老、医疗、失业社会保险覆盖面。推进馒头山、思鑫坊等重点区域改造和危旧房改造，居民居住条件和生活环境显著改善。完善助医、助学、助困、助残等社会救助体系，及时为困难群体发放生活保障金及各类补贴。养老服务迈上新台阶，全区建成居家养老照料中心54个，其中15个为市级四星级。居民年人均可支配收入52185元，比上年增长8.0%。

【城市管理创新】 2016年，上城区深入实施城管执法重心下移，不断完善城市管理体系建设，提升城市精细化管理水平。推进十大环境整治行动，整治大型违法广告牌216块，面积2万余平方米；整治店招店牌4837块，面积2.7万平方米。全面推进“三改一拆”，完成“三改”94.9万平方米，拆除违法建筑13.52万平方米，整治各类彩钢棚8万平方米，全区97%的存量违法建筑完成拆除。深入实施“五水共治”，完成雨污水管网建设14.03千米，实施截污纳管项目60个，清淤2.26万平方米，全年水质基本符合Ⅲ类标准。大力推进“五气共治”“五废共治”，全区垃圾分类小区达384个，垃圾总量增速下降。开展“两治一整”专项行动，查处各类交通违法行为7.48万起，在全市率先建立智慧停车诱导系统，着力缓解交通“两难”。

【民生保障能力提升】 2016年，上城区把新增财力67%以上用于民生保障，全年民生支出23.6亿元，占一般公共预算支出的79.2%。深化充分就业城区建设，安置就业困难人员3802人，失业人员再就业12288人。坚持创业带动就业，新增大学生创业企业36个。推进社会保险提质扩面，启动机关事业单位养老体制改革，养老保险、工伤保险、生育保险分别净增10703人次、8956人次、10567人次。出台困难残疾人生活补贴、重度残疾人护理补贴实施办法，加强对困难群体的帮扶救助，全年发放生活保障金及各类补贴3000余万元。开展居家养老专业化服务改革试点，政府购买服务覆盖面进一步提升。建成上城区缘外缘颐养中心、上城区好地方颐养中心等4个社会养老机构，新增养老床位553张。

【教育医疗事业推进】 2016年，上城区深化教育基本现代化区建设，完善“管办助评”教育治理体系，获得全国“地方教育制度创新奖”。优化教育资源配置，建成杭州第六中学艺术体育综合楼，续建杭州新世纪外国语学校紫金校区，开工建设杭州胜利小学新城校区及附属幼儿园。探索教育国际化新模式，中国驻外使馆阳光学校合作基地落户上城区。深化医养护一体化工作，推进医养结合试点，全年居民签约服务9.8万人，社区就诊率达60%以上，65岁以上老年人基层中医药健康管理服务率达40%以上，上城区获全国基层中医药工作先进单位称号。完成第二轮社区卫生用房提升改造，基层卫生服务站点用房面积全部达到150平方米以上。落实全面“两孩政策”，不断优化计划生育服务，成立全市首个独立的妇幼保健和计划生育服务中心。

【“平安上城”建设】 2016年，上城区以举办G20杭州峰会为契机，大力推动“平安上城”建设。开展峰会维稳安保“十大专项行动”，成立杭州首个“公民警校”，动员3万名平安巡防志愿者，构建“平安上城”

安保网络。健全社会治安立体化防控体系,重拳打击街面各类违法犯罪,强化流动人口服务管理,警情总量比上年下降。全年排查调解矛盾纠纷 1744 起,排查涉恐、涉稳重点人员 316 人。依法有序处置群体性事件,有效管控湖滨音乐喷泉和南山路人流聚集,完成 627 个峰会制高点管控任务。整治出租房 1105 处,拆除群租房 422 处,查扣非法液化气钢瓶 6064 只。加大对建筑工地、大型超市、专业市场等重要场所的安全监管力度,强化对危险化学品、食品药品、老旧电梯等领域安全隐患排查,全区安全生产形势总体平稳,未发生重大消防、安全生产及公共卫生安全事故。

【社会治理机制深化】 2016 年,上城区不断深化“平安 365”“三社联动”机制。加强社会组织培育,累计发展社会组织 251 个,全区每 1 万人拥有社会组织数量 7.6 个。成功创建全国和谐社区建设示范区,形成多元立体、协同参与的社会治理新常态。推进“规范公权、服务民权”的政府管理与公共服务标准化国家示范,使政府工作可量化、可评估、可考核。在全市率先试运行“市民之家”APP,玉皇山南基金小镇行政服务中心、上城区出入境管理服务站投入使用,政府服务水平和社会治理水平进一步提升。

(上城年鉴编辑部)

生态文明建设

【概况】 2016 年,上城区持续实施生态文明建设行动计划,着力推进“两路两侧”“四边三化”等专项行动。加快低碳型城区建设和重点减排项目实施,主要污染物排放量明显减少,万元工业增加值能耗下降 2.1%。深入实施“五水共治”,全年建成雨污水管网 14.03 千米,实施截污纳管项目 60 个,完成清淤 2.26 万立方米,水质基本符合Ⅲ类标准。大力推进“五气共治”“五废共治”工作,全区垃圾分类小区 384 个,垃圾总量增速下降,各项环境指标持续向好。

【《上城区“十三五”环境保护规划》编制完成】 2016 年 5 月 27 日,《上城区“十三五”环境保护规划》编制完成。规划明确提出“十三五”期间上城区环境保护工作的主要目标、环境保护与生态建设的重点任务及实现规划要求的主要措施。明确提出到 2020 年,全区绿色发展水平显著提升,生态环境质量进一步好转,生态文明建设水平与建设“现代化美丽上城”的目标相适应。

【街道环境审计试点】 2016 年,上城区推进实施第三轮生态文明建设三年行动计划,试点开展街道领导干部生态环境离任审计。上城环保分局多次到街道和相关部门调研,制订上城区环境审计实施方案,并与区审计局沟通对接,进一步完善环境审计的内容、指标和流程。

(陈　曦)

精神文明建设

【概况】 2016 年,上城区精神文明建设工作坚持围绕中心、服务大局,牢牢把握培育和践行社会主义核心价值观这一根本,扎实推进中国特色社会主义和中国梦宣传教育,深入开展公民道德宣传实践活动,持续深化群众性精神文明创建,切实加强青少年思想道德教育,不断提升市民文明素质和社会文明程度,进一步巩固全区精神文明创建活动成果。

【社会主义核心价值观宣传】 2016 年,上城区开展各类社会主义核心价值观宣传教育活动。制度化推进“最美”品牌建设,由上城区申报并起草的杭州市地方标准规范《道德模范培育宣传管理工作规范》于 7 月正式发布。该项标准的制定开创全市、全省的先例。常态化开展“身边好人”推荐评选活动,全年全区入选“浙江好人”6 人、“杭州好人”14 人、第十二届杭州市道德模范和第四届“最美杭州人”各 1 人。涌现全国首届文明家庭、全国“最美家庭”鲁立清一家,全国“最美志愿者”周炎珍等先进典型。长效化开展“邻里价值观”实践活动,举办上城区第五届邻里价值观年度总结暨道德模范(“最美邻里”)颁奖仪式,并组建上城区道德模范(“最美邻里”)巡回宣讲团,在全区各系统、各单位进行宣讲 20 场。利用红巷生活广场等示范性邻里中心,培育体现新型邻里关系的公益性社会组织 100 余个,开展“身边人、身边事”主题邻里活动 20 余场,举办上城区第二届网上邻居节系列活动。

2016 年 5 月 10 日，上城区在清波街道开展第四届“最美邻里”巡回演讲活动

（区委宣传部　供稿）

【市民文明素质提升行动】 2016 年，上城区全面实施“办好 G20·文明伴我行”市民文明素质提升工程，组织开展市民文明素质提升十大行动。推出“扮靓上城迎嘉宾”墙景美化活动，全区设计制作主题墙绘 20 余处，美化城墙总长度 3500 余米。其中东坡路“我们的价值观——重家风，传家训”墙绘、清波“一巷一故事”坊巷墙绘等被省、市媒体连续跟踪报道。组织开展“上城微笑·上城味道”宣传推广、“文明东道主·微笑满杭城” 主题宣传、“喜迎 G20·我看上城新变化”市民体验周等活动，营造良好社会氛围。组织开展“争当啄木鸟”文明纠错专项行动、“文明整洁·从小营出发”环境美化百日行动、“人人动手·清洁家园”爱国卫生活动和“文明晾晒·扮靓阳台”主题活动，促进市民养成良好习惯，着力提升市容环境。开展文明礼仪培训进机关、进企业、进社区活动，举办文明礼仪知识讲座 20 余场，制作发放《讲文明·迎峰会——礼仪韵语伴我行》等宣传手册 3 万余册，形成市民学习英语和文明礼仪的热潮。在全市率先开展“服务 G20 上城家庭志愿行动”，家庭志愿者注册 5073 户、12133 人，开展环境整治、平安巡防、暖心帮扶等志愿行动 100 余场。组建“贴心城管”和“文明旅游”志愿者队伍，在广场、景区等重点区域开展文明过马路、排队守秩序、不乱扔垃圾等文明劝导服务。

【群众性精神文明创建活动】 2016 年，上城区开展群众性精神文明创建活动。召开迎接城市文明程度指数测评动员部署暨业务培训会，区文明办与相关单位、各街道社区联合开展文明迎检活动，对辖区内农贸市场脏乱差、交通拥堵、楼道堆积物多等“顽疾”进行集中整治。组织文明督查员对窗口单位、重点区域进行明察暗访，全年发出抄告单 36 份，整改问题 65 个。以吴山文化公园为示范点，以点带面辐射带动全区精神文明基层阵地建设，建成思鑫坊、南落马营等区域性城市文化公园。推进上城区青少年国学教育基地——尚青书院建设，全年举办传统文化经典诵读、礼仪规范教育等公益讲坛和体验活动 70 余次，参加居民 5000 余人次。围绕春节、元宵节、中秋节等传统节日，发动全区居民开展“我们的节日”主题活动。实施“百团百场”公益演出、送戏送电影进社区等“七送”文体惠民工程，惠及群众两万余人次。举行“办好 G20·党员当先锋”庆祝中国共产党成立 95 周年纪念大会、“不忘初心、继续前进”纪念红军长征胜利 80 周年歌咏大会暨第四届群众合唱节等特色活动。

（沈伟霞）

2016 年区级主要组织机构及负责人名单

中国共产党杭州市上城区第九届委员会

书　记：缪承潮（2016 年 10 月止）
　　　　陈　瑾（女）（2016 年 10 月起）
副书记：陈　瑾（女）（2016 年 10 月止）
　　　　袁建祥（2016 年 3 月止）
　　　　黄爱芳（女）（2016 年 3~11 月）
　　　　周徐胤（2016 年 11 月起）
常　委：缪承潮（2016 年 10 月止）
　　　　陈　瑾（女）
　　　　金承涛
　　　　袁建祥（2016 年 3 月止）
　　　　黄爱芳（女）（2016 年 11 月止）
　　　　周徐胤（2016 年 11 月起）

富永伟(2016年11月起)
王越剑(2016年7月止)
金晓东
陈秋芳(女)(2016年11月止)
管光尧(2016年11月止)
秦　文(女)
来剑波
童玉玲(女)
张淦华(2016年7月止)
吕朝阳(2016年7~11月)
范卫东(2016年3月起)
王　歆(2016年11月起)
张军伟(2016年6月起)
宣　寅(女)(2016年12月起)

委　员:(按姓氏笔画为序)
丁晓芳(女)(2016年12月止)
王　歆(2016年11月起)
王越剑(2016年7月止)
王斌达(2016年12月起)
毛学庆(2016年12月起)
毛素云(女)
石荣祥(2016年12月起)
占仁义(2016年12月起)
叶　青(女)(2016年12月起)
叶　榕
吕朝阳(2016年7~11月)
朱黎明
孙　勇(2016年12月起)
孙　锦(2016年12月起)
孙刚锋(2016年12月起)
李森红(女)(2016年11月止)
杨盛强(2016年12月起)
来剑波
余　勇(2016年12月止)
张军伟(2016年6月起)
张淦华(2016年7月止,12月起)
陈　勇(2016年12月止)
陈　瑾(女)
陈秋芳(女)(2016年11月止)
范卫东(2016年3月起)
金水根(2016年12月起)
金承涛
金晓东
周　莹(女)(2016年12月止)
周忠诚
周徐胤(2016年11月起)
周朝星(2016年12月起)
赵　楠(女)(2016年12月起)
施金良(2016年11月止)
洪梦君(女)(2016年12月起)
宣　寅(女)
秦　文(女)
袁巧玲(女)(2016年12月止)
袁建祥
陶晓亮
黄爱芳(女)(2016年11月止)
黄涌泉(2016年12月起)
章　琪(女)
韩丽华(女)(2016年12月止)
惠海涛(2016年12月起)
鲁　军(2016年12月止)
童玉玲(女)
富永伟(2016年11月起)
裘华君(2016年12月起)
管光尧(2016年12月止)
缪承潮(2016年11月止)

候补委员:林国平(2016年12月止)
季黄辉(2016年12月止)
方本成(2016年12月止)
卢　江(2016年12月止)
傅莉萍(女)(2016年12月止)
黄涌泉(2016年12月止)
沈武洪(2016年12月起)
杜秀芬(女)(2016年12月起)
项海刚(2016年12月起)
杨　东(2016年12月起)
钟　黎(女)(2016年12月起)
姚　杰(2016年12月起)
邹紫娟(女)(2016年12月起)

中国共产党上城区纪律检查委员会

书　记：金晓东
副书记：吴电荣
　　　　毛明秀（女）
常　委：金晓东
　　　　吴电荣
　　　　毛明秀（女）
　　　　孙丽敏（女）（2016年1月止）
　　　　胡建宏（女）（2016年12月止）
　　　　沙莉萍（女）（2016年12月止）
　　　　何　靖
　　　　何　瑶（2016年1月起）

区委工作部门

区委办公室

主　任：陈　勇（2016年11月止）
　　　　周朝星（2016年11月起）

组织部

部　长：陈秋芳（女）（2016年11月止）
　　　　王　歆（2016年11月起）

老干部局

局　长：杨　敏（女）（2016年12月止）
　　　　陈慧芳（女）（2016年12月起）

宣传部

部　长：金承涛（2016年3月止）
　　　　范卫东（2016年3月起）

统战部

部　长：袁巧玲（女）

政法委

书　记：袁建祥（2016年4月止）
　　　　黄爱芳（女）（2016年4~11月）
　　　　周徐胤（2016年11月起）

编委办

主　任：林文杰

区直机关工委

书　记：姚　杰

信访局

局　长：陈　钢

党史研究室

主　任：周朝星

上城区第十四届人民代表大会常务委员会

党组书记：丁晓芳（女）（2016年2月止）
　　　　　袁建祥（2016年2月起）
主　任：丁晓芳（女）（2016年2月止）
　　　　袁建祥（2016年2月起）
副主任：顾文友
　　　　李　静（女）
　　　　韦　云（女）
　　　　沈　民
　　　　顾敏达
　　　　朱荷芳（女）

区人大常委会工作部门

人大办公室

主　任：邬晓华

法制和内务司法工作委员会

主　任：谢根福

财政经济工作委员会

主　任：许　强（2016年12月止）
　　　　顾　蕾（女）（2016年12月起）

城乡建设环境保护工作委员会

主　任：陈　伟

教育科学文化卫生和民族宗教华侨工作委员会

主　任：戈海光

代表工作委员会

主　任：李光勋

上城区人民政府

党组书记：陈　瑾（女）（2016年11月止）
　　　　　金承涛（2016年11月起）
区　长：陈　瑾（女）（2016年11月止）
代区长：金承涛（2016年11月起）
副区长：王越剑（2016年7月止）
　　　　黄爱芳（女）（2016年3月止）
　　　　金承涛（2016年3~11月）
　　　　富永伟（2016年11月起）
　　　　管光尧
　　　　童玉玲（女）
　　　　张军伟（2016年6月起）

宣　寅(女)
马　彦
叶　榕
周国如(2016年11月止)
孙刚锋(2016年11月起)

区政府工作部门

政府办公室

主　任:柴闻乐(2016年12月止)
杨盛强(2016年12月起)

发改经信局

党委书记:陶晓亮(2016年11月止)
鲁　军(2016年11月起)
局　长:陶晓亮(2016年11月止)
鲁　军(2016年11月起)

教育局

党委书记:项海刚
局　长:项海刚

科技局

党委书记:杨　东
局　长:杨　东

民族宗教局

局　长:林系州

监察局

局　长:吴电荣

民政局

党组书记:金水根
局　长:金水根

司法局

党组书记:郑　平(2016年3月止)
高燕东(2016年3月起)
局　长:郑　平(2016年3月止)
高燕东(2016年3月起)

财政局

党委书记:季黄辉
局　长:季黄辉

人力资源和社会保障局

党委书记:孙　锦
局　长:孙　锦

住房和城建局

党委书记:沈武洪
局　长:沈武洪

商务局

党委书记:钟　黎(女)
局　长:钟　黎(女)

风景旅游局

党组书记:薛迓冰(女)
局　长:薛迓冰(女)

文广新局

党组书记:丁建华(2016年3月止)
郑　平(2016年3月起)
局　长:丁建华(2016年3月止)
郑　平(2016年3月起)

卫生和计划生育局

党委书记:杜秀芬(女)
局　长:杜秀芬(女)

审计局

党组书记:石荣祥
局　长:石荣祥

统计局

党组书记:胡建宏(女)
局　长:薛鸿翔

市场监督管理局

党组书记:毛学庆
局　长:毛学庆

城管局

党委书记:黄涌泉
局　长:黄涌泉

安全监管局

党组书记:楼复进
局　长:楼复进

法制办公室

主　任:徐志忠

公安分局

党委书记:秦　文(女)
局　长:秦　文(女)

行政审批服务管理办公室

党组书记:徐俊明
主　任:周常生

政协上城区第四届委员会
党组书记:余　勇(2016 年 2 月止)
　　　　占仁义(2016 年 2 月起)
主　席:余　勇(2016 年 2 月止)
　　　　占仁义(2016 年 2 月起)
副主席:刘志安
　　　　袁巧玲(女)
　　　　陈少华
　　　　俞　朔
　　　　薛鸿翔(2016 年 2 月起)
秘书长:吴诗兵

区政协机关
政协办公室
主　任:吴诗兵
提案委员会
主　任:胡　勇
经济科技委员会
主　任:吴　坚
城建和人口资源环境委员会
主　任:陈伟刚(2016 年 6 月起)
社会法制和港澳台侨委员会
主　任:严　莺(女)
文史和教文卫体委员会
主　任:陆　峰(女)(2016 年 6 月起)
委员工作委员会
主　任:张　璐(女)

民主党派和工商联
民革上城区基层委员会
主　委:林巾巾(女)
副主委:郑永宁(2016 年 3 月止)
　　　　朱葆琳(女)(2016 年 3 月止)
　　　　许宏波(2016 年 3 月起)
　　　　蔡伟利(女)(2016 年 3 月起)
　　　　沈永翔(2016 年 3 月起)
民盟上城区基层委员会
主　委:周常生
副主委:周芸佳(女)
　　　　牟晓军
　　　　钟荣川
　　　　王双林
民建上城区基层委员会
主　委:吴美萍(女)(2016 年 8 月止)
　　　　张　敏(2016 年 8 月起)
副主委:李国平
　　　　王理顺(2016 年 4 月起)
　　　　贾元元(女)(2016 年 8 月起)
民进上城区基层委员会
主　委:薛鸿翔
副主委:严　莺(女)
　　　　吴　坚(女)
　　　　俞富根
　　　　徐　敏
农工党上城区基层委员会
主　委:韦　云(女)
副主委:宋　燕(女)
　　　　吴桂萍(女)
　　　　赖晓刚
致公党上城区基层委员会
主　委:杨　帆(女)
副主委:王容峰
　　　　张　虹(女)
　　　　文　熙
九三学社上城区基层委员会
主　委:徐志忠
副主委:杨占友
　　　　叶俊杰
工商联
党组书记:陈砚菁(女)(2016 年 11 月止)
　　　　邓海鹰(女)(2016 年 11 月起)
主　席:杨　帆(女)

法　院
党组书记:施金良(2016 年 11 月止)
　　　　叶　青(女)(2016 年 11 月起)
院　长:施金良(2016 年 11 月止)
　　　　叶　青(女)(2016 年 11 月起)
检察院
党组书记:李森红(女)(2016 年 11 月止)

孙　勇(2016年11月起)
检察长:李森红(女)(2016年11月止)
孙　勇(2016年11月起)

人武部

政　委:吕朝阳

群团机关

总工会

党组书记:韩丽华(女)(2016年11月止)
张淦华(2016年11月起)
主　席:韩丽华(女)

团区委

书　记:洪梦君(女)

妇　联

党组书记:赵　楠(女)
主　席:赵　楠(女)

科　协

党组书记:金燮彪(2016年11月止)
罗伟东(2016年11月起)
主　席:金燮彪(2016年11月止)
罗伟东(2016年11月起)

残　联

党组书记:林　森
理事长:林　森

红十字会

会　长:马　彦

街　道

湖滨街道

党工委书记:毛素云(女)(2016年11月止)
章　琪(女)(2016年11月起)
人大工委主任:严民强
办事处主任:杨盛强(2016年12月止)
副主任(主持工作):范　丹(2016年12月起)

清波街道

党工委书记:周忠诚
人大工委主任:陈兴义
办事处主任:倪受南(2016年12月止)
周骆斌(2016年12月起)

小营街道

党工委书记:丛培龙(2016年9月止)
惠海涛(2016年11月起)
人大工委主任:陆建华
办事处主任:惠海涛(2016年12月止)

望江街道

党工委书记:朱黎明(2016年11月止)
裘华君(2016年11月起)
人大工委主任:胡筱飞
办事处主任:裘华君(2016年11月止)
赵　鹏(2016年12月起)

南星街道

党工委书记:鲁　军(2016年11月止)
王斌达(2016年11月起)
人大工委主任:卢　江(2016年12月止)
胡建根(2016年12月起)
办事处主任:周　莹(女)

紫阳街道

党工委书记:谢　宁(2016年11月止)
陶晓亮(2016年11月起)
人大工委主任:林国平
办事处主任:王斌达(2016年11月止)
张建文(2016年12月起)

(周才娇)

综　述

【概况】　2016 年，上城区委深入学习贯彻中共十八大和十八届三中、四中、五中、六中全会精神，学习贯彻习近平总书记系列重要讲话精神，以补齐创新力、国际化、环境功能、社会公平四大短板为重要抓手，全力稳增长、调结构、惠民生、保稳定、强党建，“现代化美丽上城”建设取得明显成效，人均 GDP 和亩产税收均保持全省县(市、区)首位。先后获国家可持续发展实验区、全国和谐社区建设示范区、中国地方政府创新奖等荣誉。

【深入学习贯彻习近平总书记系列重要讲话精神】2016 年，区委召开理论中心组学习会议 23 次、区委常委(扩大)会议 11 次，区委常委会组织专题学习 3 次，深入学习习近平总书记系列重要讲话精神，使讲话精神成为全区党员干部的思想武器和行动指南，进一步增强“四个自信”。G20 杭州峰会结束后，习近平总书记对浙江、杭州工作做出重要指示，对峰会圆满成功给予充分肯定、高度赞扬，并提出“秉持浙江精神，干在实处、走在前列、勇立潮头”的新要求。区委常委会第一时间组织传达学习并对贯彻落实讲话精神做出专门部署，把习近平总书记的亲切关怀和殷切期望转化为推动经济社会发展的强大动力，激励全区干部群众不忘初心、继续前进。

资料

“四个自信”：中国特色社会主义道路自信、理论自信、制度自信、文化自信。

【“两学一做”学习教育取得实效】　2016 年，上城区按照“基础在学、关键在做”的要求，扎实组织大轮训、大宣讲、大研讨、大比武等“两学一做”学习教育八大主题行动。区四套班子党员领导干部带头讲党课、带头参加专题研讨、带头挂包联系点。举办千名书记万名党员集中轮训、第三届“草根民师讲堂”等系列特色活动，编写《实干至上——上城区党员干部服务保障 G20 风采录》等资料，引导党员干部在“两学一做”学习教育中不断强化政治意识、大局意识、核心意识、看齐意识。按照中央和省、市委的部署要求，把组织关系排查、党费收缴排查、违纪违法排查、换届专项检查、违建违排清理等作为学习教育基础性工作，全年排查失联党员 376 人，复联率 93.9%；补缴党费 147.26 万元；查处违纪违法党代表 1 人，追究刑事责任党员 5 人，追究行政责任党员 11 人。

【完善领导体制】　2016 年，上城区委发挥党委总揽全局、协调各方的核心作用，完善“一个中心、三个党组”领导体制。定期听取区人大常委会、区政府、区政协党组工作汇报，全力支持区人大常委会、区政府、区政协和审判机关、检察机关依照宪法法律和章程独立负责、协调一致开展工作。巩固和壮大爱国统一战线，定期召开统战工作会议，重大决策及时听取各民主党派、工商联、无党派人士的意见建议，加强同各民主党派的政治协商。召开群团工作会议，完善党群联席会议机制，发挥群团组织联系群众的桥梁纽带作用，工会、共青团、妇联等群众团体事业全面发展。落实党管武装原则，坚持区委常委会议军制度，持续加强后备力量建设、国防动员和双拥共建等工作。

【加强意识形态工作】 2016年，上城区委认真贯彻习近平总书记关于加强意识形态工作的重要论述和中央、省委、市委部署要求，常委会6次专题研究意识形态工作，将其纳入全区综合考评和党建责任制考核，确保领导到位、责任到位。落实基层宣传思想文化工作"四张清单"制度，调整组织机构，健全工作队伍，推进阵地建设，不断夯实基层基础。深化思想道德建设，组织开展纪念习近平同志复信小营巷社区党委五周年、践行"邻里价值观"暨第五届道德模范("最美邻里")评选等活动，率先制定出台杭州市地方标准规范《道德模范培育宣传管理工作规范》，有效推进社会主义核心价值观培育践行活动常态化。积极打造网络宣传新阵地，做到关键时刻不失语、重大问题有回应。

【干部队伍建设】 2016年，上城区委围绕"好班长、好班子、好梯队"建设要求，从严教育培养、从严选拔任用、从严管理监督干部，锤炼浙江铁军上城排头兵。树立正确用人导向，注重从基层一线发现干部，从急难险重任务中考察干部，结合峰会建设保障工作，按照基层需要精准"点单"派人，先后选定70余名后备干部到一线挂职，全程跟踪考核，切实打造"狮子型"团队。加强专业化干部队伍建设，紧扣国际化、现代化战略布局，实施高素质干部培养工程，运用调任、聘任、竞争性选拔等方式引进急需的专业型人才。优化干部考评方式，运用大数据思维、智慧化手段，深化完善"线上+线下"的干部绩效考评系统，即线上推进"干部实绩记录研判系统"建设，在优化党委大督查机制的基础上开展"四色评价预警"，实现从领导班子管理向个人评价的转变；线下采取一报告两评议、"季报五访"、旁听民主生活会、一对一谈话等形式，加强干部日常了解。严格干部监督管理，加大对慵、懒、散、漫等"不为"行为的整治力度，调整不适宜担任现职干部，推进干部"能上能下"，有9名区管干部因不适宜担任现职被调整。

【基层党建全域提升】 2016年，上城区委按照市委"双基十条"要求，制定出台基层党建全域提升工作意见，分机关事业单位、街道社区、规模以上两新组织、教育部门、卫计系统5个领域，划定达标线、风景线(即党建工作示范点的标准线)和警示线等工作标准。建强街道党工委班子和社区"领头雁"队伍，通过集中轮训、选派挂职等举措提升党务干部能力水平。落实党建经费，社区党建工作经费提高至7万元~10万元，党支部工作由底线型保障向发展型保障转变。落实党建工作责任制，推行党建工作报表和项目领办制，不断完善区、区直部门(街道)、社区党建责任清单体系。推进基层党建改革创新，加强两新组织全覆盖大排查，开展"四季党建"主题活动，探索专业化、国际化、市场化背景下的玉皇山南基金小镇党建模式，党建责任综合绩效考评、"民情E点通"APP、精准选人用人、党建领航推进"馒头山蝶变"等创新做法在省、市有关会议上做介绍，《人民日报》等媒体相继进行报道。

【党风廉政建设】 2016年，上城区委结合"两学一做"学习教育，组织各级党组织学习《中国共产党廉洁自律准则》《中国共产党纪律处分条例》，在全区营造反腐倡廉良好氛围。严格落实《关于新形势下党内政治生活的若干准则》要求，修订区委工作规则。全面落实从严治党责任，区委书记切实履行"第一责任人"职责，区委班子成员自觉履行"一岗双责"，根据各自的责任分工抓好分管部门党风廉政建设。认真落实"三书两报告"制度，完善上城区委党风廉政建设主体责任清单、区纪委监督责任清单及各级党委(党组)领导班子集体、主要负责人、领导班子其他成员项目清单，形成一级抓一级、层层抓落实的责任体系。区委通过加强党风廉政建设季度年度考核、分批听取各单位党政主要负责人履行主体责任报告等措施，狠抓"两个责任"落实。认真贯彻中央、省委、市委巡视工作方针，出台《中共杭州市上城区委关于巡察工作的实施意见》，完善区委巡察机构和工作布局。实行区级、派驻、街道"三级联动"的巡察工作模式，分领域、分类别、分重点组织开展综合巡察、专项巡察和定点巡察25次，对9个单位实施巡察"回头看"。全年开展正风肃纪专项行动24次，检查单位203个，问责处理7人，立案查办各类违纪案件30件，党纪政纪处分28人。

资料

“三书两报告”:《责任分工报告书》《牵头任务函告书》《落实责任制建议书》和《牵头单位专项工作落实情况报告》《负责领导专项任务落实情况报告》。

【区委常委会自身建设】 2016年,上城区委坚决维护以习近平总书记为核心的党中央权威,严格执行中央和省、市委各项决策部署,在维护核心、绝对忠诚上作表率。区委班子成员带头践行“两学一做”,认真查摆问题清单,严肃抓好整改落实。区委常委会民主生活会前,广泛向区直各单位、老党员及基层一线党代表征求意见建议,提高民主生活会的质量。全年召开区委常委会会议24次,研究完善经济社会发展战略、定期分析经济发展和社会稳定形势、研究重大决策部署落实情况等,确保中央和省、市委重大决策部署贯彻落实。区委坚持贯彻民主集中制,做到科学决策、民主决策、依法决策。严格执行党风廉政建设责任制,全年专题研究部署党风廉政建设和反腐败工作7次,带头严守党的政治纪律和政治规矩,强化责任担当和作风效能。

区委重要会议

【区委全委会】 2016年,中共杭州市上城区委召开两次全委会。1月6日,区委召开九届十四次全体(扩大)会议,学习贯彻中共十八届五中全会、中央经济工作会议、中央城市工作会议和省委十三届八次、市委十一届十次全会精神,回顾总结2015年工作,研究讨论区委“十三五”规划建议,重点部署G20杭州峰会服务保障工作。审议通过《区委关于制定上城区国民经济和社会发展第十三个五年规划的建议》。区委书记缪承潮代表区委常委会做题为《乘势而上,开创新局,为基本建成“现代化美丽上城”而努力奋斗》的报告。7月26日,区委召开九届十五次全体(扩大)会议,学习贯彻习近平总书记系列重要讲话精神,认真落实省委十三届九次全会、省委城市工作会议、市委十一届十一次全会精神,专题研究部署补短板工作,审议《中共杭州市上城区委关于全力补短板加快国际化的若干意见》。缪承潮代表区委常委会做题为《全力补短板,加快国际化,为尽早建成“现代化美丽上城”努力奋斗》的报告。

表2　2016年中共上城区委重要文件题录

发文字号	发文日期	标　　题
上委〔2016〕1号	2016-01-11	中共杭州市上城区委关于省委巡视组反馈意见整改工作的通知
上委〔2016〕3号	2016-01-13	区委关于制定上城区国民经济和社会发展第十三个五年规划的建议
上委〔2016〕7号	2016-02-17	中共杭州市上城区委员会关于加强和规范街道人大工作的意见
上委〔2016〕14号	2016-03-30	上城区委关于开展向郑鸳鸯同志学习的通知
上委〔2016〕22号	2016-04-21	关于建立玉皇山南基金小镇工作领导小组的通知
上委〔2016〕26号	2016-05-11	关于建立中共杭州市上城区望江新城改造建设委员会的通知
上委〔2016〕30号	2016-05-23	区委、区政府批转宣传部、司法局关于开展《上城区第七个法治宣传教育和依法治区五年规划(2016~2020年)》的通知
上委〔2016〕37号	2016-08-03	区委关于全力补短板加快国际化的若干意见
上委〔2016〕46号	2016-10-11	区委区政府关于表彰G20杭州峰会先进集体和先进个人的通报
上委〔2016〕50号	2016-10-28	中共杭州市上城区委关于巡察工作的实施意见
上委〔2016〕55号	2016-11-30	中共杭州市上城区委关于中国共产党杭州市上城区第十次代表大会代表选举工作的通知
上委〔2016〕64号	2017-01-22	关于选举产生王歆等20位同志为出席中国共产党杭州市第十二次代表大会代表的情况报告

【区委常委会会议】 2016年，区委召开常委会会议24次。常委会传达学习中共十八届六中全会、省委十三届九次全会、市委十一届十一次全会精神，全国“两会”精神，省、市经济工作会议精神等，围绕建设“现代化美丽上城”目标和服务保障G20杭州峰会重大任务，就会议精神贯彻和上城经济社会发展重大问题进行研究。

2016年7月1日，上城区召开庆祝中国共产党成立95周年大会

（区委组织部　供稿）

【区第十次党代会】 2016年12月28日，中国共产党杭州市上城区第十次代表大会开幕，区委书记陈瑾代表第九届委员会做题为《勇立潮头，争做标杆，加快建设一流的国际化现代化城区》的工作报告。报告科学分析上城发展所处的历史方位，明确提出未来五年的指导思想、发展目标和主要任务，描绘争做“四个标杆区”、加快建设一流的国际化现代化城区的宏伟蓝图。大会选举产生中共上城区第十届委员会，由34名委员、7名候补委员组成。在随后召开的第十届委员会第一次全体会议上，选举陈瑾为区委书记，金承涛、周徐胤为区委副书记。第十次党代会于12月30日结束。

（费军伟）

重要活动

【纪念中国共产党成立95周年】 2016年7月1日，上城区召开庆祝中国共产党成立95周年大会。区委书记缪承潮出席并讲话，号召全区党员干部要在建设“现代化美丽上城”的征程中，展现“四讲四有”合格党员的新担当、新作为。区委副书记、区长陈瑾宣读表彰50个区先进基层党组织、100名区优秀共产党员、50名区优秀党务工作者和20名区“好书记”的决定，会议号召发挥先进典型的示范作用，把“两学一做”学习教育引向深入。会上，基层党员代表宣读服务保障G20杭州峰会倡议书。区文化馆组织情景舞蹈《铭记历史》、集体合唱《唱支山歌给党听》、皮影戏《三代同学党章，弘扬红巷精神》、音舞说唱《峰会小唱》等节目。

2016年7月12日，上城区在小营巷社区召开纪念习近平同志复信小营巷社区党委五周年座谈会

（区委党史研究室　供稿）

资料

“四讲四有”：讲政治、有信念，讲规矩、有纪律，讲道德、有品行，讲奉献、有作为。

【纪念习近平同志复信小营巷社区党委五周年活动】 2016年7月12日，上城区在小营巷社区召开以“红巷情，先锋行，保障 G20”为主题的纪念习近平同志复信小营巷社区党委五周年座谈会，市委常委、组织部部长张仲灿参加纪念活动并讲话。区委书记缪承潮传达省委常委、市委书记赵一德批示并致辞。全体与会人员观看《红巷情，先锋行》专题片，重温“红巷精神”。小营巷社区、望江街道、湖滨街道党员代表和杭州市金都天长小学学生代表分别在座谈会上做交流发言，表示要牢记总书记嘱咐，不忘初心、继续前进。

【玉皇山南基金小镇党群人才服务中心启用】 2016年7月24日，玉皇山南基金小镇党群人才服务中心启用。中心位于基金小镇目术塘组团，总面积2000平方米，由党群人才服务中心、路演中心、创客咖啡吧3个区域组成。党群人才服务中心为核心区域，由基金小镇党委负责运作，主要围绕党员管理、群团活动、人才培养、项目对接、企业联谊、形象展示、理论研究、志愿服务实践8个方面开展服务工作。服务中心一楼分展示区、服务区、休闲区3个区块。展示区引入“先锋星”动漫形象，配备 LED 屏、电子白板、触屏一体机等多媒体设备，运用固定展板、动漫短片、交互演示等方式，展示小镇党群人才工作。服务区运用专人服务、自助查询相结合的方式，面向党组织和党员及金融人才提供政策咨询、人才申报等服务。休闲区为党员、职工提供阅读、交流洽谈、微型沙龙等服务。二楼分多功能厅、露天平台、路演中心3个区块，为小镇各级组织和企业开展理论研讨、座谈、集中培训、项目路演和党群联谊活动服务。

（刘　毅）

组织工作

【概况】 2016年，上城区有中国共产党党组18个、基层党组织1442个（党委90个、党总支45个、党支部1307个），有中共党员27341人。上城区围绕峰会圆心，实施一线练兵、一线考核、一线激励，打好干部队伍建设组合拳，有效助推峰会各项筹备工作。厘清干部动议提名操作流程，完善干部选任程序，严格落实“四个凡提必”。完善区管干部个人实绩记录研判系统，运用“月评、常析、年判”模式对工作进行分析研判。深化高素质干部培养工程，开展干部教育培训。贯彻落实“从严治党”要求，开展因私出国（境）管理、干部监督进社区等工作。推进“一镇两园”（玉皇山南基金小镇、望江智慧产业园、科技工业园）、众创空间等人才创新创业平台建设，加快人才集聚。推行党建责任综合绩效模式，压实党建工作责任。制定达标线、风景线和警示线“三线”工作标准，推进党建工作“整街推进、整区提升”。通过健全完善党支部设置体系、抓实党支部13项经常性工作等措施，进一步强化党支部主体作用。开展“扮靓杭城迎峰会、上城党员当先锋”志愿服务行动，进一步打响上城党员志愿服务品牌。全面深化两新组织党建，精心举办围绕服务、青春、文化、人才四大主题的“四季党建”主题活动，探索推进集聚区党建、智慧党建、青春党建等“五型党建”路径，玉皇山南基金小镇党群人才服务中心被认定为全市第一个“先锋星·西湖先锋”线下联盟。加强组织工作调研，区委组织部组织撰写的《从“+互联网”到“互联网+”：创新平台和思维做强基层党建》论文获全国党的建设研究会调研课题优秀成果一等奖、全省组织系统优秀调研报告。区委组织部被中共中央组织部评为组织系统信息报送先进单位。

> **资料**
>
> **“四个凡提必”：** 干部档案“凡提必审”、个人有关事项报告“凡提必核”、纪检监察机关有关廉政情况的意见“凡提必听”、反映有关问题的信访举报“凡提必查”。

【G20杭州峰会组织保障】 2016年，上城区围绕 G20 杭州峰会圆心，通过个人自荐、单位推荐、查阅档案、考察面谈等方式，精选70余名后备干部到望江地区、馒头山、基金小镇等峰会主战场挂职“墩苗”。出台《上城区领导班子和领导干部 G20 杭州峰会筹备工作专项考核实施意见》，将94个峰会项目逐一进行责任分工，明确责任领导、目标措施、时间进度，采取一线访谈、联合督查、专题汇报等形式进行跟踪考核。出台《上城区服务保障 G20 峰会工作专项激励办法》，精心组织第三期“草根民师”讲堂服务保障 G20 杭州峰会专场，邀请7名干部以面对面访谈方式，讲述峰会筹备工作中的经历，展示全区干部克难攻坚、不计得失、忘我奉献的精神风貌。注重在服务保障峰会、信访维稳等重点工作中考察、提拔敢于担当、实绩突出的干部，营造“能者上、庸者下、劣者汰”的政治生态。

【干部选拔任用】 2016年，上城区结合区域实际，明确干部动议提名操作流程，进一步做实做细区管正、副职领导干部选拔任用初始提名库，建立10项实绩台账和问题台账。围绕“优化结构、提升合力”的目标，全年对24个区管领导班子进行调整，新提拔区管领导干部23人，交流转任12人。扩大选人用人渠道，面向市建设、国土系统选拔2名区属国有企业领导干部，加强对报考人员综合素质和业务水平的考察，在考察了解基础上发挥组织把关作用，并全程纪录干部选拔任用情况。

【领导干部个人实绩记录研判系统完善】 2016年，上城区进一步完善领导干部个人实绩记录研判制度。将区委、区政府确定的重点工作具体落实到区管领导干部。将区委全会报告、政府工作报告、市考评办意见、重点办理事项、督查交办事项分解成五大任务系列，具体细化为1193个项目，确定72个责任单位。要求责任单位制定时间节点，上报具体项目的每月实际进度，生成实绩记录，接受监管部门评价，增强对领导干部实绩研判的科学性。其中对81个峰会保障项目，根据每周的实绩报告，生成直观化的工程进度四色图，在每周周一全区峰会例会上发放，倒逼各责任单位按照时间节点抓好项目进度。

【干部教育培训】 2016年，上城区实施高素质干部培养工程，通过组织进修班、中青班、科级干部示范班等实施干部教育培训。全年全区举办各类培训班8期，培训干部600余人次，其中举办组工干部培训班、女干部党性研修班等6期，培训干部510人次。全年组织或选调90名干部参加省、市有关部门组织的培训。

【干部监督管理】 2016年，上城区贯彻落实“从严治党”要求，切实解决干部管理失之于宽、失之于软的问题。加强因私出国(境)管理，制定《上城区区管干部因私出国(境)审查审批工作有关办法》和《关于进一步加强国家工作人员因私出国(境)管理工作的通知》，明确管理责任，规范管理办法和违规处置程序，织密干部监督网。开展区管干部因私出国(境)情况集中治理，将区管干部2015年度个人有关事项中报告的出国(境)情况与出入境记录一一对比，全面核查干部因私出国证件和出境情况，对于重要线索联合纪委共同调查处理。开展区管干部个人有关事项抽查和考察对象个人有关事项核查，全年抽查36人，核查47人，共批评教育4人、诫勉7人。推进干部监督进社区工作，通过定期了解、实时报送和重点时段考察等方式了解干部“生活圈”“社交圈”，对干部考察实行家访、楼道访、社区访“三访”。

【人才创新创业平台优化】 2016年，上城区依托电子机械功能区、望江智慧产业园等人才平台，加快引进高水平研发机构和大型高等院校及企业，发挥其高层次人才对创业创新基地的引领带动作用，加快人才项目在平台的集聚。电子机械功能区的浙江博世华环保科技有限公司建设的“浙江博世华固废处理处置和污染修复技术研究院”成为省级企业研究院，浙江双元科技开发有限公司获浙江省技术发明奖一等奖，杭州捷尔思阻燃化工有限公司入选“省级专利示范企业”。出台《关于发展众创空间推动大众创业、万众创新的若干意见》，进一步明确申请认定区众创空间条件及15条鼓励和促进众创空间发展政策，设立800万元扶持众创空间建设与发展专项资金，成功运营数动空间、网尚空间2个众创空间，杭州幼发拉底创业空间、唯曦V创汇、杭州望江创业大街、123茶楼4个众创空间入选第三批国家级众创空间名单。全区有区级示范众创空间10个，其中市级众创空间8个(含国家级众创空间4个)。

【党建责任智慧化管理】 2016年，上城区深化由区委党建工作领导小组统领推进，组织、宣传、纪委等部门协同配合，多方力量整体联动的“1+3+N”大党建工作格局，进一步凝聚上下同欲、共抓党建的强大合力。完善区、区直部门(街道)、社区“三级34岗”党建工作共性和个性责任清单，推行党建工作报表，实施区直党(工)委书记、区委两新工委委员、街道班子成员、社区党委书记等领办党建重点(创新)项目机制，倒逼各级党组织及每名党员干部耕好党建“责任田”，种好党建“自留地”。拓展“民情E点通”党建责任APP平台应用范围，实现6个街道54个社区全面使用APP平台，通过党建责任智慧化管理，把落实党建责任痕迹留下来、过程管起来。实行党建和经济社会发展“双百分制”考核办法，设立区委党群工作责任制考核单项奖，发挥党建考核的指挥棒作用。上城区落实党建工作责任制做法在全市党建研究会三届三次理事会上进行交流。

【整街推进和整区提升工程】 2016年，区委组织部在各街道开展“摸实情、补短板、强根基”蹲点调研，根据调研情况，制定出台基层党建全域提升工作意见，分机关事业单位、街道社区、规模以上两新组织、教育部门、卫计系统5个领域，划定达标线、风景线和警示线等工作标准，促进各类基层党组织对标提升党建工作水平。制订和修改《上城区党员发展标准化手册》《党员固定活动日手册》《两新组织党建工作标准23条》，印发《党建工作责任制度汇编》，为基层党组织提供工作标准。加强软弱落后基层党组织整顿转化工作力度，建立区领导“四个一”和党(工)委班子成员“八个一”责任清单，实施分析研判、整顿转化、验收销号、巩固提升“四级”整转工作机制，全区72个软弱落后党组织全部完成整转。实施“一街一品、一社一特色”党建提升工程，全区形成以小营巷社区、上羊市街社区为标杆，覆盖6个街道的社区党建示范群。

【党支部主体作用增强】 2016年，上城区健全完善党支部设置体系，探索建立楼道党支部、项目临时党支部、业委会党支部等组织，促进党建引领基层治理创新。严格落实“三会一课”等13项党支部经常性工作，开展全区基层党组织“三会一课”十佳创新工作案例评选活动，推广议事会、微党课、微访谈等开放式组织生活，促进党支部活动经常化。做精做优党员网格工作室，探索实践“先锋领衔+功能组团、网上平台+网格运作”服务体系，推动服务资源融合，强化网格自我服务功能。加强经费保障，增拨100万元经费，将社区党建工作经费从6万元提高至7万元~10万元，促进党支部工作由底线型保障向发展型保障转变。

【“四季党建”活动】 2016年，上城区紧扣承办G20杭州峰会工作重点，落实全市两新组织“迎峰会当先锋、促发展争双强”要求，统筹全区两新组织资源，打造“四季党建”活动平台，围绕服务、青春、文化、人才四大主题，组织开展“扮靓峰会服务季”“缘聚上城青春季”“南宋古韵文化季”“精英荟萃人才季”的“四季党建”主题活动，通过部门、街道、非公有制企业、社会组织联动，开展“最美先锋”义工服务、“资本众筹、公益相亲”公益沙龙等“青春党建”特色活动、经典文化传承活动、招引人才活动等，促进两新组织融合发展、党建创新。

【“五型党建”探索】 2016年，上城区探索集聚区党建、智慧党建、青春党建、公益党建、示范党建“五型党建”路径。培育杭州娃哈哈集团有限公司党委、玉皇山南基金小镇党委、杭州思美传媒股份有限公司党支部、杭州市崇文实验学校党总支等30个新经济新业态领域党组织及10个社会组织党组织作为党建示范培育点，以点带面实现两新组织党建工作整体提升。积极推进特色小镇、新经济新业态领域党建重点任务的落实，形成“山南红色联盟”“山南精英圈”等品牌亮点，玉皇山南基金小镇党建工作得到省、市委组织部门肯定，浙江电视台《党建好声音》栏目以“基金小镇的和合之路”为题，对基金小镇以党建引领融合发展的做法进行专题访谈。

【党员志愿服务】 2016年，上城区深入推进“扮靓杭城迎峰会、上城党员当先锋”主题行动，推行三承诺、六行动、五大员“三六五”机制，全面实施机关党员包街巷、社工党员包网格、居民党员包楼道、青年党员包车站、妇女党员包阳台“五包”机制，引领全区2万余名党员志愿者同心服务G20杭州峰会。峰会期间，劝导文明出行1.1万人次，引导游客1.5万人次，“接单”服务1.6万人次，认领微心愿1万余个。

(刘　毅)

宣传工作

【概况】 2016年，上城区宣传思想文化工作贯彻“四个全面”战略布局和五大发展理念，落实省委宣传部宣传思想文化工作“四张清单”(基层公共文化服务重点项目清单、基层宣传文化机构和队伍建设清单、基层宣传文化阵地建设重点项目清单、基层宣传文化工作重点政策保障清单)要求，围绕中心、服务大局，推进宣传思想文化工作理念创新、内容创新、手段创新，为办好G20杭州峰会和加快建设“现代化美丽上城”提供思想保证、精神力量、道德滋养和文化条件。

【百家媒体聚焦思鑫坊】 2016年5月25日，在峰会倒计时100天之际，全国百家媒体到上城区集中采访思鑫坊。此前，区委宣传部第一时间召开协调会，落实筹备组织，制作宣传材料。当天，新华社、《人民日报》、中央电视台、《光明日报》等中央和部分地方省市主流媒体聚焦上城区，参观百年思鑫坊历史街区综合整治成果。6月11日，中央电视台摄制组分别拍摄思鑫坊居民制作的峰会旗帜，以及志愿者身着红马甲、挥舞峰会大旗的场景，展现思鑫坊修葺整治后的崭新面貌及上城区群众喜迎峰会的热情和风采。中央电视台拍摄的宣传片在峰会期间向各国元首播放。

2016年5月25日，中央和省、市新闻媒体聚焦思鑫坊 (区委宣传部 供稿)

【“最美楼道长”宣传活动】 2016年7月2日，上城区举行“夏安”系列行动启动仪式，区委书记缪承潮出席并做动员讲话，强调要打赢峰会安保硬仗，包括楼道长在内的各级各部门都要勇于承担责任。启动仪式后，区委宣传部和区委政法委联合杭州电视台西湖明珠频道，推出“最美楼道长”宣传活动。当月，推出“最美楼道长”10人，分别介绍他们用爱心和奉献精神当好社区平安守护者的先进事迹。

【“我看上城新变化”活动】 2016年7月，区委宣传部联合FM89杭州之声电台，推出“我看上城新变化”活动。其间，300余名上城市民参观6个街道的峰会项目。该活动除在杭州电视台、《杭州日报》等媒体报道和FM89杭州之声电台直播外，还在网易APP进行现场直播，吸引观众近两万人次。

【境外媒体采访上城】 2016年峰会期间，境外媒体深入上城大街小巷，与老百姓近距离对话。8月31日，英国广播公司(BBC)记者到吴山广场，拍摄广场上欢歌起舞的上城市民。9月1日和3日，半岛电视台分别对馒头山整治工作和志愿者工作进行采访。沙特未来电视台、德国广播电视协会等境外媒体先后到上城开展采访活动。

【主流媒体聚焦基金小镇】 2016年，上城区围绕玉皇山南基金小镇一季度税收突破3亿元、基金小镇挂牌一周年、全球私募基金西湖峰会召开等重要节点，组织中央媒体和省、市主要媒体进行集中采访报道。《人民日报》、新华社和中央电视台《新闻联播》、《焦点访谈》、《经济半小时》栏目等对基金小镇的发展变化进行专题报道。浙江卫视、《浙江日报》、《杭州日报》、杭州电视台等对基金小镇发展实体经济、营造金融生态圈等情况进行报道。西湖峰会吸引30余家中央和省、市媒体到现场采访，中国新闻社、凤凰卫视等进行现场直播。上城区有关部门将各级媒体对基金小镇的宣传报道进行汇编。

【新媒体建设】 2016年,"上城发布" 微博与微信平台结合各个时间段内的宣传重点，在保证发布内容质量的同时，进一步增加发布内容数量，努力做到"质""量"并举。对区"两会"、玉皇山南基金小镇挂牌一周年、峰会百日倒计时活动、全区经济工作会议，以及馒头山、思鑫坊、西湖大道、南山路等重点整治项目,在网络发布平台进行持续宣传,提升上城区的影响力和吸引力。全年微博平台发布微博4726篇，微信公众号发布文章1287篇。

【宣传阵地建设】 2016年,《上城报》出版94期,其中专版51个。上城网编辑发布信息4000余条,制作专题2个。上城视频制作新闻40多期,报道250余条。上城快讯推送信息230条。上城报微信公众平台发布信息228期,"粉丝"347人。开设"美丽上城大擂台""喜看上城新变化""齐心协力护航G20"等专栏，以及特刊、专版,对馒头山、思鑫坊、始版桥、望江门、直饮马井巷、城站广场的改造提升进行报道,展示峰会重点整治项目成果,累计发稿60余篇。峰会结束后,区委宣传部依托各类社会宣传平台,开展"前亚运后峰会"时代上城区重点工作宣传。

（吕　啸　王　灵）

统一战线工作

【概况】 2016年，上城区统一战线工作围绕中心，服务大局，着力加强和完善多党合作制度建设,维护民族稳定宗教和谐,凝聚海内外侨界力量,促进非公有制经济健康发展,推动统一战线工作开创新局面。成立区委统一战线工作领导小组,区委副书记黄爱芳任组长,区委常委、常务副区长金承涛,副区长叶榕,区政协副主席袁巧玲任副组长,区委办公室、区政府办公室等22个部门为成员单位。召开区委统一战线工作领导小组全体(扩大)会议,通报成员单位有关职责分工和贯彻落实统战工作会议精神要求、区委贯彻《中共杭州市委关于贯彻〈中国共产党统一战线工作条例(试行)〉的实施意见》责任分解说明,就进一步做好全区统战工作、宗教工作进行部署。

【区委统战工作会议】 2016年1月28日,上城区委召开统战工作会议,深入学习贯彻中央和省、市委统战工作会议精神,研究部署全区统一战线工作。区领导缪承潮、陈瑾、余勇、袁建祥、黄爱芳、金承涛等出席。会议提出要深刻把握新形势对统战工作的新要求,着力提升多党合作和政治协商水平,形成推动全区统一战线事业发展的强大合力。会议确定全年统战工作的重点任务和近期工作计划。

【党外代表人士读书会】 2016年10月26~28日,全区党外代表人士读书会举行。各民主党派正副主委、区工商联负责人,无党派人士代表和区侨联、区党外知识分子联谊会、区少数民族联谊会、区留学人员和家属联谊会、区新生代企业家联谊会代表,全体区管党外干部等100余人参加。读书会邀请浙江省社会主义学院和杭州市委党校教授，省政府有关部门负责人和财经、文化收藏界人士做新形势下统一战线理论与实践、中国外交关系、全省经济形势等专题辅导讲座。

【党外人士座谈会】 2016年12月14日，区委召开党外人士座谈会，就区委第十次党代会报告向党外人士征求意见建议。区委书记陈瑾主持会议,区委常委来剑波,区委常委、组织部部长王歆参加。出席座谈会的民主党派、工商联负责人和无党派人士代表就支持非公有制经济发展、加强人才引进、推进法治建设等工作提出意见建议。

【区领导结对联系党外代表人士】 2016年,上城区进一步落实区领导结对联系党外代表人士制度。区领导通过座谈走访、节庆慰问、调研考察等形式,和结对的党外人士沟通交流、增进共识。1月28日,区委召开党外代表人士迎新春座谈会;9月27日,举行"盛世华章,共建上城"统一战线各界人士迎国庆座谈活动。区四套班子领导参加上述活动,并与结对联系的民主党派、工商联负责人和无党派人士交流座谈。

【学习贯彻全国宗教工作会议精神】 2016年5月17日,区委举办理论学习中心组(扩大)专题学习会,学习贯彻习近平总书记在全国宗教工作会议上的重要讲话精神。区委理论学习中心组成员，区委统战部、区民宗局主要负责人及各街道党工委书记参加。会议要求深入学习贯彻全国宗教工作会议精神，切实把握党的宗教工作基本方针，引导宗教在法律法规和政策范围内活动，促进宗教和谐稳定。

【区政协委员人事安排】 2016年，区委统战部会同区委组织部筹备第五届区政协委员换届人事安排工作。按照上级党委和区委对换届工作的有关要求，召开多层面协商、沟通、协调会议，落实全区各党(工)委和部门协同、提名单位推荐、民主党派协商等程序，严格把好委员人选关。严肃换届纪律，邀请区纪委、区纪委派驻第一纪检组监督换届工作，确保政协委员人事安排工作风清气正。

【"橙心助力G20"系列活动】 2016年，区委统战部组织开展"橙心助力G20"系列活动。1月29日，举行第一场"'橙'暖冬日"慰问活动。民建杭州市委会主委郭清晔、副主委郑冰，区政协副主席、区委统战部部长袁巧玲和民建上城区基层委员会主委吴美萍、副主委李国平及部分民建会员志愿者，到清波街道中山苑、望江地区、紫阳街道等G20杭州峰会重点项目现场，为工地外来务工人员送去价值5万余元的围巾、手套、春联、食品等物品。全年全区各民主党派、区工商联、区侨联组成11支服务G20杭州峰会志愿者队伍深入基层，开展宣传、慰问、服务活动50余场次。

【"同心文化沙龙"活动】 2016年5月13日，上城区举办首期统一战线"同心文化沙龙"活动。全区各民主党派基层委员会主委、副主委和委员40余人参加，共同探讨民主党派基层组织改进和提升参政议政履职能力问题。省社会主义学院副院长隗斌贤，区政协副主席、区委统战部部长袁巧玲等出席。"同心文化沙龙"是着眼新形势新要求，为统一战线成员搭建的理论学习、综合素质提升和交流沟通的平台。

【上城旅港同乡会成立一周年庆典】 2016年3月31日，上城区旅港同乡会成立一周年庆典在香港举行，100余名同乡会会员和香港各界嘉宾参加典礼。市委副书记杨戌标到会祝贺，市政协副主席、市委统战部部长董建平出席，区人大常委会主任袁建祥致辞。区政协副主席、区委统战部部长袁巧玲等领导和杭州市海外联谊会、兄弟县(市、区)同乡会会长参加。上城旅港同乡会围绕促进上城与香港有关方面交流互动，联络同乡，服务会员，为家乡捐资助学5万元，并开展经济文化交流、宣传家乡等活动。

(吕火良)

2016年1月29日，区委统战部在G20杭州峰会重点项目现场开展"'橙'暖冬日"慰问活动 (区委统战部 供稿)

老干部工作

【概况】 2016年，上城区有离休干部137人，年龄最小的82岁，最大的102岁，平均年龄89岁。有副区级以上离退休老领导34人，省、市托管服务的离休老干部305人。有离休干部党支部10个，全区11个部门、6个街道设有老干部工作机构。区委老干部局贯彻落实中央办公厅、国务院办公厅《关于进一步加强和改进离退休干部工作的意见》，充分发挥老干部智慧优势、经验优势、威望优势，引导老干部在"五水共治"、G20杭州峰会服务保障等工作中发挥引领作用。组织老干部参加理论学习、重要会议和重要活动。全年开展文体活动26场,参加人数300人。加强"两项建设",落实"两项待遇"(政治待遇和生活待遇),创新改进离退休干部服务管理方式,保障离退休干部待遇。会同民政、卫计、文广、教育等部门和社会各界,形成老干部服务管理的工作合力,努力开创老干部工作新局面。

【引领服务峰会】 2016年,区委老干部局围绕G20杭州峰会圆心做好服务保障。组织有书法绘画特长的老干部,书写对联和"福"字,送到南星、望江地区征迁工地工人手中;推出"寄语G20书法联展"活动,老干部书法作品在"浙江新闻"客户端、"浙里杭州"平台、"浙江在线"平台上展示,并在《上城报》专版展出。组织老干部代表、志愿者代表、相关部门领导干部、社区居民等人员,在馒头山开展"夕阳展风采"系列活动。区委老干部局组建12支"银亮上城老干部志愿服务队",开展"我为G20露露笑、我为G20领领路、我为G20拍拍照、我为G20扫扫地、我为G20巡巡防、我为G20找找短"等活动60余场。其中区公安系统离退休干部平安服务队发挥引领作用,在景区、西湖边、地铁站、车站、十字路口等区域开展文明劝导、安全巡防、便民服务等活动,志愿服务时数80小时。

【老干部作用发挥】 2016年,区委老干部局组织引导老干部在服务保障G20杭州峰会、推进"现代化美丽上城"建设、开展调查研究等方面积极发挥作用。全年组织离休干部、区四套班子老领导参加区"两会"、领导干部大会、换届见面会等活动19次,区委、区人大等开展的各类民主测评6次,区情通报会4次,区领导陈瑾、陈秋芳、金承涛等分别就上城区经济社会发展、"两学一做"学习教育、后峰会工作等情况向老干部通报。组织区级老领导、离休干部考察调研思鑫坊、勾山里、馒头山、始版桥等15个峰会重点项目,老干部提出意见建议8类19条,得到区委、区政府领导采纳肯定,区委书记陈瑾做出批示,要求有关部门抓好意见建议的落实。以"展示阳光心态、体验美好生活、畅谈发展变化"为主题,组织开展"走基层、看变化、促发展"活动。区级老领导参加考察"123+2"大平台建设、"五水共治"情况等活动20场。提出意见建议29条,形成调研报告6篇,区委主要领导做出批示10件次。

【老干部服务保障】 2016年,区委老干部局走访慰问离休干部172人次,看望慰问住院老干部45人次,走访老红军、老干部遗属15人次。建立区委老干部局、相关单位老干部工作者、老干部三者常态化联系制度,随时了解掌握老干部生活、身体情况。组织27名老干部参加五云山疗养院体检疗养,42名老干部到浙江大学医学院附属第一医院体检,6名抗战时期参加革命工作的老干部避暑休养。落实上城区中医院为老干部提供保健服务,联系社区医生每周进老干部家测量血压、血糖。协助办理老干部住院手续30余人次。为45人次易地安置老干部协调解决公用经费、特需经费11.2万元。加强对独居、丧偶、独身、精神异常、心理孤独等特殊老干部的关心照顾和服务,对遇到问题较多、情绪不稳定的老干部,实行重点跟踪联系和照顾。通过各种渠道和办法,加大对身患重病、失能、高龄等离退休干部的帮扶力度。全年有11名老干部去世,区委老干部局工作人员第一时

2016年3月18日,区委老干部局组建"银亮上城老干部志愿服务队"

(区委老干部局 供稿)

间到老干部家中慰问,协助家属办理善后事宜。为 2 名离休干部落实副厅局级医疗待遇、76 名离休干部按副厅局级待遇报销医疗费。

【老干部工作“两项建设”】 2016 年,区委老干部局加强离退休干部党支部建设和党员思想政治建设。5 月,局党总支开展“两学一做”学习教育动员暨党课教育大会。11 月,区老年大学建立临时党支部,有党小组 19 个,党员 180 人,支委、党小组长由各班党员班长兼任,每学期开展党员活动。组织举办全区离退休干部党支部书记培训班,参加培训党支部书记(委员)31 人。借鉴建立“常青藤圆梦园”“湛青工作室”平台的做法,指导离退休干部党支部开展多种形式的党员活动。小营街道“红巷老舅妈”团队、清波街道“群防群治七仙女”团队和“情暖脚下服务社”、望江街道“夕阳红志愿者服务队”等服务群众的团队成为老干部党员发挥作用的有效载体。年内,上城区被评为全省“最美老支书”、全市“最美离退休干部党员”各 3 人。上级有关部门指派专人上门 90 余次,采撷收集上城区老干部“好家风”25 篇,在省、市微信平台上推出好家风报道 10 余篇,点击率 2000 余人次。与市委老干部局调研室、区纪委、区妇联等部门合作,开展“好家风”宣传推送活动。全年组织老干部开展“两会”精神、习近平总书记在中国共产党成立 95 周年纪念大会上的重要讲话、中共十八届六中全会精神、《新形势下党内政治生活的若干准则》、《中国共产党党内监督条例》等内容的学习 23 次。为老干部订阅《浙江老年报》《杭州日报》等报刊 450 份、《共产党员》《党建文汇》等学习书籍 300 余册。

(周雨涵)

未成年人管理

【概况】 2016 年,上城区有关工委组织 146 个,其中一级关工委组织 1 个(区关工委)、二级关工委组织 7 个(街道关工委 6 个,区教育局关工委 1 个)、三级关工委组织 138 个(社区关工委 54 个,中小学、幼儿园关工委 69 个,区教育局直属部门关工委 4 个,民营企业关工委 11 个),6865 人从事关心下一代工作。健全“五老四团一组一员”队伍,积极组织“五老”参加关工委工作。离退休人员中参加区级顾问团 31 人、讲师团 10 人、关爱团 10 人、科技服务团 10 人、网吧义务监督员 104 人。区关工委用社会主义核心价值观引领青少年,以改革创新精神推进关心下一代工作,着力提高青少年思想道德素质、科学文化素质和健康素质,全区关心下一代工作呈现良好氛围。

资料

“五老四团一组一员”:“五老”指老干部、老战士、老专家、老教师、老模范;“四团”指讲师团、关爱团、科技团、顾问团;“一组”指 18 人关爱维权小组;“一员”指网吧监督员。

【“喜迎 G20,争当合格杭州人”主题教育活动】 2016 年 7 月 11 日,上城区关工委结合市关工委组织的学习“二史”(党史、国史)、践行“三爱”(爱祖国、爱学习、爱劳动)教育活动,以纪念中国共产党成立 95 周年为契机,开展“喜迎 G20,争当合格杭州人”主题教育活动,围绕培育和践行社会主义核心价值观,通过挖掘好人好事,传递正能量,弘扬主旋律。运用区级媒体,介绍国家重大外交活动,动员青少年为 G20 杭州峰会服务。全年区关工委组织“二史”基本知识问卷活动 78 场次,参与学生 3000 人,收回试卷 2560 份,回答正确率 95%。

【青少年社会主义核心价值观教育】 2016 年,区关工委学习贯彻习近平总书记对关心下一代工作的一系列重要指示,加强青少年社会主义核心价值观教育。3 月 30 日,区关工委和清波街道组织辖区党员干部、居民群众、部队官兵、学校师生 200 余人到云居山革命烈士纪念碑前,祭奠革命先烈,重温中国近代革命历史。9 月 18 日,区关工委和区文化馆携手举办“讲好上城故事”演讲大赛暨杭州市少儿故事演讲大赛上城区选拔赛,杭州娃哈哈小学、杭州天地实验小学、杭州胜利实验小学、杭州阳光艺术学校等学校的 12 名学生参加。10 月 18 日,区关工委和紫阳街道、区社区学院、区文广新局、杭州孟尝客文化创意有限公司在南落马营体育文化创意公园举办纪念红军长征胜利 80 周年活动暨好声音儿歌大赛。11 月 16 日,区关工委和区青少年活动中心举办主题为“筑梦路上”演讲活动，经过选拔，产生31名选手参加杭州市“筑梦路上”演讲比赛。

2016年5月26日，上城区召开庆“六一”“奋飞奖”表彰暨工商联结对助学大会。图为受资助学生代表上台接受捐赠　（区关工委　供稿）

【“假日学校”活动】　2016年，区关工委依托“假日学校”开展“奋飞夏令营”活动，活动内容由往年的单一选项改变为菜单式多种选择，为学生提供科普、艺术、医护、生活等类别项目10个，让学生自由选择自己喜欢的项目参与。根据学生报名情况最终确定“应急装备科普之旅”“天文科普之旅”“园艺花艺DIY”“西点烘焙DIY”“中医药文化科普体验”和“南宋官窑陶瓷创意体验”6个项目。至年末，全区有54所“假日学校”，1.7万名学生参与活动，其中留守儿童452人、外来务工子女2766人，担任“假日学校”辅导员的“五老”160人、志愿者1231人。

【帮困助学】　2016年，区关工委与区教育局、团区委、区妇联、区工商联、区民政局、各街道和有关共建单位协调联动，通过多种形式开展帮困助学工作，对困难学生落实一对一帮困。全年筹集资金12.4万元，帮助困难家庭学生134人；提供资金10万元，帮助9个青少年教育基地改善教育条件，提升教育功能。全区帮困助学对象中，24人被评为区“奋飞奖”学生，10人被评为市“奋飞奖”学生，发放助(奖)学金12.36万元。

【关爱帮教行动】　2016年，区关工委围绕“平安上城”建设，加强对失足青少年帮教工作，对问题、边缘青少年(未成年人)开展关爱行动，帮助他们矫治不良行为，树立信心，做社会合格公民。18人关爱维权小组参与司法监督程序，“结对帮教”失足和问题青少年。3月，区委政法委出台《上城区合适成年人参与未成年人刑事诉讼活动的实施细则》，区关工委邀请区法院原副院长魏国祥等5人参与未成年人刑事诉讼权益保障工作。全区44所中小学(含校区)配备36名法制副校长，为学生开展假期安全教育。

（宋晓莺）

2016年8月19日，区关工委组织开展天文科普夏令营活动　（区关工委　供稿）

机构编制管理

【概况】　2016年，上城区深化综合行政执法改革。制定区综合行政执法改革方案，设立上城区综合行政执法局，研究确定纳入综合执法的职权事项，有序推进跨部门、跨领域综合行政执法。制定上城区街道“四个平台”建设实施意见，完善示范街道相关配套机制建设。深化玉皇山南基金小镇建设管理体制改革，明确玉皇山南基金小镇管理机构设置，加强管理力量，保障基金小镇建设发展需要。深化望江地区建设管理体制改革，按照“政府主导、企业主体、市场化运作”的思路，进一步明确望江指挥部、望海潮公司职责分工与具体事项合作方案。开展全区控编减编专项检查和机构编制年度评估，确保机构编制政策执行到位。规范全区机构编制管理与职数使用，各类编制人员总数控制在核定范围内。开展“两学一做”学习教育活动，落实“找短板、补短板”专项工作。制定“三重一大”制度、主要负责“五不直接分管”制度实施细则，切实履行党风廉政建设主体责任。

【权责清单编制】 2016年，区编委办按照权责统一原则，理顺街道与区级部门、社区关系，编制并公布街道权责清单，实现权责清单全面覆盖。区内各街道权力清单明确街道法定权力事项37项、审核转报及上级委托事项15项；责任清单明确街道主要职责11项、街道与区级部门职责边界事项14项、事中事后监管制度7项、公共服务事项17项。

【编外用工管理】 2016年，区编委办根据《上城区机关事业单位编外用工管理暂行办法》，明确编外人员使用范围和总量严格控制、编内编外统筹管理、鼓励服务外包等原则，核减编外用工计划157人。综合考虑职责增加、编制紧张等因素，核定G20杭州峰会工作临时性用工计划、基金小镇服务窗口用工计划、不动产登记窗口用工计划、区法院和区检察院司法雇员等编外用工计划，保障重点工作用工需求。

【机构编制资源配置】 2016年，区编委办加强对各领域工作和机构编制情况的综合分析，把有限的机构编制资源向保民生、保发展、保稳定的重点领域倾斜。优化党建、互联网宣传指导、绩效评估、干部保健、政府债务管理、玉皇山南基金小镇建设管理等重点工作的机构设置，增加区纪委、区人大常委会研究室、区国土分局等单位领导干部职数，盘活机构编制资源配置，保障重点工作需要。

【事业单位管理】 2016年，区编委办有序推进法人和其他组织统一社会信用代码制度建设工作，完成全区机关事业单位及纳入机构编制管理的群团赋码换证工作，有效解决同一主体信息不统一、部门信息数据相互割裂封闭等问题。开展机关事业单位网站挂标情况排查整改，规范上一年度事业单位年度报告公示工作，完成175个事业单位机构年度报告审核，公示141个事业单位年度报告。加强日常登记管理，完成事业单位登记变更事项40项，注销事业机构1个。

（沈　滟）

机关党建工作

【概况】 2016年，区直机关工委以“两学一做”学习教育为主线，以落实党建责任制为抓手，全面贯彻区委服务保障G20杭州峰会的工作部署，大力推行服务清单模式，基层党组织实现全面进步，党建工作特色做法得到省、市领导肯定。制定机关干部政治理论教育计划，推进各级党组织把学习中共十八届三中、四中、五中、六中全会精神与学习贯彻习近平总书记系列重要讲话精神结合起来。集中举办“服务G20，机关做表率——党员志愿者英语培训”、党员发展对象“一心一义一述评”培训（认领1个微心愿、参加1次义工志愿服务活动、参与1次公开述评）、党员“两学一做”学习教育轮训等培训10次，实现在职党员骨干培训全覆盖。通过专家讲课、现场教学、实地考察等形式提升党员干部素质。开展“扮靓杭州迎峰会、上城党员当先锋”主题活动，圆满完成服务保障G20杭州峰会任务。完成上城区第22选区人大代表换届选举和区直机关出席上城区第十次党代会代表选举工作。中央国家机关工委“机关党委工作方法专题研讨班”学员到上城区考察学习。“三张清单一张网”（书记职责清单、支部责任清单、党员义务清单和党代表督查网）创新做法获杭州市直机关工委好评，被列为杭州市机关党建工作经验交流会发言材料。区直机关工委被市直机关工委评为G20杭州峰会服务保障工作先进基层党组织。区直机关工委撰写的《“三线工作法”锻造机关合格党员》《以“活动推动法”促进区直机关党员争当合格先锋》等5篇征文被省直机关工委评为机关党建工作优秀论文。区直机关工委宣传报道工作获2016年度全省机关党建信息工作一等奖。

【党员教育培训】 2016年，区直机关工委通过组织动员部署会、教育推进会、书记培训会、“十个一”(摘抄党章、写征文、佩党徽、交党费、上党课、记笔记、送温暖、建园地、树典型、常活动)责任清单汇报会，确保“两学一做”学习教育在基层党组织和党员中落到实处。建立“三张清单一张网”和党员教育管理标准线、兜底线、风景线“三线”工作机制，筑牢机关党建工作基础。结合纪念中国共产党成立95周年、红军长征胜利80周年活动，组织基层党组织书记、纪检书记(委员)参观淳安中国工农红军抗日北上先遣队纪念馆。采取现场教学、走访参观、夜读讨论、互相交流、理论测试等形式，开展以“不忘初心、继续前进，重走红军路、共筑中国梦”为主题的党员日活动。组织党员干部深入学习党章党规和习近平总书记系列重要讲话精神，坚持用党的创新理论武装头脑，进一步明确努力方向，自觉发挥先锋模范作用。

【基层党组织建设】 2016年9月，区直机关56个基层党组织完成换届，新建党支部6个，撤销2个。发展党员9人，转正13人，吸收入党积极分子24人。区直机关工委按照《中国共产党章程》和《中国共产党基层组织选举工作暂行条例》规定，组织基层党组织书记就换届工作程序和方法进行研讨交流，统一思想认识和工作步骤，为顺利完成基层党组织换届工作奠定基础。“七一”前夕，区直机关6个基层党组织、25名党员获省、市表彰。向市直机关工委推荐“服务G20，机关做表率”基层先进党组织4个和先锋党员8人。全区在职机关党员认领微心愿2400余个，人均认领微心愿2个。

【“党员先锋365”品牌建设】 2016年，上城区深化“扮靓杭州迎峰会、上城党员当先锋”的“党员先锋365”品牌建设。党员参加社区“双报到双服务双管理”率100%，820名机关党员参与地铁文明劝导志愿服务，累计服务1200小时。G20杭州峰会期间，组织1200余名机关党员志愿者全天候承担峰会服务保障制高点管控员、公交随车安全员、秩序维护员、平安巡防员、文明劝导员等工作的最前沿，组织6名机关干部参加峰会新闻场外报道，选派5名驾驶员负责接送G20杭州峰会嘉宾。“党员先锋365”品牌成为机关党员全天候服务中心工作的有效载体。“深化‘党员先锋365’志愿服务品牌建设的探索”项目被市直机关工委评为第二轮杭州市机关党建工作十佳创新创优成果。

【群团组织规范化建设】 2016年，上城区贯彻中央和省、市委有关加强群团组织建设工作会议精神，推进机关群团组织规范化建设，充分发挥群团组织的桥梁和纽带作用。深入开展以志愿服务为主题的党建带工建、带团建、带妇建活动，推动党员、团员、妇女志愿服务社区化、项目化、多样化、常态化。区总工会组织企业职工技能竞赛，全年参与竞赛8.5万人，占企业职工总数的85.1%。在机关团员青年中开展争创“青年文明号”活动。在妇女组织中开展“巾帼建功”活动，扩大争创面，树立起机关巾帼新形象。

【综合考评工作】 2016年1月1日，《杭州市绩效管理条例》实施，综合考评工作实现依法行政。全年区直机关工委完成2015年度综合考评大会、2016年创新项目工作推进会、特色创新项目专家评估会等会议筹备工作，首次举办2016年区综合考评培训班，首次开展区特色创新项目评比。优化区直单位目标考核办法，建立覆盖全区65个单位的考评体系。根据市政府、区政府确定的中心工作和重点任务，调整区直机关年度考评内容，将贯彻区委全会工作报告和政府工作报告、G20杭州峰会保障服务、加强意识形态工作等内容纳入综合考评，推动综合考评与目标考核、单位考核与班子成员考核并轨。科学设置目标考核分值，建立健全大督查制度。实行“兜底考核”“一票否优”。成立绩效评估中心，增加编制3人。实施第三方监督公正制，由钱塘公证处对社会评价工作进行全过程跟踪、监督，确保考评工作公正性、权威性。编发《情况专报》5期、《综合考评简报》27期，专报和简报反映的情况获区领导批示14次。全年完成市级层面55条意见建议和区级层面85条意见建议的整改，有关整改方案及整改结果通过《上城报》

向社会公布,接受群众评议与监督。上城区申报的特色项目“老城区转型发展的探索与实践——以玉皇山南基金小镇为载体打造高端金融产业生态圈”获2016年度市对区特色创新项目综合考评第一名,上城区连续第5年获该荣誉,连续第6年获杭州市“创新奖”。该特色项目在中央和省、市主要媒体有关栏目中报道200余次。在2016年度区、县(市)综合考评中,上城区以总分94.642的成绩名列第四位,G20杭州峰会服务保障工作、“五水共治”、扩大有效投资三项工作获“重点工作单项奖”。

【“公述民评”电视问政】 2016年,上城区把“公述民评”电视问政作为社会评价意见整改内容列入专项目标考核,实现“述、评、考”3个环节有机联动。市考评办(市绩效办)、市作风办围绕政府服务、城市国际化、城市管理、环境治理、民生保障五大主题,开展5场“公述民评”面对面现场问政。上城区第一时间制定“公述民评”实施方案,成立以常务副区长金承涛为组长的5个协调小组,出台《关于成立2016年上城区“公述民评”面对面问政活动协调小组的通知》《关于印发2016年上城区“公述民评”面对面问政活动实施方案的通知》,分专题召开部署会、推进会,明确目标任务。召开民评员工作会议,听取有关建议做法。征求民评员和各单位意见,筛选各单位收集的问题上报市考评办。区考评办牵头组织每场10名民评员代表参加5场现场问政,并将现场问政提出的问题进行分解、落实、整改、反馈。年内,45条意见建议落实到21个责任单位,并全部完成整改。

【深化志愿服务活动】 2016年,区直机关团工委组织全区4万余名志愿者开展志愿服务18万小时;招募大学生社区志愿者76人,双语、救护等专业志愿者100余人,骨干城市文明志愿者300余人,高质量完成“韵味杭州”体验点建设、B20峰会商务推介等服务。各级团干部联系1100余个青年及组织,并线上线下发动500余名青年参与G20杭州峰会城市志愿服务,11个两新团组织成为保障G20杭州峰会的重点志愿服务项目公益合伙人。区直机关妇工委以家庭志愿服务为主线,率先在全市成立家庭志愿服务队,注册家庭志愿者5073户、12133人,开展环境整治、平安巡防、素质提升、文明礼仪、暖心帮扶、“最美”展演等活动100余场。组织区直机关志愿者开展“美化家园、喜迎G20”活动,推出“文明晾晒,扮靓阳台”等项目。全省暨杭州市服务G20家庭志愿者行动现场推进会在上城区召开。

【深入实施关爱工程】 2016年,区直机关工委建立帮困送温暖的长效机制,开展帮扶关爱、金秋助学、临时救助和夏季送清凉活动。组织600余名职工参加职工疗休养和免费体检、345名机关干部职工参加医疗互助保险。区直属基层单位426名党员领导干部结对428户困难家庭,送去帮扶资金和实物折价40余万元。

(徐春英)

2016年11月4日,上城区直单位特色创新项目专家评估会召开

(区直机关工委　供稿)

信访工作

【概况】 2016年,上城区信访系统完成G20杭州峰会,全国和省、市、区“两会”等重要会议、重大活动的信访保障任务。全年受理来信、来访、来电11520件(人),信访总量比上年(指2015年)上升12.9%。其中,来信824件、1659人次,件次上升53%,

人次上升60%；来访724批、2415人次，批次上升43.9%，人次上升100%；来电9972件，上升13.2%；社区“12345”受理积案2330件，上升3.6%。所有来电办结率100%，满意率95.4%，重复交办率3.9%，重复诉求转告率26.7%。

2016年7月12日，副市长陈红英（右二）到上城区接防群众

（区信访局　供稿）

【市、区领导接待来访群众】　2016年7月12日，副市长陈红英率市相关部门负责人到上城区接待2批来访群众，并召开座谈会听取意见，对做好信访工作提出要求。区四套班子领导落实包案制度，先后接访群众229批次，其中来访162批次，研究包案40批次，听取汇报18次，上门慰问9次，所有领导接待处理件均办结。年内，历时10余年的信访积案得到妥善化解；一批老信访户息访罢诉。

【《法定途径分类处理信访投诉请求清单》汇编完成】　2016年，区信访工作领导小组统一协调，区编委办、区信访局、区法制办等部门共同努力，于9月完成《法定途径分类处理信访投诉请求清单》汇编工作。通过厘清信访与其他法定途径之间、其他法定途径相互之间的受理范围，确保信访诉求依照法定途径和法定程序得到处置，把信访办理质量压实在应办、速办环节，最大限度地减少越级访、无序访的发生。

（叶　敏）

党史编研

【概况】　2016年，区委党史研究室履行“存史、资政、育人”的工作职能，围绕“两学一做”学习教育，开展纪念中国共产党成立95周年、中国工农红军长征胜利80周年和习近平同志复信小营巷社区党委五周年等主题系列活动，推进挖掘“红色资源”、征编“红色史料”、厚植“红色基因”、传承“红色品牌”、建设“红色队伍”等工作取得新的成效。

【历史资料征编】　2016年，区委党史研究室以“改革开放以来上城发展成就”为主题，完成65个专题资料的收集，汇编成书册《潮起钱塘——改革开放以来上城区党史专题集》，于年内完成样书印刷。专题集包含前彩页、总论、发展成就、重要文件选编和大事记5个方面内容，分为上、中、下三册，记述上城区改革开放以来的发展与变化。同时围绕纪念红军长征胜利80周年主题，区委党史研究室与省新四军历史研究会合作，实地采访98岁老红军贾少山，收集红军长征途中的故事80个，汇编完成《红军不怕远征难——长征故事选编》。启动编纂书籍《上城区近现代工业史话》，对全区工业遗址遗迹、工业企业史料开展实地勘察和资料收集，完成上城区工业发展历程概述、上城地区工业企业选介、上城工业大事记等资料整理。

【红色阵地建设与品牌提升】　2016年，上城区积极提升“小营·江南红巷”国家AAA级红色旅游景区和中国社区建设展示中心两大红色阵地建设水平，进一步发挥“红色品牌”效应。完善“小营·江南红巷”国家AAA级红色旅游景区设施配套和服务机制，加强宣传推广工作。提升中共杭州小组纪念馆、钱学森故居、毛主席视察小营巷纪念馆、红巷生活广场“三馆一场”内涵，更新“历史上的第一”红色记忆墙、“潮起钱塘”等栏目的党史史料。“三馆一场”全年接待游客

294 批次、1 万余人次。优化中国社区建设展示中心场馆功能布局,创新史料信息化展陈方式,丰富关于基层民主建设和党内民主协商史料，提升对外接待能力。全年举办交流活动 169 场,接待全国各地参观团 274 批次。以思鑫坊徐宅内发现早期共青团资料为契机,会同团区委、湖滨街道开展红色史料挖掘工作。4 月,位于思鑫坊东侧孝女路 1 号的“百年思鑫坊历史文化馆”正式开馆,展馆还原乔石、吴一之等历史人物的办公、居住场所。年内,“小营·江南红巷”国家 AAA 级红色旅游景区、中国社区建设展示中心加入杭州市红色博物馆联盟，郁达夫故居入选杭州市第三批党史教育基地。

【党史学习宣传活动】 2016 年，上城区以“两学一做”学习教育为主线,通过吴山大讲堂、“草根民师讲堂”、《上城报》、“上城发布”公众微信号等宣传阵地,结合党员固定活动日,开展党史学习宣传进机关、进社区、进学校、进企业等党史“六进”活动。围绕纪念中国共产党成立 95 周年、红军长征胜利 80 周年、习近平同志复信小营巷社区党委五周年和服务保障 G20 杭州峰会主题,举办学习宣传党史系列活动,提升党史影响力。5 月 27 日,区委党史研究室会同区委组织部、浙江电视台在八卦田遗址公园,开展“红动小镇，青春飞扬——‘两学一做’学习教育闯关”活动,推出 100 道“知识抢答”题,并设计以“红色地标”“踏着先烈的足迹”“绿水青山就是金山银山”为主题的游戏环节，引导党员学习党章党史和习近平总书记系列重要讲话精神。以知名作家黄亚洲《红船》首发仪式在上城举行为契机,举办“红船精神解读”等专题讲座。举办纪念中国共产党成立 95 周年系列活动,传递“铭记历史、不忘初心、继续前进”的信念。7 月 12 日,全区举行以“红巷情、先锋行、保障 G20”为主题的纪念习近平同志复信小营巷社区党委五周年主题活动,通过重走红色之路、重温复信精神,进一步统一思想、凝聚力量。筹划开展纪念红军长征胜利 80 周年“五个一”活动,即组织推出一次百题测试、一次《上城报》专版宣传、阅读一本红色书籍(《红军不怕远征难》)、一次主题宣讲、一场文艺演出。10 月 27 日,区委党史研究室与省新四军历史研究会、区委宣传部、区教育局在杭州市新世纪外国语学校举行“接过先辈旗帜,发扬长征精神”——纪念红军长征胜利 80 周年活动，邀请红军后代和革命传统教育宣讲团成员向青少年宣讲红军长征知识。

【上城区党史论文入选“第三届全国党史文化论坛”】 9 月 5~6 日,由中央党史研究室、四川省委、中共党史学会和中共党史人物研究会联合主办的“第三届全国党史文化论坛”在四川省成都市举行。来自全国党史系统、党校系统、军队系统、社科院系统、高校系统的 150 余位专家学者出席论坛。区委党史研究室作为论文入选单位受邀参加论坛。论坛征集论文 865 篇，评出入围论文 271 篇，其中参会论文 139 篇、入选论文 132 篇。论文主题分“党史文化与以习近平同志为核心的党中央治国理政新理念新思想新战略(含党史文化基本理论问题)”“党史文化与长征文化”“党史文化与中华传统文化”和“党史文化与老区发展”四大类。其中,区委党史研究室撰写的论文《让“家门口”的红色资源更好发挥教育文化作用——杭州市上城区发展城市红色旅游的经验与启示》经评审委员会评阅作为参会论文入选,被收录在“党史文化与老区发展”类别中,并得到中央党史研究室的肯定。

(章　莉)

上城区人民代表大会及其常务委员会

People's Congress Standing Committee of Shangcheng District

综　述

【概况】 2016年，上城区人大常委会深入贯彻中共十八大和十八届三中、四中、五中、六中全会及省、市、区委关于人大工作的会议精神，认真学习贯彻习近平总书记系列重要讲话精神，紧扣改革发展大局，紧贴G20杭州峰会工作圆心，紧盯民生改善实事，依法强化对区"一府两院"的工作监督和法律监督。全年举行人民代表大会1次，召开常委会会议9次，审议、讨论专项报告42项，作出决议决定18项，开展执法检查、视察25次，任免国家机关工作人员职务50人，依法选举产生197名区十五届人大代表，较好发挥区人大常委会在服务保障峰会、经济社会发展和民主法治建设中的职能作用。

人大重要会议

【区第十四届人民代表大会第五次会议】 2016年2月24~28日，上城区第十四届人民代表大会第五次会议举行。会议应到代表198人，实到代表184人，部分市人大代表及区政府各部门、机关团体负责人和离退休老干部96人列席会议，18名公民应邀旁听会议。大会听取、审查和批准区政府、区人大常委会、区法院和区检察院的工作报告，2015年国民经济和社会发展计划执行情况的报告与2016年国民经济和社会发展计划、2015年财政预算执行情况的报告和2016年财政预算，区政府贯彻执行《关于实施上城区第六个法制宣传和依法治区五年（2011~2015年）规划的决议》情况的报告（书面）。依法选举袁建祥为区十四届人大常委会主任，朱黎明、赵楠为区十四届人大常委会委员。大会收到代表提出的建议、批评和意见99件，由区人大常委会办事机构依法交由有关机关和组织研究处理，负责答复代表，并报告区人大常委会。

【区十四届人大常委会会议】 2016年，上城区第十四届人民代表大常务委员会（简称区十四届人大常委会）召开常委会会议9次。

1月29日，区十四届人大常委会第二十九次会议举行。会议听取并审议区政府关于杭州市上城区国民经济和社会发展第十三个五年规划纲要（草案）及其说明、关于2015年国民经济和社会发展计划执行情况和2016年初步安排的汇报、关于2015年财政预算执行情况和2016年初步安排的汇报及关于2015年政府债务限额的报告；听取并审议区人大常委会工作报告；审议表决通过区人大常委会2016年工作要点、区十四届人大常委会代表资格审查委员会关于补选代表的代表资格审查报告和区十四届人大五次会议代表资格审查报告；听取并审议区十四届人大五次会议筹备工作情况报告，通过列席人员名单、各项建议名单和有关提请事项。区人大常委会组成人员21人出席会议。区政府、区法院和区检察院领导，区人大常委会办事机构和工作机构、区政府办公室及区发改经信局、区财政局负责人及区十四届人大五次会议筹备处各组负责人列席会议。区政协领导和区妇联负责人应邀参加会议。

3月22日，区十四届人大常委会第三十次会议举行。会议专题学习十二届全国人大四次会议精神；

听取并审议区政府关于政府重大投资项目执行情况及2016年政府新增重大投资项目计划的报告,关于要求采用政府购买服务模式进行馒头山地区基础设施建设和环境整治工程一期、二期项目建设的报告,做出批准2016年政府新增重大投资项目计划和同意政府采用购买服务方式实施基础设施建设和环境整治工程的决定;根据区法院院长施金良、区检察院检察长李森红的提请,通过有关法律职务任免事项。区人大常委会组成人员23人出席会议。区政府、区法院和区检察院领导,区人大常委会办事机构和工作机构、区政府办公室及区发改经信局、区财政局负责人列席会议。区政协领导应邀参加会议。

4月15日,区十四届人大常委会第三十一次会议举行。会议根据区长陈瑾的提请,决定免去黄爱芳的上城区政府副区长职务,决定任命金承涛为上城区政府副区长;通过有关政府组成部门负责人任免事项。区人大常委会组成人员23人出席会议。区政府、区法院和区检察院领导,区人大常委会办事机构和工作机构、区政府办公室负责人列席会议。

5月24日,区十四届人大常委会第三十二次会议举行。会议专题学习《中华人民共和国大气污染防治法》;听取区政府关于《上城区第七个法治宣传教育和依法治区五年规划(2016~2020年)》编制情况的说明,审议通过关于实施上城区第七个法治宣传教育和依法治区五年规划(2016~2020年)的决议;依法首次听取并审议区政府2015年上城区环境状况和环境保护目标完成情况报告;根据区长陈瑾的提请,通过有关人事任免事项。区人大常委会主任袁建祥在会上讲话。区人大常委会组成人员22人出席会议。区政府、区法院和区检察院领导,区人大常委会办事机构和工作机构、区政府办公室及区司法局、上城环保分局负责人列席会议。区政协领导应邀参加会议。

7月27日,区十四届人大常委会第三十三次会议举行。会议听取并审议区政府关于2015年财政决算(草案)和2016年财政预算上半年执行情况的报告、关于2016年国民经济计划上半年执行情况的报告、关于2015年度财政预算执行情况和其他财政收支情况的审计工作报告,审议区统计局、区文广新局、区城管局、小营街道、区妇联2015年度部门决算(草案)的书面报告,做出批准2015年财政决算的决议;听取并审议区政府关于要求将望江单元肉联厂宿舍地块旧城改造项目增补列入2016年国民经济和社会发展年度计划的报告,做出关于同意增加2016年建设项目征收工作任务的决定;审议通过《杭州市上城区人民代表大会选举产生或表决通过的国家工作人员宪法宣誓办法》和《杭州市上城区人民代表大会常务委员会任命的国家工作人员宪法宣誓办法》;根据区长陈瑾的提请,决定任命张军伟为上城区政府副区长,免去王越剑的上城区政府副区长职务。区人大常委会主任袁建祥在会上讲话。区人大常委会组成人员24人出席会议。区政府、区法院和区检察院领导,区人大常委会办事机构和工作机构、区政府办公室及区发改经信局、区财政局、区审计局、区统计局、区文广新局、区城管局、小营街道、区妇联等部门单位负责人列席会议。区政协领导应邀参加会议。

9月30日,区十四届人大常委会第三十四次会议举行。会议听取并审议区政府关于区十四届人大五次会议代表建议办理情况的报告,听取区人大常委会代表工委关于区十四届人大五次会议代表建议处理情况的报告;通过关于上城区人民代表大会换届选举的决定、关于设立上城区选举委员会的决定;根据区法院院长施金良、区检察院检察长李森红的提请,通过有关法律职务任免事项。区人大常委会主任袁建祥在会上讲话。区人大常委会组成人员23人出席会议。区政府、区法院和区检察院领导,区人大常委会办事机构和工作机构、区政府办公室及区住房和城建局、区市场监管局、区城管局负责人列席会议。

11月21日,区十四届人大常委会第三十五次会议举行。会议听取并审议区政府关于2016年政府为民办实事项目实施情况的报告;根据区长陈瑾、区法院院长施金良、区检察院检察长李森红的提请,决定任命富永伟、孙刚锋为上城区政府副区长,决定免去周国如上城区政府副区长职务,任命叶青为上城区人民法院副院长、审判委员会委员、审判员,任命孙勇为上城区人民检察院副检察长、检察委员会委员、检察员;根据区长陈瑾、区法院院长施金良、区检察院检察长李森红提交的辞职报告,决定接受陈瑾辞去上城区政府区长职务的请求，施金良辞去上城区人民法院院长、审判委员会委员、审判员职务的请求，李森红辞去上城区人民检察院检察长、检察委员会委员、检察员职务的请求。有关接受李森红检察长辞职的决定，报杭州市人民检察院提请杭州市人大常委会批准；会上，区人大常委会主任袁建祥为新任副区长、副院长、副检察长颁发任命书；根据《杭州市上城区人民代表大会常务委员会任命的国家工作人员宪法宣誓办法》，会后举行新任副区长宪法宣誓仪式；根据主任会议的提请，决定由金承涛代理上城区政府区长职务，由叶青代理上城区人民法院院长职务，由孙勇代理上城区人民检察院检察长职务并报市人民检察院提请市人大常委会批准。区人大常委会组成人员 26 人出席会议。区政府、区法院和区检察院领导，区人大常委会办事机构和工作机构、区政府办公室及区住房和城建局、区卫计局、区城管局、望江指挥部、上城消防大队等部门(单位)负责人列席会议。区政协领导应邀参加会议。

12 月 6 日，区十四届人大常委会第三十六次会议举行。会议根据主任会议的提请，通过上城区人大常委会关于接受袁建祥、金晓东等辞去区选举委员会职务的决定，关于补充任命李静为区选举委员会主任的决定。区人大常委会组成人员 15 人出席会议。区人大常委会办事机构和工作机构负责人列席会议。

12 月 27 日，区十四届人大常委会第三十七次会议举行。会议听取并审议区政府关于上城区 2016 年政府债务限额的报告，表决通过关于批准 2016 年上城区政府债务限额的决议；表决通过关于召开区十五届人大一次会议的决定；根据主任会议的提请，表决通过有关人事任免事项；根据区法院代院长叶青、区检察院代检察长孙勇的提请，通过有关法律职务任免事项。区人大常委会主任袁建祥为新任命的人大、政府组成人员颁发任命书。会上，举行宪法宣誓仪式。区人大常委会组成人员 23 人出席会议。区政府、区法院和区检察院领导，区人大常委会办事机构和工作机构、区政府办公室、区财政局负责人列席会议。

重大事项决定与任免

【重大事项决定】 2016 年，区人大常委会深入贯彻省、市、区委关于人大工作的会议精神，探索建立“上城区人大及其常委会讨论决定重大事项清单”，43 项具体内容由区委审议发布，人大决定权行使和政府重大决策报告事项进一步清晰与规范。

【人事任免】 2016 年，区人大常委会坚持党管干部和人大依法任免的有机统一，执行拟任人员的任职资格审查、法律考试、任前表态和审议表决等程序。全年依法任免国家机关工作人员 39 人，任命区法院人民陪审员 11 人。根据 7 月通过的《杭州市上城区人民代表大会常务委员会任命的国家工作人员宪法宣誓办法》，组织任命干部进行宪法宣誓。

【人大代表选举】 2016 年，区人大常委会坚持党的领导、发扬民主和依法办事原则，有序做好区人大代表选举工作。按照中央和省、市、区委的总体部署，设立选委会，成立选举办事处和选举工作联席会议，出台人大代表选举工作意见，把好选举纪律关、组织指导关和人选标准关，营造风清气正、依法依规、保障

2016 年 12 月 13 日，市人大常委会副主任郑荣胜(右二)到上城区督查人大代表选举筹备工作

(区人大常委会办公室　供稿)

民主的区人大代表选举氛围。12月15日，全区360616名选民在88个选区参加投票，依法选举产生新一届区人大代表197名，参选率92.2%，选举一次成功。新一届人大代表中，中共党员128名，占代表总数的65%；非中共党员69名，占35%；妇女63名，占32%；具有大专以上学历的191名。当选的代表中，产业工人占43.6%，专业技术人员占26.9%，各级党政干部占23.9%。代表中包括军人、少数民族、退休干部、宗教界人士和归侨侨眷等，结构总体合理，各方面素质较高。

依法监督

【财政经济监督】 2016年，区人大常委会相继做出关于批准2016年政府新增重大投资项目计划、政府采用购买服务方式实施环境整治工程、增加2016年建设项目征收工作任务等决定，确保馒头山等地区整治工程顺利推进。听取并审议2015年财政决算(草案)、收支预算执行情况的审计等专项报告，做出批准2015年财政决算的决议。对部门预算专项资金项目的绩效评价和审计发现问题的整改情况，首次在主任会议上单列报告。关注经济运行情况，通过深入调研，在审议上半年经济计划执行情况时，提出要提升经济发展软环境、做实望江智慧产业园、将科技工业基地融入城西科技大走廊建设等建议。跟踪陆家圩人才公寓、省旅游展示中心等建设项目，监督推进国家可持续发展实验区建设审议意见的有效落实。专题视察淳安建兰中学等城乡统筹项目，所提建议得到协作双方的积极落实。持续开展参与式预算监督，审查监督2015年5个参与式预算部门决算报告和2016年3个参与式预算部门预算执行情况。召开民主恳谈会，对紫阳街道等3个单位的2017年预算专项资金进行初审，代表所提30条意见建议被充分吸纳。

【民生实事监督】 2016年，区人大常委会首次授权人大街道工委监督属地实事项目，制定任务清单，落实督查责任，组织视察并听取审议2016年区政府为民办实事项目实施情况报告，推动实事办理提速增效。通过视察、调研、主任会议听取汇报等途径，详细了解全区教育均衡化发展情况，就教育资源供求紧张、优秀师资外流、校际间差异加大等问题，致函区政府，督促有关部门联合出台《上城区优秀教育人才激励实施办法》。推进教育国际化，就健全国际化办学机制、发展国际理解教育等问题，深入调研，听取意见。持续跟踪望江地区卫生服务中心站点建设，建议政府继续坚持民需导向，合理布局，不断提高医疗卫生服务质量与水平。

【生态环境监督】 2016年，区人大常委会把贯彻《中华人民共和国环境保护法》、加强对生态环境监督作为监督重点，首次依法专门听取并审议区环境状况和环保目标完成情况专项报告，提出要强化责任、突出重点、推进截污纳管建设、严格执法监管等审议意见。深入开展“五水共治”专题监督，实地视察大学路破墙开店整治、宾馆油烟在线监测等工作，要求政府部门列出环境污染自查清单，注重拆改地块覆绿美化，加强小餐饮、洗车业油烟污水治理。参与大气污染防治市、区联动执法检查，根据检查中河南段、始版桥直街、南山路等环境提升工程中发现的问题，提出提升标准要再提高、监督管理要更严格、执法检查要常态化的建议，确保大气污染防治工作取得明显实效，实施好“蓝天碧水”工程。

【法律监督】 2016年5月24日，区人大常委会就实施区第七个法治宣传教育和依法治区五年规划(2016~2020年)做出决议，提出要突出重点、分类施教、深化实践、强化监督检查，推进区普法依法治区工作再上新台阶。10月27日，主任会议专门听取区法院、区检察院两院员额制改革情况汇报，建议进一步扎实做好改革工作，提高案审质效和司法公信力；深化司法监督，对照全省司法监督审议意见12个问题，要求区公、检、法、司各单位开展司法监督情况自查，切实抓好整改。听取社区治理体制改革汇报，提出要抓实基础工作、减轻社区负担、加大公共服务购买力度、提高便民服务效率等建议。专项视察宗教工作，积极促进宗教事务的依法管理。全年处理群众来信来访27件，审查报备规范性文件4件。

人大代表工作

【代表主题实践活动】 2016年，区人大常委会认真执行市人大关于“服务G20、代表作表率”活动的决议，积极响应市人大开展的“找短板、迎峰会，代表在行动”主题实践活动，先后组织代表参加“查找城市国际化短板”“深化‘四张清单一张网’专项督察”和“保平安、保洁化、迎峰会”等9项专题活动。6个代表小组多次深入馒头山、思鑫坊、始版桥直街等重点整治区域现场，了解群众生产生活，有重点地开展调查研究，形成《环境整治要特色化、精细化、国际化和民生化》的建议。开展交通治堵专项监督，人大代表通过持证视察、定向视察、“带着议题进社区”听取意见等方式，排出交通拥堵点11个，提出建议意见25条，督促有关部门整改落实。

【代表建议督办】 2016年，区人大常委会采取“例会督办”、“主任重点督办”、“难办件” 合议评估、“背靠背”满意度测评和建议撰写“掌上”辅导等途径，统筹抓好建议撰写和建议督办。首次将建议办理纳入区直单位综合考评体系，制定出台代表议案建议办理工作考核办法，并在“主任接待代表”活动中启用问题处理单，由参加活动的副区长现场签署意见，强化问题处置。区十四届人民代表大会第五次会议收到区属职权范围内的代表建议99件，办理的面商率、办结率、满意率和基本满意率均为100%。

【代表履职服务】 2016年，区人大常委会探索以“积分制”形式创建代表履职评价体系，通过对代表“依法履职、提出议案建议、联系群众、发挥作用、自身素质”等方面进行自我评价和综合评价，为留任提名新一届代表候选人提供参考。开展 “一街一品牌”“带着议题进社区”等活动，全年通过代表联络站点接待群众105批次，参加接待的市、区代表297人次，听取和反映群众意见建议339条，落实解决267条。组织市人大代表到上城联络站开展活动3次，督促解决山南人家房产证落实等久拖未决的民生难题；组织省、市人大代表开展小组活动6次，督促推动景宁畲族自治县浙江民族医院分院建设落成；组织人大代表开展年中审议式政情通报，代表提出意见建议14条。

人大街道工委工作

【概况】 2016年，区人大街道工委立足峰会、前移关口，组织发动代表干在一线。湖滨街道工委设立现场监督点，落实“一线听民意、全线督成效、多线攻难点”的“三线工作法”，助推思鑫坊、直饮马井巷等区域的整治改造。清波街道工委强化跟踪监督，紧盯中山苑立面整治、南山路街容美化等项目，与代表一起深入整治区域，做好群众工作。小营街道工委创建“@小营人大”在线平台，集中督促处理群众反映强烈的急难问题，“人大监督与短平快问题攻坚”有机结合。望江街道工委专题视察始版桥直街、海潮路等区域征迁拆违工作，发挥代表优势，有效破解征迁难题。南星街道工委聚焦馒头山综合整治工作，组织代表实地调研，召开座谈会，听取居民意见，推进挂包任务落实。紫阳街道工委将“周末有约”直通车开进项目现场，畅通民意反映渠道，督促解决严官巷危旧房改造、白马庙巷上山步行道路整修等老大难问题。

表3　2016年上城区人大常委会文件题录

文　件　号	发文日期	文　件　标　题
上人大〔2016〕第1号	2016-01-22	关于出席杭州市上城区第十四届人民代表大会第五次会议的通知
上人大〔2016〕第2号	2016-02-15	关于列席杭州市上城区第十四届人民代表大会第五次会议的通知
上人大〔2016〕第3号	2016-02-15	关于旁听杭州市上城区第十四届人民代表大会第五次会议的通知
上人大〔2016〕第4号	2016-02-15	关于批准区政府2015年地方政府债务限额的决议
上人大〔2016〕第5号	2016-02-15	杭州市上城区第十四届人民代表大会常务委员会2016年工作要点
上人大〔2016〕第6号	2016-03-28	关于任命王雅静同志法官职务的通知

续表 3

文件号	发文日期	标题
上人大〔2016〕第 7 号	2016-03-28	关于免去朱莺同志检察官职务的通知
上人大〔2016〕第 8 号	2016-04-05	关于同意政府采用购买服务方式实施基础设施建设和环境整治工程的决定
上人大〔2016〕第 9 号	2016-04-05	关于批准 2016 年政府新增重大投资项目计划的决定
上人大〔2016〕第 10 号	2016-04-15	关于决定任免金承涛等同志职务的通知
上人大〔2016〕第 11 号	2016-04-15	关于决定任免高燕东等同志职务的通知
上人大〔2016〕第 12 号	2016-05-20	关于赞同杭州市政府驻地迁移的意见
上人大〔2016〕第 13 号	2016-05-26	关于决定任免柴闻乐同志职务的通知
上人大〔2016〕第 14 号	2016-05-26	杭州市上城区人民代表大会常务委员会关于实施上城区第七个法治宣传教育和依法治区五年规划(2016~2020 年)的决议
上人大〔2016〕第 15 号	2016-06-22	关于杭州市上城区第十五届人民代表大会常务委员会组成人员名额的请示
上人大〔2016〕第 16 号	2016-07-27	关于决定任免张军伟等同志职务的通知
上人大〔2016〕第 17 号	2016-07-27	关于批准上城区 2015 年财政决算的决议
上人大〔2016〕第 18 号	2016-07-27	关于同意增加 2016 年建设项目征收工作任务的决定
上人大〔2016〕第 19 号	2016-09-30	关于杭州市上城区人民代表大会换届选举的决定
上人大〔2016〕第 20 号	2016-09-30	关于设立杭州市上城区选举委员会的决定
上人大〔2016〕第 21 号	2016-10-09	关于免去陈曦晔同志立案庭副庭长职务的通知
上人大〔2016〕第 22 号	2016-10-09	关于任免李海江等同志人民陪审员职务的通知
上人大〔2016〕第 23 号	2016-10-09	关于免去李敏同志检察官职务的通知
上人大〔2016〕第 24 号	2016-11-22	关于决定任免富永伟等同志职务的通知
上人大〔2016〕第 25 号	2016-11-22	关于任命叶青同志职务的通知
上人大〔2015〕第 26 号	2016-11-22	关于任命孙勇同志职务的通知
上人大〔2016〕第 27 号	2016-11-22	关于接受陈瑾同志辞去杭州市上城区人民政府区长职务请求的决定
上人大〔2016〕第 28 号	2016-11-22	关于接受施金良同志辞去杭州市上城区人民法院院长职务请求的决定
上人大〔2016〕第 29 号	2016-11-22	关于接受李森红同志辞去杭州市上城区人民检察院检察长职务请求的决定
上人大〔2016〕第 30 号	2016-11-22	关于金承涛副区长代理杭州市上城区人民政府区长职务的决定
上人大〔2016〕第 31 号	2016-11-22	关于叶青副院长代理杭州市上城区人民法院院长职务的决定
上人大〔2016〕第 32 号	2016-11-22	关于孙勇副检察长代理杭州市上城区人民检察院检察长职务的决定
上人大〔2016〕第 33 号	2016-12-13	上城区人大常委会关于接受袁建祥、金晓东等辞去区选举委员会职务的决定
上人大〔2016〕第 34 号	2016-12-13	上城区人大常委会关于补充任命李静为区选举委员会主任的决定
上人大〔2016〕第 35 号	2016-12-27	关于任免顾蕾等同志职务的通知
上人大〔2016〕第 36 号	2016-12-27	关于决定任免杨盛强等同志职务的通知
上人大〔2016〕第 37 号	2016-12-27	关于任免蒋伟等同志法官职务的通知
上人大〔2016〕第 38 号	2016-12-27	关于免去王金海同志人民陪审员职务的通知
上人大〔2016〕第 39 号	2016-12-27	关于任命蒋文星同志法律职务的通知
上人大〔2016〕第 40 号	2016-12-27	杭州市上城区人民代表大会常务委员会关于召开上城区第十五届人民代表大会第一次会议的决定
上人大〔2016〕第 41 号	2016-12-27	关于批准区政府 2016 年地方政府债务限额的决议

(吴艳艳)

上城区人民政府

People's Government of Shangcheng District

综　述

【行政效能提升】 2016年，上城区加大简政放权，推进权力清单“瘦身”。推广服务清单模式，梳理全区22个部门273项服务事项，纳入省政务服务网的223项行政审批事项实现网上公开透明运行。严格执行工商登记前置审批和后置审批事项，推进工商登记全程电子化。在全市率先试运行“市民之家”APP，成立玉皇山南基金小镇服务中心，政务服务更加高效。完善领导干部实绩记录研判系统，强化绩效考核，推进政府督办，全年督查各项任务283项。推进政府管理与公共服务标准化建设，行政效能持续提升。

【政府信息公开】 2016年，区政府及其部门加强制度机制和平台建设，努力提高信息发布、政策解读和回应群众关切工作质量。建立完善信息报送发布机制，通过政府文件、《上城报》、政务微博微信等公开各类政府信息。全年主动公开政务信息2486件，受理依申请公开78件；区政府及部门预算公开率达100%。主动接受区人大及其常委会的法律监督、工作监督和区政协的民主监督，坚持人大代表、政协委员列席区政府常务会议制度。全年承办人大代表建议92件，政协委员提案108件，办结率、满意率均为100%。

表4　2016年上城区十项实事工程及落实情况

序号	实事项目内容	完成情况
1	加快推进保障房建设，开工14万平方米，续建11万平方米，竣工5万平方米	橡胶厂地块14万平方米安置房项目开工，华东家具市场地块6.6万平方米安置房项目、印铁制罐厂地块7.8万平方米安置房项目、徐家埠地块2.25万平方米安置房项目按计划推进建设，南星小区3.2万平方米和大小塔儿巷危改房重建项目竣工交付
2	改善城市基础设施，完成危旧房治理100幢(处)，面积1万平方米；建设停车场(库)5处、泊位1000个；完成防洪排涝项目和截污纳管项目各3个	完成危旧房治理222幢(处)，面积9.2万平方米。建设停车场库项目8个，共计泊位1177个。清泰立交桥桥下停车场、钱江三桥(钱江路—富春路段)桥下空间公共停车场、白塔公园地下公共停车库、复兴商务广场商业金融业用地兼停车场4个项目完工。小营紫阳单元SC0205-19地块地下公共停车库、杭州水务大厦公共立体停车库、耀华社区社会停车场、杭州市全民健身中心地下公共停车库4个项目在建。完成清泰街、中河路慢车道清吟街路口、建国路东侧3个防洪排涝项目。完成长生路沿线、十五奎巷沿线、六部桥直街沿线3个截污纳管项目
3	提升区域环境品质，整治道路59条，整治清洗建筑100幢，提升环卫设施11处，增设果壳箱800只、垃圾桶2000只。实施中河高架及两侧建筑、东望天际线、钱塘江北岸(一桥—三桥)、湖滨区域、城站广场五大区域亮灯工程。改建扩建绿地3万平方米	实施道路整治59条，完成300幢建筑的整治、清洗工作，提升环卫设施11处，增设果壳箱800只、垃圾桶2000只。完成中河高架及两侧建筑、东望天际线、钱塘江北岸(一桥—三桥)、湖滨区域、城站广场五大区域亮灯工程。完成改建扩建绿地4.27万平方米

续表 4

序号	实 事 项 目 内 容	完 成 情 况
4	帮助 3800 名就业困难人员实现再就业	实现 3802 名就业困难人员再就业
5	开工建设望江单元行知幼儿园,改造新世纪外国语学校,提升改造杭州市杨绫子学校	望江单元行知幼儿园开工建设,新世纪外国语学校主体完工,杭州市杨绫子学校完成提升改造
6	完成望江街道社区卫生服务中心扩面工程,改造完成东坡路、金钱巷、徐家埠、近江西园、大通桥 5 个社区卫生服务站	望江街道社区卫生服务中心扩面完工并交付使用,东坡路、金钱巷、徐家埠、近江西园、大通桥 5 个社区卫生服务站改造完成并交付使用
7	改善社区服务设施,打造小营葵巷“益汇空间”。完成清波门社区居民服务中心提升改造工程。新建望江街道徐家埠社区便民服务中心。打造南星街道社区文化中心、美政桥社区居民服务中心。建成紫阳“邻里之家”,提升紫阳街道生活安全科普馆	小营葵巷“益汇空间”、清波门社区居民服务中心、望江街道徐家埠社区便民服务中心、南星街道社区文化中心、美政桥社区居民服务中心、紫阳“邻里之家”、紫阳街道生活安全科普馆建成并交付使用
8	关心关爱特殊人群,提升湖滨敬老院,新建湖滨街道“仁爱家园”工疗站,建成失能失智、独居空巢老人照料中心。打造上城区好地方颐养中心(敬老院)。完成望江街道优质优惠老年食堂建设,新建望江街道近江东园社区、婺江社区 2 个无油烟老年食堂	湖滨敬老院,湖滨街道“仁爱家园”工疗站,失能失智、独居空巢老人照料中心,好地方颐养中心(敬老院)项目建成并交付使用。望江街道近江东园社区、婺江社区 2 个无油烟老年食堂建成并交付使用
9	实施食品安全智慧监管,完成 240 个大中型餐饮企业智慧监管平台安装。推进“五可阳光餐饮”工程,全区大型以上餐饮企业“透明厨房”建成率 70%;拥有食堂的学校全部达到“五可阳光餐饮”标准。8 个食品生产企业建立电子追溯系统。食品定量检测 5.5 批次/千人,其中监督检测 4 批次/千人以上,不合格食品核查处置率 100%	完成 240 个大中型餐饮企业智慧监管平台安装,建成 105 个大型以上餐饮企业“透明厨房”。拥有食堂的学校全部达到“五可阳光餐饮”标准。8 个食品生产企业建立电子追溯系统
10	完善消防安全管理体系,设立区级和 6 个街道消防安全教育培训基地,建设 300 个重点企业的消防安全远程 24 小时监控服务平台	建成区级和 6 个街道消防安全教育培训基地,完成 300 个重点企业的消防安全远程 24 小时监控服务平台建设

2016 年上城区人民政府重要文件题录

表 5

文号	日期	标题
上政函〔2016〕4 号	2016-01-12	杭州市上城区人民政府关于上城区望江新城城市有机更新征迁改造工程 PPP 项目实施方案的批复
上政函〔2016〕9 号	2016-02-26	杭州市上城区人民政府印发《关于进一步加强非物质文化遗产保护和扶持工作的若干意见》
上政函〔2016〕16 号	2016-03-24	杭州市上城区人民政府印发《关于打造市民学习圈高品质推进终身教育工作的意见》
上政函〔2016〕28 号	2016-05-18	杭州市上城区人民政府印发《关于进一步加强精神卫生综合管理工作的实施意见》
上政函〔2016〕31 号	2016-06-03	杭州市上城区人民政府关于同意开设杭州市上城区人力资源和社会保障局机关事业养老专用账户的批复
上政函〔2016〕46 号	2016-06-23	杭州市上城区人民政府关于要求增加建设“美丽杭州”打造“两美浙江”示范区应急类项目的函
上政函〔2016〕48 号	2016-06-29	杭州市上城区人民政府关于要求将望江单元肉联厂宿舍地块旧城改造项目增补列入 2016 年国民经济和社会发展年度计划的函
上政函〔2016〕79 号	2016-12-30	杭州市上城区人民政府关于印发《杭州市上城区妇女发展规划(2016~2020 年)》的通知
上政函〔2016〕80 号	2016-12-30	杭州市上城区人民政府关于印发《杭州市上城区儿童发展规划(2016~2020 年)》的通知
上政函〔2016〕82 号	2016-12-29	杭州市上城区人民政府关于加快旅游业发展的扶持意见

区政府重要会议

【区政府常务会议】 2016 年，上城区政府召开常务会议 10 次。

1 月 27 日，区政府召开十四届第三十三次常务会议。会议研究安全生产、消防安全工作和望江单元 SC0403-R21-01 地块农转非居民拆迁安置房和望江单元地块农转非居民拆迁安置房项目、《上城区国民经济和社会发展第十三个五年规划(纲要)》《上城区 2015 年国民经济和社会发展计划执行情况及 2016 年国民经济和社会发展计划草案》等事宜。

3 月 16 日，区政府召开十四届第三十四次常务会议。会议研究《创建国家食品安全城市试点工作实施方案》、上城区国家可持续发展实验区部分示范项目进行调整的情况、2015 年度公务员嘉奖和立三等功名单、馒头山地区基础设施建设和环境整治工程政府购买服务相关事宜、加快望江新城农户征迁和货币安置有关政策的情况、关于财政资金借调给望江指挥部审批事项的汇报、关于财政资金借调给玉皇山南指挥部审批事项的汇报等事宜。

4 月 21 日，区政府召开十四届第三十五次常务会议。会议研究“双清”工作和“三改一拆”工作、《“七五”普法规划和 2016 年普法依法治理工作要点》、望江单元相关地块公共租赁房项目房屋征收决定的情况和调整部分副区长分工等事宜。

5 月 27 日，区政府召开十四届第三十六次常务会议。会议研究《关于峰会环境质量保障方案》《环境保护“十三五”规划》《关于 2016 年固定资产投资考核方案》《关于 2016 年全区开放型经济工作目标任务》《村集体土地非住宅房屋征收补偿相关意见》和望海潮公司有关望江地区被征收过渡户货币化安置问题的请示等事宜。

6 月 2 日，区政府召开十四届第三十七次常务会议。会议研究“五水共治”、防汛抗台、简政放权工作和《创建“浙江省食品安全区”工作方案》《上城区“十三五”科技发展规划》、“智慧上城”云服务二期项目等事宜。

7月13日，区政府召开十四届第三十八次常务会议。会议研究《半年度主要经济指标和预测分析的情况》《2016年半年度国民经济和社会发展报告》《2015年财政决算(草案)和2016年上半年度预算执行报告》《2015年度上城区财政预算执行和其他财政收支情况的审计工作报告》《望江单元肉联厂宿舍地块旧城改造项目房屋征收决定》等事宜。

7月22日，区政府召开十四届第三十九次常务会议。会议研究校园消防安全工作、财政资金借调给望江指挥部的情况、《杭州市上城区发展与改革专项(产业发展类)资金使用管理暂行办法》、《望江地区两个地块征收情况》等事宜。

9月8日，区政府召开十四届第四十次常务会议。会议听取1~8月全区主要经济指标完成情况的汇报、研究《上城区现代服务业发展考核(试行)办法》《加快教育优质均衡发展思路》等事宜。

10月26日，区政府召开十四届第四十一次常务会议。会议分析招商引资百日攻坚工作推进情况，研究《困难残疾人生活补贴实施办法》《重度残疾人护理补贴实施办法》《组队参加杭州市运动会方案》等事宜。

11月30日，区政府召开十四届第四十二次常务会议。会议研究安全生产工作、2017年为民办实事工程、公共停车场库管理体制创新试点工作、《2016年度主要经济指标完成情况和2017年度经济发展主要预期目标安排》、《上城区政府重大行政决策程序规则》、《上城区政府行政复议与行政审判联席会议制度》和《加快推进残疾人全面小康进程的实施意见》等事宜。

【区长办公会议】 2016年，区政府召开区长办公会议9次。主要议题有：关于湖滨指挥部融资相关情况，关于湖边邨房屋延长租赁期限的相关情况，关于“新三板”挂牌企业政策兑现的相关情况，关于对杭州口腔医院有限公司、杭州凯泰资本管理有限公司等4个企业项目扶持情况，关于上城区经济工作会议及科技创新大会方案的情况，关于第二批省级流通业综合改革试点实施方案的相关事宜，关于湖滨三期安置工作的相关事宜，关于为企服务有关工作的情况，关于国有企业年度考核的相关事宜，关于遗留问题办理产权的相关事宜，关于湖滨地区拆迁安置的相关事宜，关于“非遗”项目扶持政策的相关事宜，关于“尚城1157·利星”商业综合体房屋租赁事项的相关事宜，关于部分特殊账户资金暂不执行竞争性存放的相关事宜，关于安心出租车公司的相关事宜，关于《2015年度文创产业专项资金项目》的相关事宜，关于《2016年度区属三家国企考核方案》的相关事宜，关于2016年度政府债务限额的相关事宜，关于基金小镇政策兑现的相关事宜，关于省广电集团第四广播台搬迁补偿方案及望江单元SC0402-R21-08地块农转非居民拆迁安置房（含城市居民）等3个政府购买服务项目的相关事宜，关于调整区政府领导分工的相关事宜等。

（潘建强）

政务服务

【概况】 2016年，区审管办围绕推进简政放权，深化行政审批制度改革，主动服务上城经济社会发展。全年区行政服务中心进驻单位增至29个，设置办事窗口95个，有工作人员203人。受理各类行政服务事项273项、审批事项298项，接件93.51万件，除未到期承诺件外，按时办结率100%。区公共资源交易中心组织各类招投标项目267个，交易金额295.82亿元。做好服务保障G20杭州峰会工作，区审管办获“服务保障G20杭州峰会先进集体”称号，5人分别获省、市先进个人称号。

【市民之家口袋版APP试点】 2016年，区审管办加快建设“智慧大厅”信息系统，并积极承担市民之家口袋版APP试点任务。为推进服务标准化，梳理编印上城区第一批“服务清单”和“审批清单”，其中“服务清单”覆盖六大类别、64个服务总项、273项服务事项，涉及22个相关单位。同时明确每项服务事项的设定依据、收费情况、申报材料、服务流程等内容。“审批清单”涵盖入驻区行政服务中心的10个部门、142项审批事项，并明确审批流程和材料清单。试点为杭州市投资项目并联审批平台的推出奠定基础。

【创新审批服务方式】 2016年,区审管办创新"互联网+政务"审批服务方式,深化商事登记制度改革,进一步提升行政审批业务的信息化服务水平。区分办理简易事项和复杂事项,简易事项(即办件)推行网上全流程办理,复杂事项探索线下政务与互联网结合的新模式。全区纳入省政务服务网行政审批的部门16个,进行网上办理的审批事项223项。全年达到四星级以上服务标准的行政审批事项68项、三星级服务标准的155项。

【聘请行风监督员】 2016年4月15日,区审管办组建社会行风监督员队伍,聘请民建上城区基层委员会会员及其他社会人士为行风监督员。社会行风监督员根据实际情况,对行政服务窗口进行集中督查和个别暗访。集中督查每天两次,个别暗访每周两次。通过督查,服务窗口的作风效能进一步提升。

【上城区第一本不动产登记证明书颁发】 2016年6月1日,上城区行政服务中心在不动产登记窗口颁发编号为"浙(2016)杭州市不动产证明第0000040号"的不动产登记证明书,标志着上城区不动产统一登记工作步入新的时期。此前,区国土分局结合辖区实际情况,完成机构编制、窗口资源整合、系统搭建、人员培训等工作。新设3个不动产登记窗口,办理原土地证1500余本,完成新旧系统的转换,为不动产统一登记工作顺利开展打下基础。不动产统一登记后,把原来分属房产、国土部门的的土地使用证、房屋所有权证合二为一,统一登记到不动产权证书上,进一步方便群众办事。实施该项服务举措后,杭州主城区包括杭州经济技术开发区、杭州国家高新技术产业开发区、杭州之江国家旅游度假区、杭州大江东产业集聚区的数据将实现资源共享。

【区行政服务中心基金小镇分中心启用】 2016年5月3日,区行政服务中心基金小镇分中心启用。分中心位于大资福庙前87号,紧邻八卦田和陶瓷品市场,主要面向基金小镇入驻企业及附近居民群众,实现足不出镇便能办理各类行政事务。分中心设置办税服务厅、工商事务服务室、出入境服务站等办事窗口。其中工商事务服务室主要受理企业注册登记、企业名称预先核准、品牌培育、消费投诉处理等业务,通过会商,还可直接受理外商投资企业、股份有限公司等企业登记初审。

【优化公共资源市场化配置】 2016年,上城区公共资源交易服务中心规范行政事业单位房产招租拍卖工作,优化公共资源市场化配置,确保国有资产保值增值。推进公共资源交易服务平台建设,方便招投标网上操作。至年末,区公共资源交易服务中心受理出租拍卖房产59处,成交48处。

【峰会投资项目招标】 2016年,上城区有145个G20杭州峰会投资项目在区公共资源交易服务中心实施招投标,实现交易额6.13亿元。2015年末,区政府办公室印发峰会投资项目清单,明确峰会投资项目的招投标要求。区审管办克服场地不足等困难,合理安排开评标场次。实行招标项目上午开标上午评,开标当天提前抽取专家名单;同类型同专业要求的项目由同组专家评标,提高评标场地利用率。增加应急开标室,将比选、摇号类项目放在下午开标,并做好软硬件设施的保障工作。

2016年6月1日,上城区颁发第一本不动产登记证明书 (区审管办 供稿)

【制定《峰会项目联系单审查办法》】 2016年1月20日，区审管办根据G20杭州峰会工程项目安排情况，制定《峰会项目联系单审查办法》，规范审查流程，提高审查效率。完善工程项目审批服务指南，对工程项目中存在的问题提出整改要求，防止盲目变更、胡乱变更项目现象的发生，确保峰会项目有序实施。简化建设项目竣工复核验收流程，实施关口前移，为峰会项目最终审计提供便利。峰会期间，区审管办受理50万元以上投资额的联系单64份，组织联席会议19次，涉及区城管局、湖滨指挥部、吴山指挥部、玉皇山南指挥部、望江指挥部5个建设主体，审查变更金额约8000万元，核减金额3386.6万元。

（钱一江）

电子政务

【浙江政务服务网上城平台建设】 2016年，浙江政务服务网上城平台建设有序推进。3月，全面完成政务服务网上城平台街道网上服务站的建设任务。7月，依托视联网技术，建成区视联网应急指挥系统，实现全省应急指挥一张网。9月，完成区公共支付统一平台对接，实现城管、交警和教育收费缴费的公共支付应用。11月，依托浙江政务服务网建成统一的政务咨询投诉举报平台，实现网上信访、领导信箱、网民留言等网络渠道与浙江政务服务网的有效对接。12月，基本实现街道行政权力和服务事项一站式网上运行，为浙江政务服务网向村(社区)延伸奠定基础。年内，实现省、市、区三级行政处罚系统一站式网上运行，完成区政府门户网站向浙江政务服务网集约化平台迁移试点任务和政务地理信息资源共享第一次报送工作。

【G20杭州峰会重要信息系统安全保障】 自2016年5月起，区电子政务办公室启动G20杭州峰会重要信息系统安全保障工作。召开全区网络与信息安全工作会议，传达省、市相关会议精神，强化各部门网络与信息安全责任意识，并部署网络与信息安全工作任务。制定《上城区电子政务网络应急预案》，预案包括机房环境、网络平台、关键业务系统、数据存储平台等20余个系列的细分预案。自7月始，每周末针对每个细分预案设定不同情境开展应急演练，通过演练检验和完善应急预案。开展网站摸底排查、安全自查和整改行动，对安全隐患问题和尚未实施等级保护的网站，责令限期整改。委托专业的网络信息安全服务公司对区政府重要网站进行安全检测，提供安全风险评估、安全整改测评、网站监测服务等。对门户网站、电子政务系统等重要业务系统的数据进行离线备份。对区政府门户网站群的用户进行清理和密码重置。峰会期间，区电子政务办公室搭建区峰会应急视频指挥系统，该系统覆盖区政府、6个分指挥部和6个街道办事处。系统实行24小时不间断运行，较好地完成峰会应急指挥任务。

【视频会议系统保障】 2016年，区委、区政府的省应急视频会议系统、省视联网会议系统、党委视频会议系统、市应急视频会议系统、电视电话会议系统、区视频会议系统6套视频会议系统，均集中部署在区会议中心3个会议室。全年区电子政务办公室完成158场视频会议保障任务，协助完成207场会前系统联调工作，累计完成365场保障任务和联调工作(不含G20杭州峰会期间召开的各类视频会议)，保障任务数比上年增长50%。

（郑　磊）

侨　务

【概况】 2016年，区侨办、侨联深入贯彻中央统战工作会议精神，围绕区委、区政府中心工作，健全海外联络网，扩大与海外侨胞联系，吸引海外人才到上城区投资创业。组织引导侨界委员广泛开展考察、调研活动，充分发挥委员才智优势，引导委员为各项工作建言献策。依法维护侨权，完善侨务政策法规，为建设“现代化美丽上城”凝聚侨心，汇聚侨智。

【联络联谊活动】 2016年，区侨办、侨联开展侨资企业调查，先后走访杭州绿盛集团有限公司、浙江泰乐通信技术有限公司、杭州中弘旅行社有限公司、杭州栢木汇艺术家居有限公司等涉侨企业，了解生产经营情况和存在困难，帮助解决融资难等问题。组织侨界企业家走访玉皇山南基金小镇、望江智慧产业园等单位，了解情况，建言献策。分批组织华侨、境外媒体参观上城新貌，联系海外华侨、留学生，在美国、英国、澳大利亚、新西兰、印度尼西亚等地开展“讲好上城故事、宣传美丽杭州”活动。

【深化“双向服务”】 2016年，区侨办、侨联着力改善侨界民生，构建温暖和谐侨界，深化侨界“双向服务”。做好经常性为侨服务和慰问帮扶工作，引导他们为街道、社区建设出谋划策，参与社会服务。G20杭州峰会期间，组织侨界人士争当保障峰会“五大员”(宣传员、监督员、实践员、劝导员、安全员)，组织参与绿色骑行、宣传进社区、工地送温暖、建言献策为发展等活动。坚持侨界重点人士亲属联系走访制度，创新为侨服务载体，努力为侨办好事、解难事。依法维护侨权，对侨界反映的问题，主动联系相关部门及时解决。全年办理华侨回国定居4件，受理涉侨来信来访35件，办结率100%。为4名涉侨学生解决上学问题。慰问侨界家庭300余户，送上慰问金5万余元。上城旅港同乡会会长马仁德个人捐助5万元，助力上城教育事业。 (吕火良)

【参加侨界创业投资国际高峰论坛】 2016年6月6日，上城区作为特别支持单位参加在杭州召开的侨界创业投资国际高峰论坛。论坛由杭州市归国华侨联合会主办，杭州市海外企业家投资联合会和杭州市海外留学归国人士创业发展促进会、浙江科发资本管理有限公司承办，并由中国香港(地区)商会杭州分会和日本、德国、法国等国家商会、杭州市留学人员和家属联谊会、杭州海邦留学联盟协办。区委常委来剑波与中国香港(地区)商会杭州分会会长欧镇江、杭州多禧生物科技有限公司董事长赵永新、浙江方大智控科技有限公司董事长宋宏伟等嘉宾进行圆桌对话，共同商议上城经济社会发展大计。副区长周国如就上城区投资环境做专题推介。 (黄逸真)

台湾事务

【概况】 2016年，区台办深入学习贯彻习近平总书记对台工作重要论述和省、市决策部署，以“服务台资企业、促进交流合作”为抓手，发挥各方面优势，推进上城与台湾两地的交流合作。全年接待南投县草屯镇农会、彰化民众参访团等访问团5批85人。新中国第一个居民委员会——上羊市街社区成为两岸交流的重要平台。接待台湾新媒体采访团到玉皇山南基金小镇采访，了解基金小镇发展情况。

【服务台胞台属】 2016年，区台办和各街道走访台胞、台属家庭142户次，为71人次发放慰问品。受理台胞和台属来信、来电、来访19件次，做到件件有答复。走访台资企业17个次，协助解决台资企业和台胞生产生活中遇到的实际困难。

(吕火良)

地方志编纂

【概况】 2016年，上城区地方志编纂委员会办公室(简称区地方志办公室)围绕贯彻落实国务院《地方志工作条例》和中央、省、市关于地方志工作的规划纲要，紧密结合上城区的中心工作和发展大局，积极探索新形势下地方志工作特点规律，着力构筑“大方志”工作格局，切实履行好“存史、资政、育人”的职责，推进区志、年鉴编纂工作继续走在全市前列。首轮志书出版，二轮志书编纂全面启动，第11卷年鉴《上城年鉴(2016)》出版。上城区志、年鉴工作成果和目标首次写入区党代会报告和区政府工作报告，首次列入党建和经济社会发展“双百分”考核内容，为该项工作再上新台阶提供机制保障。

【上城区首轮志书出版】 2016年8月12日，上城区举行《杭州市上城区志》出版发布仪式，并举行赠书活动，区直机关工委、杭州娃哈哈集团有限公司、杭州索菲特西湖大酒店、小营巷社区党委、杭州崇文实验学校、东坡路社区居民等代表接受赠书。《杭州市上城区志》由上城区地方志编纂委员会编纂、方志出版社出版，是上城区第一部志书。全书约76万字，设建制、党派政务、商业、工业、财税金融、经济管理、城建城管、教育科技、文化卫生体育、民政社会、政法军事、文物古迹、人物13个篇章，记载年限下限为1992年，是社会各界了解上城的百科全书。发布会后，《钱

2016年8月12日，上城区召开《杭州市上城区志》首轮志书发布暨二轮志书编纂工作动员会 （区地方志办公室 供稿）

江晚报》、杭州电视台《我和你说》栏目及“杭州发布”公众微信号等相继报道上城区首轮志书出版情况。

【二轮志书编纂全面启动】 2016年8月12日，上城区召开二轮志书编纂工作动员会，区四套班子领导出席会议，上城区各部门、街道主要负责人及企业、学校、社区代表等参加会议。杭州市地方志办公室主任蒋文欢参加会议并讲话，二轮志书编纂的5个试点单位分别交流试点经验。会议回顾总结首轮志书编纂情况，部署二轮志书编纂工作。上城区二轮志书上接首轮志书，记载年限从1993年到2015年，设34个篇章，约200万字，内容涉及上城区自然、社会、政治、经济、文化等方面，计划于2019年基本完成。会后，各承编单位按照时间节点和篇目大纲要求，开展入志资料收集、整理和初稿编写工作。年内，区地方志办公室多次召开试点单位和各个部类分管领导、撰稿人座谈会，交流工作进度，商讨编纂中的具体问题，并组织业务培训辅导。至年末，有45个单位完成初稿编写。

（楚克静）

【《上城年鉴(2016)》出版】 2016年11月，《上城年鉴(2016)》由方志出版社出版发行。全书系统记录2015年上城区围绕建设“现代化美丽上城”的目标，在提升发展、文化、生态、健康、平安五大品质，推动区域经济社会发展方面取得的新成就及社会各方面的新变化、新情况、新经验。该卷年鉴在保持原有整体框架稳定的基础上，增设“人物”类目，并对部分内容进行调整充实。2016年卷设类目33个、分目174个，收入条目1112条、随文照片105幅、表格33张、图片5张、附属资料48篇，约68万字。卷首刊有各级领导在上城视察、上城荣誉、上城风貌等照片，并随书配备电子版多媒体光盘。 （许红霞）

玉皇山南水景公园

政协上城区委员会

Shangcheng District Committee of the CPPCC

综 述

【概况】 2016年，上城区政协坚持把加强思想政治建设放在政协工作首位,贯彻落实中共十八届六中全会和习近平总书记系列重要讲话精神,深刻领会“四个全面”战略布局的重大意义,牢固树立政治意识、大局意识、核心意识、看齐意识,不断增强中国特色社会主义道路自信、理论自信、制度自信、文化自信。贯彻中共上城区委各项重大决策,推进“现代化美丽上城”五大品质建设和G20杭州峰会服务保障工作。开展以强化政协意识为主题的教育活动,加深对政协光辉历程、性质地位、职能作用、主要任务和工作规律的认识,增强履行政协职能的责任感和使命感。

【推进社会主义协商民主建设】 2016年，区政协推进社会主义协商民主建设,拓展形式、丰富内容、增加密度、规范程序。围绕服务保障峰会主题,与区委、区政府就提升国际化水平、实施环境综合整治、打造文明城区、加强维稳安保等工作进行协商,提出相关意见、建议。政协委员积极参与峰会服务保障工作,提出相关提案50余条。为科学谋划上城区“十三五”发展,区政协成立调研组,深入开展调查研究,征集社会各界意见建议,形成相关建议,向区委、区政府建言献策。紧扣基层群众关切问题进行协商,各街道政协委员小组探索各种形式，加强对社会热点问题的研究,密切联系群众,收集社情民意,掌握实际情况,提出有效对策建议。

【民主监督实效增强】 2016年，区政协主动适应新形势下加强和改进民主监督的要求,突出监督重点,创新监督方法,整合资源力量,使民主监督有章法、有计划、有载体。发动各党派团体、各界别和广大委员参与峰会项目“找短板、补短板”专项集体民主监督工作,提高监督实效。连续第3年开展省、市、区三级政协联动“五水共治”专项集体民主监督,将治水主题体现在多层面的活动形式中。以提案、建议、视察、对口协商、咨询问政等形式,增强职能监督的广泛性、有效性。搭建监督平台,开展视察调研,对区属单位、部门走访实现全覆盖。探索专门监督机制,向区法院、区检察院和相关区直部门推荐政协委员担任特约监督员；组织政协委员参与疑难信访案件接待和征迁听证会,参加区委大督查项目,实地督查重点工程和建设项目,向区委区政府提出相关建议。

【参政议政质量提升】 2016年，区政协发挥参政议政职能,围绕全区中心任务,把握建言时机,提高建言质量,做到言顺其时、言出为公、言之有物。关注创新创业工作,组织政协委员调研视察,提出打造国家级众创空间、项目带动、人才引进、创新机制等建议。关注全区建设体制改革,形成《进一步完善建设体制,为稳步转型打好基础》调研报告，并转化为实际成果。针对“三改一拆”等民生工作,结合迎峰会环境整治,多次调研馒头山、思鑫坊、始版桥直街等地块改造情况,助力整改工作。关注医疗、教育、卫生、环境等热点问题,就保障食品安全、推进学前教育基础设施建设、“医养护一体化”医疗服务政策实施、打造数字城管升级版等开展资政建言。

【深化团结合作】 2016年，区政协发挥人民政协大团结大联合组织的优势，推进上城区社会主义民主政治发展。围绕团结、民主两大主题，加强同各党派团体的联系和团结合作，坚持联系走访民主党派、工商联制度，定期走访，听取各民主党派、工商联和人民团体、无党派人士的意见，帮助解决问题。重视发挥工青妇等各界别、各团体的作用，关注残疾人、老年人、青少年等群体的权益保护。密切与新经济组织和新社会组织等代表人士的联系，及时反映其利益诉求。关心民族宗教事业发展，支持区政协企业家联谊会、文史研究会开展活动。出版《百年街巷的前世今生》《图说南宋杭州地名故事》，为峰会建设项目留下文脉。开展对外宣传，区政协有关工作在《人民政协报》《中国政协》等媒体上报道，提升《上城政协》内部季刊品质，重视区政协电子政务系统网站建设，增进对外交流，扩大社会影响。

【政协提案与办理】 2016年，区政协四届五次会议期间，政协委员以提案形式提交意见建议160件。根据提案审查的有关规定，立案145件，立案率90.6%。政协委员和政协各参加单位，坚持“创新、协调、绿色、开放、共享”五大发展理念，围绕服务保障G20杭州峰会、推进上城区“十三五”经济社会持续发展积极建言献策。至年末，政协提案全部办理答复。

政协重要会议及委员活动

【区政协四届五次会议】 中国人民政治协商会议第四届杭州市上城区委员会第五次会议于2月23~26日召开。会议审议通过区政协主席余勇做的区政协四届常委会工作报告；审议通过副主席俞朔做的区政协四届四次会议以来提案工作情况报告；与会人员列席区十四届人大五次会议，听取和讨论政府工作报告及其他报告；各界别委员进行大会发言；选举占仁义为政协第四届杭州市上城区委员会主席，薛鸿翔为政协第四届杭州市上城区委员会副主席；审议通过区政协四届五次会议提案审查情况报告和区政协四届五次会议决议。会议期间，收到委员以提案形式提交的意见建议160件，经审查立案145件；有13名委员做大会发言或书面发言。

【区政协四届二十一次常委会议】 2016年2月24日，区政协四届二十一次常委会议第一次会议召开。会议审议通过关于常委会部分组成人员辞去职务的建议案，协商政协第四届杭州市上城区委员会第五次会议选举办法(草案)、选举常委会部分组成人员候选人建议名单(草案)、政协第四届杭州市上城区委员会第五次会议总监票人、副总监票人建议名单(草案)。2月25日，召开第二次会议。会议听取对各工作报告讨论情况和选举事项讨论情况的汇报，讨论并提出会议决议(草案)。2月26日，召开第三次会议。会议审议通过关于常委会部分组成人员辞去职务的决定(草案)；表决通过选举办法(草案)和总监票人、副总监票人名单(草案)，通过监票人名单，确定正式候选人名单；听取对会议决议(草案)讨论情况的汇报；听取并审议提案委员会关于大会提案审查情况的报告(草案)。

【区政协四届二十二次常委会议】 2016年3月29日，区政协四届二十二次常委会议召开。会议传达学习全国政协十二届四次会议精神；协商审议区政协2016年工作要点(草案)；协商通报区政协四届五次会议重点提案；协商确定各委员小组、各界别2016年工作计划。

【区政协四届二十三次常委会议】 2016年6月24日，区政协四届二十三次常委会议召开。会议通报区政协上半年工作情况及下半年主要工作安排和政协委员暑期读书会方案；协商审议增补政协第四届杭州市上城区委员会委员的决定，决定增补陈伟刚为区政协四届委员会委员；通过《关于任命陈伟刚等同志职务的建议案》，任命陈伟刚为政协杭州市上城区委员会城建和人口资源环境委员会主任，任命陆峰为政协杭州市上城区委员会文史和教文卫体委员会主任。

【区政协四届二十四次常委会议】 2016年9月30日，区政协四届二十四次常委会议召开。会议实地视察区政协四届五次会议部分重点提案办理落实情况，并听取区政府办公室通报区政协四届五次会议提案办理情况、区政协提案委员会关于四届五次会议以来提案办理情况的报告。

【政协委员暑期读书会】 2016年7月28~29日，区政协委员暑期读书会举行。区委副书记、区长陈瑾到会做区政情通报，区政协主席占仁义主持读书会。区政协副主席刘志安、袁巧玲、陈少华、俞朔、薛鸿翔出席读书会。区政协全体委员、各专委会特聘委员、市政协委员上城联络组成员、各街道委员活动小组、各界别小组召集人和联络员参加读书会，并分3个小组进行座谈交流，围绕服务保障G20杭州峰会、加快经济转型升级等提出对策建议，并就5年来补齐拉长短板情况开展交流，对政协工作提出意见建议。市人力社保局局长、市委党校客座教授郭禾阳应邀为政协委员做题为“杭州社会建设的若干思考”的讲座。

表6 2016年上城区政协收到的重点建议

序号	作　者	题　目
1	上城区政协医卫界别	关于大力推进上城区医养结合的建议
2	上城区政协文体界别、上城区政协文史和教文卫体委员会	关于进一步做好上城区“非遗”传承与合理利用的建议
3	上城区政协城建和人口资源环境委员会、民建上城区基层委员会	关于上城区旧城(城中村)改造的相关建议
4	上城区政协教育界别、上城区政协文史和教文卫体委员会	关于扩大我区学前教育供给的建议
5	上城区政协城建和人口资源环境委员会	关于实施全面“两孩政策”后相关配套措施的建议
6	上城区工商联、上城区政协工商联界别	关于电子机械功能区对接紫金众创小镇融入城西科创大走廊的建议
7	民革上城区基层委员会、上城区政协民族宗教界别	关于构建富有上城特色的创业创新生态系统，激发社会创造活力的建议
8	民盟上城区基层委员会、上城区政协社会福利和保障界别	关于改进区行政服务中心工作的建议
9	民建上城区基层委员会	关于思鑫坊文化的挖掘保护及发展定位的建议
10	民建上城区基层委员会	关于进一步完善上城区国资监管体制的建议
11	民进上城区基层委员会、上城区政协社会法制和港澳台侨委员会	关于加强“律师进社区”工作的建议
12	民进上城区基层委员会	关于“G20”后峰会时代推进上城文化旅游品牌发展的建议
13	农工党上城区基层委员会、九三学社上城区基层委员会	关于加强公共卫生服务建设、提升健康品质、打造国际化健康上城的建议
14	致公党上城区基层委员会	关于提升居民法治意识的建议
15	九三学社上城区基层委员会、上城区政协无党派人士界别	关于“G20”后峰会时代我区产业新布局的建议
16	九三学社上城区基层委员会	关于“营改增”对我区经济发展影响及对策的建议

表7 2016年上城区政协重要文件题录

文件号	文件日期	标　题
上政协〔2016〕1号	2016-03-01	关于政协第四届杭州市上城区委员会第五次会议选举结果的报告
上政协〔2016〕2号	2016-03-01	关于印发中国人民政治协商会议第四届杭州市上城区委员会第五次会议审议通过的有关人事事项的通知
上政协〔2016〕3号	2016-03-10	关于调整区政协主席、副主席分工的通知
上政协〔2016〕4号	2016-03-30	上城区政协2016年工作要点
上政协〔2016〕5号	2016-02-25	关于赞同杭州市政府驻地迁移的意见
上政协〔2016〕6号	2016-06-27	政协第四届杭州市上城区委员会常务委员会关于增补委员的决定
上政协〔2016〕7号	2016-06-27	关于陈伟刚、陆峰等同志任职的通知

（宋　燕）

上城区纪律检查委员会

Disciplinary Inspection Committee of Shangcheng District

执纪监督

【开展基层巡察】 2016年，上城区委建立巡察工作制度，健全完善巡察机构，整合区纪委机关、派驻纪检组、街道纪工委和财政、审计、司法、住建等部门力量，形成巡察工作合力。引入第三方审计机构，对重大资金支出、重点岗位、重点线索开展协助审查。全年对区文创办、区科技局等7个单位进行常规巡察，对区公益创投项目实施情况、动迁指挥部征迁等6项工作进行专项巡察，累计发现问题272个，提出意见建议154条。根据巡察发现的线索立案2件，给予党纪政纪处分1人，通报曝光15人。对9个单位进行巡察“回头看”，发现尚未整改、整改不到位等各类问题38个，提出整改建议19条。

【执纪审查】 2016年，全区各级纪检监察组织注重运用教育提醒、谈话函询、组织处理、纪律处分等方式处理各类违纪行为，及时发现、纠正党员干部苗头性、倾向性问题，防止小错酿成大错。全年纪检监察组织受理信访举报120件次，处置反映问题线索100件，区纪委谈话函询19件，了结61件，组织处理29人。立案查处违纪案件30件，教育提醒1461人次，纪律轻处分14人、重处分15人，组织调整29人，涉嫌犯罪移送司法机关1人，为国家和集体挽回直接经济损失65.6万元。年内，重点查办区停车收费中心违规发放福利、区住房和城建局财务科科长违反廉洁纪律等案件。

【组织专项督查】 2016年5月，区纪委组成5个监督检查组，围绕各单位“三重一大”事项集体决策制度执行、党风廉政建设责任制落实情况等专题，通过谈话核实、查阅党委班子会议记录、抽查“三重一大”事项台账等形式，对区市场监管局、小营街道、清波市场监管所等14个区直单位、4个二级单位开展专项督查。撰写专项督查通报1期，发现问题21个，提出督查建议15条，保障“三重一大”事项集体决策制度和党风廉政建设主体责任的落地。

党风政风监督

【从严治党“两个责任”落实】 2016年，区委制定《上城区党风廉政建设和反腐败工作的组织领导和责任分工》等文件，区纪委修订区直单位落实党风廉政建设责任制检查考核标准，明确责任清单。区纪委分批听取54个区直单位主要负责人履行主体责任情况的汇报，反馈书面意见183条。对55个单位进行年度考核，检查考核情况向全区通报，促进主体责任进一步落实。

【换届风气巡查】 2016年8月9日，区纪委印发《上城区廉政鉴定工作实施办法（试行）》，严把干部选拔任用党风廉政意见反馈关，对13批49人次拟提拔干部、17批1370人次拟换届留任干部出具廉政鉴定。成立换届风气巡查组，对18个区直单位和6个街道开展换届巡回督查，发现问题8个，督促立即整改。针对督查中发现的问题，区纪委对区工商联、区电子机械功能区管委会主要负责人进行谈话提醒。

【责任制专项检查】 2016年，区纪委对所有区直单位开展责任制专项检查，并延伸部分二级单位，首次对3个经济合作社开展专项检查。每季度向区委常委会汇报落实党风廉政建设责任制情况，全年向区领导及有关单位抄告党风廉政建设工作建议书、意见书87份。各街道纪工委认真履行监督属地建设指挥部职责，参加建设指挥部“三重一大”事项决策会议468次，开展谈话提醒822人次，排查廉政风险问题385个。通报批评和组织处理15人，其中纪律处分3人。

【重点工作督查】 2016年，区纪委根据G20杭州峰会筹备项目的进度和质量要求，加强全过程监督。印发作风效能督查通知单13份、督查通报2份，约谈建设单位负责人5人，对履职不力的11名责任人进行问责处理。开展落实中央八项规定纠正“四风”问题专项检查，实地抽查6个单位66辆公车停放情况，作风效能问责3人。会同下城、江干区纪委了解在世纪联华超市违规购买充值卡及礼品等情况，对5个关停或转型的高档经营场所进行“回头看”。加大问题通报曝光力度，全年对4起违纪案件进行实名通报曝光，涉案16人，对落实主体责任不力的2名区管干部进行责任追究。

廉政建设和反腐败工作

【反腐倡廉教育】 2016年，区纪委坚持占领主阵地，释放正能量，开展知识竞赛、党纪征文、情景教育、廉政党课、印制宣传折页、组织观看廉洁动漫片等活动。加强纪检队伍自身建设，全年轮训纪检干部600余人次，轮训以学习党章党规为主，结合进行案例警示教育。组织纪检干部收看《永远在路上》《打铁还需自身硬》等电视专题片，增强纪检干部做好党风廉政建设和反腐败工作的责任感、使命感。加大反腐倡廉宣传力度，全年在市级以上媒体刊登上城区党风政风建设经验做法和文章80余篇，在《上城报》刊出“正风反腐”专版13期，“上城清风”微博发布732条，微信公众号发布126期。

【“党员情景教育”推广】 2016年12月，区纪委和紫阳街道纪工委采取案例教学的方式，组织工作人员选取与普通党员相关的《中国共产党纪律处分条例》（简称《条例》）条款，精心编写情景案例，制作《党员纪律处分条例情景学习手册》。该手册以问题线索、典型案例、纪律红线、条例原文4个板块进行精解精读，让党员真正看懂《条例》。这一教育模式在全区推广后，区直各部门以微信为载体，陆续推出“情景教育”微课堂。通过典型案例加漫画配图的形式编写，再配合《条例》原文进行解读。除“上城清风”微信公众号和紫阳街道微信公众号的推送外，区直属机关工委、区直属机关纪委、区科协等单位联合推出“以案学纪”情景教学微信版，以提高全体党员的学习兴趣，在寓教于乐中，达到增强党员纪律红线意识的目的。

【“清风之旅”旅游路线推出】 2016年3月，区纪委根据习近平总书记提出的“抓作风建设要返璞归真、固本培元，在加强党性修养的同时，弘扬中华优秀传统文化”的要求，与区风景旅游局合作，积极挖掘区域内廉政文化内涵，依托国家AAA级红色旅游景区“小营·江南红巷”、杭州孔庙等文化和旅游资源，推出上城“清风之旅”之A线“最美小营”、B线“清波清韵”、C线“上城研学”、D线“见贤思齐”4条“清风之旅”旅游线路，并把参观“清风之旅”旅游线路作为党风廉政教育的重要内容。

（裴晓峰）

民主党派与工商联

Democratic Parties & Association of Industry Commerce

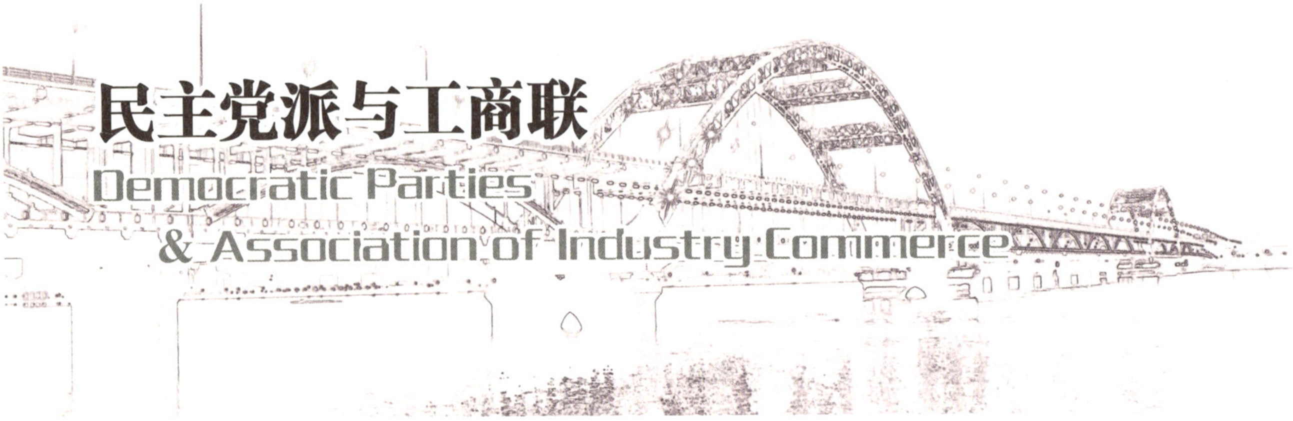

民主党派综述

【概况】 2016年，上城区有7个民主党派基层委员会，分别隶属各民主党派杭州市委会，成员845人，其中新发展34人。各民主党派深入学习贯彻中央统战工作会议精神，开展坚持和发展中国特色社会主义学习实践活动，围绕服务保障G20杭州峰会和上城经济社会发展积极建言献策、参政议政。全区各民主党派、无党派人士提出建议和提案100余件，上报社情民意300余篇，完成调研文章12篇。各民主党派基层委员会、支部加强组织建设，发挥党派团体资源优势，参与统一战线组织的“同心同行，我为峰会添光彩”系列活动，慰问服务保障G20杭州峰会重点工地员工、志愿者等。各基层组织和成员个人积极打造服务品牌，捐款捐物。全区涌现一批建言献策、参政议政工作突出的基层组织和个人，获各民主党派省委会、市委会表彰的先进集体、星级支部27个。

民革上城区基层委员会

【概况】 2016年，民革上城区基层委员会设支部3个，有党员58人，其中新发展党员2人。3月15日，民革上城区基层委员会召开成立大会，选举产生第一届基层委员会，林巾巾任主委，许宏波、蔡伟利、沈永翔任副主委。在换届工作中，有2名党员被选为上城区第十五届人民代表大会代表，7名党员被选为政协上城区第五届委员会委员。开展坚持和发展中国特色社会主义学习实践活动，以孙中山先生诞辰150周年为契机，组织党员专题学习民革党章党史，更好地继承和发扬民革优良传统。

【课题调研】 2016年，民革上城区基层委员会充分调动党员积极性，围绕中心工作开展调查研究，积极参政议政，在区“两会”上提交代表建议、委员提案18件，内容涉及城区危旧房治理、污水治理、普法教育、工会建设等。其中《关于构建新形势下大普法体系的建议》被民革杭州市委会评为优秀提案，并作为民革浙江省委会集体提案提交省“两会”。林巾巾获2015年度民革杭州市委会参政议政工作先进个人称号。民革上城区基层委员会围绕“大众创业、万众创新”主题，完成《构建富有上城特色的创业创新生态系统，激发社会创造活力》课题调研成果。

【开展社会服务】 2016年，民革上城区基层委员动员全区民革党员凝心聚力、立足岗位、履职尽责服务保障G20杭州峰会，有10名党员分别获省、市、区服务保障G20杭州峰会工作先进个人称号。弘扬博爱精神，开展社会服务，党员捐款5200元，支援遂昌县苏村山体滑坡灾害救治。参与民革浙江省委会组织的“牵手基层学校”活动，党员姚晓向丽水老竹民族学校捐款30万元，为学校改善教学条件。组织党员参加民革杭州市委会的“三下乡”活动，为村民提供医疗、法律服务。

（蔡伟利）

民盟上城区基层委员会

【概况】 2016年，民盟上城区基层委员会有支部12个、成员226人，其中新发展盟员17人。组织开展坚持和发展中国特色社会主义学习实践活动，深化打造“盟员之家”，举办“盟员大讲堂”“健康养生”等系列讲座，提升盟员凝聚力和基层组织建设水平。“盟员之家”建设的经验做法被列入浙江省社会主义学院的教学案例。中央、省内外民盟基层组织陆续到“盟员之家”考察调研。民盟上城区基层委员会被盟省委与盟市委评为先进单位。科技支部、上城一支部被盟省委评为先进支部。在全市支部考评中，科技支部、上城一支部、服装职高支部被盟市委评为五星级支部，上城二支部及杭六中、清河中学、惠兴中学、开元中学、建兰中学等支部被评为四星级支部，杭十中、江城中学等支部被评为三星级支部，5人被盟省委评为优秀盟务工作者。盟员牟晓军成为浙江省养老服务行业领军人物。

【调研献策】 2016年，民盟上城区基层委员会注重调查研究，围绕上城区经济社会建设重点工作和热点难点问题，组织盟员开展专题调研，形成有质量的提案与建议。完成《关于改进区行政服务中心工作的建议》《上城区学前教育硬件建设的现状及解决建议》《杭州市城市防洪排涝存在的问题及对策研究》《理顺办学体制，规范异地办学》《杭州市学前教育优质均衡发展的情况调研》《我市农村居家养老服务照料中心运营情况调研》等调研课题，有3个课题获民盟市委会立项。全年通过各个渠道反映社情民意100余篇，为政府建言献策。其中“建议增加投放带有儿童安全座椅的公共自行车”“遏制校园暴力事件，需还学校教育惩戒权”“新代课现象需引起重视”等46篇社情获各级领导批示，具体建议被有关部门采纳。

【结对帮扶】 2016年，民盟上城区基层委员会积极发挥优势，坚持做好各项社会服务工作。深化与桐庐县新合乡结对支教活动，多次组织优质师资送教下乡，并送去教学设备，改善当地办学条件。安排新合乡教师到上城区有关学校跟班、挂职锻炼，并资助6名困难学生。继续做好支持富阳区新登镇新农村建设工作，组织专家盟员3次到安置房建设工地考察。结对缙云县宫前小学，募集资金8万元，组建民盟爱心书屋，为学校购置图书5000余册，并帮助更新部分办公设备。

（王双林）

民建上城区基层委员会

【概况】 2016年，民建上城区基层委员会有支部6个、会员164人，其中新发展会员9人。全年民建上城区基层委员会组织各个支部、全体会员开展学习习近平总书记在全国政协民建、工商联座谈会上的重要讲话精神，开展坚持和发展中国特色社会主义学习实践活动。发动全体会员服务G20杭州峰会工作。增补王理顺为民建上城区基层委员会副主委。民主推荐19名民建杭州市第十三届委员会候选人。在民建上城区基层委员会届中调整选举中，张敏任基层委员会主委，贾元元任副主委。民建上城区基层委员会发挥会员特长，整合会员资源，参与经济建设和社会服务。民建杭州上城企业家联谊工作委员会更名为杭州民建会员企业家联谊会上城分会，并进行换届改选。成立民建上城妇女工作委员会、民建上城青年工作委员会等分会和专门委员会。

【岗位建功活动】 2016年，民建上城区基层委员会深化岗位建功活动，涌现一批先进集体和先进个人。三支部获2015年度民建浙江省、民建杭州市先进支部称号；一支部被评为2011~2015年度民建杭州市先进集体；杭州民建会员企业家联谊会上城分会被评为民建全省社会服务先进集体；会员毛时法、胡成敏、周生元获评民建杭州市委2015年度信息工作积极分子，申屠宇星、周庆九、汤正浩获评2011~2015年度民建杭州市优秀会员，潘志超、程伟等7人分别获省、市、区服务保障G20杭州峰会工作先进个人称号。沈志峰撰写的《关于推进杭州法律服务产业品牌的发展的建议》获民建杭州市委会2015年度优秀参政议政成果奖。

【社会服务和活动】 2016年1月19日，杭州民建会员企业家联谊会上城分会为杭州市杨绫子学校自闭症儿童开展“关爱送温馨，爱心圆梦想”慈善义卖活动，现场募得善款5万元。1月24日，杭州民建会员企业家联谊会上城分会与余杭分会在余杭进行工作交流并缔结友好分会。4月20日，民建上城区基层委员会一支部举办“心灵家园”公益活动，为杭州市第七人民医院康复期病人免费开展手工编织教学。6月22日,杭州民建会员企业家联谊会上城分会、民建上城区基层委员会二支部、华夏收藏网联合举行杭州市杨绫子学校乐高工作室揭牌仪式,该工作室由会员捐助成立。

(周生元　吴剑锋)

民进上城区基层委员会

【概况】 2016年,民进上城区基层委员会设支部10个,有会员201人,其中新发展会员3人。民进上城区基层委员会以“坚持和发展中国特色社会主义学习实践活动”为主题,组织会员深入学习中共十八届六中全会精神和习近平总书记系列重要讲话精神。参加党外代表人士读书会、“中国特色社会主义理论”讲座等活动,增强对中国特色社会主义的道路自信、理论自信、制度自信、文化自信。组织各支部以多种形式学习民进会章、会史等,组织民进老会员宣讲会史。《上城民进图史》出版发行,图史对民进上城区基层委员会的历史和风采进行回顾。

【参政议政】 2016年,民进上城区基层委员会根据民进中央“参政议政主题年”活动部署,举行多场支部信息员交流会,定期将民进杭州市委会和区委办公室、区政府办公室发布的调研课题选题传达给骨干信息员,主动与区委政研室合作,领办“文化、旅游、产业发展协同推进的思路”等重点课题。围绕峰会服务保障,会员徐敏撰写的《关于在萧山国际机场增设杭州博物馆展厅的建议》得到省委常委、市委书记赵一德批示,《关于评选杭州“市鸟”打响“美丽杭州”品牌的建议》得到市委副书记、市长张鸿铭批示,《关于将2016年G20杭州峰会邮票和首日封列入国家邮政局年度发行计划的建议》得到副市长张建庭批示。会员余丽丽撰写的《全国执行统一代码后,社区居委会身份真空亟待解决》的调查报告被民进中央、民进浙江省委会采用,袁璐撰写的《针对适龄生育双职工家庭拒生二孩最为坚决现状,建议对双职工家庭生育二孩给予支持政策》的调查报告被市政协、民进浙江省委会采用,袁小航撰写的《关于进一步加强和完善省直单位工程监管及维护知识普及的建议》被杭州市人民建议征集办公室采用。民进上城区基层委员会被民进杭州市委会评为2016年“参政议政主题年”工作先进集体;张铁群、徐敏被民进浙江省委会评为参政议政工作先进个人;余丽丽、袁小航、袁璐被民进杭州市委会评为2016年“参政议政主题年”工作先进个人。

【民进上城区基层委员会服务G20杭州峰会】 2016年3月,民进上城区基层委员会联合湖滨街道,开展“相约杭州G20峰会,把你的微笑寄回家”活动,邀请德国、荷兰等数十个国家的外籍友人参加,展现杭州友善好客、时尚创新的面貌。杭十中支部等基层组织充分发挥优势,在社区开设英语讲座,给市民普及英语课程。会员俞坚民获浙江省服务保障G20杭州峰会工作先进个人,余丽丽、阮娴获杭州市服务保障G20杭州峰会工作先进个人,严莺获上城区服务保障G20杭州峰会工作先进个人。

(徐　敏)

农工党上城区基层委员会

【概况】 2016年,农工党上城区基层委员会有支部4个、成员84人,其中新发展党员2人。农工党上城区基层委员会被评为农工党杭州市委会2015~2016年度社会服务先进集体,党员宋红朋、宋燕、唐全民、王桂荣等获评社会服务先进个人,唐全明获评社会活动积极分子,傅宪华被农工党浙江省委会评为2015年度参政议政工作先进个人、2016年“我为G20杭州峰会献一策”活动先进个人。

【开展调查研究】 2016年,农工党上城区基层委员组织党员深入基层,参与文化、教育、卫生、食品安全等工作调研,撰写调研报告7篇。在农工党浙江省委会2014~2015年度参政议政成果通报中,二支部党员傅宪华等撰写的《以“五水共治”为契机,促进养殖业转型发展》《我省信息化与农业现代化跨界融合的问题与建议》获优秀成果二等奖,《关于发展“智慧农业”推进我省农业转型升级的建议》获优秀成果三等奖,傅宪华被评为省农工党委员会参政议政工作先进个人。

【服务社会】 2016年，基层委员会一支部发挥医卫界优势，与望江街道卫生服务站建立长期定点服务点，每月1次免费为周边居民测量血压、提供健康咨询等；三支部与上城区敬老院结对，每年2次为老年人测血压、验血糖；党员宋红朋作为志愿者参加中共中央统战部、国务院侨办、国家卫计委发起的以“凝心聚力十三五，同心共铸中国心”为主题的“健康关爱贵州行”行动，接诊病人近300例。全体党员在服务保障G20杭州峰会中积极当好志愿者，为峰会工作人员提供医疗保障，开展文明礼仪宣传等活动。

（韦　云）

致公党上城区基层委员会

【概况】 2016年，致公党上城区基层委员会有支部3个、党员55人，其中新发展党员1人。召开致公党上城总支全体党员大会，成立致公党上城区基层委员会，选举杨帆为主委，王容峰、张虹、文熙为副主委。致公党上城区基层委员会围绕重点工作，开展坚持和发展中国特色社会主义学习实践活动，引导党员积极建言献策、建岗立业、服务社会。

【发挥代表委员作用】 2016年，致公党上城区基层委员会发挥党员中的人大代表、政协委员作用，利用各级平台广泛开展参政议政、反映社情民意活动。市人大代表褚伟清提交《关于制定〈杭州市紧急状态条例〉的建议》等调研文章4篇，市政协委员吕晴提交《关于加强路面、市政、市容等修补工程管理的提案》等调研报告2篇。致公党上城总支集体提案《关于区各类政务数据信息调查及开展大数据分析的建议》在区政协四届五次会议上做交流发言，杨帆、张虹分别提交《互联网+背景下实体零售业转型升级的建议》《借G20峰会宣传红巷精神》等提案。围绕如何助力G20杭州峰会，吴韵提出加快培养高素质导游服务队伍，褚伟清提出建立违法建筑长效管控机制，文熙提出加强相关项目安全监管工作等建议。全年基层委员会完成《开展法律进社区，提升居民法治意识》《构建富有杭州特色的创业创新生态系统，激发全社会创造活力》《推进杭州城市国际化的设想、思路与框架》等调研课题。

【爱心服务】 2016年12月16日，致公党上城基层委员会主委杨帆、副主委王容峰及部分党员到淳安县中洲镇左川村，用筹集的1万余元资金和企业家捐助的财物为该村电子阅览室添置电脑8台、书籍2000册，并走访慰问村民26户。党员王容峰、吕晴参加区工商联帮困助学，帮助多名学生完成学业。基层委员会开展“助力G20，上城致公在行动”系列活动，为馒头山整治现场的员工送上暖心茶，参加社区组织的爱国卫生大扫除，联合举办应急救护培训等。基层委员会成员积极践行岗位建功，投身志愿服务。沈军、叶虹、赵超男、陶群分别获省、市、区G20杭州峰会服务保障工作先进个人荣誉。

（杨　帆）

九三学社上城区基层委员会

【概况】 2016年，九三学社上城区基层委员会有社员59人，其中新发展社员3人。九三学社上城区基层委员会“九三之家”建成投入使用。马彦、徐志忠、邵安利、方颀、葛向攀、于淑娟等当选九三学社杭州市第八次代表大会代表，马彦、徐志忠分别当选九三学社杭州市第八届委员会副主委、委员。九三学社上城区基层委员会3个支社分别被评为杭州市委会四星和三星支社。社员葛向攀获评九三学社中央2014~2015年度参政议政工作全国先进个人、九三学社浙江省委会2016年度参政议政工作先进个人，连续被聘为省委会、市委会特邀信息员；夏丁玲获评九三学社浙江省委会2016年度社会服务工作先进个人。

【建言献策】 2016年，九三学社上城区基层委员会积极建言献策，反映社情民意。在九三学社杭州市委会2016年参政议政招投标课题中，马彦、徐志忠、葛向攀、方颀分别以《坚持特色差异化，深化完善特色小镇培育和发展机制》《增强文化底蕴，打造杭州工匠品牌》《创新协商预算民主机制研究》《区域智慧教育公共服务体系的建构和实践研究》4个调研课题立项，立项数列九三学社杭州市各个基层组织首位。围绕上城区委重点工作和调研课题，基层委员会完成《关于加强公共卫生服务建设，提升健康品质打造国际化健康上城的建议》《关于后G20时代我区产业新布局的建议》等调研文章3篇，其中2篇被区委办公室、区委统战部列入“五大品质”专项调研成果。调研文章《营改增对我区经济发展影响及对策》得到区委、区政府领导批示，并在区“两会”上做大会发言。葛向攀撰写的《营改增后地方政府财力失衡问题亟需高度重视》的调研报告被杭州市委、九三学社浙江省委等上级部门采用。全年九三学社上城区基层委员会信息录用数在九三学社杭州市各基层组织中排名第一，三支社在杭州市全部支社中排名第一。

（葛向攀）

上城区工商业联合会

【概况】 2016年，上城区工商业联合会(简称区工商联)有会员694人、团体会员12个、基层商会8个。区工商联贯彻中共十八大和十八届三中、四中、五中、六中全会精神，贯彻习近平总书记系列重要讲话精神，坚持“团结、服务、引导、教育”工作主题，围绕G20杭州峰会圆心和经济发展新常态下非公有制经济发展的新需求，做优常规工作、做响特色品牌、做好服务平台、做实工作成效，较好地完成全年工作任务。

【服务会员】 2016年，区工商联从培训、融资、科技、法律、信息咨询、对内对外经贸交流服务等方面为会员企业提供有效服务。组织会员参加北京大学“品质杭商”研修班、杭商大讲堂、G20杭州峰会专题报告会、新生代出资人培训示范班等培训活动10余场，参与培训500余人次；组织会员参加中澳自由贸易协定解读研讨会、波兰食品推介会、“杭州民营企业牵手丝绸之路经济带”对接洽谈会等招商推介和经贸交流活动9次。区中小企业信用担保中心联合建设银行举办银企对接活动3次。为会员企业提供担保金1010万元，帮助企业获得贷款360万元。为非公有制经济人士提供应急救护培训和健康体检等服务。举办首届会员单位篮球赛，有12支代表队参加，浙江耀厦控股集团代表队获冠军。

2016年5月13日，区工商联在市妇女活动中心开展政府与企业连心沙龙——政策对接专场活动 （区工商联 供稿）

【非公有制经济人士参政议政】 2016年，区工商联鼓励非公有制经济人士参政议政，开展相关调研。组织会员和界别委员到西湖区龙坞镇和上城区馒头山开展新农村建设和“三改一拆”调研；组织召开上城区科技工业园区企业座谈会，配合全国、省市工商联完成民营企业500强调研、民营企业劳动关系监测等调研任务。全年开展调研活动10余次。完成《推进杭州城市国际化的设想、思路与框架》和《关于工业园区加快融入城西科创走廊的路径研究》两篇调研报告，在区“两会”期间提交提案议案80余件。区工商联通过民主推荐、严格考察，从全区会员中推荐担任市、区人大代表和政协委员36人。全年担任省、市、区人大代表、政协委员的会员提出提案、议案120余件。

【政企交流】 2016年4月14日，区工商联举办学习习近平总书记系列重要讲话精神座谈会，区检察院检察长李森红与参会企业家共同探讨防范化解企业经营风险、营造新型健康政商关系、保护企业合法权益等问题。区工商联还向非公有制经济人士发出倡议，倡导非公有制经济人士坚定理想信念、坚守守法诚信经营底线、理解并准确把握“亲”“清”标准。5

月13日，区工商联举办政策对接专场活动，邀请区发改经信局、区科技局等部门负责人与30余个企业负责人就工业经济、信息经济、现代服务业发展、企业上市、科技创新、众创空间等问题进行座谈。7月22日，区工商联在玉皇山庄举办税务政策解析专场活动，企业经营者、财务人员40余人参加。活动邀请区国税局和上城地税分局负责人现场讲解“营改增”有关政策。

2016年7月7日，区工商联召开第九次会员代表大会　（区工商联　供稿）

【爱心公益活动】　区工商联组织会员、商会积极参加爱心公益活动。2016年5月，在区关工委牵头的“帮困助学”活动中，区工商联组织会员企业捐款，有17个企业与上城区120名成绩优异的寒门学子结对，帮助其完成学业。5月30日，在区新生代企业家年会上开展慈善竞拍活动，筹得善款14.8万元，善款全部捐献给上城教育发展基金会，用于帮困助学。10月，会员企业浙江近江集团有限公司、杭州皇饭儿餐饮集团、杭州特美刻日用品有限公司、杭州羊汤饭店有限公司参与“联乡结村进淳安”活动，捐助15万元，为淳安县“美丽乡村”建设提供各方面支持。12月，小营街道商会12个会员企业资助淳安中洲街道左川村建立“电子阅览室”。全年区工商联系统认捐款项200余万元。

【区工商联第九次会员代表大会】　2016年7月7日，区工商联召开第九次会员代表大会，参会正式代表210人，列席代表14人。区委书记缪承潮，区委副书记、区长陈瑾，区人大常委会主任袁建祥，区政协主席占仁义等区四套班子领导及各有关部门、人民团体、各街道主要负责人出席会议。市委统战部副部长、市工商联党组书记邵根松到会指导。会议审议通过区工商联主席杨帆代表区工商联第八届执行委员会所做的《围绕中心，凝心聚力，为建设“现代化美丽上城”而努力奋斗》的工作报告。大会以无记名投票方式，选举产生区工商联第九届执行委员会，其中主席1人、副主席17人、常务委员42人、执行委员99人，杨帆当选新一届工商联主席。　（陈　栋）

群众团体

Mass Organizations

上城区总工会

【概况】 2016年，上城区有基层工会组织1143个，比上年(指2015年，下同)增加101个；基层工会覆盖单位4947个，增加167个；工会会员近19万人。各级工会坚持以“争当主力军、服务G20”活动为主线，引导广大职工以最优美的环境、最和谐的氛围、最文明的言行展示上城的美丽形象。将工会传统的技能竞赛与G20杭州峰会实战演练相结合，推动消防、应急救护等技能竞赛在更多基层单位开展。全年参与技能竞赛企事业单位100余个、工种30余个，组织或参与竞赛企业占总数的85%以上。入选杭州市职工“五小”创新成果100例、项目5个。开展集中建会行动，全区新建基层工会75个，发展工会会员1万余人，基层工会建会率和职工入会率保持在90%左右。

2016年6月3日，区总工会组织开展“护航G20·救护我先行”应急救护技能竞赛 （区总工会 供稿）

【劳模评选表彰】 2016年4月29日，区委、区政府召开“五一”劳动模范表彰大会，表彰上城区百名区级劳模，为上城区历史上评选劳模人数最多的一次，并有10名个人和4个集体分别获市级劳动模范和市级模范集体称号。在服务保障G20杭州峰会和“现代化美丽上城”建设进程中，上城区涌现一大批先进集体和先进个人。小营环卫所疏通工人孔水高被授予“全国五一劳动奖章”称号，3个单位(班组)分别获“杭州市五一劳动奖状”和“杭州市工人先锋号”称号，3名个人获“杭州市五一劳动奖章”称号，12名个人获省、市服务保障G20峰会工作先进个人荣誉。

【劳动关系和谐发展】 2016年，区总工会配合完成浙江省2015年度和杭州市2016年度劳动关系和谐指数测评迎检工作，杭州娃哈哈集团有限公司和思创医惠科技股份有限公司在杭州市企业社会责任建设暨发展和谐劳动关系发布会上被认定为和谐劳动关系样板企业。推进企业社会责任建设，全年新增市社会责任A级企业5个，C级以上企业占企业总数98.3%，企业社会责任建设工作走在全市前列。开展工资集体协商“集中要约行动”，向企业发出工资集体协商要约书110份。区总工会工资集体协商专员在每个街道选点帮带两个企业，以点带面，推动全区工资集体协商工作开展，全年工资专项集体合同续签率100%，建立工会企业工资集体协商覆盖率98.1%。杭州海兴电力科技股份有限公司代表上城区参加杭州市工资集体协商成果展示交流会，其微信直播工资集体协商会议的做法及多元驱动的工资集体协商模式获领导和专家高度评价，被授予杭州市工资集体协商示范单位，并被推荐为浙江省“七五”普法联系点。

【困难职工救助】 2016年，区总工会为126名困难职工发放送温暖资金41.95万元，为困难劳模发放补助34.5万元。“春风助学”“金秋助学”活动为47户困难职工家庭筹集助学金24.42万元。开展就业帮扶工作，紫阳街道总工会举办促进就业再就业免费招聘洽谈会，为就业困难人员提供就业岗位。

【关心关爱职工】 2016年，上城区各级工会对重点建设项目工地开展送“暖心包”和“关爱卡”活动，为一线民警、企业职工、志愿者开展送清凉专项慰问。工会系统发放高温慰问金180余万元，惠及职工4.5万人，受益面比上年扩大两倍多。投入近140万元，组织1100余名服务G20杭州峰会工作者，参加职工疗休养和免费体检。组织3.81万名职工参加职工医疗互助保险，参保金额144.09万元，参保人数比上年增长9.9%；参加单位622个，增长10.7%。

【迎峰会“安全+”行动】 2016年，区总工会开展迎峰会“安全+”行动，向全区职工发出《“查隐患，防事故，保安全，迎峰会”倡议书》。借助“上城职工微家园”“上城发布”等平台，开展为期1个月的上城区“平安护航G20，安全生产在我心”金点子有奖微信征集活动，15条金点子在微信征集中获奖，其中南星街道总工会推荐的浙江万向系统有限分公司罗文正等3名职工隐患排查事迹被评为市级案例。向玉皇山南基金小镇建设工地等发放有关安全生产和劳动保护政策法规、《高温天气作业人员关爱手册》3000份，联合区安全监管局开展“安全知识‘进楼道’”活动，覆盖率100%。排查企业1500余个，督促整改安全隐患324个，其中重大隐患5个，整改率88.3%。区总工会被评为浙江省“安康杯”竞赛优秀组织单位。

【深化“建家晋级”活动】 2016年，区总工会会同区电子机械功能区管委会总工会成立杭州第一个创新实验室（Fab Lab），为“新杭州人”打造文化家园和职工工创空间创业创新普及平台。深化“建家晋级”活动，首次设立“建家”经费和工会干部专项补贴，“建家”经费达24万余元。工会“‘职工之家’服务争星建家晋级”活动通过第三方入户测评和会员满意度调查，72个“职工之家”达到市级以上先进和示范标准，542个“职工之家”达标，全区基层工会“五有职工之家”达标率75%以上。

（金　晨）

共青团上城区委员会

【概况】 2016年，上城区有14~28周岁青年46719人，其中团员5462人。有基层团委41个、基层团工委9个、基层团总支23个、基层团支部465个。团区委履行组织青年、引导青年、服务青年和维护青少年合法权益四项基本职能。围绕服务保障G20杭州峰会，开展志愿服务、社会主义核心价值观宣传教育、引导青年创新创业创优等活动。

【团省委领导到上城调研】 2016年8月2日，团省委领导带领机关干部40余人，到紫阳街道上羊市街社区和小营街道小营巷社区调研基层青年群众工作。团省委调研组对上城区基层团组织在G20杭州峰会保障、志愿服务、重点青少年群体管理等方面所做的工作给予充分肯定，并对下一步工作提出意见和建议。

【庆“六一”主题活动】 2016年6月1日，市、区有关领导和少年儿童工作者及少先队员代表300余人在杭州市崇文实验学校开展以“喜迎G20”为主题的共度快乐“六一”活动。组织少先队员参加杭州“老底子”游戏和“文明礼仪小使者”等活动，现场发放《G20知识小学生读本》等，营造喜迎峰会氛围。

【“缘聚上城青春季”活动】 2016年4月16日，上城区两新工委在八卦田遗址公园联合举办“春天花事之约”活动，党员代表现场交接“四季党建”旗帜，团员青年发起“玫瑰的回礼”公益倡议，100余名青年参与相亲交友，区“四季党建”第二季“缘聚上城青春季”活动正式启动。团区委以该项活动为推手，发动青年围绕中心工作，推动团员青年在自身岗位上建功立业，积极为G20杭州峰会贡献青春力量。

2016年4月16日，上城区启动“四季党建”第二季“缘聚上城青春季”活动。图为区委常委、组织部部长陈秋芳(左五)与参加活动的团员青年合影

(团区委　供稿)

【公安干警子女公益夏令营开班】 2016年7月1日，团区委会同区教育局、区青少年活动中心，组织30名上城区公安系统一线干警子女，开展为期8天的“快乐公益夏令营”活动。夏令营专门招募30余名高校大学生志愿者，为公安干警子女提供暑期课业辅导、心理疏导、接送托管等志愿服务。

【纪念五四运动97周年座谈会】 2016年5月4日，省、市、区共青团组织负责人、共青团老干部及青年代表在具有深厚历史底蕴的“百年思鑫坊”，召开纪念五四运动97周年座谈会。追忆老一辈共青团人的奋斗历程及杭州青年运动发展的历史，共话“薪火相传促改革、服务峰会比贡献”的当代青年使命，激励青年发扬“爱国、进步、民主、科学”的五四精神，大力推进共青团建设，为G20杭州峰会和“美丽杭州”建设做出新的贡献，书写奉献青春的时代篇章。　(李佳杰)

上城区妇女联合会

【概况】 2016年，区妇联按照“发展是关键、维权是重点、服务是根本”的工作方针，发挥实施中国妇女儿童发展纲要国家级示范区作用，积极践行党的群众路线，带领各级妇联组织构筑坚强阵地、温暖之家，为全面建设“现代化美丽上城”贡献智慧和力量。上城区获2016~2020年全国实施妇女儿童发展纲要示范区称号，区妇联被评为全国“十二五”妇女儿童发展纲要实施先进集体，区“十二五”妇女儿童发展规划终期监测评估报告在全省评比中获一等奖。鲁立清家庭获全国“最美家庭”“五好文明家庭”称号。围绕服务保障G20杭州峰会，区妇联牵头组织家庭志愿服务、“文明晾晒、扮靓阳台”行动等工作获省委常委、市委书记赵一德批示肯定。

2016年1月14~15日，上城区召开第十四次妇女代表大会　(区妇联　供稿)

【第十四次妇女代表大会】 2016年1月14~15日，上城区召开第十四次妇女代表大会，来自各行各业、各条战线

的180名妇女代表参加会议，其中一线妇女代表占56.1%。代表中大专以上文化程度占93.3%。大会听取赵楠代表上届区妇联执委所做的题为《凝聚妇女力量，携手创新发展，为'现代化美丽上城'建设作出新贡献》的工作报告。通过无记名投票方式，选举产生新一届妇联领导班子，赵楠当选主席，王先、杨琳、沙莉萍当选副主席，其中沙莉萍为兼职副主席；选举赵楠等23人为执行委员会委员。

【家庭志愿服务行动】 2016年3月，区妇联动员全区家庭开展"传承好家风，服务G20"上城家庭志愿服务行动。区妇联率先在全市成立家庭志愿服务队，招募注册家庭志愿者5073户、12133人，建成橙色暖心慰问、黄色平安巡防、红色旅游咨询、绿色美化家园、蓝色文明倡导、紫色素质提升、青色幸福家庭7支服务队，推行"三级五步"工作法，即区—街道—社区三级联动、上下互通，按照"招募、注册、培训、管理、评估"的步骤做好志愿者规范管理。家庭志愿服务队开展环境整治、平安巡防、素质提升、文明礼仪、暖心帮扶等家庭志愿主题活动100余场次。

【"美化家园、美迎G20"活动】 2016年5月，区妇联整合部门力量和社会资源，探索创新"党委政府领导、妇联牵头协调、有关部门配合、社会组织支持、家庭积极参与"的PPP社会化联动机制，项目化开展"美化家园、美迎G20"活动。项目实施过程中，区妇联牵头协调区民政局、区绿化办及各街道，并引入上城区蓝海环保公益服务社等6个社会组织提供公共服务，形成区民政局提供项目支持资金10余万元、区绿化办提供技术支撑和专业指导、社会组织出力做公益、家庭志愿者参与服务的运行体系，有效破解家庭志愿服务行动在资金、技术、人员等方面的难题。

【"文明晾晒，扮靓阳台"行动】 2016年，区妇联以"传承好家风，文明晾晒显素质"为主题，联合相关部门和街道，开展"最美阳台扮靓"行动。依靠社会组织、楼道长、家庭志愿者、热心人士等民间力量，由群众自发组织，开展"最美阳台""最美楼面"评比展示和"文明晾晒金点子"征集，1000余户家庭参加。在全区重点道路沿线两侧新建地面晾晒设施100余处，新增阳台盆栽绿色植物3000余盆；发放文明晾晒宣传册等宣传品1.52万份，制作、悬挂各类手工装饰品1.5万件。上城区家庭志愿者开展"文明晾晒，扮靓阳台"系列活动情况专报获省委常委、市委书记赵一德批示肯定。

【妇女创新创业】 2016年，区妇联邀请12名行业先锋人物为智囊团，招募18家培训体验基地、30名创业创意导师，举办"女性创业创新成果展""伊创节"等活动，参与人员2000余人次。通过典型激励、价值引领，推进"巾帼建功"活动深入女性集中的新经济、新社会组织领域。结合各项活动开展创业创意培训10余次，参加人员1000余人次。筹备建设"Wehome·智荟"女性社群平台，利用社会力量，将妇联组织服务对象扩大到年轻女性、职场女性群体。与蜜媛会（女性创业社区）、MissX（女性投融资服务平台）、杭州文投创业投资有限公司等合作，开展"赫本元素趴"、女创客嘉兴游等活动。

【"巾帼文明岗"创建活动】 2016年，新一轮省、市、区"巾帼文明岗"创建活动启动，区妇联实地走访新申报单位，指导完善岗位争创机制。杭州服装职业高级中学语文组等5个单位获省级"巾帼文明岗"称号，上城区精神卫生服务中心精神康复病房等6个单位获市级"巾帼文明岗"称号。4月13日，区妇联发出"服务G20，巾帼建新功"倡议书，组织区城管局湖滨清扫班参加全市"巾帼文明岗"系列宣传活动，推选"喜迎G20，国别服装秀"节目参加杭州市"巾帼文明岗"风采展示活动。

【家庭生活垃圾分类】 2016年，区妇联巩固8个市级家庭生活垃圾分类示范小区的创建成果，促进垃圾分类宣传发动、教育培训、激励督导、互查互学及"实名制"管理等长效工作机制的普及推广。通过微博、电子屏、宣传栏、黑板报等形式宣传垃圾分类知识，通过社区培训、主题活动、学校培训、入户指导、义务督导员督导，提高家庭生活垃圾分类和投放的准确率。全年举办宣传活动386次，发放宣传资料7000份，组织培训289次，指导家庭垃圾分类28913

户。通过微信平台组织开展家庭生活垃圾分类知识竞答，发挥义务督导员、专业巾帼指导员、巾帼评审工作小组等作用，引导更多家庭参与生活垃圾分类，自觉践行绿色环保的生活方式。

【基层走访调研活动】 2016年，区妇联主要领导带队深入基层联系点，进企业、进社区、进家庭，充分听取基层党员群众意见、建议和要求，为基层排忧解难。先后走访思美传媒股份有限公司、杭州利星广场百货有限公司、杭州吴越人家工艺服饰有限公司、杭州丰平文化创意有限公司等辖区“妇”字号企业，并多次到湖滨商圈妇联、南星“星星守护妇女之家”所辖企业，了解企业发展情况及女职工需求。开展“服务G20，结对帮扶，解困帮难”活动，妇联干部到思鑫坊、馒头山、始版桥等重点整治区块，入户走访困难妇女、空巢老人、流动妇女家庭和挂包社区婺江社区的重点服务对象，为她们提供各种帮助。全年区妇联慰问困难妇女家庭450余人次，捐赠生活用品4万余元。为8000余名G20维稳安保志愿者、家庭志愿者、楼道长等送去高温慰问物品，价值30余万元。

【功能性妇女组织建设】 2016年，区妇联突出基层导向和问题导向，加强服务转型工作，推进服务型基层妇女组织建设，打造功能性“妇女之家”。抓住区“123+2”产业大平台建设和产城融合发展的契机，在湖滨商圈、玉皇山南基金小镇、吴山宋韵小镇、“尚城1157·利星”商业综合体、望江智慧产业园和科技工业基地等区块建立“妇女之家”，打造集宣传培训、服务管理、情感联络等功能于一体的特色妇女阵地。扩大基层妇联组织成员，探索建立团体会员制度，将团体会员工作与引导女性社会组织工作有机结合。深化妇女活动中心建设及示范儿童之家建设，共建共享群团实体阵地，把妇女创业创新、妇女维权服务、妇女儿童公益服务“三大平台”，融入基层党组织和自治组织的一揽子服务计划。

【“男女平等”基本国策宣传】 2016年，区妇联进一步加强以“男女平等”基本国策宣传贯彻为主要内容的先进性别文化建设，深入开展马克思主义妇女观和男女平等基本国策的宣传，促进形成有利于妇女全面发展的社会文化环境。利用纪念“三八”国际劳动妇女节等活动，加强理想信念、民族精神、“四自”精神和爱国主义、社会主义的教育，巩固妇女共同奋斗的思想基础。举办“三八”红旗手(集体)先进事迹集中展示活动，评选出近100名“三八”红旗手(集体)，制作“服务G20，贡献她力量”主题宣传片和图片展板，以及利用微信微博进行宣传，展现“现代化美丽上城”建设中爱岗敬业、砥砺奋进的新女性形象。

【寻找“最美家庭”系列主题活动】 2016年，区妇联组织把开展寻找“最美家庭”活动作为在妇女和家庭中开展培育和践行社会主义核心价值观宣传教育的创新实践，坚持群众自荐、群众评议、群众推选，在平凡普通家庭中挖掘家庭“小爱”、社会“大爱”。联合区纪委开展“上城好家风”征文活动，机关干部、群众踊跃参与，收到征文100余篇，区妇联选取优秀作品编印成册，印发600余册，进一步扩大好家风影响力。开展“最美家庭”系列命名和先进事迹展演活动，宣传上城家庭的正能量。全年推选出20户区“最美家庭”、20名区“十佳贤妻”，其中鲁立清家庭被评为全国“最美家庭”、五好文明家庭，马小奉等2户家庭被评为杭州市“最美家庭”，许露等3人获评杭州市“十佳贤妻”，全区获奖数量位居全市第一。

【家庭教育指导服务】 2016年，区妇联与辖区内专业的家庭教育机构合作，开展“解放父母，让孩子自己飞”家庭教育论坛系列主题活动，弥补社区家教老师短缺的不足，以项目化运作带动社区家庭教育工作。加强家庭教育指导者队伍建设，输送家庭教育优秀人才参加省、市各类培训，并推进“百万家庭共成长——百场家庭教育知识进社区”活动，开办培训班、讲座等活动80余场，发放各类宣传资料7000余份，受益家长8000余人次。

【推进“女性素质提升工程”】 2016年，区妇联深入推进“女性素质提升工程”。组织各级妇联干部深入社区和企业，开展社会主义核心价值体系宣讲活动。依托杭州市妇女活动中心、定安路游泳馆、社区文体设施等辖区资源，组织开展健身操比赛等群众性文体活动。面向全区妇女开展微信科普知识竞赛、科普读物发放等活动，面向从业女性开展以职业技能、创新能力和价值塑造为重点的培训指导，面向家庭开展手工、厨艺、家政等技能培训。实施“城市女性心理健康关爱项目”，携手浙江省联合应用心理科学研究院，通过抽样调研、团体辅导、讲座授课、观影沙龙等形式，了解两新组织女性职场心理，呵护一线女性工作者心理情绪，组织开展女性心理健康服务活动10余场，参与女性2000余人。

【关爱妇女儿童行动】 2016年，区妇联组织区四套班子女领导、妇女干部、女企业家帮扶生活困难妇女。春节前后慰问困难妇女家庭100余户，捐赠物资4万余元，并督促各级妇联干部为困难妇女、空巢老人和流动妇女家庭做好重点服务保障。“六一”期间，组织区四套班子相关领导到中小学、幼儿园走访慰问；结对助学94人，捐赠助学金4.26万元；会同区关工委等部门评选上城区第十五届“奋飞奖”，表彰24名表现优异的受助学生。

【妇女维权】 2016年，区妇联进一步强化信访维权接待工作责任制，坚持“首问责任制”，对热点、难点问题，领导干部亲自接待、协调、处理。健全“社会化网络、多元化阵地、专业化队伍、个性化形式”的“四化”维权模式，同时采取一级抓一级的办法，层层落实区妇联、街道妇联和社区妇联三级维权信访工作责任。依托“平安365”社会服务管理平台，第一时间收集妇女舆情，采取信访舆情收集网格化、纠纷化解手段多样化、跟踪反馈信息常态化的方式，与多部门合作，做好维权工作。稳步推进性别平等咨询评估工作，通过咨询意见建议方式对《上城区第七个法治宣传教育和依法治区五年规划（2016~2020年）》《上城区“十三五”教育事业发展规划》等规范性文件进行性别评估，未发现涉及性别不平等条款。开展“三八”维权周、普法宣传等活动，实施“和谐家庭、远离家暴”实案探索式普法项目，着眼妇女需求做好惠民实事。调整区婚姻家庭纠纷调解委员会成员结构，将其成员纳入各街道人民调解委员会。全年妇联组织接待妇女群众来信来访70余件次，通过区社会联动服务管理平台，参与解决维权案例205件次，结案率100%。

【关爱妇女心理健康】 2016年，区妇联积极参与社会管理和服务创新，推进望江“心灵港湾”提升建设。深化联席会议制度、妇情预警机制、邻里互助机制等做法，做好妇女群众舆情监测和矛盾调处，以及重点妇女的情感联络、情绪化解工作。撰写的经验性材料《妇联组织实施“暖心工作法”，参与化解疑难信访个案的实践和探索》得到区领导批示，区领导充分肯定妇联组织在化解疑难信访个案上的工作成效。

【“平安家庭”创建】 2016年，上城区全面开展“平安家庭模范户”评选活动，并结合禁毒工作，深入开展“不让毒品进我家”“禁毒知识进万家”活动，引导广大家庭积极参与抵制毒品，筑好家门防线。6月，区妇联联合区禁毒办举办“拒绝毒品，健康美丽”主题讲座，为妇女群众普及防毒拒毒知识，引导妇女树立健康生活理念，保护家庭成员健康。8月，组织评出区“平安家庭”模范户530户，发布平安护航倡议书7000余份，制作发放宣传品8000余份。利用《中华人民共和国反家庭暴力法》颁布实施的重要时机，通过座谈会、专家点评、案例分析等形式，进行全面宣传，并通过上城妇联的微信微博向群众推送反家庭暴力法的条款、案例分析等。

（陈霄洁）

上城区科学技术协会

【概况】 2016年，区科协以“四服务一加强”为宗旨，以科普宣传、教育、培训为抓手，发挥学会主体作用，助力创新驱动工程，加强院士专家工作站建设，推进科普信息化工作，提高科普公共服务能力，推动全民科学素质的整体提升。杭州市第一人民医院（简称市一医院）院士专家工作站通过市级审核。区科协被评为2016年全国科普日活动优秀组织单位。南星、湖滨2个街道和东平巷、白塔岭、梅花碑、近江东园、北落马营5个社区被命名为第九批浙江省基层科普示范单位，全区创建浙江省基层科普示范单位22个。

资料

"四服务一加强":服务科技工作者、服务创新驱动发展战略、服务公民科学素质提高、服务党委政府科学决策、加强自身建设。

【科普和全民科学素质工作领导小组联席会议】 2016年5月5日，上城区召开科普和全民科学素质工作领导小组联席会议，区委副书记黄爱芳、副区长叶榕出席会议，区科普和全民科学素质工作领导小组成员单位分管领导参加会议。会议总结"十二五"期间科普和全民科学素质工作情况，提出2016年工作意见；区教育局、区人力资源和社会保障局、湖滨街道交流推进重点人群科学素质工作的经验；叶榕向成员单位下达2016~2020年公民科学素质建设工作任务书。黄爱芳对5年来各成员单位积极创新机制，围绕中心，服务大局，推进公民科学素质稳步提升工作给予充分肯定，她要求在查找短板的基础上明确"十三五"工作方向，围绕服务保障G20杭州峰会圆心，推进科普信息化、社会化，推动社会力量参与科普，增强科普服务的针对性，做强"四化四社"科普品牌，实现"十三五"精彩开局。

【承办杭州科学大讲堂暨海绵城市发展高峰论坛】 2016年10月16日，区科协会同杭州结构与地基处理研究会、区建筑节能协会共同承办杭州科学大讲堂暨海绵城市发展高峰论坛。论坛以"生态服务、智慧建设、系统创新、景观再造"为主题，邀请中国工程院院士、河海大学教授王超为上城区城市建设者、科技工作者讲授海绵城市理念及缓解城市内涝、节约水资源、改善城市生态环境的具体路径，为推进上城区海绵城市建设提供思路与技术指导。

【省水利水电勘测设计院院士工作站揭牌】 2016年4月14日，浙江省水利水电勘测设计院举行院士工作站揭牌仪式。上城区科协副主席陶丽南、河海大学院士王超及其团队、省水利水电勘测设计院副院长陈燕萍等参加区科协主持召开的合作交流座谈会，就院士工作站项目合作重点等问题交流看法。双方在"五水共治"、海绵城市建设等领域将开展技术合作。

【市一医院院士专家工作站通过市级审核】 2016年11月16日，区科协会同区科技局、区财政局出台《关于下达上城区院士专家工作站补助资金的通知》，对建立院士专家工作站的单位给予资金扶持。区科协积极协调市一医院与中科院上海药物所丁健院士团队、杭州大承医院(原万承志堂医院)与天津中医药大学第一附属医院石学敏院士团队开展项目合作。10月，市一医院院士专家工作站通过市级审核。至此，上城区建成市级以上院士专家工作站6个，其中省级院士工作站1个。

2016年4月14日，浙江省水利水电勘测设计院院士工作站揭牌仪式举行

(区科协 供稿)

【"全国科普日"暨科普宣传周活动】 2016年9月17~23日，上城区科协以"创新放飞梦想，科技引领未来"为主题，组织开展"全国科普日"暨上城区第三十届科普宣传周活动。活动围绕G20杭州峰会科普、社会热点话题、产业创新发展、市民科学素质提升等内容进行。科普宣传周推出科学家进校园、"机器人技术改变世界"展览、特色小镇(园区)科普之旅、"绿色发展，健康生活"科普宣传等活动56项。组织区科普和全民科学素质领导小组成员单位联络员、区级机关干部、街

道社区科普工作者、社区居民和区政协委员，分5批开展特色小镇(园区)科普之旅，先后到玉皇山南基金小镇、望江智慧产业园、区电子机械功能区、馒头山杭州国家基准气象站等单位参观学习，体验科技科普魅力。科普宣传周期间，全区举办科普知识宣传及展示应用活动158场，参加活动单位115个、人数4.1万人次。

【社区科普大学科普活动】 2016年3月17日，上城区社区科普大学围绕G20杭州峰会、智慧城市建设和健康养生主题，面向社区居民，免费开设"G20科技面面观"、"走进物联网时代"、中医养生和"健康美食DIY"4个专题科普班，1400人次参加。围绕G20杭州峰会科普宣传、家庭急救、健康养生和智能手机应用主题，推出20国科技秀、G20礼仪+英语、心肺复苏、微信应用等12门课程，由街道、社区根据需求点课，社区科普大学组织老师送课上门，近1000人次参与听课。

【在水一方社区健康科学体验馆开馆】 2016年3月31日，在水一方社区健康科普体验馆建成开馆。体验馆是上城区首个以"大健康"为主题的科普馆，建筑面积200平方米，馆内设置舌尖安全、低碳环保、健康生活等5个体验互动板块，通过多种载体，让社会公众了解食品安全、健康生活、生态保护、低碳节能等科普知识。体验馆引入啄木鸟食品安全中心、蓝海环保公益服务社等公益科普类社会组织，面向社区居民和中小学生，开展农药残留检测实验、环保酵素制作等科普体验活动，通过寓教于乐的形式，向公众传递绿色健康生活理念。开馆当日，180余名居民进馆参加体验活动。

【科普知识微信网络竞答活动】 2016年5月3~23日，区科协会同区妇联举行"迎峰会，讲科学"科普知识微信竞答活动，内容有G20杭州峰会、杭州及上城人文历史、经济金融科技、文明礼仪和职工权益保障、垃圾分类等方面，17.6万人次参加活动，1.3万人次获微信互动激励。8月1日起，会同区委组织部、区人力资源和社会保障局举行G20杭州峰会知识网络竞赛，全区各级领导干部和区级机关工作人员1728人通过测试。区科协作为牵头单位，发挥统筹协调作用。

【"迎峰会，学科学"系列公益科普活动】 2016年1~2月，区科协面向青少年和社区居民开展"喜迎G20·2016新春惠民系列公益科普活动"。活动采取菜单形式，围绕G20杭州峰会、"五水共治"、低碳健康生活等主题，推出16个互动性、体验性较强的公益科普项目，由社区自主选择参加，受到居民欢迎，1800人次参与。3~5月，区科协组织力量编撰《关于G20，您了解多少》科普宣传手册，向区级机关工作人员、社区居民、驻地部队官兵和辖区单位职工及游客发放7000册。7~8月，举办"迎峰会，学科学"暑期科普夏令营活动，面向困难家庭优秀学生、外来务工人员子女等青少年，推出天文科普之旅、无人机、VR虚拟现实等30个科普体验互动项目，近1000人次参加。

【31个科普项目立项】 2016年初，上城区启动区重点科普项目申报工作。全年申报科普项目53项，最终确定紫阳街道生活安全科普馆、水澄低碳科普馆提升改造、创新实验室(Fab Lab)开放创新等31个项目立项。立项项目中，科普资源开发项目4个、科普活动项目3个、科普设施建设和维护项目24个。

【中国科协会员日活动】 2016年12月15~25日，区科协举办2016年中国科协会员日活动。活动以"'家'的温馨，节日的问候"为主题，利用新媒体宣传表彰优秀科技工作者，扩大科技工作者的社会影响力。活动期间，配合市科协举办专题服务活动，并组织走访慰问基层科技工作者，听取对科协工作的意见建议；邀请科协会员参与联谊交流活动，增进会员之间的感情。

【科普信息化工作】 2016年，区科协加强科普信息化工作。推进"三网两圈"信息化传播平台建设，扩大传播科普知识途径。做好"科普中国V视快递"落地应用工作，在区科协微信公众号上设立《科普微课堂》栏目，每周两次上挂"科普中国"的科普视频和原创科普微视频。深入实施"科普微课程"计划，通过购买服务方式，委托制作"趣味小实验""科学小实验"和"模型小制作"等系列微课、微视频。先后制作《飞天小火箭》《智能机器人》等科普微课、微视频2个，以及《低碳生活》等科普公益广告3个。会同杭州日报科学松果会和上城区青少年活动中心，联合推出微课大赛，征集科学小视频，寻找科学达人，活动取得预期效果。上城区“科普信息化提升工程”项目被列为2016年度市重点科普项目。

(来 源)

上城区残疾人联合会

【概况】 2016年，上城区有持证残疾人8724人，比上年净增319人，其中视力残疾1257人，听力残疾1234人，言语残疾59人，肢体残疾3789人，精神残疾1292人，智力残疾933人，多重残疾160人。全年发放残疾人津贴516.87万元。区残联以实施残疾人全面小康政策为工作重点，扎实推进全区残疾人保障、服务、维权和管理工作，制定出台《上城区残疾人事业发展“十三五”规划》和《杭州市上城区人民政府办公室关于加快推进残疾人全面小康进程的实施意见》《杭州市上城区人民政府办公室关于转发〈上城区困难残疾人生活补贴实施办法〉和〈上城区重度残疾人护理补贴实施办法〉的通知》等政策文件，着眼实现残疾人更高水平的小康生活，明确残疾人社会保障、康复、教育培训、就业扶贫、托养、宣传文化体育、无障碍建设、法制维权、公益慈善事业、组织建设10个方面的主要任务，年度各项工作有序推进。区残联理事长林森获国务院残工委“全国残疾人工作先进个人”称号。

2016年6月28日，上城区残疾人综合服务中心搬迁至近江时代大厦

(区残联 供稿)

【区残联及综合服务中心搬迁】 2016年6月，上城区残疾人综合服务中心、区残联先后搬迁至近江时代大厦A座10楼。新建成的综合服务中心建筑面积2600余平方米，设有办事大厅、辅具供应站、听力服务室、电教室、多功能厅、会议室、残疾人专门协会办公室、残疾人文化艺术展示中心等，集康复、扶贫、就业、文体服务于一体。引进上城区残疾人新起点儿童康复中心，丰富上城区残疾人综合服务中心功能。该康复中心主要为患有孤独症、脑瘫、唐氏综合征、智力障碍等病症的儿童提供特殊教育、康复训练、职业技能培训等服务，帮助其尽快掌握独立生活和学习的技能。全年上城区残疾人综合服务中心窗口受理办证服务、康复服务、扶贫帮困、就业服务、残保金办理等各类咨询和服务事项6400余件次，举办培训27次，参加培训580余人次。

【康复救治】 2016年，区残联推进“助明、助听、助行”行动，对有助听器、助视器需求的患者和假肢安装者及白内障患者进行建档列册，做到需求一例筛查一例，符合康复适应指征一例服务补助一例，全年免费验配助听器83台，实施白内障复明手术200余人，免费安装假肢手术5例。全面实施残疾儿童抢救性康复项目，推进0~6周岁残疾儿童信息监测，跟踪管理及动态调查需要实施残疾儿童抢救性康复项目的儿童，残疾儿童抢救性康复补助50人次，金额92万余元。实施“无障碍设施进家庭”项目，为262名残疾人发放辅助器具336件，经费9.3万元，为15户残疾人家庭实施无障碍设施改造。以全国爱耳日、全国爱眼日、全国助残日为契机，举办各类康复知识讲座，开展耳科、眼科义诊活动。举办盲人定向行走培训，帮助50名盲人解决日常出行困难。全年发放各类宣传手册和资料2000余份。

【残疾人“两项补贴”】 2016年，上城区出台《上城区困难残疾人生活补贴实施办法》和《上城区重度残疾人护理补贴实施办法》(简称残疾人“两项补贴”)，全面建立残疾人“两项补贴”制度。按照国务院规定的“不因残疾人两项补贴制度的实施而降标”的原则，全年全区发放困难残疾人生活补贴1000余人，重度残疾人护理补贴3600余人，总金额1600余万元。其中850名重度残疾人纳入托(安)养范围，全年累计为居家安养残疾人提供包含维修、陪护等服务12万余小时。

【爱心助残】 2016年，区残联对50名生活不能自理、卧床不起的困难残疾人发放补助12万元，申报杭州市生命阳光爱心助残专项资金2.42万元，发放残疾人特殊困难补助19人次、2万元，发放医疗救助资金3.33万元；春节、高温期间、中秋节慰问困难残疾人3310人次，慰问金额123.37万元。

【残疾人就业】 2016年，区残联组织71名残疾人参加各类职业培训；举办、承办残疾人人力资源交流会2次，全年新增就业残疾人41人，培训残疾人100余人次。区残疾人代表在杭州市第七届残疾人职业技能竞赛中，获釉上彩、动漫制作两个项目第一名；区聋人丁森在浙江省残联工匠大赛中，获中式烹饪第一名；上羊市街残疾人民间艺术制作中心的“手工艺术精品，助力残障人士创业”项目获“创新浙江”助残帮扶创新创业大赛“十佳项目”称号。落实残疾人各项教育就业扶助政策，全年为513名残疾人学生及残疾人家庭子女发放教育补助114万元。全年发放无业残疾人基本社保补助355.78万元，发放残疾人在职职工社保补贴226.93万元，发放残疾人扶残创业资金1.1万元。依法对全区8000余个企事业单位征收残疾人保障金6900余万元。做好小微企业保障金减免核定工作，对3726个小微企业9628名职工减免保障金，减免总金额676万余元。小营街道工疗站、清波街道工疗站被命名为浙江省残疾人小康·阳光庇护中心。

【残疾人机动轮椅车更新】 2016年3月22日，上城区率先在全市开展残疾人机动轮椅车(简称残疾车)更新工作，并设立相应的残疾人机动轮椅车维修点，进一步规范残疾人机动轮椅车管理。全年全区更新残疾车346辆，其中重残车103辆、轻残车243辆。更新的残疾车全部自带雨篷，解决以往残疾车主出行遮阳挡雨的问题。全年发放更新残疾车车主补贴243.96万元，为368名残疾车车主发放燃油费、维修费、保险费34.37万元。

【上城区残疾人“圆梦书法篆刻社”启用】 2016年5月11日，上城区残疾人“圆梦书法篆刻社”正式启用。“圆梦书法篆刻社”由肢体二级残疾人、以足握刀的篆刻艺术家孔黎翔担任篆刻社社长，负责日常运作。该篆刻社依托上城区残疾人“圆梦”书法篆刻工作室，举办艺术展览、名家讲座、书画篆刻培训等，孵化和培育残疾人艺术家，进一步推动上城区残疾人书法篆刻艺术的发展。

【第三家“智慧树”残疾人服务社开业】 2016年9月，上城区第三家“智慧树”残疾人服务社在杭州市杨绫子学校正式开业，主要为杭州市杨绫子学校高年级段心智障碍学生提供职业技能实训和辅助性就业平台。该服务社面积270余平方米。至年末，“智慧树”服务社有水亭址店、元宝街店、姚江路店3个门店。服务社扶持具有相应特长的残疾人通过制作和

2016年5月11日，上城区启用残疾人圆梦书法篆刻社　（区残联　供稿）

销售甜品、咖啡、奶茶及手工艺品等形式，提升就业技能，实现稳定就业。上城区“智慧树”残疾人服务社被市残联、市财政局、市人力社保局共同命名为“市级残疾人小康·阳光庇护中心”。该中心为上城区心智障碍人士提供辅助性就业服务。

【湖滨街道工疗站搬迁升级】 2016年12月28日，杭州市仁爱家园湖滨街道工疗站搬至光复路153号。工疗站内设有康复室、心理治疗室、产品陈列室、电脑阅览室、活动室、会议室等，是集医疗康复、体育健身、文化娱乐、工场作业、培训教育、心理疏导和日间照料于一体的多功能庇护中心。通过工疗站手工劳动和康复训练等提高学员社会适应能力和生活质量，进一步有针对性地解决辖区内智力精神障碍人员生活和就业困难问题。

【残疾人信访办理】 2016年，上城区举办法制培训法律咨询活动2次，参加人数200余人。全年接待残疾人来电31人次，来访200人次，“96666”投诉2件，办结率100%，来信来访群众满意率100%。全年无重复信访积案发生，较好地维护残疾人合法权益，全区残疾人知法守法用法意识进一步提高。

【残疾人文体活动】 2016年，区残联结合全国助残日、国际残疾人日等，开展残疾人文体活动。区残疾人艺术家陈巍绘画作品《朝露》入围“2016年东京国际残疾人艺术展”，其美术作品《清风亮节》入选“放飞梦想，共奔小康”首届全国残疾人书画展。区残疾人代表在杭州市首届残疾人“唱响自强，唱美杭州”歌咏大赛中获小组唱一等奖、合唱二等奖、少儿组个人二等奖和最佳人气奖，区残联获组织奖。举办“手牵手·喜迎G20”世界唐氏综合征、自闭症纪念活动，残疾人艺术家创作彩绘G20峰会参会国国花白瓷胆式瓶，组织开展峰会志愿服务。举办杭州融合足球赛暨杭州市上城区第三届特奥会竞赛。以第十届特奥日、第五届残疾人健身周为契机，推动残疾人共享公共体育服务，增强残疾人参与体育健身的意识。开展残疾人艺术团文化下基层活动，上城区海芝残疾人艺术团与杭州市清泰实验学校、浙江中医药大学、浙江理工大学、下沙宝龙音乐广场分别举办手语沙龙、第五届心手相连晚会、“残疾人特殊文化艺术”会演、慈善音乐盛典等活动。

【志愿助残活动】 2016年，上城区推进助残志愿者电子注册工作，壮大助残志愿者队伍，全年有在册助残志愿者400余人。动员社会组织投身助残“阳光行动”，“发现杭州的梵高”项目申报杭州市助残志愿服务品牌项目。区残疾人许峰获评“最美浙江人·最美残疾人”和杭州市首届“最美杭州人·十佳残疾人”，南星街道残疾人志愿者喊潮队获第二届“最美助残志愿者”提名奖，爱馨互助会志愿者陈步增获评上城区第五届道德模范(“最美邻里”)。

(林丽丽)

上城区红十字会

【概况】 2016年，上城区红十字会以服务保障G20杭州峰会为圆心，坚持实干至上、行动至上，不断拓展红十字服务领域，构筑红十字服务平台，开展多种形式符合红十字服务宗旨的志愿服务活动。上城区被省政府评为无偿献血先进县(市、区)，区红十字会获2016年度中国红十字会总会报刊宣传先进集体一等奖。

【红十字博爱帮困】 2016年，区红十字会联合区教育、卫生工作委员会及各街道红十字会，在辖区机关、企事业单位和市民群众中开展公益募捐活动，全年募得善款71.36万元。其中，辖区爱心企业浙江省烟草公司杭州市公司捐赠善款9万元，为困难群众叶某某筹集定向捐款10.2万元。第五届“捐出一元钱，帮助身边小伙伴活动”募得救助款5.66万元。全年看望慰问困难群众1309户，发放慰问物资折价35.8万元。春节期间，开展“红十字博爱送温暖”活动，走访慰问病、残困难家庭222户。5月，联合区卫计局开展“精神卫生手牵手”活动，走访慰问1066户因精神疾病而导致贫困的家庭，为他们送去慰问品。关注特殊困难群众，对辖区内因重大疾病、自然灾害等原因造成的特殊困难群众给予特别关怀和及时救助,全年救助特殊困难家庭21户,发放救助金19.99万元。3月,贵州省雷山县红十字会到上城区交流学习红十字组织建设情况,并参观杭州市娃哈哈小学上城区生存教育基地,观摩课堂教学,了解上城区校园应急救护知识普及情况。区红十字会向雷山县提供3万元现金、2台心肺复苏教学模具和800个应急救护包,总价值5.2万元,帮助雷山县红十字会开展应急救护培训。

【救灾救护演练培训】 2016年,区红十字会建立健全灾害应急救援机制,做好救灾物资储备和管理,加强红十字应急救援体系建设。3月,联合区卫计局、上城消防大队,在南星街道卫生服务中心开展“护航G20,联防在行动”避灾自救互救演练。4月,与紫阳街道联合开展防灾减灾应急救援演练,提升处理突发事件能力。区红十字会全力做好救护培训工作,护航G20杭州峰会。联合区公安分局、区直机关工委等部门制订应急救护培训计划,重点对一线民警、巡防队员、机关工作人员、小学和幼儿园老师、景区职工、饭店服务员等峰会保障人群开展应急救护培训。全年培训救护员1572人,接受应急救护知识教育8045人。

【实施生命关爱工程】 2016年,区红十字会推进生命关爱工程,切实做好造血干细胞捐献的宣传动员、登记入库和慰问救助等工作,不断提高捐献活动的知晓率,吸引更多志愿者加入“中国造血干细胞捐献者资料库”,依法落实造血干细胞捐献者及其亲属的优惠用血政策。进一步完善人体器官(角膜、遗体)捐献者缅怀纪念和困难家庭人道救助等社会褒奖激励政策,努力扩大人体器官(角膜、遗体)捐献协调员和志愿者队伍。全年全区有3296人参加无偿献血,总献血量67.17万毫升。91名志愿者自愿加入“中国造血干细胞捐献者资料库”,3名志愿者成功捐献造血干细胞,捐献人数在全省名列第三。登记捐献眼角膜和遗体志愿者76人。成功捐献遗体7例、器官1例、眼角膜2例,脑组织3例。

【红十字志愿服务】 2016年,区红十字会以服务中心工作为导向,凝聚社会力量,做细做实志愿服务活动,打造红十字志愿服务品牌。全年开展志愿服务活动21次。10月25日,区红十字会成立以成功捐献者为骨干的造血干细胞捐献宣传动员志愿服务队,借助造血干细胞捐献者的特殊身份,对社会公众开展捐献造血干细胞的宣传、动员、咨询和血液采样等工作,鼓励爱心人士主动加入造血干细胞捐献志愿队伍,为更多的患者带去生命希望。“中医进社区”红十字志愿服务队定期开展义诊活动,并上门探望社区行动不便或瘫痪在床的病人。为切实做好服务保障G20杭州峰会工作,“湖滨吴山”红十字志愿服务队开展“志愿平安”活动,对附近小区、楼宇的安全隐患进行排查,对不文明行为进行劝导。

【红十字青少年工作】 2016年,区红十字会着力推进红十字青少年工作的制度建设,完善学校红十字会的组织建设和工作机制。坚持从实际出发,通过传播红十字活动的基本知识,引导学生树立人道理念;通过应急救护培训,让学生掌握应急避险等自救互救技能;通过开展红十字志愿服务活动,为学生提供道德实践平台。杭州市娃哈哈小学和杭州市回族穆兴小学被评为杭州市红十字示范学校。

(孙　洁)

法 治

Rule of Law

综 述

【概况】 2016年,上城区以G20杭州峰会安保为圆心,创新工作理念、方法手段、工作体系,推进平安上城建设、法治上城建设、政法队伍建设,为峰会召开创造和谐稳定的社会环境。区委政法委获评杭州市2016年度平安工作先进集体;区公安分局获评全省服务保障G20杭州峰会先进集体、全省“百日维稳攻坚大会战”先进集体;区检察院被省检察院授予平安护航G20杭州峰会先进集体称号;区法院获全国优秀法院荣誉,区司法局获年度区、县(市)司法局工作综合督导考核优胜单位、杭州市司法行政系统集体三等功荣誉。

【维护社会安全稳定】 2016年,上城区全面落实省平安护航“十大行动”各项任务部署。全年排查梳理重大涉稳问题48件,逐件明确区、街道、部门三级包案领导和化解时间表,化解46件,化解率95.8%。召开维稳安保例会17次,梳理工作任务清单4批,对涉及39个部门6个街道的108项任务逐一分解,制定专项行动方案42个,确保不稳定因素全部排查掌握到位。“后峰会时代”以任务清单形式落实项目化监管,持续保持进京“零非访”良好态势。

资料

省平安护航“十大行动”:反恐防暴大行动、矛盾纠纷排查化解大行动、治安问题整治大行动、生产安全整治大行动、公共安全整治大行动、出租房屋与流动人口基础排查大行动、重点人员教育稳控大行动、网络空间净化大行动、群防群治大行动、系列平安创建大行动。

【“平安区”创建】 2016年,上城区坚持平安统揽,突出知晓率、参与率、满意率“三率”重点,扎实推进平安上城建设。全区层层签订平安创建目标管理责任书,细化平安综治考核指标,将平安创建责任传导到各街道、部门,形成全区上下“一盘棋”创建格局。健全完善每季督导检查、重大事项牵头协调、重大隐患约谈等工作机制,健全平安创建年初分析会、年中推进会、年末冲刺会等会议机制,加强平安、综治联络员业务培训,并将平安、综治、维稳、社会管理网格化、平安建设信息化5项工作纳入区级目标考核,提高责任单位的履职意识和能力。以“平安区”创建12周年为契机,利用多元化宣传载体,打造全方位、立体式、多样化平安宣传格局,使平安创建工作深入人心。上城区获评杭州市“峰会期间维稳安保工作优秀区”称号。

【夯实基层社会治理基础】 2016年,上城区坚持源头治理、系统治理、依法治理、综合治理齐头并进,全面推进以“网格化管理、组团式服务”为基础的基层社会治理“一张网”建设工程。推进区社会治理综合指挥中心、街道社会治理综合指挥室两级平台建设,打造集事件受理、流转、交办及信息收集、大数据研判、预警为一体的信息平台。年内,区社会治理综合指挥中心及6个街道社会治理综合指挥室均建成并投入使用。以峰会安保工作为契机,建立区、街道、社区、网格、楼道“五级架构”平安巡防体系,营造群防群治氛围,提升基层平安志愿者志愿服务水平。各职能部门对空置房、娱乐场所、重点留宿场所、寄递业等治安重点领域进行专项化综合性整治，查获涉稳涉爆重点物品1226件，消除安全隐患4000余处，社会治安基础显著增强，有效减少社会公共安全风险。

【司法体制改革推进】 2016年，上城区司法体制改革有序推进。区法院推进以审判为中心的诉讼制度改革，确定首批员额法官27名。区检察院强化对司法活动的监督，首批拟选任员额检察官23名。区公安分局规范公正文明执法。区司法局推进公共法律服务体系建设，开展法律咨询、法律援助、矛盾调解等工作，并会同公安部门建立警调衔接机制，努力将涉法矛盾化解在基层。区委政法委坚持问题导向，将涉法涉诉信访导入司法程序，积极从来信、来访中发现问题并督促各办案部门受理，全年办理来信来访案件12件，开展案件评查12件，为50余人次提供释法说理服务。从“化解矛盾，增进和谐”角度出发，最大范围、最大限度地开展救助活动，全年办理司法救助案7件、9人，发放司法救助金12.18万元。

（徐小夏）

依法治区

【概况】 2016年，上城区认真贯彻落实中共十八大和十八届三中、四中、五中、六中全会对法治工作的一系列新要求，积极谋划全区“七五”普法规划，推进法治上城建设。开展“护航G20·普法在行动”系列活动，确保G20杭州峰会顺利召开。提升法治文化阵地建设软实力，完善重点对象学法用法机制，提升领导干部依法行政能力和善于担当能力。发挥法治宣传聚沙成塔、聚点成面的聚合效应，坚持问题导向和目标引领，为服务上城区经济社会发展，加快建设一流的国际化、现代化城区创造法治环境。上城区被中共中央宣传部、司法部联合授予“全国‘六五’法治宣传教育先进城区”称号。

【“七五”法治宣传教育规划编制完成】 2016年5月，上城区完成“七五”法治宣传教育和依法治区五年规划编制。该规划突出重点，明确法治宣传教育的内容；分类施教，增强法治宣传教育的实效；创新创优，丰富法治宣传教育的形式；深化法治实践，提升依法治区水平；加强组织领导，完善保障机制；强化监督检查，确保规划实施。在工作推进上，坚持把“法治宣传教育紧跟重点工作走”作为今后5年法治宣传教育的指导思想和行动框架；在任务安排上，将党内法规列入学习宣传教育的范围，以适应全面从严治党的要求；在普法对象上，将国家工作人员、青少年、企事业单位经营管理人员、新市民作为法治宣传教育的重点对象；在工作机制上，将全面落实“谁执法、谁普法”的普法责任制，完善社会普法教育机制；在普法方式上，提出探索建立新媒体法制宣传工作室的创新举措，为建设平安上城和法治上城发挥积极作用。

【“七五”普法动员大会】 2016年8月6日，上城区召开纪念法治浙江建设十周年暨“七五”普法工作动员大会。区委书记缪承潮出席大会并讲话。区委副书记、区长陈瑾主持会议。区委副书记黄爱芳做“六五”普法总结、“七五”普法工作部署动员。区人大常委会副主任顾敏达宣读区人大常委会《关于实施上城区第七个法治宣传教育和依法治区五年规划（2016~2020年）的决议》，副区长马彦通报上城区获省、市“六五”普法先进集体和先进个人名单。清波街道、区行政执法局、杭州市饮马井巷小学和小营巷社区做表态发言。会议强调要巩固成果，补齐短板，拉高标杆，将法治建设持续推向深入，推动“七五”普法更好地落到实处。

【“护航G20·普法在行动”系列活动】 2016年3月，上城区启动“护航G20·普法在行动”系列活动，活动在线上线下同步进行。在线上，通过“上城普法”微信平台开设“法律知识竞答”“网上学法用法”和“普法进行时”专栏，将《中华人民共和国婚姻法》《中华人民共和国妇女权益保障法》《中华人民共和国未成年人保护法》《中华人民共和国反家庭暴力法》《中华人民共和国反恐怖主义法》《中华人民共和国反间谍法》等法律法规用新媒体的方式向群众普及推广。在线下，南星、小营、湖滨街道分别利用八卦田公园、红巷生活广场、湖滨商圈的区位优势，结合各节假日、宣传周、纪念日，将活动设置在人流量大的区域，将回应居民关注的社会焦点、热点问题与

2016年3月7日,上城区开展"护航G20·普法在行动"活动　（区司法局　供稿）

地域特色文化有机融合,寓教于乐,推进法律知识普及和法治理念传播。

【健全领导干部和公务员学法用法制度】 2016年,上城区健全领导干部和公务员学法用法制度,不断拓宽学法用法渠道。全年举办领导干部任前法律考试2次,44名领导干部参加并通过考试。10月20日,举办领导干部宪法专题讲座,区四套班子领导、法院院长和检察院检察长、街道和各职能部门主要负责人90余人参加。4月27日,区依法治区普法教育领导小组办公室组织全区市管干部和公务员参加市管干部和公务员网上学法用法活动,参加人员全部通过网上考试。10月17日,区依普办、区教育局联合开展以"法在心中"为主题的法治宣传教育活动,向全区青少年普及法治宣传教育知识。

【法治文化宣传】 2016年,上城区加强法治文化宣传教育。9~12月,以"宪法走近你我"为主题开展"宪法宣讲上城行"活动。组织专业精干的法治宣讲队伍,在各个层面举办系列法治讲座和宪法宣讲37场,6万人次受到教育。10月,开展第五届法治文化作品征集活动,征集作品从书法、漫画、微电影扩展到手工、绘画、摄影作品,征集范围扩展到全区各部门、街道、人民团体、中小学,先后征集到法治文化作品71件。全年"上城普法"微信公众号发送图文消息237条,开展学法互动活动92次,微信阅读量1.6万人次,"粉丝"2271人;新浪、腾讯微博发送信息3905条。

【法治文化阵地建设】 2016年,上城区重点抓好"乐活尚法"服务基金小镇的区级重点普法项目,对紫阳街道"彩霞飞扬·爱尚法"法治文化公园进行升级改造,抓紧实施清波街道南宋御街法治示范街区二期项目,全区法治文化阵地进一步拓展。整合辖区内律师、法律服务工作者、司法工作者资源,为辖区企业量身定制预防法律风险的法律服务产品,将法律服务扩展延伸到每一个角落。以"一站式服务"为基点,加强对有关部门依法治理工作指导,完善"谁执法、谁普法"工作机制。发挥新市民法治宣传阵地硬件优势和蓝领驿站组织优势,积极拓宽新媒体普法渠道,促进形成全社会学法守法用法的良好氛围。

（陶轶鹏）

公共安全

【概况】 2016年,区公安分局坚持把公安工作和平安建设摆到全区经济社会发展大局中谋划推进,圆满完成各项维稳安保任务。聚焦G20杭州峰会安保圆心,以警卫安全为核心、社会稳定为基础、反恐防暴为重点,统筹峰会安保工作,着力构筑起整体防控、立体防卫的安保工作防线,实现"四个满意"和"八个不发生"的工作目标。全体干警以"百分百同心""百分百精神""百分百奉献",打赢上城公安史上最大的安保硬仗,全区社会治安状况创下历史最好水平。区公安分局在年度区综合考评中进入"满意单位"行列,并获得"社会评价、政府评价"两个第一的好成绩。获全省服务保障G20杭州峰会工作先进集体、全省"百日维稳攻坚大会战"先进集体、全省命案全破县(市、区)公安局、杭州市"五一劳动奖状"、2016年度全省公安机关执法质量优秀单位、全省公安信访考核县级优秀单位、全省公安队伍正规化建设优秀单位等荣誉。区"公民警校"获全区创新项目一等奖、全省公安机关创新大赛二等奖；清波派出所被评为全国老年法律维权工作先进集体。2个集体荣立二等功、7个集体荣立三等功，664人次个人受到各类表彰。

【峰会安保攻坚任务完成】 2016年，区公安分局牢固树立政治意识、大局意识、核心意识、看齐意识，全面打赢峰会安保攻坚战，实现“四个满意”的总要求。在峰会安保中，负责元首住地宾馆、配偶集体参观点和相关线路的警卫任务，全区大部分区域处于西湖安保圈范围内。区公安分局以确保警卫目标绝对安全为宗旨，强化“红线”意识，精心制订安保方案19套，对“三位一体”制高点、路线制高点、住地制高点分别制定“一楼一表一方案”。搭建路线护栏和山体护栏，投入大量安保力量，全面排查安全隐患，确保山体警卫绝对安全。峰会期间，指挥协调全局民警完成路线和活动警卫任务。区公安分局建立基础网格工作机制，实施反恐处突机制，推行“21516”防控机制，推动工作落实落细。研发“三维警务地理信息平台”，导入各类信息40余万条，实时挂接视频监控、四级巡防架构等信息，实现警卫指挥可视化、精细化、扁平化，圆满完成峰会安保任务。

【反恐处突工作强化】 2016年，区公安分局加强硬件装备和人员配备。升级“1355”反恐处突反应圈，建立四级巡防架构，新增8个反恐防暴备勤点，在人员密集场所建立10个一分钟处置圈、27个三分钟控制圈，制定反恐防暴预案50个，形成“1355”全时空、全覆盖的快速反应圈。在全市率先启用“人车核录系统”。城站火车站和汽车南站人车核录67.6万人次，排查可疑人员2.8万人次，收缴各类刀具1万余把和香水、发胶、打火机等易燃易爆品8000余件。“人车核录系统”的使用得到省委副书记王辉忠批示肯定。创新重点场所管控手段，加强“一寺两堂”(海潮寺、鼓楼堂、思澄堂)管理。召开医院反恐处突现场会两次，提升反恐处突实战化水平。

【社会治安维护】 2016年，区公安分局护航“三改一拆”，助推“五水共治”，全力保障党委、政府中心工作顺利推进。全面排查涉恐、涉稳重点人员205人，严格落实管控责任，确保峰会期间重点人员“零非访”“零滋事”“零个人极端行为”。抓住重要节点，坚持抓早抓小，妥善处置音乐喷泉周边人群超饱和聚集的紧急情况等突发性、不稳定性事件，确保大局稳定。对有关群体事件做到早介入、早处置，不使矛盾激化，及时消除隐患和影响。馒头山、始版桥、思鑫坊等重点区域整治取得重大进展，得到省委书记夏宝龙和省委常委、市委书记赵一德充分肯定。坚持“民有所需，我有所应”，有效净化社会治安环境。峰会结束后，区公安分局固化安保工作机制，总结安保工作经验做法，完成杭州国际马拉松赛、第三届世界互联网大会等重要活动安保任务。投入大量警力在南山路、湖滨路等人员密集路段和区域维护秩序，确保全区社会治安态势持续稳定。

2016年上城区公安分局和派出所基本信息

表8

区公安分局和派出所	地　　址	邮　　编	电　　话
区公安分局	中河中路88号	310009	87281110
湖滨派出所	邮电路22号	310006	87065709
清波派出所	四宜路61号	310002	87780213
小营派出所	翰林街107号	310009	87800209
望江派出所	海潮路53号	310016	86063837
南星派出所	洋泮路85号	310008	86081143
紫阳派出所	南瓦坊3幢	310008	86061709
站前派出所	邮驿路12–1号	310009	87810680

【基层维稳队伍建设】 2016年，区公安分局深入开展“网格化”基础大排查，以“底数清、情况明、清隐患、无盲区”为总要求，将“人、事、物、单位、场所”全部纳入网格中，主动发现并及时整改各类问题隐患4000余处。组建15支“夜间诊察巡逻队”，依托“警务通”盘查39万余人次；严格执行旅馆、网吧“四实”(实名、实数、实情、实时)登记，快递业“三个100%”(实名登记、开包验视、过机安检均做到100%)的严格要求。1月9日，在吴山广场重点部位建立治安岗亭16个，实行24小时值守。峰会期间，在各街道组建“向阳群众”“守望者”“岳王骑”“鹰眼联盟”“红巷卫士”“御林军”6支平安志愿者队伍，平安志愿者提供各类信息6800余条，抓获犯罪嫌疑人220余人，查获烟花爆竹1020件，阻止非接触性通信诈骗案42起，挽回直接经济损失483万元。3月10日，成立全市首所“公民警校”，邀请北京“西城大妈”专家团到“公民警校”传经送宝。

【玉皇山南基金小镇出入境服务站挂牌运行】 2016年6月3日，上城区在安家塘19号旁设立的玉皇山南基金小镇出入境服务站正式挂牌运行，系全省首个特色小镇出入境服务站。服务站为基金小镇进驻的企业人员及周边居民办理中国公民申请因私护照等出入境业务。小镇企业人员和周边居民通过杭州公安微信公众号和“警察叔叔APP”出入境业务进行预约后即可去服务站进行业务办理。

【打击犯罪效能提升】 2016年，区公安分局受理侵财案件4818起，比上年（指2015年，下同）下降49.7%。其中“两抢”(抢夺、抢劫)案件14起，下降58.8%；扒窃案件638起，下降57.0%；盗窃电动自行车案件695起，下降55.19%；入室盗窃案件588起，下降53.9%；通信网络诈骗案件800起，下降33%。对558名侵财犯罪嫌疑人采取强制措施，移送起诉475人，抓获各类逃犯123人。命案发3破3(发生3起破获3起，下同)，五类恶性案件发4破4，侦破率均100%。全区总警情下降，刑事发案下降，打击处理侵财力度上升，治安状况总体平稳。

【视频侦察能力提升】 2016年，区公安分局刑侦大队合成作战室以做强视频侦查为目标，以每天轮班培训为常态模式，开展多发性侵财案件的视频研判分析，做到每案必取、每案必看、每案必比，实现案件视频侦查“日日清”。全年合成作战室会同各单位侦查案件260余起，破获案件120余起，抓获嫌疑人90人，协助查询及分析涉案人员350余人次。

【重特大案件快速侦破】 2016年，区公安分局加强打击犯罪应急处置力量，提升重特大案件快速行动队、视频侦查应急突击队、技术勘查应急突击队3支队伍建设水平，强化专案攻坚工作。年内，快侦快破“12·25”“1·23”“3·14”3起杀人案及省、市领导高度关注的“6·8”公交车非法携带危险物品危及公共安全案等重特大案件，有力处置“2·12”中河南路游步道弃婴事件及多起因通信网络诈骗引发的失踪事件，实现命案全破、五类恶性案件全破，全区社会治安状况评估名列全市第一。

【打击通信(网络)新型违法犯罪活动】 2016年，区公安分局在建立由刑侦大队牵头的通信网络诈骗专业打击队伍基础上，分局网警大队指派专职民警入驻合成作战室，对全区通信网络诈骗案件同步上案、网上研判和初侦初查，运用专案经营打击模式，成功破获3起跨省特大通信网络诈骗团伙案及“9·30”客易公司代运营专案、“10·17”“11·25”特大非法获取计算机信息系统数据案等案件58起，打掉团伙6个，捣毁窝点2个，抓获犯罪嫌疑人111人。不断扩大全区“反诈骗联盟”平安志愿者队伍，提炼“三个一”和“四问一签字”工作法；采用网上网下宣传，通过“双微”公众号、各级媒体及企事业单位内部网站，推送防诈骗宣传信息600余次；完善侵财案件“三级回访”机制；通过发放宣传手册，张贴宣传海报，营造防诈骗工作氛围。全年全区受理通信网络诈骗案件800起，比上年下降33%；阻截通信网络诈骗52起，阻止被骗金额502.56万元。

资料

“三个一”：大堂多问一句、保安多留心一眼、窗口多警示一次。

“四问一签字”：“四问”指问为什么要汇款，是否认识对方、对方是你什么人、对方是否是政府工作人员，是否转到“安全账户”，是否知道有电信诈骗；“一签字”即汇款人签字。

（蔡 勤）

【交通管理】 2016年，上城交警部门以“保障交通运行，优化交通秩序，护航G20峰会”为主线，以“一确保、三提升”（确保峰会安保“绝对安全，万无一失”，城市环境和交通秩序明显提升，道路交通安全形势明显提升，交警精神面貌和队伍形象明显提升）为目标，全面深化保畅通工作，圆满完成各项任务，实现峰会任务万无一失、安全形势保持平稳、秩序治理科学有效、执勤执法持续改进、队伍素质稳步提升、警民关系更趋和谐的良好局面。积极探索“规范、严密、科学、高效”的执法管理模式，推行主动式、全流程和精细化管控。采取执法文书把关、案件全程监控、办案期限提示等措施，促进执法规范养成。定期检查执法记录仪、警务通等执法装备使用情况，并分析各执法系统之间的数据，建立自行发现问题、自行分析问题、自行处置问题机制。将警营文化建设作为从优待警、厚爱暖心的系统工程，落实民警年休假制度、定期体检、走访慰问因公负伤民警、为退休民警举办欢送仪式等举措，组织民警、协勤员参与市、区公安系统组织的文体比赛，全年开展各类集体活动8次，看望因工受伤民警、协勤员20余人，家访36人次，为35名学警提供医疗绿色通道。年内，上城交警大队获3项集体荣誉，126人次获省、市、区各级表彰奖励。

【交通组织优化】 2016年，上城交警大队结合峰会保障工作，认真梳理、深入排查辖区交通堵点和道路乱点，强化科学分析研判，积极制定整改措施，努力将“堵点”变“畅点”、“乱点”变“亮点”，通过以点带面，促进辖区交通管理水平全面提高。开展“保施工，缓拥堵，迎峰会，奋战100天”及消除“四头”（转头、掉头、断头、结头）专项行动，完成800条斑马线设置情况排摸，取消解放路小塔儿巷口、西湖大道城头巷口等设置不规范斑马线44处，封闭浣纱路、解放路等道路沿线基地出入口21处，对中河中路丰北桥、定安路羊坝头等8个路口采取禁左措施。完成58条峰会施工道路交通标志、标线、信号灯等交通设施的整治提升，拆除各类标志牌572块，更换新版面标志牌157块，对67处标志牌进整合，新增指路牌、分道牌116块。

【交通违法行为整治】 2016年，上城交警大队开展“迎峰会、强管理、治陋习、保畅通”专项整治等交通秩序整治行动，牢固树立“现场执法第一”理念，以“干部带队、区域协作、整合攻坚”为原则，以“严于常态、优于手段、全于保障、重于长效”为导向，围绕峰会重点区域，对各类影响交通秩序和安全的违法行为进行持续高压管控，突出23条道路严管，通过设施完善、社会借力、源头宣传教育等辅助手段，推进电动车治理行动、违停拖车攻坚行动稳步开展。全年非现场查处违法停车35.24万辆次，现场查处酒后驾驶、涉牌涉证、超载等交通违法车辆19.37万辆次。

【交通事故防控】 2016年，上城交警大队坚持综合施策，通过联防联治、源头管理和预警分析，以及加强日常监管，实现交通安全齐抓共管的良好局面。开展交通安全隐患集中排查、集中整治，突出对工程运输车、载重货车、危险化学品车辆的源头管控。对在建的21个工地采取“信息排摸，源头严管，违法严处”三管

2016年8月20日，杭州市交警支队领导班子在西湖大道劳动路口检查西湖安保圈的启动情况

（上城交警大队 供稿）

齐下的举措,确保工程运输车管理落到实处。坚持情报先行,健全情报信息会商研判机制,减少不可控因素对道路通行的影响。根据各个特殊时期带来的交通压力,制定切实可信的交通安保方案、预案,及时向社会公布交通预警和实时路况信息,努力保障城区道路畅通。全年发生一般道路交通事故4起,比上年下降85.7%;伤亡5人,其中死亡4人,上升33.3%;财产损失5000元,下降73.0%。

【G20杭州峰会交通保障】 2016年,上城交警大队围绕“警卫对象绝对安全、任务活动万无一失”两大目标,与各警种紧密配合,全面部署警力,严格执行警卫标准,科学制定安保方案,严密实施安保措施。围绕G20杭州峰会交通安保工作,实施警卫任务、警力勤务、交通设施、疏导分流等17个方案,将任务涉及区域进行细分,形成完整的工作体系。严格安保管控模式。通过建章立制、圈层设防、路线严守,确保警卫工作万无一失。强化战时协同指挥。制作电子作战图,将峰会指挥调度流程中的时间节点、地理位置节点等要素进行标注,确保峰会安保工作需要。通过专项指挥平台、4G视频监控等科技装备,将任务活动以图示化、流程化的形式直观呈现,实现警卫任务全程可视、动态掌控与精准指挥。优化西湖安保圈防线设施。对警卫线路、西湖安保圈安检点等进行实地排查,投入伸缩护栏、移动护栏、铁马、锥形桶、交通诱导标志等安保设备,确保西湖安保圈外围卡口分流顺利实施。峰会期间,上城交警大队圆满完成各批次警卫任务的指挥调度。

(蔡烨玲)

【消防管理】 2016年,上城区有消防安全重点单位373个、高层建筑310幢、多层老旧小区76个、加油站4个、瓶装液化气灌装点3处。全年上城消防大队接警718起,出动消防官兵7101人次、消防车1122辆次,抢救、疏散被困人员146人,抢救财产价值近1亿元,其中火警216起,直接财产损失25.45万元,过火面积1743.9平方米,火灾未造成人员伤亡。上城消防大队被省政府表彰为服务保障G20杭州峰会先进集体,被省公安厅评为G20杭州峰会安保先进集体,近江中队被公安部记集体一等功。大队9人被省公安厅、省消防总队记个人三等功,25人被评为省级、市级和区级服务保障G20杭州峰会先进个人和G20杭州峰会安保积极分子。

【火灾隐患整治】 2016年,上城消防大队围绕峰会消防安保,重点做好涉会场馆和各条警卫路线周边范围和重要目标单位的消防排查。把面上防控工作划分为15个防区,发动街道和社区平安巡防队、公安派出所等基层力量,对重点安保区域进行逐幢建筑、逐个单位、逐个场所排查。全年检查各类单位6227个次,整改火灾隐患4396处,下发责令改正通知书2126份、行政处罚决定书334份、临时查封决定书91份、行政强制决定书3份,责令“三停”(停产停业、停止施工、停止使用)单位87个,罚款262.34万元,拘留45人。

2016年7月26日,上城区微型消防站组织消防队员业务技能比武

(上城消防大队 供稿)

【消防隐患群防群治】 2016年,上城区373个消防安全重点单位和54个社区全部成立微型消防站,对消防队员进行培训及组织业务技能比武,提高各消防站应急响应和初起火灾扑救能力。在6个街道和8个行业部门建立消防联防中队,由上城消防大队

参谋任指导员,联系联防工作,组织联防队员参与基础排查和平安巡防。按照消防安全大排查、大整治、大宣传、大培训、大防控活动要求,开展“进社入户”检查,对重点单位和场所开展消防评估,并将检查评估情况录入网格化信息系统。把消防安全纳入平安巡防员工作内容,借助各类平台,发动网格人员、平安巡防人员和志愿者,对消防基础薄弱的单位进行具体指导,并组织平安巡防力量开展基础信息和消防隐患排查。

【推进“智慧消防”】 2016年,上城消防大队会同区民政局、区住房和城建局等部门在各直属单位率先使用独立式感烟火灾探测报警器,并在建筑工地、公用场所、出租房逐步推开。全年全区安装独立式感烟火灾探测报警器2925个。推出住宅小区和出租房集中社区建设电动自行车智能充电桩系统,各街道均完成该系统安装试点。对全区300个重点单位通过远程监控,实施24小时监控。在6个街道建立消防安全培训基地。

【消防宣传】 2016年,上城消防大队举办消防知识讲座250余次,培训各类兼职宣传员2万余人,发放宣传资料6万余份,发送各类消防提醒短信10万余条。动员1万余名在册红袖章志愿者开展集中宣传和流动宣传。联合团区委拍摄宣传片《青年人价值观》,通过各类媒介,宣传上城区“最美消防人”为遭遇车祸的男孩献血、奋力救助落水青年等事迹。

(周　易)

检　察

【概况】 2016年,区检察院以“绿色司法”理念为引领,进一步提升履职能力,为加快建设“现代化美丽上城”提供有力的法治保障。全年受理提请批准逮捕案件320件400人,批准逮捕259件313人;受理移送审查起诉案件548件686人,提起公诉511件641人;立案查办贪污贿赂犯罪案件8件8人。坚持宽严相济刑事政策,对情节轻微的刑事犯罪不批捕41人、不起诉40人。落实案件繁简分流、逮捕双向审查等改革要求,办理刑事速裁程序案件233件233人。年内,区检察院集体和个人获国家和省、市表彰30余次,其中侦查监督科被授予全国老年法律维权工作先进集体称号,未成年人刑事检察科被最高人民检察院发文表彰。1名干警获全省“优秀检察官”“明星公诉人”称号;2名干警在全省业务竞赛中分别获“侦查监督业务标兵”和“优秀侦查员”称号,3名干警分别获全市“优秀侦查员”“侦查监督能手”称号。

【推进检察环节安保维稳】 2016年,区检察院强力推进检察环节安保维稳工作。加强对聚众斗殴、妨害公务、黄赌毒等妨害社会管理秩序犯罪案件的查办力度,批捕54件69人,起诉75件101人;加强对涉稳因素的排查和处置,妥善处理各类控告、申诉、举报线索89条;加强对来访人员的疏导,开展紧急情况实战演练;加强司法救助工作,联合市中级法院、上城区法院,推进司法救助机制建设。全年发放司法救助金10万元,促进矛盾化解。

【腐败犯罪惩治和预防】 2016年,区检察院贯彻落实中央从严治党和反腐败斗争决策部署,坚持有腐必反、有贪必肃。突出办案重点,查办浙商集团原董事长胡某某等5人贪污、受贿、国有公司人员滥用职权案,以及杭州文广集团原党委副书记、副总经理李某某受贿案等有较大社会影响的案件,有力震慑贪腐犯罪。坚持惩防并举,通过预防调查、建议、宣讲等手段,加强对贪腐行为的源头治理和预防,开展预防咨询40余次、预防宣讲6次,为企业提供行贿犯罪档案查询3300余次。撰写的10篇预防调查、案件剖析和检察建议被省检察院录用,预防职务犯罪微课堂《诚信发展·检察伴你行之刑法修正案(九)及新司法解释专题学习》被评为“全省检察机关预防职务犯罪微课堂”二等奖。推进与杭州地铁4号线上城段项目部建立检企共建机制,促进工程廉洁工作。

【履行法律监督职能】 2016年,区检察院依法履行法律监督职能,加强对立案和侦查活动的监督,着力维护法律公平公正。加强审判监督,对1件刑事案件提起抗诉获改判;对民事案件提请抗诉4件。加强刑事执行监督,联合区法院、区司法局制定出台《财产刑监督工作意见》,对10件财产刑案件进行监督,得到上级检察机关肯定,并在全省进行交流推广。办理羁押必要性审查案件 11 件 11 人,改变强制措施 10 件 10 人。办理减刑案件 2 件 2 人。监督指定居所监视居住案件 1 件 4 人。

【服务保障非公有制经济发展】 2016 年,区检察院贯彻落实最高人民检察院保障和促进非公有制经济健康发展的 18 条意见、浙江省人民检察院 21 条意见,深入开展以“诚信发展·检察伴你行”为主题的服务非公有制经济发展活动,综合发挥检察职能作用,保护非公有制企业权益。通过与工商联界别人士及企业家交流座谈和走访考察望江智慧产业园、区科技工业园区、玉皇山南基金小镇等创新平台,出台具有上城特色的保护非公有制经济发展的文件,并建立检察联络点,指派专人入驻玉皇山南基金小镇,对新情况、新问题开展调查研究,探索完善检察机关服务企业工作机制。12 月 15 日,省检察院检察长汪瀚对该项驻点工作进行专程调研,并给予充分肯定。

【保障律师会见权和文明办案两个专项整改】 2016 年,区检察院秉持“规范司法永远在路上”的理念,推进全省检察机关统一部署的保障律师会见权和文明办案两个专项整改活动。制订活动方案,严格规范职务犯罪案件侦查,杜绝夜审,规范文明讯问。打造律师业务办理“一站式”专窗,面向律师免费提供电子案卷光盘,推出保障律师执业权利“五表一书”,以全面记录、全程留痕的方式保障律师会见权、知情权等执业权利,促进干警文明办案。“五表一书”得到省、市检察院主要领导批示肯定,获评全省检察机关年度创新成果,并被纳入高水平推进浙江检察工作发展规划,在全省推广实施,新华社浙江分社、《浙江日报》、《杭州日报》、《检察日报》等 20 余家媒体进行报道。

资料

“五表一书”:由审查逮捕、审查起诉和自侦案件侦查阶段保障律师执业权利这 3 张“留痕表”,特别重大贿赂案件律师会见权审批表、会见权异议审查表、会见权异议申请告知书这“两表一书”组成。

【推进司法体制改革】 2016 年,区检察院推进以员额制、司法责任制为核心和基础的司法体制改革。合理配置员额岗位,严格进行员额遴选,做好政策解读、意见征询、情况公示等工作,稳步推进员额制改革,23 名干警通过全省统一遴选入额检察官。根据司法体制改革要求,做好司法文员招录工作,招录司法文员 7 人。

【明星公诉人打造】 2016 年,区检察院注重公诉队伍建设,制订《打造明星公诉人方案》,以打造明星公诉人为载体,着力提升检察机关的窗口形象。围绕选拔、培养、推广、激励、考核各环节,建立配套工作机制,并通过“双周一学”(以学习最新法律法规和邀请法院、公安系统的专家、法学知名教授及财经、金融等领域专家进行专题讲座为主)、交流、挂职、走访调研等方式,拓宽公诉人视野;组织观摩庭、举办检律辩论赛等实战实训,提升出庭控庭能力;在办理重大疑难复杂案件、参加各级各类岗位练兵等实战中锤炼提升公诉能力。

【刑事速裁远程视频系统建设】 2016 年,区检察院按照上级部署要求,结合工作实际,推进刑事速裁远程视频系统建设。该视频系统在实现规定功能的基础上,突出多画面合一、多室合一、多功能合一的特点。除点对点视频对话外,视频系统具备多画面合一及录播功能,可满足案件质量评查、检务督察及学习、存档等多种需要。对院内原有提审室、公诉会议室进行改造,采用可移动设备,实现一房多用;打造集远程提审、远程观摩庭审等功能于一体的远程提审室,提高办案质效。

【利用代开发票实施诈骗案】 2014 年 3 月,杭州客易电子商务有限公司注册成立,犯罪嫌疑人谢某、刘某、方某分别作为公司法人、负责人和人事兼业务部负责人,指使业务部销售员进行虚假宣传,承诺为客户提供代开淘宝店发票等服务,以骗取客户加盟费。自公司成立起,以此方式骗取 1 万余名被害人加盟费 2000 万余元。该公司参与诈骗活动的其余 20 人均为业务部销售员。2016 年,区检察院以诈骗罪对 23 名犯罪嫌疑人批准逮捕。

【利用“阿里巴巴海外速卖通平台”实施犯罪案】 2014年7~12月,叶某某伙同田某在“阿里巴巴海外速卖通平台”(简称“速卖通”)注册一个店铺,利用叶某某所供职公司的废弃“速卖通”网店实施犯罪。由于该公司所废弃的“速卖通”网店端口未及时关闭,叶某某利用其担任该公司海外主管的职务便利,通过盗接网仓接口、手工建立订单等方式,盗取和侵占公司货物价值160余万元,物流损失13万余元。2016年10月8日,叶某某因犯盗窃罪判处有期徒刑10年,剥夺政治权利1年,并处罚金2万元;犯职务侵占罪,判处有期徒刑4年;数罪并罚,决定执行有期徒刑11年,剥夺政治权利1年,并处罚金2万元。田某因犯职务侵占罪,判处有期徒刑2年3个月;犯掩饰、隐瞒犯罪所得罪,判处有期徒刑3年,处罚金5000元;两罪并罚,决定执行有期徒刑3年6个月,处罚金5000元。

资料

阿里巴巴海外速卖通平台:平台为阿里巴巴集团旗下唯一面向全球市场打造的在线交易平台,专门针对海外客户在中国“海淘”。

【潘某某妨害公务案获评全市检察机关践行绿色司法优秀案例】 2016年9月,犯罪嫌疑人潘某某伙同姚某某违章停车卸货,正在执勤的交警上前劝阻要求其驾车离开,姚某某与交警发生冲突,后潘某某将民警右手手掌咬伤,经鉴定,为轻微伤标准。区公安分局以犯罪嫌疑人潘某某涉嫌妨害公务罪向区检察院提请审查逮捕,承办人收案当日即与潘某某委托律师沟通。经审查,认为潘某某系初犯,且有认罪、悔罪态度,采纳律师意见,对其作出不逮捕决定,并在办案当日将结果主动告知律师。鉴于该案主动听取律师意见,主动反馈审理结果,较好地保障律师的执业权利,该案例被评为2016年度全市检察机关践行绿色司法优秀案例。

(江徐赟)

法院

【概况】 2016年,区法院坚持“司法为民、公正司法”主线,忠实履行宪法和法律赋予的职责,为加快建设“现代化美丽上城”提供司法服务和司法保障。加强干警队伍建设,全年轮训干警117人次,其中10人次参加初任法官培训。加强司法调研,完成全省法院重点课题1项,发表调研成果16篇,5篇论文在全市法院学术论文研讨会上获奖,2篇裁判文书和3篇案例分别被评为全市优秀裁判文书和优秀司法案例。注重典型引领,有5个集体、36名个人获区级以上荣誉,其中1个集体、7名个人获市级以上荣誉;落实区人大及其常委会各项决议,在规定期限内办结区“两会”上代表建议、委员提案3件。全年受理各类案件9787件,办结9060件,比上年分别上升12.4%和10.4%。一线法官人均结案263件。二审改判发回瑕疵率3.5%,月均存案工作量2.49个月,区法院办案质量、效率指标位居全市法院前列。区法院司法宣传工作受到最高人民法院通报表扬,区法院获全国优秀法院称号。

【依法惩治犯罪】 2016年,区法院受理刑事案件527件,审结534件,比上年分别下降31%和27%,判处罪犯634人,对195名具有法定从轻情节的罪犯宣告适用缓刑。依法严惩故意伤害、“两抢一盗”、非法拘禁、强奸、贩毒等危害社会治安犯罪259件、298人。审结贪污、贿赂、滥用职权、玩忽职守等职务犯罪案件9件、10人。严厉打击破坏社会主义市场经济秩序犯罪,审结非法吸收公众存款、假冒注册商标商品案件13件、17人,涉及被害人700余人,涉案金额2.4亿元。审结杭州地区涉外刑事案件10件、10人,依法平等保护涉外被告人的合法权益。注重被告人人权保障,为90名被告人聘请法律援助律师出庭辩护。

【商事纠纷化解】 2016年,区法院受理商事案件3535件,审结3324件,比上年分别上升18.9%和22.1%。根据企业之间借贷、利率保护、刑事民事交叉等方面的司法政策界限,审结民间借贷案件1182件,涉案金额10.7亿元,依法维护市场经济秩序。推进涉及银行不良资产的司法处置工作,通过金融审判组专案专审、推行涉金融案件送达地址确认前置制度、试行互联网公告送达等措施,审结涉金融案件1101件,涉案金额19.8亿元,依法维护金融秩序。依法帮扶前景向好的企业脱困重生，推进无力再起的企业有序退出，审结涉企纠纷案件753件，涉案金额9亿元。依法裁定浙江中铁房产集团有限公司破产等案件3件，涉案金额12亿元。

【推进依法行政】 2016年，区法院根据新行政诉讼法，积极畅通群众诉求渠道，维护行政相对人合法权益，全年受理行政诉讼案件127件，审结141件，受理和审结案件比上年分别下降19.6%和2.1%。审查行政非诉执行案件16件，其中3件申请人撤回申请，其余13件均裁定准予执行，准执率81.3%。坚持依法裁判与协调化解相结合，经区法院协调促成和解撤诉的占16.1%。推进行政机关负责人出庭应诉制度，包括浙江省盐务管理局、区国土分局等单位负责人出庭应诉，行政机关负责人出庭应诉率18.3%。加强司法与行政良性互动，与区政府共同召开政府与法院联席会议，研究预防和化解行政争议等事项，助推法治政府建设。

【加强民生保障】 2016年，区法院受理民事案件2412件，审结2294件，比上年分别下降0.1%和1.0%。运用裁判手段，依法调节民事关系，有效化解矛盾，修复社会关系。审结婚姻家庭、继承、赡养、扶养、抚育等案件467件，维护公序良俗。审结工伤、交通事故等各类侵权案件560件，维护公民人身财产合法权益。畅通劳动者维权绿色通道，审结劳动争议案件140件。审结相邻关系、物业纠纷等案件128件，营造友善相邻的邻里氛围。引入杭州市医学会、杭州市医疗纠纷调解委员会等社会机构力量参与化解医疗案件47件，促进医患和谐。加强对弱势群体的司法保护和救助力度，为经济困难的当事人依法缓、减、免诉讼费83.6万元。

【胜诉权益保护】 2016年，区法院受理执行案件3150件，执结2732件，比上年分别上升32.9%和21.4%，执行到位标的7.78亿元。出台《关于落实"用两到三年时间基本解决执行难问题"实施方案》，实行财产集中查控、专人处置财产、终本案件专项管理等分段集约执行办案模式，提升执行效率。依托"点对点"网络查控系统全面查控被执行人财产。完善24小时执行出警备勤制度，借助公安协控机制抓获逃避被执行人154人，执毕案件70件，涉案金额1700万元。加强信用联合惩戒，通过全国失信被执行人名单库公开曝光1147人。加大打击制裁失信被执行人力度，实施司法拘留173人，限制出入境6人，追究刑事责任2人，违法制裁率6.6%，制裁率居全市法院第三位。开展涉及民生案件专项集中执行活动，执结涉及民生案件177件，执结标的494.5万元。

【群众诉权保障】 2016年，区法院敞开立案入口，进一步巩固立案登记制度改革成果，对符合法律规定立案条件的，坚持有案必立，有诉必理。全年当场立案率99.7%，开具协查函1231份、调查令214份。依托与区司法局联合设立的法律援助工作站，由驻点律师为当事人免费提供立案咨询和诉讼服务引导1996人次。"12368"司法服务热线接听来电咨询5133次，接通率99%。引导律师事务所、金融机构在浙江法院律师诉讼服务平台上登记立案284件。

【多元纠纷解决机制完善】 2016年，区法院依托上城区诉调对接中心积极开展诉前引导、诉前调解、司法确认，在起诉阶段化解民商事纠纷886件。对调解不成移送审理的案件，及时做好诉前送达、鉴定等诉讼准备工作，促进案件快速审结。实行诉中委托调解，将已立案的案件由区法院审判庭委托给诉调对接中心调解，调解结案275件。全年区法院诉前纠纷化解率14.4%，诉调对接工作在全省法院"大立案、大服务、大调解"三大机制推进会上做经验介绍。

【司法体制机制改革】 2016年，区法院稳步推进法官员额制、人员分类管理等司法体制改革工作。成立由院长担任组长的司法体制改革工作领导小组，制订改革实施方案和配套制度，通过报名申请、资格审查、考核考试、审核确认和批准任命，27名法官成为全省统一遴选首批入额法官。推进刑事案件速裁程序试点，适用刑事速裁程序快审快结危险驾驶、盗窃、抢夺等轻微刑事案件112件、112人，当庭宣判率100%，平均审理天数5天。探索简式裁判文书改革，在民间借贷、道路交通事故、物业纠纷、金融借款等案件中，使用简式裁判文书1467件，提升文书制作效率。全面推进庭审记录改革，58.9%的案件庭审以录音录像替代人工笔录，提升庭审效率，减轻书记员工作量。优化审判管理，以案件节点管理为抓手，建立健全庭审集中评议、裁判文书判前评查、超长案件每月督办、改判发回重审案件重点督查、审判执行运行态势定期分析、案卷归档报结等制度，推动实现办案质量效率的良性循环和均衡发展。

【审务公开改革】 2016年，区法院推进审判流程、庭审活动、裁判文书、执行信息四大司法公开平台建设，将事实认定、裁判说理、法律适用、办案进度等置于社会公众监督之下。向当事人发送全部审判流程和执行节点信息7600余条，开展庭审直播录播63次。在中国裁判文书网公开生效裁判文书1.7万份，文书上网率91.6%。开展公众开放日活动15次，接待公众515人。运用"两微两网"平台，及时主动向社会发布司法动态，推送法治宣传信息1263条。全面落实网络司法拍卖，在淘宝网司法拍卖平台拍卖418件，总成交额7.6亿元，为当事人节省佣金2044.9万元。上城区"阳光司法"工作得到省委常委、市委书记赵一德批示肯定。

资料

"两微两网"：指微博"上城法苑"、微信"杭州市上城区人民法院"和杭州市上城区人民法院门户网站、局域网。

【"智慧法院"建设推进】 2016年，区法院制定出台《2016年信息化建设规划》，积极推进"智慧法院"建设。在14个审判法庭建成高清数字法庭系统、庭审录音备份系统、远程视频系统、智能语音识别系统，打造"视频+音频+文字"的全链路、多层安全、同步识别的"智慧法庭"。运用"互联网+审判"思维，开发使用电子签章、文书智能校对、案卷封面一键打印、网上案款退缴费、电子档案文本智能识别等系统。通过"机器换人"，有效提升工作效率。庭审智能语音识别办法经区法院试点后在全省法院推广，其经验做法被最高人民法院工作简报刊出。

【涉诉信访处理】 2016年，区法院实行案件风险评估预防和大要案报告制度，加强预警研判，妥善化解南宋御街等群体性纠纷49件，从源头上预防和减少涉诉信访的发生。加大诉讼信访化解力度，畅通信访渠道，健全涉诉信访终结机制，全年接待涉诉到访人员112人次，处理来信44件，院领导及中层干部接访100人次，依法向上级法院申报无理上访和最高人民法院甄别、终结案件26件，化解信访老案3件。

（余淑男）

司法行政

【概况】 2016年，上城区深入推进司法行政领域社会治理创新，发挥司法行政在化解社会矛盾、促进社会和谐、保障改善民生方面的职能作用，努力创造和谐稳定的社会环境、公平正义的法治环境、优质高效的服务环境，为深化"平安上城""法治上城"建设做出积极贡献。组织开展"护航G20·普法在行动"系列活动，制定并有序实施"七五"普法规划；以"强监管、助公益"的形式，加强社区服刑人员的在册监管；推进"一所一品"（即一个司法所一个品牌）司法所建设、"三名工程"（名所、名品、名律师）律师事务所建设，发挥人民调解三级联动网格优势和以区调委会

2016年7月14日，省高级人民法院院长陈国猛（中）到区法院调研智能语音识别系统

（区法院 供稿）

“金牌和事佬”调解室为代表的互动调解工作室优势，加强社会稳定风险预警评估和人民调解工作。全年区司法行政法律服务中心接待来电来访、法律咨询 8160 人次，办理法律援助案件 222 件，调解矛盾纠纷 1903 件，调解成功 1896 件，调解成功率 99.6%。区司法局被评为浙江省创建法治县(市、区)工作示范单位。湖滨司法所被市司法局记集体三等功，小营、紫阳司法所被市司法局授予人民调解先进集体称号，望江司法所和区司法局社区矫正管理科被市司法局授予社区矫正工作先进集体称号。

【社区矫正人员管理】 2016 年，区司法局依托社区市民学校、社区学院、法制教育基地等对社区服刑人员进行警示教育。利用“e 学网”资源，开通社区服刑人员网上学习。利用华数有线电视教育资源，建设上城区司法行政学院，组织社区服刑人员便携学习。利用与浙江警官职业学院联合编写的社区矫正集中教育教材，开展社区服刑人员线下学习。落实“十个一”工作机制，推动全区社区矫正工作。联合区检察院开展社区矫正工作执法检查。修订《杭州市上城区社区矫正突发事件应急处置预案(试行)》。全年全区接收社区矫正人员 78 人，解除矫正 144 人，办理审前调查 59 人。区司法局通过政府购买服务方式，组织专业社会组织参与非执法类社区矫正工作。引进杭州益嘉仁社会服务中心，在湖滨司法所参与社区矫正工作试点。全年专业社会组织参与接收社区服刑人员 27 人，组织矫正人员公益劳动 211 人次、457 小时，安排法制学习 6 次、44 人次、88 小时，开展矫正人员家访(约谈)3 批次、40 人次，矫正人员参加全区集中授课 1 次。至年末，15 名矫正人员期满解除矫正。社会组织参与社区矫正工作试点在两个司法所和两个街道部分社区推开。

资料

“十个一”：制定一个安保方案、召开一次动员部署大会、签订一份峰会安保责任书、建立一个通报协作机制、组织一次司法所和社区干部的动员培训、新制定下发一批文件、组织在册社区服刑人员签订一份“峰会维安自律承诺书”、开展一次联合执法大检查、开展一次全体社区服刑人员点名教育、召开一次全体社区服刑人员监护人和志愿者座谈会。

【归正人员管理】 2016 年，区司法局结合 G20 杭州峰会安保，开展大排查、大走访、大研判活动，对全区涉稳问题和重点人员进行梳理排查，落实一人一档，加强与公安部门和劳动保障站联动，确保归正人员信息准确，定位精准。完善社会帮扶救助体系，全年全区在册归正人员 488 人，对生活困难的归正人员，区司法局联合属地街道给予临时救助，与民政部门联系为其办理低保手续；对无家可归人员安排望江外来人口公寓临时过渡，并帮助其办理廉租房申请手续。全年累计救助困难归正人员 24 人次，发放救助金 1.95 万元。归正人员接受心理矫正咨询 192 人次、563 小时。

【社区服刑人员“捐种梭梭”活动】 2016 年 4 月 1 日，区司法局联合杭州日报社，向全区社区服刑人员发出“为沙漠增绿，为杭州添彩”倡议书，倡议大家响应“十元钱种一棵梭梭”活动，为防沙治霾出一己之力。活动以自愿为原则，提倡量力而行，不搞攀比，并设定最高限额。倡议发出后，在册社区服刑人员捐款 1.1 万元。善款全部捐给甘肃省民勤县。该县在域内沙漠上栽下一棵棵“梭梭”，并命名为“杭州市上城区社区矫正林”。

【人民调解】 2016 年，区司法局坚持“小事不出社区，大事不出街道”的方针，围绕“三改一拆”“五水共治”等中心工作，利用区、街道和社区三级人民调解组织，开展矛盾大排查、大调解活动，协助政府和有关部门做好风险评估预警工作。发动警民联调、交通事故、劳资争议、物业纠纷、学生伤害、征地拆迁、婚姻家庭、消费者权益、环境保护等行业性专业调委会参与调解各类民事纠纷，利用“名人”和“特色”效应，延伸人民调解工作触角，发挥大调解机制的辐射作用。全年全区排查化解复杂疑难案件 363 件，调解纠纷 1903 件，调解成功 1896 件，调解成功率 99.6%。严格执行《上城区人民调解经费管理办法》,全年发放人民调解"以奖代补"经费 11.9 万元。6 月 18 日,上城区金牌和事佬沈寅弟获"杭州生活品质总点评年度人物"称号。12 月 4 日,小营街道梅花碑社区人民调解员陈文英获年度杭州市金牌"和事佬"称号。

【互助调解工作室】 2016 年 5 月 10 日,"红巷老舅妈工作室"在小营街道小营巷社区成立。该工作室是上城区继"金牌和事佬调解工作室""陈文英工作室""湖滨晴雨工作室""邻里值班室"之后,建立的第 5 个互助调解工作室。该工作室坚持好中选优,推行"青蓝工程",由经验丰富的老调解员引领各个领域的志愿者加入。坚持"线上+线下"双向联动,拓宽调解渠道,创新服务方式,搭建群众调解诉求"微桥梁"。坚持"以民为本",凸显品牌引领,扩大服务范围和领域,达到资源共享、人尽其用的目的。互助调解工作室充分发挥人民调解贴近基层实际、便民利民的优势,稳妥地化解基层矛盾纠纷。全年调解各类纠纷 396 件,调解成功率 100%。

资料

"青蓝工程":即由经验丰富的老调解员引领各个领域的志愿者,以传帮带的方式一起服务和做好矛盾纠纷化解工作。

【法律援助】 2016 年,上城区落实《杭州市法律援助服务标准》,围绕"扩大援助、优化服务、提升质量、加强监管"的要求,扩大法律援助事项范围,提高法律援助质量,完善法律援助工作制度,深化法律援助便民服务。全年新增社区法律援助站点 6 个,全区以区法律援助中心、各街道和相关部门工作站、社区法律援助点为架构的三级法律援助平台基本形成。全年全区办理法律援助案件 222 件,其中刑事案件 129 件、民事案件 91 件、行政案件 2 件,为当事人挽回经济损失 377.8 万元。接待来电来访法律咨询 8160 人次,其中来访咨询 2792 人次、"12348"法律咨询热线来电咨询 5368 人次。

【基层司法所建设】 2016 年,区司法局提出挂职制度,局机关新进公务员均需到基层司法所挂职锻炼半年以上,了解司法行政工作全流程,夯实基层工作基础。推进"一品一所"建设,按照硬件可看、软件科学、服务满意、制度规范的要求,充实基层司法工作力量,服务保障中心工作顺利开展。紫阳、望江司法所参与调解征地拆迁矛盾纠纷 35 起,涉及拆迁面积近 4000 平方米。开展争创浙江省星级规范化司法所活动,上城区被命名为省五星级司法所两个、四星级司法所一个、三星级司法所三个。

【律师事务所建设】 2016 年,上城区有律师事务所 36 个、律师 332 人,法律服务所 5 个。有基层法律服务工作者 28 人。上城区发挥律师、基层法律服务工作者的专业优势,进一步服务经济转型升级和"平安上城"建设。全区 9 个律师事务所党支部积极发动党员参与公益事业,增强律师队伍凝聚力。浙江劳动律师事务所和浙江西湖律师事务所党支部书记汪哲弘分别被市司法局评为服务保障 G20 杭州峰会先进集体和先进个人。开展"律师进社区(网格)"、品牌事务所创建、"十大律师先锋"评选等活动,提升律师执业素养和公信力。各律师事务所为中小企业定制法律服务产品。组建法律顾问团,为中小企业提供法律服务。全年律师进社区轮流值班 3370 次,接受居民法律咨询 5428 人次。有 201 名律师担任企事业单位法律顾问。区属律师事务所代理诉讼、非诉讼案 5188 件,其中刑事案件 660 件、民事案件 4528 件。浙江泰杭律师事务所、浙江海通联合律师事务所、浙江劳动律师事务所被评为首批杭州市规范化律师事务所。

(陶轶鹏)

军 事

Military

人民武装

【概况】 2016年,区人武部全面贯彻中共十八届六中全会精神,以习近平总书记系列重要讲话为指引,顺应军队规模结构和力量编成改革趋势,突出军事斗争准备,抓好实战化训练,确保后备力量队伍精武强能。开展“两学一做”学习教育,巩固作风建设成果,提高党委班子凝聚力、战斗力。强化党管武装工作,协助召开区委常委议军会议。开展全民国防教育工作,举办“全民国防教育日”系列活动。区人武部以练兵备战为牵引的各项任务圆满完成,国防后备力量建设呈现积极向上、安全发展、稳步推进的良好势头。

【打好峰会安保战役】 2016年,区人武部以服务保障G20杭州峰会为年度大事,密切军地双方协作,齐抓共管,坚决打好峰会安保战役攻坚仗。4月14日,区委常委议军会议专题研究峰会安保方案,并在有关会议上进行全面部署。结合担负任务,将各支民兵保障力量编成和责任分工落实到人。在区人武部、街道、社区三级设立专职安保信息员,确保上下级联络渠道闭合畅通。利用民兵整组点验和基地化训练等时机,每月组织一次民兵应急骨干技能培训,检验阶段性训练成果,确保民兵应急队伍整体素质有效提升。充分发挥民兵队伍主力军作用,组织民兵参与服务峰会各项活动。5月27日,区人武部抽调部分民兵参加杭州市“决战100天、全力保峰会”誓师大会。组织民兵参与迎接峰会配套的治安巡防、环境整治和外围服务保障。峰会期间,区人武部组织基层民兵编成1所8队6个应急排,与公安民警并肩作战,投入勤务布局、卡口查控、交通疏导、秩序整治、重大应急情况处置等工作。严格落实24小时备勤制度,全面构筑峰会安保“防空网”。担负吴山山体布防的警戒分队连续奋战9个昼夜,组织协调处理各类突发情况20余起,出色完成峰会保障任务。

【区委常委议军会议】 2016年4月14日,上城区委召开常委议军会议。区委书记、区人武部党委第一书记缪承潮主持会议并讲话。区国动委、国教委全体委员及有关单位负责人34人参加会议。区人武部政委吕朝阳汇报2015年全区武装工作和2016年主要任务安排,与会区委常委就有关议题进行讨论。会议强调要围绕党在新形势下的强军目标,注重提升应急作战能力,突出G20杭州峰会服务保障重点,持续推进全区国防动员和后备力量建设再上新台阶。

【“条令学习月”活动】 2016年2月,区人武部开展以“学法规、明职责、严纪律、正秩序”为主要内容的“条令学习月”活动。活动着眼于人员作风的养成,从人武部主官自身做起,从干部职工队列动作抓起,围绕“军队有军队的样子、军人有军人的样子”的要求,进一步规范日常工作秩序和一日生活制度。结合“条令学习月”活动,开展安全隐患排查工作。活动期间适逢春节放假,区人武部召开专题党委会研究部署相关工作,结合单位实际拟制活动实施方案和计划,分两个阶段、两个步骤、六项内容抓好落实。通过条令法规学习、基础课目训练、作风纪律整顿等,干部职工的条令意识和执纪观念进一步增强,为新一年度工作顺利开展打下良好基础。

【民兵组织整顿】 2016年4月，区人武部按照杭州警备区民兵组织整顿工作要求，着眼遂行多样化军事任务需要，拓展民兵组织职能，优化布局结构，适当调整全区基干民兵分队，加强应急队伍、支援队伍、储备队伍力量，民兵组织基本达到数量规模适度、结构布局合理、装备配套齐全、队伍稳定可靠的预期目标。结合区情特点和可能担负的任务，重点抓好抢险救灾、反恐维稳、应急处突等训练演练。5月，上城区民兵组织整顿工作通过上级检查验收。全区6个街道武装部“两室一库”和54个社区普通民兵连“一部一室”规范化建设基本达标。

【兵役登记】 2016年3月7日，上城区召开民兵组织整顿暨兵役登记工作会议，部署2016年度兵役登记工作，6个街道专武干部及5个社区民兵连长参加会议。会议要求各单位进一步提高思想认识，主动适应应征对象主体调整的新情况，依托高等院校主渠道，深入开展征兵宣传工作，确保兵役登记工作顺利进行。

2016年5月5日，区人武部组织民兵军事训练　（区人武部　供稿）

【兵员征集任务完成】 2016年，上城区加强征兵工作宣传。4月，在中国美术学院开展为期1周的“大学生入伍宣传周”活动，接待征兵政策咨询的在校大学生120余人。7月，征兵工作全面铺开。区征兵办公室根据新情况、新变化，坚持以提高兵员素质为核心，科学筹划，主动应对，综合施策，圆满完成新兵征集任务。所征新兵中大学生占总数的89.5%，大学生比例为历史最高。区征兵办公室连续第4年被杭州市政府和杭州警备区表彰为征兵工作先进单位，上城区连续第36年无责任退兵。

2016年8月18日，区人武部组织应征青年和家长到省军区警卫连开展“军营一日”体验活动　（区人武部　供稿）

【国防教育】 2016年，上城区在街道、旅游景区等处设置国防教育宣传标识和公益性宣传牌，营造“处处是课堂，时时受教育”的氛围。8月18日，区人武部组织应征青年和家长到省军区警卫连开展“军营一日”体验活动，通过看内务、看队列，请战士谈成长、谈转变，引导启发青年树立献身国防的坚定信念。9月13日，上城区结合第16个全民国防教育日，邀请南京政治学院教授郑治龙为全区机关干部进行国防教育专题讲座，组织区人武部干部职工、街道专武干部和民兵骨干观看爱国主义影片，激发干部群众爱国主义热情。11 月 11 日,区人武部会同区委宣传部、区文广新局,在吴山广场举办纪念红军长征胜利 80 周年歌咏会暨上城区第四届群众合唱节，上城区党政干部和社会各界群众近 1000 人参加,共同弘扬红军长征精神。

【双拥共建】 2016 年 4 月 9 日，区人武部会同区教育局在省军区司令部礼堂连续第 6 年举办教育服务进军营活动。上城区驻军干部和家属 100 余人参加教育咨询活动。区教育局领导和辖区 8 所中小学、幼儿园负责人在现场介绍 2016 年公办和民办学校的招生政策和做法，并解答驻军干部和家属提出的各种问题,有 30 余名干部与有关学校当场签订子女就学意向书，较好地解决驻区部队干部子女入学难的问题。区人武部协调上城区各单位与驻军部队开展各种双拥共建活动,其中与驻区部队官兵开展的“感恩母爱、重温亲情”母亲节活动在中央电视台新闻频道《新闻直播间》栏目播出。驻军部队参与峰会环境整治、“美丽上城”建设、春节慰问、“八一”建军节走访、“双拥杯”军地联欢等活动。

【军警民治安联防】 2016 年，上城区军警民治安联防机制常态化运行。重要节假日期间，在城站火车站、汽车南站、湖滨商圈、西湖风景区等重要目标及人口密集区域，由民兵与公安干警组成联合治安巡防队执行治安巡防任务。全年出动民兵 68 批、1200 余人次,对重要场所、重点部位进行拉网式巡查,对可疑人员、车辆进行仔细盘查,配合公安部门打击各类违法犯罪活动,有效维护辖区的治安稳定。

【基层武装工作考核】 2016 年 11 月 25 日,区人武部领导带队,对全区 6 个街道、3 个企业年度武装工作开展情况进行考核。按照“突出重点、符合实际、注重实效、便于组织”的原则,将考核内容整合为党管武装、教育管理、民兵整组、征兵工作、军事训练、基本设施 6 个方面,采取听、看、查、问相结合的方法,逐一对被考核单位进行量化考核。其间,在每个基层单位由考核组抽查一个民兵连,实行现场百分制考评,当场公布考评成绩,考核结果被列入各基层单位年度目标考核的重要内容和评比先进的重要依据。

【民兵信息员培训】 2016 年 5 月 13 日,区人武部组织 64 名民兵信息员进行专业技能辅导培训。培训以提高民兵信息员综合能力素质为目的，采取理论授课、案例分析等方式进行,帮助民兵信息员全面理解情报侦查工作的重要性，掌握新形势下情报信息判断、搜集上报的基本方法。该次培训场地设在区人武部电视电话视频会议室，由市公安局反恐大队大队长张帆进行理论辅导。培训为实现情报信息畅通、反应迅速、管控有力的目标打下基础。

(应福阳)

人民防空

【概况】 2016 年,上城区人防工作以服务保障 G20 杭州峰会为圆心,以基层民防建设为抓手,编制修订防空预案,开展防空防灾疏散演练,完成“5·12”防空警报试鸣。加强人防重点工程规范化管理,开展人防工程巡查,严肃查处人防工程违法案件。完成区人防专业队和区民防志愿者队伍整组及专业训练,不断提高履行战时防空、平时服务、急时支援的能力和水平。区人防办被市人防办(市民防局)评为全市人防(民防)工作先进单位和人防工程维护管理先进单位,被市公安局评为 G20 杭州峰会保障工作先进集体。

【人防工程专项巡查】 2016 年 5 月，区人防办成立“三清三查三确保”专项行动领导小组,制订实施方案，进行人防工程专项巡查动员部署，并于 5 月 19 日派出 3 个检查组,对辖区内自建工程、早期人防工程、结建人防工程进行地毯式、全方位、无死角的隐患排查,做到人员、物品、工程质量逐点逐项清理、核查,确保人防工程内部无违规人员居住、无易燃易爆等可疑物品、无工程质量隐患。先后完成辖区内 300 余处人防工程的巡查，查处存在问题的工程管理单位 20 个,并送达“整改通知书”20 份,现场督促整改 40 余处,人防工程违法立案 3 起。

【指挥工程维护管理】 2016年,区人防办通过提前规划、精准定位、细化责任,从"有机构、有制度、有资金、有预案、有巡查、有维护、有台账、有考核"8个方面落实人防指挥工程的日常维护管理工作。3月30日,全市人防指挥工程维护管理现场会在上城区召开,会上展出上城区人防指挥工程建设成果。12月16日,省、市考察组考察上城区人防工作,对上城区人防指挥工程维护管理工作予以肯定。

2016年5月12日,区人防办、区教育局联合举行防空防灾疏散演练
(区住房和城建局 供稿)

【指挥通信建设】 2016年,区人防办完成区人防专业队伍和民防志愿者队伍整组、训练及人防指挥部成员调整和方案编成。落实防空警报器有限控制建设任务,防空警报完好率、鸣响率均100%。推进基层人防(民防)规范化建设,年度规范化建设任务全面完成。视频会议系统和电台及移动指挥车联训达到上级要求,获年度市人防指挥通信业务综合联训先进单位称号,并完成全市人防应急应战机动通信保障演练既定任务。

【防空防灾疏散演练】 2016年5月12日,区人防办会同区教育局举行防空防灾疏散演练,全区30所中小学的2.3万名师生参加。此前,区人防办将杭州市服装职业高级中学列为学校疏散演练的示范点,组织1200余名中小学师生进行应急疏散示范演练,并对师生进行防空防灾知识宣传。学校所在望江街道海潮社区工作人员参与演练活动。该次演练重点突出预案启动、防空信号鸣放、人员疏散等环节,检验中小学对突发事件的组织协调和应急处置能力。

【人(民)防宣传】 2016年3月1日,区人防办在解百商厦开展以"关注民防,平安生活"为主题的国际民防日集中宣传活动,向市场管理员、业主、员工发放《中华人民共和国人民防空法》《公民防灾手册》等人民防空知识和法律法规宣传资料500余份。在区行政服务中心人防审批窗口向前往办事的群众分发民防知识宣传资料,现场解答民防地下空间使用及管理的有关规定。5月12日,区人防办在杭州市服装职业高级中学开展防空防灾知识宣传进学校活动,展出防空防灾宣传图板,发放防空防灾知识简介等资料。9月20日,区人防办在吴山路社区开展防空防灾知识宣传进社区活动,向社区居民宣传人(民)防法律法规及急救知识。全年辖区9所中学开展人(民)防知识普及教育,3000余名学生接受普及教育,受教育率100%。区人防办以上城区学校民防教育中心为依托,开展小学人防教育工作。9月,完成小学人防教育优质课例的拍摄与制作,上城区代表全市参加全省小学人防教育优质课例的评选,并获一等奖。

(蔡雨悦)

特色产业与街区

Characteristic Industry and Characteristic Urban Block

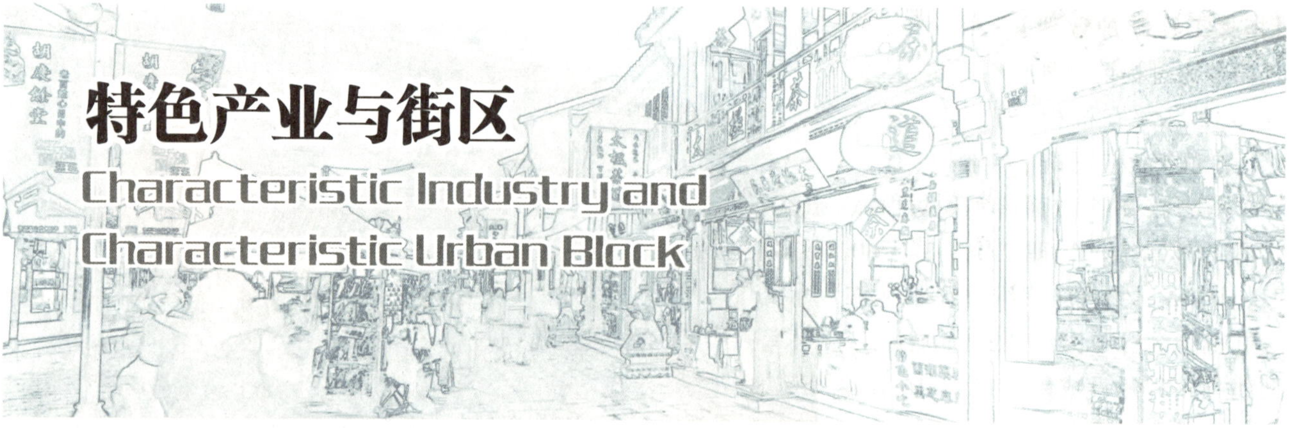

现代商贸业

【概况】 2016年,上城区深化市场体系建设,加快商贸业转型升级,积极培育消费热点,市场流通规模稳步扩大。全年实现社会消费品零售额379.47亿元,比上年(指2015年,下同)增长11%,增幅在主城区排名第一。电子商务业快速增长,至年末,在上城区注册的电子商务、网络科技、信息技术企业超过400个,开展电子商务应用的商贸服务企业超过800个,全区实现网络销售额154.81亿元。传统专业市场以"互联网+"为载体,通过电商化实现流通效率、发展层次和服务水平的整体提高。清江路服装专业市场中从事网络分销或为网商提供货源的经营户占58.8%;从事线上经营的商户1300户,其中40%注册品牌;在知名第三方平台开设网店的商户1280户,开展微信营销的商户1500余户;50%的市场自建平台和网站,在线会员超出200万人次。出版《品牌·上城》杂志,上城品牌企业宣传力度进一步加大。

【夏宝龙视察望江路农贸市场】 2016年8月31日,省委书记、省人大常委会主任夏宝龙到望江路农贸市场视察G20杭州峰会民生保障和市场供应情况,区委书记缪承潮陪同检查。夏宝龙在肉类、粮油、蔬菜、水产等摊位前详细询问农副产品供应情况,叮嘱市场负责人和摊主继续保持商品丰富、食品安全、物美价廉、环境优良的好势头,让市民买得放心、吃得安心。

【商贸行业安全生产和消防安全工作培训】 2016年11月23日,区商务局与区安全监管局、上城消防大队联合对全区商贸行业企业进行安全生产和消防安全工作培训,辖区内各百货商场、专业市场、超市、酒店及重点餐饮企业等单位负责人70余人参加。结合消防安全知识培训,对做好冬季消防安全工作进行部署,强调要严格执行消防安全责任制,完善隐患排查制度,加强生产安全和消防安全管理,确保后峰会时期的安全生产形势稳定。

(黄逸真)

文化创意产业

【概况】 2016年,上城区有文创企业3230个,其中规模以上企业297个,实现主营业务收入256.5亿元,比上年增长24%。实现增加值126.8亿元,增长18.2%,增幅位居主城区第二,高于全区GDP增速12.1个百分点,占全区生产总值的14.1%,占比提高0.9个百分点。文创企业完成税收6.46亿元,增长7.0%。从核心层增加值构成上看,具有传统优势的设计服务业以24.7亿元的增加值位居核心层首位,占全区规模以上文创企业增加值的19.5%;信息服务业和教育培训业增加值分别为12.5亿元和6亿元,位居第二和第三。从核心层发展速度上看,信息服务业、现代传媒业分别增长5.57倍和49.4%,位居第一和第二,增幅远高于文化创意产业平均增速。

【全省文化产业项目投融资活动】 2016年1月12日,由省委宣传部、省文化厅、省新闻广电出版局和省金融办联合主办的省文化产业项目投融资活动在玉皇山南基金小镇举行。省委常委、宣传部部长葛慧君，副省长郑继伟及文化企业代表600余人参加活动。现场举行国内首个文化产业金融服务平台——“鑫文化”的上线仪式，12个项目进行现场路演，11个文化产业基金签约成立。其中浙江省文化产业成长基金、盛世中传投资基金、浙江省文化产业项目交流路演平台落户上城区，资金规模超过100亿元。电视剧《大唐朱雀传》《山外青山楼外楼》和五柳芳庭爱情主题文旅商业街区等10个文创项目参加投融资活动。

【铜印珍品展览】 2016年2月23日，为弘扬印学文化，推动铜印篆刻艺术发展，由西泠印社、中国印学博物馆主办，朱炳仁铜雕艺术博物馆承办的“熔山铸海——西泠朱炳仁铜印篆刻品赏会”在“印学圣地”中国印学博物馆举行。此次为西泠印社第一次举办个人铜印珍品展览及品赏会。展览展出中国工艺美术大师、西泠印社社员朱炳仁的铜印珍品近100枚。

【《鸡毛飞上天》拍摄完成】 2016年3月31日，由张译、殷桃、陶泽如、张佳宁、张兆辉、高捷、高姝瑶、花昆主演的展现浙江改革蜕变史的电视剧《鸡毛飞上天》，历经近5个月拍摄后正式封镜。该剧由省委宣传部、市委宣传部和区委、区政府及杭州佳平影业有限公司等联合出品。《鸡毛飞上天》剧本于2015年入选省委宣传部、市委宣传部“文化精品扶持工程”及中共中央宣传部、财政部评选的首届全国影视作品重点资助项目。该剧是浙商题材三部曲中的第三部，展现一代浙江商人从“鸡毛换糖”起步，抓住机遇改变命运，在改革开放洪流中勇往直前的精神风貌。

【李强考察杭州佳平影业有限公司】 2016年4月6日，省委副书记、省长李强在杭州调研影视产业时，考察上城区文创企业杭州佳平影业有限公司。副省长郑继伟，市委副书记、市长张鸿铭，市委常委、宣传部部长翁卫军等参加考察。区委副书记、区长陈瑾等陪同考察。李强听取杭州佳平影业有限公司基本情况、创作作品及未来发展规划的汇报，对公司取得的成绩予以肯定，强调全省要抓住面临的发展机遇，发挥比较优势，补好创意能力弱、人才缺乏、后期制作能力不强等短板，使影视产业成为文化产业的支柱产业。要坚持以人民为中心的创作导向，深化文化体制改革，推动影视创新，加大思想精深、艺术精湛、制作精良的精品力作的供给，打响浙江影视品牌，把浙江打造成为全国影视重镇。

【《兰陵王入阵曲》在上城开机】 2016年5月31日，中国首部虚拟拍摄3D魔幻动画电影《兰陵王入阵曲》在上城区凤凰1138文创园开机。世界特效大师、5届奥斯卡金像奖得主理查德·泰勒参加开机仪式。开机仪式发布会上，首次推出该影片概念海报及人物设计图。海报场面宏大，具有神秘感。人物造型设计上将东方神韵与西方魔幻元素相结合，注重每个装饰细节。

【大型人文纪录片《钱塘江》央视开播】 2016年9月8日，大型人文纪录片《钱塘江》在中央电视台综合频道黄金时间播出。纪录片由省委宣传部、省新闻广电出版局、市委宣传部、上城区委、杭州佳平影业有限公司、浙江大学国际影视发展研究院联合摄制。该片以钱塘江为主轴，通过拍摄钱塘江两岸的山水风光、生态环境、乡土人情及经济变迁等，记录“长三角”一带从古至今的巨大变化，展现人与自然之间质朴和谐的共生关系，反映钱塘江流域生物的多样性、传统乡土社会的变迁和普通人追寻梦想等主题。纪录片采用无人机航拍、4K高清拍摄等手段，历时一年多完成。纪录片《钱塘江》被省委宣传部列为重点精品项目。

【老字号浣花斋回归南宋御街】 2016年8月15日，与北京荣宝斋、上海朵云轩齐名的百年文房老字号浣花斋以浙江浣花斋美术馆的形式回归南宋御街，落户中山中路11号。浣花斋在经营文房四宝的基础上，着力打造成为民间美术馆、公共艺术空间的样本。馆内一楼经营文房四宝，为顾客提供纸笔制作等浣花斋保留的技艺体验，感受“非遗”文化；二楼和三楼为美术馆展厅，日常举办书画展等群众文化活动，集中展示上城区“非遗”传承人和民间艺术家传统手工艺人的心血力作，展品涵盖铜雕、刺绣、墨拓、牙雕、剪纸等门类。浣花斋始创于1637年,鲁迅、吴昌硕、黄宾虹、潘天寿等一代大师对浣花斋十分青睐。

【"科学与艺术的对话"——院士与书画家作品展】 2016年8月19日,"科学与艺术的对话"——院士与书画家作品展在吴山书画院举行。书画展展出院士与书画家最新创作的作品90幅。市政协主席叶明为活动致辞,指出作品展用艺术的形式展示杭州历史与现实交汇的独特韵味,充分体现科学家与艺术家强烈的历史责任感和使命感,希望"科学与艺术的对话"这一品牌在西子湖畔落地生根,促进科学与艺术的繁荣发展。

【黄亚洲诗集《听我歌唱杭州》首发】 2016年8月20日,作家黄亚洲中英文双语诗集《听我歌唱杭州》首发式暨诗歌朗诵会在上城区举行。《听我歌唱杭州》包括60余首歌唱美丽杭州的诗作,在G20杭州峰会即将召开之际,向人们诠释杭州"文化之都、活力之城"的新内涵。诗歌朗诵会以朗诵与歌唱相结合的形式演绎诗集中的部分作品,朗诵会分为"我要这样询问杭州""我的西子湖,我的大运河,我的凤凰山,我的钱塘江""杭州的周边,也美得摄人心魂"3个篇章,展现别样的杭州魅力,为观众带来一场艺术的盛宴。

2016年8月20日,作家黄亚洲中英文双语诗集《听我歌唱杭州》首发式暨诗歌朗诵会在上城区举行 (区委宣传部 供稿)

【"尚城1157·利星"商业综合体营业】 2016年8月22日,"尚城1157·利星"商业综合体正式对外营业。综合体建筑面积8万平方米,由杭州卷烟厂旧址改建而成,为杭州首个传统文化与国际时尚跨界交融的主题性商业综合体。"尚城1157·利星"商业综合体规划打造3000平方米的"最天使文创园",集大量文创元素于一体,使其成为杭城唯一一个在商场内展示、销售、体验文创元素的大型基地。

【文化创意产品亮相峰会】 2016年9月,体现"杭州心意、浙江制造、中国形象、世界满意"的文化创意产品亮相峰会,进一步提升"上城设计"品质,打响"上城设计"品牌。金星铜集团有限公司朱炳仁团队打造的峰会主会场宴会厅铜雕壁画《遥望》和杭州西湖国宾馆、西溪宾馆打造的《龙凤呈祥》《蒹葭江月》《火柿映波》等"熔铜"壁画作品,以铜为原料,展现江南的含蓄、内敛及东方文化魅力。除"铜"艺术作品外,杭州合一文化创意有限公司吴海燕设计的峰会志愿者"小青荷"服装及配套用品也成为峰会重要元素。"小青荷"服饰具有江南韵味,整体设计风格青春、活泼,图案融合杭州元素,女款如西湖水,男款如西湖群山,男女装合在一起,像一幅山水画卷。杭州特美刻日用品有限公司为峰会提供的保温壶、保温杯和弹跳杯,将"三潭印月""花港观鱼""曲院风荷"等杭州标致性景观融入系列杯上,用于部分峰会场所、嘉宾休息区及下榻酒店,部分产品作为礼品赠送给峰会嘉宾。

【文创企业参加敦煌文博会】 2016年9月20日,首届丝绸之路(敦煌)国际文化博览会文化产业项目推介暨签约仪式在敦煌国际会展中心举行,来自"一带一路"沿线5个省和地区的16个文创企业参加文博会,为现场嘉宾进行路演。敦煌文博会是"一带一路"建设中唯一以文化交流合作为主题的国家级平台和国际化盛会。推介签约仪式上,浙江云朵文化有限公司对“浙朵云文化产业大数据服务平台”项目进行推介，就项目实施情况、发展目标、整体规划、解决方案等做详细说明。

【第三届中国民间艺术产业示范展】 2016年10月15~30日，由中国民间文艺家协会、杭州市西博办、中国民间艺术产业示范基地和上城区政府共同主办，区委宣传部等单位承办的第三届中国民间艺术产业示范展在中山南路187号梓府举行。展览的主题是“弘扬民间艺术，展示工匠技艺，交流创作成果，促进产业发展”。展览展出上百个艺术门类的230余件(套)作品，并设“第十八届西湖国际博览会·中国民间艺术产业示范奖”奖项，评出“精英奖”11人、“杰出作品”32件。观众近1万人次。

【上城展厅获第十届文博会“最佳策展奖”】 2016年10月20日，第十届杭州文化创意产业博览会(简称文博会)在杭州白马湖会展中心主会场启幕。上城区展厅以“宋韵文化”为主题，以“包容、开放、分享”为设计理念。开幕式上，上城区与浙江云朵文化有限公司进行项目签约。除上城展厅外，金星铜集团有限公司、杭州博乐工业产品设计有限公司等来自上城的文创企业独立参展。上城区展厅获第十届文博会“最佳策展奖”。

【杭州美术节】 2016年12月1~31日，由市委宣传部、市文创办和上城区委区政府主办，上城区委宣传部、上城区文化创意产业办公室、杭州市艺术品行业协会承办的杭州美术节在上城区举行。美术节围绕“后G20时代”提升杭州国际化水平的工作要求，以“江南韵味，艺术杭州”为主题，以活动、市集、体验等形式开展各类艺术活动，充分发挥艺术大家的影响力。其间，举办“时代的印迹——忆”中法画家画展、G20杭州峰会美术成果展等高品位、高质量的艺术展览活动30场，并首次发布“杭州市艺术品行业标准”。美术节推出各类活动项目微信、微博300余条，总阅读量2.5万人次，美术节官网浏览总量2万人次，参观人数20万人次，观看网络直播4万余人次。

【华语之声传媒公司获“中国网络视听年度公益团队”荣誉】 2016年12月7日，第四届中国网络视听大会在成都开幕。大会以“洞见新视听，共享新空间”为主题，推出论坛、盛典、展览、沙龙、展映、发布会等主题活动20余场。大会举行2016年中国网络视听年度颁奖典礼，来自上城区的华语之声传媒有限公司作为浙江省唯一一个文创企业获“2016中国网络视听年度公益团队”荣誉。

【馒头山文化街区入选省级文化创意街区试点单位】 2016年11月9日，馒头山文化街区入选浙江省文化创意街区试点单位名单。馒头山文化街区位于南宋皇城遗址核心区块，总占地面积104.67万平方米。以凤凰山脚路为主轴，围绕文创产业建成文化创意风情街。依托线上与线下相结合，建成集文化创意、研发、孵化等功能和艺术品及其衍生产品设计、生产、展示、销售为一体的文化创意产业链。借助玉皇山南基金小镇优势，形成以“江南1535”众筹茶馆为重点的文创众创空间，最终打造成“文创+旅游”“文创+商贸”“文创+金融”有机联动的综合型文化街区。

【杭州国际设计周】 2016年12月24日，由市委宣传部、上城区委区政府主办，上城区委宣传部、上城区文化创意产业办公室、御润国际陈设艺术交流中心承办的杭州国际设计周在“尚城1157·利星”商业综合体开幕。设计周还原G20杭州峰会的国宴现场，让市民游客亲身感受“中国设计”的设计理念。国内唯一具有国际影响力的设计奖——中国设计红星奖的获奖作品在设计周上首次展出。国际展台上的稀有艺术品、本土的原创好设计(中国好物件第一辑)同时在设计周上亮相。设计周主题为“杭州·让世界看见”，设置跨界论坛、开幕派对和12个主题展馆，每个展馆均有不同的主题和展出活动，具有鲜明的个性。

(张玉瑛)

金融服务业

【概况】 2016年，上城区借助浙江省钱塘江金融港湾建设的契机，依托六大产业发展平台，完善政策保障，注重培育孵化，优化金融服务环境，推动企业股份制改造，金融服务业发展提速。全区有上市公司14个，实现上市融资71.06亿元；“新三板”挂牌企业17

个，挂牌企业利用资本市场运作获申请补助439.89万元。全年金融服务业完成一般性公共预算收入11.9亿元，占全区一般公共预算收入的17.8%。引进市外内资项目68个，到位资金67亿元，占全区内资项目到位资金的55.8%。国控基金、中金启元国家新兴产业引导基金、中银特色小镇建设基金等基金落户上城，促进上城经济结构转型升级，丰富新兴金融业态。

【金融产业规模扩大】 2016年，上城区金融产业规模扩大。全年玉皇山南基金小镇引进私募金融相关机构1090个(含有限合伙、有限公司等)，管理资产规模5900亿元，实现税收10.77亿元。注册在上城区的私募管理人225个，占全省私募管理人总数的15.4%。上城区连续两年举办的全球私募基金西湖峰会形成行业品牌。第二届西湖峰会邀请美国格林威治小镇的官方代表参加，共同商讨国内私募基金产业健康发展的未来和金融小镇发展路径。全年区金融办接待学习交流参观团近100批，为各地金融集聚区推介玉皇山南基金小镇发展模式。

【金融产业服务实体经济】 2016年，玉皇山南基金小镇投向实体经济项目759个，投入资金1600亿元，受益企业中涉及上市企业79个，其中为国控基金参与"一带一路"建设、开展国际投资并购提供资金支持和优质服务。创新服务形式，引导基金小镇投资创新创业项目。区金融办与区科技局、基金小镇共同成立创投社区服务中心，该机构以服务和集聚中早期创投机构为核心功能，依托基金小镇的机构资源和资金支撑，通过资本对接、项目路演、联合调研、人才培训等形式，构建系统的产业链服务平台，推进投资人与创投机构的对接，缓解创投机构的"融资难、融资贵"问题。

【金融监管】 2016年，区金融办协调区公安、市场监管等部门及第三方审计机构，联合检查、专题审计区内互联网金融企业，摸清互联网金融企业存在的风险状况，并根据有关规定，暂停相关企业备案工作，督促互联网金融企业自查自纠、依法合规经营。协同区经侦、工商等部门和街道，停止交易所未获备案产品的交易。妥善处理信访投诉，督促指导企业加快转变业务模式。开展小贷公司风险防控检查，未发现违规现象。

【玉皇山南基金小镇入选省级示范特色小镇】 2016年5月，经各市和省级主管部门推荐，省级特色小镇规划建设工作联席会议讨论研究，并报省政府同意，确定10个特色小镇为省级示范特色小镇。玉皇山南基金小镇为入选的特色小镇之一。省级示范特色小镇将获省国土资源厅用地指标奖励；省产业基金及区域基金将和省级示范特色小镇所在县(市、区)合作设立专项子基金，支持示范特色小镇发展。

(魏建军)

休闲旅游业

【概况】 2016年，上城区贯彻落实国务院《关于促进旅游业改革发展的若干意见》，以"文商旅"大融合战略为指导，推进上城区旅游产业转型升级，旅游业实现平稳较快发展。全年清河坊·南宋御街、湖滨、南山路三大特色街区接待游客3209.03万人次，比上年增长15.9%；实现营业收入95.82亿元，增长6.6%；实现税收4.69亿元，增长16.8%。7个旅游建设项目入选国家旅游局旅游建设项目库。完成旅游投资14亿元，超过计划16.7%。上城区获"全域旅游创建典范区"称号，区风景旅游局获省G20杭州峰会服务保障工作先进集体荣誉，"清风之旅" 廉政教育线路在中纪委监察网站刊出。

【旅游目的地治理】 2016年，区风景旅游局开展旅游目的地治理。加大对旅游市场的整治力度，综合治理旅游基础环境，清理整顿旅客集散地和重点地段秩序。打好"面上巡查、联合整治、属地管理、营造氛围"的组合拳，按照"一律依法传唤、一律建立档案、一律依法处理、一律顶格处理"4个"一律处理"原则，在湖滨临湖区域、吴山广场及城站广场三大重点区域加大巡查和打击力度，区旅游执法大队联合区公安分局、区城管局、上城运管局、上城交警大队开展大型集中联合整治行动，出动执法人员2937人次，驱离“野导”3626人次，处罚“野导”137人，其中驱离“黑车”771辆次，治安拘留4人。与浙江工商大学签订人才合作框架协议，引入旅游高端人才，解决上城区旅游产业发展短板问题，促进旅游产业提质增效。编制完成《上城全域旅游发展战略研究》《上城区全域旅游产品策划报告》。

【25个“韵味杭州”体验点开放】 2016年9月4日，上城区25个“韵味杭州”体验点对公众开放。此前，上城区从周边环境、夜景照明、标识标牌、展示布置、故事讲述等11个方面对各个体验点进行提升改造。南宋御街分别对1条一类道路和4条三类道路进行整治，河坊街实施夜景照明工程和沿街重要建筑立面及景观节点整改。各体验点制作安装中英文双语标识标牌、纪念牌。区风景旅游局会同团区委开展志愿者招募、筛选、培训等工作。G20杭州峰会期间，土耳其总统夫人阿米娜·埃尔多安及其他外宾、外媒记者参观访问清河坊、玉皇山南基金小镇等体验点。

【景区(点)管理】 2016年，区风景旅游局开展景区环境秩序整治提升工作。成立整治提升工作领导小组，每月进行专项检查，并召开情况通报会。全年开展景区检查9次，召开通报会5次，整改问题30余个，发放整改检查函4份。加强对星级景区复评和复检的指导，督促景区做好整改工作。清河坊、“小营·江南红巷”两个旅游景区分别通过上级复评和复检。完成省级特色小镇玉皇山南基金小镇创建国家AAAA级旅游景区资源评估、旅游总体规划编制等工作。该景区以金融业为主导产业，旅游资源点涵盖六大主类、15个亚类、32个基本类型，包括国家和省、市级文保单位7个。中国社区建设展示中心、杭州市天长小学、杭州市阳光工艺大舞台创业园3个旅游访问点创建成为全市首批标准化建设试点单位。全年3个访问点接待国内外游客1950万人次，其中境外游客95万人次。

【南山路智慧旅游体验系统上线】 2016年8月22日，南山路“爱西湖景·恋南山路”中英文双语智慧旅游体验系统正式上线。该系统投入资金200余万元，建成电信200M光纤覆盖的1800米核心体验区。体验区设有无线网(Wi-Fi)信号点38个、AP室外设备点27个、蓝牙设备点200余个，安装触摸屏2个。系统拥有全景和基础两大后台数据库及“智慧服务”和“智慧管理”两大平台，实现全自动搜索链接、全路段Wi-Fi覆盖、全智能触摸屏布点。

【旅游行业管理】 2016年，上城区加大旅游行业管理力度。每季度开展安全检查和安全生产月、“安全生产万里行”活动。全年无安全事故、投诉事件发生。做好一对一建档管理，对全区87个旅行社实行分类管理。全区一类品质旅行社5个、二类规范经营旅行社25个、三类正常经营旅行社35个、四类问题旅行社16个、五类停业旅行社6个。通过引导示范、重点培育、规范提升、加强关注、逐步清理5种方式，引导旅行社规范经营。加强一日游旅行社日常监管，指导品质旅行社评星上星。杭州中维歌德大酒店通过五星级复评，杭州新侨饭店和杭州华辰凤庭大酒店通过四星级复评。对吴山广场旅游集散中心等5个建设项目和杭州国际民宿节活动项目拨付扶持资金291万元。

2016年8月22日，南山路“爱西湖景·恋南山路”中英文双语智慧旅游体验系统正式上线。图为游客在使用该系统 （区风景旅游局 供稿）

2016 年 11 月 2 日，上城区全域化旅游发布会举行　（区风景旅游局　供稿）

【旅游产业贡献度调查】 2016 年 10 月，上城区开展旅游休闲业对地方经济贡献度调查，调查主要测算旅游产出增加值对 GDP、财政收入的比重及旅游对就业的带动作用。调查表明旅游业成为支撑区域经济发展的支柱性产业。2015 年，上城区由旅游综合拉动的产出增加值占全区 GDP 的 7%。发展旅游业的同时增加大量就业岗位，旅游业成为居民收入的重要来源。全区每 100 人中有 7 人的工作与旅游行业有关。旅游产业对全区财政的贡献度接近 10%。

【旅游营销宣传】 2016 年，区风景旅游局依托浙江省旅游交易会等平台，加强旅游促销宣传，巩固客源市场，扩大省内知名度。丰富和完善旅游宣传品形式，通过纸巾、环保袋、中英文双语旅游地图和宣传折页，宣传文明旅游，全年发放各类宣传册 4 万余册。利用上城旅游资源，推出“红色印记·经典上城”“最美小营”“清风之旅”“清波清韵”4 条旅游线路，旅游线路中的小营红巷、于谦故居、孔庙等地方红色文化印记鲜明。推出“美丽新山南”“蝶变馒头山”“百年思鑫坊”“宋韵严官巷”“人文始版桥”和“悠然南山路”6 条民生改善主题线路，反映“上城之变”。推出“品味南山”“穿越古今”“双城生活”和“缘起爱情”4 条国际体验主题线路，邀请金牌导游进行中英文双语讲解。重要景点聘请文化名人代言和相关行业代表做专题推介。整合区内吴越国、南宋两朝文化资源及白塔、馒头山两大环境资源，策划“双城”遗存游、印章游、休闲游、文化游等主题线路。

【上城区全域化旅游发布会暨杭州国际体验日活动启动】 2016 年 11 月 2 日，由市委办公厅发展研究中心、市品牌办、上城区政府主办，区品牌办、区风景旅游局、区西博办承办，以“从南宋走来，看韵味上城”为主题的上城区全域化旅游发布会举行，同时启动杭州国际体验日活动。体验日活动设置南宋斗茶表演、国际房车展示、非物质文化遗产展示及南宋皇城小镇士兵换岗秀等体验项目，推出南宋文化、美食养生、休闲艺术等精品线路，聘请浙派古琴传人徐君跃等文化名人为上城区首批全域化旅游品牌代言人。活动以欢迎晚会的形式，吸引来自五大洲 30 余个国家的国际友人集聚、交流，促进上城历史文化与国际文化的对接。

【紫薇原点跨年祈福活动】 2016 年 12 月 31 日，区风景旅游局（区品牌办）等单位在紫薇原点广场联合举行跨年祈福活动。祈福活动以音乐派对为主要形式，内容包括发布南宋皇城小镇旅游纪念品、歌舞杂技表演等，并现场推出“在线许愿”“幸运抽奖”“3D 签到”等互动环节，祈祷来年顺风如意，国泰民安。现场参与人数 1000 余人。

（钟　诚）

健康服务业

【概况】 2016 年，上城区聚焦健康品质，抓住产业发展机遇期，大力发展健康服务业，扎实推进民生改善，努力抢占健康服务产业高地，在中医药传统特色产业发展、专科医院发展、区域放射影像中心建设等方面取得新进展。辖区杭州口腔医院成为世界单体最大的口腔医院，在省内有 12 个分院，年门诊量突破 60 万人次。引入上海世正医疗科技股份有限公司投资的全景医学影像中心，提升全区公立三类甲级医院的影像诊断水平。依托浙江大学医学院附属第一医院、浙江大学医学院附属第二医院、杭州市第一人民医院等省、市级医院和胡庆余堂、方回春堂等传统老字号，推进预约诊疗、转诊转介、预防保健、健康咨询等个性化服务，满足居民群众对不同健康服务的需求。彩虹鱼康复护理院开业，为病人及亚健康人群、慢性病患者提供医疗康复和护理、运动处方、营养指导、心理咨询等服务，致力于发展急诊后期康复护理产业，弥补区内健康产业空白。杭州联众医疗科技有限公司获第五届全国创新创业大赛“互联网及移动互联网”行业企业总冠军。创新推出“全球影像”医疗云服务平台，包括影像大数据采集、云存储、影像数据传输及基于云储存的其他医疗应用功能，以缓解“看病难、看病贵”问题。全年全区实现健康服务业增加值77.91亿元，比上年增长15.2%；实现一般公共预算收入2.97亿元，增长28.6%。

（魏建军　仲　玥）

【“智慧健康”品牌打造】 2016年，上城区进一步突破经济发展地域局限性，充分整合属地特色优质健康产业资源，紧跟“互联网+健康”发展潮流，与杭州思创医惠科技有限公司形成战略合作。选址“小营·江南红巷”国家AAA级红色旅游景区方谷园区块，通过建设居民智慧健康云服务平台和健康产业集聚众创空间，全力构建以用户为中心的健康服务体系，实现健康数据与社区卫生服务机构、医院的互联互通，打造以居民智慧健康为核心的“智慧健康”品牌。

【编印《生育服务指南》】 2016年7月，区卫计局编印新的《生育服务指南》两万册。《生育服务指南》融入“两孩政策”、便民服务、优生优育等内容，包括优生检查、孕产建册保健、“生育登记服务卡”领取、“再生育证”申领、咨询热线等，让居民群众了解最新的计划生育政策和计划生育服务项目，提高计划生育指导的可及性。

【推进“智慧医疗2.0”】 2016年，上城区推进“智慧医疗2.0”。完善社区医疗卫生服务体系，多措并举解决基层医疗卫生机构力量薄弱等问题。推进分级诊疗工作和医养护一体化。加强卫生信息化建设，实现挂号、就诊、取药“一卡通”。加强“智慧医保”应用宣传，方便参保人员随时随地掌握医保动态。向参保人员发放印有主要功能介绍、安装二维码及操作步骤的宣传资料3300余册。区医保办工作人员为参保人员提供安装“杭州医保123”应用及注册指导服务，并做好功能讲解及问题解答。

（魏建军）

【中医药传统特色产业发展】 2016年，上城区加快以“清河坊中医特色一条街”和“五柳巷中医药文化传承与创新产业园”为核心的中医药产业集群建设，大力引进优质中医药企业，推进以胡庆余堂、同仁堂、方回春堂、万承志堂、乾宁斋、震元堂、傅同春堂、三慎泰、天禄堂、俞同春、太和堂等百年老字号为龙头的中医药特色街区建设。

【彩虹鱼康复护理院开业】 2016年7月11日，上城区引进的首个医养护一体化康复护理机构——杭州彩虹鱼康复护理院正式开业。护理院规划床位70张，先期开设28张。护理院专业从事大病康复护理、亚健康修复，为杭州市民提供高端、个性化急症后期康复治疗和康复护理服务。护理院除提供门诊、住院服务外，还提供社区和家庭上门专业康复护理、健康管理等服务。

（仲　玥）

特色街区

【清河坊历史文化街区接待游客2011万人次】 清河坊历史文化街区坐落吴山北麓，毗邻西湖、城隍阁等杭州著名风景区。胡庆余堂、钱塘第一井、鼓楼、于谦故居、胡雪岩故居等国家级文保单位，王星记、张小泉、万隆火腿栈、方回春堂、叶种德堂、保和堂、状元馆、景阳观、羊汤饭店等杭州百年老店均集中在该街区。清河坊历史文化街区为拥有国家AAAA级旅游景区的商业特色街区。街区形成中药文化、餐饮文化、古建筑文化、人居文化、民俗文化、

2016 年 4 月 15 日，第十届清河坊民间茶会开幕。图为茶会开幕式上的茶艺表演　　（清河坊历史街区管委会　供稿）

古玩字画文化六大特色。2016 年，街区接待境内外游客 2011 万人次，其中境外游客 119 万人次，实现旅游总收入 14.92 亿元、税收 1.64 亿元。被省消费者权益保护委员会评为"浙江省放心消费创建示范区"，被市商务委评为"杭州市最具国际范儿商业特色街"。

【清河坊年俗活动】 2016 年 2 月 8~12 日，清河坊历史街区管委会举办清河坊年俗活动。活动以"欢天喜地闹新春，齐心协力迎峰会"为主题，推出"欢天喜地拜大年""宴煮百家众人尝""金猴迎门财神到" 等活动。其中："欢天喜地拜大年"活动演员穿着新春衣服和扮成生肖猴巡游在清河坊历史街区，为沿街商铺和市民游客送福祈福；"宴煮百家众人尝" 活动凸显历史文化街区的餐饮文化特色和老字号特色，以及清河坊高银美食街回馈社会的心愿。农历大年初五是金猴叩门迎财神的日子，各商店一大早就金锣爆竹、牲醴毕陈，迎财神的游行队伍拿着红包沿街派发，为大家带去新一年的财运。

【清河坊民间茶会】 2016 年 4 月 15~28 日，第十届清河坊民间茶会在南宋御街步行区、清河坊历史街区、吴山广场三地同时举行。茶会由区政府、市旅委、市商务委主办，清河坊资产管理有限公司、清河坊历史街区管委会、区商务局、区风景旅游局、上城区茶文化研究会承办。茶会以"展南宋风情·赏茶道古韵·品茶味芬芳·享茶肆盛会"为主题，推出"知宋史、展茶韵""美丽茶人"" 汉服巡游""茶百戏""清河坊茶会茶叶茶具展销会"等活动。茶会实现营业额 180 万元，比上届增长 20%。清河坊、南宋御街步行区人流量达 52 万人次，增加 4 万人次。

【吴山庙会】 2016 年 10 月 20~31 日，吴山庙会活动在清河坊景区举行。该项活动由区政府、市西博办、区风景旅游局、区商务局等单位主办，清河坊历史街区管委会、上城区"非遗"保护中心和杭州清河坊资产管理有限公司承办。庙会举办非物质文化遗产博览会和展销会，其中展销会安排展位 92 个，实现营业收入 226 万元，吸引市民、游客 80.32 万人次。

（郏凌华）

【9 个峰会建设项目完成】 2016 年，吴山指挥部承担峰会建设项目 9 个，分别为庆春路—望江路、望江路—万松岭路等道路及街容提升整治工程和南宋御街亮灯工程，总投资 4830 万元，于 8 月全部完成竣工验收，其中中河路道路和街容提升整治工程被评为"上城区 G20 峰会环境提升优秀项目"。

表 9

2016 年上城区吴山广场主要活动

序号	时 间	主 办 单 位	活 动 内 容
1	2016-01-10	杭州市公安局	“1·10”公益活动
2	2016-01-16	共青团上城区委员会、尚小创公益服务中心	尚小创广场市集
3	2016-02-21	上城区委、区政府	元宵灯会
4	2016-03-12	杭州市园文局、上城区绿化办	“书香换花香”活动
5	2016-03-15	杭州市城投集团	“保障 G20·城投当先锋”活动
6	2016-03-16	杭州市人力社保局	“保障 G20·人力社保在行动”活动
7	2016-04-23~27	杭州市清河坊历史街区管委会、杭州西湖小游伴新媒体有限公司	茶叶、茶器、茶点展销会
8	2016-05-06	杭州市红十字会、上城区红十字会	“服务 G20·红十字会在行动”活动
9	2016-05-08	清波街道、杭州“96345”便民服务中心	杭州公益嘉年华——喜迎 G20，欢乐公益行
10	2016-05-10	杭州市公安局	“护航 G20，深化缴枪治暴”专项行动
11	2016-05-20	杭州市公安局	“千年盛会·平安天堂”全市公安机关离退休干部广场公益宣传演出活动
12	2016-05-28	杭州市委宣传部、杭州市文明办、上城区委宣传部、上城区文明办	第十一届杭州市公民爱心日
13	2016-10-14~16	上城区风景旅游局	第十八届市民休闲节
14	2016-10-20~24	杭州西湖小游伴新媒体有限公司	吴山庙会展销会
15	2016-10-28~30	江西省旅游局、浙江合策传媒有限公司	江西省旅游推介会
16	2016-11-02	中国邮政集团公司杭州分公司	“舞动生命，活出精彩，寻找健康达人”——“邮政杯”首届中老年广场舞大赛(决赛)
17	2016-11-05	杭州电视台明珠频道	第四届豆制品文化节
18	2016-11-11	上城区委宣传部、上城区文广新局	纪念红军长征胜利 80 周年歌咏活动
19	2016-11-19	上城区政府、上城区文广新局	杭州吴山运动休闲嘉年华
20	2016-11-25	杭州市妇联、杭州市国际交流服务中心	“他为她”全球行动之“消除对妇女的暴力”主题活动暨橙色亮灯仪式活动
21	2016-11-26~27	杭州市商务委、杭州市焙烤协会	第四届焙烤协会会员单位新品展销会
22	2016-12-03~04	上城区风景旅游局、杭州市文广集团	杭州国际旅游商品展
23	2016-12-24~25	浙江广播电视集团、浙江电视台民生休闲频道	彩虹计划公益助学结对大会
24	2016-12-30~31	上城区商务局、淳安县农业和农村工作办公室	淳安县农副产品展销会

(沈建军)

综合经济管理

Integrated Economic Management

发展规划管理

【概况】 2016年,上城区突出做好稳增长、调结构、强动力、惠民生、防风险各项工作,全面提升发展、文化、生态、健康、平安五大品质,全区经济社会呈现运行平稳、转型加快、民生改善、和谐有序的态势,人均GDP、亩产税收均保持全省县(市、区)首位,圆满完成年初确定的目标任务,实现"十三五"时期良好开局。

【城区管理水平提升】 2016年,上城区结合G20杭州峰会整治工程,深化城区环境治理,提升城区管理品质化水平。制定区领导挂包峰会项目制度,实行"四问"机制,高质量完成峰会项目94个。西湖大道、南山路、解放路、城站等重点区域干净、整洁、有序。馒头山、思鑫坊、始版桥等成为全省民生改善样板,东望天际线、钱塘江北岸等6个亮灯工程效果明显。老城保护提升工程全面推进。

(魏建军)

【民生实事全部完成】 2016年,上城区坚持以人为本,着力做好顺民意、解民忧、惠民生工作,大力增加公共服务供给,10件民生实事全部完成。全年保障房开工建设14万平方米,续建16.7万平方米,竣工6万平方米。完成危旧房治理222幢(处),面积9.2万平方米;建设停车场库项目8个,可增加泊位1177个;完成防洪排涝项目和截污纳管项目各3个。实施西湖大道、南山路等59条道路整治,完成300幢建筑的整治、清洗,提升环卫设施11处,完成中河高架及两侧建筑、东望天际线等五大区域亮灯工程;实施绿化工程13处,改建扩建绿地面积4.27万平方米。帮助3800名就业困难人员实现再就业。开工建设望江单元杭州行知幼儿园,启动杭州新世纪外国语学校改建,完成杭州市杨绫子学校提升改造。望江街道社区卫生服务中心扩面和东坡路、金钱巷、大通桥等5个社区卫生服务站改造全部完成并投入使用。南星街道社区文化中心建筑主体结构结顶,紫阳"邻里之家"完工、紫阳街道生活安全科普馆完成提升装修。湖滨敬老院提升、上城区好地方颐养中心(敬老院)打造、望江街道优质优惠老年食堂建设等为老服务项目均投入使用,全区特色社会养老服务体系进一步完善。在全市首创"上城区智慧餐饮监控平台",完成240个大中型餐饮企业智慧监管平台安装,完成105个大型以上餐饮企业"透明厨房"建设,全区8个食品生产企业建立电子追溯系统。完成区级和6个街道消防安全教育培训基地建设及300个重点企业的消防安全远程24小时监控服务平台安装。

(上城年鉴编辑部)

市场监督管理

【概况】 2016年,区市场监管局推进商事登记制度改革,推行"五证合一"和"一证一码"登记制度,服务全区经济转型升级,加快推进"个转企""小升规"工作。全年全区登记在册的内资企业19470个(含分支机构,下同),注册资本3691.69亿元,分别比上年(指

2015年,下同)增长29.3%和320.6%。其中,私营企业18778个,注册资本3498.5亿元,增长30%和327.6%;国有、集体等非私营内资企业692个,注册资本193.19亿元,增长5.6%和224.3%;个体工商户16542个,注册资本10.82亿元,增长0.5‰和13.7%;农民专业合作社2个,台湾居民个体工商户10户,港澳居民个体工商户4户。全年查处虚假宣传、商标侵权、无照经营等违法案件102起,罚没款392.63万元。

【内资企业登记】 2016年,上城区新增内资企业5067个,注册资本2687.45亿元,分别比上年增长46.6%和535.9%。其中,新设私营企业5012个,注册资本2556.98亿元,分别增长46.6%和515.2%;新设个体工商户2627户,注册资本2.52亿元,分别增长6.6%和26.4%。

全年注销企业766个,注册资本17.12亿元,增长77.7%和1.4%。其中,私营企业注销723个,注册资本16.6亿元,增长81.2%和15.1%。个体工商户注销1667户,增长11.5%。

【内资企业发展特点】 2016年,上城区内资企业增长速度放缓。全年登记在册的内资企业实有数比上

2016年上城区各类内资企业基本情况

表10

项目			内资企业	私营企业	个体工商户	农民专业合作社
期末数	企业数(个、户)	2016年	19 470	18 778	16 542	2
		2015年	15 063	14 443	15 660	2
		比上年增长(%)	29.3	30	0.05	—
	注册资本(亿元)	2016年	3 691.69	3 498.50	10.82	0.38
		2015年	877.78	818.20	9.52	0.38
		比上年增长(%)	320.6	327.6	13.7	—
新增数	企业数(个、户)	2016年	5067	5012	2 627	0
		2015年	3456	3418	2 464	0
		比上年增长(%)	46.6	46.6	6.6	—
	注册资本(亿元)	2016年	2 687.45	2 556.98	2.52	0
		2015年	422.60	415.67	1.99	0
		比上年增长(%)	535.9	515.2	26.4	—
注销数	企业数(个、户)	2016年	766	723	1 667	—
		2015年	429	399	1 496	—
		比上年增长(%)	77.7	81.2	11.5	—
	注册资本(亿元)	2016年	17.12	16.6	—	—
		2015年	16.88	14.42	—	—
		比上年增长(%)	1.4	15.1	—	—

年增长29.3%,增幅提高1.2个百分点。新增企业增长46.6%,增速下降31.5个百分点。私营企业市场主体地位明显上升。全区登记在册的非私营内资企业占各类市场主体的1.9%,私营企业占52.1%,个体工商户占45.9%,分别下降0.1个百分点、提高5.13个百分点、下降5.04个百分点。存量企业规模和新设企业规模大幅增长,企业整体实力走大走强。租赁和商务服务业稳居首位,批发零售业位居第二。内资企业排名前三位的是租赁和商业服务业、批发零售业及科学研究技术服务业,分别有企业1986个、958个和733个,3个行业占新增企业总数的72.6%,增长率比上年下降11.35个百分点,但产业分布集中。租赁和商务服务业新增企业1986个,增长20.7%,新增行业规模继续超过多年来占据首位的批发零售业,成为增长户数最多的行业。信息传输、计算机服务和软件业新增企业733个,增长率提高625.7个百分点。水利、环境和公共设施管理业、金融业、住宿和餐饮业、文化体育和娱乐业、建筑业等均有大幅增长,制造业、房地产业、信息传输、计算机服务和软件业出现不同程度下滑。第三产业企业数持续居于首位。上城区产业结构符合优先发展服务业的发展思路,产业规模结构往更合理的方向发展。

【个体工商户稳中有升】 2016年末,上城区有个体工商户16542户,比上年增长5.6%,增幅提高0.33个百分点;新增个体工商户2627户,增长6.6%,增幅有所放缓。统计数据显示,上城区个体工商户投资热情高涨,规模进一步扩大。

2014~2016年上城区企业分布情况

表11

行业	企业数(个)			增幅(%)		
	2014年	2015年	2016年	2014年	2015年	2016年
农、林、牧、渔业	0	0	1	—	—	↑
制造业	2	3	2	-50	50	-33.3
电力、燃气及水的生产和供应业	0	1	0	—	↑	↓
建筑业	53	74	126	51.4	39.6	70.3
交通运输、仓储和邮政业	3	5	2	-25	66.7	-60
信息传输、计算机服务和软件业	53	101	733	29.3	90.6	625.7
批发和零售业	634	806	958	-5.8	27.1	18.9
住宿和餐饮业	81	74	150	6.6	-8.6	102.7
金融业	5	183	383	-16.7	3 560	109.3
房地产业	26	40	35	-45.8	53.9	-12.5
租赁和商务服务业	800	1 646	1 986	77.0	105.8	20.7
科学研究、技术服务和地质勘查业	232	449	557	61.1	93.5	24.1
水利、环境和公共设施管理业	0	5	17	—	↑	240
居民服务和其他服务业	22	38	65	—	72.7	71.1
教育	0	11	17	-100	↑	54.6
卫生、社会保障和社会福利业	10	11	18	233.3	10.00	63.6
文化、体育和娱乐业	19	9	17	-5	-52.6	88.9
合计	1 940	3 456	5 067	—	—	—

表 12

2016 年上城区内资企业产业结构情况

产业类型	企业数(个)	注册资本(万元)	新增企业数(个)	新增注册资本(万元)
第一产业	2	1 100	1	1000
第二产业	729	784 852	128	216 687
第三产业	18 739	36 130 956	4 938	26 656 822
合　　计	19 470	36 916 908	5 067	26 874 509

表 13

2016 年上城区内资企业和个体工商户注销情况

年份	注销内资企业(个)		注销内资个体工商户(户)
		内资私营企业(个)	
2015 年	429	399	1 496
2016 年	766	723	1 667
比上年增长(%)	77.7	81.2	11.5

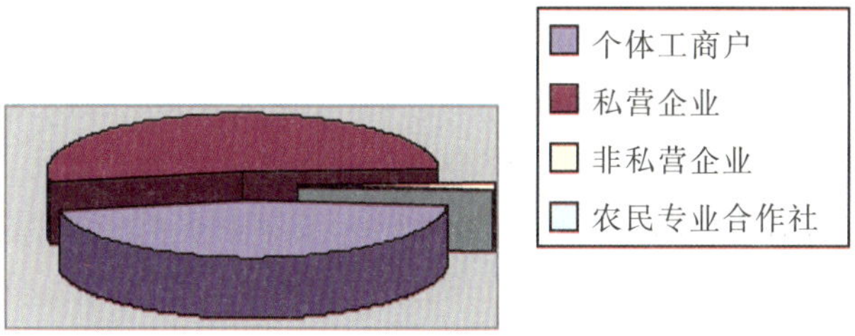

图 1　2016 年上城区各类市场主体组成情况

【农贸市场监管】 2016 年，上城区从推进市场创星护星工作、开展放心农贸市场创建、把好蔬菜食品检测关三方面入手，做好农贸市场监管工作。区市场监管局根据《浙江省星级文明规范市场认定办法》和《浙江省星级文明规范市场标准》，指导 12 个星级市场通过实施软、硬件提升改造，重新获得星级认定。以玉皇综合农贸市场和三桥农贸市场为创建试点单位，申报参评省级放心农贸市场。制定个性化创建计划，并对照《浙江省放心农贸市场评价细则》，对创建单位进行具体指导。组织市场检测人员参加业务培训，断河头农贸市场、近江水产农副产品综合市场和玉皇综合农贸市场 3 个市场快速检测室免费对公众开放。推进农贸市场蔬菜食品农药残留快速检测工作，每天抽样检测不少于 8 个品种 15 个批次，检测结果及时上墙公布。全年对农贸市场、蔬菜批发市场、超市等场所的各类食品抽检 1702 个批次，合格率 96.4%；查处不合格商品 63 批次、168.6 千克。加强市场家禽类、冷冻肉采购验收登记、索证索票的监督检查，发现违规行为 5 起，并立案查处。G20 杭州峰会期间，农贸市场未发生食品安全事故。

【商标品牌培育】 2016 年，上城区全力打造一批代表上城产业优势和地区形象的商标品牌，推动商标战略与经济工作深度融合。组织 30 余个企业参加申报省、市著名商标工作培训。全年新增申报省、市著名商标 24 件，完成省著名商标续评 8 件。加强与老字号协会、老字号品牌基地的互动，帮助 3 个老字号企业申报省、市著名商标。建立重点企业优质商标培育库，对入驻基金小镇企业和重点企业进行一对一指导。杭州奥普电器有限公司被认定为驰名商标。至年末，全区拥有省著名商标 36 件、市著名商标 49 件。全年查处各类商标案件 16 件，罚没款 54.07 万元。协助杭州回音必集团有限公司“回音必”等 12 件商标与平安银行进行商标专用权质押，质押金额 1 亿元，被担保债权数额 4 亿元，在一定程度上缓解小微企业的融资困难。

【广告监管】 2016年9月1日起,《互联网广告管理暂行办法》正式施行。上城区组织广告经营企业参加全省互联网广告管理培训,并通过微信公众号、邮件等形式进行宣传,提高企业经营者主体责任意识,共同把好互联网广告准入关,防范发生虚假互联网广告等行为。G20杭州峰会期间,上城区成立专项工作行动小组,制订并实施《上城区G20峰会广播电视媒体管控工作方案》,对辖区内影剧院、体育馆、宾馆饭店、楼宇、农贸市场、超市、学校、马路主干道、广场、车站、书报亭、建筑工地的LED显示屏、公共视听大屏幕发布的户外广告进行检查。7月13日,区市场监管局牵头开展防范金融风险广告专项整治,成立专项整治领导小组,与区金融监管、公安等部门沟通联系,形成工作合力。摸清辖区内金融企业及互联网金融网站的底数,实施违法广告行为精准打击。做好日常监管,全年审批户外广告、店牌店招67件,查处虚假违法广告案件15件,罚没款182.57万元。查处网络经营违法行为为17起,罚没款53.44万元。

【合同监管】 2016年是浙江省开展"守合同重信用"企业公示活动的第一年,也是新版网上申报系统应用的第一年。辖区浙江省八达物流有限公司被认定为国家级"守合同重信用"企业,杭州娃哈哈集团有限公司等4个企业被延续认定为国家级"守合同重信用"企业。杭州胡庆余堂国药号有限公司等3个企业获AAA级"守合同重信用"企业称号,杭州解百集团股份有限公司等4个企业通过AAA级"守合同重信用"企业复审;浙江中源幕墙装饰工程有限公司等5个企业公示为AA级"守合同重信用"企业,延续公示为AA级"守合同重信用"企业10个;公示为A级"守合同重信用"企业12个,延续公示为A级"守合同重信用"企业5个。对合同格式条款进行规范备案,对供水、供电、供气,以及旅游、美容美发行业合同格式条款执行情况进行专项检查;对40余个相关企业使用的各类合同文本进行登记备案。开展银行业格式条款执行情况"回头看",防止出现过的问题反弹。全年备案商品房销售合同2份、变更4份,备案房地产中介合同7份;网上拍卖备案93件,比上年增长88.1%,拍卖金额1.71亿元。协助企业办理汽车、食品、电器、机器设备等动产抵押登记7件,主债权金额3.78亿元。

【企业年报工作】 2016年,上城区全面推行年报制度,推动企业自律自治。全年应办理年报企业14606个,实际申报13178个,自然年报率90.2%;因查无下落列入异常情况的857个,工作年报率96.1%。个体工商户应报14694户,实报13556户,自然年报率92.3%;因查无下落列入异常情况的299户,工作年报率94.3%。农民专业合作社报送公示1个,因查无下落列入异常情况的1个。上城区企业及个体工商户年报工作达到上级要求。上城区对企业年报信息首次实施"双随机"抽查,即随机确定抽查企业(由省工商局随机抽取)、随机安排检查人员进行检查。全年全区被列入抽查的企业401个,抽查总体情况良好。

【推出小微企业三年成长计划】 2016年,上城区成立领导小组,制定小微企业三年成长计划工作考核办法,召开实施成长计划推进会议,研究部署重点工作。至年末,全区引导和支持个体工商户转型升级为中小微企业236个,新增科技型中小微企业51个、七大产业中小微企业1645个。组织276个中小微企业开展"双对接"(对接金融、对接科技)活动;举办中小微企业专场培训36场,推动21个小微企业在浙江股权交易中心挂牌,其中10个小微企业挂牌后融资3亿元。新增规模以上服务业企业53个、工业企业1个,新增限额以上批发零售、住宿餐饮企业93个,整治淘汰不达标、违法生产企业102个。区市场监管局发挥职能优势,出台一系列工作举措,助推基金小镇发展,加快各类私募企业向基金小镇集聚。以G20杭州峰会举办为契机,完成对思鑫坊、馒头山、望江门外直街、始版桥、大学路新村、大马弄六大区域环境整治,查询调取各类企业档案1万余份,关停取缔各类无照经营户49户,实施业态调整经营户118户。

【投诉举报受理】 2016年,区市场监管局举报投诉中心受理各类投诉举报7161件。其中:12345市长公开电话交办26件,比上年下降39.2%;区长热线交办1623件,下降25%;"12315"热线受理4393件,上升13.1%;"96317""12331"热线受理290件,下降14.7%;网上投诉179件,下降8.7%;"110"社会联动交办单655件,上升66.7%。受理各类投诉举报件中,咨询、投诉、举报分别为84件、5247件、1830件。全年为消费者挽回经济损失80.61万元。针对杭州聚智

表 14　　2016 年上城区市场监管局受理咨询、投诉、举报情况

类型/年度	咨询		投诉		举报		合计
	数量(件)	比重(%)	数量(件)	比重(%)	数量(件)	比重(%)	
2015 年	270	3.8	5 225	73.6	1 604	22.6	7 099
2016 年	84	1.2	5 247	73.3	1 830	25.6	7 161
比上年增长(%)	-68.9		0.4		14.1		0.9

堂教育咨询有限公司投诉问题，启动应急预案进行矛盾化解，未发生群体性事件。该投诉案涉及全市 3 个学校校区、251 名当事人，涉案金额 313.9 万元。

【易燃易爆物(点)监管】 2016 年，上城区加强易燃易爆物(点)监管。对批量火柴进行实名销售管理，由各基层市场监督管理所开展详细排查。加强与消防、街道等部门联动，与火柴经销单位签订相关承诺书督促其建立台账。开展成品油市场摸排整治。全年近江、木柴厂、复兴路、白塔岭 4 个加油站销售汽油柴油 12 批次，经法定机构检测全部合格。

【消费者权益保护】 2016 年，上城区加大消费维权宣传、消费热点跟踪等工作力度。1 月 26 日，会同省消保委举办汽车消费知识讲座与消费体验活动。3 月 10 日，会同市市场监管局、市消保委举行"2016 年国际消费者权益日纪念活动"新闻发布会，通报 2015 年消费维权情况及监管执法典型案例，发出"服务 G20、服务新消费"倡议。4 月 28 日，配合市消保委举办高峰论坛，探讨经济发展新常态和新媒体环境下的家居需求和消费维权工作。深入街道、社区，用案例向群众讲解传销活动、虚假宣传、欺诈合同等的识别方法。组织编写《明白消费警示谣》《预防老年人消费受骗的建议》宣传页 3 万份，分发到老年人聚集场所，帮助老年消费者增强自我保护意识。不定期举办"消费大讲堂"，引导老年群体进行理性消费。全年区消费者协会接待消费者来访咨询 2356 人次，受理各类消费投诉 5222 件，结案率 100%，为消费者挽回经济损失 108.24 万元。

【助推民营企业发展】 2016 年，区市场监管局会同市民营(私营)企业协会举办 4 期民企大讲堂，150 余个企业参加培训。针对小微企业运行成本高、融投难等现状，组织协调 5 场银行与企业对接会，273 个小微企业与泰隆银行平海支行达成融资协议，获 8424 万元的授信额度，平均每户 30.9 万元。各民营企业协会深入企业，听取意见建议，现场为企业解决各类问题 18 个。

【宠物诊疗机构监管】 2016 年 4~5 月，区市场监管局出动执法人员 60 余人次，对宠物诊疗机构进行专项检查。6 月 1 日，召开全区动物诊疗机构管理工作会议，通报专项检查情况，针对存在问题提出明确整改要求。会上进行《动物诊疗机构管理办法》《浙江省动物诊疗机构管理规范》和《执业兽医管理办法》基本内容的宣讲，并与诊疗机构签订《杭州市动物诊疗机构规范经营承诺书》。加强对执业兽医师、执业助理兽医师的注册备案和监管。全年新注册执业兽医师 5 名，注销 3 名；新备案执业助理兽医师 2 名。至年末，全区宠物诊疗机构有注册执业兽医师 28 名，备案执业助理兽医师 2 名。全年区市场监管局会同区动物防疫站，集中为 3245 只宠物犬进行疫苗注射。采用群众喜闻乐见的方式，开展狂犬病危害、犬只管理与免疫、被犬咬伤后的处理等常识的宣传，增强群众自我保护意识与能力。把好宠物防疫注射关。注射前，仔细询问相关情况，发放"犬猫免疫须知""犬猫免疫注意事项""免疫注射告知单"等资料。做好安民告示，免疫注射完成后，向养犬户发出温馨提醒，提示应注意的事项。

质量技术监管

【概况】 2016 年，区市场监管局推进质量强区建设，以创新精神抓好技术监督各项工作的落实。两个企业分别办理申请工业产品生产许可证和工业产品生产许可证扩项。为 5 个企业分别发放 4 项型式批准

证书、4项制造计量器具证书和企业计量标准器核准证书。全年立案查处违法案件11起,其中特种设备类7起、产品质量类4起,罚没款34.94万元。

【政府管理与公共服务标准化推进】 2016年,上城区持续推进政府管理与公共服务标准化建设。向国家标准化委员会报送上城区《城市管理与公共服务国家服务业标准化》示范项目实施情况,在《人民日报》专版刊登题为《打“标准烙印”让百姓无忧》的文章,在《中国标准化》杂志发表《标准化在城市“僵车”治理中的应用》《依法行政的基层治理研究》两篇学术文章。接待省内外考察团290余批次3.8万人次,扩大示范项目影响力。指导湖滨街道开展“行政管理与公共服务”国家级公共服务标准化项目试点,按岗位梳理街道工作流程并编写街道岗位工作手册,建立街道公共服务标准体系,制定市级地方标准3项、区级地方标准14项,建设标准化示范观摩点3个。区委宣传部起草市级地方标准《道德模范培育宣传管理工作规范》并发布。2项区级标准向专家征求意见。配合完成9项市级服务业地方标准复审。对全区50个规模以上企业开展采标工作。实施“标准化+”行动,开发“互联网+”共享模式。借助杭州标准共享网平台,设立“政府管理与公共服务标准化”网络模块,介绍上城区政府管理与公共服务标准化工作,该项目涵盖全区31个部门140项现有省、市、区三级有效标准,进一步扩大上城区政府管理与公共服务标准化工作示范效应。全年申报并获市级先进技术标准补助项目1个,杭州泽大仪器有限公司完成“全国农产品冷链流通标准化示范工作”立项申报。

【质量监管】 2016年,上城区开展政府质量奖评审,两个企业申报并提交材料。组织两个企业参加“首席质量官”培训并获得合格证书;组织两个企业参加“杭州市电子商务反假联合会”,提升企业打击假冒伪劣的质量意识。组织企业开展商品质量管理和投诉处理技巧业务比赛,为西湖银泰、世纪联华等商贸零售企业提供产品质量咨询服务。全年综合性产品质量投诉件、举报件、转办件、咨询件按时办结率均100%,未发生行政复议事件。

【“质量月”活动】 2016年9月“质量月”活动期间,区市场监管局出动执法人员340人次,针对百姓关注的特种设备、餐饮卫生、产品质量、民生计量、工程质量、环境保护等领域开展执法检查,完成监督抽查不合格后处理案件5起。举办标准计量、特种设备、养老服务、施工安全、诚信建设等重点内容专场培训5期,培训企业专业人员200余人;组织两个企业代表参加全市检验检测能力验证、技能比武等活动;举办以“抓质量、促发展”为主题的宣传活动两期,540人参加,张贴宣传海报113份,发放各类质量宣传品848件,在各级媒体上刊登“质量月”活动稿件10余篇。

2016年9月19日,上城区开展“质量月”服务进社区活动

(区市场监管局 供稿)

【民生计量管理】 2016年,区市场监管局加强农贸市场、医疗机构、加油站计量器具和民用燃气表及水表的民生计量监管。完成14个农贸市场1595台电子秤的强检,周检率和检定合格率均100%。与所有农贸市场主办者签订计量管理责任书,及时更新农贸市场基本信息台账和强检计量器具台账。建立常态化工作机制,抽查6个农贸市场170余台计量器具,督促实施计量诚信公开承诺。开展农贸市场“三服务”工作,完成123台计量器具的维修和检定。完成489台医疗机构计量器具强制检定。

对6个医疗机构计量工作开展监督检查,检查测量管理设备52台,督促各医院完善计量管理台账和内部管理制度。对东河家园、梅花碑、十五奎巷等小区的民用燃气表、水表进行检查,检查供水、供气单位是否在计量器具安装前经过首次强制检定,是否按规定期限更换水表、燃气表。分别针对投入使用1年、6年、10年以上的小区进行入户检查。会同市燃气集团及市水业集团,检查各类小区13个,检查水表43只、燃气表31只。检查4个加油站加油机32台、油枪110支,经法定计量检定机构检定合格后签封。

【特种设备安全保障】 2016年,区市场监管局全力抓好G20杭州峰会期间特种设备安全保障工作。1月26日,制订《上城区G20峰会特种设备安全保障工作方案》《2016年上城区G20峰会特种设备安全保障应急处置工作实施方案》,将特种设备使用单位分为核心单位、重点单位、外围单位,提出核心单位无故障、重点单位无一般事故、外围单位无产生影响的安全事故的安全保障目标。明确峰会期间应急处置工作组织体系、应急处置值守时间、应急响应救援与处置办法、具体保障措施。对核心单位特种设备进行"精细化+精准化"风险管控,制订"两图三表"(管理人员责任网络图、设备分布图,人员信息表、设备明细表、检查表),落实"四清"(四面八方责任清、设备位置清、设备数量和基本参数清、安全管理状况清)。明确G20杭州峰会核心单位和重点单位主体责任,向8个核心单位和21个重点保障监管单位送达《特种设备使用单位安全告知书》,并签订《G20峰会特种设备安全保障工作承诺书》,对特种设备安全负责人、安全管理人员和操作人员进行专题培训。全面清查电梯、锅炉等特种设备,开展电梯、锅炉使用安全专项行动,出动执法人员460人次,检查特种设备使用、生产单位205个,发现隐患问题274个,发出安全监督指令书22份,责令停止使用电梯14台、锅炉1台,查处违法案件7起,罚款33.1万元。妥善解决望江新六园17幢电梯无物业、无维保、电梯超期未检等安全隐患问题。完成天阙花园4台电梯无物业维修资金、电梯无维保单位市区两级政府重大安全隐患挂牌督办案的整改。

【"蓝剑1号"专项执法行动】 2016年元旦、春节期间,区市场监管局组织开展"蓝剑1号"专项执法行动,查办节日期间产品质量、民生计量和商品条码等方面违法行为。会同市市场监管局稽查支队、市质量检测院对人流密集的城站火车站周边商场计量器具开展突击检查,抽查杭州香榭商厦有限公司参茸大卖场、杭州白马珠宝市场等5个经营场所,随机对销售高档药材、金银饰品使用的电子天平、电子计价秤及杭州满江红大酒店海鲜房在用的电子计价秤进行称量检测,平均合格率98%。

食品药品监管

【概况】 2016年,上城区有食品生产流通企业3538个(生产企业8个、流通企业3530个)、批发和零售药店(含连锁门店)33个。全区食品药品监管部门围绕保食品药品安全这一中心任务,推动"国家食品安全城市"创建,加强日常监管,强化综合治理,推进社会共治。全年出动执法人员3856人次,检查食品药品企业3641个次,行政处罚65件,罚没款477.73万元。立案47起,案值3.58万元,罚没款144.75万元。全年全区无重大食品药品安全事故发生。

【"国家食品安全城市"创建】 2016年3月,区政府部署国家食品安全城市创建工作,出台《杭州市上城区创建国家食品安全城市试点工作实施方案》和《杭州市上城区创建"浙江省食品安全区"工作方案》,并与有关部门和街道签订创建工作责任书,区财政为"两项创建"活动落实专项资金。开展食品安全微信知识竞赛,在54个社区张贴活动海报,有400余名居民参与食品安全知识竞答。印制"国家食品安全城市创建"海报3000余份,在大型食品生产企业、食品批发交易市场、大型餐饮服务单位和食品加工经营集聚区等重点单位和重点区域,以及社区醒目位置张贴。发挥食品安全监督协会作用,组织会员对食品安全情况进行监督。"两项创建"工作取得初步成效。

【食品安全管理】 2016年,上城区全面加强对食品安全工作的综合协调,区政府制订《2016年度上城区食品安全工作要点》，把食品安全工作纳入考评内容，与各相关部门和街道签订食品安全责任书。开展街道食品安全规范化建设，出台《杭州市上城区街道食安办规范化建设方案》，年内，清波、湖滨两个街道食品安全管理办公室达到规范化建设要求。实施隐患大排查、大抽查、大整治专项行动，发挥食品安全基层网格作用，排查食品安全问题和线索50个，张贴食品安全隐患大排查通知1万份，约谈违规企业23个。加强餐饮食品安全监管，推动餐饮服务单位落实食品安全主体责任。结合“你点题，我检测”活动，发动辖区群众参与食品安全抽检。全年抽检食品1925批次，合格率97.6%。

【药品及医疗器械安全监管】 2016年，区市场监管局以维护药品和公众用械安全为目标，加强重点单位监管。把许可检查、专项检查与投诉举报受理结合起来，并采用“飞行”检查的形式，检查辖区药品批发企业及连锁总部37个次、药品零售企业130个次、医疗机构187个次、医疗器械经营企业208个次。对杭州虹桥医院从非法渠道购入中药饮片进行立案查处，对当事人做出行政处罚，罚没款265.89万元。加大市场药品抽检力度，全年抽检药品120批，其中1批次不合格，涉嫌非药品冒充药品，由湖滨市场监管所立案查处。抽检医疗器械23批次，其中在用大型器械18批次，均100%合格。处理投诉举报38起，其中药品25起、医疗器械9起。开展药品不良反应(ADR)和医疗器械不良事件(MDR)监测，监测上报ADR数据961条、MDR数据66条，其中严重项各374条、17条。开展“安全用药月”宣传活动，组织参加国家食品药品监管总局举办的第五届药品安全网络知识竞赛，增强公众自我保护意识。

2016年9月20日，区市场监管局在联华超市开展“你点题，我检测”活动

(区市场监管局 供稿)

【G20杭州峰会餐饮食品安全保障】 2016年，区市场监管局贯彻落实G20杭州峰会期间食品“来源可靠、质量可靠、安全可靠”的总要求，切实保障峰会餐饮食品安全。成立餐饮食品安全保障工作领导小组，制订实施方案，确定驻点保障工作人员。对9个餐饮食品供应企业进行资质核查。建立食品索证索票及检验报告制度，落实专人押运食品。峰会期间，核查食品400余批次、320余个品种、1.4万件。对审查不符合要求的24批次、17个品种进行退货处理。验收食材7020件、30余吨，参与保障就餐人员3.1万人次，确保B20峰会欢迎酒会和参加峰会国家元首夫人团在中国美术学院的参观活动顺利进行，无食品安全事故发生。

【餐饮监管体系建设】 2016年，区市场监管局推进食品经营许可制度改革，启用全省线上食品经营许可审批系统，配合做好相关数据录入和许可证换发工作，提高监管针对性和科学性。全年新增餐饮服务单位189个。在餐饮服务单位开展食品安全自查、量化分级自评等活动，排查报告重大风险隐患。通过教育培训、监督检查、食品抽检等方式，督促餐饮单位落实食品安全主体责任。抓好餐饮单位食品安全风险等级评定，将风险大、隐患多的餐饮服务单位列为重点监管对象，增加动态评定的频次，督促企业提升餐饮量化等级水平，餐饮量化分级等级公示率100%。抓好“五可阳光”工程建设，全区建成大型、特大型餐饮单位“阳光厨房”84个，中小学校食品“阳光厨房”建成率100%。新增“阳光餐饮”单位30个。建成“上城阳光餐饮智慧管控平台”，依托网络技术手段，实现企业在线自查申报和远程视频实时监管，形成监管者、经营者、消费者多方参与的全社会餐饮食品安全监督体系。

【食品安全整治】 2016年，区市场监管局以问题为导向，开展大宗食品、调味品、“四自”食品、现榨果蔬汁等食品监督抽检。全年抽检465批次，不合格12批次，合格率97.4%。加强抽检不合格食品的后续处置，处置率100%。由属地街道牵头，按照“三个一批”原则，开展无证照餐饮综合整治。全年整治无证照餐饮企业109个，整治率100%。上城区固定无证无照餐饮场所整治管理办公室受理投诉213件，按时办结率100%。根据省、市《餐桌污染治理三年行动计划》要求，联合区教育局、区风景旅游局对大型以上餐饮单位、集体用餐配送单位、学校托幼机构和养老机构食堂开展检查，对出售小龙虾、黄焖鸡米饭等食物的小餐饮店开展专项整治，严厉打击各类违法行为。组织开展“互联网订餐净网行动”，重点查处网络供餐未按规定变更许可事项等行为，确保网络订餐安全。

资料

“四自”食品：自制火锅底料、自制糕点、自制饮料、自制调味品。

“三个一批”：规范一批、整治一批、取缔一批。

【食品安全监管体制完善】 2016年，区市场监管局完善食品安全监管体系，加强日常监管。组织开展食品生产企业“双随机”（人员随机、抽查企业随机）抽查工作。制订《2016年度食品生产企业“双随机”抽查工作方案》，抽查内容主要为生产环境、食品原料、食品添加剂使用、回收食品处置、被查出问题处置及整改落实情况。全年抽查食品生产企业8个，发现企业原辅料索证不齐全、产品未按要求留样管理等问题，督促其限期整改。制作“食品安全信息公示栏”，督促食品生产、流通企业按要求进行食品安全信息公示。推进食品生产环节电子追溯体系建设，组织8个食品生产企业安装电子追溯系统。开发流通环节食品安全电子化监管平台，纳入监管平台经营户70户，全年上传食品进货信息289.67万条。

【食品市场整顿】 2016年3月1日至6月30日，区市场监管局开展专项整治行动，对食品市场经营秩序进行整顿。出动执法人员2032人次，集中查处无证无照小食杂店、无照小蔬菜店和水产品农药残留超标及非法使用添加剂等问题，立案29起，移送司法机关1起，案值2.61万元，罚没款90.12万元。开展“一区五小”整治。小食品店中重新办理证照8个、取缔关停29个。小蔬菜店补办证照2个、取缔关停11个、转行6个。对农贸市场内4个小加工作坊进行登记备案，整治率100%。抽检水产品61批次，不合格5批次，不合格处置率100%。检查生湿面制品加工经营单位16个，重点检查经营者的主体资质及原料面粉的进货渠道，4个经营许可证过期的单位重新办理经营许可手续。全年监督检查动物及动物产品11.09万吨，检出变质、病害肉类58.5千克，当即进行无害化处理。对各农贸市场的肉类、冷鲜禽及相关产品进行监督把关，确保进场动物及动物产品持证率100%，并且证物相符。

资料

“一区五小”：餐饮聚集区和小餐饮店、小作坊、小食杂店、小蔬菜店、小摊贩。

【家庭过期药品回收】 2016年，区市场监管局加强家庭过期药品回收工作。增加过期药品回收点，回收定点单位从29个增加到47个。安排专项经费，重新制作药品回收箱，投放到各个社区。对历年回收的过期药品进行统一销毁处理，确保过期药品不外流。

【保健品和化妆品监管】 2016年，区市场监管局规范市场准入，加强保健品和化妆品监管。调整许可政策，核发“食品经营许可证”。加强产品注册备案管理，做好省食品药品监管局委托的保健品、化妆品注册资料核查工作。加强流通环节监管，制订保健品、化妆品经营企业日常抽查计划，加强对超市、药店、专营店等重点场所，以及台账建立、索证索票等重点环节的检查，发现问题及时处理并开展“回头看”活动。全年抽检保健品50批次、化妆品10批次，合格率均100%。强化对G20杭州峰会涉及酒店使用化妆品的监管，抽检客房内化妆品10批次，合格率100%。开展美容美发行业化妆品安全风险排查，规范美容美发单位化妆品经营秩序。

（魏　静）

物价管理

【概况】 2016年，上城区物价部门坚持“稳定物价，服务发展”的工作主线，着力深化价格改革，加强价格监测监管，落实各项价格惠民政策，提升价格服务水平，为促进全区经济平稳发展、社会和谐稳定营造规范有序的价格环境。全区物价总水平基本稳定，平价商店较好地发挥平抑物价的作用。全年查处价格违法案件36件，实施经济制裁金额19.04万元，其中退还消费者2.86万元。受理价格举报投诉589件，按时办结率100%。受理政府信息公开申请12件。

【价格调控监管】 2016年，区物价局加强价格调控监管，规范市场价格秩序。元旦、春节、劳动节、国庆节等节日期间，组织开展农副产品价格巡查，先后对200余个知名饭店、高档宾馆餐厅及高银街餐饮企业进行监督检查和告诫提醒，坚决查处各种不正当价格行为，有效维护节日市场价格的稳定。5月，开展旅游市场价格收费专项检查，重点查处宾馆酒店价格收费、景区门票收费、商场超市明码标价、机动车停车收费等情况。全年开展餐饮行业专项整治、明码标价百日宣传整治、涉企收费、教育培训机构收费、民用液化气价格、养老机构服务收费、社会团体收费及医疗服务机构收费等价费专项检查12次。发挥“12358”价格举报电话及网上价格举报的民意诉求“窗口”作用，全年受理各类价格咨询举报589件，办结率100%。

上城辖区物美超市平价直销区商品供应充足，经营秩序良好

（区物价局　供稿）

【价格宣传活动】 2016年5月，为纪念“12358”价格举报电话开通15周年及《中华人民共和国价格法》颁布实施18周年，区物价局组织开展价格政策宣讲、送法到基层等系列宣传活动，先后走进解百商场、西湖银泰、湖滨银泰、万泰城等大型商场及商圈，发放价格宣传资料80余份，并采取“边宣传，边检查，边规范”的办法，规范明码标价和收费行为。5~11月，举办10次餐饮行业价格政策培训，900余名餐饮企业负责人参加。12月，区物价局组织2个服务小组，深入15个社区，向社区居民宣传价格改革政策和升学、就医收费及水、电、物业收费规定。

【推进清费减负】 2016年，区物价局加强收费管理，推进清费减负，帮助企业降低生产和经营成本，改善投资和创业环境。5月，区物价局对辖区内25个行政事业性收费单位开展收费情况和收支状况年度审核。2015年度全区行政事业性收费总额7514.18万元，其中行政性收费5279.18万元、事业性收费总额2235万元。10月18日，区物价局走访玉皇山南基金小镇二期建设指挥部，听取入驻企业对价格工作的意见建议，认真兑现企业应享受的各项价格优惠政策。

【“阳光工程网”行动】 2016年，区物价局深化“阳光工程网”行动。依托杭州价格网、上城网等媒体，及时公开应当让公众知晓的价格政策规定、价格工作信息。全年公开政府信息35条，在浙江省政务网公开行政处罚案件6件，受理政府信息公开申请12件，答复率100%。运用微博、微信等平台，进行政务动态发布、典型案例曝光、法律法规解读、价格政策提醒，把物价政策及惠民信息送到群众身边。全年在官方微博发布信息1294条，其中微博原创358条。

【权力事项清理】 2016年，上城区按照价格行政权力清单和权力责任清单，对定调价、价格行政处罚、价格认定和鉴定、价格成本监审等事项进行梳理，做好省、市、县三级行政权力事项基本目录的核对、新增、取消、转移及修改等事项，明确保留行政权力20项，进一步规范依法治价工作。推进行政事业性收费验审制度改革，全面停止收费许可证核发及收费许可证年度审验。利用“全国收费动态监管系统”实施行政事业性收费情况网上申报，通过实地查阅收费单位的账目、单据、有关文件等，加强对行政事业性收费行为的事中事后监管。

【完成价格认定案件264起】 2016年，区价格认证中心按照规定的标准、程序和方法，办理涉案、涉税、涉纪财物价格认定。全年完成价格认定案件264起，认定涉案财物576起，涉案标的金额248万余元。认真办理民事纠纷引起的财物毁损案件，为止纷定争、化解矛盾提供价格依据。全年办理涉纪财物价格认定案件1起，提供涉纪财物价格咨询1起。经审核不予受理的价格认定案件29起，涉及物品120余种，无重新认定和复核裁定案件发生。

（曹天艳）

安全生产监管

【概况】 2016年，区安全监管局强化安全生产责任，创新安全监管机制，推进隐患排查整治，全区安全生产形势持续稳定。全年发生安全生产事故和险情19起，死亡2人，受伤7人，事故起数比上年下降30%。针对上城区峰会环境整治项目多、安全施工管控难度大的实际，加强安全施工基础管理，提升安全施工保障能力，圆满完成峰会环境整治任务。

【峰会生产安全监管】 2016年，上城区结合实际，制订《G20峰会生产安全事故防范处置工作方案》，成立G20杭州峰会事故防范工作领导小组，建立领导联系督办制度，明确重点工作任务，筹划实施步骤，落实具体工措施。区安委会、区消安委与全区安全生产责任单位签订《峰会安全目标责任书》110份。街道、消防、住建、城管、市场监管等部门分别制订本行业安全保障方案。区安全监管局加强峰会项目安全监管，出动检查4870余人次，检查单位3785个次，查处各类隐患2070余处，发放施工安全告知书2600余份。组织对杭州凯悦酒店、杭州索菲特西湖大酒店、杭州新侨饭店、杭州维景国际大酒店等接待酒店周边及西湖大道、南山路、之江路、中河高架、南复路等重点道路两侧企业开展摸底排查，督促责任单位实施隐患整改。先后排查危险化学品经营使用企业246个、接待宾馆周边企业172个，实现对宾馆周边及警戒道路两侧企业检查的全覆盖。

【安全隐患排查整治】 2016年，上城区进一步完善隐患排查治理机制，实施排查周报、月报制度及挂牌督办制度。各街道及相关部门依托“平安365”网格体系，突出春节，元宵节、“两会”、国庆节等重点时段的隐患排查。将辖区内杭州浦源物业管理有限公司、杭州泰和堂中医门诊部等10个单位列为挂牌督办重点单位，其中市级挂牌督办1个、区级挂牌督办9个。年内，挂牌督办单位全部完成整改。全年检查企业1.21万个次，排查隐患8647条，整改落实8500条，整改率98%。

【安全生产监管执法】 2016年，区安监、交警、消防、市场监管等部门围绕重点行业领域，严格安全执法检查，督促企业落实主体责任，严厉打击安全生产非法、违法行为，严密防范安全事故发生。查处危险化学品领域违法存储氢气钢瓶事件1起，处置氢气钢瓶10只，拘留1人；排查各类餐馆360余个，发现使用醇基燃料单位5个，均予以查封，处置甲醇溶液960千克，扣押醇基燃料违法售卖车辆2辆，拘留3人。没收违法经营的液化气瓶679只，拘留8人；驱赶无证液化气厢式配送货车36辆次，扣押15辆。查处建筑施工企业23个，罚款23.01万元。消防部门查处非火灾事故269起，临时查封企业79个，罚款23.7万元，拘留33人。开展特种设备专项整治，开具行政处罚指令书22份，罚款33.1万元。

【安全生产宣传教育】 2016年，区安全监管局加强安全生产宣传教育及培训。4月24~30日，《中华人民共和国职业病防治法》宣传周期间，举办专题讲座，邀请上城区疾控中心职业卫生专家授课。8月2~3日，举办街道、社区分管负责人和辖区企业安全员培训班，参加培训110人。11月7日，组织微型消防工

2016 年 4 月 27 日,区安全监管局组织开展职业卫生安全培训
(区安全监管局 供稿)

作站人员、消防重点单位人员安全培训,220 余人参训。区安全监管局在 54 个社区、6300 个楼道和城站广场、汽车南站、商场、超市等公共场所及人员密集场所,发放安全生产知识图文资料 2.5 万份;通过电子显示屏、宣传栏宣传安全生产法律法规,营造安全生产文化氛围。

【开展“安全生产月”系列活动】 2016 年 6 月“安全生产月”期间,上城区围绕“强化安全发展观念,提高全民安全素质”主题,在高银街、五柳巷、东平巷社区和金都华府小区为市民提供安全生产知识及劳动保护等咨询服务。活动期间,悬挂横幅 154 条,张贴宣传画 5550 张,展出黑板报 185 期、展板 586 块;出动宣传车 20 台次,发放宣传资料 2.79 万份;培训职工 1.08 万人次,举办知识竞赛和演讲比赛 45 场,组织应急演练 81 次。

【深化“全员培训”工程】 2016 年,上城区深化“全员培训”工程。培训突出“三类人员”(企业负责人、安全管理员、特种作业人员),旨在提高企业主要负责人、安全管理员持证比例。全年培训企业主要负责人 1370 人、安全管理员 4683 人、其他员工 4.22 万人。培训收到良好效果,公众的安全意识和法制观念进一步增强。

【安全应急体系建设】 2016 年,区安全监管局加强安全应急体系建设,指导各单位制订和修订事故应急预案,注重细化预案内容,完善预案联动机制。各街道及相关部门组织开展应急演练,检验提升应急预案的有效性和针对性。6 月,区安全监管局在南星水厂举行液氯泄漏大型应急演练,在杭州维景大酒店举行全区旅游系统消防联防疏散演习,两次活动 160 人参加。11 月 4 日,区安全监管局联合南星街道、上城消防大队,举办上城区安全消防应急技能大赛,50 支代表队、150 名选手参加比赛。

【“智慧用电”项目推广】 2016 年,上城区针对老旧小区多、古建筑多、消防压力大的特点,积极在重点区域、重点单位推广“智慧用电”项目。全年投入 200 余万元,在清河坊历史街区沿街两侧所有商铺和全区所有中小学、幼儿园、养老院,以及人员密集场所吴山花鸟城安装“智慧用电”设备 1153 套,提升日常用电安全管理水平。全年检测到电流过大、温度过高、设备漏电等险情警报 5900 余次,所有报警隐患均及时消除。

【夏季高温安全监管】 2016 年,上城区积极做好夏季高温安全监管工作。区安全监管局组织走访各类企业 840 余个,发放宣传资料 2900 余份;开展安全培训 10 余次,培训企业员工 2570 余人。会同消防、工会等部门开展安全大检查,督促企业抓好夏季各项安全生产制度落实,确保高温岗位职工的安全与健康。加强企业生产设备的检修及防雷、防静电等安全设施的维修保养,防范发生火灾、触电等事故。区安委办成立检查组,对辖区企业安全生产责任制落实情况及重点领域安全隐患排查情况进行监控。

【职业卫生监管】 2016 年,区安全监管局加强职业病防治知识的宣传教育,提高全社会对职业危害的防护意识。抓好用人单位主要负责人、职业卫生管理人员的职业卫生知识培训,督促用人单位做好从业人员岗前和在岗期间的培训,提高从业人员职业病防治安全意识。开展相关业务知识学习,强化执法人员责任意识，增强履职能力，确保职业卫生工作有人抓、抓到位。加强对辖区内重点行业职业卫生监督检查工作，明确用人单位职业病防治的主体责任，督促其健全组织机构，规范制度建设，加大资金投入，彻底整改隐患。

【烟花爆竹禁售禁燃】 2016年春节期间，上城区统筹规划，精心部署，及早行动，做好节前辖区烟花爆竹禁售禁燃工作。区政府印发《2016年春节期间上城区禁止销售燃放烟花爆竹安全管理工作方案》，明确安监、消防、交警、市场监管、宣传等相关部门及属地街道的工作职责，并提出具体工作要求。召开全区烟花爆竹禁售禁燃工作会议，推进分工负责、齐抓共管工作局面的形成。区安全监管局印发禁止销售燃放烟花爆竹通告5000份，在社区宣传栏、人员密集处、小区进出口张贴。全区54个社区在辖区内悬挂和张贴禁止燃放烟花爆竹的横幅、公告和温馨提示，引导广大居民自觉遵守禁放规定。《上城报》开辟专题栏目，宣传禁售禁燃烟花爆竹有关规定。区教育局发文督促辖区学校做好宣传工作，要求教师带头执行规定，并利用校讯通、微信、QQ等平台告知学生禁放规定。区安全监管局会同各街道及相关部门，对以往烟花爆竹销售点和农贸市场周边隐蔽销售点进行重点检查。 （吴璐莹）

审　计

【概况】 2016年，区审计局加强公共资金、国有资产、国有资源、领导干部经济责任履行情况的审计监督，全年完成审计及调查项目155个。其中：国家审计项目18个，查出管理不规范金额5.5亿元；政府投资结算审计项目137个（包括决算审计项目19个），送审造价11.96亿元，审定造价10.8亿元，核减造价1.16亿元，核减率9.7%。编发审计信息和专报31期，审计工作在《中国审计报》《浙江审计简报》《杭州审计信息》刊登和被领导批示16次。

【财政预算执行情况审计】 2016年，区审计局在有关审计报告中全面反映和总结2015年度上城区财政收支和预决算管理、专项资金绩效和制度的完善落实、政府投资建设项目管理、国有资产运营和保值增值管理、峰会项目跟踪服务保障和工程审价等情况，并首次以《审计问题整改落实情况报告》及问题整改清单的形式，向区政府和区人大常委会报告预算执行管理、财政收支、税收征收管理存在问题的整改落实情况，受到区政府和区人大常委会肯定。区政府主要领导要求针对审计反映的问题提出整改意见，落实整改措施，并举行追责问责。该做法分别被省审计厅网页和《杭州审计信息》刊载。

【公务支出公款消费审计】 根据省审计厅的安排，上城区自2013年开始连续3年组织全区预算单位开展公务支出公款消费的自查和审计工作。公务支出公款消费审计实现全区74个预算单位全覆盖。全区在经济责任审计、财务收支审计中，将公务支出公款消费作为重要审计事项。区属各部门通过自查自纠和边审边改，逐步规范公务支出公款消费行为。全区“三公经费”、会议费、培训费比2012年分别下降32.4%、88.5%和74.4%。通过审计，全区各部门积极建章建制、规范公务行为。区财政局出台区直机关会议费、培训费、因公出国、差旅费等管理制度；区纪委对公车管理使用情况进行专项检查并通报警示；区安全监管局制定印发“三重一大”重要事项集体决策制度和实施细则，规范经济决策程序和财务审批手续。各单位加强费用报销内部控制审核，完善事前审批、签到、结算等程序。

【领导干部任期经济责任审计】 2016年，区审计局对4个部门、1个街道、1个指挥部的7名主要负责人进行任期经济责任审计，查出管理不规范金额2327万元，向被审计单位提出改进管理工作意见和建议24条。对2015年度经济责任审计反映的问题进行汇总，提出审计建议，并专题报告区委、区政府主要领导，得到批示肯定。制定《区经济责任审计五年规划》，对各单位领导任期内财务收支、资产、预算内外资金、专项资金及有关经济活动做出审计安排。

【政府投资项目审计】 2016年，区审计局加强对政府重大投资项目建设和管理情况的审计监督，重点加强G20杭州峰会项目的跟踪审计。委托政府投资建设项目工程审核财务机构对113个峰会项目进行跟踪审核、审计。峰会项目总投资额10.66亿元，合同额

7.09亿元，项目开工以来出具跟踪审计审核联系单890份，涉及变更金额1.63亿元，核减变更联系单金额5670.56万元。提出审计建议25条，发放审计建议书8份，形成审计信息和专报10篇。组织对保障房建设、庭院改造、截污纳管、背街小巷改善等政府投资项目的预算管理、内部控制、成本支出、经济效益等进行跟踪审计，实现政府投资项目审计全覆盖。

【审计理论研究】 2016年，区审计局注重审计业务理论研究。确定《基层政府投资项目审计转型的思考》《新常态、新目标、新体系——经济责任审计发展方向初探》《重大公共应急工程项目跟踪审计研究》3个省、市审计课题。组织撰写《政府投资项目招标清单编制及相关关键问题研究》《以审计视角探讨完善街道财政体制途径与对策》《推动政府购买公共服务，打造上城区居家养老升级版——基于“独立性购买”模式的思考》《政策落实跟踪审计要转变方式创新方法》4篇审计论文和调研文章。

【内审指导服务】 2016年，区审计局加强对内部审计的指导与服务，组织全区行政事业单位学习《中华人民共和国新预算法》，组织80余名内部审计人员参加省、市内审协会举办的培训班。采取领导分片、科室分系统、个人联系部门的方式，对全区内审机构进行具体指导监督，提高内部审计人员素质。分片组织理论研究和实务交流，区教育局后勤管理中心、南星街道、区城管局分别撰写的《浅谈经济新常态下提升教育内审价值》《经济新常态下如何更好地发挥基层内部审计作用》《浅析行政事业单位内部审计的重要性》论文受到好评。区审计局被杭州市内部审计协会评为内审指导优胜单位。 （竺永杰）

统 计

【完成地区生产总值928.35亿元】 2016年，上城区完成地区生产总值(GDP)928.35亿元，按可比价格计算，比上年增长6.2%。按全区2016年末户籍人口计算，人均GDP为28.39万元，增长8.4%，按2016年平均汇率计算，人均GDP4.27万美元，增加696美元。按产业分，第二产业实现增加值371.25亿元，增长1.6%。其中：工业增加值324.41亿元，下降1.0%；第三产业实现增加值557.09亿元，增长9.4%。第二、第三产业结构为40∶60。

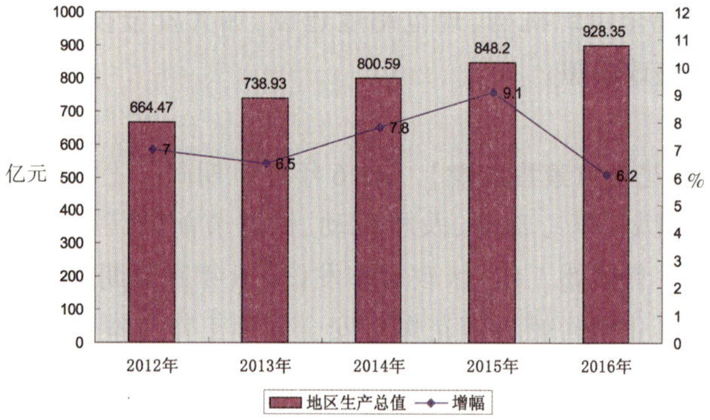

说明：2012年为经济普查核定数，2013~2016年为年报数

图2 2012~2016年上城区完成生产总值情况

【地方财政总收入128.34亿元】 全年完成财政总收入128.34亿元，增长19.8%。实现地方财政收入72.39亿元，增长8.9%。财政收入中，增值税(地方部分)6.81亿元，占9.9%，增长70.3%；“营改增”9.25亿元，占13.4%，增长60.2%；营业税14.27亿元，占20.7%，下降41.1%；个人所得税(地方部分)10.94亿元，占19.9%，增长51.1%；企业所得税(地方部分)13.73亿元，占15.9%，增长16.8%；城市维护建设税3.68亿元，占5.3%，增长10.9%；房产税4.35亿元，占6.3%，增长28.8%。

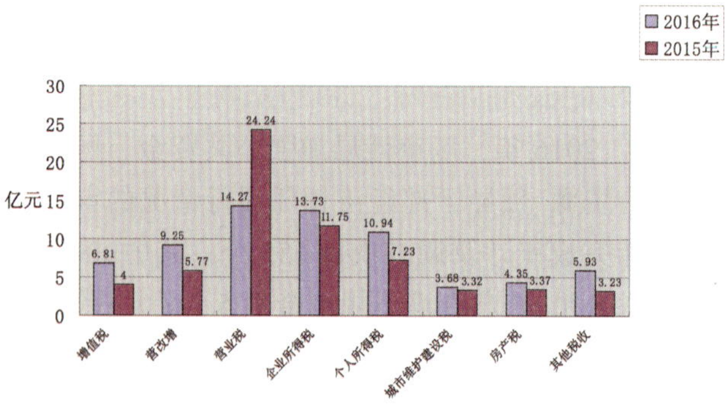

图3 2016年上城区地方财政收入主要税种构成情况

【公共预算支出32.98亿元】 全年公共预算支出32.98亿元，增长8.4%。其中：一般公共服务支出3.43亿元，增长15.7%；公共安全支出3.12亿元，增长24.5%；教育支出7.37亿元，增长7.8%；科学技术支出1.38亿元，增长4.4%；社会保障和就业支出6.4亿元，增长6.7%；医疗卫生支出1.99亿元，增长

22.0%；城乡社区事务支出5.37亿元，增长10.1%。

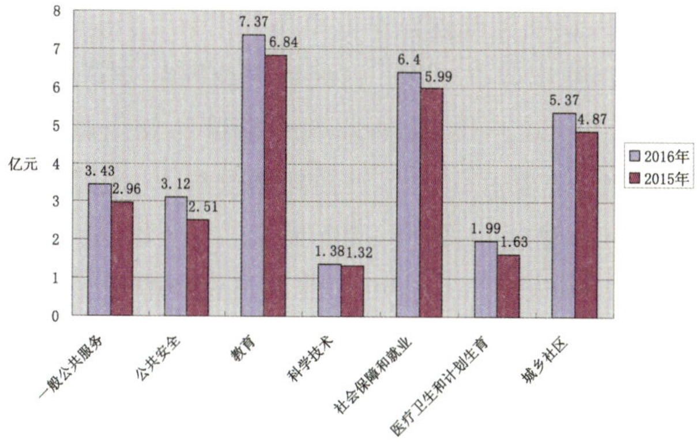

图4 2016年上城区公共预算支出情况

【完成固定资产投资109.08亿元】 2016年，上城区实行项目跟踪“零遗漏”、数据核实“零距离”、经济监测“零死角”、查纠问题“零容忍”，抓好固定资产投资统计。全年完成固定资产投资109.08亿元，比上年增长23.1%。其中：工业投资7900万元，为上年的31.0%；房地产开发投资69.16亿元，增长6.4%。全年完成房地产销售面积17.42万平方米，增长0.1%。限额以上建筑安装工程完成投资额33.39亿元，增长25.6%。

【完成工业总产值718.97亿元】 2016年，上城区完成工业总产值718.97亿元，完成工业销售产值749.04亿元，分别比上年下降2.6%和增长4.5%。其中，规模以上工业实现工业总产值715.85亿元，完成工业销售产值745.92亿元，分别下降2.5%和增长4.6%。

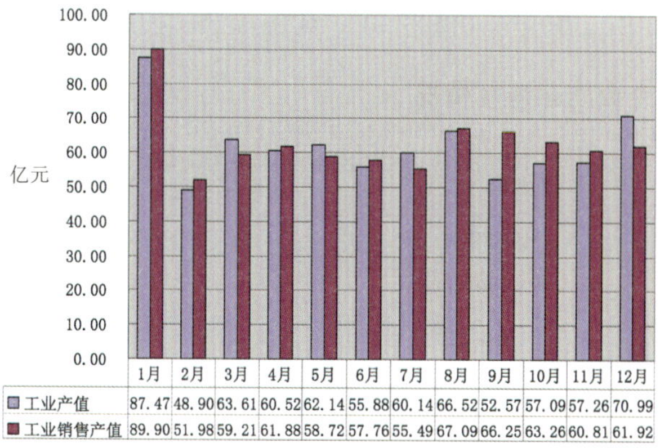

图5 2016年上城区规模以上工业企业生产、销售情况

工业重点行业支撑作用明显。全年烟草制品业实现销售产值338.84亿元，增长12.5%。电力、热力的供应业实现销售产值331.57亿元，下降0.5%。完成新产品产值28.80亿元，为上年的90.7%。新产品产值率4.0%，下降0.3个百分点。高新技术产业完成工业销售产值45.74亿元，为上年的97.8%；高新技术产业完成利税10.81亿元，增长7.2%。全区规模以上工业企业（不含市电力局）完成产品销售收入388.63亿元，增长5.1%；实现利税280.48亿元，增长5.7%，其中利润36.86亿元，为上年的97.6%。工业产品产销衔接良好，产销率104.2%。

【工业综合能源消耗】 2016年，上城区工业企业综合能源消耗43.78万吨标准煤，比上年上升9.7%。万元产值综合能耗0.0278吨标准煤，上升13.5%，万元工业增加值综合能耗降低率-11.4%。

【完成建筑业总产值265.43亿元】 2016年，上城区有总承包和专业承包资质的建筑企业（不含劳务分包）83个，全年完成建筑业总产值265.43亿元，为上年的97.8%；完成竣工产值155.63亿元，增长16.4%。全年房屋施工面积1527.7万平方米，为上年的90.5%，竣工面积462.5万平方米，为上年的91.7%。

【国内贸易增长11%】 2016年，上城区实现社会消费品零售总额379.47亿元，比上年增长11.0%。其中：限额以上批发零售业零售额233.88亿元，增长13.8%；限额以上住宿餐饮业零售额30.46亿元，增长8.4%；限额以下批发零售业零售额98.96亿元，增长6.3%；限额以下住宿餐饮业零售额16.18亿元，增长7.5%。

【信息经济发展加快】 2016年，上城区完成信息经济增加值47.70亿元，比上年增长28.5%，占GDP的5.3%。其中：规模以上信息软件产业增加值25.26亿元，增长48.5%；规模以上电子信息产品制造业完成增加值11.57亿元，增长19.8%；规模以上集成电路产业增加值7.54亿元，增长18.7%；规模以上物联网产业增加值10.28亿元，增长15.7%；规模以上电子商务产业增加值1.7亿元，增长117.0%；规模以上数字内容产业增加值20.32亿元，增长61.1%。

【统计工作区域交流】 2016年5月19日,安徽省合肥市包河区统计局副局长卫菊梅一行6人到上城区统计局调研统计工作。区统计局负责人接待调研组,区统计局综合统计科、服务业调查科、普查科、民情民意调查科等科室相关人员参加交流座谈。双方相互介绍各自统计机构设置和统计基础建设情况,各专业人员进行对口专业交流。

【"数据造假、以数谋私"专项治理】 2016年3月16日,上城区为提高统计数据质量,印发《关于开展"数据造假、以数谋私"专项治理工作的通知》,要求加强领导,统一思想,深入查摆,及时整改,切实抓好专项治理工作。专项治理中,区统计局稽查单位86个,依法查处提供不真实或不完整资料单位两个,对其进行依法处罚,罚款3000元。

【全区经济发展成果展示】 2016年,区统计局发挥统计优势,通过各种形式,积极展示上城区经济发展成果。编纂《2015上城区国民经济和社会发展统计公报》,向参加上城区"两会"的代表、委员发放,为党委政府科学决策提供统计分析。发布2015上城经济"一张图",利用上城发布、《上城报》、微信、微博等新媒体宣传2015年上城区经济运行情况和2016年走势。制作2015年上城经济运行情况宣传折页,向全区各单位和市民群众发放。通过经济社会发展成果展示,增强全区人民对经济社会发展信心,形成助力G20杭州峰会的正能量。

【5‰人口抽样调查】 2016年9月18日,上城区召开5‰人口抽样调查样本框整理工作会议,正式启动5‰人口抽样调查工作。区统计局会同区公安分局、区民政局、区卫计局,抽取5个街道的6个调查小区近700户家庭作为人口抽样调查样本,通过绘制调查小区建筑物图纸、调查摸底、入户登记,于11月20日完成全部调查小区的入户调查登记,取得重要统计数据,为有关政策制定提供重要依据。全区调查员、调查指导员及有关部门工作人员30余人参与调查。

【统计法制建设】 2016年初,区统计局制订印发《2016年统计依法行政工作要点》和《2016年普法教育工作计划》,确定全年统计法制工作主要目标任务。采用传统宣传模式和"互联网+"宣传相结合的方式开展统计普法,全年利用微信微博公众号推送统计法制信息200余条,微信群、QQ群、朋友圈推送统计法制信息300余条,组织业务培训、年报会议21次,3000余人参加。全年统计稽查和执法检查各类统计单位88个,行政处罚问题单位两个。

【基金小镇数据采集】 2016年,区统计局组织精干力量,多次到玉皇山南基金小镇调研,与玉皇山南指挥部交流沟通,设计并完善基金小镇统计数据的采集制度,指导基金小镇做好入驻小镇企业的数据填报,为各级政府决策提供详尽、可靠的数据。

2016年上城区规模以上工业企业能源消耗情况

表15

能源名称	计量单位	年消耗量	其中工业生产消耗量
原煤	吨	29 689.90	29 689.90
天然气(气态)	万立方米	686.92	653.21
汽油	吨	1084.24	701.68
柴油	吨	1417.42	1188.30
液化石油气	吨	15.19	0
热力	百万千焦	203 103.40	200 981.94
电力	万千瓦时	144 549.98	144 014.88

(张海树)

就业创业

【概况】 2016年,上城区实施新一轮就业创业政策,加大就业专项资金投入,完善“应帮尽帮”就业帮扶体系。全区享受社保补贴1.9万人次,补贴金额4541万元。举办大型招聘会4场,提供就业岗位312个,117人达成初步就业意向。组织高技能人才创业培训、失业人员再就业技能培训,参加培训2385人。开展各类技能竞赛6场,带动岗位练兵5000余人,发放各类奖励补贴59.96万元。新增大学生创业企业36个,核拨创业企业房租补贴51.9万元,推荐8名创业大学生参加杭州大学生创业学院雏鹰班和精英班培训。全年新增就业人员2.14万人,失业人员实现再就业1.23万人,分别完成目标任务的103.1%和101.8%。安置就业困难人员3802人,完成年度目标任务的109.1%。

【大学生创业就业】 2016年,上城区深入实施“人才新政27条”,以“大众创业,万众创新”为导向,依托“一园多点”大学生创业平台,加强大学生就业服务工作,积极扶持大学生创新创业,促进高校毕业生多渠道就业。至年末,全区有大学生创业企业300余个。其中:年销售收入100万元~300万元的8个,500万元~1000万元的4个,1000万元以上的2个;年纳税100万元以上的2个。推进大学生创业企业上市工作,杭州熙浪信息技术有限公司成功上市,杭州世茂旅行社有限公司上市申请报国家证监委审批,上市企业带动就业2700余人。

资料

人才新政27条:2015年1月21日,根据《中共杭州市委、杭州市人民政府关于杭州市高层次人才、创新创业人才及团队引进培养工作的若干意见》。通过高层次人才、创新创业人才及团队的引进培养,努力做大增量、做优存量,使全市人才队伍适应经济社会发展需要,打造区域性人才高地。

【失业人员就业保障】 2016年,上城区享受居家就业社保补贴4572人次,发放社保补贴1008.28万元;240人次获区困难家庭社保补贴45.08万元;9364人次实现灵活就业,发放社保补贴3291.45万元、区级补贴87.34万元;188人次享受延期缴费社保补贴51.05万元;159人次享受自谋职业社保补贴57.79万元。全区公益性岗位安置就业1073人,区级补贴550余万元。

劳动关系

【概况】 2016年,区人力资源和社会保障局推进劳动用工动态监管和劳务派遣用工管理,劳动合同签订率97.5%。健全治理欠薪工作机制,开展欠薪问题专项检查。积极化解信访积案,促进劳动人事争议调解仲裁工作常态化,维护群众各项合法权益,全区用工单位劳动关系总体上保持稳定。

【劳动保障监察】 2016年,区人力资源和社会保障局开展劳动保障书面审查工作,全年书面审查企业1.6万个,对12个用人单位做出行政处罚,罚款11.1

万元。G20杭州峰会期间,检查用人单位7932个,查出欠薪等问题16个,均及时化解或处置。受理投诉举报366件,处理各类劳资纠纷523件;接听咨询服务电话4450个,接听率98.5%。开展以整顿人力资源市场、打击非法用工、欠薪隐患排查为主要内容的专项行动,促进用人单位劳动关系和谐。

【劳动争议仲裁办法创新】 2016年,区劳动仲裁部门推出“三位一体”劳动争议仲裁新模式。该模式整合监察、调解、仲裁三项职能,为劳动纠纷化解提供新的平台,全年立案受理劳动争议案件374件,其中10人以上集体争议案件5件、55人。年内办结案件351件,劳动争议结案率为93.9%。办结案件中裁决结案103件,调解结案248件,调解率70.7%。

【劳动人事争议调解员培训】 2016年5月26日,区仲裁院组织劳动人事争议调解员业务培训,全区6个街道12名劳动人事争议调解员参加。培训以《浙江省劳动人事争议调解条例》为主要内容,由仲裁院专家结合实际讲解条例的主要精神及调解中应注意的程序规定。通过培训,调解员对做好调解工作重要性的认识和调解水平得到提升。

【行政许可审批】 2016年,区人力资源和社会保障局受理企业实行特殊工时工作制申请127件、劳务派遣经营许可12件、工伤认定申请347人、各类信访投诉596件,全部依法依规做出决定。收到行政复议3件、行政诉讼10件,均获胜诉。推出集咨询、求助、投诉、服务于一体的举措,办理行政许可事项157件、非行政许可事项13.2万件,按时办结率均100%。

社会保险

【概况】 2016年,上城区全面启动机关事业单位养老保险参保工作。全年为146个机关单位及参公事业单位办理养老保险业务,征收养老保险金3251.26万元,发放退休养老金5891.77万元。全区新增参加基本养老保险10703人、工伤保险8956人、生育保险10567人。办理企业职工退休2114人。

【医保查询系统升级】 2016年,上城区积极构建智慧医疗2.0服务体系,依托杭州医保APP软件和支付宝手机端查询医保功能,提升参保群众的认知度、参与面和支持率,全年受理“两定”机构(定点医院和定点药店)申请20个,办理少年儿童参加医保2708人。

【社会保险档案查证】 2016年8月16日,区劳动保险办公室工作人员到6个街道人力资源和社会保障管理站集中对2014~2015年度企业退休人员档案进行自查,重点检查连续工龄认定程序是否合理,是否存在违规审批等现象,提前退休是否符合相关文件依据的要求,档案材料是否存在伪造、编造档案等问题。检查档案1620份,进一步规范退休审批的程序及档案管理等工作制度,减少因连续工龄问题引起的待遇矛盾,有效维护企业退休人员合法权益。

【退休人员管理】 2016年,上城区纳入社会化管理的退休人员88952人。区人力资源和社会保障局健全退休人员走访慰问制度,开展帮扶送温暖等活动。全年组织4056名退休干部体检,春节、清明节、端午节、中秋节四大传统节日慰问企业退休人员23.3万人次,发放慰问金2.26亿元,帮助因病、因丧、因残生活困难人员4314人,发放救助金228万元。G20杭州峰会期间,组建2097人的志愿者队伍,开展“退休人员红袖章”等系列活动,志愿者参与治安巡逻、矛盾调解、隐患排查、信息报告、平安宣传等工作。

【社保服务模式转变】 2016年5月,区人力资源和社会保障局派出工作人员,进驻行政服务中心玉皇山南基金小镇分中心,为基金小镇提供社会保障服务。基金小镇集聚各类基金公司和配套机构500余个,专业人才1600余人。社会保障服务涵盖企业用工登记、网上办事、社保证明开具、病历本申领等。社保业务办理从“柜台经办、大厅服务”模式向“数字化经办、零距离服务”模式转变,社保经办向基层平台延伸,社保服务实现“零距离”。

【站(室)工作人员培训】 2016年12月5~9日,上城区企业退休人员管理服务中心举办全区人力社保站(室)工作人员培训班,分两批进行,参加培训230

人。通过业务知识讲解，加深站（室）工作人员对接待群众来访、来电技巧和信访件办理要求等业务知识的了解，增强做好群众信访工作的信心。

（马映宁）

社会救助

【概况】 2016年，上城区推进“救急难”试点工作，贯彻落实各项救助政策，完善区级医疗救助机制，进一步提升全区社会救助工作水平。落实残疾人“两项补贴”政策，全年审批困难残疾人生活补贴1042人。完成198人原三类残保对象及一类残保对象中非重度精神病人、智力残疾人网上变更流程，转入享受残疾人低保标准。至年末，全区有持证困难家庭1675户、2236人。其中：低保家庭1354户、1737人，残保对象104户、105人；市级困难家庭185户、344人，区级困难家庭32户、50人。全年完成困难家庭审批1997户、低收入家庭认定525户，其中487户低收入家庭申请保障性住房。全区净增低保家庭334户、451人。

全年市、区两级救助困难家庭48173户次、72765人次，发放各类救助金3110.82万元。其中：向困难家庭发放低保金、残保金及相关补助19395户次、25774人，发放金额1621.95万元；向“农转非”人员、国家困难时期精简人员等特定对象1425人次发放补助42.72万元。向23051户次困难家庭发放物价补贴284.16万元。市级临时救助240户、342人，发放救助金193.23万元。开展“送温暖”和“送清凉”活动，向1606户持证困难家庭发放慰问金391.07万元，向1669户困难家庭及残保对象发放慰问金116.25万元。区级各类救助12077人次、392.65万元。走访慰问“三无”老人、孤儿、特困职工等特殊群体248人，发放慰问金和慰问品总价值30.22万元。设立儿童福利督导员，形成区、街道、社区三级儿童福利督导工作网络。建立困难家庭儿童动态管理机制，全年救助各类困难家庭儿童3048人次，发放补助57.93万元。

【慈善医疗救助实施】 2016年2月1日，上城区印发《杭州市上城区慈善医疗救助实施办法（试行）》，自即日起实施新的慈善医疗救助政策。新政策首次将自费医疗费纳入救助范围。7月28日，区民政局、区慈善总会印发《关于调整慈善医疗救助申请条件的通知》，允许申请医疗救助家庭成员名下有不超过一辆生活用机动车辆且车辆购置价在20万元以下。全年救助金支出100余万元。

【社会救助申请办理】 2016年，上城区对社会救助申请程序进行调整，将原申请书、授权查询承诺书及审批表合并为一张表，对原各类配套操作用表统一为通用格式。日常审批管理中，明确将申请人提供的材料限定在“必需”范围内。3月，上城区救助证新证换发和新证号编排工作全部完成，1675户持证家庭统一实行新证管理。

【供养费核算试点】 2016年6月，根据《浙江省民政厅关于开展赡养能力计算试点工作的通知》，上城区作为全省3个试点单位之一，着手开展供养费核算试点工作。7月12日，印发《上城区关于开展供养能力计算试点工作实施方案》和《上城区社会救助家庭供养费收入认定实施办法（试行）》，稳步推进供养费核算试点工作。

【最低生活保障标准调整】 2016年，上城区加强社会救助工作，切实保障低保对象基本生活。根据《杭州市人民政府关于调整城乡居民最低生活保障标准的通知》，完成最低生活保障标准的调整工作，城市最低生活保障标准由月人均744元提高到819元。区民政局会同街道、社区开展困难家庭情况摸底，强化“救急难”主动发现，确保困难群众应保尽保、及时救助。至年末，全区在册享受低保人数1737人，发放低保资金1488.51万元。

【流浪乞讨救助管理】 2016年，上城区流浪乞讨救助管理工作以开展专项整治、强化硬件保障和重点地区进行社会化管理试点为手段，全面提升救助管理水平，确保流浪乞讨露宿现象“零发生”。G20杭州峰会前后，区民政局印发《关于在峰会前后实行全天24小时值守执勤的通知》《关于加强“峰会后期”居无定所人员管理有关建议的函》等文件8个,召开流浪乞讨救助管理工作成员单位联席会议15次,设立流浪乞讨救助临时集中点两处。全年全区劝导劝离流浪乞讨人员4593人次，救助各类流浪乞讨人员677人次。以“夏季送清凉”等专项救助活动为载体,进一步深化救助管理工作。

社会福利事业

【福利彩票发行】 2016年，上城区福利彩票发行中心发行福利彩票6619万元,其中视频游戏彩票发行额5696万元、“刮刮乐” 即开型彩票发行额389万元、电脑彩票发行额534万元。全年募集公益金376万元,发行费收入326万元。“中福在线”解放路销售厅被评为省级三星级投注大厅。

【第十六次“春风行动”】 2016年6月,上城区开展第十六次“春风行动”。“春风行动”得到广大干部职工和社会各界人士的响应及参与，收到捐款557.98万元。“春风行动”开展多项慰问救助活动,累计向困难家庭发放助困、助医、助学反哺、应急等各类救助金394.42万元,惠及1.21万人次。做好各项捐赠工作，区慈善总会把“春风行动”募集的救助资金257.88万元分拨给各街道慈善分会，由各分会向辖区困难家庭提供救助,其中定项捐赠36.53万元。

（沈　洁）

人力资源管理

【概况】 2016年，区人力资源和社会保障局考核录用公务员30人、事业单位工作人员45人。加强公务员日常管理，严格执行机关事业单位工作人员职务晋升、岗位变动、工资进档晋级变动审批等政策。实行公务员职务职级并行制度，全区晋升职级38人。积极探索政府雇员制，望江智慧产业园发展中心录用雇员3人。做好专业技术人员聘任审核工作,全年组织申报高级系列职称96人、中级系列职称326人，审核卫生初中级专业技术人员及护士资格考试450人,认定初中级专业技术人员资格500余人。

【优化人才服务】 2016年,上城区把实施国家“千人计划”、省“千人计划”、市全球引才“521”计划、“钱江特聘专家”及市“115”引进国(境)外智力计划项目作为人才工作的重心,修改完善区“1211”引才政策,加强申报引导和引进高层次人才的各项配套服务。至年末,全区引进国家“千人计划”人选3人、省“千人计划”9人、市“521”人才5人。28个创业创新项目通过区“1211”专家组评审,其中15个注册落地项目获得扶持,注册资金16.6亿元。

资料

市全球引才“521”计划:从2016年开始,用5年时间,在全市重点创新项目、重点学科和重点实验室、企业和金融机构、以高新技术产业开发和成果转化为主的各类园区等领域,引进并重点支持200名左右能够突破关键技术、发展高新技术产业、带动新兴产业发展的海外高层次人才。每年引进10名左右拥有海外学习工作经历,在高等院校、科研机构、科技企业和金融机构从事创新工作的青年人才。

市“115”引进国(境)外智力计划项目:围绕杭州经济社会发展需求,从2016年开始,用5年时间,力争引进高端国外专家100名、实施引进国(境)外智力项目1000个、聘请各类国(境)外专家5万人次(简称市“115”引智计划),即每年引进高端国外专家20名、实施引进国(境)外智力项目200个、聘请各类国(境)外专家1万人次。

【国外高层次人才项目引进服务】 2016年6月12日,区人力资源和社会保障局组织街道、园区招商工作人员和辖区企业负责人参加杭州国外高层次人才智力项目合作对接会。来自12个国家的18位国际知名专家带来200余个机电、医药、化工类人才名录和技术合作项目。上城区有关部门与各国专家就工程、医疗、贸易、信息等领域的合作进行深入洽谈,并为专家引进和项目合作牵线搭桥，为辖区企业解决技术难题寻求合作伙伴。11月8~11日,上城区参加浙江·杭州国际人才交流与项目合作大会,并进行项目签约。

（马昳宁）

经济合作交流
Economic Cooperation and Exchange

综　述

【概况】　2016年，上城区新批境外投资项目11个、增资项目7个，中方投资10646万美元，完成市下达目标任务的212.9%。完成境外承包工程营业额1.2亿美元。全区实现自营出口12.96亿美元，完成年度目标任务的104.3%，比上年（指2015年，下同）增长9.7%，完成目标任务情况和增幅均列全市第一位。全区完成服务外包执行额3.43亿美元，完成市下达目标任务的111.1%，增长16.0%，其中完成离岸服务外包执行额2.41亿美元，完成市下达目标任务的127.6%，增长20.1%。全区新增有外贸实绩企业74个，完成市下达目标任务的105.7%。新增外贸企业实现出口额1.51亿美元，完成市下达目标任务的101.0%；实现进口额5033万美元，完成市下达目标任务的100.7%。上城区引进的杭甬铁路客运专线增资工作完成，到位省外资金超过20亿元。

【浙江省担保集团落户上城】　2016年3月14日，浙江省担保集团落户上城，注册资金30亿元，其中20亿元系省财政增资。担保集团履行省级政府性融资担保机构和省级再担保机构的职责，通过组织市县融资担保机构共同建立全省政策性融资担保服务网络，并与银行业金融机构、市县融资担保机构建立风险分担机制，为各类融资担保机构提供指导和服务，促进全区金融业持续健康发展。

招商引资

【概况】　2016年，上城区新设外商投资企业24个，实际到位外资2.36亿美元，完成市下达目标任务的103.1%。全区引进认缴制企业2310个，认缴金额1180.63亿元，其中新引进项目2258个，认缴金额1079.35亿元。引进市外500万元以上项目129个，到位资金120.1亿元，完成市下达目标任务的129.1%。引进浙商回归项目89个，到位省外资金57.48亿元，完成市下达目标任务的115%。

【南宋御街专题招商会】　2016年3月14日，区商务局、区风景旅游局、清河坊资产管理有限公司召开清河坊·南宋御街专题招商会。会上推出空置物业75处，面积2.4万平方米，重点引进休闲餐饮、时尚潮品、文化艺术产业、老字号“非遗”产业等业态。各街道、区工商联负责人，异地驻杭商会和异地大企业在杭办事处负责人，相关中介公司和意向客户代表等100余人参加会议。辣府火锅、学院派咖啡有限公司签约入驻。

【杭州（深圳）投资环境推介会】　2016年4月5~8日，上城区由副区长周国如带队，组织湖滨、清波、紫阳街道及望江智慧产业园有关负责人参加杭州（深圳）投资环境推介会。各地参会嘉宾对上城区投资环境及特色小镇项目——玉皇山南基金小镇产生较大兴趣。其间，周国如一行走访深圳杭州商会、深圳和聚基金管理股份公司、金地商置集团有限公司、深圳市大疆创新科技有限公司等单位。

【南星单元地块出让】 2016年1月27日,上城区南星单元B-02地块完成出让。该地块位于紫阳地区,东至钱江路,南至规划甬江路,西至规划一号支路,北至钱江新城管委会,规划为住宅用地,出让面积3.3万平方米,容积率2.8。经过36轮竞价,被浙江信达地产有限公司和宁波坤安投资有限公司联合体以33.9亿元报价竞得,折合楼面价36679元/平方米,溢价率65.6%。

【望江新城首宗商业和住宅用地出让】 2016年6月13日,上城区公开出让近江单元B-C1-01地块、近江单元SC0302-05地块。其中B-C1-01地块由杭州西湖数源软件园有限公司以28813万元报价竞得。SC0302-05地块起拍价35.17亿元,为杭州住宅用地单位面积起拍价最高地块。经过12轮竞价,由杭州滨江房产集团股份有限公司以48.3亿元报价竞得,溢价率37%。

【"中银浙商产业基金"投资新能源产业】 2016年9月23日,清波街道辖区企业中银投资浙商产业基金管理有限公司与国家级高新技术企业硕维新能源技术有限公司签署投资协议,投资1.5亿元成为硕维新能源的战略投资者。"中银浙商产业基金"是浙江首个省级产业投资基金,硕维新能源技术有限公司是国内领先的新能源制造企业和新能源综合服务企业。此次双方合作旨在秉持"创新、活力、联动、包容"的理念,通过投贷联动、打造产业链等一系列举措,引领和促进浙江新能源产业快速有效发展。

【国新国际公司落户上城】 2016年9月29日,国新国际投资咨询有限公司(简称国新国际公司)落户紫阳街道,并于年内成立国新国控投资有限公司和国新国际投资咨询有限公司两个子公司,注册资金分别为10.5亿元和外资5000万美元。国新国际公司由国务院国资委投资,注册资本总规模1500亿元,首期注册资本500亿元,致力于支持和参与国内企业国际化经营,投资对象以中央企业为主,兼顾地方国有企业和民营企业。投资业务涉及核电、油气、生命科学、航空航天、高端制造、新能源等10个行业。

【"长城国越"基金入驻基金小镇】 2016年10月18日,上城区政府与中国长城资产管理有限公司(简称长城资产公司)签订战略合作协议,共同出资在玉皇山南基金小镇设立"长城国越"基金,为小镇经济发展注入新动力。"长城国越"基金业务涉及传统的收购、管理和银行不良贷款处置,注册资金100.1亿元,大股东为长城资产公司,该公司出资100亿元。根据规划,以"长城国越"基金为"母基金"设立多个子基金,各子基金每年新增投资不少于10亿元,每年缴纳税费不少于500万元。

【中兴金控公司落户上城】 2016年10月24日,中兴通讯集团金融控股有限公司(简称中兴金控公司)落户上城。该集团是中兴通讯股份有限公司全资子公司,注册资本5亿元,致力于打造具有鲜明产业特色的金融总部。10月25日,中兴金控公司与合作伙伴共同成立中兴产业投资管理有限公司,注册资本1000万元,主要业务为产业基金管理和运作。

对口帮扶

【概况】 2016年,上城区向淳安县提供城乡统筹帮扶资金2300万元,参与建设临岐浙西中药材交易市场、威坪镇西山村来料加工厂厂房、坪山污水处理厂扩建工程、千岛湖文化综合体等工程。向淳安县威坪镇西山村和衢州市常山县东乡村提供"山海协作"资金各15万元,向淳安县王阜乡提供帮扶资金10万元,分别向淳安县威坪镇西山村、淳安县瑶山乡岭后源村提供援助资金5万元和3万元。与淳安县国家森林公园装璜成套有限公司、杭州千岛湖红星文化度假村有限公司、淳安民福旅游置业有限公司和杭州千岛湖人长久农业开发有限公司合作续建山海协作产业项目,实际到位资金2.44亿元。向富阳区湖源乡提供联乡结村帮扶资金222万元。分别向贵州省黔东南苗族侗族自治州雷山县、四川省阿坝藏族羌族自治州若尔盖县提供“双对口”帮扶资金310万元和346万元。向武义县俞源村拨付帮扶资金10万元。出台第四轮教育对口支援工作意见,从助力课程改革、学校结对帮扶、推动重点帮扶、提升队伍水平、改善办学条件、加强成人社区教育、开展贫困学生资助和促进优质资源共享8个方面开展支援工作。

资料

“山海协作”:是省委、省政府为推动以浙西南山区和舟山海岛为主的欠发达地区加快发展,实现全省区域协调发展而采取的一项重大战略举措。

【若尔盖县代表团到上城学习交流】 2016年3月22~29日,上城区对口援助单位四川省若尔盖县3名干部到杭州参加市对口支持西部地区人才培训班,围绕“‘互联网+农产品’与农村致富带头人”的主题,进行为期一周的学习。5月19日,若尔盖县委书记泽尔登率代表团到上城区考察交流并召开座谈会。区委书记缪承潮出席座谈会。副区长周国如等陪同考察团参观胡雪岩故居、胡庆余堂、江南铜屋和南宋御街遗址陈列馆。

【对口帮扶考察】 2016年11月14~20日,区商务局组团到贵州省雷山县和四川省若尔盖县开展对口帮扶工作。14~17日,对口帮扶团队考察雷山县郎德镇郎德村农家乐、郎德景区观景亭、村级体育活动场所及配套设施设备等项目。18~20日,考察若尔盖县现代旅游业发展项目,了解牧家乐、骑马点、港湾式停车场、旅游综合体等旅游基础设施建设情况,察看湿地保护开发、藏区新村配套设施建设、县城防洪堤建设(二期)等民生项目。上城区分别向雷山县、若尔盖县捐赠帮扶资金10万元和15万元。

【参加城乡统筹联席会议】 2016年11月1~2日,杭州市城乡区域统筹发展第四区县协作组第二轮协作第一次联席会议在淳安千岛湖镇召开,区委书记缪承潮、区长陈瑾与区商务局等部门和街道负责人22人参加。缪承潮代表上城区向淳安县拨付协作专项资金2300万元,陈瑾代表上城区与淳安县签约。代表团一行实地考察坪山污水厂扩建工程、千岛湖文化综合体和浙西中药材交易市场。

【创新“一二三四”平安协作共建共享机制】 2016年,湖滨街道根据G20杭州峰会安保维稳任务重、标准高的实际情况,加强与区域城乡统筹镇街对接协作单位淳安县鸠坑乡党委、乡政府的联系,整合资源,建立“一二三四”平安协作共建共享机制。该机制围绕做好区县协作护航G20杭州峰会圆心,发挥流动党支部战斗堡垒和流动党员先锋模范两个作用。从源头入手抓排查、大事牵引抓协作、建章立制抓长效三个重点入手,推进指导方法由集中管控向有效统放、保障手段由“静态服务”向“决战保证”、工作手段由“因陋就简”向“科技支撑”、工作队伍由“党员为主体”向“党员主导、务工人员为主体”四个转变。加

2016年11月2日,区委书记缪承潮(右)代表上城区向淳安县送去协作专项资金 (区商务局 供稿)

强全区各街道与各协作对象的紧密联系，扎实开展平安协作工作，为G20杭州峰会保驾护航。

【阿克苏名优特产品展销（电商）体验中心开业】 2016年11月22日，阿克苏名优特产品展销(电商)体验中心5个体验店在杭州主城区同时开业，其中包括位于上城区中山中路163号南宋御街的上城店。设立阿克苏名优特产品展销(电商)体验中心南宋御街体验店，系上城区与阿克苏市的对口帮扶项目。上城区对体验店减免前3年房屋租赁费，并协助阿克苏市有关方面办理“阿克苏名优特产品展销(电商)体验中心”的审批登记手续。体验中心经营“冰糖心”苹果、核桃、葡萄干、芝麻、蔓越莓、名酒等名优特产品种近3000种。

【上城·淳安千岛湖生态农产品展】 2016年12月30~31日，上城·淳安千岛湖生态农产品展暨千岛湖山茶油推介会在吴山广场举行。活动由淳安县政府、上城区政府、杭州市农业和农村工作办公室联合主办，淳安县农业和农村工作办公室、上城区商务局(统筹办)、杭州市农产品推广中心联合承办，淳安县林业局、杭州千岛湖瑶记实业有限公司联合协办，展会规模和效果为历年之最，有近60个农业企业参展，展出山茶油、地瓜干、农家酱、土蜂蜜、土鸡蛋、火腿肉、山核桃、清明粿等生态农产品，现场成交额超过300万元。

（黄逸真）

鼓楼夜景

工业

Industry

综述

【概况】 2016年，上城区以提高经济增长质量和效益为中心，积极打好转型升级组合拳，工业经济重要指标有升有降。全年实现工业总产值718.97亿元、工业销售产值749.04亿元，分别比上年(指2015年，下同)下降2.6%和增长4.5%。其中，规模以上工业企业实现工业总产值715.85亿元、工业销售产值745.92亿元，分别下降2.5%和增长4.6%。实现新产品产值28.8亿元，新产品产值率4.0%，下降0.3个百分点。辖区内汇集浙江中烟工业有限责任公司、杭州娃哈哈集团有限公司、杭州海兴电力科技股份有限公司、思创医惠科技股份有限公司、浙江威星智能仪表股份有限公司等全国500强企业和行业小巨人，以及杭州捷尔思阻燃化工有限公司、浙江中杭电子有限公司等一批具有发展潜力的企业。全区有规模以上工业企业47个。浙江东南船牌日化股份有限公司、杭州柯林电力股份有限公司、杭州联众医疗科技股份有限公司、浙江易之园林股份有限公司、杭州交联电力设计股份有限公司5个企业登录“新三板”，全区在“新三板”挂牌企业增至15个。区内拥有浙江大学成果转化基地、中科院杭州射频识别技术研发中心、浙江省家用电器研究所等高科技平台。区电子机械功能区专注发展工业制造业，主导性产业为仪器仪表、物联网+健康、环保新材料、高端制造业。完成“十三五”时期旧厂区改造计划编制，全区列入“十三五”时期旧厂区改造项目10个。

【上城区获全市工业和信息化目标责任制考核一等奖】 2016年4月29日，杭州市政府办公厅印发《关于2015年度全市工业和信息化目标责任制考核结果的通报》，上城区获目标责任制考核一等奖。2015年，上城区主动适应经济发展新常态，着力推进促改革、调结构、优服务工作，经济转型步伐加快，电子商务、信息软件、数字内容等产业发展势头良好，全区工业总产值、工业销售产值、工业企业实现利税均有不同程度增长。

【工业效益稳定增长】 2016年，上城区积极应对严峻复杂的宏观经济形势，着力做好稳增长、调结构、增后劲、强创新、防风险工作，工业效益保持增长态势。全区规模以上工业企业(不含市电力局)实现产品销售收入388.63亿元，比上年增长5.1%；实现利税280.48亿元，增长5.7%，其中利润36.86亿元。工业产品产销衔接良好，产销率达104.2%。辖区工业重点行业支撑作用明显。全年烟草制品业实现销售产值338.84亿元，电力、热力的供应业实现销售产值331.57亿元。

【企业创新步伐加快】 2016年，上城区列入国家火炬计划项目3个，获浙江省科技进步奖项目3个，新增省级企业研究院1个，入选浙江省百强高新技术企业1个，获浙江省科技发展专项资金项目5个、科技型中小企业扶持资金项目6个。企业与高校院所联合开展产学研合作开发项目15个，区政府与浙江大学学术委员会签订科技与社会发展战略合作协议。

工业企业完成科技成果登记10项。浙江赞宇科技股份有限公司等3个企业通过省级专利示范企业复评。全年发明专利授权量103件,比上年增长28%。

【节能降耗成效明显】 2016年,上城区制订年度节能降耗工作推进计划,将节能减排作为硬任务来抓,建立健全节能减排工作责任制和问责制,实施节能技术改造,通过"建机制、盯重点、控新增"等举措,推进单位工业增加值能耗下降率、单位GDP能耗下降率能源"双控"目标的实现。全区单位GDP电耗降低率在全市13个区县(市)和杭州经济技术开发区中排名第二。

信息软件产业

【概况】 2016年,上城区有信息软件业企业42个,其中包括思科(中国)有限公司、杭州海兴电力科技股份有限公司等重点企业。3月,国内最大的HTC官方授权虚拟现实(VR)体验馆落户上城望江。全年信息软件产业实现营业收入85.81亿元,比上年增长94.2%;实现增加值25.26亿元,增长48.5%。信息经济规模以上企业实现主营业务收入153.41亿元,增长60.1%,增速领跑杭州6个主城区。其中电子商务、数字内容、信息软件三大行业营业收入分别增长93.3%、94.4%和94.2%。

【全省首个创新实验室(Fab Lab)落户上城】 2016年12月23日,全省首个创新实验室(Fab Lab)落户上城。该实验室位于区电子机械功能区,投入运营后,推出各种创新活动,以满足创业团队基础研发需求,提升园区蓝领工人创新能力。实验室将作为Fab Lab杭州旗舰向全市复制推广,推动上城区成为Fabcity杭州的先导区。

【政府机构政务地理信息资源采集完成】 2016年,区编委办根据浙江政务服务网上城平台政务地理信息资源采集工作任务分工,开展全区政府机构政务地理信息资源采集工作。通过分头上报、现场采集、逐一核对,如期完成全区30个政府机构单位名称、地址坐标、公开电话、工作时间、实景照片等要素采集上报工作,为政务服务网政务地理信息应用奠定数据基础。

【3个项目入选市工厂物联网和工业互联网试点项目】 区电子机械功能区企业积极实施"中国制造2025"计划,推进工厂物联网和工业互联网应用走在全市前列。2016年6月,辖区企业杭州思越科技有限公司的RFID智能管理系统在工厂生产和仓储中的应用项目、浙江威星智能仪表股份有限公司的威星PLM云平台项目、杭州海兴电力科技股份有限公司的基于"工业4.0"的自动化生产线及智能化制造运营管理体系平台建设项目入选杭州市工厂物联网和工业互联网试点项目。

【区统一公共支付平台上线】 2016年9月22日,上城区统一公共支付平台上线。该平台为社会公众办理缴纳政府非税收入等公共收入支付业务提供支撑,做到办事缴费一站通。年内,正式上线非税收缴费项目有幼儿园保育费、伙食费、城管罚没款等,缴款采取支付宝和银联两种方式,方便市民缴款。

(魏建军)

工业企业选介

【杭州娃哈哈集团有限公司】 2016年,杭州娃哈哈集团有限公司(简称娃哈哈集团)生产饮料940.79万吨,实现产值291.43亿元、营业收入455.9亿元、利税101.92亿元、利润69.84亿元,位列中国企业500强、中国制造业500强、中国民营企业500强,为国内规模最大、最有发展潜力的饮料企业。娃哈哈集团秉承"产业报国、泽被社会"的经营理念,在自身快速发展的同时,积极回馈社会,履行社会责任,在西部和老少边穷地区投资建设厂房支持西部大开发和贫困地区发展,带动原辅包装材料、水电、运输等相关行业发展,全年新增产值90亿元。至2016年末,娃哈哈集团累计上缴税金526亿元,为慈善事业捐赠5.35亿元,其中资助教育事业3.02亿元。是年,娃哈哈集团获第五届浙江慈善奖机构捐赠奖、扶贫大使奖、"春风行动"爱心奖等荣誉。

(陈小冬)

【杭州华日电冰箱股份有限公司】 杭州华日电冰箱股份有限公司是中国最大的侨属工业企业、中国家电制冷行业重点骨干企业、全国用户满意企业、全国实施卓越绩效模式先进企业、中国工业行业排头兵企业、浙江省高新技术企业、浙江省信用管理示范企业和浙江省专利示范企业。位于杭州富阳东洲新区的华日电冰箱生产基地占地面积25万平方米，具有200万台套以上制冷器具的年生产能力。该基地具备国际领先的高科技生产设备、个性化的生产管理体系，从原材料投入到冰箱成品入库，全过程实现自动选型、自动判别。2016年，公司融合智能控制、风冷无霜、零度保鲜及变频等前沿技术，大范围采用无边框门体、U壳箱体等精细工艺，产品基本达到国家一级能耗要求。对开门、宽体多门和十字对开门等中高端冰箱产品品种占比超过70%，其中包括大气豪华的580升对开门系列冰箱、418升的智能多门冰箱及316升变频无霜冰箱等。“华日”冰箱在智能控制、无氟环保、变频无霜、节能保鲜等方面达到同行领先水平。公司凭借无氟改造项目获联合国环境署“示范项目杰出贡献奖”，是国内电冰箱行业中唯一获此荣誉的企业。

（徐晓娇）

2016年11月10日，杭州海兴电力科技股份有限公司在上海证券交易所主板挂牌上市。图为市人大常委会副主任徐祖荪（左二）和副市长张建庭（左一）参加上市典礼
（杭州海兴电力科技股份有限公司　供稿）

【杭州海兴电力科技股份有限公司】 杭州海兴电力科技股份有限公司聚焦电力产业，为全球电力客户提供配用电领域的产品和整体解决方案，设计和建设微电网和分布式能源系统，为电力用户提供配用电系统的运营和服务。2016年11月10日，公司正式挂牌上市上海证券交易所主板，借力资本市场开启企业跨越发展新征程。公司以技术研发的持续创新能力，确保技术与产品保持领先优势。年内，欧洲AMI表按照DLMS模型设计取得突破，最大程度兼容欧洲主流市场硬件需求。公司完善管理体系，开启智慧生产模式，实施工程项目交付体系标准化作业流程，为巴西子公司导入MES系统、IMS系统，升级自动化工装设备，为工程项目管理提供有力保障。海兴配网产品线组建成型并在国家电网集中招标中成功中标。公司在10余个国家和地区设立子公司，在巴西、印尼、巴基斯坦等地建有工厂；为全球80余个国家电力客户提供产品和服务，其中覆盖“一带一路”国家36个。

资料

“一带一路”：“丝绸之路经济带”和“21世纪海上丝绸之路”。

（薛　超）

【杭州捷尔思阻燃化工有限公司】 杭州捷尔思阻燃化工有限公司成立于2001年，是国内最早专业开发、生产无卤阻燃剂和无卤阻燃材料的高新技术企业，企业下辖4个生产基地、1个独立的省级高新技术企业研究开发中心，在美国、俄罗斯、韩国建有3个海外销售分公司，在全球设有11个代理商。企业下属有独立的浙江省级无卤阻燃材料研发中心、浙江省无卤阻燃外贸服务平台、杭州市级无卤阻燃技术研发中心和技术中心。产品主要应用在飞机、交通运输、建筑材料、电子电器、新能源装备等行业，为公共安全与消防安全保驾护航，在国际市场上服务于多个世界500强企业与行业龙头企业，在无卤阻燃行业的技术与市场占有率处于领先地位。2016年，企

杭州捷尔思阻燃化工有限公司的研发人员对阻燃剂进行表面处理
(杭州捷尔思阻燃化工有限公司　供稿)

业实现销售额2.19亿元,新增发明专利3项,获消防行业十大阻燃品牌称号,并获CNAS质量管理体系认证,成为杭州市模范集体、上城区信息技术产业重点单位、CNAS认可测试中心。(沈子澄)

【杭州璟江瑞华科技有限公司】　杭州璟江瑞华科技有限公司创建于1991年。2001年,公司与德国M.DOHMAN公司合作成立中外合资企业,专业生产阳离子染料。至2016年,公司发展成长为国内阳离子染料行业最大的生产企业之一,成为一个集科研、开发、生产、销售于一体的国家级高新技术企业,产品销售量占全世界阳离子染料总量的20%。公司先后通过ISO 9001:2008质量管理体系认证和ISO 14001:2014环境管理体系认证。通过装料口粉尘吸尘和混合染料拼色工艺改进,使技术更精细化、产品更环保。年内,公司绿色环保阳离子染料研发中心开发分散型阳离子SD-GRL红和阳离子染料FGRL兰2个新产品。公司产品销往日本、北美、东南亚、南亚、欧盟、非洲等地,全年实现销售额11729万元,出口总额5090万元。

(方晓伟)

【浙江博世华环保科技有限公司】　浙江博世华环保科技有限公司是专业从事废水、废气、固废处理及污染修复的技术开发、技术咨询、技术服务、工程设计、工程总承包的国家高新技术企业。公司于2012年5月在德国汉堡投资50万欧元,成立全资子公司博世华环保科技(德国)有限公司,为公司面向全球发展打开重要窗口。以德国博世华为起点,公司与重型设备制造和提供商德国宝峨集团等建立合作关系,助力博世华子公司提高市场占有率。2016年,公司实现销售合同额超过6亿元,营业收入超过4亿元,净利润超过6000万元,三项指标年增长率均超过30%。公司海外项目业务涉及印尼、乌干达、英国、德国、加拿大、毛里求斯、越南、哈萨克斯坦、马来西亚等国家,业务范围涵盖供水、污水处理、固废(危废)处置、土壤及地下水修复、光伏发电及其他基础设施建设。公司被认定为浙江省高新技术研发中心、浙江省专利示范企业、浙江省著名商标企业,获批设立浙江省博士后工作站、杭州市院士专家工作站、浙江省省级企业研究院。

(张　莉)

【浙江中杭电子有限公司】　浙江中杭电子有限公司原名浙江中航电子有限公司,由中国航空技术进出口杭州公司于2004年发起成立,并于2009年经主管部门批准改制为浙江中杭电子有限公司,成为集开发、研制、生产和销售于一体的专业军用电连接器科研生产单位,被认定为省级高新技术企业、杭州市科技型中小企业、杭州市最具创新力中小企业。公司自主研发各类电连接器39个系列、1200余个品种。产品包括圆形、矩形、滤波、抗核电磁脉冲、高速传输、深水密封电连接器、集成化电缆组件、传感器等,广泛应用于航空、核工业、兵器、船舶、军工电子、铁路、国家电网充换电站、新能源汽车、煤矿安全等军用、民用领域,并与国内外知名科技企业建立合作,产品出口美国、新加坡、欧洲等国家和地区。2016年,公司实现销售额7592万元,上缴税利1023万元,实现利润1586万元。公司研发中心被杭州市科协技术委员会认定为“中杭光电元器件企业高新技术研究开发中心”。

(张　蕾)

财政·税务

Finance and Tax Administration

财 政

【概况】 2016年,上城区完成财政总收入128.34亿元,比上年(指2015年,下同)增长19.8%。其中,一般公共预算收入72.39亿元,增长8.9%,占财政总收入的56.4%。税收收入68.97亿元,占一般公共预算收入的95.3%。支出结构优化,财政支出向民生倾斜。全年一般公共预算支出29.80亿元,增长14.6%。其中,民生保障支出23.60亿元,增加2.23亿元,占一般公共预算支出的79.2%。

【组织财政收入】 2016年,区财政局积极应对经济结构转型、新旧动能转换带来的挑战。加强经济运行和财政收支情况监督分析,对苗头性、趋势性问题及时做好预研预判。加强政企信息联动,以走访、会谈等形式,与企业保持密切联系,稳定区域存量税源,并大力开拓新兴税源。做好全面推行“营改增”前后的收入组织工作。完成非税系统升级,推进统一公共支付平台上线。落实减税降费政策,进一步缩减非税收入规模。全年组织非税收收入3.42亿元,占一般公共预算收入的4.7%。

【优化扶持企业政策】 2016年,区财政局优化扶持产业企业发展政策,发挥财政资金“四两拨千金”的政策导向作用,帮助新兴产业企业做好财政扶持项目申报工作。全年全区申报财政扶持项目48个,列入扶持计划资助项目81个,涉及企业508个次,落实扶持资金2.47亿元。完善财政扶持政策和后续配套政策,积极保障重点平台建设,促进五大主导产业加快发展。全区五大产业完成一般公共预算收入38.91亿元,占全区一般公共预算收入的56.4%,其中金融服务业、健康服务业以31.6%、28.6%的增速领跑。加快特色小镇建设,推进金融服务业招大引强,玉皇山南基金小镇累计引进企业1090个,资金管理规模达5900亿元,实现税收10.77亿元,比上年增长151.6%。南宋皇城小镇初具规模,25个“韵味杭州”体验点正式开放,三大特色街区接待游客3209.03万人次,增长15.9%;实现营业收入95.82亿元,增长6.6%。

【保障重点支出】 2016年,区财政局统筹安排峰会项目资金需求,重点保障基础设施建设和环境整治提升等专项工作开展。全年完成峰会整治项目94个,实施西湖大道、解放路等重点街容提升工程10个。严格控制行政经费支出,“三公”经费、会议费、培训费保持下降态势。国库集中支付动态监控系统上线。加强从预算到决算全过程的管理,提高政府投资效益。

【保障和改善民生】 2016年,区财政局坚持新增财力67%以上用于民生保障,促进教育、卫生、文化、科技、社会保障等民生事业发展。全年社会保障和就业支出5.78亿元。加强对困难群体的帮扶救助,发放生活保障金及各类补贴3000余万元。开展居家养老专业化服务改革试点,政府购买服务覆盖面稳步提升,建成上城区缘外缘颐养中心、上城区好地方健康颐养中心等4个社会养老机构,新增养老床位553张。

投入教育经费6.81亿元，建成浙江省杭州第六中学艺体综合楼，续建杭州新世纪外国语学校紫金校区，开工建设胜杭州市利小学新城校区及附属幼儿园。投入医疗卫生经费1.82亿元，重点支持医养护一体化改革，推进医养结合试点和区域分级诊疗体系建设，全年一体化服务签约居民增至9.8万人，社区就诊率60%以上。完成第二轮社区卫生用房提升改造，基层卫生服务站点全部达到150平方米以上。全市首个独立的妇幼保健和计划生育服务中心挂牌。加大文体事业投入，支持公共文体设施建设，续建区体育中心，建成“美丽上城”展示中心。加大文化遗产保护利用支持力度，制定出台扶持“非遗”保护若干意见，成立南宋文物保护基金会，完成《上城非遗地图》《上城区系列传说》等图书编纂。

【财政管理体制改革】 2016年，区财政局推进政府预算、部门预算及“三公”经费预算信息公开工作，全年政府预决算和55个不涉密部门预决算全部公开，公开工作时效性、完整性大幅度提升。加强财政专项资金管理，建立健全全区专项资金制度清单，制定及修订社会保障、公共文化、体育、科技、产业等方面财政专项资金管理办法，规范各专项资金的补助范围、补助标准及补助程序。规范国有资产管理，发挥财政监管职能，试编权责发生制政府综合财务报告，夯实全区国有资产总量，初步建立全区国有资产长效管理机制。推进国有企业组织架构、薪酬考核及运营监管等方面改革，进一步激发国有企业活力。创新投融资方式，开拓筹资新平台、新渠道，提高国有企业融资能力，实现投融资主体多元化。完善政府与社会资本合作(PPP)融资模式，助推望江地区PPP项目落地实施。用好国家开发银行棚户区改造贷款，对符合条件的重大建设项目予以政策支持。

【财政资金使用管理】 2016年，区财政局开展公款竞争性存放工作，严格规范单位公款管理。全年通过公开招标确定单位开户银行78个，撤销银行账户24个，存放银行的单位存款4.98亿元。组织实施年度会计监督，开展差旅费管理规定执行情况和政法经费绩效管理情况专项检查。深化参与式预算模式，与区人大联合开展部门预算专项资金绩效评价监督工作，对区文广新局的“文艺团队联合会专项业务费”项目、区城管局的“数字城管代整治费”和“红线外‘四个损坏’长效管理配套经费”项目、小营街道的“民生保障”项目进行绩效评价，提升预算资金分配的公平性、合理性。根据《国务院关于加强地方政府性债务管理的意见》，进一步规范各建设单位举债，并提出化解政府债务风险工作实施方案，切实防范和化解地方政府债务风险。全年全区置换债券4.82亿元，债务付息成本明显降低。

(沈梦旦)

国家税务

【概况】 2016年，上城区国税部门围绕纳税服务和税收征管两大核心业务，推进税收风险防控、税收队伍管理、征管质效提升等工作，国税收入实现平稳增长。全年组织国税收入45.8亿元，比上年增收10.84亿元，增长31%。实现中央财政收入25.46亿元，增收4.27亿元，增长20.2%。其中：增值税入库30.41亿元，增收8.4亿元，增长38.2%(含“营改增”增值税13.95亿元)；企业所得税15.33亿元，增收1.58亿元，增长11.6%。完成一般公共预算收入20.19亿元，增收5.44亿元，增长36.9%。第三产业完成税收42.05亿元，增收11.08亿元，增长35.8%，第三产业税收增幅高出国税总收入8.03个百分点。

【税收优惠政策落实】 2016年，上城区国税部门落实各项税收优惠政策，助力企业减负增效，推动经济结构转型，服务地方经济发展。全年办理出口退税7.27亿元，减免高新技术增值税8500万元、所得税6400万元；减免小微企业增值税3400万元、所得税900万元。出口企业退税2.05亿元，比上年增收1.34亿元，增长188.7%。其中：先征后退增值税9400万元，增收3200万元，增长52.1%；汇算清缴、结算清缴退税5100万元，增收4900万元。

【税收征管质效提升】 2016年，上城区涉及“营改增”纳税人13835户，其中共管户9916户、纯地税纳税人 3919 户。纳税人中符合一般纳税人资格的 750 户、小规模纳税人 13085 户(含个体户 1406 户),其中起征点以上的纳税人 3263 户。通过中间平台审核地税移交的试点纳税人 3908 户。上城区成立"营改增"工作领导小组,开展政策宣传和业务培训。增设纳税服务大厅,开辟 6 个"营改增"窗口,全面落实"开好票、申报好、分析好、改进好"四项工作。

2016 年 4 月 9 日,区国税局开展税收宣传活动　　　(区国税局　供稿)

【纳税服务优化】 2016 年,上城区国税部门推出网上办税、自助办税、网上申领发票等多元化、科学化、人性化服务措施,并在微信公众号上推送服务信息,鼓励纳税人使用微信取号,避免大流量拥堵。扩大自助办税服务区功能,增加自助服务终端系统,缓解人工窗口排队压力,减少纳税人等候时间。全年纳税人通过网上验旧领新发票 2765 户次,购买发票 102.23 万份。通过自助办税区验旧领新发票 8753 户次,占同期发票验旧领新总量的 67.7%。全区网上综合办税率 99.5%,网上验领发票量、网上外出经营活动税收管理证明受理率均达 99.0%。　(单　瑾)

地方税务

【概况】 2016 年,上城地税分局坚持依法治税、服务立税、科技强税的宗旨,加强对协税护税工作站的指导,优化征管模式,提升办税效能,实现"营改增"平稳过渡。全年组织各项收入 120.73 亿元,比上年增长 12.7%,增收 13.61 亿元。其中:税收收入 70.53 亿元,增收 9.88 亿元,增长 16.3%,完成年度目标的 101.1%;社保基金收入 45.90 亿元,增收 3.96 亿元,增长 9.5%;完成本级地方财政收入 44.11 亿元,增收 4.08 亿元,增长 10.2%。

【"金三"系统上线】 2016 年 10 月 8 日,上城地税分局金税三期工作优化版应用系统(简称"金三"系统)上线。"金三"系统上线是全市税务系统的"一号工程"。上城地税分局夯实工作基础,做好应急预案,开展实战演练。针对上线准备工作中数据清理、软件运行等专业性强、时间紧的特点,采取小组化、专业化方式,抽调分局税政业务、信息技术等方面业务骨干组成业务组、技术组、综合宣传保障组 3 个小组分组作业,如期完成"金三"系统上线前的各项准备工作。

【纳税服务规范】 2016 年,上城地税分局拓宽纳税服务平台,不断完善和改进服务方法,推进《全国税务机关纳税服务规范(2.0 版)》落实。在全国纳税人满意度调查迎检工作中,上城地税分局加强地税窗口细节管理和督促指导,组织干部职工走访小微企业,其中一般干部走访 8 户,党员走访 12 户,帮助小微企业解决实际困难,助推小微企业发展。

【深化专业化管理】 2016 年,上城地税分局根据"小镇经济"特色,经过调研、讨论,形成先深化基金行业专业化管理,再以"点"促"面",适时将基金行业专业化征管经验扩展至健康、智慧等产业的专业化管理思路。把"深化基金、创投产业专业化征管"作为年度重点项目,对上城基金行业的有关情况开展调研,收

2016 年 8 月 31 日,上城地税分局开展“服务 G20,上城地税党员在行动”活动　　（上城地税分局　供稿）

集数据,并在分局层面设立基金企业管理组,下设日常管理组与政策调研组，将基金小镇范围内的企业和全区的有限合伙企业统一调至基金管理组管理,打破科室界限,调整管辖范围,扫清专业化管理机制障碍。

【“我为 G20,财税当标兵”主题活动】 2016 年 3 月,上城地税分局开展“我为 G20,财税当标兵”主题活动,组织在职党员进社区、认领微心愿,加大对 G20 杭州峰会服务保障工作的落实力度。委派 1 名班子成员和 1 名中层干部到市地税局,参加承办 G20 杭州峰会财金渠道副手磋商会议的服务保障工作。积极参加 G20 杭州峰会社区平安巡防,开展 G20 杭州峰会爱心义卖活动,为 G20 杭州峰会贡献爱心和力量。制订实施分局峰会值班值守制度,为峰会营造和谐氛围。委派 2 名干部参加 G20 杭州峰会公交随车安全员护航活动。上城地税分局有 8 人分别获省、市、区峰会服务保障工作先进个人称号。

（彭　敏）

玉皇山南水景公园

城区建设与管理

Urban Construction and Administration

城区规划

【概况】 2016年,上城规划分局创新规划编制理念,加强规划管控研究,坚持服务经济社会发展,围绕重点工程项目建设、危旧房改造、公厕提升改造、城中村整治、G20杭州峰会服务保障等重点工作,加快规划编制进度。深化党员与区重点工程对接联动服务实践活动,组织走访区有关部门、街道社区、指挥部和科技工业基地,协调解决建设规划中碰到的问题。全年办结规划审批业务128件,其中建设项目选址意见书等38件、建设用地规划许可证28件、建设工程规划许可证33件、用地规划意见书10件、方案审查13件、选址论证6件。受理灰线检验项目9件、竣工规划核实项目13件。实施在建项目跟踪56件,面积115.6万平方米;违法建设事项移交2件、认定19件。受理市规划局转来信息公开件12件。全程参与18个峰会环境整治项目的规划指导。

【规划编制】 2016年,上城规划分局配合市规划局开展规划调研和编制,先后参与《之江路上城区段景观提升城市设计》《杭州市城市土地低效利用研究》《皇城遗址及周边地区整体环境整治提升规划》《基金小镇空间发展规划》《上城区望江地区城市设计》等编制。编制过程中,主动对接有关部门、街道,通过召开座谈会等公众参与的方式,多方收集意见,实现规划编制与实施的无缝衔接,增强规划编制的科学性、前瞻性。加强对《上城区电子机械功能区产业发展规划》编制的指导,两次到园区了解规划编制与园区建设情况,向园区提出做好地下空间利用与公共配套设施建设规划,为园区企业发展留足空间的建议。

【规划审批及批后管理】 2016年,上城规划分局根据市规划局《关于调整建设工程项目规划审批和管理职责权限的实施方案》《关于调整建设工程项目规划审批和管理职责权限的工作安排》,明确新的工作职责,推进职能调整工作。全年分局参加各类规划审查20余次,内容涉及道路整治、馒头山区域改造、大华饭店竣工资料核实等。会同区发改经信局、区住房和城建局完成"二合一"审查项目11个,其中多个项目为遗留10多年的疑难项目。完成平安里危改项目的方案调整、许可证修改,推进味精厂地块、望江地区拆迁安置用房、工联大厦二期等5个固定资产投资项目有效落地。推行批后管理"五告知"服务,及时发放"建设项目温馨提示"和"建设项目批后管理流程图",预先告知建设单位施工过程中可能出现的各种情况及相关处理意见。强化节点细节管理,建立项目巡查工作机制,及时追踪项目建设进度,提醒建设单位在各阶段应注意的事项。

【馒头山整治规划指导】 2016年,为配合G20杭州峰会重点项目馒头山综合整治工作,上城规划分局以推进御园项目审批为契机,根据市规划局编制的《皇城遗址及周边地区整体环境整治提升规划》,对馒头山(皇城遗址)周边地区的历史价值、现状情况进行梳理,提出具有可操作性的整治意见和有效的实施路径、实施策略,并在建筑风貌提升、景观环境整治、配套设施完善等方面提出具体要求,为馒头山周边地区环境整治和公共配套设施完善提供规划引导。

【玉皇山南基金小镇规划建设】 2016年，上城规划分局会同市规划局开展《基金小镇空间发展规划》编制工作，协调召开区政府与市规划局规划工作对接会议，做好基金小镇二期、三期建设前期的规划服务与技术支持工作，协调解决基金小镇范围内可利用土地权属主体间的关系，拓展基金小镇发展的潜力空间。

【服务中心工作】 2016年，上城规划分局主动服务大局，积极参与“三改一拆”等重点工作。制定相关制度，提供规划审批的档案信息资料，做好违法建筑认定，确保“三改一拆”有序推进。根据老城区环境复杂的特点，逐一分析每个拆除项目的实施方案，从规划角度提出意见建议，搭建政府和群众间政情沟通的桥梁。配合全市彩钢房(棚)专项整治工作，宣传《杭州市主城区建筑色彩专项规划》《杭州市主城区建筑色彩管理规定》《杭州市城市建筑屋面整治与管理导则》等规定，加强对中河高架、西湖大道等主要道路沿线彩钢房(棚)整治的指导。配合望江地区拆迁建设，全程跟踪重点项目征地拆迁“清零”专项行动和回迁安置“清零”专项行动。

(王晓帆)

城区建设

【概况】 2016年，上城区围绕服务保障G20杭州峰会，推进“三改一拆”、“五水共治”、交通治堵、改扩绿地等重点工作。全年完成旧住宅区改造86万平方米、旧厂区改造4.1万平方米、城中村改造4.8万平方米，拆除违法建筑13.52万平方米。完成望江家园东园阳台雨污分流项目，惠及居民1500户。“五水共治”主题公园建成。实施国有土地房屋征收项目31个，实现征收“清零”项目19个，完成征迁2884户、企业30个。开工建设保障房14万平方米，续建11.45万平方米，南星小区危旧房重建项目、大小塔儿巷老旧小区改建项目竣工，改扩建面积5.72万平方米。完成C、D级危房修缮181处，面积4.74万平方米。完成改扩绿面积5.56万平方米。实现建筑业总产值265.43亿元，全区13个重点工地实现安全文明施工。6个工程被评为杭州市“西湖杯”(结构优质)奖，4个工程分别申报省、市标准化工地。出售公房589套，受理廉租房申请2664户、公共租赁房申请1572户。完成21处历史建筑保护修缮，清河坊等9个街区入选第五批省级历史文化名镇名村街区名单。“平安365”社会服务管理平台接收联动指令246件，办结率99%。各类来电、来信、来访处理按时反馈率、来电件沟通率均100%。受理“两会”建议、提案38件，满意率100%。区住房和城建局被评为杭州市服务保障G20杭州峰会工作先进集体，区建设工程质量安全监督站被评为上城区服务保障G20杭州峰会工作先进集体；29人获评省、市、区服务保障G20杭州峰会工作先进个人，1人入选杭州市“最美建设人”。

【危旧房改造】 2016年10月8日，直饮马井巷32、33、35、36、42号40余户住户拿到新房钥匙，标志着饮马井巷地块危旧房改造全部完工交付。该地块建筑为杭州传统院落式民居，建造年代最早可追溯至清末民初。直饮马井巷危旧房改造启动以来，区住房和城建局克服施工场地小、施工工期紧等困难，用4个多月时间完成主体修缮。12月26日，饮马井巷地块10个门牌号的危旧房完成复建改善，并通过竣工验收。年内，上城区先后完成饮马井巷、严官巷、泗水新村、凤凰新村等危旧房维修改造，惠及居民28户。

【五柳巷地下公共停车库主体结构完工】 2016年12月14日，五柳巷地下公共停车库主体结构完工，总投资3989万元。五柳巷地下公共停车库东靠建国南路，南接郭东园巷，西临东河，北侧紧贴西湖大道，占地面积6400平方米，建筑面积4744平方米，其中地下公共停车库建筑面积4364平方米，设计小型机动车停车泊位150个，绿化面积4917平方米，工程绿化率75%。

【方谷园整治】 2016年12月8日，方谷园整治项目启动。方谷园位于小营巷历史街区。整治涉及方谷园

7号和胡宅两处住宅，共2380平方米。整治以保护历史建筑的真实性、保持建筑风貌的完整性、增强建筑功能的合理性为原则，主要进行揭瓦拨梁、更换构件、规范线路、粉刷墙体等，以最大限度地恢复历史建筑原貌。

【物管小区“零发案”】 2016年，上城区深入推进物管小区“零发案小区”和“控案先进小区”创建工作。年内，湖滨街道名珏公寓、南星街道民航小区、清波街道吴山名苑小区、望江街道滨江家园、小营街道富春大厦、紫阳街道水岸枫庭等20个物管小区连续第3年实现“五类可防性刑事案件零发案”，占全市“零发案”小区总数的25%，“零发案”小区数量排名全市第一。

【建设工程现场实名制管理】 2016年，区住房和城建局在全区110个施工总承包、专业分包、劳务分包及监理企业中实施实名制管理，加强建设工程现场的动态监管。向建筑企业发放《建设工程现场人员实名制管理宣传手册》，对建设工地落实实名制管理情况进行抽查，发现未按要求做好项目报备及现场作业、管理人员进场刷卡确认的，对相关责任企业、责任人员进行严肃处理，做到实名制管理工作不落实工地不施工，二代身份证不校验人员不进场。全年检查建设工地301个，发出整改通知书179份。全区无实名制管理不落实的工地。

【安置房管理信息平台优化升级】 2016年4月26日，上城区安置房管理信息平台完成全面优化和升级，正式投入使用。优化升级后的新平台集数据统计、数据分析、实时更新、预警显示于一体，设立安置房源管理、安置房建设项目管理、征迁项目管理、决策分析管理四大板块，直观展示全区安置房的建造及使用情况，并对全区安置房房源进行系统的数据统计和分析，为全面掌握全区安置房信息、合理调配安置房房源、科学统筹安置房建设提供便利。

【建设工地“共建共学”活动】 2016年5月，区住房和城建局创新学习方法，在建设工地开展“共建共学”活动，提高“两学一做”学习教育效果，向建设工地流动党员分发《中国共产党章程》《习近平总书记系列重要讲话读本》等书籍。全区建设工地采取1名党员联系一个班组、与3名民工建立结对帮带关系的做法，共创安全生产和文明施工工地，为G20杭州峰会召开创造文明安全的施工环境。金隅学府商品住宅工程项目部党支部获评“杭州市建筑工地先进基层党组织”称号。

【上城区和家园物业纠纷调解工作室挂牌】 2016年6月28日，上城区和家园物业纠纷调解工作室在区住房和城建局正式挂牌。该工作室为全省首个物业纠纷调解工作室。工作室通过营造调解氛围、组建物业纠纷法律顾问团、健全考核机制等措施，实现化解矛盾纠纷的新突破，在化解辖区内各种物业矛盾、促进社会和谐稳定方面起到示范引领作用。全年工作室化解矛盾纠纷150余起。

【房政监察和住宅装修管理新模式启动】 2016年8月1日，上城区房政监察和住宅装修管理实行集中办公、统一受理、合力查处的模式，区域范围内所有的住宅装修备案及违规查处统一由上城区房产监察大队受理。该举措是上城区房政监察部门履行监管职责、强化执法工作的全新尝试。

【民工学校建设】 2016年12月，上城区近江地块商业商务用房项目民工学校获杭州市“十佳民工学校”称号。上城区以提高民工文化素质和技能水平、维护民工合法权益、确保工程质量和安全生产为宗旨，大力推进民工学校建设。至年末，全区创办民工学校总校19所，辖区内具有二级及以上总承包资质的企业均建立民工学校总校，网上申报项目部民工学校分校61所。全年参加学习民工1000余人。

（金志伟）

城区管理

【概况】 2016年，上城区围绕G20杭州峰会服务保障圆心和“现代化美丽上城”建设目标，全面提升城区环境秩序，不断改善基础设施，有效解决城市管理难点热点问题，城市管理整体水平走在全市前列。全

钱塘江北岸亮灯工程　　（区城管局　供稿）

年牵头完成92个峰会道路整治和街容美化项目，范围涵盖全区62条城市主要道路和10个重点区域。实施西湖东望天际线、钱塘江北岸线、中河高架沿线及城站、湖滨、南宋御街六大区域亮灯提升，在重点道路沿线节点实施33处彩化美化小品环境布置。完成新塘河清淤工程，清淤长度1880米，清淤总量1.16万立方米；完成新开河、新塘河生态治理工程，治理面积7万平方米；完成截污纳管项目50个，完成清泰街、建国路、中河慢车道等防汛排涝项目15个。安装河道防护栏4905米，安装窨井盖电子标签4300个。完成疏通下水管道328.69千米，清理疏通检查井1.73万座、雨水口1.81万座，清运淤泥2155吨。钱江路道路设施获全国城镇市政养护示范设施“扁鹊杯”奖。“三改一拆”、“五水共治”、“三化四分”、城管执法重心下移等工作继续深化。全年完成拆除各类违法建筑13.52万平方米，超额完成市政府下达的年度目标任务。依托“智慧城管”平台，开启“智慧治水”模式，上城区获“五水共治”工作优秀县(市、区)“大禹鼎”最高奖。垃圾分类实现全区居住小区、机关事业单位全覆盖，完成20个垃圾分类示范小区建设。数字城管立案交办问题15.17万件，及时解决率99.7%；受理群众来电、来信、来访和咨询2.44万件，各类投诉按时反馈率、办结率均100%，综合满意率96.7%。

【“四化”水平提升】 2016年，上城区对标国际化城市管理，全面提升“洁化、序化、亮化、绿化”水平。加快推进市政环卫综合养护一体化，提高环卫机械化作业覆盖率。加强环卫基础设施建设，提升改造公厕11座，更新垃圾桶、果壳箱等环卫设施2800处。制订《G20杭州峰会上城区城市道路保洁及环境执法保障方案》，加强保洁巡查，探索推广“环卫手环”的使用，推进“智慧环卫”监管，强化精细化作业，城区道路清洁度全市排名第二。强化序化管控，开展户外广告、违规设摊、犬类整治等十大环境秩序整治，大力破解城市管理难点热点问题，查处各类案件3.89万件。完成全区25个项目、30余幢建筑景观照明设施养护。加强河道、道路两侧绿化管养及高温、台风汛期、降雪等灾害天气情况下的保绿护绿。完成城站广场、西湖大道、解放路、南山路、之江路等彩化美化工程33处。

【城区环境秩序整治】 2016年1月12日，区城管局启动窗口区域环境秩序整治行动，以高标准严要求全面整治全区环境秩序，成功破解馒头山违法建筑、思鑫坊无证餐饮、大马弄露天市场等环境秩序顽疾难症。全年出动执法人员2.02万人次，开展各类违规设摊整治7724次，劝导违规设摊1.17万人次，立案查处926件，罚款11.69万元。整治违法户外广告530块，拆除面积3.2万平方米；整治店招店牌4102块，拆除面积2.16万平方米。清理“牛皮癣”7263张。关停违规设置的电子屏、走字屏196块。成立全区工程渣土整治领导小组，实施“社会化治理、市场化清运”，形成联防、联控长效管控机制。查扣违章车辆22辆，罚款15.7万元。开展犬类办证进社区活动，发放文明养犬宣传资料6000余份；抓捕流浪犬、无证犬459只，立案查处118件，罚款10.02万元。全面排查餐饮企业油烟排放情况，完成业态调整企业150个，关停未安装油烟治理装置餐饮店铺111个、无证无照或超范围经营餐饮店铺379个，罚款3.08万元。

【西湖大道综合整治】 2016年5月11日，西湖大道综合整治提升工程竣工。该工程于2015年12月

8日开工，在景观工程、建筑立面、市政设施、建筑照明、交通指示系统和店招店牌六大方面进行提升改造，新增绿化面积5700平方米，修复人行道7800平方米、路面6.17万平方米，整治立面31.14万平方米，更新市政设施200处。开展清牌、清杆、清箱、清门“四清”专项整治，在全市率先将标识标牌杆、交通信号杆及路灯杆等进行整合，实施“多杆合一”，合理使用道路空间。对凤凰寺、丁家花园、西湖大道234号等沿线历史建筑及居民楼屋顶漏水、立面破损、配套设施老旧等情况统一进行修缮。加强西湖大道两侧绿化、美化，在交通隔离带中间种植郁金香、杜鹃和小雏菊，设置景观小品和景观花箱；人行道种植小灌木和地被植物，道路两旁侧石绘制图画。整治后的西湖大道成为一条开阔通畅、整洁精致、四季有景的景观和迎宾大道。

2016年，综合整治提升后的严官巷夜景　　（区城管局　供稿）

【严官巷综合整治提升】 2016年1月12日，严官巷综合整治提升工程启动，主要实施建筑立面整治、综合管网改造、道路平整、景观绿化和小区亮灯工程5项内容。4月30日，严官巷完成整治提升，累计整治立面1.58万平方米，铺设沥青路面3960平方米，修复人行道2316平方米。整治提升中将文化挖掘与民生改善有机融合，把严官巷打造成具有江南韵味的风情街巷。

【解放路综合整治提升】 2016年6月25日，解放路综合整治提升工程竣工。该工程秉承“畅通、美观、耐用、文化”的原则，实施道路翻建、绿化提升、机非隔离、市政设施更新、建筑立面整改、景观照明提升六大项目。先后完成西湖隧道口等节点改造12处，翻建路面11.43万平方米，整治立面10万平方米，拆除违法店招1700平方米，提升绿化5700平方米，更换道路平侧石2368米，修复平侧石741米，安装人行道栏杆1650米，修复建国中路以东人行道板950米，增设隔离墩50个。

2016年8月，解放路统一更换店招店牌　　（区城管局　供稿）

【庆春路综合整治提升】 2016年1月12日，庆春路综合整治提升启动。整治提升范围东起环城东路，西至环城西路，紧靠西湖，全长2.8千米。整治内容包括建筑物立面整治、绿化提升、市政设施更新3个方面。立面整治涉及燕子弄、皮市巷、马市街等24幢建筑物的保真、清洗、修缮、底层整治。绿化提升涉及更新行道树池、重要节点绿化打造。垃圾箱更新及增加变电箱外饰面等。该工程于4月30日完工。

【道路整治】 2016年5~7月，区市政园林管理所实施南复路、望江路、清泰街、环城东路、劳动路、建国中路、建国南路、柳营路、开元路、江城路、万松岭路、定安路、望江东路13条道路整平工程。其中，按照一类道路标准实施整平4条，按照二类道路标准实施整平9条，实施整平总长度14.9千米，完成道路病害治理5.86万平方米，摊铺沥青16.73万平方米，提升改造检查井1045座。

【试点"多杆合一"】 2016年1月，上城区在西湖大道试点"多杆合一"(对城市道路沿线的路灯杆、交通设施杆、路名牌、导向牌等进行整合，原则上只保留路灯杆与交通设施杆）工作，并逐步向其他道路推进。7月，上城区15条道路"多杆合一"工作全部完成，累计合并交通指示杆、交通标识杆146根，除旧合并路名牌215块，合并公厕指示牌108块，新建各类名牌403块。统一标牌设置、译写、安全标准，累计更新改造国际化标识、标牌128块，完成标志牌新建、换膜1609平方米，喷漆7279平方米。

【垃圾分类减量】 2016年，上城区垃圾分类实现全覆盖，全区机关、企事业单位实施垃圾分类242个，380个小区全部实施垃圾分类，完成20个垃圾分类示范小区建设，促进"互联网+"等科技手段在垃圾分类中应用更加广泛。推广实名制扫码投放垃圾和"九贝壳"等手机APP。前端减量效果明显，引入回收企业，对大件垃圾等统收统运，每月前端减量350余吨；开辟4条餐厨垃圾清运专线，清运146家餐饮店垃圾，日清运餐厨垃圾60吨。全年垃圾分类考核成绩位列全市第一名。

【瓶装液化气经营专项整治】 2016年6~12月，区城管局会同公安、安全监管、市场监管等部门开展瓶装液化气经营专项整治，重点对非法储存、运输、销售液化气等违法行为进行整治，排查整改违章占压等影响燃气管道运行的安全隐患。整治期间，全区排查商铺、住户1.68万户，收缴查扣非法储存液化气钢瓶6064只。

【公共基础设施安全检测】 2016年7~8月，区市政园林管理所对全区道路桥隧、供水供气、垃圾处置等基础设施运行情况进行检测，排查安全隐患，完成85座桥梁(地道)和34条重点道路检测，以及全区所有井盖、雨水口安检，检测方式为管道电视(CCTV)检测与管道通过性检测相结合。完成地下管道安全性检测4.93万米。检测范围内的基础设施均处于完好或良好状态。结合检测，安装报警器840个，封贴检查井及雨水口3800余座。

资料

管道电视（CCTV）检测:CCTV即Closed Circuit Television的缩写，该检测是采用先进的CCTV管道内窥电视检测系统，在管道内自动爬行，对管道内的锈层、结垢、腐蚀、穿孔、裂纹等状况进行探测和摄像，依据检测技术规程再进行评估，为制定修复方案提供重要依据。

【推行"路长制"】 2016年2月16日，上城区借鉴"河长制"做法，结合实际，研究出台《上城区"路长制"实施方案》。方案提出建立由区主要领导挂帅，每一名区领导挂包一条重点道路，每一名街道领导认领一条重点道路，选派居民和店家代表为民间"路长"的"四位一体"路长体系，以便及时发现解决道路环境综合整治中的问题，促进全区道路环境的进一步提升。上城区形成有区级"路长"24名、街道"路长"37名、民间"路长"44名组成的道路整治提升监管队伍。

【"贴心城管"志愿服务】 2016年，上城区"贴心城管"志愿者于劳动节、端午节、中秋节、国庆节等节假日，在湖滨、清波等街区设置服务点，为游客提供指路、问讯、帮扶老人小孩等服务，全年服务8万人次。在G20杭州峰会、马拉松比赛等重要会议和重大活动期间，"贴心城管"志愿者在各公交站点、大街小巷提供便民服务，大力倡导文明养犬、规范停车、爱护环境等文明风尚。

（李月江）

城区绿化

【概况】 2016年，上城区改建扩建绿地5.56万平方米，包括新增绿地2.27万平方米，其中馒头山公园新增绿地1.4万平方米。完成华侨饭店、凯悦酒店、新侨饭店等屋顶绿化项目8个，绿化面积1.29万平方米。全年1513个单位建立义务植树卡，参加义务植树12.07万人次，其中直接种树3.15万人次、认建认养绿化项目2.5万人次、参与绿化养护4.21万人次。办理树木迁移和砍伐审批67件、绿化方案会审13件、新建改建绿地验收8件。

【馒头山公园建成】 2016年6月17日，上城区开工建设馒头山公园。公园建于南星街道南宋皇城遗址凤凰山脚的山坡上，该区块具有得天独厚的自然条件与深厚的历史文化积淀。公园建设面积1.4万平方米，总投资1200万元。12月25日，馒头山公园建成开园。

【花事创作】 2016年，区绿化办投资80万元，开展花事创作活动，为G20杭州峰会营造喜庆氛围。先后制作“群扇荟萃”(吴山广场)、“城市客厅”(凤山路与上塘路交叉口凤山小公园)、“五水共治”(西湖大道与城头巷交叉口环保公园)、“乘风破浪”(之江路赞成中心西侧)立体花坛4个及“春江芳甸”(西湖大道城头巷交叉口环保公园)、“春之晖韵”(之江路南复路口)环境小品2个，使用各类花卉植物100余种。华侨饭店、国安大楼、南宋御街等7处摆放阳台挂花，并增加花箱1500个。

(屠晓晨)

【义务植树系列活动】 2016年3月11~14日，由区住房和城建局、区绿化办组织的全区义务植树系列活动在馒头山地区和吴山广场举行。活动首日，区四套班子领导和区直机关干部及街道社工200余人，在馒头山种下香枫、桂花、紫薇、红叶藜、鸡爪槭、红枫等树苗400棵。3月12日，由区政府和市园文局等单位主办的“美化家园大行动·扮靓环境迎峰会”活动在吴山广场举行启动仪式，市民用自己闲置的书籍换取长寿花、仙人球、风信子等植物，200余名热心市民前往馒头山认领树苗，并将其栽下。3月14日，杭州市行知幼儿园60名小朋友到上城区义务植树点参与植树。

(金志伟)

国土资源管理

【概况】 2016年，区国土分局围绕建设“现代化美丽上城”目标，以“峰会保障年、能力建设年、工作推进年”为抓手，注重有限土地资源的“智慧利用”，扎实推进征地拆迁、土地利用、年租金征缴、地质灾害防治、执法监察等工作。全年在区国土分局门户网站发布政务动态68篇，微博发布680余条，微信发布98期。组织“4·22”地球日、“6·25”全国土地日系列宣传活动4次。推进政策法规宣传进学校、进社区工作。全年受理征地拆迁、土地注销登记档案查询409件，开具证明文件36份，均当场一次办结。区国土分局被评为区级G20杭州峰会安保工作先进集体，1人被评为省级峰会安保工作先进个人。

【严格依法行政】 2016年，区国土分局调整优化机构设置，明确行政审批科专司审批登记职责，由法规监察科统筹协调全局依法行政工作。实施干部交流轮岗制度，全年轮岗中层干部3名、重点工作岗位干部7名。开展行政执法案卷评查，评查案卷32宗。组织规范性文件和合同合法性审查11次。严格执行行

2016年3月12日，上城区在吴山广场开展“书香换花香”活动

(区住房和城建局　供稿)

政机关负责人出庭应诉制度，通过行政复议、行政调解和补偿决定等形式，助推依法征收、阳光征收工作。全年依法办理行政复议案件2件、应讼案件15件，均获法院支持。

2016年4月19日，区国土分局组织开展“温暖的鸟巢”地球日主题宣传活动（区国土分局 供稿）

【征迁安置“双清”行动】 2016年，区国土分局积极履行“双清”(征迁“清零”和回迁安置“清零”)协调牵头抓总职责，以征迁“双清”行动为抓手，加快望江地区征迁工作。6月，提前完成市政府下达的9个重点征迁“清零”项目和1个回迁安置“清零”项目，征迁居民913户、农户288户、非住宅44户，完成率100%；完成回迁安置215人，完成率430%。全年征迁集体土地上农户546户、“联建房”26套、联建农户85户、非住宅6户；征迁国有土地上居民户2886户。上城区“双清”工作在市重点项目征迁安置“双清”专项行动考核中获一等奖。

【土地集约利用】 2016年，区国土分局坚持做地结构与供地结构相协调、做地速度与做地质量相统一，实现做地出让优地优用，助力上城区“筑巢引凤”。全年完成4宗、5.98公顷土地出让，收取出让金70.12亿元；完成4宗、5.33公顷做地任务，完成率104.7%。以土地精细管理、科学利用为抓手，开展城镇低效用地再开发工作，优化土地利用结构。通过挂牌出让、划拨土地供地等途径完成低效用地再开发61.19公顷，完成率305.9%；消化供而未用土地32.47公顷，消化率487%。严格土地年收益征管，征收国有土地收益1526.45万元，完成率171.5%，连续第10年超额完成市政府考核目标。上城区区域建设用地集约利用综合评价指数位列全市13个区县(市)第一名。

【地质灾害防治】 2016年，区国土分局投入资金445.8万元，治理白马庙巷49号、万松岭75号等9处不稳定边坡，实现上城区地质灾害全治理。健全群测群防队伍，全年组织巡查336次，参与巡查919人次，发送灾害防治短信298条，发放“避险明白卡”160余张，安排应急值守148人次。落实地质灾害防治资金518万元，消除地质灾害隐患点7个，全年无地质灾害人员伤亡事故发生。

2016年4月29日，上城区召开地质灾害防治工作会议 （区国土分局 供稿）

【土地使用审批】 2016年，区国土分局承接杭州市下放土地审批权限22项，完成建设项目各类审批项目56件。在审批流程、职责、时限等方面建立较为完善的承接机制，进一步优化为企业服务环境。推进不动产登记工作，于6月1日实现不动产统一登记“新开旧停”无缝衔接。全年办理不动产各类登记7230件，完成土地登记4874件，群众满意率100%。区国土分局服务窗口被区行政服务中心评为综合考核第一名和优胜团队。

【土地执法监察】 2016年，区国土分局加强国土资源执法监察，累计出动执法人员210人次，开展执法巡查105次，其中节假日巡查14次，未发现辖区内新增违法用地，“12336”国土资源违法举报电话未收到举报件。全区拆除违法占地面积4.52万平方米，拆后土地利用面积4.13万平方米，拆后土地利用率91.4%。完善涉土信访各项制度，规范信访接待、受理、处理、回复等工作。全年办理各类来信来访35件，办结率100%。

（张　婧）

房地产业

【概况】 2016年，上城区纳入国家一套表联网直报的房地产企业68个，全年完成房地产开发投资69.16亿元，比上年（指2015年，下同）增长6.4%，占全区固定资产投资63.3%。房屋新开工面积34.4万平方米，竣工面积60.9万平方米，销售面积17.4万平方米。

（张海树）

【广宇集团实现签约金额38.83亿元】 2016年，广宇集团股份有限公司（简称广宇集团）实施发展大健康事业战略和“稳中求进”经营策略，主抓项目建设和产品销售。7月1日，广宇集团以2.17亿元报价竞得舟山临城新区翁洲单元地块，地上建筑面积6.5万平方米，容积率1.74。9月29日，以总价5400万元获安徽黄山率水桥宅地，地上建筑面积5.14万平方米，容积率1.4。10月10日，市长张鸿铭参观由广宇集团代建的近江单元保障房项目。全年广宇集团实现营业收入41.94亿元，比上年增长143.9%；实现利润1.51亿元，增长335.1%；新开工商品房面积14.6万平方米，竣工面积33.3万平方米，实现签约金额38.83亿元。先后获评浙江省纳税信用AAA级企业、浙江省“守合同重信用”AAA级企业，“广宇”浙江省著名商标顺利延续。广宇集团热心公益事业，全年向社会各界捐款155万元。

2016年12月1~3日，浙江广慈医护有限公司承办首届国际专科护士大会

（广宇集团　供稿）

【广慈医护公司承办首届国际专科护士大会】 2016年12月1~3日，首届国际专科护士大会在杭州召开。大会由中华护理学会、美国护士协会共同支持，美国护士资格认证中心、浙江省护理学会、浙江大学医学院附属邵逸夫医院联合主办，广宇集团大健康事业部旗下子公司浙江广慈医护有限公司承办。会议主题为“融合·专业·创新·关怀”，以专科护理发展为主线，展现不同文化背景下护士专业发展的实践与创新。会上，浙江广慈医护有限公司与美国护士认证中心签署合作协议，合作推进专科护士专业在国内的发展，促进中国专科护士专业与国际接轨。

（陈　翀）

“三改一拆”与历史街区保护

【概况】 2016年，上城区各指挥部围绕“三改一拆”与历史街区保护开展各项工作。全年完成“三改”94.9万平方米、“一拆”13.52万平方米。望江地区加快推进望江新城建设，全年完成G20杭州峰会整治项目

19个,惠及居民8500余户;完成地块出让3个,收取土地出让金近57亿元;完成固定资产投资20亿元,在建工程规模50万平方米;协助望江街道征迁住户3500户,望江新城建设整治、征迁、做地、安置等工作取得新的进展。吴山地区围绕清河坊历史街区改造和南宋皇城小镇建设有序开展工作。湖滨地区完成13条道路提升整治、思鑫坊和劝业里环境品质打造、湖滨区域和东望天际线亮灯等峰会项目66个;龙翔桥地铁上盖物业二期、省妇保院南侧社会停车场库等11个重点建设项目陆续开工,劝业里地块征收项目"清零",大小塔儿巷旧房改造重建项目启动回迁安置。玉皇山南地区重点推进基金小镇建设和馒头山地块改造。

(叶 健 洪斯斯)

【违法建筑拆除】 2016年,上城区围绕"两路两侧"整治、"四边三化"等工作,运用无人机等高科技取证手段,加大违法建筑拆除力度。全年集中对馒头山、思鑫坊、大学路、福利新村、始版桥直街、贴沙河沿线等15个区域进行违法建筑拆除,拆除违法建筑3104处,面积13.5万平方米,超额完成市政府下达的5万平方米年度目标任务。

(李月江)

【望江指挥部和望海潮公司体制改革动员大会】 2016年1月7日,望江指挥部和望海潮建设有限公司召开深化体制改革动员大会。区人大常委会副主任、望江指挥部总指挥顾文友,望江指挥部常务副总指挥高燕东,望海潮建设有限公司董事长朱波,紫阳街道、望江街道负责人及望江指挥部工作人员70余人参加。会议就贯彻落实区委、区政府《关于进一步深化上城区城市建设体制改革的实施意见》,按照"政府主导、企业主体、市场化运作"的指导思想,平稳推进望江指挥部、望海潮建设有限公司体制改革工作进行动员部署。自即日起,两个单位实行两块牌子、一套班子,统一管理,合署办公。

【奋战望江工作部署大会】 2016年2月18日,望江指挥部召开奋战望江工作部署大会。区委书记缪承潮、区长陈瑾等领导出席,区人大常委会副主任、望江指挥部总指挥顾文友主持会议。区相关职能部门主要负责人,紫阳街道、望江街道领导班子成员,紫阳、望江现场动迁指挥部及近江经联社、望江经联社负责人,望江指挥部和望海潮建设有限公司员工130余人参加。会议回顾总结2015年望江新城建设工作,部署2016年主要任务,动员各方打好望江地区环境整治和征迁建设攻坚战。缪承潮在讲话中充分肯定望江新城建设取得的成绩,强调实现望江新城建设新目标,要有奋战攻坚的新认识、新作为、新担当,加强团结协作,高起点、高标准开创望江新城建设新局面。

【望江新城19个整治项目完成】 2016年1月,望海潮建设有限公司(望江指挥部)为改善市民居住环境,提升城市生活品质,启动望江新城整治工程。整治项目包括道路和高架沿线整治、钱塘江北岸亮灯和区行政中心亮灯等19个,涉及道路长度35千米、房屋395幢、居民8500余户,总投资2.7亿元。其中钱塘江北岸亮灯工程自西兴大桥至钱塘江大桥,全长8.3千米,包括沿江绿地景观线、沿江堤岸线、沿江小品线、沿江天际线的亮灯及沿江14幢公共建筑配以音乐、动画的联动动态屏幕式亮灯。望海潮建设有限公司发扬"工匠精神",于峰会前全面完成各项整治任务。整治成果得到省、市领导肯定,望江指挥部获浙江省服务保障G20杭州峰会先进集体称号,工程部班组获杭州市服务保障G20杭州峰会"工人先锋"称号,5人获浙江省服务保障G20杭州峰会先进个人称号。

【始版桥直街改造提升】 2016年3月1日,望海潮建设有限公司(望江指挥部)启动贴沙河畔始版桥直街改造提升,工程投资约3000万元,涉及居民800余户。4月,完成该地块206户住户和4个企业征迁。改造提升项目亮点为始版桥公园和樱花长廊。基于北宋活字印刷术发明者毕昇在此始创活字排版印刷术的传说,专门在始版桥公园改造时增加活字排版印刷术的特有元素,并在公园里重新修建始版桥。始版桥樱花主题公园有一条长约1.6千米、宽20米的绿化景观,主要种植樱花树、白玉紫荆、石榴、桂花、蜡梅、红枫等苗木,其中樱花树670余棵。

【望江新城首个 PPP 合作项目落地】 2016 年 2 月 19 日，经资格预审、公开招标等程序，望江新城首个 PPP 合作项目落地。望海潮建设有限公司与市城投集团牵头的联合体签订望江新城城市有机更新征收改造工程合同，望江指挥部授予项目公司独家 PPP 合作权。项目位于望江单元，总投资 52.3 亿元，其中安置房工程总建筑面积 48.99 万平方米，市政道路工程总长度 2.27 千米。

【地块出让】 2016 年 6 月 13 日，近江单元原味精厂地块挂牌出让，出让面积 3.6 万平方米，容积率 3.4，体量约 12 万平方米，起拍价每平方米 28768 元。经过 12 轮报价，由杭州滨江房产集团股份有限公司和保利房地产（集团）股份有限公司联合体以 48.3 亿元总价竞得，折合楼面价每平方米 3.95 万元，溢价率 37.3%。原味精厂地块坐落于望江新城，为住宅（设配套公建）用地。地块东至徐家埠路，南至四号支路，西至近江路，北至规划地块、秋涛路。配建社区居委会用房 800 平方米、文化活动站用房 600 平方米、医疗服务站用房 165 平方米，以及托老所用房 600 平方米。当日出让的还有近江单元西湖电子地块，为商务用地，位于清江路与富春路交叉口。出让面积 5376 平方米，容积率 5.0，由杭州西湖数源科技股份有限公司以底价 2.88 亿元竞得。11 月 28 日，近江单元近江化工厂地块经过 14 轮竞拍，由杭州金地商置集团有限公司以 5.5 亿元总价竞得。该地块为商业兼容商务用地，东至徐家埠路，南至钱江路，西至近江路，北至原近江化工厂，出让面积 9623 平方米，建筑面积 3.37 万平方米。起拍价每平方米 11957 元，折合楼面价每平方米 16330 元，溢价率 37%。

【婺江家园一园保障房项目获“西湖杯”奖】 2016 年 4 月，婺江家园一园保障房项目获杭州市建设工程“西湖杯”奖（建筑工程）。保障房项目位于钱江路与婺江路交叉口，占地面积 3.02 万平方米，总建筑面积 13.98 万平方米，绿地率 30%，建有 28~29 层的高层建筑 5 幢。配套用房有公厕、社区养老用房、物业管理用房等，建有停车泊位 721 个。工程造价 2.3 亿元。

【中策橡胶厂地块安置房项目开工】 2016 年 7 月 22 日，上城区举行全省扩大有效投资重大项目集中开工活动仪式暨上城区望江单元 SC0403-R21-03 地块安置房项目开工仪式。区委书记缪承潮参加仪式并宣布项目开工。此次开工项目涉及中华饭店地块、工联二期、望江单元中策橡胶厂地块安置房、杭州市胜利小学新城校区等 8 个，总投资 57.36 亿元。10 月，望江单元中策橡胶地块安置房项目开工建设。望江单元中策橡胶地块安置房项目东至海潮寺路，南至海潮支路，西至凯旋路，北至望江路，占地面积 3.09 万平方米，总建筑面积 14.55 万平方米。规划建设 18~21 层的高层建筑 11 幢、地下停车泊位 1129 个。

【安置房项目竣工验收】 2016 年 12 月，望江新城近江单元印铁制罐厂地块安置房项目竣工。该项目东北为清江路，东南为组团路，西南为衢江路，西北为秋涛路，用地面积 2.9 万平方米，总建筑面积 14.41 万平方米，其中地上建筑面积 10.13 万平方米、地下建筑面积 4.29 万平方米，设置机动车停车泊位 727 个。

【望江新园三园办证条件具备】 望江新园三园于 2012 年 1 月建成。三园规划用地面积 3.22 公顷，容积率 2.7，建筑限高 63 米，总建筑面积 10.64 万平方米，由 12 幢 22 层住宅及群房（配套公建）围合而成。为妥善解决回迁安置房办证问题，望江指挥部落实专人梳理审批程序，并与相关职能部门对接，先后完成三园各项验收、备案、合同履行、房屋初始登记等工作，于 2016 年 8 月具备办证条件。

【贴沙河规划选址论证暨控规调整方案获批复】 为充分发掘贴沙河沿线地块潜力，市规划局组织对望江新城贴沙河沿线（婺江路—映霞街）用地布局的合理性进行论证。2016 年 12 月 1 日，贴沙河规划选址论证暨控规局部调整方案获市政府批复。

（叶　健）

【13 条道路提升整治完成】 2016 年，湖滨指挥部实施道路整治工程，提升城市环境品质。先后完成湖滨路、延安路、浣纱路、东坡路、平海路 5 条一类道路和学士路、长生路、蕲王路、孝女路、吴山路、仁和路、邮

电路、国货路8条二类道路整治。道路整治包括窨井提升、井盖更换、车行道沥青铣刨铺摊、人行道翻挖更新、平侧石更换等,13条道路施工面积17.24万平方米,于4月底全部完成。

【思鑫坊历史街区打造】 思鑫坊历史街区地处湖滨商圈繁华地段,范围东至孝女路,南抵学士路,西至菩提寺路,北临杭州市天长小学南墙,由思鑫坊、承德里、萱寿里3个街坊和7幢独立式别墅等建筑组成,作为杭州两大石库门建筑群之一,仍保留着石库门里弄建筑"清水砖墙、乌漆大门、花雕门楣"的建筑风貌。思鑫坊地块存在建筑年久失修、严重老化等问题,并存在消防安全隐患,湖滨指挥部于2015年11月启动提升改造。地块改造坚持优先保护街区重要历史建筑、延续历史文脉的原则,同时针对危旧房现状,完善基础设施配套,消除各种安全隐患,提升环境功能品质,将思鑫坊打造成传承杭州地方建筑文化特色和居民生活形态的历史文化街区。湖滨指挥部充分征求思鑫坊居民意见,向住户介绍综合整治方案和施工安排。思鑫坊历史街区改造于2016年7月完成,改造成果得到群众称赞,成为民生改善的样板。

【湖滨区域亮灯工程完成】 2016年4月,湖滨区域完成亮灯工程。该工程选择暖白色为主基调,突出打造层次分明的东望天际线效果,体现"湖、城、人、文"的文化主题,使湖滨区域范围内的思鑫坊、华侨饭店、劝业里等建筑群成为湖滨区域亮化品牌的"金名片"。

【原龙翔桥公交总站地块开工建设】 2016年11月18日,原龙翔桥公交总站地块开工建设。该地块为商业商务兼容交通设施项目,属于地铁1号线龙翔桥站上盖物业二期建设工程,位于延安路东侧,北临学士路,西临延安路,东临板桥路,总投资18.68亿元,占地面积8875平方米。地上建造13层,建筑面积4.26万平方米,其中一层为6000平方米的公交场站。地下3层建筑面积2.26万平方米,配置机动车停车泊位228个、非机动车停车泊位400个,计划2020年建成。

【大小塔儿巷回迁安置启动】 大塔儿巷和小塔儿巷2个拆(搬)迁项目安置房建筑面积3.09万平方米,安置房源224套。其中,大塔儿巷区块东邻皮市巷,西至小塔儿巷,南靠解放路香溢大酒店北侧,北至大塔儿巷,建筑面积2.41万平方米。小塔儿巷7~16号位于香溢大酒店以西、小塔儿巷东侧,建筑面积6756平方米。大小塔儿巷危旧房改造项目是为民办实事项目,通过重建、改造,从根本上改善居民的居住条件。大小塔儿巷危旧房重建于2011年3月启动,2016年12月完成重建并交付使用。年内,大塔儿巷区块130余户住户完成回迁安置。

【劝业里地块征迁】 劝业里地块位于东坡路以西,蕲王路以东,是西湖边最后一处危旧房地块。2014年9月,湖滨街道会同湖滨指挥部就劝业里地块征迁工作进行民意调查,90%的居民表示支持搬迁改造。为加快征迁工作进度,湖滨街道与湖滨指挥部把办公室设在劝业里征迁现场,组织工作人员入户摸底调查。2016年1月23日,该地块完成64户居民搬迁,占搬迁居民总数的95.5%。至6月末,该地块完成全部居民搬迁。

【湖滨路街容提升】 湖滨路休闲步行街北起庆春路,南至东坡路,道路全长约840米,2016年实施街容提升。提升工程包括湖滨路与庆春路节点、湖滨路与东坡路节点、平海路整治及湖滨区域照明设计、湖滨路窨井盖设计、绿化设计等。2016年2月23日,市委副书记、市长张鸿铭调研湖滨路街容提升工程,强调要借助G20峰会在杭州举办的契机,进一步扮靓湖滨路"西湖客厅",实现湖、景、城更加协调和品位提升。根据市长要求,结合属地情况,街容提升着重做好"六引"(引湖、引花、引水、引灯、引文和引商入街)文章,先后完成道路平整、基础设施配套、绿化养护等项目。4月底,湖滨路街容提升工程完工。经过改造提升,湖滨路成为杭州市内最清洁城市的样板区域。

【湖滨三期主体工程完工】 湖滨三期东至延安路,南至东坡大世界,西至东坡路,北至平海路,占地面积4082平方米,总建筑面积2.47万平方米,为商业、文化设施相结合的商业街区,规划地上4层,地下3

层，设置停车泊位112个。2015年7月，湖滨三期项目采取桩基先行的“逆作法”施工，先行完成地上主体结构，在推进幕墙安装工程时，同步实施地下室土方和结构工程，最大限度地减少施工扬尘，使街区外立面在G20杭州峰会前显现出来，成为湖滨区域的一个新景观。2016年11月，三期项目主体工程全部完工。湖滨三期建成后，分别通过地上过街连廊与湖滨一期、二期、四期贯通，打造成为“一站式”大型商业综合体。

【省妇保院停车场库项目获施工许可】 2016年12月，省妇保院停车场库项目取得施工许可证。该项目为湖滨指挥部与省妇保院合建项目，总建设用地5300平方米，建筑总面积4.25万平方米，其中地上建筑面积2.5万平方米，即妇女保健大楼1.5万平方米、社会停车库项目1万平方米；地下合建4层停车库，建筑面积1.66万平方米，设置地下停车泊位449个。年内，省妇保院停车场库项目完成所有建设前期准备。

（洪斯斯）

城站广场综合管理

【概况】 城站广场东至杭州铁路新客站主站房西侧规划红线，南至江城路郭东园巷以北人行道，西至建国南路东侧人行道，北至清泰立交桥北侧滴水线（不含桥面）向南范围，总建筑面积3.49万平方米。1999年12月投入使用时交于上城区政府管理。2012年9月，城站广场成立管委会，为区政府派出机构，主要负责城站广场区域的社会治安、交通运营管理、公共卫生、绿化养护、市政设施维护等工作。经过2014年9月、2015年10月两次综合整治提升，城站广场内外环境明显改观，杭州城市入城口的形象进一步提升。2016年清明节、劳动节、端午节、中秋节、国庆节期间，城站广场分别迎送旅客29万人次、37万人次、30万人次、24万人次、80万人次。

【春运客运保障】 2016年春运期间，城站广场管委会协调地方和铁路公安、交警，运管、城管和市场监督等部门，对广场消防安全、食品卫生、票点经营、场站安全等与客运保障相关的工作进行不间断巡查，全力做好地面广场、地下层出站大厅、出租车通道、高架层进站口、环城东路等主要路段的旅客疏导、交通秩序维护、违法营运车辆查处、卫生保洁等工作。增设两个可容纳1500~2000人的临时候车棚，落实浙江铁道大厦等7个旅客临时安置点。广场管理人员24小时值班协调，做好应对各类突发事件的准备，配合武警和车站执勤人员，维护车站秩序，组织志愿者为旅客提供各种便民服务。春运期间，城站火车站发送列车6400余列，安全运送旅客384万人次，各项公共设施安全指标达到规定要求。

【城站广场旅游咨询服务区设立】 2016年3月26日，上城区在城站火车站地下出站大厅北侧设立城站广场旅游咨询服务区。服务区设6个工作席位，配置LED显示屏、信息公开栏、专用座椅等设施。工作人员统一着装，配挂工作牌，标明旅游单位和投诉电话，为游客提供信息咨询、旅游引导、旅游投诉、文明旅游宣传、休息等候等服务。区旅游执法大队会同站前派出所通过不定期检查或暗访，加强对服务区服务质量的监督，维护旅游市场秩序。

2016年3月26日，城站广场旅游咨询服务区设立 （城站广场管委会 供稿）

【城站广场景观提升改造】 2016年3月18日，城站广场管委会启动环境提升与街容美化项目——城站广场周边7幢高层建筑亮化提升工程。至4月末，新东方大厦、中闽大厦、外海西湖国贸大厦、红星文化大厦、红楼大酒店、西湖饭店、歌德大酒店亮化提升工程全部完成。5月30日，城站广场大厅中央立体景观完成提升改造，主要在中央通道两侧设置平视角花廊，花廊箱体内放置色调温和又不失缤纷的鲜花，通过暖色调灯光的照射达到温馨多彩的景观效果。大厅中央放置水纹底、人造鱼组合小景和三叠景观，体现杭州的江南风光和山水灵气。

【城站广场商场店容店貌整治】 2016年4月5日，城站广场管委会根据G20杭州峰会上城区筹备工作领导小组办公室关于开展商场店容店貌整治的总体部署，组织各商户按照整治要求自行整改。小营市场监督管理所、城管城站中队等单位加强指导监督。对城站广场二层“老娘舅”快餐店违规设置户外广告问题，城管城站中队向店家发出接受调查处理通知书，并责令其限期拆除整改。整治期间，广场一层商户违法设置的30余处户外广告被拆除，拆除面积200平方米。

【城站广场防控】 2016年，城站广场管委会会同公安站前派出所、铁路杭州站派出所加强广场内外防控。以城站广场为中心，加大对人员密集部位的巡查力度，最大限度提高见警率和信息收集量。值班室使用监控、同频对讲机加强与广场联系。与铁路杭州站派出所、区公安分局巡特警大队机动中队、市公安局巡特警支队、市武警支队武装巡逻队等单位对接，分工合作、相互配合，共同维护城站广场的治安秩序。组建由民警、特保人员及广场协管员组成的巡逻小分队，携带头盔、警棍、盾牌等装备，24小时不间断在广场上巡查。每晚22时至次日1时，民警带领特保人员在广场开展“诊察行动”，盘查可疑人员。在广场警务室入口处进行设卡盘查，采集相关信息。通过一系列面上防控工作，城站广场及周边有效接警比上年下降30%，无重大刑事案件和治安案件发生。开展预防非接触性诈骗宣传教育，在广场大屏幕上播放“平安365”宣传教育片，分发宣传资料，在银行自动柜员机等场所安排便衣协警进行警示劝导。

【城站火车站峰会服务保障】 2016年7月4日，城站广场管委会启动“保洁保序保平安迎峰会”60天倒计时活动，提升城站广场入城口的管理标准，协调公安、城管、交警、运管等部门，开展集中整治行动。加强夜间广场管控，在进站中央自动扶梯入口处设卡检查，对分散在广场地面层、高架层、地下室等处场所的旅客及滞留露宿者逐个进行询问，核对持有的证件和车票。对居无定所人员加大劝导劝退和救助力度，对所有小件寄存处和停留在广场的车辆进行安全检查。加强广场范围内经营场所消防检查，重点检查经营户安全使用瓶装液化气情况，针对检查出来的安全隐患，提出整改意见和防范措施。峰会召开前，广场管委会会同上城消防大队和站前派出所检查经营户100户次，提出整改意见200余条，峰会期间，城站广场全天候安全稳定。

城站广场大厅中央立体景观 （城站广场管委会 供稿）

【贵宾抵离迎送服务保障】 2016年8月21日，上城区成立城站火车站贵宾抵离迎送服务保障指挥部，由区委常委来剑波任总指挥。城站广场管委会、区委宣传部、区商务局、区城管局、区风景旅游局、区市场监管局、区公安分局、市道路运管局直属机动大队、铁路交警支队、铁路公安处、上海铁路局杭州站、上城交警大队12个单位负责人为指挥部成员。指挥部下设统筹协调组、交通保障组、安全保障组、后勤保障组、宣传报道组5个小组。峰会期间，积极做好广场贵宾接送车辆路线安排、接客点和送客点交通疏导及秩序维护等工作，确保参会贵宾和媒体记者的通行安全。

【流浪乞讨人员处置】 2016年，城站广场管委会会同区城管、公安、治安大队救助分队等部门，加强对流浪乞讨居无定所人员的处置工作，确保旅客安全出行和杭州城市入城口文明有序。整治行动由广场管委会负责统一指挥协调，重点抓好地下室出站大厅、南北车库、一层候车大厅及内部通道等场所的流浪乞讨居无定所人员的劝导，对愿意接受救助的人员送到救助站救助。全年有50余名流浪乞讨居无定所人员被劝离，其中5人被遣送救助站。通过依法妥善处置，城站区域治安案件比上年减少50%。

【反恐防暴工作】 2016年7月19日，城站广场管委会会同区公安分局站前派出所、铁路杭州站派出所等部门，按照城站广场加强"三防"(防冲、防撞、防违章)、全面提升广场反恐防暴水平的安保工作思路，对广场各个重点区域旅客和车辆分流硬件的设置进行勘查，研究制订加强旅客安全的具体措施。8月11日，城站广场管委会组织反恐防暴队员业务培训，传达全国防暴反恐情况通报，布置开展群防群治工作，辖区11个单位参加培训。区公安分局站前派出所负责人应邀在培训会上介绍反恐防暴知识，结合案例讲解恐怖组织实施恐怖犯罪的特点、手段，以及如何做好防范工作。

【文明洁净城市窗口争创】 2016年，城站广场管委会围绕争创文明洁净城市窗口的目标，广泛发动辖区各单位参与清洁城区工作，以实际行动为全区的环境提升做出贡献。开展以清理占道经营、处置环境脏乱差、整治摊点油烟污染、维护广场绿化等工作为重点的"保清洁、争先进"活动。管委会全体管理人员每天提早一小时上班，参与"保清洁、争先进"活动各项工作。加强安全知识宣传，增强旅客安全防范意识，提醒旅客注意出行安全。协调环卫部门加大站区广场保洁力度，使外地旅客进入杭城，第一时间感受到杭州的清洁和文明。

(许康勇)

馒头山新貌

环境保护

Environmental Protection

峰会环境质量保障

【概况】 2016年,上城区全面启动G20杭州峰会环境质量保障工作。成立区峰会环境质量保障工作指挥中心(设在上城环保分局),负责环境质量保障工作具体协调和现场指挥。围绕"天蓝水净环境安全"的总体要求,推进"五水共治"专项行动和环境质量综合整治,全区实现空气质量"双达标"、水环境质量"保优质"和峰会环境安全"零事件"的预期目标。

【峰会环境保障方案编制】 2016年,上城区设立环境质量保障部,由分管副区长任部长,统一协调峰会环境质量保障工作。结合区域实际,编制保障方案37个,包括1个总体方案、1个住地总方案、9个部门子方案、6个街道子方案和20个住地子方案。编制《G20峰会环境质量保障运行手册》,提高保障工作的可操作性和确保统一规范、有序高效运行。组织开展区级层面的综合保障演练和专项应急处置演练。建立例会、巡查、督查、监督制度,构建保障指挥网络及督查巡查网络,推进峰会保障工作顺利进行。区生态办公室落实保障经费103万元,用于设备采购、油烟在线系统建设、监测服务和宣传教育等。4月,组织全区各街道社区、指挥部70余人,在省委党校进行峰会环境质量保障专题培训,邀请市有关部门领导和专家授课,培训内容包括全市环保形势和任务分析,新实施的《中华人民共和国大气污染防治法》及日常危险废物管理、油烟污染防治、辐射、扬尘和噪声污染防治等基本知识。5月,对辖区住地宾馆及相邻住地宾馆开展污染源排查和整治,排查住地周边污染源。对全区100余个单位进行补充调查,确定其中8个有烤漆作业的汽车修理厂为新的VOCs(挥发性有机物)排放源。根据省、市百日环保执法专项行动要求,确定30个宾馆饭店、30个医院诊所、30个汽车维修店为执法监管重点,并开展专项执法检查,对检查中发现的隐患和问题,及时立案查处和督促整改。至峰会召开前,上城环保分局出动执法人员224人次,检查企业107个,责令整改17个,立案查处9件,环境整治项目全部完成。

【深化巡查制度】 2016年,上城区围绕峰会环境质量保障工作圆心,制订运行机制和24小时值班制度。建立每日视频例会制度,通报当日空气及水环境环境质量,听取各街道及部门工作汇报,布置重点工作任务。建立每日巡查制度,分环境组、河道组、工地组3个小组对全区环境质量进行拉网式巡查,第一时间发现、处置各类环境问题。建立督查制度,对巡查中发现的施工扬尘、油烟直排、音响噪声等问题,以保障部督办单的形式交由责任部门和属地街道落实整改。先后发放督办单18张,所有问题均在第一时间得到解决。全区开展5次大规模"零点执法行动",形成对环境治理的高压态势。

【环境监督与管理】 2016年,上城区严格大气、水环境、放射源及声环境的监督和管理。加强工业企业停产限产管控,全区应停产的工业企业均停产。加强未安装油烟净化器的油烟排放餐饮店管控,全区纳入整治范围的餐饮店和餐饮企业实施关停或整改。加强辖区建筑工地和拆迁工地扬尘、噪声管控。全区干洗店均停用敞开式干洗设备,水洗业务正常受理。对汽修喷漆作业企业实施相关措施,控制大气污染。开展峰会“零点执法行动”,出动执法人员300余人次,检查企业和建筑工地152个次。对辖区内各饮用水源取水口采取人防、物防、技防等手段,并在贴沙河上城段清泰水厂取水口安装监控探头,进行24小时实时监控。

环境宣传与教育

【世界环境日活动】 2016年6月3日,上城区在杭州市天地实验小学组织开展纪念“六·五”环境日活动。活动以“改善环境质量,推动绿色发展”为主题。杭州市环保局副局长俞敏,上城区委常委、副区长管光尧,区人大常委会副主任李静,区政协副主席薛鸿翔等参加环境日活动。管光尧致辞,并与其他出席活动领导一起,为望江街道11名“环保达人”颁发荣誉证书,表彰他们在街道组织的“我家的绿色氧吧”活动中所做的工作。11名“环保达人”分别在现场展示各自的获奖作品,并进行具体介绍。“我家的绿色氧吧”活动历时半个多月,向各个社区征集绿色环保作品100余件。

【环境保护宣传】 2016年,上城区发动全社会关心、支持和参与环保工作,深入推进“五水共治”“五气共治”等专项行动。邀请杭州传化艺术团到南星街道水澄桥社区进行环保文艺演出。利用各类平台开展环保“宣传进社区”活动,制作环保宣传展板、海报在社区巡回展出。5月,组织《中国环境报》、《浙江日报》、《杭州日报》、浙江电视台、杭州电视台等20家媒体对上城区升级打造油烟在线2.0的情况进行集中宣传。全年“生态上城”官方微博发布工作动态、法规政策等信息820余条。

【杭州市饮马井巷小学被命名为省级“绿色学校”】 2016年12月22日,省环保厅办公室、省教育厅办公室联合发出《关于命名浙江省第八批省级绿色学校的通知》,杭州市饮马井小学等170所学校被命名为浙江省第八批“绿色学校”。按照《浙江省绿色学校审核方法》,经申报、资料审查、现场考核及专家评审,杭州市饮马井小学考核成绩排名靠前。

(陈 曦)

2016年6月3日,上城区开展主题为“改善环境质量,推动绿色发展”的纪念“六·五”世界环境日活动 (上城环保分局 供稿)

科学技术

Science and Technology

综 述

【科技创新能力增强】 2016年,上城区加快实施“科技+两创”战略,深化科技合作和成果转化,大力推进创新型城区建设,全面增强科技创新综合实力。全年区级财政投入科技经费1.2亿元,其中技术创新专项资金3485万元,比上年增长6.7%。被列入省级及以上科技项目9项,获省级及以上科技项目经费1348万元。全区有省级以上高新技术企业68个,新增9个;市级高新技术企业81个,新增16个;区级高新技术企业92个,新增3个。获省、市科技进步奖6项,其中省级3项、市级3项。新认定市级以上高新技术研发中心9个、市级以上科技型企业23个、省级企业研究院1个,新入选省高新技术百强企业1个。组织实施区级科技计划项目80项。引导企业投入科技研发经费超过5亿元。区科技创业中心引进科技型企业12个,实现技工贸总收入8.55亿元,增长3.3%;实现税收3427万元,增长3.2%。新认定国家级众创空间4个、省级众创空间4个、市级众创空间3个,市级以上众创空间(含孵化器)增至12个。

科技计划与管理

【概况】 2016年,上城区列入科技发展计划项目80项,推荐申报省科技发展专项4项、市社会发展入库项目14项、市重大科技专项3项、市科技进步奖5项、市产学研项目3项、市“雏鹰”项目19项、市“青蓝”计划2项、市重大选题项目9项。列入国家火炬计划3个,获省科技发展专项资金项目5个、科技型中小企业扶持资金项目6个,获市级以上科技经费1821万元。

【全区科技统计培训会议】 2016年1月20日,区科技局与区统计局在区科技创业中心召开全区科技统计培训会议。全区28个规模以上科技型企业统计人员参加培训。区统计局就科技统计报表中的各项指标解释、R&D(科学研究和试验发展)项目核算方法、填表注意事项、上报要求等做细致说明。会议要求统计人员重视科技统计工作,确保统计数据准确,不重不漏。

【上城区列入国家火炬计划项目3个】 2016年5月11日,省科技厅转发科技部《关于下达2015年度国家星火计划、火炬计划项目的通知》,上城区3个项目获国家火炬计划立项,分别是杭州熙浪信息技术股份有限公司承担实施的“规模企业多维数据挖掘分析管理系统”、杭州图强工程材料有限公司承担实施的“DCP型多重防腐锚杆成套技术”、杭州海兴电力科技股份有限公司承担实施的“输配电网设备一体式智能检测系统”。

【上城区获省专项资金项目11个】 2016年3月30日和4月20日,省科技厅、省财政厅分别联合下拨省级科技型中小企业扶持和科技发展专项资金,上城区有11个项目获总额925万元资助。科技型中小企业扶持专项分别是杭州海兴电力股份有限公司的“Payman Atashian”项目、杭州娃哈哈集团有限公司的“Kako Gyofu”项目;科技发展专项分别是杭州海兴电力股份有限公司的“ELETRA电力股份有限公司”

项目、杭州泽大仪器有限公司的"基于云技术的农产品物联网智能物流仓储管理系统"项目、浙江威星智能仪表股份有限公司的"基于CFD结构优化设计的高精度超声波气体流量计研制"项目。重点研发计划类项目为杭州宇天科技股份有限公司的"移动数字文化生活云服务平台研发与产业化"项目、杭州海兴电力股份有限公司的"配网线损在线监测及治理解决方案的研究与开发"项目、浙江博世华环保科技有限公司的"污染场地修复专用装备的研究与开发"项目、杭州华日电冰箱股份有限公司的"冷变换器技术运用于高效节能制冷产品中的创新"项目；技术创新引导类项目为杭州杭城专利代理事务所有限公司的"2015年国家专利导航工程(专利运营)试点单位"补助项目；创新基地和人才类项目为杭州娃哈哈集团有限公司的"浙江省娃哈哈研究"公共平台建设经费项目。

科技创新

【概况】 2016年，上城区抓好科技计划项目实施、高新技术企业和研发中心建设，提升企业创新能力。继续用好科技"三金"(风险池基金、众创空间扶持资金、创新券专项资金)，助力企业发展。全年5个企业获风险池贷款3600万元，新增国家技术先进型服务企业2个、国家重点支持领域高新技术企业9个；重新认定国家高新技术企业6个、省级企业研究院1个，升格为省级重点企业研究院1个、省科技型企业23个、省级高新技术企业研发中心1个、市级高新技术企业16个、市级高新技术企业研发中心8个，入选浙江省百强高新技术企业1个。深入实施"双创"战略，新增国家级众创空间4个、省级众创空间4个、市级众创空间3个。

【全区经济工作暨科技创新大会】 2016年6月22日，区委、区政府召开全区经济工作暨科技创新大会。区委书记缪承潮到会讲话，区长陈瑾主持大会，区委常委、常务副区长金承涛宣读表彰决定，区四套班子领导及市发改委副主任朱师钧、市科委副主任毛国锋等参加会议。会上表彰156个经济发展贡献突出的企业经营团队、重点单位，并为部分重点单位和院士工作站授牌。会议要求全区上下齐心协力，以科技创新促进转型升级，不断提升科技进步贡献率，为实现"十三五"顺利开局努力奋斗。

【科技经费创新管理】 2016年，上城区在科技经费中设立风险池基金1000万元，与杭州高科技担保有限公司、杭州银行科技支行合作发放贷款两亿元，有14个科技型中小企业通过固定资产抵押、公司股权质押等方式，获风险池贷款1.38亿元。设立众创空间扶持资金800万元，用于扶持众创空间，构筑"创业苗圃—孵化器—加速器"孵化链，培育新技术、新产业、新业态。年内，培育市级众创空间3个、区级示范众创空间3个。设立"创新券"专项资金150万元，无偿提供企业在利用省市创新载体资源开展研发活动和科技创新时作"有价凭证"使用，全年申报创新券注册企业18个，发放"创新券"24.34万元。

【发明专利授权量上升】 2016年1月20日，省知识产权局公布2015年专利数据，上城区发明专利授权量为269件，比2014年增长120.5%，每万人拥有有效发明专利数5.49件，增长86.2%。专利申请量中的

2016年6月22日，上城区召开全区经济工作暨科技创新大会

（区科技局 供稿）

发明专利、实用新型专利、外观设计专利均有较大幅度增长,专利申请总量达1738件。

【新增国家重点支持领域高新技术企业9个】2016年12月31日,省科技厅公布2016年高新技术企业认定名单,杭州顺治科技股份有限公司、杭州金通公共自行车科技股份有限公司、杭州网营科技股份有限公司、杭州智感科技有限公司等9个企业榜上有名。根据国家《高新技术企业认定管理办法》,与此同一批公布的浙江安正科技股份有限公司、杭州柯林电力设备有限公司等6个企业通过重新认定。至此,上城区国家重点支持领域高新技术企业增至68个。

【新增省级科技型中小企业23个】2016年12月28日,市科委根据《关于做好科技系统下放行政审批和管理事项工作的通知》《关于浙江省科技型中小企业认定工作实施意见》等规定,组织2016年浙江省科技型中小企业认定,浙江希优信息科技有限公司、杭州数强网络科技有限公司、杭州微智兆智能科技有限公司、浙江舒怀特医疗科技有限公司、杭州单向街通信技术有限公司等23个企业位列其中。全区累计被认定为省级科技型企业119个。

【两个企业入选省百强高新技术和科技型企业】2016年5月18日,省科技厅发布2016年度浙江省百强高新技术企业名单,杭州海兴电力科技有限公司名列第26位。省科技厅同时公布2016年浙江省成长性科技型百强企业榜单,杭州云灵科技有限公司名列第91位。

【杭州联众医疗公司获中国创新创业大赛互联网组浙江赛区第一名】2016年8月17日,由科技部火炬高技术产业开发中心和浙江省科技厅联合主办,浙江省火炬生产力促进中心、浙江省孵化器协会协办的2016年第五届中国创新创业大赛浙江区暨第三届“火炬杯”创新创业大赛的互联网和移动互联网领域决赛落下帷幕,杭州联众医疗科技股份有限公司以91.88的高分领先其他企业,获浙江赛区第一名。

【杭州联众医疗公司获全国互联网及移动互联网行业大赛总决赛冠军】2016年10月27日,第五届中国创新创业大赛互联网及移动互联网行业总决赛在浙江桐乡落幕,杭州联众医疗科技股份有限公司在261个互联网行业入围企业中脱颖而出,获互联网及移动互联网行业企业组全国冠军。该公司于2010年1月入驻区科技创业中心,致力于整合国内外尖端医疗科技技术,推出“全球影像”医疗云服务平台,较好地实现医疗影像的大数据采集、云存储,影像数据的安全、快捷、标准传输,以及基于云储存的其他医疗应用功能。该公司携“全球影像”医疗云服务平台项目参赛,以省行业决赛第一名、省跨域总决赛第一名、全国行业半决赛小组第一名成绩,参加决赛并获冠军。

【杭州联众医疗公司研发中心被认定为省级高新技术企业研发中心】2016年12月13日,省科技厅公布2016年浙江省高新技术企业研发中心名单,杭州联众医疗科技股份有限公司建设的“联众云医疗数据技术省级高新技术企业研究开发中心”获认定。至此,上城区有省级高新技术企业研发中心22个、市级高新技术企业研发(技术)中心46个。

【区科技创业中心通过国家级科技企业孵化器考核】2016年11月9日,科技部公布2015年全国603个国家级科技企业孵化器考核结果,上城区科技创业中心孵化器通过国家级考核。区科技创业中心于2006年被认定为国家级高新技术创业服务中心。根据《国家级科技企业孵化器认定管理办法》《国家级科技企业孵化器评级指标体系》相关规定,科技部火炬中心每年组织对国家级科技企业孵化器进行考核评价。区科技创业中心通过网上申报、专家评审、科学计算等程序,最终获科技部认定。

【3个企业通过省级专利示范企业复评】2016年11月30日,省知识产权局、省经信委联合公布2016年省级专利示范企业复评结果,思创医惠科技股份有限公司、金星铜集团有限公司、杭州娃哈哈集团有限公司3个企业通过复评。至此,上城区的省级专利示范企业增至6个、市级专利示范(试点)企业增至11个。

【上城区获市创新发展专项考核优胜等次】 2016年7月28日，市委、市政府办公厅联合发文，通报2015年度杭州市各区县（市）创新发展专项考核结果，上城区在当年度考核中获优胜等次。2015年，杭州市对区、县（市）创新发展专项涉及的R&D经费占GDP比重、万人发明专利授权量和创新发展工作三大指标进行考核，上城区综合评定列全市第六名，其中万人发明专利授权量排名全市第一。

【新增市级高新技术企业16个】 2016年12月29日，市科委公布2016年杭州市高新技术企业认定结果，杭州微智兆智能科技有限公司、杭州单向街通信技术有限公司、杭州绿仰科技有限公司、杭州微触科技有限公司、杭州大成环境技术股份有限公司等16个企业榜上有名。全区累计有市级高新技术企业78个。

【新增市技术先进型服务企业两个】 2016年12月21日，市科委、市商务委、市财政局等6个部门，组织认定杭州市2016年技术先进型服务企业，并按相关程序上报科技部火炬高新技术产业开发中心备案批准。杭州硕文软件有限公司、宜康（杭州）生物技术有限公司两个企业获批准。按照国家相关规定，技术先进型服务企业有效期3年，其间，企业享有相关的税收优惠政策。

【新增市级高新技术企业研发中心8个】 2016年7月6日，市科委发文公布认定2016年第一批市级高新技术企业研发中心名单。杭州口腔医院有限公司的“数字化诊疗技术研究中心”、浙江新华移动传媒股份有限公司的“浙江新华移动传媒股份有限公司研发中心”、杭州联众医疗科技股份有限公司的“联众云医疗数据技术市级研发中心”等8个高新技术企业研发中心名列其中。至此，上城区拥有市级高新技术企业研发（技术）中心44个、省级高新技术企业研发中心21个。

【新增“雏鹰计划”“青蓝计划”企业8个】 2016年10月12日，市科委印发《关于认定2016年杭州市科技型初创企业培育工程企业的通知》，杭州绿仰科技有限公司、杭州荣亚科技有限公司、杭州微智兆智能科技有限公司、杭州物点网络科技有限公司等7个企业被认定为市“雏鹰计划”企业，杭州健昵福生物科技有限公司被认定为市“青蓝计划”企业。至年末，上城区有“雏鹰计划”企业37个、“青蓝计划”企业7个。

【上城区获批市小微企业“活动券”服务机构5个】 2016年3月16日，杭州市建设国家小微企业创业创新基地城市示范工作领导小组办公室公布第一批小微企业创业创新基地城市示范“活动券”服务机构名单。杭州君品科技有限公司、云楷智慧园科技（杭州）有限公司、杭州知意诚文化创意有限公司、杭州跨星投资管理有限公司、杭州非茶文化策划有限公司5个企业名列其中。

资料

小微企业“活动券”：是财政资金用于补助创业企业和创业者，低成本参加第三方服务机构开展的创业创新服务活动的电子凭证，是政府对服务机构为创业企业、创业者提供公益性服务的补贴。

【杭诚专利事务所获批国家专利运营试点企业】 2016年4月27日，国家知识产权局批准45个国家专利运营试点企业名单，上城区的杭诚专利事务所名列其中，成为省内唯一一个获批国家专利运营试点的企业。杭诚专利事务所加强知识产权运营体系建议，在区域服务中积极搭建知识产权挖掘、知识产权保护维权、知识产权信息分析利用、知识产权管理咨询、知识产权投融资、知识产权许可交易、科技成果转化等知识产权一站式服务平台，支持全区产业园区、企业、中介服务机构合作等开发知识产权。

【浙江博世华环保公司研究院升格为省级企业研究院】 2016年4月6日，省科技厅公布153个省级企业研究院名单，由浙江博世华环保科技有限公司建设的浙江博世华固废处理处置和污染修复技术研究院名列其中。至此，上城区拥有省级企业研究院7个。

【浙江赞宇科技公司升格为省级重点企业研究院】 2016年11月2日，省科技体制改革和创新体系建设领导小组办公室会同省级各牵头责任部门，组织有关行业专家，对在建的省级企业研究院拟申报重点企业研究院进行形式审查、现场考察、评审，最终27个企业通过认定，上城区由浙江赞宇科技股份有限公司建设的表面活性剂企业研究院晋升为省级重点企业研究院。至此，上城区省级重点企业研究院中有重点企业研究院3个。

【众创空间发展】 2016年1月19日，根据《杭州市政府办公厅关于发展众创空间推进大众创业万众创新的实施意见》，上城区出台《杭州市上城区人民政府办公室关于发展众创空间推动大众创业、万众创新的若干意见》，意见提出申请认定为上城区众创空间应当具备的8个条件、推动众创空间发展的15条政策及10条附则。意见为众创空间发展营造良好的创新条件与氛围。3月2日，区科技局组织召开推进众创空间发展专题会议，贯彻落实新制定的《上城区关于发展众创空间推动大众创业万众创新的若干意见》，要求各众创联盟成员单位继续做好众创空间培育和发展工作，已认定的市级众创空间和区级示范众创空间要切实发挥作用，着重在平台对接中实现资源整合及优势互补，主动融入区域经济和社会发展，更好地服务实体经济转型升级。年内，全区纳入区级备案的众创空间3个。

【新认定国家级众创空间4个】 2016年10月18日，科技部公布第三批国家级众创空间认定名单，杭州幼发拉底创业空间、唯曦V创汇、杭州望江创业大街、123茶楼4个众创空间名列其中。新认定的杭州幼发拉底创业空间为互联网众创空间，唯曦V创汇是以传统产业转型升级为特色的众创空间，杭州望江创业大街为主要从事新媒体的众创空间，123茶楼属于创投平台类众创空间。至此，上城区10个区级示范众创空间中有8个被认定为市级众创空间，有4个分别被认定为省级和国家级众创空间。众创空间面积增加到2万平方米，众创空间培育的科技型小微企业数超过300个。

【新增市级众创空间3个】 2016年8月3日，市科委根据《发展众创空间推进大众创业万众创新的实施意见》和《杭州市众创空间认定和管理办法》，经过公开征集、资料审核、现场考察、专家评审、行政决策等程序，认定公布30个杭州市众创空间名单，上城区的星工场、伊创荟、网尚空间3个众创空间名列其中。

科技服务与交流

【概况】 2016年，上城区推进“大科技”服务机制建设，联合各街道、园区(基地)等单位组建创新服务联盟，促进科技事业发展。召开创新服务联盟成员单位会议4次，组织专场培训8次，参加企业260个、人员520人。改进服务方式，以服务重点科技型企业、新引进企业和区外孵化企业为主要对象，制订菜单，上门为100余个企业提供科技项目申报指导等服务。

【参加科技部社会发展和可持续发展座谈会】 2016年2月22日，科技部社会发展司到杭州调研，就编制《“十三五”社会发展科技创新发展规划》，以及新时期推进国家可持续发展实验区建设和发展等工作召开座谈会，上城区等5个国家级可持续发展实验区建设单位应邀参加座谈。副区长叶榕在会上介绍上城区国家可持续发展实验区建设情况，与参会专家一同探讨进一步推进国家可持续发展实验区建设和发展工作。

【科技创新创业服务】 2016年3月1日，区科技局组织召开各街道、园区、基地分管负责人会议，专题研究构筑“大科技”联合创新服务机制问题。会议成立由区政府分管领导主抓、区科技局和各街道、园区、基地相关人员共同参与的区科技创新服务专项行动领导小组。确定每季度召开一次联席会议，通报相关科技资源，互通工作信息，研究和解决在科技创新中出现的难点和热点问题。由领导小组办公室牵头，以街道、园区管辖企业为单元，定期或不定期举办科技政策咨询、科技项目申报培训等活动，共同做好为企业服务工作。

【青年创业创新项目路演汇活动】 2016年3月22日，区科技局组织各众创空间企业在杭州文化广播电视集团2号演播厅举行“美丽上城、众创天堂，杭州青年创业创新项目路演汇”活动。“123 茶楼”、“江南 1535”、西湖 101、网尚空间、数动空间等 10 个区级、市级众创空间，携 3 个成熟项目及 9 个孵化优秀项目到现场展示，来自区域内 30 个投资公司代表当场确认创客企业项目投资意向。此次路演汇旨在为众创空间与金融投资机构间搭建对接平台，进一步推动大众创业、万众创新。

【科技部火炬中心调研上城“三众”运行工作】 2016 年 5 月 4 日，科技部火炬中心、中国科学院政策研究所高新区研究中心联合到上城区专题调研众创、众筹、众包运行工作。调研组在听取“江南 1535”“幼发拉底(杭州)中心”“123 茶楼”3 个众创空间情况介绍后，对上城区众创空间打造工作给予肯定，认为上城区以培育众创平台促进科技成果转化、推动产业化的思路值得在全国范围内推广。

【校园防震减灾科普讲座及应急疏散演练】 2016 年 5 月 11 日，区科技局(地震局)联合区教育局在紫阳小学举办防震减灾科普讲座及应急疏散演练活动。邀请省地震局专家为师生讲解防震减灾基本知识、地震应急避险方法及学校抗震设防要求。讲座后组织 300 余名师生参加应急疏散演练，提高师生应急避险技能。省地震局向该校师生赠送《中小学生防震避险教育读本》《公众防灾应急手册》等科普书籍资料 120 套。

【举办“科技活动周”活动】 2016 年 5 月 21 日，由区科技局主办，区科技协会等单位协办的“2016 科技活动周”活动拉开帷幕，并在延安路“匠·无界”展厅举行以“创新引领，共享发展”为主题的创意青年原创产品展。活动周期间，各街道、社区结合实际，组织开展专利法、商标法、版权法等宣传活动，并就市民提出的疑难问题进行现场解答。

【国家高新技术企业认定培训】 2016 年 7 月 13 日，科技部、财政部、国家税务总局联合印发《高新技术企业认定管理工作指引》，区科技局第一时间组织企业培训，邀请省火炬中心和省财务评审英杰事务所专家做专题辅导，解读高新技术企业新申报流程和具体要求，解答企业如何有效准备申报资料、财务数据等方面的疑问。全区 50 余个高新技术企业负责人及财务人员参加培训。

【“1211 人才”专家评审】 2016 年 11 月 11 日，由区科技局、区人力社保局联合举办区“1211 人才”评审会。评审专家从省、市专家库中随机抽取。评审会对申报的“超大越野沉浸式实景 VR”“仿生材料安全套”“无人机飞控系统”等 16 个项目进行评审。在申报人介绍项目概况、研究开发内容和实施方案的基础上，专家组就相关问题进行提问并综合答辩情况打分，最终评出 2016 年区“1211 人才”A 类项目 1 个、B 类项目 4 个、C 类项目 4 个。

科技奖励与成果转化

【概况】 2016 年，上城区组织开展多层次、多样化产学研合作，促进科技成果有效转化。建成浙江大学上城区科技合作交流中心、浙江省高校科技成果转化基地、杭州市科技成果转化中心。全年培育科技成果 10 个，组织企业与高校院所联合开展产学研合作项

2016 年 3 月 22 日，区科技局举行“美丽上城、众创天堂，杭州青年创业创新项目路演汇”活动 (区科技局 供稿)

目 15 个,其中获省、市科技进步奖项目 6 个。区级财政拨付科技经费 2391.92 万元,重点支持科技成果转化工作。

【国家可持续发展实验区建设专项扶持 202 万元】 2016 年,上城区为推进国家可持续发展实验区建设,鼓励和促进各建设单位加大项目经费投入,支持社会管理创新与民生工程建设。1 月 14 日,经区各成员单位申报,实验区领导小组办公室联合评审,向清河坊历史文化街区智慧景区、“五水共治”主题公园、智慧云社区“民情 E 点通”升级扩展、数字环卫监管平台等 12 个项目下拨 2015 年度“国家可持续发展实验区”扶持经费 202 万元。

【上城区获省科技进步奖和技术发明奖 4 个】 2016 年 5 月 25 日,省政府发文表彰 2015 年度科技进步奖、技术发明奖获奖单位和个人,杭州柯林电力设备有限公司研发的“变电设备故障诊断技术研究与智能监控系统开发”项目获省科技进步奖二等奖,该公司研发的“以带电检测为主的状态检修关键技术研究及试点应用”和杭州捷尔思阻燃化工有限公司研发的“电动汽车动力锂电池高性能环保型阻燃高分子材料”项目获省科技进步奖三等奖。浙江双元科技开发有限公司参与完成的“相控阵三维声学摄像声纳实时信号处理和图像构建关键技术”项目获浙江省技术发明奖一等奖。

【上城区获市科技进步奖 3 个】 2016 年 7 月 21 日,市科委发布 2016 年杭州市科学技术进步奖名单,杭州娃哈哈集团有限公司申报的“机器人码垛包装工作站”、浙江赞宇科技有限公司申报的“脂肪醇聚氧乙烯醚硫酸钠绿色制造系统的研究开发与产业化”、杭州图强工程材料有限公司申报的“预应力中空锚杆系列成套技术”3 个项目获杭州市科技进步奖三等奖。

【上城区学术交流合作中心成立】 2016 年 6 月 23 日,上城区在玉皇山南基金小镇与浙江大学学术委员会举行科技与经济社会发展战略合作协议签订仪式。区委书记缪承潮与浙江大学副校长罗卫东为学术交流合作中心暨中国新时期发展研究中心揭牌,区长陈瑾与浙江大学学术委员会主任张泽院士签署合作协议。区委常委、组织部部长陈秋芳,副区长叶榕等参加。该中心将人文科学、自然科学等多种学科汇聚在一起进行深入研究。双方将充分利用该平台,结合区域发展实际,开展学术交流与论坛活动,做好科技与金融对接、科技与产业对接等服务,促进科技成果转化与产业化。

【上城区与高校合作】 2016 年 12 月 15 日,上城区在玉皇山南基金小镇举行浙江省高校科技成果转化基地、杭州市科技成果转化中心揭牌暨上城区与省内高校合作签约仪式。省教育厅副厅长朱鑫杰,省科技厅调研员张李春,市科委主任阳作军,区委书记陈瑾,代区长金承涛等出席。上城区分别与省教育厅、市科委举行浙江省高校科技成果转化基地、杭州市科技成果转化中心揭牌和签约;与省教育厅签订共建协议,与浙江工业大学、中国计量大学、浙江科技学院签订战略合作协议,双方在科学研究、科技攻关、成果转化、技术咨询服务和人才培养交流等方面开展深度合作,实现优势互补、共同发展。

(杨永清)

2016 年 12 月 15 日,上城区举行浙江省高校科技成果转化基地、杭州市科技成果转化中心揭牌仪式。图为区委书记陈瑾(左一)参加揭牌仪式

(区科技局 供稿)

教 育

Education

综 述

【概况】 2016 年，上城区有各类学校、幼儿园 53 所，其中幼儿园 22 所，小学 17 所，初中 12 所，中等职业学校、特殊教育学校各 1 所，注册学生 39872 人。在职教师 3294 人(包括幼儿园教师 828 人)。教师中，研究生学历 278 人、本科学历 2778 人、大专学历 232 人，大专及以上学历教师占 99.8%；有高级职称的 464 人、中级职称的 1510 人，中高级职称教师占 59.9%；有省、市教坛新秀 424 人，区级教坛新秀 1025 人。全年招收中小学生 6295 人，完成学业毕业学生 5751 人，九年制义务教育入学率 100%。

上城区学前教育生均公用经费实行“全覆盖”，生均公用经费 405 元。义务教育阶段生均公用经费定额标准比上年(指 2015 年，下同)提高，小学生均公用经费 810 元，初中 1010 元。全年财政性教育经费支出 6.81 亿元，增长 12%。

全年投入基建经费 5050 万元、校(园)舍维修经费 1611 万元、教育装备经费 3159 万元。杭州市清河实验学校改建项目、杭州市杨绫子学校改造项目、杭州市欣欣幼儿园过渡点项目和杭州市始版桥幼儿园兴隆二园项目均完工投入使用。杭州新世纪外国语学校紫金校区项目主体结顶，杭州市胜利小学新城校区及其附属幼儿园项目、杭州市崇文实验学校万科校区项目、杭州市行知幼儿园望江园区项目开工建设。全年新增校(园)舍建筑面积 1.62 万平方米，装修与改造校(园)舍建筑面积 6.82 万平方米，全区中小学 100%达到浙江省义务教育标准化学校标准，31 所幼儿园达到杭州市标准化建设达标幼儿园标准。全面普及交互式电子白板，辖区中小学普通教室白板覆盖率 100%，33 所中小学配备第三代手摇式升降课桌椅 2.26 万套。杭州市天地实验学校等 7 所学校自办食堂建成 A 等级食堂，全区有 A 等级食堂的学校 10 所，B 等级食堂的学校 41 所。

上城区教育系统为 G20 杭州峰会顺利召开做出积极贡献。区教育局在上城区青少年活动中心连续举办两期“服务 G20，安保我助力”峰会安保人员子女温暖夏令营活动，为峰会安保人员解除后顾之忧。区教育局全体机关干部和全区 2100 余名教师志愿者全程参与“蹲守制高点”等志愿服务。杭州市委、市政府授予上城区教育局服务保障 G20 杭州峰会先进集体称号。

【驻外使领馆阳光学校合作基地授牌】 2016 年 6 月 3 日，杭州新世纪外国语学校、杭州市胜利实验学校被授牌为“中华人民共和国驻外使领馆阳光学校合作基地”，驻外使领馆阳光学校名誉校长、外交部参赞乐爱妹，教育部国际司副司长陈盈晖，外交部干部司副司长卞立新，浙江省教育厅副厅长于永明，浙江省人民对外友好协会专职副会长陈爱珍等出席授牌仪式。中国驻外使领馆阳光学校开设于世界各地中国驻外使领馆中，主要通过公派专业教师为外交人员随居子女提供语文学习课程，以此达到加强和深化母语教育的目标，上城区两所学校为区教育局探索教育对外开放新模式，推进教育国际化发展提供全新平台。

【上城区获“全国地方教育制度创新奖”】 2016 年 12 月 18 日,“全国第五届地方教育制度创新奖”颁奖典礼暨地方教育制度创新研讨会在北京举行。上城区获由 21 世纪教育研究院发起评选的“全国地方教育制度创新奖”,其“推进‘管办助评’改革,提升教育治理水平”项目获优胜奖。该评选活动每两年开展一次。此前,21 世纪教育研究院专家团队于 10 月 21~22 日到上城区走访调研,充分肯定上城区教育“管办助评”的做法。

2016 年 12 月 18 日,上城区在北京参加第五届地方教育制度创新奖颁奖典礼暨地方教育制度创新研讨会 (区教育局 供稿)

【中国杭州名师名校长论坛】 2016 年 11 月 13~14 日,由杭州市政府、中国高等教育学会教师教育分会主办,杭州市教育局、上城区政府承办的 2016 年中国杭州名师名校长论坛在海华满陇度假酒店举行。教育部国际教育研究与咨询中心主任、上海师范大学国际与比较教育研究院院长张民选,中国高等教育学会教师教育分会秘书长雷启之,浙江省教育厅副厅长丁天乐,杭州市副市长陈红英等出席。区委书记缪承潮在论坛开幕式上致辞。来自德国、美国等 5 个国家及全国 10 余个省、市的 300 余名与会嘉宾参加论坛。论坛聚焦“面向未来的教师核心能力发展”主题,共同探讨在国际化背景下,以学生核心素养为导向的教师专业发展方向和路径。《人民日报》《人民政协报》《杭州日报》等媒体相继报道论坛情况。

【社区教育工作经验推广】 2016 年 11 月 23 日,全国教育系统关工委社区教育工作交流研讨会在海南省海口市召开。上城区教育局负责人在会上做题为《发挥教育关工委优势,推进社区教育发展》的发言。上城区面向全体市民,建立多维整合、高度开放的终身教育体系及建设学习型社会的成果,受到中国关心下一代工作委员会副主任、教育部关心下一代工作委员会主任李卫红等领导的肯定。

2016 年 11 月 13 日,区委书记缪承潮在中国杭州名师名校长论坛开幕式上致辞 (区教育局 供稿)

学前教育

【概况】 2016 年,上城区有幼儿园 22 所(39 个园区)。其中,省一级园区 24 个、省二级园区 15 个,优质学前教育资源覆盖率、名园集团覆盖率、城乡互助共同体覆盖率均 100%。有幼儿教师 828 人,教师资格证持有率 99.5%。学历合格率、园长上岗培训率均 100%。幼儿教师中大专及以上学历 826 人,占教师总数的 99.8%。其中：研究生学历11人，本科学历659人；幼教高级及以上职称279人，占教师总数的33.7%；有省特级教师1人，省、市级教坛新秀58人，区级教坛新秀207人。在园幼儿9702人，班级350个，学前三年入园率100%。全年全区学前教育支出7342万元，占教育事业经费12.2%，安排学前教育专项经费1500万元，学前教育生均公用经费定额标准405元，覆盖全区范围内所有幼儿园。

【“陪伴是最好的教育”TED论坛】 2016年4月9日，为倡导“男孩精神”和“父性教育”，上城区“陪伴是最好的教育”TED论坛总决赛在杭州市崇文实验学校举行。前期开展“晒晒好家风”“分享好经验”“树立好典范”等主题活动，吸引近5000余名父亲参与以“陪伴是最好的教育”为主题的征文活动。经过初赛，从406名父亲中选拔出56人参加总决赛，最终评选出“好爸爸”“最具风采爸爸”“最具网络人气爸爸”等奖项16个。论坛搭建起区域内家庭教育经验分享的平台，促进全区幼儿家庭教育水平的提升。

【名师名校长学前教育论坛】 2016年10月26~28日，为总结区域内特色课程建设经验，营造幼儿园课程改革氛围，推动幼儿园教育质量提升，浙江省区域推进幼儿园特色课程多元化建设暨2016年中国杭州名师名校长学前教育论坛在上城区举行。全省纸媒、电视媒体、网媒、微信公众号共发表专题报道18篇，《幼儿教育》杂志全程跟进论坛，并进行大版面报道，省市教育行政部门、省学前教育研究会专家及与会代表充分肯定论坛成果。

【胜利幼儿园与日本新宿保育园结对】 2016年10月10日，经市侨办牵线搭桥，上城区胜利幼儿园与日本新宿SEIGA保育园签订结对意向书。随后，两园开展全方位交流沟通，分享两地办园成果。年内，全区多所幼儿园与其他国外保育园、幼稚园接触洽谈，达成师生互访、资源共享、教师培训教育经验交流等合作意向。

【幼儿园“社区开放日”活动】 2016年11月，为推进学前教育科学发展，全区幼儿园与小学联手，围绕学前教育宣传月“幼小协同，科学衔接”主题，开展“社区开放日”活动，向家长普及科学育儿知识，引导全社会尊重儿童成长规律，为幼儿顺利适应小学生活奠定良好基础。开放日举办家长讲座、“家园共育”亲子互动等活动22场，参加幼儿6672人次。

【幼儿园一日活动研究】 2016年，上城区在学前教育方面重点组织开展幼儿园一日活动研究。以优化幼儿园活动环节研究为切入口，在全区各类幼儿园中推进实地观摩、经验分享、树立典型等工作。深入开展幼儿园自主游戏研究，提升儿童游戏能力。4月，区教育局组织开展聚焦游戏“微视频”和解读儿童“微行为”展评活动，全区20所幼儿园报送28个“微视频”参加展评，所有“微视频”分别获一、二、三等奖。

【在职保育员订单式学历培训】 2016年3月1日，教育部新版《幼儿园工作规程》公布实施，规程要求幼儿园保育员年龄在55周岁以下、具备高中毕业以上学历。上城区创新保育员培育机制，开展在职保育员订单式学历教育培训，提升保育员专业素养。9月26日，第一期在职保育员订单班开班，参训学员51人。此前，由全体园区园长组成的备课团队研究设置七大专题课程，助推保育员学历培训工作。

义务教育

【概况】 2016年，上城区有小学17所，在校学生21168人；初中12所，其中九年一贯制学校5所，在校学生8198人。全区小学适龄人口全部入学，小学毕业生100%升入初中，高水平普及义务教育基本实现。根据省教育厅新一轮课程改革要求，组织实施第二轮课程规划方案的修改与论证，积极推进义务教育课程改革。是年，初中毕业生进入重点高中占57.0%，创历史新高。由市教育局委托第三方单位组织的全市抽样调查显示，上城区“家长对学生课业负担的满意度”“家长对学生19项素质发展总体满意度”“家长对学校办学总体满意度”“学生和家长对学校教育环境的总体满意度”均居全市第一。

【崇文实验学校少先队员倡议获市委书记点赞】 2016年1月20日，杭州市崇文实验学五(3)中队全体少先队员给杭州市委书记赵一德写信，提交一份倡议书，代表全校少先队员向全市小伙伴发出不放爆竹、低碳出行、扮靓阳台、严守交规4点倡议。1月28日，赵一德回信给小朋友们点赞，号召全市20万名少先队员响应倡议，为办好G20杭州峰会立即行动起来，共同把杭州建设得更加美丽，呈现给世界一份独特韵味、别样精彩。

【G20知识小学生读本亮相】 2016年5月5日，杭州市时代小学举行由学校教师团队编写的《G20知识小学生读本》首发仪式。该读本是杭州市首本以G20为主题的小学生校本教材，由“走进G20”“五彩缤纷的20国”和“杭州G20峰会”3个部分构成，通过亲子阅读、1+X家庭阅读等多种方式，倡导每名读者为G20杭州峰会召开做好力所能及的事，提升“主人翁”意识。

【“橙色计划”推出】 2016年3月24日，区教育局推出“护航G20，共筑绿色屏障”暨上城区关爱青少年儿童身心健康橙色计划”，并与杭州市第七人民医院(浙江大学医学院精神卫生中心)签署“橙色计划”合作项目。由该院选派22位专家担任上城区各学校心理健康副校长，指导学校建立心理健康支持系统，为师生举办心理健康讲座，助推健康和谐校园创建。

【“行走德育”三年行动计划】 2016年12月28日，上城区中小学德育研讨会暨“行走德育”三年行动计划启动仪式在杭州市清河实验学校举行。市教育局有关部门负责人、区德育工作指导小组成员、区首届德育高级研讨班学员、区中小学分管德育副校长及骨干德育教师150余人参加研讨会。会议提出通过3年时间，培育30个中小学德育教育基地，共建30个精品第二课堂活动基地，开发80个校外研学实践体验基地。会上，相关领导上台共同点亮“行走德育”区域德育网图的灯，标志着“行走德育”三年行动计划正式启动。

【“钱学森实验班”落户上城】 2016年11月8日，浙江省首个小学“钱学森实验班”授牌仪式在杭州市时代小学举行。中国航天十二院钱学森决策顾问委员会主任、钱学森长子钱永刚，副市长陈红英，市政协副主席何关新，市教育局副局长马里松，区委书记缪承潮，区委常委、宣传部部长范卫东等参加授牌仪式。缪承潮在致辞中表示，要从时代小学出发，从“钱学森实验班”出发，培养具有创新意识和实践能力的杰出英才。

2016年11月8日，钱学森长子钱永刚(左二)为杭州市时代小学“钱学森实验班”授牌
(区教育局　供稿)

【名校集群发展】 2016年9月，为促进初中教育优质均衡发展，上城区实施北京师范大学附属杭州中学和杭州市开元中学名校集群发展计划。两校从互通管理、师资交流、优势共享等方面加强合作与交流，发挥强强联合的集成效应。区教育局组织民间社会力量，开展老百姓满意度测评，对两校集群发展进行定期评估。

【承办杭州市中小学课程改革现场交流会】 2016年6月22日，杭州市中小学“轻负高质”暨“课程改革”第十次现场交流会在上城区召开。浙江省教育厅有关部门负责人，杭州市教育局副局长马里松等出席，各区县教育局分管教育副局长、教育科长、教研室主任及市“轻负高质”联系学校、“课程改革”试点学校的校长，上城区教育学院全体学科研究员共200余人参加会议。会议强调要理清课程改革与课堂教学改革、考试评价改革与课程改革等关系，重点抓好落实主体责任、加强专业指导等工作，推动课程改革的落实。

中等职业教育

【概况】 杭州市服装职业高级中学（简称服装职高）是上城区唯一一所中等职业学校，是全国服装协作组理事和浙江省服装教研大组理事长学校、浙江省服装教育集团副理事长单位，浙江省中等职业教育课程改革试点学校，杭州市现代学徒制试点学校。2016年，学校在校学生579人，开设服装设计与工艺、服装设计与表演、服装制作与营销3个专业，其中服装设计与工艺专业为主干专业，被省教育厅认定为首批省级示范专业，省级骨干专业。英语教师钱非获2015~2016年度全国中等职业学校“创新杯”教师信息化微课设计大赛特等奖，服装专业教师洪玫获2016年全国中等职业学校“创新杯”教师信息化教学设计与说课大赛一等奖。

【现代学徒制企业体验周活动】 2016年5月16~20日，服装职高与汉帛国际集团的校企合作项目——服装设计与工艺专业现代学徒制试点学生企业体验周活动在汉帛国际集团举行。高一年级参加现代学徒制试点的12名同学在该集团进行为期一周的企业体验式学习。集团人力资源部、研究开发设计部、技术部、工艺品质部派出业务骨干，与学生结成师徒关系，开展授课和实践操作指导等活动。

【服装职高参加省中等职业技能大赛获奖】 2016年3月13~15日，省教育厅和省人力社保厅举办全省中等职业学校学生服装设计与制作、服装表演技能大赛暨全国选拔赛，全省33所中等职业学校的200名学生参加比赛。服装职高代表杭州市在服装设计与制作比赛中获3枚金牌、1枚银牌，在服装表演技能比赛中获2枚金牌、3枚银牌、1枚铜牌。

社会教育

【概况】 2016年，上城区面向全区市民，以需求为导向，以机制创新、资源整合、项目推进、特色发展为策略，建立纵向一贯、横向沟通、内外一体、多维整合、高度开放而又科学规范的终身教育体系。上城区社区学院以节点活动和“e学网”为办学载体，推进社区教育各项工作的深入开展。全年全区市民接收教育培训24.9万人次，评选出第二届上城区“终身学习品牌”10个、终身“学习之星”10人、“优秀社区教育志愿者”15人、首批上城区“社区好老师”24人。

【第十三届市民终身教育节】 2016年10月15日，以“拓宽国际视野，品学美丽上城”为主题的上城区全民终身学习活动周暨上城区第十三届市民终身教育节在紫阳街道春江社区广场开幕。市文明办常务副主任康志友、市社区大学校长陈志凌和区委常委、宣传部部长范卫东等出席，上城区“社区好老师”、上城区终身学习榜样代表及市民400余人参加。活动分开幕式和互动体验两个阶段。开幕式上发放“上城区市民终身学习地图”，并表彰10名“终身学习之星”、10个“终身学习品牌”、15名“优秀教育志愿者”。

【“市民终身学习地图”绘制】 2016年10月，上城区为打造区域学习圈，营造良好的学习环境，对区域的学习资源进行梳理，确定55所市民学校、48个活动基地、44个公共场馆为第一批学习场馆，绘制完成首张“上城区市民终身学习地图”。学习地图涵盖上城区主要学习场馆、市民学校等场地，便于市民了解全区各个学习点的活动信息，更便捷高效地参与终身学习活动。

【创意馆幼儿培训】 2016年，上城区社区学院创意馆以小班化教学、个性化发展为特色，关注幼儿的活动过程，让幼儿在参与中体验生活、在体验中培养创意。全年创意馆面向全区3~6岁幼儿开设创意美术、幼小衔接、幼儿舞蹈、幼儿英语、少儿围棋、少儿跆拳道、少儿拉丁、乐高建构、器乐班培训项目9个,开设班级89个,562人参加培训。

【职业技能培训】 2016年,上城区开办成人双证制培训班两个,参训120人。参训学员通过国家职业资格技能考核的有绿化工初级61人、茶艺师初级47人。开办月嫂培训27期,参训782人。组织母婴护理专项能力考核4次,146人获母婴护理专项能力证书。上城区科普大学举办系列科普活动,1389人参加。组织杭州第九中学学生440人、杭州第二中学分校学生906人开展园艺插花、陶艺、医学救护、木制工艺、电子电工、茶艺、西点烘焙、精油皂制作及创意刻印、布艺等职业技能培训。与区红十字会合作,培训初级救护员199人。

【老年教育培训】 2016年,上城区社区学院组织开展老年教育培训活动,先后开设班级45个,招收学员1502人;组建社团4个,64人参加。学员年龄为50~95岁。老年教育培训活动坚持以人为本、服务为先,用真诚热情、耐心细致的服务赢得老年学员的理解与支持。学年末评选出优秀老年学员80人。

【学历教育与专项培训】 2016年,上城区社会工作专业2名专升本学员和科学教育专业22名专升本学员完成本科教学计划规定的全部课程,获杭州师范大学本科毕业证书。全年上城区社区学院举办入党积极分子培训班两期,380人参加,与区直属机关党工委联合举办以"两学一做"学习教育为主题的培训班5期。根据G20杭州峰会服务保障需要,举办上城区的常规英语口语培训班、新概念英语培训班,会同区直属机关党工委组织党员志愿者开展英语礼仪培训、急救常识培训、"党员学英语,服务保障G20"培训;开展送教进社区活动,向市民介绍G20杭州峰会知识,有680余人参与国际融合教育活动。

【搭建"1+6+X"学习服务模式】 2016年,上城区数字化学习平台"e学网"与区委组织部、区委宣传部、区文广新局、区司法局、区卫计局、团区委、区妇联及各街道合作,搭建"1+6+X"(区数字化学习中心、6个街道数字化学习分院和社区的各个学习型社团)学习服务模式,设置"望江梦跑道""南宋文化学习坊""科学微影大赏"3个主推板块,举办网上答疑活动12次,近600人参与,回答在线咨询问题2300余个。至年末,"e学网" 系统拥有学习家庭14.21万户,登录学习202.37万人次,年度活跃学习账户达1.98万个,家庭账户最高学习积分802分。

【微信平台"微学通"改版升级】 2016年,上城区移动学习微信平台"微学通"每周定期推送热门培训、活动信息等内容,有318人在线上报名,参加88门课程学习,"微学通"成为市民学习首选的移动平台,拥有"粉丝"5000余人;参加平台学习活动5万余人次。年内,"微学通"完成移动平台改版升级,配合区直机关开展"品茗上城文化,挑战赢取大奖"上城民俗知识竞答、G20杭州峰会知识竞答等活动。建立优秀移动学习资源库,开设地域文化、生活技能等内容的"微课程"40余门,在线学习市民两万余人次。

特殊教育

【概况】 2016年,上城区特殊教育体系由1个中心、1所学校、4个基地组成。1个中心即上城区特殊教育资源中心,负责全区特殊教育业务指导。1所学校即杭州市杨绫子学校,有20个班级、225名智力障碍学生、72名教职工,学校持续探索研究"十五年制智障教育模式",成立上城区智慧树残疾人服务社,促进智障青少年就业。4个基地即上城区自闭症康复训练研究中心、特殊教育康复训练基地、随班就读师资培训基地和上城区青少年生活教育基地。上城区较为完整地形成学生学习、教师发展、资源服务、督导评价、资讯拓展五大项工作相互支持、相互补充的特殊教育管理格局,为有特殊教育需求的孩子提供学习、生活保障,推进特殊教育工作不断深化。

【杨绫子学校提升改造】 2016年6月,杭州市杨绫子学校完成整体提升改造。作为G20杭州峰会的人文关怀之旅接待点,杨绫子学校于上年9月进行校园提升改造,总投资1700万元。学校占地面积1.19万平方米,建筑面积8500平方米。学校秉持"健康、快乐、希望"的教育理念和对智力障碍儿童人文关怀的宗旨，通过提升改造，校园面貌焕然一新，更具现代化气厚。

【驻华武官夫人访问杨绫子学校】 2016 年 4 月 15 日，驻华武官夫人俱乐部和中央军委国际军事合作办公室一行 106 人，在副区长叶榕等陪同下到杭州市杨绫子学校参观，与学校师生亲密互动。驻华武官夫人俱乐部主任 Heidi 和中央军委国际军事合作办公室主任代表白丽珍分别向杭州市杨绫子学校捐赠学习、文艺用品，学校向对方赠送学生绘画作品和学生亲手制作的围巾。

【上城区第三届特奥会】 2016 年 9 月 29 日，东亚区特奥融合计划——杭州融合足球赛暨杭州市上城区第三届特奥会在杨绫子学校举行。运动会由区残联、区教育局、区体育局联合主办，杭州市杨绫子学校承办。副区长宣寅致欢迎词，国际特奥会东亚区执行总裁顾抒航讲话，浙江省残联副理事长黄树良宣布开幕，来自全区的 300 余名特奥运动员参加比赛体验。

【特殊教育与普通教育幼儿融合活动】 2016 年 12 月，杭州市杨绫子学校与杭州娃哈哈幼儿园进行特殊教育与普通教育融合尝试，举办为期 1 个月的融合特教幼儿计划活动，活动分 4 次进行。娃哈哈幼儿园大班学生和杨绫子学校小朋友进行两次互访，开展普通幼儿与特殊儿童手拉手等游戏活动，并一起体验学校生活，提高特殊孩子的自信心、集体适应能力和社会交往能力，同时培养普通幼儿的包容心和爱心。

教育国际化

【概况】 2016 年，区教育局根据《上城区推进教育国际化行动计划》，构建教育国际化发展的支持系统，在国际交流与合作机制建设、国际化师资队伍建设、国际理解教育课程建设、国际化教育体系建设等方面取得新进展，教育国际化水平进一步提升。全年因公出国（境）教师总人数 130 人，其中区级因公出国（境）团组 4 个、62 人，到英国、德国、日本交流基础教育，探讨课程改革，开展教师培训；参加上级团组 12 个、17 人；中小学组织师生交流团 16 个，有 51 名老师、484 名学生到美国、英国、加拿大、澳大利亚开展交流活动。接待来自英国、德国、美国等国家和地区的教育考察团 10 批次、169 人。新增国（境）外结对学校 11 所，至年末，全区中小学国（境）外结对学校增至 54 所。

【区教育局与加拿大高贵林教育局结对】 2016 年 3 月 15~22 日，加拿大高贵林教育局访问团一行 32 人到访上城区教育局，双方在杭州市胜利实验学校举行教育国际化区域结对签约仪式，签订“区域谅解备忘录”和“区域教育交流协议”。上城区高银巷小学、抚宁巷小学、教育学院附属小学、回族穆兴小学、勇进实验学校、胜利实验学校分别与加拿大高贵林河小学、玛丽山小学、鹰岭小学、城堡公园小学、科莫湖中学、格兰伊尔小学结为友好学校。是年，上城区中小学与国（境）外学校结对率 100%，提前 4 年完成“十三五”规划目标。

【国际理解教育特色品牌建设】 2016 年 1 月 17 日，上城区教育局与外交学院举行合作开展“基于学生发展的国际理解课程”研发项目框架协议签订仪式，上城区成为外交学院国际理解教育研发基地，杭州新世纪外国语学校成为外交学院国际理解课程示范基地。区教育局依托外交学院，合作开展项目研发，包括对国际理解教育、国际教育理念、国际核心价值观等课程体系的统筹和规划，研制开发中小学国际理解教育区域大课程体系及校本教材，旨在提高学生外语应用与跨文化交际能力。杭州市建兰中学、杭州市开元中学、杭州新世纪外国语学校、杭州市崇文实验学校、杭州市胜利小学、杭州市天长小学、杭州天地实验小学完成杭州市首批国际理解教育特色品牌建设项目立项。杭州娃哈哈双语学校、杭州师范大学附属小学、杭州市金都天长小学、杭州市饮马井巷小学、杭州第六中学申报第二批国际理解教育特色品牌立项。

【教育国际化示范学校创建】 2016 年，上城区加快培育和创建教育国际化示范学校，进一步推进中小学对外开放，提升学校办学品质，打造与国际化大都市相适应的高水平教育服务体系。杭州市建兰中学、

2016年10月17日，德国包纳市市长 Luedtke Simone 女士(前排左二)率领包纳市政府代表团访问考察杭州市建兰中学　　(区教育局　供稿)

杭州新世纪外国语学校、杭州市崇文实验学校、杭州市时代小学创建成为全市首批教育国际化示范学校，杭州市胜利实验学校、杭州天地实验小学、杭州市天长小学、杭州市饮马井巷小学、杭州娃哈哈双语学校创建成为第二批教育国际化示范校。杭州新世纪外国语学校被授予“中德合作国际化教师发展学校”称号，杭州天地实验小学被授予“中德环境教育项目基地学校”称号。

教育科学研究

【概况】 2016年，上城区教育科研工作以问题为导向，坚持开拓创新，注重理论研究与实践探索相结合，发挥教育科研为学校教师发展服务，为教育决策服务的功能，通过课题规划引领教育综合改革向纵深推进。全年各类课题立项50个，其中浙江省科研类课题5个、浙江省教研类课题3个、杭州市科研类课题30个、杭州市教研类课题12个。全年获奖研究成果34项，其中国家级教育教学成果奖1项、浙江省基础教育教学成果奖5项、浙江省科研成果奖2项、杭州市教育教学成果奖5项、杭州市科研成果奖21项。

【上城课程成为杭州范式】 2016年，上城区持续深化义务教育课程改革，以“轻负高质”“小班化课堂”“区域课程改革”等项目为抓手，推动学校课程范式的深入探索，及时总结提炼其经验和成果。3月，杭州市教科所对36所市级课程改革试点学校进行筛选，确定15所学校作为样本学校。学校组织人员把样本学校的操作思路进行提炼总结，形成物化材料推广到全市义务教育段学校。杭州第六中学的“选课走班”和杭州市天长小学“基于差异教育”的课程改革入选杭州市范式学校样本。

【重大课题阶段性展示汇报会】 2016年6月29日，杭州市第二届重大课题“区域推进幼儿园课程建设”阶段性展示汇报会在杭州市胜利金都幼儿园召开。浙江省教育科学研究院副院长王健敏，浙江师范大学幼儿师范学院副院长、中国学前教育研究会课程与教学专业委员会主任王春燕，浙江省教研室学前教育教研员虞莉莉，杭州市教科所所长俞晓东等出席。展示活动以幼儿园特色课程建设路径创新为切入口，从区域课程推进路径的介绍到各幼儿园成果的展示，立体展现全区联动背景下课程推进的实效。

【“差异教育”研究成果丰硕】 2016年11月，在第五届全国优秀科研成果评比中，杭州市天长小学《选择与交往：差异教育的操作路径设计及实践》获优秀成果三等奖。天长小学差异教育研究不断深入，秉持“面对有差异的学生，实施有差异的教育，促进有差异的发展”的核心理念，获丰硕的研究成果。此次获奖单位多数是高校和国家科研机构，中小学获奖全国仅13所，天长小学是其中之一。

【参评省教育教学成果奖】 2016年10月，在省教育厅组织的浙江省第二届基础教育教学成果奖评选中，杭州市天长小学《差异教学：小学生学习策略的变革和创新》，浙江省新思维教育科学研究院《小学数学与信息技术深度融合的实践研究》，杭州新世纪外国语学校《小外交官课程：聚焦学生英语素养的学科教学改革路径探索》，上城区教育学院《初中科学疑难实验的有效解决与区域推进》等5个研究成果有3个获一等奖、2个获二等奖。

【科研人才培养】 2016年,区教育局出台《上城区教育科研带头人管理办法》,计划在“十三五”期间锻造一批素质高、视野宽、能力强的学校科研领军人物。10月8日至12月15日,区教育局举办学校教育科研骨干教师高级研修班,以区科研带头人为培养重点,通过专家讲座、同行交流、获奖科研成果推介等形式,促进各校科研骨干在学习实践及反思中成长。11月17~18日,骨干研修班学员一行41人到宁波参观学习,拓展工作视野。

师资管理

【概况】 2016年,上城区教育局围绕“静心教书、潜心育人、敬业成人、精业成才”的培育目标,加强师资管理,深化教师队伍建设。在学科专业层面,实行以省特级教师为“尖端”、区特级教师为“高端”、区学科带头人为“中坚”、“五阶段”获奖教师为基础的“四级人才梯队计划”。在育人者队伍层面,构建一星级到三星级班主任梯队。每个梯队的教师既是上一梯队的学习者,又是下一梯队的导师,通过传帮带等形式,加快高水平教师队伍建设。全年完成中小学(幼儿园)教师职称评审过渡工作,通过初级教师职称认定293人,通过一级教师职称评审89人;通过高级教师职称市级评审20人,其中正高级教师职称2人。至年末,全区在职教师3294人,其中省特级教师22人,区特级教师27人,省、市教坛新秀424人,区级教坛新秀1025人。在职教师中,研究生学历278人,高级职称教师464人。

【校长和教师交流】 2016年,上城区有88人参加校长、教师交流,其中义务教育学校78人、幼儿园10人。义务教育学校的78人中,骨干教师35人,占符合交流条件骨干教师总数的20.7%;普通教师23人,校级干部20人。与交流工作相配套,建立特级教师工作室机制,以区内普通学校和薄弱学校作为项目基地,发挥省特级教师的示范、引领、辐射作用,培养和造就更多优秀教师。

【优秀教师评选】 2016年,上城区开展各类优秀教师评选活动。2月,区教育局开展第二轮区学科带头人选拔认定工作,经各单位推荐、材料审查、专家评审、区教育局讨论,上城教育信息港公示,金蕾等169人为第二轮上城区教育系统学科带头人。5月,区教育局开展第三届中小学、幼儿园教师“新苗奖”“新秀奖”“能手奖”“风华奖”“红烛奖”评选活动,经推荐、评审、公示,葛瑾等869人为上城区第三届“五阶段”(按年龄层次分为5个阶段)获奖教师。

【特级教师工作室项目启动】 2016年5月,区教育局制定并下发《上城区教育局特级教师工作室实施意见》,并启动第一批特级教师工作室项目申报工作。经个人申报、专家评审、局党委讨论及项目公示,确定上城区第一批特级教师工作室立项项目19个。

【名校长工作坊项目启动】 2016年8月,区教育局制定并印发《杭州市上城区名校长工作坊实施意见(试行)》,并启动第一批名校长工作坊项目申报工作。经个人申报、专家评审、局党委讨论及项目公示,确定上城区第一批名校长工作坊立项项目两个。

【未来名师名校长培养工程启动】 2016年9月,区教育局启动未来名师、未来名校长培养计划。经个人申报、单位推荐、资格复审、综合考评、区教育局讨论、上城教育信息港公示等环节,于11月确定丁琳等20人为上城区第一批未来名师培养对象,金莹等10人为上城区第一批未来名校长培养对象。

(郭荣强)

文　化
Culture

综　述

【概况】 2016年,区文广新局围绕建设"文化强区"目标,推进公共文化服务,加强文化市场监管,着力繁荣文化事业。全年承办以"永远跟党走"为主题的庆祝中国共产党成立95周年文艺演出、纪念红军长征胜利80周年歌咏大会暨第四届群众合唱节、第十六届歌手大赛、"我送你秀"——社区文化行和以"喜迎峰会·欢度新春"为主题的新春文化活动等区级系列文化活动20余场次,其中在吴山广场开展的千人群众文艺团队迎G20杭州峰会活动受到省委书记夏宝龙称赞。与省内温岭、三门、嵊泗及市内西湖、富阳、淳安、建德等地开展文化走亲活动。举办"迎峰会"新春书画摄影展、庆祝中国共产党成立95周年书画展、"喜迎G20峰会、发现美丽上城"摄影展、纪念红军长征胜利80周年书画展、"喜迎峰会·最美上城"上城区少儿书画摄影大赛获奖作品展暨"喜迎G20·最美杭州梦"杭州市少儿书画摄影大赛上城区获奖作品展等书画摄影比赛、展览活动。组织创作的《峰会小唱》《老街长长》《斗蟋蟀》《霞光丽影》《岳阳楼记》等群众喜闻乐见的文艺作品分别在省、市比赛中获奖。各街道开展"百年思鑫坊,鲜花迎宾客"迎接G20杭州峰会倒计时100天、"清波峰味"十二场、"喜迎G20,畅想中国梦"世界读书日专题征文比赛、"全民阅读书香望江"G20杭州峰会知识阅读竞赛、第三届"乐活南星"摄影大赛、全民阅读暨第二届紫阳书香节等基层群众性文化活动260余场。

2016年5月30日,区文广新局向建设工人发放文体惠民券
(区文广新局　供稿)

【深化惠民工程】 2016年,上城区深入推进以公共文化服务、"百团百场"公益演出、送戏送电影进社区、举办公共文化免费培训、向文体团队赠送器材、发放文体惠民券、开展国民体质免费监测为主要内容的"七送"文体惠民工程,满足居民群众和外来务工人员多样化的文体需求。全年举办各类文体免费培训166场,培训项目66个,受益群众2.66万人次。发放电影券4200张、游泳券1.2万张,举办"百团百场"公益演出116场,惠及群众10余万人次。举办越剧、书画、摄

影等文化名家大讲堂活动15次，编辑出版《风雅上城》20期。

文化活动

【慰问馒头山建设者】 2016年3月18日，“南星闪耀馒头山，银亮上城G20，夕阳展风采”系列活动启动仪式暨老干部慰问演出在馒头山社区举行，100余人参加活动。活动由市委老干部局、区委老干部局、南星街道、区文化馆承办，上城区少年军校、馒头山社区协办。馒头山地区由危旧房变身为黛瓦粉墙，凝聚着建设者的辛劳与汗水。区委老干部局关工委合唱团表演的大合唱《走向复兴》将慰问建设者活动推向高潮。区文化馆带去《峰会小唱》《谢谢你民工兄弟》《河坊街上琅格琅珰》《西湖印象》等原创节目，受到辖区居民好评。

【“百团百场”文艺演出启动】 2016年5月19日，富阳、淳安、建德、西湖、上城五地文化走亲“百团百场迎峰会，城乡联动抒欢情”暨上城区“百团百场”文艺演出在上城区启动。区文广新局负责人及五地文化馆馆长出席活动。上城区作为东道主，以原创歌舞《风雅上城》开场，其他各地文化馆带来具有地方特色的戏剧、小品、歌曲、舞蹈等，展示各地文化艺术精髓，传递五地人民对家园的赞美。区文广新局负责人与五地文化馆馆长鼓励五地文化工作者创作更多符合群众需求的作品，借助文化走亲的形式，大力弘扬各地的特色文化。

【第十六届歌手大赛落幕】 2016年6月25日，上城区第十六届歌手大赛决赛在上城区青少年活动中心落幕，59名通俗、美声、民族歌手参与决赛。大赛邀请中国群众音乐专业委员会副主任、中国音乐家协会会员、浙江省音协顾问、浙江省合唱协会副理事长、作曲家张蔚鸫，国家一级演员、著名女高音歌唱家、省音协名誉主席谭丽娟，杭州市文化馆副研究馆员、声乐指导、杭州市“三江”歌手大赛总导演张炜等7位专家担任评委。大赛从少儿组、青年组和中老年组选手中决出各组相应的金奖、银奖、铜奖和优秀奖。

【暑期少儿培训】 2016年7月18日至8月20日，上城区文化馆开设17个暑期少儿培训班。在以往的基础上将热门课程按年龄段分成两个班，采取网络报名的形式招收学员，满足更多孩子享受区文化馆免费培训的愿望。开展培训旨在提高辖区内少年儿童的文化素养，为培养孩子们对艺术的兴趣、使其得到全面发展提供更多的机会和平台。

【上城区第六届文艺团队艺术节】 2016年10月20日，上城区第六届文艺团队艺术节启动仪式在吴山广场文化大舞台举行。活动由区文广新局主办，区文化馆、区“非遗”中心承办，清河坊历史街区管委会协办。艺术节与吴山庙会活动进行互动。同时延续历届艺术节门类众多、动静结合的传统，设置歌舞演出、文学“金桂奖”、纪念红军长征胜利80周年书画展、“美丽上城”摄影展等。活动持续至23日。

【“喜迎G20峰会·发现美丽上城”摄影比赛】 2016年5月11日至9月15日，上城区举办“喜迎G20峰会·发现美丽上城”摄影大赛，通过网络、微信、邮箱

2016年10月20~23日，上城区举办第六届文艺团队艺术节专场演出

（区文广新局　供稿）

等方式,征集展现上城区生态之美、人文之美、发展之美、和谐之美的优秀摄影作品3933幅。10月24日,邀请浙江省摄影家协会主席、杭州市摄影家协会主席兼秘书长吴宗其,浙江省摄影家协会副主席、浙江日报图片新闻中心总监裘志伟等担任评委。经过评选,吴国方的《上城巨变》获特等奖,贺勋毅的《与世界和时空的对话》获一等奖,李忠的《旧煤场变身"体创园"》、吴海平的《今日馒头山》、徐晖的《魅力河坊街》获二等奖,胡鉴的《上城基金小镇》、钟黎明的《警察风采》、赵建平的《西湖之晨》、艾琳的《流光溢彩》、潘雯的《思鑫坊保护提升工程》获三等奖,陈振贤的《东河暮色》等100件作品获优秀奖。11月21~27日,摄影大赛优秀作品在"尚城1157·利星"商业综合体展出,区领导范卫东、马彦、陈少华出席开幕式,并为获奖者颁奖。

【市区两级少儿书画摄影大赛】 2016年5月30日,"喜迎G20·最美杭州梦"杭州市少儿书画摄影大赛暨"喜迎峰会·最美上城"上城区少儿书画摄影大赛启动,至6月17日,收到近700幅书画摄影作品,参赛作品分别在区文化馆进行评选。最终评出书法、绘画、摄影一等奖各3名,评出二、三等奖和优秀奖140名。11月9日,在区文化馆二楼展厅举行书画摄影大赛颁奖仪式,区文化馆馆长等为书画摄影作品获奖者颁奖。

【上城区纪念红军长征胜利80周年书画展】 2016年11月8日,由区文广新局主办、区文化馆承办的"不忘初心、继续前进"——上城区纪念红军长征胜利80周年书画展在四宜路环球雅葵艺术中心举行。区委常委、宣传部部长范卫东,区人大常委会副主任韦云,副区长马彦,区政协副主席陈少华等出席书画展开幕式。书法家、南京军区政治部原大校陶坤元,画家、金华军分区原司令员马文翰,艺术评论家、画家郑竹三,杭州市书法家协会常务副主席、杭州书法院院长宋涛,江南书画院院长、画家宋柏松,杭州市书法家协会副主席陈进等书画名家应邀到场指导。宋涛携70余幅书画作品参展。

【上城区纪念红军长征胜利80周年歌咏会】 2016年11月11日,由区委宣传部、区人武部、区文广新局主办,区文化馆承办的"不忘初心、继续前进"——上城区纪念红军长征胜利80周年歌咏会暨上城区第四届群众合唱节在吴山广场举行。浙江省军区政治部、杭州警备区政治部、杭州市委宣传部有关领导与1000余名观众观看演出。此前,上城区举行"接过先辈旗帜,发扬长征精神"纪念红军长征胜利80周年暨听爷爷奶奶讲长征故事等一系列活动,弘扬长征精神,激励全区广大党员干部为建设"现代化美丽上城"贡献自己的力量。

(张雪梅)

2016年11月27日,区领导与"喜迎G20峰会、发现美丽上城"摄影大赛优秀作品展获奖者合影 (区文广新局 供稿)

历史文物保护

【概况】 2016年,上城区范围内有各级文物保护单位(点)92处(含景区管理52处),其中全国重点文物保护单位13处、省级文物保护单位12处、市级文物保护单位52处、市级文物保护点15处。7月12日,省政府公布第五批浙江省历史文化街区名录,上城区清河坊、小营巷、中山中路、湖边邨、思鑫坊、五柳巷、中山南路—十五奎巷、泗水坊、安家塘9处历史文化街区入选。全区有历史建筑162处,全年列入杭州市历史建筑保护修缮项目33处,完成或部分完成南瓦子巷15号建筑、学士路3号建筑等历史建筑修缮22处。

资料

清河坊历史文化街区: 该街区以河坊街为中心,北至高银巷、望江路,西至华光巷,东至中河路、金钗袋巷,南至伍公山麓、元宝街,包括中河路东侧的胡雪岩故居一带。街区内有全国重点文保单位胡庆余堂、胡雪岩故居,省级文保单位钱塘第一井和市级文保单位方回春堂、叶种德堂等。

小营巷历史文化街区: 该街区南起方谷园,北至清吟街,东起银枪班巷、毛主席视察小营巷纪念馆东围墙,西至马市街。街区内有太平天国听王府和钱学森旧居两处市级文物保护单位及毛主席视察小营巷卫生工作陈列馆。

中山中路历史文化街区: 该街区以中山中路为核心,北起解放路官巷口,南至清河坊鼓楼,东至光复路,西至进深约40米的风貌完整区域,为杭州市内近代建筑最集中的街区。

湖边邨历史文化街区: 该街区南起学士路,北至长生路,东起劝业里,西至白傅路。由湖边村和劝业里两个街坊组成。建筑以近代的石库门建筑为主,系20世纪30年代民国时期的典型民居,为杭城近现代民居保留较为完整的一处。

思鑫坊历史文化街区: 该街区南起学士路,北至天长小学南围墙,东起孝女路,西至菩提寺路,由思鑫坊、萱寿里和承德里3个街坊及8幢别墅组成,主要以近代的石库门建筑和别墅建筑为主,建筑中西融合,反映民国时期的时代特征。

五柳巷历史文化街区: 该街区南起东河坊街,北至西湖大道,东到建国南路,西达城头巷西侧。为民居住宅街区,历史建筑分布沿街两侧,传统建筑连成一片。

中山南路-十五奎巷历史文化街区: 该街区主要指沿十五奎巷北侧鼓楼至原市委党校一带(包括伍公山)、城隍牌楼南侧及中山南路以西一带历史性建筑集中的区域。

泗水坊历史文化街区: 该街区北起国货路,南至将军路,东至浣沙路、直紫城巷,西至吴山路。为近代中式里弄居住街区,其中有泗水新村等历史建筑和风貌建筑。

安家塘历史文化街区: 该街区东、南以甘水巷为界,西至白塔山山脚,北至玉皇特种水产实验场。占地1.5万平方米,为近代居住型街区,多为两层木结构或砖木结构建筑,形态丰富多变。

【可移动文物普查工作报告编制完成】 2016年7月18日,上城区编制完成可移动文物普查工作报告。上城区于2013年8月29日召开第一次可移动文物普查工作会议,正式启动可移动文物普查工作。2014年5月14日,市园文局、区住房和城建局邀请文物专家对全区可移动文物进行认定,标志着上城区第一次可移动文物普查进入文物信息数据登陆及文物认定阶段。2016年6月16日,上城区着手编制普查工作报告,至7月完成编制。

【郁达夫故居被命名为杭州市第三批党史教育基地】 2016年12月12日,郁达夫故居被杭州市委命名为杭州市第三批党史教育基地。郁达夫故居"风雨茅庐"于1936年春建成,由郁达夫亲自选址、设计,马君武题字。1986年,被列为杭州市第一批市级文物保护单位,随后20余年间进行多次整修。2015年9月1日,为纪念中国人民抗日战争暨世界反法西斯战争胜利70周年及郁达夫殉难70周年,"风雨茅庐"在进行全面修缮后正式对外开放。故居以5个篇章介绍郁达夫的生平事迹、在杭州期间的活动、发表的文学作品、与家人的书信往来等内容。

【历史建筑立面整治】 2016年,上城区加强历史建筑保护。全区列入G20杭州峰会市容提升工程的历史建筑24处,其中包括劝业里胡宅、天德坊、邮电路52路、延安路226号、大庆里建筑群、九星里建筑群、星远里建筑群、西湖大道290~298号(双号)、解放路209号、南山路210号、南山路214号、南山路178弄1号建筑、广福里裘宅、严官巷9号和12号建筑、双剑楼,以及思鑫坊历史文化街区内的9处历保建筑等。整治前,上城区制订施工方案。施工中,责任单位对历史建筑的外部风貌、特色结构和构件等采取严格的保护措施,确保历史建筑的安全性。至6月底,列入提升整治的历史建筑全部完成立面整治。

2016 年上城区历史建筑保护修缮完成情况

表 16

序号	历史建筑名称	建筑面积（平方米）	实施单位	修缮情况
1	方谷园 7 号建筑	580	上城区小营房管站	屋面抢修完成
2	南瓦子巷 15 号建筑	251	上城区危改办	竣工
3	建国南路 147 号	831	上城区危改办	部分完工
4	劝业里胡宅	598	上城区湖滨指挥部	立面整治竣工
5	天德坊	587	上城区湖滨指挥部	立面整治竣工
6	成乐堂	540	上城区湖滨指挥部	立面整治竣工
7	思鑫坊徐宅	540	上城区湖滨指挥部	竣工
8	胡藻青旧居	458	上城区湖滨指挥部	屋面维修完成
9	何柱国旧居	324	上城区湖滨指挥部	竣工
10	孝女路建筑	281	上城区湖滨指挥部	立面整治竣工
11	思鑫坊建筑群	5242	上城区湖滨指挥部	立面整治竣工
12	承德里建筑群	2372	上城区湖滨指挥部	部分完成
13	萱寿里建筑群	730	上城区湖滨指挥部	部分完成
14	邮电路 52 路	1425	上城区湖滨指挥部	竣工
15	延安路 226 号	540	上城区湖滨指挥部	竣工
16	朱养心膏药店旧址	960	上城区湖滨房管站	竣工
17	学士路 3 号	714	杭州市第一人民医院	竣工验收
18	隐庐	1213	杭州湖边邨酒店有限公司	竣工验收
19	茅以升旧居、南山路 206 号别墅建筑	560	产权人自行修缮	竣工验收
20	龙翔里建筑群	2976	杭州龙翔商业发展有限公司	竣工验收
21	严官巷 36-3 号建筑	335	浙江省军区后勤部	竣工验收

【历史建筑保护修缮】 2016 年 6 月底，南瓦子巷 15 号建筑修缮工程竣工并通过验收。南瓦子巷 15 号建筑建于 20 世纪 20 年代，为一处两层木结构的传统民居建筑。2010 年 3 月被列为杭州市第五批历史建筑。2015 年 10 月 27 日，南瓦子巷 15 号历史建筑保护修缮方案经专家评审，由上城区危改办实施保护修缮，重点恢复历史建筑原外立面风貌和院落格局，在保持原结构体系的基础上提高建筑结构的安全性。

学士路 3 号历史建筑建于 20 世纪初，为中西合璧风格，建筑面积 71 平方米，系杭州市第一批历史建筑。2015 年 12 月，杭州市第一人民医院对其实施保护修缮。2016 年 5 月 24 日，该历史建筑完成修缮并通过验收。修缮过程中，施工单位对原结构体系进行加固，对锈蚀的檐沟及落水管进行拆换，按原样修复外立面门窗、楼梯等特色构件，尽可能恢复历史建筑的院落布局和整体风貌。该历史建筑用作“杭州国医馆”，向市民开放。

朱养心膏药店旧址为建造于 19 世纪 60 年代的木结构居住建筑，位于伍公山下大井巷口，2004 年 6

月被列入杭州市第一批历史建筑保护名单。该处建筑公房私房共存，产权情况复杂，房屋属D级危房。2015年8月，湖滨房管站对危旧房进行修缮。修缮主要加固提升建筑结构安全性，延续山地建筑空间布局，保护修复入口砖雕、围墙界碑、青石板地面、门窗楼梯等特色构件，以及对南面山体进行边坡支护。2016年4月，旧址修缮工程竣工。

隐庐建于20世纪20年代，有40间房子，面积1000余平方米，为国民党军队少将吕民贵旧居。2008年8月被列入杭州市第四批历史建筑保护名单。修缮前，该处历史建筑外立面灰暗陈旧，屋面、楼面局部破损严重，存在较多安全隐患。2015年6月，杭州湖边邨酒店有限公司对隐庐进行整体保护修缮。2016年9月完成修缮并通过市、区历史文物保护部门验收。修缮聘请同济大学专业修复团队进行专项研究和修复，聘请浙江大学声学专家对木结构和木楼板的隔音问题进行专项设计、处理，修缮后的历史建筑再现原有风采，大幅提升节能保温、隔热隔音、消防预警等方面的性能。

严官巷36-3号建筑建于20世纪30年代，为一幢青砖清水、仿歇山四坡屋顶的别墅建筑。2008年8月被列入杭州市第四批历史建筑保护名单。2015年5月26日，经专家评审，由浙江省军区后勤部启动保护修缮，重点恢复历史建筑外立面风貌，在保持主要平面布局和结构体系的同时，修复"八"字形如意踏跺、水磨石地坪、阳台栏杆、吊顶线脚等特色构件。2016年11月，工程竣工并通过验收。

（陈梦娇）

非物质文化遗产保护和利用

【概况】 2016年，上城区加强非物质文化遗产保护和利用。2月26日，出台《关于进一步加强非物质文化遗产保护和扶持工作的若干意见》，对"非遗"保护单位和代表性传承人的扶持工作提出明确要求。完成第五批国家级"非遗"代表性传承人的申报、省第五批和市第六批"非遗"代表性项目的推荐申报、区第二批"非遗"代表性项目和代表性传承人的认定工作。"万隆腌腊食品制作技艺""万承志堂中药养生文化""杭州机绣""杭州灯谜""古画（籍）修缮及墨拓技艺"5项"非遗"被认定为省第五批"非遗"代表性项目；"俞同春中药炮炙技艺""杨氏（牛春明）太极拳"被认定为市第六批"非遗"代表性项目；"振兴祥中式服装制作技艺"责任保护单位杭州利民中式服装厂入选第二批省非物质文化遗产生产性保护基地。参加市首届"非遗"摄影大赛，19组"非遗"摄影作品入围获奖。举办"非遗年货进社区"、中小学生暑期"非遗"体验营、"非遗"摄影展等活动。结合吴山庙会，组织"非遗大观园——上城非遗博览会""非遗大舞台""非遗精品馆""非遗达人秀"等系列活动。组织"杭州铜雕""振兴祥中式服装制作技艺""南宋官窑烧制技艺"等"非遗"代表性项目参加省"非遗"传统工艺品及相关衍生品设计大赛。推荐"杭州牙雕"参加中国工艺美术百花奖（莆田）评选活动，获1个金奖、1个银奖、1个铜奖的好成绩。完成《上城非遗地图》《南宋遗韵——上城非遗精粹普及版》的编辑出版和《上城区系列传说》相关内容的挖掘整理。

【"杭州牙雕技艺"获中国工艺美术"百花奖"金奖】 2016年4月15日，中国工艺美术"百花奖"（莆田）评选结果揭晓，上城区参赛项目"杭州牙雕技艺"获金奖。此次是杭州市工艺美术大师、区级"非遗"传承人叶萌的牙雕作品连续第4年获"百花奖"金奖。评选活动由中国轻工业联合会、中国工艺美术学会、中国轻工珠宝首饰中心和莆田市政府共同举办，有2062件作品入围，经过专家评审，评出金奖作品240件、银奖作品250件、铜奖作品220件。

【铜雕工艺获省"非遗"工艺品设计大赛银奖】 2016年3月17日，省文化厅举办省"非遗"传统工艺品及相关衍生品设计大赛，上城区组织6个"非遗"项目保护单位、8位"非遗"传承人参赛。4月15~18日，上城区参赛作品在宁波国际会展中心"2016东亚非物质文化遗产展"展会上展出。经过评选，上城区铜雕工艺作品"黛色亭亭之摆件"获银奖，振兴祥中式服装制作技艺作品"真丝素绉缎手绘西湖十景系列旗袍"和南宋官窑作品"莲池"获提名奖。

【关爱外来务工人员子女公益活动】2016年3月29日,省级"非遗"代表性项目保护单位杭州邵芝岩笔庄在杭州御道学校开展"仁爱在心,助学在行"关爱外来务工人员子女公益活动。杭州御道学校可容纳1400余名外来务工人员子女。杭州邵芝岩笔庄勉励御道学校的孩子们除学好语文、数学外,还要学习"非遗"传统文化,并养成细致、专注、持久的学习品质。

2016年10月15~16日,上城区的杭州刺绣省级"非遗"传承人金家虹(左二)制作刺绣作品赠送金砖国家峰会嘉宾 (区文广新局 供稿)

【"非遗"文化体验社会实践活动】2016年7~8月,区文广新局会同杭州吴越人家工艺服饰有限公司、清河坊民间艺人协会开展暑期留守儿童"非遗"文化体验社会实践公益活动等"非遗"社会实践活动30余场,参与人数近800人,既丰富学生的暑期文化生活,又让学生体验到文化遗产的独特魅力。

【"非遗"摄影作品展】 2016年7月20日,以"南宋遗韵"为主题的上城区非物质文化遗产摄影作品展在区文化馆举行。活动由区文广新局主办,区文化馆和区非物质文化遗产保护中心承办。参展产品从"F1摄影沙龙"征集到的近100组作品中精选出来,内容涵盖上城区五级非物质文化遗产代表性项目名录,参观市民1.6万人次。

【编印《上城区非遗手绘地图》】 2016年3月1日,区文广新局编印首张《上城区非遗手绘地图》。手绘地图把胡庆余堂中药文化、方回春堂膏方制作技艺、杭州铜雕技艺等"非遗"项目以直观的形式呈现给市民。上城区是吴越文化和南宋文化的发源地,历史文化底蕴深厚,孕育大量的非物质文化遗产。手绘地图的发布,对提升上城区区域文化品位、打造具有浓厚上城历史积淀的"非遗"旅游文化产生积极的推动作用。

2016年8月7日,"情寄留守,以艺添翅"——留守儿童"非遗"文化体验社会实践公益活动举行 (区文广新局 供稿)

【参加金砖国家刺绣艺人交流学习】2016年10月15~16日,由印度担任轮值主席国的第八届金砖国家峰会在果阿举行。印度政府有关部门邀请4名中国刺绣大师到印度交流学习,并参与制作金砖国家峰会的国礼。上城区杭州刺绣省级"非遗"传承人金家虹为受邀的4名刺绣大师之一。此次金砖国家刺绣艺人交流学习由印度纺织部、进出口银行和国家产品设计及开发中心联合举办。学习交流期间,来自金砖国家的刺绣艺人在印度北部的查谟·克什米尔邦首府斯利那加经过为期10天的学习交流后，联合设计、制作出优秀的刺绣作品，作为国礼赠送给与会各国嘉宾。

资料

金砖国家峰会：传统“金砖四国”为巴西、俄罗斯、印度和中国四国，其英文首字母组合“BRIC”与英语单词的砖类似，因此被称为“金砖四国”。南非加入后，其英文单词变为“BRICS”，并改称为“金砖国家”。金砖国家峰会即由5个国家组成召开的会议。

文化市场管理

【概况】 2016年，区文广新局推进“扫黄打非”、审批制度改革和经营者队伍建设等工作，推动文化市场健康稳定发展。进一步规范行政审批工作，行政审批实现无投诉、无复议、无行政诉讼。加强文化娱乐场所安全管理，坚持日常巡查与重点检查相结合，领导带队检查与专项检查相结合，集中行动与联合执法相结合，组织开展游艺娱乐场所专项整治、“扫黄打非”集中行动、校园周边文化市场环境整治、印刷企业贯彻落实“五项制度”专项治理。全年领导带队检查5次，专项检查15次，出动执法检查人员1286人次，检查经营场所2033个次，查处违规单位35个次，立案查处26件，没收非法音像制品、非法书刊等物品1409件，罚款3.48万元。全年办理行政许可73件、备案案件45件，受理举报咨询465人次。

【规范中考期间文化市场经营秩序】 2016年，区文广新局加强中考期间文化市场日常监管，规范文化市场经营秩序。加大对校园周边文化市场巡查力度，每天安排两组执法人员，对管理薄弱的经营场所和校园周边的经营场所逐个排查，维护网吧、歌舞娱乐场所的经营秩序，防范发生违法经营行为，确保娱乐场所播放活动不影响考生晚间休息。在中考期间加大检查频次，保持“12318”举报电话24小时畅通。对考生及家长的举报，做到有报必查、有查必果、有果必复，努力给广大考生营造安静、舒适、健康的学习和考试环境。

【文化市场安全管理】 2016年，上城区深入开展各类专项行动，督办查办各类重点案件。加大消防安全培训和安全隐患排查力度，全年组织安全生产法律法规培训5次，参加培训单位557个次、人员568人次。出台安全工作制度9个，召开安全生产会议25次，签订安全生产责任书346份，发放安全生产资料355份。重点排查网吧、娱乐场所、电子游艺场所等文化经营单位，针对排查出来的消防设施、应急安全通道等方面的问题，督促限期整改，并组织“回头看”行动。与业主签订安全生产责任书，进一步落实文化市场经营场所安全生产管理主体责任。

（张雪梅）

档案工作

【概况】 2016年，区档案局贯彻落实中共中央办公厅、国务院办公厅《关于加强和改进新形势下档案工作的意见》和省、市“两办”的实施意见，围绕“五档共建”的档案工作目标，立足自身实际，抓好重要工作、重点项目档案的整理、收集和归档。推进档案规范化建设，夯实档案管理基础，提升档案管理水平和综合服务能力。杭州市金都天长小学等3个单位通过档案工作目标管理市级认定，杭州市时代小学创建省级规范化数字档案室。围绕G20杭州峰会和第四届“国际档案日”活动，开展档案文化宣传。推进档案保管利用工作，最大限度地满足民生需求。全年服务窗口接待查档1402人次，查阅婚姻、房屋产权、低保等各类档案案卷929卷、4477页。区档案馆档案利用服务窗口被浙江省巾帼建功和双学双比活动协调小组授予“浙江省巾帼文明岗”称号。

【峰会档案管理】 2016年G20杭州峰会筹备阶段，区档案局对20余个重点建设项目和项目责任单位文件资料立卷归档工作进行跟踪指导，并参与峰会项目档案工作验收。峰会结束后，印发《上城区G20杭州峰会档案史料收集工作任务清单》，对全区各单位提出12项收集工作任务。10月24日，区档案馆按照进馆档案接收计划，接收区科协、杭州市时代小学的峰会实物档案3件，并进行整理。年

2016 年 7 月 19 日,《浙江方言》摄制组到上城区拍摄方言传承与保护专题片
（区档案局　供稿）

内，区档案馆将该批档案移交市档案馆统一保存，并接收区峰会办、区委宣传部、区风景旅游局、紫阳街道等 25 个单位的峰会档案资料，进行统一整理、统一保管。

【杭州话印章接收】 2016 年 3 月 10 日，杭州方言热心人士陈万奔向区档案馆捐赠一套杭州话印章，共 158 枚。区档案馆永久珍藏此套印章，并向陈万奔颁发收藏证书。此次捐赠的整套杭州话印章进一步丰富杭州方言语音建档工作的内涵，将杭州方言档案的载体由纸质、音频、视频拓展至金石。

【方言典藏专题片拍摄】 2016 年 7 月 19 日，由教育部和北京语言大学共建的中国语言资源保护研究中心《浙江方言》摄制组到上城区拍摄方言传承与保护专题片，用以记录、保存浙江各地现存方言资源。区档案局为摄制组提供相关方言档案资料，并与杭州方言发音人一起配合录制，协助专题片拍摄。

【出生医学证明档案电子化管理启动】 出生医学证明档案电子化管理是指对辖区内妇产医院的出生医学证明档案进行规范整理，并完成数字化加工。上城区内有省、市级产科医院 7 个，出生医学证明档案存量数超过 20 万件，档案整理及电子化管理任务较重。2016 年，区档案局与区卫计局联合开展多轮调研，并与市卫计局、市档案局联系沟通，在借鉴浙江衢州常山县经验做法、摸清全区底数的基础上，制定出生医学证明档案整理标准。11 月 3 日，上城区出生医学证明档案电子化管理工作在浙江省妇女保健院正式启动。

【房屋征收补偿项目档案整理】 2016 年，区档案局、区征收办两次联合举办全区征收补偿项目档案工作培训会，各街道、指挥部地块征收补偿工作负责人和档案员 20 余人参加。培训会上，对征收拆迁档案规范化整理工作进行详细讲解。培训会后，在紫阳街道开展“一户一档”建档试点。12 月 12 日，杭州地铁 4 号线南星桥站统一码头地块房屋征收补偿项目档案整理工作通过实体验收与数据抽检。

【第四届“国际档案日”】 2016 年 6 月 9 日，第四届“国际档案日”当天，区档案局组织全局机关工作人员开展档案宣传活动。邀请民间篆刻专家制作 20 枚代表 G20 成员国的小章，以及一组以“西湖拥抱峰会”为主题的大章，并以印章为主体，设计制作《西湖拥抱峰会——国际档案日宣传册》印章主题纪念明信片。区档案局内部出版编研成果《印证杭州话》，分发给区人大代表、政协委员及爱好杭州方言的热心群众。

（温泮婧）

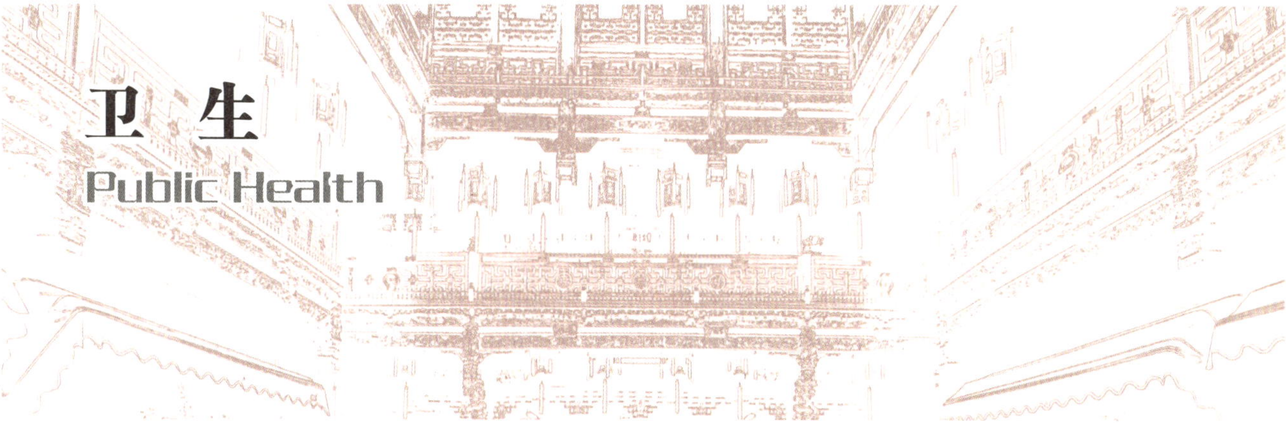

卫 生
Public Health

综 述

【卫生事业发展】 2016年，上城区有医疗卫生机构199个，其中医院22个、社区卫生服务中心（站）41个、门诊部54个、诊所（含卫生所、医务室）71个。医疗机构床位13416张，其中医院床位13070张。卫生技术人员19861人，其中执业（助理）医师7403人、注册护士9085人。6个社区卫生服务中心中有全国示范中心1个、省级示范中心4个，其中南星街道社区卫生服务中心为“浙江省百强社区卫生服务中心”。全年社区卫生服务机构门诊268.1万人次，门（急）诊平均每次费用167.3元。突发公共卫生事件处置率100%。区卫计局加强与省、市医院合作，以“医养护一体化签约服务”为抓手，推进基本医疗和基本公共卫生服务全覆盖，构建分级诊疗就医体系，提升居民健康水平。加快社区卫生服务用房提升改造，望江街道社区卫生服务中心等8个社区卫生服务用房项目完工并投入使用，全区“步行15分钟就诊圈”体系进一步完善。创新卫生和计划生育监管载体，启用移动执法巡查系统、卫生管理员手机APP、二维码信息管理系统等软件。加大卫生计生系统党风廉洁建设工作力度，利用医院信息系统平台，建立健全医药处方点评、药品使用实时动态监测和超常预警控制机制。

医政医管

【概况】 2016年，上城区完善开放办医格局，积极扶持社会力量办医，加快形成健康服务产业集群。推进基本药物“零差率”销售，通过目录外采购和“药品采

表17

2016年上城区卫生机构、人员情况

指标名称	计量单位	年末实有数	备注
卫生机构	个	199	
医院	个	22	
门诊部	个	54	
诊所	个	71	
社区卫生服务中心（站）	个	41	
疾病预防控制中心	个	2	含杭州铁路疾控中心
卫计监督所	个	2	含浙江省卫生监督局
卫生技术人员	人	19 861	
执业医师	人	7 309	
执业助理医师	人	94	
注册护士	人	9 085	

购共同体"采购,最大程度地满足居民用药需求。强化部门、街道、社区联动,完善体检设施和流程,完成企业退休人员体检、干部保健检查、征兵体检等工作。开展改善医疗服务专项行动,为患者提供安全、有效、方便、价廉的基本医疗服务。

【企业退休人员体检】 2016年3~12月,上城区启动第六轮企业退休人员体检,参加体检9万余人,对自行前往体检有困难的高龄、孤寡、独居、病残、特困等企业退休人员,各承检社区卫生服务中心会同社区为其提供上门体检等帮助。此轮健康体检的费用标准为人均300元,体检经费由市财政承担。

【扶持社会力量办医】 2016年,上城区根据《浙江省人民政府关于促进民营医疗机构加快发展的意见》及新修订的《杭州市上城区区域医疗机构设置规划(2015~2019)》,以公平性、可行性、有序错位、中西医并重为原则,鼓励支持社会力量办医,给非公立医疗机构留有合理空间。全年新增注册医疗机构23个,其中依托社会力量开办的医疗机构占82.6%。

【医疗机构设置审批流程优化】 2016年,区卫计局从源头入手,把医疗机构审批全流程纳入区行政审批监察系统,提高审批效率和监管效能。创新建立三方联合前置预审制度,即申请人在窗口咨询登记后,由卫生计生、消防、环保三部门联合对预设医疗机构进行现场指导,实现关口前移,审批时间比上年(指2015年,下同)平均缩短2天。

【开展医疗检查】 2016年6月和11月,区卫计局对辖区各街道社区卫生服务中心和民营医院两次开展医疗质量控制检查。4月,按照《医疗机构管理条例》《医疗机构基本标准》,开展2015~2016年度医疗机构校验。经审核,通过校验医疗机构151个,因改建、扩建、迁建等原因报停10个,新设置医疗机构19个,注销11个,校验情况在《上城报》公示,并报市卫计委备案。

【加强医疗安全监管】 2016年,区卫计局加强第一类精神药品、麻醉药品管理,对购用的麻醉药品、第一类精神药品严格进行初审,两个医疗机构换领印鉴卡。实行辖区医疗机构医疗争议月报制度,全年处理医疗投诉、医疗纠纷241件,行政调解医疗纠纷4件,全部调解成功。委托市医学会进行医疗事故技术鉴定7件。

【基层医疗服务能力提升】 2016年,上城区加强冠心病、糖尿病、呼吸系统疾病、肾脏疾病等疾病管理,各社区卫生服务中心积极培养能承担常见疾病诊疗、转诊、管理的首席医生,提升疾病诊疗能力。7月12日,杭州市举行首届基层中医药适宜技术推广应用标兵评比,上城区代表队获全市第二名,小营街道社区卫生服务中心陈金星、清波街道社区卫生服务中心卢平英分别获医生组、护士组全市一等奖。9月13日,区卫计局、区总工会、团区委联合举办上城区基层卫生岗位练兵和技能竞赛,竞赛分理论和实践操作两部分,选出优秀医护人员代表6人,于9月20日参加全市竞赛,南星街道社区卫生服务中心获团体二等奖,小营街道社区卫生服务中心护士全琳获护士组个人三等奖。

【峰会医疗保障】 2016年G20杭州峰会期间,上城区成立医疗保障急救领导小组,下设联络组,各社区卫生服务中心组建医疗急救队,每日安排3支医疗急救队24小时值班。全区6个安检点、9个医疗保障点开展医疗巡诊,参加巡诊医务人员53人,累计服务58天,为1614人次提供相关服务。8月22日至9月6日,对宾馆、安检点等安保人员开展医疗保障巡诊,派出医务人员32人次,服务256人次。为B20峰会贵宾参加午宴和考察活动提供医疗保障2次。

【社区卫生服务机构用房改造】 2016年,上城区推进社区卫生服务用房改造工作。先后完成望江街道社区卫生服务中心扩建、望江街道大通桥社区卫生服务站复建、望江街道徐家埠社区卫生服务站新建和望江街道耀华社区卫生服务站、小营街道金钱巷社区卫生服务站、湖滨街道东坡路社区卫生服务站迁址扩建。至年末,上城区有社区卫生服务站35个,居民就医条件进一步改善。

疾病防控与卫生应急

【概况】 2016年，上城区报告甲类传染病1种（霍乱）1例。报告乙类传染病12种(艾滋病、肝炎、麻疹、细菌性痢疾、肺结核、伤寒及副伤寒、流脑、百日咳、猩红热、淋病、梅毒)730例，报告发病率213.13人/10万人，比上年报告发病数下降3.7%，报告发病率下降4.9%，与上年相比，增加病种为流脑和百日咳，无减少病种。全年死亡病例报告2例，报告死亡率0.58人/10万人，均死于艾滋病。报告丙类传染病5种(流行性感冒、流行性腮腺炎、风疹、其他感染性腹泻、手足口病)，报告发病总数1248例，报告发病率364.37人/10万人，无死亡病例报告，与上年相比，无增加和减少病种，报告发病数上升1.8%，报告发病率上升0.5%。全年全区未发现人感染H7N9流感确诊病例。接收预警信息141起，其中时间序列105起、时空探测24起、单病例预警12起；预警信息总数上升29.4%；总预警病种12种，与上年相比，增加预警病种为流脑、猩红热、恶性疟和丝虫病，减少病种为间日疟。预警起数排名前三位的病种依次为：流行性感冒、其他感染性腹泻和手足口病。

全区有预防接种门诊6个，完成"九苗"(卡介苗、乙肝、脊灰疫苗、百白破、麻疹、麻腮风、甲肝、流脑、乙脑)接种10.71万剂次。常住儿童、流动儿童"五苗"(卡介苗、乙肝、脊灰、百白破、麻疹)全程接种率分别为98.6%和100%。冷链自动测温监测系统投入使用。小营街道社区卫生服务中心成为上城区首个预防接种示范教学基地。全区投入资金166.62万元，采购检验检测设备18套，应急检测能力进一步提升。

【结核病防治】 2016年，上城区发现疑似肺结核病人226例，应转诊226例，转诊率100%，其中主动转诊到位71例，转诊到位率31.4%；追踪到位病人146例，追踪到位率94.2%；总到位率96.0%。全年管理肺结核病人136例，其中涂阳肺结核病人24例；管理结核性胸膜炎21例。在世界防治结核病日期间，开展结核病防治宣传，受益对象3000人次。

【性病、艾滋病防治】 2016年，上城区医疗卫生机构报告法定性病5种(梅毒、淋病、生殖道沙眼衣原体感染、尖锐湿疣、生殖器疱疹)6202例，比上年增长11.7%。辖区医疗卫生机构报告艾滋病病人和感染者316例；随访管理HIV感染者(病人)198例，其中免费抗病毒治疗184例。接待自愿咨询与受检人员1477人次，发现HIV感染者38例。HIV抗体检测172名外来婚嫁女、3000名外来务工人员及区看守所408名看押对象。

【地方病防治】 2016年，上城区未发生疟疾病例，辖区医疗机构报告疟疾病例15例，处置率100%。与浙江大学医学院附属第一医院(简称浙一医院)续签浙江省抗疟药物放置试点项目协议。采集辖区孕妇家庭食盐样品100份，其中合格碘盐83份，合格碘盐食用率83%。选择5所小学进行甲状腺触诊和尿碘检测，采集尿液标本200份，尿碘中位数163.20微克/升，甲状腺触诊200人，未发现甲状腺肿大学生。对辖区内100名孕妇开展尿碘监测，采集尿液样本100份，尿碘中位数100.1微克/升。

【慢性非传染性疾病防治】 2016年，上城区医疗卫生机构慢性病监测信息化工作稳步推进。浙一医院、浙二医院和市一医院信息化工作逐步完善，报卡质量提高。全年全区肿瘤报告发病率522.89/10万人，急性冠心病事件报告发病率67.80人/10万人，脑卒中报告发病率367.42人/10万人，糖尿病报告发病率316.42人/10万人。粗出生率8.03‰，粗死亡率7.50‰，自然增长率0.53‰。全区发现并建档高血压患者42867人，高血压发现率12.6%，高血压患者规范管理人数26673人，规范管理率64.3%；糖尿病发现率3.4%，糖尿病患者规范管理人数7158人，规范管理率64.2%。小营街道长明寺巷社区、清波街道定安路社区、望江街道大通桥社区、南星街道玉皇山社区、紫阳街道新工社区开展社区慢性病患者自我管理试点工作。

【第五次居民死亡、慢性病漏报及成人行为危险因素调查】 2016年12月，上城区开展第五次居民死亡、慢性病漏报及成人行为危险因素调查。该调查3年开展一次。调查覆盖上城区5个街道的10个监测调查点,分别为小营巷社区、大学路社区、新工社区、彩霞岭社区、劳动路社区、清波门社区、兴隆社区、在水一方社区、馒头山社区、紫花埠社区,完成成人危险因素调查250余份,居民死亡、慢性病漏报调查家庭360余户、成员9220人。

【健康危害因素监测】 2016年,上城区未报告尘肺病及职业病病例;报告农药中毒病例两例;报告开展有毒有害作业工人健康监护的企业17个,体检944人,未检出疑似职业病病人,检出禁忌症6人。完成64人次的放射工作人员个人剂量计换发。开展消毒质量监测,抽查医疗卫生机构3个,采集样品40件,合格35件,合格率87.5%;抽查托幼机构5个,采集样品51件,合格率100%。完成5处公共场所集中空调通风系统卫生监测。开展集中式供水卫生监测,检测管网末梢水样本120件,合格率95.0%;居民水箱自来水检测样品40件,合格率78.0%。

【食物中毒事件管理及食品风险监测】 2016年,上城区网络报告食源性疾病事件两起。全区食品风险监测样品232份,其中化学污染物和有害因素监测117份、食品微生物及其致病因子监测115份,基本摸清辖区食品污染物及有害因素的污染情况。开展省级食源性疾病监测试点,收集上报患者信息533份,采集样本493件,检测出阳性样本51件,阳性率11.0%。

【登革热疫情应急处置联合演练】 为做好G20杭州峰会应急保障工作,规范输入性传染病疫情处置,提升专业人员的现场应急处置能力及跨区域协调合作能力,2016年5月7日,由江干区、拱墅区、上城区卫计局主办,各区疾控中心承办的登革热疫情应急处置联合演练在拱墅区公共卫生中心举行。上城区27名专业队员参加演练。

卫生监督

【概况】 2016年,区卫计局夯实监管基础,创新监管理念,提升监管职能,努力构建"互联网+卫生计生监督"新格局,推进卫生计生监督信息化水平再上新台阶。全年核准发放卫生许可证单位240个,其中公共场所224个、放射卫生单位16个;医师执业注册及变更912人次,护士执业注册及变更590人次,医师多点执业141人次,医师自由执业311人次;母婴保健专项技术服务机构许可5件,母婴保健技术考核合格证核发401件;放射诊疗建设项目职业病防护设施预评价8个,竣工验收13个,放射机构校验29个,建设项目卫生审查6个,按时办结率、群众满意率均100%。全面履行卫生监督执法职责,依法查处各类卫生违法案件。全年完成行政处罚案件80件(一般程序65件、当场处罚15件),罚没款12.02万元,无提起行政复议或行政诉讼案件。受理投诉举报33件,其中公共场所投诉(包括控烟投诉)17件、医疗机构(包括非法行医)投诉16件,杭州峰会各类投诉及时回复,满意率100%。

2016年5月26日,上城区疾控中心工作人员进行空调水检测

(区卫计局　供稿)

【峰会重点场所监督保障】 上城区涉及G20杭州峰会保障单位11个。在推进公共场所卫生监督量化分级管理,提高监督检查和监督监测覆盖面的同时,重点加大对保障单位监督检查,摸清重点场所基本情况,通过

预防性评估、监督检查、监督检测、评估验收等方式，对重点和备用保障单位实现全面监管，对重点场所周边进行相关排查。峰会前，出动监督员3224人次，检查公共场所826个次，采样2808件；检查各类医疗机构（包括省、市医院和民营医院）108个次，检查开设病原微生物实验室的医疗机构51个次，采样244件。

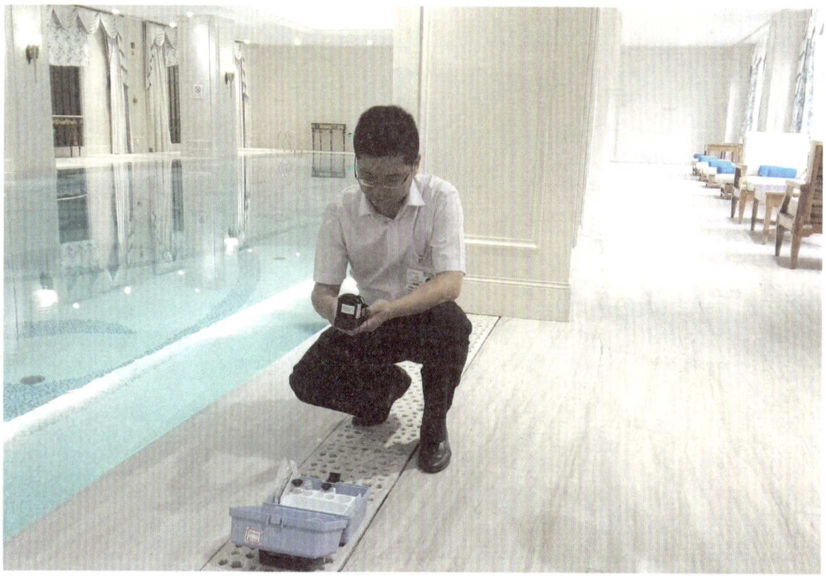

2016年9月3日，区卫计监督所监督员检测尊蓝钱江酒店游泳池水质

（区卫计局　供稿）

【互联网消毒供应在线追溯系统开发应用】　2016年5月，区卫计监督所联合杭州口腔医院开发的消毒供应中心在线追溯系统建成使用。该系统通过平台将医疗器械消毒供应过程中的每一个环节纳入监管，并通过大数据分析进行预警。患者可通过手机扫描二维码，查看医院使用的器械是否消毒合格等信息；医务人员可通过手机扫描二维码了解消毒包的来源及其消毒供应全过程，从而实现全民监督，从源头切断医院感染的可能性。

【公共场所控烟】　2016年3月1日，区爱卫办联合区卫计监督所开展“大手牵小手”控烟宣传活动，监督员带领10余名小学生控烟志愿者，到凯悦酒店和网渔网咖进行控烟检查和宣传。5月31日，在海上明珠国际影城开展“世界无烟日”宣传活动。对辖区内部分教育机构、商场超市、餐馆饭店、星级宾馆、文化娱乐场所、社会窗口单位等公共场所控烟情况进行抽查，对辖区内省市机关、事业单位控烟情况进行普查，累计检查单位92个次，行政处罚27个，其中行政处罚事业单位1个，罚款3.18万元。

【校园卫生安全健康行动】　2016年，上城区围绕传染病防控、饮用水卫生、教学与生活环境卫生监测等重点内容，严格制订学校卫生重点监督计划，完善卫生监督协管机制，加强学校卫生监督管理。区卫计局按照《国家学校体育卫生条件基本标准（试行）》，对9所学校教学环境、生活设施进行监督监测，对2所学校教室的灯光问题提出整改意见，对14所学校的直饮水进行检测，检测结果均符合卫生标准。区卫计监督所联合区疾控中心对4所学校及周边经营单位进行检查，完成8所杭州市健康促进学校的评审。按照省卫生计生委要求，开展学校传染病专项监督检查，检查41所中小学传染病防治情况，监督覆盖率100%。

【加强医疗市场监管】　2016年，区卫计局开展预防接种门诊、健康卫士“一号行动”母婴保健技术服务机构、病原微生物实验室、非法医疗美容机构等专项检查。其中检查母婴保健技术服务机构19个，监督覆盖率100%；检查非法医疗美容机构11个，未发现非法医疗美容行为和非法医疗美容信息。全年受理群众医疗机构投诉举报8起，处理8起，立案查处4起，取缔4处非法行医窝点，出动监督员350人次，检查各类医院（包括省、市级医院和民营医院）199个次，医院采样近1000件，群众满意率100%。

【职业病健康防护和放射卫生监督】　2016年，上城区有开展X射线影像诊断的医疗机构44个，其中省级5个、市级4个、区级及民营35个。影像诊断的医疗机构中，开展放射治疗、核医学诊断4个，介入放射学工作7个。区卫计局对上城区所有放射诊疗机构开展两次监督检查，覆盖率100%；组织医疗机构放射源使用情况专项调查4次，抽查3个省级放射

2016年5月18日，上城区参加省、市联合开展的"依法执业促规范，严查严纠护峰会"专项行动启动仪式暨卫生监督医疗机构生物安全应急处置联合演练　　　　（区卫计局　供稿）

诊疗单位的职业病防治法等法律法规落实情况。完成2013~2015年放射诊疗机构情况、监督检查情况统计，以及区职业病防治情况分析报告和《职业健康检查报告书》抽查。在职业病防治法宣传周期间，区卫计局联合区安全监管局组织工业园区企业员工职业卫生知识培训，在城站火车站一楼大厅设置职业病防治咨询台，累计发放职业病防治知识宣传手册、宣传单、宣传画400余份，现场接受职业病预防知识咨询100余人次。

【传染病防控及消毒产品管理】 2016年5月23~27日，区卫计局参加省、市联合开展的"依法执业促规范，严查严纠护峰会"专项督查，对辖区内8个省、市级医院的医疗卫生、传染病管理、放射卫生、爱国卫生等工作和7个开展预防接种门诊的医疗机构进行全面监督检查。开展辖区病原微生物实验室监督检查，检查17个医疗机构38个病原微生物实验室，并全部备案。开展辖区医疗废弃物处置、临床用血等专项检查。5月，区卫计局会同区审计局对辖区医院医疗废弃物处置工作进行检查。先后对3个商场、药房的20类妇女用品、消毒产品采样120件，对4个社区卫生服务中心和4个医院的物表、器械、污水采样48件，对商场、饭店的10类儿童消毒产品及纸质餐具商品采样68件。

【队伍业务能力提升】 2016年，区卫计局充分发挥卫生协管员、卫生管理员作用，结合卫生管理员手机App推广工作，举办住宿场所管理员卫生知识培训。联合区教育局开展辖区中小学卫生知识培训。全年举办各类专业培训5次，参训协管员、管理员322人次。结合阶段性工作，采取"走出去、请进来"的方式，努力提高监督人员业务技能和水平，积极参加国家卫生监督平台业务学习和省、市各项业务培训及演练，在G20杭州峰会传染病防控和生物安全应急演练比武中，上城区代表队以过硬的业务水平，取得个人前三名、团体第一名的好成绩。

卫生科研

【概况】 2016年，上城区卫计局加强医学科研工作，全年向市卫计委申报科研立项2项，结题1项。举办各类培训班、学术活动11场。加强重点学科建设。全年区属医疗卫生机构发表论文57篇，其中SCI发表1篇、一级期刊3篇、二级期刊33篇、三级期刊20篇。

【继续教育与培训】 2016年，上城区各社区卫生服务中心参加新模式全科医师培训5人，培训率100%；取得合格证2人。参加社区护士岗位培训18人，培训率94.1%；取得合格证12人。参加城乡公共卫生培训、基层复合型公共卫生骨干培训各1人。打造居家医疗优秀责任医师团队，参加杭州市基层卫技人员急诊急救能力再提升培训58人次。

【上城区与浙二医院启动第二轮战略合作】 2016年，上城区与浙二医院启动第二轮战略合作，采取进修、专题培训、专家下基层三种形式，进一步提高基层医务人员技术水平。选派全科医师、社区护士、医技人员到浙二医院接受传帮带。先后有18名全科医师、6名眼科医师、40名社区护士、10名医技人员到浙二医院进修。邀请浙二医院专家就常见病CT和磁共振影像评价、甲状腺疾病的诊断和治疗、肿瘤化疗药物的选择及注意事项、慢阻肺疾病的预防与治疗4个专题进行授课,223人次参加听讲。

妇幼保健

【概况】 2016年,上城区辖区产科医院活产数35820人,户籍产妇2854人,户籍活产数2897人,无孕产妇死亡。实施免费婚前医学检查和免费孕前优生健康检查4152人,体检率89.1%;妇女病普查90533人,普查率81.9%,妇女常见病患病率52.6%。孕产妇系统管理率95.7%,全年产前筛查孕妇3683人,筛查率87.7%;新生儿生长发育有缺陷的37例,其中26例于孕28周前终止妊娠,出生缺陷率3.79‰。为全区19342名0~6岁儿童提供保健服务,7岁以下儿童健康管理率99.2%,3岁以下儿童系统管理率94.7%。新生儿疾病筛查(包括听力筛查)2895人,筛查率99.9%。5岁以下儿童死亡率1.38‰,婴儿死亡率1.04‰。全年完成9304名集居儿童健康体检营养评价与汇总;完成辖区入园儿童体检3277人,儿童入园体检率100%。对辖区37个托幼机构进行消毒质量监测检查,监测率100%,合格率99.7%。区(县)级水平高危筛查率99.4%,剖宫产率38.7%。"出生医学证明"当年发证率96.6%,废证率1.5‰。

【妇幼保健服务完善】 2016年,上城区严格落实孕产妇和0~6岁儿童保健免费服务项目,积极应对"二胎政策"开放后引起的生育高峰。组建上城区妇幼保健计划生育服务中心,"婚检—婚登—优生优育咨询"一站式服务模式更加完善。实施"艾滋病、梅毒、乙肝母婴阻断" 项目,加强阳性病例的母婴跟踪随访、保健服务和病毒阻断治疗,儿童经母婴传播感染艾滋病感染率小于5%,先天梅毒婴儿发生率小于30人/10万人。完善高危孕产妇管理模式,加强产科医院高危孕产妇信息报告,保持高危孕产妇救治渠道通畅,上城区连续第16年无孕产妇死亡。做好孕产妇营养性疾病监测和管理,减少孕期并发症。落实妇幼卫生监测项目"孕产妇死亡、儿童死亡、出生缺陷、围产儿死亡、医院危重孕产妇监测",开展"不宜妊娠育龄妇女监测",加强跟踪随访。贯彻落实《杭州市高危儿营养性疾病管理方案》,加强婴幼儿营养改善情况监测,让患儿得到完善的疾病诊治、身体康复服务。开展儿童意外伤害监测,有效降低儿童意外伤害死亡率;加强对0~3岁儿童疑似残疾和先天缺陷监测,让残疾儿童及早接受康复治疗和康复训练,并享受政府有关政策优惠。

精神心理卫生

【严重精神障碍患者管理】 2016年,上城区按照《重性精神疾病管理治疗工作规范》和《国家基本公共卫生服务规范重性精神疾病患者管理规范》要求,加强严重精神障碍患者管理。全年全区在册精神病人1815人,其中严重精神障碍患者1712人,检出率5.0‰。严重精神障碍规范管理患者人数1623人,规范管理率95%。

【精神心理卫生知识普及】 2016年,上城区通过不定期举办大型咨询服务、心理卫生知识进社区活动,将《中华人民共和国精神卫生法》和精神卫生知识作为宣传培训重点内容,以新媒体宣传、专题讲座、广场宣传、免费发放专题资料等形式,开展精神卫生知识普及宣传,提高广大群众对精神卫生知识的知晓度,全区精神卫生知识知晓率85%。区精神卫生工作领导小组办公室(简称区精卫办)每季度举办一次严重精神障碍患者家属亲友会,讲解家属护理中的要领。

【精神卫生综合服务管理工作机制完善】 2016年5月18日,上城区召开全区精神卫生工作会议,布置精神卫生综合服务管理工作。5月,上城区制定印发《上城区人民政府关于进一步加强精神卫生综合管理工作的实施意见》《上城区G20峰会期间严重精神障碍患者综合管理方案》等文件,进一步强化由政府组织领导、各部门齐抓共管、社会组织广泛参与、家庭和单位尽力尽责的精神卫生综合服务管理工作机制。

【联防联控保障峰会】 2016年G20杭州峰会期间,上城区加强联合排查,排查出疑似精神障碍患者104

人，区卫计局及时组织专家进行诊断复核，诊断复核率100%，其中录入信息管理系统并纳入社区管理73人。根据是否符合住院标准、是否愿意纳入社区管理和监护责任是否能到位等情况，对辖区精神障碍患者实施分类精准管理。5月，区精卫办对《上城区严重精神障碍患者肇事肇祸应急处置预案》进行修改完善，并拍摄肇事肇祸精神障碍患者应急处置视频，进一步理清应急处置流程，明确各部门职责。8月，组织辖区6个街道分别开展肇事肇祸精神障碍患者应急处置演练，进一步提高全区内部联动、快速反应、整体协调、配合处置突发事件的能力。峰会期间，开展严重精神障碍患者的拦截分流处置工作，应急处置34人次，其中安保圈卡点拦截分流22人，送入医院治疗18人。

【“精神卫生手牵手”专项行动】 2016年3月，区卫计局牵头，联合区公安分局、区民政局、区残联及各街道共同开展为期半年的“健康快乐迎峰会，精神卫生手牵手”专项行动，按照统筹安排、初次随访、落实管理、全面管控、密切联系5个阶段的要求分步实施，700余名干部职工对辖区54个社区的在册患者逐一走访，保证精神障碍患者慰问到位、对接到位、管理到位。

爱国卫生与健康城区建设

【概况】 2016年，上城区爱卫办贯彻“政府组织、地方负责、部门协调、群众参与、科学治理、社会监督、分类指导”的爱国卫生工作方针，贯彻落实《浙江省爱国卫生促进条例》，以G20杭州峰会举办为契机，推进除“四害”(老鼠、苍蝇、蚊子、蟑螂)新型技防设施建设试点，开展卫生创建、全民健身活动和环境卫生整洁行动，全面提升健康城区细胞工程建设水平和辖区居民健康品质。

【春季爱国卫生专题现场咨询活动】 2016年3月3日，在小营巷社区开展以“清洁家园除‘四害’、安全健康保峰会”为主题的浙江省春季爱国卫生专题宣传咨询活动。国家中医药管理局医政司副司长陆建伟，省爱卫会副主任、省卫生计生委主任杨敬，省卫生计生委巡视员、省爱卫办主任叶真，市政府副秘书长杨建华、副区长马彦等出席活动。活动由全国爱卫办组织发起，全国7个省(区)同步举行。浙江省专题咨询活动由省、市、区三级爱卫办联合开展，活动选址在毛主席到过的小营巷社区，旨在强化爱国卫生理念宣传，全面保障G20杭州峰会。

【开展春秋季灭鼠活动】 2016年3月和10月，上城区分别召开春秋季灭鼠工作会议，动员各街道、部门开展灭鼠活动。活动期间，通过黑板报、电子显示屏等宣传媒介，张贴灭鼠通知1万余份，发放宣传海报2000余份，动员辖区居民做好家庭防鼠灭鼠。春秋两季灭鼠累计投入200余人次，历时两个月，清理鼠迹300余处，有效控制辖区鼠类密度。

【爱国卫生百日大行动】 2016年4~7月，上城区开展爱国卫生百日大行动，动员机关、学校、企事业单位干部职工，清除房前屋后、地下车库、居民楼道内废弃堆积物，馒头山、思鑫坊、始版桥直街、大马弄、西湖大道、城站广场等区域环境得到明显提升。大行动期间，开展内外环境集中消杀315次、环境卫生整治736次，清理“四害”孳生地1071处，累计参与8000余人次。

【环境美化百日行动】 2016年5月26日，区卫计局联合区文明办，在全区开展“文明整洁，从小营巷出发”为主题的环境美化百日行动，组织1000余户家庭参加“最美阳台”和“最美楼面”评比，新增地面晾晒设施120余处、阳台绿色植物3000余盆，发放文明晾晒宣传册1.52万份，制作悬挂手工饰品1.5万件，使街巷成为具有上城韵味的“空中美丽长廊”。

【“市民路长”行动】 2016年7月7日，区卫计局联合区文明办，开展打造国内最清洁城区——认领“市民路长”行动。来自辖区企业、沿街商铺、中小学、社区等各个层面的100余名志愿者代表在小营巷认领路段22条，履行起“市民路长”的职责，为保障G20杭州峰会营造良好氛围。

【病媒防制保障】 2016年，区卫计局联合有关部门做好峰会期间辖区内外环境和涉会场馆的病媒生物防制保障工作。4~5月，分别联合区教育局、区商务局、区风景旅游局等部门，分行业实施病媒生物防制精细化培训。6月14日，组织开展病媒生物防制暨传染病疫情应急处置演练，模拟峰会期间局部病媒生物传染疾病流行，提升队伍的物资储备、应急出动和专业消杀能力。在全市峰会病媒生物防制应急保障演练中，上城区获全市团体第一名，上城区疾控中心陈浩获个人技术方案撰写第一名。7~8月，联合区卫计监督所、区风景旅游局、区市场监管局等部门，开展宾馆、酒店、建筑工地等重点场所除“四害”执法检查。至峰会结束，完成辖区6个街道13个重点涉会场馆(宾馆、医院)、14家农贸市场、27家建筑工地病媒防制督查全覆盖。全区下发问题抄告单377份，整改卫生死角557处，督查各类住宿场所、美容美发、游泳场所、网吧、电影院等600余个次，督查中发现的问题均落实整改，顺利完成峰会病媒生物防制保障工作。

2016年6月14日，上城区开展G20杭州峰会病媒生物防制暨传染病疫情应急处置演练 （区卫计局 供稿）

【推进健康细胞工程建设】 2016年，上城区多措并举推进健康细胞工程建设。先后创建市级卫生先进单位2个、市无烟单位7个，对22个省级卫生先进单位、142个市级卫生先进单位、41个市级卫生先进社区进行复查确认。上城区疾控中心、杭州口腔医院积极筹备WHO健康单位创建工作；杭州市肿瘤医院和杭州口腔医院通过浙江省健康促进医院考核验收，杭州市肿瘤医院作为健康促进医院示范单位在全省有关会议上介绍经验。

【省内外健康城市建设工作交流】 2016年，小营巷社区作为上城区健康社区的代表，相继迎接国家卫生计生委副主任王国强，省委常委、市委书记赵一德等领导考察调研和广州市、泰安市等省外健康城市考察团学习考察。11月6日，小营巷社区接受全国38个试点健康城市政府主要领导参观考察，小营形象的塑造为杭州健康城市建设起到宣传和展示作用。

中医药工作

【概况】 2016年，区卫计局推进全国基层中医药工作先进单位创建成果巩固工作。在6个社区卫生服务中心和35个社区卫生服务站设置中医科，其中6个社区卫生服务中心建立名中医馆、特色中医专科各1个、名中医1名。加强各社区卫生服务中心的中医药特色建设，推广和使用中医适宜技术。全区各社区卫生服务中心有注册中医执业医师146人，占执业医师总数的33.9%。全年中医门诊治疗62.82万人次。开展中医体质辨识理论和应用方法培训，65岁以上老年人中医体质辨识率在40%以上。结合居家医疗服务，开展面向社区居民的中医药科普知识宣传，发挥中医“治未病”优势，构建网络健全、配置合理、功能完善、保障有力、运行科学、监管规范的具有中医药特色的社区卫生服务体系。发展民营中医机构，进一步打造“五柳巷·中医药文化传承与创新产业园”，解决群众“看名中医难”问题。

【上城区通过“全国基层中医药工作先进单位”复评】 2016年6月29日，全国基层中医药工作先进单位复审专家组对上城区“全国基层中医药工作先进单位”进行复评。区长陈瑾在复评汇报会上致欢迎词并介绍上城区基本情况,副区长马彦做情况汇报。省中医药管理局局长徐伟伟、市卫计委副主任孙雍容出席会议。按照复核评审细则规定,复核评审组先后到南星街道、紫阳街道的社区卫生服务中心和望江街道近江东园社区卫生服务站、小营街道长鸣寺巷社区卫生服务站,实地查看医疗环境、档案卷宗、患者病历、中医药文化建设、医院中医药管理等情况,并进行访谈和群众满意度调查,通过多种方式,进行全面、客观、细致的复核评估。经复核,上城区以高分通过"全国基层中医药工作先进单位"复评。

【中医药适宜技术推广】 2016年,上城区加快发展中医药事业,加大对中医药工作扶持力度,努力为居民提供"简、便、廉、验"的中医药服务。以南星街道社区卫生服务中心为中医药适宜技术培训基地,对社区医疗卫生人员进行中医药适宜技术培训,组织"西学中"、中医基本知识及技术操作考核,有54名社区医生、护士取得"杭州市中医药适宜技术推广项目合格证"。全区实施中医药适宜技术21项,各社区卫生服务中心开展中医药适宜技术13项,实现基层中医药服务能力提升工程中"社区卫生服务中心使用6项以上中医药适宜技术"的要求。全年全区参加中医药适宜技术业务学习825人次。

【中医中药特色街区打造】 2016年,上城区进一步推动河坊街中医药医疗保健产业发展,深化省级中医药健康服务基地示范点建设,积极打造中医中药名品街。完善社区卫生服务中心名中医馆建设,鼓励胡庆余堂、方回春堂等中医龙头企业向教育、科研、贸易和文化全产业链模式迈进,实施"走出去"战略,向市外、境外输出中医药医疗保健服务。组织开展形式多样的中医药文化活动,宣传中医药"治未病"知识,弘扬大医精诚的核心价值。按照《杭州市上城区区域医疗机构设置规划(2015~2019)》,积极扶持"百年老店"发展。至年末,全区有民营中医门诊部34个、中医诊所17个,分别比上年增加4个。"五柳巷·建国南路中医一条街"引进三慎泰、傅同春、天禄堂、俞同春、德合堂5个百年中医老字号及4个中医诊所入驻。

居民保健

【概况】 2016年,上城区深入推进医养护一体化签约服务,全年居民转诊率、社区就诊率等指标均达到市级要求,签约居民满意度居全市前列。基本公共卫生服务项目稳步推进,老年人慢性病管理、孕产妇保健、儿童保健等各项指标均达到考核要求。全年医养护一体化签约9.27万人,转诊率控制在13.2%,社区就诊率达61.2%,全区建立家庭病床236张,居家医疗上门服务3.48万人次(不含收取诊疗费上门的人次)。推进功能社区建设,区卫计局与16个单位签订合作协议,根据疾病分类和合作单位需求,为干部职工提供健康管理信息推送、上门巡诊、健康教育讲座等服务。

【基本公共卫生服务项目推进】 2016年,上城区基本公共卫生服务项目扩大到12类、46项。全区累计建立健康档案33.03万份,建档率93.4%,健康档案合格率90.3%,动态使用率53.4%。新生儿访视2826人,访视率97.6%;0~6岁儿童健康管理1.92万人,儿童保健覆盖率98.9%。孕产妇保健早孕建册2827人,早孕建册率97.6%;孕产妇系统管理2794人,孕产妇系统管理率96.4%;产后访视产妇数2781人,产后访视率96.0%。老年人健康管理3.37万人,老年人健康管理率50.7%。管理高血压患者4.15万人,其中规范管理2.62万人,高血压患者规范管理率63.1%。管理糖尿病患者1.12万人,其中规范管理7107人,糖尿病患者规范管理率63.4%。登记在册的确诊重性精神疾病患者1726人,其中规范管理1593人,规范管理率92.3%。为65岁以上老年人提供中医药健康管理人数3.44万人,管理率51.9%;0~36月龄儿童接受中医药健康管理服务人数1.12万人,管理率88.1%。

(仲 玥)

综 述

【概况】 2016年，上城区体育工作以满足广大群众日益增长的健身需求为根本任务，探索建立“政府主导、部门协同、社会参与”的体育事业发展格局，提升全民健身服务体系建设水平。先后举办上城区第三届智力运动会、上城区楼宇运动会、杭州吴山运动休闲嘉年华等大型全民健身活动，以及篮球、乒乓球、游泳等9个大项成年部和田径、游泳、三大球等8个大项青少年部赛事，承办杭州市第十届健美健身锦标赛、杭州市第二届体育大会轮滑和救生等比赛、浙江省青少年击剑锦标赛、浙江省公民体质测试运动会等赛事。参加浙江省第二届女子体育节8个大项的比赛，获团体总分三等奖；参加杭州市第二届体育大会20个大项的比赛，团体总分和奖牌总数并列全市第一名；青少年部参加杭州市中小学生阳光体育田径比赛获小学组团体总分第一名。群众性体育活动深入推进，全年更新健身苑点12处。望江地区、南星街道、紫阳街道分别举办第四届全民运动会、“舞动健康，喜迎G20”健身大赛、“喜迎G20，全民总动员”第六届全民快乐向前冲水上趣味运动会等体育活动。

【南落马营体育文化公园揭牌】 2016年8月8日，上城区举行体育文化创意产业园——南落马营体育文化公园揭牌仪式。南落马营体育文化公园是由政府、民营企业和行业协会联手打造的体育产业品牌项目。园区体育产业服务平台占地面积3.1万平方米，设置体育传媒、体育影视、体育经纪、体育培训、全民健身场馆、体育品牌馆和体育俱乐部等功能区块，其中全民健身场馆所有体育项目均免费向市民开放。年内，杭州市体育产业研究智库中心、杭州师范大学体育与健康学院实训基地、杭州师范大学钱江学院实训基地、上城区青少年足球训练基地等单位入驻园区。

【游泳场所监管】 2016年，区体育局以实现游泳场所“零事故”为目标，加强辖区内游泳场所安全管理，确保游泳场所安全有序运营。6月14日，区体育局召开安全工作会议，对游泳场所安全工作提出明确要求。随后对辖区内22个游泳场所开展全面检查，重点检查社会性游泳场所的救生员持证上岗、救生设施设备配备、警示标志设置等情况。按照网格化管理要求，采用责任片区小组负责制的监管形式，加强对游泳场所夜间开放的管理，做到监管不留漏洞、执法无盲区，为市民提供健康、规范、安全的健身环境。

群众体育

【“红”运当头杭州迎新健步走(上城站)活动】 2016年1月1日，由市体育局主办，区体育局、区体育总会承办的“红”运当头杭州迎新健步走(上城站)活动在钱江新城望江公园举行出发仪式。上城区长跑协会和腰鼓协会会员与上城健身爱好者近500人举着队旗和G20杭州峰会宣传旗，从望江公园天桥出发，

2016年1月1日,"红"运当头杭州迎新健步走(上城站)活动在钱江新城望江公园举行出发仪式 (区文广新局 供稿)

成年桥牌4个项目。区属各单位、辖区单位和社会团体等25支代表队140余名棋牌爱好者参加。清波街道代表队获围棋和桥牌团体冠军,湖滨街道代表队获象棋团体冠军,紫阳街道和湖滨街道代表队分别获围棋成年组团体第二名、第三名,望江街道和紫阳街道代表队分别获象棋团体第二名、第三名,浙一医院和南星街道代表队分别获桥牌团体第二名、第三名,杭州市喜洋洋幼儿园获围棋幼儿组团体冠军,清荷幼儿园和杭州市崇文书院幼学园分别获围棋幼儿组团体第二名、第三名。

沿江堤健步走到市民林,全程5.2千米。通过健步走活动,展示上城市民的体育风采,在全区营造全民健身的浓厚氛围。

【幼儿体质监测】 2016年3月3日,区国民体质监测中心对上城区清荷幼儿园200余名幼儿进行体质监测。监测对象为3~6岁年龄段的幼儿,检测包括身高、体重、坐位体前屈、双脚连续跳、立定跳远、网球掷远、10米折返跑、走平衡木等项目,主要检测幼儿的柔韧性、平衡感、反应能力等情况。测试过程中,工作人员记录相关健康指标,数据录入全省国民体质监测数据库。通过对幼儿体质测试及相关健康指标统计分析,科学、综合评定个人体质状况,并以报告形式反馈给园长、老师及家长,帮助家长、学校有针对性地引导小朋友进行日常锻炼,发展运动技能。

【上城区第三届智力运动会】 2016年3月26~27日,上城区第三届智力运动会在杭州第二中学东河校区举行。运动会分成年组和幼儿组两个组别,设置成年围棋、象棋、幼儿围棋、

【承办市健美健身锦标赛】 2016年4月9日,杭州市第十届"乐健·正星"杯健美健身锦标赛在浙江胜利剧院举行。锦标赛由市体育总会主办,区体育局、区体育总会承办,区健美协会协办,设置男子健美60公斤、65公斤、70公斤、75公斤、80公斤、80公斤以上和男子元老组、男子全场冠军、女子健体、男子健体及健身比基尼等10余个级别的比赛。全市各健身俱乐部、大专院校及有关单位51支队伍320名选手参赛,杭州青年会健美训练中心的徐清获男子全场冠军。

2016年3月26~27日,上城区第三届智力运动会在杭州第二中学东河校区举行 (区文广新局 供稿)

【承办市第二届体育大会救生(蹼泳)赛】 2016年9月14日,由市体育局主办,区体育局承办的杭州市第二届体育大会救生(蹼泳)比赛在定安路游泳馆开赛。全市各区、县(市)及杭州经济技术开发区、杭州高新技术开发区、西湖风景名胜区和杭州大江东产业集聚区近50名运动员参加各个项目的比赛。经过角逐,上城区代表队以7枚金牌、总分107分夺得团体冠军。

【上城区乒乓球赛】 2016年9月24~25日,上城区乒乓球比赛在杭州市高银巷小学举行。区属各单位、辖区有关单位19支代表队115名选手参加比赛。经过多轮比拼,区教育局、浙江省河海测绘院、湖滨街道、杭州市第三人民医院分别获青年男子团体、青年女子团体、中年男子团体、中年女子团体第一名。

【杭州市第十一届桥牌联赛上城站比赛】 2016年10月29~30日,由市体育局、市体育总会主办,市桥牌协会、区体育局、区体育总会承办的杭州市第十一届桥牌联赛上城站比赛在北京师范大学附属杭州中学举行。全市各区、县(市)26支代表队150余人参加。经过角逐,上城区代表队获B组第四名。桥牌联赛为各个团队提供切磋牌技、增进友谊的良好平台。

【杭州·吴山运动休闲嘉年华】 2016年11月18~19日,杭州·吴山运动休闲嘉年华在杭州海华大酒店和吴山广场同时举行。嘉年华融体育赛事、休闲健身、表演互动、产品展示于一体。近700名步行爱好者以3000米的快乐健身走拉开此次活动序幕。嘉年华由区政府主办,以"运动、休闲、时尚"为主题,旨在打造可持续发展的健身与旅游相融合的品牌,搭建和培育适应健身消费需求的服务业平台,推动与群众生活水平相适应的体育消费及体育产业发展。活动互动性强、参与度高,市民游客在自拍、互拍、抢拍及各种体验中感受到运动的魅力和健康向上的体育精神。

【上城区第三届足球赛】 2016年11月29日至12月3日,上城区第三届足球比赛在杭州市清河实验学校举行。区属和辖区各单位的18支代表队参加44场比赛,杭州晶德食品有限公司代表队夺得冠军,中国太平洋人寿保险公司浙江分公司和国网杭州分公司代表队分别获第二名和第三名。足球赛由区体育局、区体育总会主办,旨在给足球爱好者搭建一展所长的平台,活跃上城区职工群众业余生活,推动全民健身运动和足球竞技水平的提高。

【社区文教干部定向越野赛】 2016年12月9日,上城区在玉皇山举办社区文教干部定向越野赛。比赛设标准距离个人赛和团队赛两个项目。各街道文体站站长、文体协管员和社区文教干部及各体育协会会员代表120余人报名参加。定向越野赛由区体育局主办,区社会体育指导中心承办,旨在提高社区文教干部的身体素质,增加团队凝聚力,营造热爱体育、崇尚运动、健康向上的氛围。

竞技体育

【参加市中小学生田径运动会】 2016年4月8日,杭州市中小学生阳光体育田径运动会在杭州市体育场落幕。上城代表队参赛的52名运动员获小学组团体总分第一名,取得14个第一、8个第二、4个第三的好成绩。其中:杭州勇进实验学校小学组的徐佳蕙、尤旭、王若丹在小学女子400米等6个项目比赛中夺得6枚金牌;杭州市崇文实验学校的刘冠佑、余佳翼和杭州市胜利小学的张盛在小学组男子200米等3个项目比赛中获冠军;杭州市建兰中学的李珏、杭州市清泰实验学校的曾兴隆在中学女子跳远等3个项目比赛中夺得冠军。

【上城区小学生篮球和排球赛】 2016年4月16~19日,上城区举办小学生篮球、排球比赛。比赛分别在北京师范大学附属杭州中学(男排、女排)、杭州师范大学第一附属小学(男篮)、杭州市胜利实验学校(女篮)举行,全区36支代表队400余名运动员参与竞技。杭州市时代小学、杭州市胜利实验学校、杭州师范大学第一附属小学和杭州市回族穆兴小学分别夺得男子篮球、女子篮球、男子排球和女子排球第一名,杭州天长小学和杭州市时代小学分别获男子篮球和女子篮球第二名,杭州市崇文实验学校和杭州天长小学分别获男子排球和女子排球第二名,杭州市崇文实验学校和杭州市抚宁巷小学分别获男子、女子篮球第三名和男子、女子排球第三名。

【杭州市中小学生阳光体育网球与短式网球锦标赛在上城举行】 2016 年 4 月 23~24 日,杭州市中小学生阳光体育网球与短式网球锦标赛在上城区定安路体育中心繁胜网球俱乐部举行。比赛设网球与短式网球两个大项。其中:网球比赛分甲、乙、丙三组,下设男女单打、男女双打等 12 个项目;短式网球比赛分男女单打两个项目。各区、县(市)代表队近 160 人参加比赛。经过角逐,西湖区代表队、余杭区代表队夺得网球、短式网球团体总分第一名。

【上城区中小学生游泳联赛】 2016 年 5 月 8 日,上城区中小学生游泳联赛在上城区娃哈哈小学游泳馆举行,辖区内各中小学 26 支代表队近 500 名游泳健将参加。经过比拼,上城区娃哈哈小学和杭州市建兰中学分别以 511 分和 94 分的成绩,夺得小学组和初中组团体总分第一名, 杭州师范大学第一附属小学和杭州天长小学分别获小学组团体总分第二名、第三名, 杭州第十中学和北京师范大学附属杭州中学分别获中学组团体总分第二名、第三名。

【上城区第五届轮滑锦标赛暨俱乐部邀请赛】 2016 年 5 月 14~15 日,上城区第五届轮滑锦标赛暨俱乐部邀请赛在区溜冰场举行。全区各中小学、幼儿园和有关轮滑俱乐部的 53 支代表队 430 余名选手参加。经过角逐,杭州第十中学、杭州市勇进实验学校、杭州市胜利金都幼儿园分别夺得中学组、小学组和幼儿组团体总分第一名;杭州市建兰中学、杭州市清泰实验学校分别获中学组团体总分第二名、第三名;上城区娃哈哈小学、杭州市时代小学分别获小学组团体总分第二名、第三名;杭州市天艺幼儿园、杭州市胜利瑞丰幼儿园分别获幼儿组团体总分第二名、第三名。

【杭州市第二届体育大会轮滑赛在上城举行】 2016 年 5 月 22 日,由市体育局主办,区体育局、区体育总会承办的杭州市第二届体育大会轮滑赛在上城区溜冰场举行。比赛分成年组、青少年组、少儿组速滑和自由式组 4 个组别, 设 300 米、500 米、1000 米计时赛和 1 万米积分淘汰赛及速度绕桩、花式绕桩等项目。全市各区(包括杭州经济技术开发区)、县 9 支代表队 70 余名选手展开角逐,上城区代表队以 200 分的成绩位居团体总分榜首。

2016 年 10 月 15~16 日,上城区举行第五十五届中小学生田径运动会。图为女子田径比赛现场 (区文广新局 供稿)

【上城区第五十五届中小学生田径运动会】 2016 年 10 月 15~16 日,上城区举行第五十五届中小学生田径运动会。运动会由区教育局和区体育局主办, 分小学组和中学组两个组别,设有 15 个大项,64 个小项,全区中小学 31 支代表队 589 名选手参加比拼。经过角逐,杭州市建兰中学蔡晨宇打破初中女子 1500 米、800 米区田径纪录,李珏打破初中女子跳远赛区记录。杭州市建兰中学获中学组团体总分第一名,杭州市清泰实验学校和杭州市开元中学分别获中学组团体总分第二名、第三名;杭州勇进实验学校获小学组团体总分第一名，杭州师范大学第一附属小学和杭州市胜利实验学校分别获小学组团体总分第二名、第三名。

【上城区中学生篮球、排球比赛和校园足球联赛】 2016年7月6~8日，区教育局、区体育局举行上城区中学生篮球、排球比赛和校园足球联赛。27支代表队近300名运动员参加。杭州市建兰中学和杭州第六中学分别夺得男子篮球和女子篮球第一名，北京师范大学附属杭州中学和杭州市建兰中学分别夺得男子排球和女子排球第一名，杭州市建兰中学和杭州市清泰实验学校分别夺得男子足球和女子足球第一名；北京师范大学附属杭州中学和杭州市建兰中学分别获男子篮球和女子篮球第二名，杭州市建兰中学和杭州第十中学分别获男子排球和女子排球第二名，杭州市清河实验学校获男子足球和女子足球第二名；杭州新世纪外国语学校和杭州市清泰实验学校分别获男子篮球和女子篮球第三名，杭州市清泰实验学校和北京师范大学附属杭州中学分别获男子排球和女子排球第三名，杭州市清泰实验学校和杭州市勇进实验学校分别获男子足球和女子足球第三名。

（张雪梅）

南宋遗址陈列馆

社会·生活
Society and Livelihood

民政专项事务管理

【婚姻登记服务】 2016年，上城区婚姻登记工作突出主动服务、人性化服务，进一步优化服务功能，全年办理内地居民结婚登记3229对，比上年(指2015年，下同)下降14.6%。办理内地居民离婚登记1110对，上升6.9%。补办婚姻登记证1394本，出具无婚姻登记记录证明22份，婚姻登记合格率100%，接待婚姻问题来电来访咨询1.53万人次。

【婚姻家庭辅导】 2016年，上城区民政局与拱墅区有晴天婚姻家庭指导中心续签婚姻家庭辅导工作协议。该中心以政府购买服务形式承接上城区婚姻家庭辅导工作，无偿为当事人提供婚前辅导、婚姻家庭与心理咨询、法律咨询、离婚劝导和调解等婚姻家庭辅导服务。全年为婚姻当事人提供婚姻家庭辅导服务320件，其中婚前辅导21件、离婚调解及劝导290件、婚姻家庭咨询和法律咨询9件。经劝导，有170对夫妻选择和好或暂缓离婚，劝导成功率58.6%。辅导对象对婚姻家庭辅导员的服务满意度100%，全区非理性离婚的比例有所降低。

【殡葬管理】 2016年，上城区完善死亡人员月报制度。全年死亡1932人，其中清波街道178人、湖滨街道271人、小营街道462人、望江街道424人、紫阳街道368人、南星街道229人。为居民提供惠民殡葬政策中生态葬法相关解释，加大生态殡葬工作推广力度。开展殡葬管理服务专项整治和生态公墓督查。加强清明节期间祭扫管理，清明祭扫活动文明有序。

【地名管理】 2016年，上城区受理道路名命名申报1条、住宅小区名更名1处、桥梁名命名2处。审批编排门号174户、1460处，制作发放门牌证3050本(含使用证)，更新补缺门牌195块，接收地名咨询电话791个，开具情况证明52份，处理政协提案1件、信访9件。完成G20杭州峰会56条道路8003块门牌整治。普查各类地名1116条、历史地名18条、地名标志922条，拍摄多媒体照片3000余张，多媒体挂接率100%。开展地名文化遗产保护名录编制工作，经过筛选和地名专家组评审，确定上城区第一批地名文化遗产名录54处。

社区建设与社会组织管理

【创建“全国第三批社区治理和服务创新实验区”】 2016年，上城区积极创建“全国第三批社区治理和服务创新实验区”。制订出台实施方案，坚持问题导向，以建立和完善基层社会治理体系为主攻方向，以推进多元协商共治为核心内容，从解决社区的薄弱环节和突出问题入手，开展创建工作。通过优化“三社联动”体制机制、构建“三社联动”社区协商体系、创新社区服务方式、厘清社区各相关主体之间的职能边界、完善社区功能定位、培育社区社会组织和发展专业社会工作，营造社区多元主体“共建、共治、共享”的社区复合治理新生态。

【社区服务机制改革深化】 2016年，上城区按照做强做大社区党组织、做优做实社区居委会、做精做深社区公共服务工作站的社区改革思路，完善“三位一体”的社区管理模式，通过制订责任清单，界定社区党委、居委会、居务监督委员会、公共服务站、社区社会组织、社会工作者的相互关系和功能作用。优化社区公共服务站设置，促使社区居委会归位，强化居民协商自治。在社区公共服务站孕育综合服务、公共事务、社会工作三大功能，并将专业化、精细化、个性化服务以岗位购买或项目运作等方式交由社区社会组织承接。深化社区协商和居民自治，健全由居委会和居务监督委员会牵头的具有居民议事、决策、执行和监督等功能的自治平台。制定居民自治公约，完善以小区、楼宇和院落为单元的居民自治网格结构，引导居民全程参与社区公共事务。打造区、街道、社区三级联动的“三社”发展平台，在经费投入、场地设施、岗位设置上给予保障，加快政府职能转移，推动社区减负增能。鼓励持证社区工作者创办社区社会工作室，开展专业社会工作服务。

【《2016年度上城区和谐(满意)社区评价办法》出台】 2016年6月30日，上城区出台《2016年度上城区和谐(满意)社区评价办法》。该评价办法坚持以居民满意为导向，注重社区居民自我管理和服务，通过居民满意度调查、居民自治成效评定、社区社会组织参与社区治理评估、社区公共服务绩效考核，并结合民情民意采集与反馈情况测查，对和谐社区建设成效进行综合评价。根据评价办法，上城区评出和谐社区建设示范社区12个、居民满意社区进步奖10个、社区治理“十佳金点子”奖10个、社会工作十佳案例10个、社会工作优秀案例7个、最美社区工作者10人、优秀社区工作者20人。

【国际化社区建设】 2016年，上城区在总结国际化社区建设试点经验的基础上，通过软硬件环境的改善，加快基础设施建设，加强功能规划、资金投入等工作，完善服务管理手段，增强外籍人士在居住、语言、文化等方面的融入感。12月30日，紫阳街道春江社区被确定为首批杭州市国际化社区示范点。

【综合防灾减灾能力提升】 2016年，上城区以“减少灾害风险，建设安全城市”为主题，深入开展防灾减灾系列活动，深化综合减灾示范社区创建工作。湖滨街道吴山路社区被省民政厅命名为全省综合减灾示范社区。至年末，全区有全国综合减灾示范社区9个、全省综合减灾示范社区两个。

【专职社工管理】 2016年4月，上城区采取座谈汇报、查阅文件、随机访谈等方式，对各街道落实社工人才队伍建设方面相关规定，包括专职社工人员流动、专业能力提升、社区经费预算等情况进行检查。6月5日，制定出台《上城区专职社区工作者作风效能问责管理办法》，加强全区专职社工的日常监督管理。全年全区有55人通过考试，取得社会工作师资格。全区拥有社会工作职业资格证书的社区工作者435人，社区工作者持证率54%。

【专职社工培养】 2016年11月7日，上城区组织“社区工作领军人才晋级路演”活动，启动社区工作领军人才第二阶段学习培养计划。该计划确定“基层治理中的三社联动”“居委会、业委会和物业公司三方关系”“社区社会工作室的功能定位与标准化研究”“城镇社区居家养老服务能力提升”四大研究课

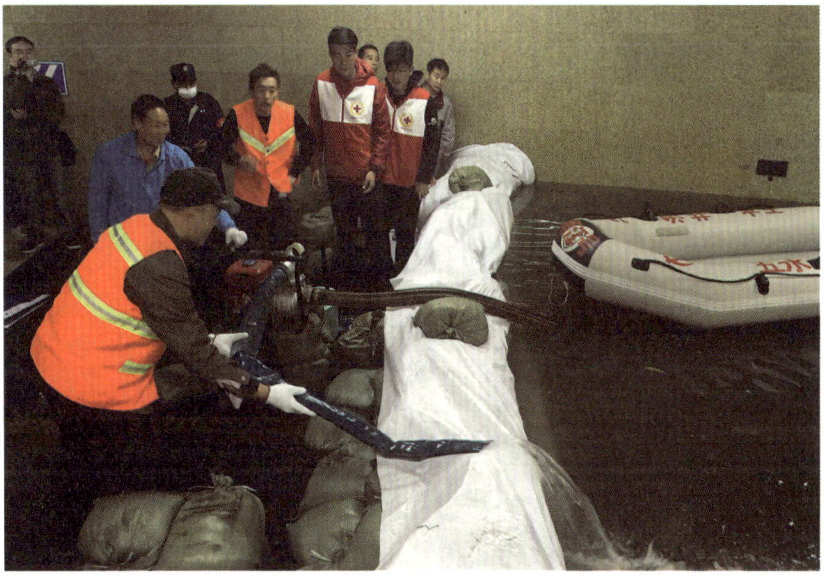

2016年5月12日，紫阳街道在小区地下车库进行应急排水抢险演练

（区民政局　供稿）

题,并组建导师团队。4~9 月,区民政局组织街道分管领导及社区干部 100 余人,分别到上海、广州、深圳、福州、厦门、德清等地,开展城乡社区建设对口见学活动,学习当地在社区治理、社会组织培育和社会工作发展方面的先进经验。全年选派社区干部参加省、市举办的各类培训 40 余次,参训 800 余人次。

【社会工作协会活动】 2016 年,上城区社会工作协会以"迎接 G20 峰会,上城社工在行动"为主题,策划开展"迎 G20 峰会,展社工风采"、外宾接待礼仪和居民文明素养提升、"社会工作者压力释放和心理调适"咨询等活动,向居民和社会工作者提供针对性服务,激发各街道社工协会活力,募集社会资金 10 余万元,3000 余人次受益。举办社区社会工作经验分享交流会,让社会工作者分享国内外社区社会工作的先进理念和创新做法,提升其社会工作的实务能力和专业水平。

【社会组织管理】 2016 年,上城区开展社会组织登记年检和评估工作。全年应检组织 377 个,其中社会团体 107 个、民办非企业单位 270 个,实际参检 372 个,参检率 98.7%,合格率 90.6%。符合参评条件的社会组织 109 个,68 个参加评估,参评率 62.4%,其中获 AAA 等级以上称号的 7 个,4 个社会组织获杭州市品牌社会组织称号。完成 418 个登记在册社会组织的赋码和换证,其中社会团体 110 个、民办非企业单位 308 个。至年末,上城区有登记注册的社会组织 419 个,其中社会团体 110 个、民办非企业单位 309 个;有社区社会组织 1009 个,其中登记注册 34 个、备案 975 个。依托上城社会组织发展基金会,设立 157 万元的"喜迎 G20 社会服务专项基金",用于资助上城范围内的服务保障 G20 杭州峰会公益项目的实施。峰会期间,各社会组织开展公共安全排查、小区环境优化等服务活动 1025 场。3 月 24 日,成立上城区社会组织综合党委,下设在水一方互助会联合党支部、明德公益事业发展中心党支部、社会组织服务中心党支部,负责指导、协调全区社会组织党建工作。

【公益创投管理】 2016 年,上城区结合实际,以公益创投的常态化、专业化和规范化为抓手,搭建政府引导、社会化运作的资助型社区发展基金会——杭州市上城社会组织发展基金会,区、街道两级分别划拨 200 万元和 50 万元的公益创投专项经费给基金会,由基金会统一使用和管理。建立公益创投项目第三方评估机制,对基金会 2015 年资助的第一期资助金额 354.25 万元的 139 个项目,以及 2016 年资助的 79 个社会组织服务 G20 杭州峰会专项资金及美化家园项目,从项目实施、人员管理和经费使用等方面进行监测和评估,推进解决资助项目管理的规范化、落地性问题。充实社会组织监管力量,通过街道和社区推荐、自荐等方式,招募 18 名"社区社会组织监督员",参与社会组织日常管理,引导社会组织依法合规开展各种服务活动。

【社会组织公益游园会暨十佳社会组织评审会】 2016 年 12 月 27 日,上城区在紫阳街道"左邻右舍"社区治理创新园举办社会组织公益游园会暨十佳社会组织评审会。活动以"心连心,共谱上城社会组织发展新乐章"为主题,以"回眸""表彰""服务"3 个篇章展开。在"回眸"篇,回顾 2016 年上城区社会组织发展大事

2016 年 2 月 17 日,上城区举办"迎接 G20,上城社工在行动"年度主题活动

(区民政局　供稿)

记，对2017年的基金会资助管理、党建等工作提出新的要求。在“表彰”篇，通报表彰2016年获杭州市社会组织等级评估的品牌社会组织，并通过现场评审会评选出上城区十佳社会组织和优秀社区社会组织监督员。在“服务”篇，现场设置公益宣传服务区、公益互动区、公益论坛区等板块，通过图文宣传、民生服务、座谈分享等方式，向群众普及相关知识。

（沈　洁）

2016年1月11~17日，中国社区建设展示中心（中国社区建设培训基地）承办西部地区社区治理和服务创新能力建设示范培训班

（中国社区建设展示中心　供稿）

中国社区建设展示中心

【概况】 中国社区建设展示中心（简称展示中心）位于上城区清河坊历史文化街区，由居民委员会发展厅、社区建设发展厅、社区建设史料藏馆、全国社区社会组织成果展示厅、“左邻右舍”社区治理创新园、“公益创客空间”三社生态园6个展馆组成，集史料陈列、文物展示、经验分享、实务研究、居民互动、“三社”（社区、社会组织、社会工作专业人才）体验于一体。展示中心收藏全国31个省、市（区）的社区建设史料1.5万件，并通过现代化手段全方位展示国内各城市社区在社区治理、体制创新、服务完善、居民参与等方面的经验。2016年，杭州市委党史研究室组建“杭州红色博物馆联盟”，展示中心是20个联盟成员单位之一。

【接待中外参观团队352批】 2016年，展示中心结合展馆布局调整，更新展陈内容，并根据不同人群的参观需求、参观时间，对参观路径、讲解内容、时间控制等进行合理安排，做到按需讲解，确保参观效果。全年展示中心接待中外参观团队352批、4.7万人次，组织座谈交流72场。参观单位和团队有民政部基层政权和社区建设司、中共中央组织部组织二局、全国社区建设部际联席会议督查组、全国党建研究会、共青团浙江省委机关党委、浙江省委党校、香港考察团、台湾考察团、中韩国际交流会代表团、斐济代表团等。

【创新资料展陈】 2016年，展示中心创新资料展陈方法，新增、归档各类资料273份，实物25份；收集整理2015年度社区文献资料3626篇、745.8万字。收藏的史料内容按照年代、类别进行整理，完成《中国城市街道与居民委员会档案史料选编》15~23册，共9册945篇、274.07万字。整理全国和谐社区创建材料17份、文集56份、视频资料4.56千兆（GB）；整理第1~3批全国社区治理和服务创新实验区创建和申报材料182份、视频资料17份及各地社区建设文件74份。向省社会科学规划办公室申报2017年度浙江省哲学社会科学规划课题《“三社联动”的内在逻辑及治理策略——基于杭州和深圳的调研》。利用展示中心网站及时发布社区建设经验，累计上传全国社区建设动态信息1737条、理论研究文章1806篇、经验交流材料4063篇，网上点击率5.14万人次。根据展示中心网上展厅发展需要，对网站功能布局进行升级换代。

【举办全国社区人才培训班30期】 2016年，中国社区建设培训基地优化课程设置，建立“层次鲜明、因需设教、开放灵活、贴近实际”的课程体系。精选师资团队，建立领导层、专家层、实践层共同参与的授课队伍。探索运行模式，按照“人员相对固定，分工相

2016 年 6 月 2 日,全国人大民族委员会副主任委员艾斯海提·克里木拜(右二)调研美政桥社区“七彩美政民族园” (区民宗局 供稿)

对明确,有任务时组队,无任务时归队”的工作原则组建培训团队。全年举办全国社区人才培训班 30 期。其中:受民政部基层政权和社区建设司委托承办的培训班 3 期、全国社区治理和服务创新实验区培训班 9 期;受地方民政部门委托举办的培训班 18 期。培训班组织专题授课 282 次,互动交流 84 次,参训学员 5612 人,学员覆盖全国 30 个省、市(区)。学员中街道以上民政干部 2492 人,占学员总数的 44.4%;社区工作者 3122 人,占 55.6%。全年培训基地发放培训工作意见征求表 4468 份,收回 4468 份,培训满意率 100%。

(裘晓玲)

民族和宗教工作

【概况】 2016 年,区民宗局贯彻落实习近平总书记在中央统战工作会议、全国宗教工作会议上的系列重要讲话精神,贯彻区委、区政府重大决策部署,以维护民族宗教领域和谐稳定为目标,不断夯实基础、聚合力量、优化服务,积极引导民族宗教界人士为服务峰会、服务“十三五”贡献力量。为海潮寺复建工作牵线搭桥,做好与望江指挥部、市佛教协会等单位的沟通协调。年内,完成海潮寺选址认证、规划用地调整等工作,立项获市民宗局批复。

【民族文化交流阵地建设】 2016 年,区民宗局依托“一园一室一团”(南星街道美政桥社区“七彩美政民族园”、回族穆兴小学民族理解教育陈列室、少数民族艺术团),推动民族文化传播,增进民族理解、交流和融合。全国人大民族委员会副主任委员艾斯海提·克里木拜、中国民族音像出版社社长景宜、国家民委少数民族华侨华人考察团等先后调研“七彩美政民族园”,对上城区民族文化交流阵地建设给予充分肯定。

【民族村校结对】 2016 年,区民宗局深化各街道、社区与桐庐县莪山畲族乡新丰村、建德市大同镇高桥村、建德市大慈岩镇双泉村、淳安县千岛湖镇富泽村、建德畲族学校淡竹小学结对共建活动,组织帮扶单位上门专项对接,为民族村发展出谋划策,落实三年结对工作计划。走访武义俞源少数民族村,提供扶贫资金 10 万元。

【宗教界人士活动】 2016 年,上城区以“同心同行·构建和谐”为主题,组织宗教界人士学习教育活动。召开专题座谈会,传达各级统战工作会议、宗教工作会议精神,并进行解惑答疑。5 月,开展宗教政策法规学习月活动,引导宗教界人士和信教群众在法定范围内开展宗教活动。10 月,组织全区宗教界人士开展“红色之旅”,到井冈山重走红军路,重温红色历史,13 人参加。

(吕火良)

人口和计划生育管理

【概况】 2016 年,上城区计划生育工作主要指标执行情况良好。全年全区出生 3469 人,自然增长率 4.56‰,出生人口性别比保持正常水平。计划内出生 3414 人,计划外出生 55 人,计划生育率 98.4%,办理再生育审批 33 对,无行政复议和行政诉讼案件发生。全区6个街道配备计划生育工作人员26人,54个社区均设立计划生育工作委员会,各社区配备专职计生委员1人,其中2000人以上社区增配计生委员助理1人。推行“网格化”社区服务管理,落实现居住地管理责任,有效缓解人户分离和管理“盲区”问题。全年参加国家免费孕前优生健康检查夫妻4152人,孕检率89.1%。育龄妇女避孕药具、随访服务等计划生育生殖健康服务的落实率均达90%以上。新婚、孕期、产后随访率均在98%以上。

【计划生育政策落实】 2016年,区卫计局全面落实计划生育特殊困难家庭(独生子女死亡或三级以上伤残家庭)帮扶政策。全年为计划生育特殊家庭发放特别扶助金750.36万元,惠及909人;发放公益补助金50万元。发放待(无)业人员独生子女父母奖励费10.96万元。办理上城户籍0~14周岁独生子女平安保险、育龄妇女生殖健康保险、待(无)业独生子女家庭平安保险、基层计生干部保险2.01万人,保额28.94万元。对待业育龄妇女与流入育龄妇女实行四项手术补贴。实行计划生育“一票否决”制,全年无违反计划生育行政侵权行为、无行政诉讼案件及恶性事件发生。建立区、街道两级审批制度,简化行政审批流程,方便群众办事。加强社会抚养费征收和管理,全年征收社会抚养费54.6万元。

【两孩生育政策宣传】 2016年,上城区举办两孩生育政策业务培训29场,开通微信公众号,发布微信宣传13期。发放《全面两孩政策解读》宣传册、《浙江实施全面两孩政策》和《生育服务指南》小折页4万册。上城区创新计划生育办证制度,全面推广承诺制和代办制,改“一孩办证”为“实行一孩生育登记备案”,全年办理生育登记服务卡3858张。按照权力“瘦身”、责任“强身”的原则,实行网上审批,简化再生育审批流程,提高审批效率。对全区5446名已婚育龄妇女的生育意愿开展随机抽样调查。全年全区受理再生育审批33例,全部审核办结。

【性别比综合治理】 2016年,上城区户籍出生人口男婴有1489人,女婴有1408人,户籍人口性别比105.75;流动出生人口男婴3410人,女婴2996人,性别比113.82。全年出生人口性别比111.24。区卫计局坚持把出生人口性别比综合治理作为促进人口长期均衡发展的一项重要任务,联合区公安分局、区市场监管局、区妇联及各街道开展禁止“两非”(非法鉴定胎儿性别和非法终止妊娠)情况督查4次,并加强对人工终止妊娠药品的监管,促进社会性别比自然平衡。

【失独家庭社会关怀】 2016年,上城区推进特殊家庭关爱工作,加大对失独家庭在健康管理、生活照料、精神关怀、疾病保险等方面的投入。全年投入35.91万元,为116户失独家庭提供居家养老服务;投入11.81万元,为123名失独人员提供每月两次的上门居家医疗健康管理规范化服务;投入33.9万元,为50名70周岁以上失独老人提供生活护理补助;投入5.5万元,为2户失独家庭提供依法再生育和领养子女补助;投入2.78万元,为347名失独家庭成员提供医疗保险。依托“麦田圈”、“爱新家园”、“益+1”暖心服务社、“心智关爱服务社”、在水一方居家养老照料中心、“红情携手服务站”、“心满空巢” 等专业化社会组织,建立社区公共服务与社会组织相结合的集公益活动、情感交流、日常照料于一体的服务平台。

【青春健康教育活动】 2016年2月26日,上城区投入专项经费55万元,助力紫阳街道打造国家级青春健康教育基地。10月27日,省计划生育协会专职副会长陶竞一行到杭州市杨凌子学校青春健康教育点考察。与社会公益组织合作,开展“青春健康百场讲座进社区”活动,深入各社区、学校、企业,组织讲座52场,参加听讲1304人次。会同区教育局在中小学举办青春健康培训4987场,培训学生3.45万人次;联合区企业家协会,举办流动人口青春健康教育培训21场,培训流动人口320人次。承接市级青春健康家长培训延伸项目,对辖区3所学校120名家长开展培训与测试,并开设青春健康家长大讲堂项目,组织讲座28场,服务家长2440人次。

【计划生育关怀行动】 2016年,上城区扶持计划生育公益项目10个,提供补助资金20万元,服务对象满意度95%以上。实施特殊家庭关爱帮扶项目,重点帮扶特殊对象233人,发放慰问金和慰问品折价4.9万元。实施市级、区级致富发展项目各两个、金额8万元。全年计划生育投保2.01万人，保额28.96万元。铁路杭州站母婴室成为首批省级生殖健康和优生优育项目试点单位。

【流动人口服务管理】 2016年,上城区有流动人口13.8万人,已婚育龄妇女3.1万人。区卫计局加大流动人口计划生育基本公共服务力度,对外来已婚育龄妇女全面落实与户籍人口同等的卫生和计划生育服务,使流动人口享受包括免费孕前检查、避孕药具免费领取、生育登记服务卡申领、产前筛查、新生儿疾病筛查、孕产妇保健、儿童保健等均等化服务。全面实施杭州市外来困难孕产妇分娩补助制度,对符合条件的外来孕产妇按每人700元的标准提供分娩补助金。进一步落实流动人口服务管理责任,健全协管员绩效考核制度,全年协管员采集流动人口计划生育信息卡4.78万张，奖励经费11.03万元。5月,全国流动人口卫生计生动态监测抽样调查涉及上城区南星街道复兴街社区和馒头山社区,上城区积极配合，第一次使用智能设备网上操作,圆满完成40份调查问卷的动态监测。清波街道清波门社区坚持“以亲情友情促管理,以关怀关爱强服务”的新理念加强流动人口管理,被评为杭州市流动人口社会融合示范社区。

(仲　玥)

居民生活

【概况】 2016年,根据市区居民家庭抽样调查显示,上城区居民人均可支配收入52185元，比上年增加3869元,增长8.0%。市区居民人均消费支出35686元,增长5.5%。全区城镇最低生活保障户数1288户(月均),人数1626人(月均),保障金支出1488.51万元，增长104.4%；月人均补助689.34元，增长21.6%。全区有养老机构18个、床位2033张。有居家养老服务照料中心54个、床位518张,其中省五星级照料中心7个、市四星级照料中心15个、区三星级照料中心32个。有社区老年食堂16个。

(张海树　沈　洁)

老龄工作

【概况】 2016年,上城区户籍总人口326903人。其中:60岁及以上老年人98727人，占户籍总人口的30.2%;65岁及以上68798人,占21.0%;70岁及以上48054人，占14.7%;80岁及以上23862人,占24.2%;90岁及以上4118人,100岁及以上43人,最大年龄103岁。全年为老年人办理、申领老年卡5697张。其中60~69周岁老年卡2382张,70周岁以上3115张。为80周岁以上高龄老年人发放保健补贴1312.79万元。为2.51万名上城区户籍60周岁以上低保、失独、“三无”、重点优抚对象及80周岁以上高龄老年人购买意外伤害保险。全年接待老年人来电来访咨询1015人次，受理涉老法律援助案件13件,满意率100%。结合签约服务的推进,扩展为老服务范围和服务内容，年内完成2017年度医养护一体化签约10.3万人,其中60岁以上老年人4.72万人。全年为90岁以上独居空巢老人920人、困难残疾人407人、失独家庭123人提供居家医疗服务。

(沈　洁　仲　玥)

【完善居家养老服务】 2016年，上城区推进居家养老服务专业化建设。全区6.3%的老年人享受居家养老政府购买服务,累计服务5.6万人次。为3629人次老年人提供家电和水电设施保修服务,为2.2万人次90周岁以上空巢独居老年人提供每月两次的居家医疗服务。印发《关于开展居家养老专业化服务改革工作的实施意见》《关于开展“双失”老人专业化照护服务工作的通知》,为失能失智老年人分层分类提供日托服务和喘息服务。

资料

喘息服务:指政府花钱为失能老人家庭提供

喘息服务，或是请专业人员去家中照料，或是把老人接到养老院照看，既让家属喘口气，也让老人康复得更好。

【养老服务社会化运行】 2016年，上城区通过政府引导、社会化运作的养老服务模式，进一步吸引各类社会组织为老年人提供养老服务。年内，由社会力量全额投资的缘外缘颐养中心、彩虹鱼康养园、好地方颐养中心、皇城老人公寓4个养老机构新增养老床位553张。全区54个居家养老服务照料中有36个实现社会化运行。区老年电视大学春季招生13760人，秋季招生15600人，入学率15.8%。

【“敬老月”系列活动】 2016年10月，上城区开展以“敬老爱老，全民行动”为主题的“敬老月”系列活动。先后安排书画创作、科普咨询、走访慰问等活动10场，包括选送13个戏曲舞蹈作品、92幅书画摄影类作品、20篇老年人征文作品参加杭州市老年文化艺术节系列活动。组织300余名老年人参加“共迎G20、共享老来乐”老年文艺演出，展示上城区老年人积极健康的精神面貌。区领导走访慰问辖区百岁老年人，并送上慰问品。开展百岁老人“幸福合家照”拍摄活动，为12名百岁老人拍摄合家照。

【老龄工作“三项创建”活动】 2016年，上城区深入开展老年友好城区、老年宜居社区和“敬老文明号”“三项创建”活动。全区有8个单位获杭州市第二届“敬老文明号”称号。12月，上城区根据浙江省“老年友好城市”创建工作要求，完成各项整改任务。全区60%以上社区进入宜居社区行列，居民过上出行无障碍、居住尽舒适、晚年享安康的生活。

【老年人体育协会系列活动】 2016年，上城区老年人体育协会举办钓鱼比赛、乒乓球比赛、象棋比赛，以及经络操展示、太极导引功推广展示等活动。选派150余人参加省、市16项比赛，其中获第一名1项(乒乓球)，第二名2项(男子象棋、桥牌)，第三名3项(女子象棋、钓鱼、可乐球操)，其他项目均获优胜奖和优秀奖。选派运动员代表杭州市参加省老年人体育协会组织的乒乓球比赛，获第二名。引进兜球项目在全区推广。全年培训杭州市二级社会体育指导员15人。

(沈　洁)

双拥和优抚安置

【概况】 2016年，上城区坚持把双拥工作纳入党委政府工作重要议事日程，严格执行优抚安置政策，及时落实各项优抚待遇，主动接收部队转业退伍军人，较好地发挥清波街道双拥陈列室和双拥一条街的品牌示范效应。通过党政领导过“军事日”、走访慰问驻区部队、军地座谈联欢等活动，军政军民关系进一步密切。

【优待抚恤】 2016年，上城区开展优抚对象走访、帮扶活动，全年走访慰问各类优抚对象4000余人，发放各类抚恤金1137.33万元，其中重点优抚对象定期补助334.77万元，在职伤残抚恤金414.84万元，义务兵家庭优待金146户、387.72万元，在职“三属”(未享受定期抚恤的烈士、因公牺牲、病故军人的遗属)抚恤金补差11.13万元。实施民心工程、爱心工程、暖心工程，认真受理优抚对象各种诉求，积极为

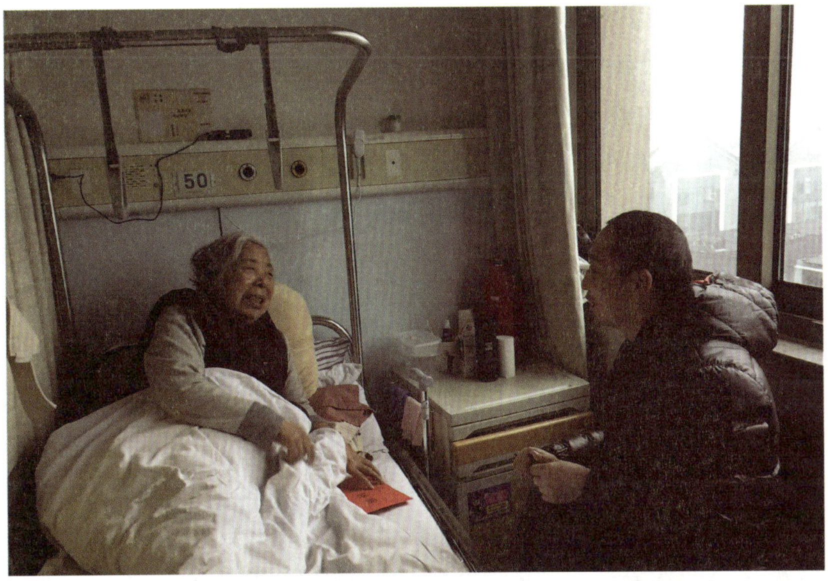

2016年1月28日，上城区开展春节特困优抚对象走访慰问活动

(区民政局　供稿)

优抚对象排忧解难。为9名残疾军人、768名“三属”分别办妥乘车证和“三属”优待证。及时更新“优抚信息数据系统”，如期完成年度核查任务，优抚对象身份信息录入率100%，核查完成率100%。

【“双拥在基层”活动】 2016年，上城区以各种形式、各种载体开展“双拥在基层”活动。紫阳街道开展“弘扬双拥光荣传统，军民共筑钢铁长城”主题宣传、“爱心献功臣”走访慰问、“学习建军历史，继承革命传统”等主题教育。小营街道举办双拥图片展、爱国知识教育讲座，组织参观省公安厅英模展。南星街道邀请老军人为辖区中小学生上国防教育课，组织中小学生参观共建部队国防教育展览，开展为部队办实事送清凉活动。清波街道邀请老人岳法林讲述亲身经历的抗日战争，激发青少年爱国热情；开展“兵妈妈”与“兵儿子”结对、技能培训进军营等拥军活动。

【慰问驻区部队】 2016年春节和“八一”建军节前夕，区委书记缪承潮等区四套班子领导分别走访慰问浙江省军区、省预备役师、杭州警备区、海军杭州干休所等部队，与部队首长座谈交流，向部队官兵致以节日问候。6个街道分别走访共建部队和各类优抚对象。全年上城区慰问部队单位，并送去慰问金66.78万元。

【退役士兵安置】 2016年，上城区接收安置退役士兵77人（秋季退役士兵67人、冬季退役士兵10人），其中复工、复学20人，选择自谋职业77人。发放2014年60名冬季退役士兵一次性自主就业补助金236.52万元，接收安置率、自主就业率均100%。上城区引导退役士兵自主创业、自主就业。区教育、人力社保部门和承训学校联合开展退役士兵职业技能培训和就业创业能力培训，参训率80.6%。全年投入技能培训经费124.4万元。培训期间，举办退役士兵岗位招聘会，有20余个企业推出就业岗位，为推进安置工作奠定基础。

【残疾军人接收管理】 2016年，上城区对辖区内的优抚对象资料进行核实、完善、更新后，统一录入到全国优抚对象信息数据系统，并按比例对各类优抚对象进行入户核查，核查采取全区抽查和街道、社区核查相结合，至年末，完成全部核查工作。全年接收残疾军人3人，补办并换发残疾证和评定伤残军人各1人，办理伤残信息变更2人。

【烈士纪念活动】 2016年，上城区组织开展未成年人“网上祭英烈”系列活动，赞颂革命先烈的英勇事迹，传承革命先烈的英勇精神。开展纪念老一辈革命者签名倡导火葬60周年活动。组织参观浙江革命烈士纪念馆、陈列馆。开展纪念红军长征胜利80周年系列活动。3月20日，区四套班子领导、区直机关各单位、部门党员干部在云居山浙江省革命烈士陵园举行悼念活动，缅怀先烈。街道社区均开展烈士祭扫活动，组织广大党员干部和各界群众到革命烈士陵园敬献花篮、宣读祭文、瞻仰遗物等；组织青少年参观反映红军长征历史的爱国主义教育基地、纪念馆、遗址等，聆听革命故事，学习长征精神。

（沈　洁）

志愿服务

【概况】 2016年，上城区完善志愿者招募注册、培训管理、供需对接、服务记录等制度，全面推进志愿服务工作。全区有注册志愿者83542人，志愿服务以年轻人为主力军。全年围绕服务G20杭州峰会圆心，开展馒头山、思鑫坊等重点整治项目志愿服务，参加地铁文明乘车引导、以保护上城环境为主题的环保集市、暑期关爱留守儿童等活动，以及关爱帮扶孤寡老人、残疾人等常态化志愿服务，累计服务时数20万小时。

【学雷锋志愿服务活动】 2016年3月4日，团区委创新“3·5”学雷锋活动方式，在引导文明乘车、开展“清篮”行动（为租车点的公共自行车车篮清理垃圾）等服务项目的基础上，通过现场竞拍，11个爱心企事业单位成为上城区志愿服务活动首批公益合伙人。合伙人以资金资助、行动参与的方式，在全社区营造“人人都是雷锋侠，全民服务G20”的氛围。7月7日，团区委招募72名在杭高校学生志愿者，经过培训后，分到辖区6个街道，开展为期两个月的各项志愿服务，协助社区开展素质提升、平安巡防、青少年关爱等主题活动。

【“小青荷”参与上城区峰会服务】 2016年8月30日，团区委通过团市委协调，邀请浙江大学的20名“小青荷”到上城区进行峰会志愿服务。“小青荷”分别安排在西湖周边检查站、“韵味杭州”体验点、城站志愿者微笑亭等场所，为外籍游客提供双语服务。在杭州市服装职业高级中学设立“G20峰会上城志愿者之家”，为“小青荷”提供拎包入住的后勤保障，同心协力服务好G20杭州峰会。

【文明出行“益”起来活动】 2016年3月22日，团区委组建文明出行“益”起来志愿服务队伍，辖区企业、学校、社区、社会组织等合力组织志愿者，以“大手拉小手”的形式在早晚高峰时段对上城区10个重点路口进行交通文明劝导，协助交警疏导交通。8月13日，中央电视台采访报道上城区文明出行“益”起来的“小手拉大手”志愿活动。外国友人也加入到志愿者行列，围绕清洁城区环境、倡导文明出行开展各项志愿服务。

【志愿者慰问建设工地员工】 2016年1月14日(农历十二月初五)，团区委组织志愿者到南星街道馒头山社区、湖滨街道思鑫坊峰会重点工程整治项目现场，为奋战在“美丽上城”建设第一线的施工人员和社区工作者送上2000份腊八粥，表达对建设工地员工和社工的节日祝福。区政协副主席、区委统战部部长袁巧玲等参加慰问活动。

【助力文史资料挖掘整理】 2016年3月12日，团区委根据思鑫坊整治中发现“中国新民主主义青年团杭州市商业工作委员会”牌匾的情况，招募15名在杭高校文史专业学生成立文化志愿者小分队，参与相关文史资料的挖掘整理，协助开展现场调研、口述史整理等工作。

【湖滨商圈人流疏导】 2016年劳动节期间，团区委面对湖滨商圈人流量急增、安全风险加大的情况，第一时间启动志愿服务应急预案，从5月1日21时开始不间断地招募志愿者，在各直属团组织、辖区志愿服务队、社会组织、在杭高校的响应下，于5月2日一早将招募到的100名志愿者派往龙翔桥地铁站出口、平海路东坡路路口、利星爱心广场周围，开展交通文明劝导、商圈人流疏导、旅游线路指引等志愿服务。

(李佳杰)

馒头山新貌

街道 Streets

湖滨街道

【概况】 湖滨街道北起庆春路,南至西湖大道,西邻西湖,东至中河,辖区面积1.6平方千米。街道下辖涌金门、青年路、东平巷、岳王路、东坡路、吴山路6个社区,区域内省市行政事业单位、大型商场、市场、医院、星级酒店、商务楼宇聚集,其中集高端商业、人文景观、风景旅游于一体的湖滨国际名品街,成为杭州引领时尚、体验经典的标志性空间。辖区有户籍人口12144户、32520人,行政事业单位141个(含医院6个、中学1所、小学3所、幼儿园1所)、大中型商务楼17幢、住宿餐饮单位777个、批发零售业企业1380个、服务业企业4760个。

2016年,湖滨街道引进企业209个,实际到位市外资金12.41亿元,浙商回归到位资金2.92亿元。利用外资2005万美元。实现社会消费品零售总额125.34亿元,比上年(指2015年,下同)增长33%。实现地方财政收入7.78亿元。“123”茶楼被评为国家级众创空间,茶楼为街道引进创新型企业18个,注册资金4000万元。湖滨街道依托“湖滨家园”及东平巷文化小广场等文化阵地,开展活动500余场;培育文艺团队16支,形成“相约星期三”群众自治文化活动品牌。在全区首推“渠长制”,将“五水共治”治水范围延伸到“小沟小渠”。深化推广雨水回收利用项目。“垃圾分类”从居民延伸到商家,开展垃圾减量和统收统运,启动首批大型餐饮企业餐厨垃圾直运工作。投入300余万元建成湖滨敬老院、湖滨工疗站、“长者之家”医养护一体化照料中心。街道制定的《城市商圈容貌管理规范》《基层社情民意收集处置规范》《商圈党建工作管理规范》被列为市级标准。全年完成十二大类66处655个环境问题整治,协助推进西湖大道、解放路等街容提升和中河高架两侧650余处房屋立面整治,思鑫坊、劝业里、直饮马井巷等环境问题得到解决。“湖滨国际名品街”等4处韵味杭州体验点充分展示“西湖门厅”的魅力。湖滨街道被评为浙江省G20杭州峰会服务保障工作先进集体,吴山路社区被评为杭州市G20杭州峰会服务保障工作先进集体,湖滨司法所荣立杭州市司法行政系统集体三等功,96人被评为省、市、区G20杭州峰会服务保障工作先进个人。“湖滨晴雨”工作室被评为全市G20杭州峰会舆情信息工作先进单位。

【湖滨街道获全国“禁毒舆情研判”先进集体称号】 2016年10月20日,湖滨街道被中国禁毒网评为全国“2015~2016年度禁毒舆情研判”先进集体。湖滨街道积极做好禁毒预防宣传教育工作及涉毒人员戒毒康复工作,着力营造良好的全民禁毒氛围,社区戒毒人员管控率、康复有效执行率均达100%,无下落不明和脱管人员。

【“千眼卫士平安护航队”成立】 2016年5月7日,湖滨街道成立“千眼卫士平安护航队”。护航队由1000名专职安管员、1000名平安巡防员、1000名党员观察员3支队伍组成,并在6个社区招募3600名志愿者组成6支平安巡防志愿者中队。通过落实以“格长、片长、组长、楼长、路长”为主体的“平安五长”

2016 年 5 月 26 日，湖滨街道"千眼卫士平安护航队"进行集结宣誓

（湖滨街道 供稿）

责任制，让"千眼卫士"成为平安宣传员、情报信息员、隐患排查员、矛盾调解员、治安安全员、文明劝导员，为 G20 杭州峰会安保增加力量。

【"美丽小巷"建设】 2016 年，湖滨街道通过危旧房修缮、违法建筑拆除、历史风貌恢复等举措，深化"品质商圈，美丽湖滨"建设。组织专家挖掘历史故事，邀请专业团队设计沿巷宣传展板及墙绘，制作专业宣传片 7 部，完成思鑫坊直弄、直饮马井巷、羊血弄、保康巷的打造，在 6 个社区形成一批环境优雅、邻里和谐、底蕴深厚的"美丽小巷"。5 月 30 日，该项目被列为杭州市宣传思想文化工作创新项目。

【直饮马井巷打造】 2016 年 3 月 26 日，湖滨街道启动直饮马井巷危旧房修缮工程。修缮惠及 5 个墙门 50 户居民。至 7 月 15 日，修缮工程完工，直饮马井巷成为湖滨商圈内民生改善的一处亮点。湖滨街道以美化环境为目标，大力挖掘历史文化底蕴，进行历史文化脉络梳理，将危旧房修缮后的直饮马井巷打造成"美丽小巷"。制作 300 米长宣传墙，每个院落的墙上制作具有江南风格的彩绘和歌颂美丽杭州的诗词，着重展示杭州的市井文化。

【《城市商圈容貌管理规范》通过审定】 湖滨街道自 2014 年 4 月被国家标准化委员会确定为全国第一批社会管理和公共服务综合标准化试点单位后，积极构建基层管理和公共服务标准化新体系，先后明确工作岗位 103 个、工作任务和流程 286 项，发布实施工作规范 91 个，初步形成"行为规范、运转协调、公正透明、廉洁高效"的基层行政管理体制，并完成市级地方标准规范《城市商圈容貌管理规范》的制定。2016 年 10 月 18 日，省委党校、省标准化研究院等单位的 8 位专家组成评审组，对《城市商圈容貌管理规范》进行评审，评审组一致认定该地方标准规范。

【"湖滨晴雨"工作室通过市 AAAAA 级社会组织评估】 "湖滨晴雨"工作室从"一室六站四报"的信息采集模式发展成为互联网、微博、微信公众号等多种采集形式全覆盖的工作室。在 2016 年 G20 杭州峰会期间，向中共中央宣传部及省、市委宣传部报送峰会舆情信息 110 篇，向区委办及市考评办信息平台报送峰会问题类信息 50 余篇，向市人民建议征集办公

2016 年，直饮马井巷修缮后新貌 （湖滨街道 供稿）

室报送峰会专报信息 22 篇，查找各类问题 100 余处，并提出整改意见和建议，较好地发挥“千里眼”和“顺风耳”的作用。11 月 27 日，“湖滨晴雨”工作室通过市民政局 AAAAA 级社会组织评估，是上城区唯一一个通过该项等级评估的社会组织。

【湖滨地区城市综合管理】 2016 年，湖滨街道按照“服务靠前、重心下移、联合执法、跨界互动”的要求，加强湖滨地区城市综合管理。建立街道、派出所、执法中队、消防中队、交警中队等部门协同配合的应急值守联动处置机制，实现第一时间情况上报、有关部门联动反应，把突发事件和险情控制在萌芽状态。完善“守点、巡线、控面”综合巡查机制，全面整合城市管理的基础资源，集中解决辖区城市管理中遇到的突出问题。深化“居民自治”参与机制，在街道、各职能部门“大联动”的同时，“墙门管家”等自治组织充分发挥自治管理的作用，并配合开展综合执法工作，推进 G20 杭州峰会环境整治项目的顺利完成。

【湖滨商圈环境优化】 2016 年，湖滨商圈制定管理标准，明确管理工作要求，以日常检查为手段，用管理成效落实属地管理责任。全年查处流动摊贩 221 人次、“野导”97 人次、流浪乞讨人员 222 人次，清理背街小巷卫生死角 279 处。加强非机动车管理，完善非机动车停车线标识，在下班高峰期重要路口、学校附近区域实行定点管理。发动商圈企事业单位和沿街店家履行“门前新三包”职责，建立路面管理人员工作微信群，微信群报告流浪乞讨、雨棚掉落、店家直排污水等问题 100 个，均得到及时处置。

【语言文字规范化街道创建】 2016 年 3 月 30 日，上城区启动语言文字规范化街道创建工作，要求成立创建工作领导小组，召开创建工作动员大会，创建工作实行“街道领导、学院分管、社区检查、单位参与、学生监督”五级管理。湖滨街道积极参与创建工作。5 月 20 日，街道组织 14 个辖区部门、企业和学校参加全区汉字听写大赛，推动语言文字工作规范的新起步。6 月 22 日，街道举办以公共服务行业人员、企业职工、社区居民为主的普通话培训班，150 人参加。

【25 个餐饮企业餐厨垃圾直运】 2016 年，湖滨街道开展生活垃圾分类和减量工作，进一步实施生活垃圾“三化四分”，于 5 月将原来由个体户上门回收的大型餐饮企业餐厨垃圾和废弃物，改由上城区清洁直运分公司定时统一回收清运，并进行无害化处理，确保餐厨垃圾处置规范有序。年内，湖滨区域 25 个大型餐饮企业直运餐厨垃圾和废弃物 4000 余吨。

【表彰“五型先锋”】 2016 年 7 月 1 日，湖滨街道举行庆祝中国共产党成立 95 周年暨“五型先锋”表彰会，街道党工委向 12 个先进党组织、68 名先进个人授予荣誉证书，表彰他们在 G20 杭州峰会服务保障中的党建引领先锋、群众工作先锋、安保维稳先锋、环境整治先锋、监督检查先锋的“五型先锋”作用，并为 8 名有 50 年党龄的老党员举办生日会。湖滨街道党工委结合“两学一做”学习教育，动员基层党组织和党员积极做好隐患排查和环境治理工作，先后排查解决问题 648 个，解决率 98.3%。

【湖滨街道获评杭州市“六五”普法先进集体】 2016 年 7 月 5 日，湖滨街道被市司法局评为杭州市“六五”普法先进集体。该街道积极探索专题性普法、节点性普法、渗透性普法“三位一体”的普法格局。将普法工作纳入目标考核，重点抓好党政干部、青少年学生、新居民等对象的普法工作。创办“新杭州人学法大讲堂”，有针对性开展专题培训、专家讲解和案例分析，“六五”普法活动期间，举办法治讲座 300 余场，参加听讲 1.2 万人次，开展送法活动、法律知识竞赛、法治文艺演出 31 场，编印普法宣传手册 4 万余册。在杭州利星名品百货广场、青年路社区浣纱书画园等 7 处场所设置科普长廊、法制宣传栏，实现法制宣传阵地全覆盖。加强禁毒、交通安全等专题宣传，提高宣传的针对性。深化消防宣传月、安全生产周、“11·9”消防安全日及寒暑假期间的普法工作，大力营造法治氛围。

【社会组织培育】 2016 年，湖滨街道加强社会组织培育。以居民需求为导向，引入润万家邻邻互助服务社、画画很美艺术推广公益中心等社会组织，通过项目化方式带动社区社会组织发展。携手辖区社会组织，承接多个市、区政府购买服务和公益创投项目。开展"相约 G20 杭州峰会，把你的微笑寄回家""共绘美丽湖滨·放飞 G20 梦想" 等主题系列活动 103 场，直接参与活动 8050 人次，影响力覆盖辖区 6 个社区。推出"湖滨家园相约星期三""鲜花复用·将爱传递" 等系列公益活动，促进社区社会组织与优质公益服务项目共同发展。

2016 年 5 月 2 日，湖滨街道举办第十四届邻居节。图为思鑫坊邻居在整治后的思鑫坊合影

（湖滨街道　供稿）

【广播电视媒体播出管理】 2016 年，湖滨街道抓好"三落实"工作，加强广播电视媒体安全播出管理。落实基础数据排查，对 93 个拥有公共视听大屏幕、移动媒体、LED 显示屏的企业、单位、商家进行摸底调查。与各单位签订安全播出承诺书，明确安全管理责任。落实巡查走访，会同区公安分局、区文广新局开展集中检查，发现问题督促限期完成整改。G20 杭州峰会期间，启动安全预案，加强值班，从严防范，完成广播电视节目优质传输、安全转播工作，全年无安全播出人为责任事故发生。

【推行医养护相结合照料模式】 2016 年，湖滨街道探索推行医养护一体化的老人照料模式。9 月 13 日，位于宋浇造巷 8 号的湖滨街道医养护日间照料中心完成装修和硬件、软件设施配套，正式运营。该中心又名"长者之家"，紧邻岳王路社区卫生院，将老年人用餐、入浴介护、如厕介护、足疗保健、健康操推广等服务委托给上城区恩慈长者照护服务中心。10 月 24 日，由杭州利星名品百货广场有限公司捐赠 100 万元资金进行提升改造的湖滨敬老院竣工，敬老院新增电梯、消防通道等设施，老年人居住环境进一步提升。12 月 20 日，湖滨街道"仁爱家园"工疗站建成投入使用，工疗站位于光复路 153 号，面积 500 余平方米，集残疾人康复、训练、文娱等功能于一体。

【上城区首个"墙门管家"群众自治模式开启】 2016 年 8 月 31 日，湖滨街道从辖区 42 个墙门中选聘 18 人，成为"走得进家门、聊得上家常、帮得上家事、解得了家忧"的"墙门管家"，搭建起基层党组织"亲"群众"密"百姓的桥梁。该群众自治模式在网格基础上细化组织单元，做实做优群众工作，进一步夯实党组织的群众基础。"墙门管家"群众工作包括为老服务、弱势群体帮扶、邻里纠纷调解等。

【第十四届邻居节】 2016 年 11 月 3 日，湖滨街道举办第十四届邻居节，街道 6 个社区分别以"墙门饺子宴""健康饮食节""欢乐歌舞秀" 等主题开展邻居节活动。邻居节从青年路社区发源，该社区组织舞蹈、小品、表演和互动游戏等活动，让居民体验感受和谐温馨的邻里亲情，助推品质湖滨建设。

【平安文明校园建设】 2016 年，湖滨街道加强平安文明校园建设。建立"135"应急联动工作处置机制，使街道各部门的职能得到最大发挥。辖区校园内发生的问题 1 分钟之内可得到处置和险情上报，3 分钟之内有关部门即能联动反应，5 分钟之内到达现场处置，把突发事件和险情控制在萌芽状态。全年"135"应急联动机制处置校园周边险情 185 次，处置率 100%。营造依法依规治校的氛围，开展消防安全法宣传 22 次，1728 人次安装 "平安浙江"APP 客户端。在校园周边增设监控，对学校开展大型活动严格把关。关注校园安全舆情事件，协助区委宣传部、区网信办做好相关工作，保障校园平安和谐。

（沈　雯）

清波街道

【概况】 清波街道东起中河高架桥，南倚吴山风景区，西临西湖，北接西湖大道，辖区面积2.2平方千米，总人口3.42万人，下辖清河坊、定安路、劳动路、清波门、柳翠井巷5个社区。该地区历史悠久，曾是南宋皇城所在地，南宋至清的临安府、杭州府署、元朝的江浙中书省、明清的浙江布政司署均设在境内。浙江省军区领导机关、中国美术学院、上城区政府、浙江省商业集团、浙江省机电集团等坐落辖区。拥有行政事业单位及各社会团体217个、大中型商务楼11幢、医院1个、大中小学和幼儿园8所、金融机构15个、房地产开发公司18个、其他企业2399个。辖区内有柳浪闻莺公园、吴山天风、杭州碑林、于谦故居、胡庆余堂中药博物馆、潘天寿纪念馆、浙江革命烈士纪念馆、凤凰寺、南山路文化艺术特色街区、清河坊历史街区、南宋御街等杭州著名的特色景区、博物馆(纪念馆)和街区。

2016年，清波街道以“整街推进，整社提升”为目标，坚持抓创新和抓发展，圆满完成G20杭州峰会服务保障工作和年初确定的各项目标任务。全年引进内资66.1亿元，完成年度目标的198%，引进全国房地产百强企业嘉凯城集团股份有限公司、全球第三大通信设备制造商中兴通讯集团金融控股有限公司等重点企业。完成税收收入12.36亿元，比上年增长6.2%。实现社会消费品零售总额91.19亿元，增长10.9%。以全区社会治理和服务创新试点为契机，深化社区管理体制改革，建立以基层党组织为核心，社会资源、社会组织及社工队伍良性互动的社区治理新格局，实现社区治理和服务水平的大提升。

年内，清波街道获全国先进司法所、杭州市服务保障G20杭州峰会先进集体、杭州市基本无违建街道、杭州市综治维稳工作先进集体、杭州市“六五”普法先进集体、杭州市最具活力基层侨联组织等荣誉。

【“银丝坊”公益理发店项目获全国银奖】 2016年1月，由清波街道劳动路社区张能庆公益服务站推出的“银丝坊”公益理发店项目在共青团中央、中央文明办、民政部、中国残疾人联合会、中国志愿服务联合会联合举办的第二届中国青年志愿服务项目大赛上获银奖。该公益项目是张能庆公益服务站和清波街道劳动路社区合作创办的公益慈善项目，专门为老人提供免费理发、科技助老、心理抚慰、生活辅导等专项服务。公益服务站在清波街道设立15个公益理发店，负责人张能庆累计为老人义务理发2万余人次。除“银丝坊”外，公益服务站与街道6个社会组织联合推出“益起来”公益(峰会)项目，先后组织“清篮”行动、G20杭州峰会知识宣传、为环卫工人送清凉等公益活动近100场(次)。其中5月14日，组织300余名志愿者在吴山广场、武林广场、西城广场等10个广场开展“清篮”行动，清理公共自行车车篮内垃圾、公共场所烟蒂，并向市民游客进行爱惜环境、文明出行的宣传。

【“清波话坊”工作模式获民政部肯定】 2016年2月18日，民政部基层政权和社区建设司对清波街道基层民主协商平台“清波话坊”予以批示肯定。“清波话坊”协商平台建立以来，按照协商于民、协商为民的宗旨，围绕社区居民普遍关心的民生热点问题，组建社情民意收集队伍，建立社情民意收集机制、社情民意分析机制、民主协商解决机制和跟踪宣传反馈机制，开展形式多样的民主协商活动，有效促进社区居民、社会组织、辖区单位共同参与的社区协同治理新格局的形成。

【思美传媒公司获营销创新类银奖】 2016年7月6日，中韩(威海)电子商务创新峰会暨ECI Awards颁奖典礼在山东省威海市会议中心落幕。清波街道辖区企业思美传媒股份有限公司凭借“滴滴专车植入腾讯自制网络真人秀《尖叫吧路人》”的营销案例在来自中国、韩国、美国、俄罗斯等报送的近1000件案例中脱颖而出，获营销创新类——旅行服务类银奖。此次评奖有近150名来自各地业界专家及学者组成的终审评委团参与评选，反映了世界范围内的数字商业创新水平。

【柳翠井巷社区被评为杭州和谐示范社区】 2016年5月7日，柳翠井巷社区被杭州市和谐社区建设领导小组评为2015年度杭州市和谐(文明、平安)示范社区。该社区创新建立“AB岗”工作体系，经常走访居民家庭，不断增强居民对社区的归属感，先后获全国优秀志愿服务品牌项目、上城区和谐社区建设示范社区、上城区居民自治十佳金点子等40余项荣誉，并形成党建“人文荟萃”、居委会“群英荟萃”、公共服务站“出类拔萃”的“萃”特色社区服务品牌。

2016年6月20日，上城区首台垃圾袋自助发放机落户清波街道

（清波街道 供稿）

【全区首个智能垃圾分类服务系统启用】 2016年6月20日，清波街道启用全区首个集垃圾分类宣传、投放、监督、引导等功能于一体的服务系统——“福二袋垃圾分类服务系统”。该系统分宣传教育、人工智能服务、垃圾袋智能发放、数据采集奖惩、人工服务管理五大部分。服务系统采用小型化的垃圾袋智能分发设备，用户凭手机APP扫一扫二维码就能免费领取垃圾袋，并拥有积分赚取、奖励兑换等功能，通过后台数据分析，实现垃圾投放全程监控，提高垃圾分类工作水平。

【杭州首个屋顶羽毛球场建成】 2016年5月12日，清波街道在中山苑小区屋顶上个建成首个羽毛球场。同样的球场有两个，均位于中山苑小区3幢与4幢、4幢与5幢之间的裙楼楼顶平台。平台地面上被铺设一层球场专用塑胶垫，中间为绿色，周围一圈红色，加上白色的划线，红绿相间的球场使原本色彩单调的平台增加一道靓丽的风景，既改善环境，又为居民休闲健身开辟新场所。5月30日，清波街道组织小区居民间的首场羽毛球友谊比赛，吸引不少社区居民参与。

【街道侨联作用发挥】 2016年，清波街道侨联充分发挥侨界同胞的作用，组建侨届智囊团，组织归侨侨眷加入“清波话坊”民情观察员队伍，为街道和社区发展出谋划策。成立为侨服务中心，为侨界同胞提供招商引资、政策咨询、法律援助、医疗保健等服务，并吸收归侨侨眷参与服务当中，提升服务水平和影响力，为吸引海外侨资侨力、助力街道经济转型升级架设沟通渠道。组建统战文化圈，以文化认同感团结基层统一战线各界人士，为落实各项民生政策、展示地区独特的文化魅力凝聚合力。11月18日，清波街道侨联被市侨联评为杭州市最具活力基层侨联组织，并转授国务院侨办颁发的2015年度全国社区侨务工作示范单位奖牌。

【辖区人大代表补选】 2016年1月25日，上城区第十四届人民代表大会第21、27选区人大代表补选在清波街道举行。街道设立1个固定投票站和12个流动投票点，参与投票选民3999人，经选举产生区人大代表两名。清波街道于2015年12月启动人大代表补选工作，选举过程中，选民核对、联名推荐代表候选人、投票选举等环节均严格按照法定的时间节点及指定程序进行。

【社区居委会委员增补】 2016年3月30日，清波街道完成第五届社区居民委员会委员增补工作，增补委员均为社区居民。候选人通过自荐、社区代表联名推荐、组织推荐3种形式初步产生，由社区党委和街道党委审查，确定资格后产生正式候选人，经过3轮张榜公布后，由居民代表大会选举产生。5个社区选举产生居民委员14名，作为新生力量参与社区建设。

【清波商会换届】 2016年4月13日，清波街道商会召开第五次会员大会，进行商会换届。会上，商会会长叶惠忠代表商会第四届执委会做商会工作报告。大会选举产生清波街道商会第五届执委会，并在随后召开的五届执委会第一次会议上，选出新一届商会会长、副会长、秘书长、副秘书长和名誉会长。徐荣培担任新一届商会会长。第五届商会有单位会员75个。

【第一社区老年食堂升级改造完成】 2016年1月，清波街道第一社区老年食堂升级改造完成。老年食堂位于三衙前10号，食堂设两层，面积110平方米，设餐位40余个，每天为老年居民提供中晚两餐，每餐价格1元~5元不等，菜肴品种多样，主食有面食、杂粮等，尽最大可能满足居民的需要，并免费为社区老、弱、病、残等特殊群体提供上门送餐服务。

【美国德克萨斯州警察研修团到清波街道考察交流】 2016年3月22日，美国德克萨斯州警察研修团一行6人到清波街道考察交流禁毒工作。街道向研修团介绍社区戒毒（康复）工作情况，双方就社区戒毒（康复）的工作方式和推广经验进行交流，并一起观看清波街道禁毒宣传片。研修团参观街道禁毒办公室、宣教活动室，查看社区戒毒（康复）工作上墙制度和职责，并向社工详细询问禁毒管理情况，对清波街道禁毒工作给予高度评价。

【"麦田圈"公益组织帮扶失独家庭】 2016年3月30日，清波街道计划生育协会"麦田圈"公益项目作为扶助关爱计划生育特殊家庭创新案例，在杭州市计划生育家庭发展工作会议上做交流介绍。"麦田圈"是清波街道注册的一个社会公益组织，专门为失独家庭提供生活照料、医护上门、心理辅导等服务。辖区纳入"麦田圈"公益组织帮扶的失独家庭和独生子女伤残家庭43户，"麦田圈"公益组织累计进行电话沟通近1000次，上门服务3500余人次，组织大型户外集体活动11次，举办"为失独老人生日"活动36次，提供养生保健服务28次。

【光复路交通环境整治】 2016年3月，清波街道针对光复路早晚高峰期间交通拥堵、车辆乱停现象严重等问题，启动光复路交通环境整治行动。由街道城管科牵头，协调属地社区与城管、交警等部门联动合作。前期完成对道路交通实际情况调查，充分收集沿线居民机动车数量、停车高峰时段等数据信息，并根据掌握的信息情况进行整体分析，确保后续工作有的放矢。做好宣传释疑服务，向违停车辆发放温馨提示200余份，劝导违停车主30余人，获得居民的理解与支持。通过附近停车场和小区物业挖潜开源，实施错时停车和对沿线居民优惠停车相结合的停车模式，净增停车泊位30余个。经过整治，光复路乱停车现象明显减少，道路比之前畅通不少。

【嘉凯城集团落户清波】 2016年6月8日，全国房地产百强企业、上市公司嘉凯城集团股份有限公司正式落户清波街道。其招商引资成果对进一步提升清波地区企业结构水平，推动总部经济建设，促进浙商资本回归具有重要作用。嘉凯城集团股份有限公司是浙江省国资委旗下的房产上市公司，资产规模近400亿元，年营业收入100亿元，旗下拥有多个商业和住宅明星品牌，其中恒大地产集团有限公司通过股权收购成为公司控股股东。此前，清波街道在最短时间内帮助该集团完成工商及税务等相关手续办理。

【"中国梦·劳动美"毅行活动】 2016年10月30日，清波街道组织机关干部、社区工作人员和辖区20余个单位员工200余人，举行"中国梦·劳动美"主题毅行活动。毅行者们沿着南山路、玉皇山路，一路走到终点——江洋畈。所有参加人员全部走完全程，并获得"毅行者"荣誉证书。

【南山艺术节手工艺集市】 2016年11月2日，清波街道在南山路举办南山艺术节手工艺集市。中国美术学院毕业生和在校生现场设立40余个展位，展品涵盖首饰、陶艺、玻璃、漆画、木器、皮具、服饰等艺术门类，并有敦煌艺术风格作品、美院品牌衍生产品等作品参展。现场还有首饰切割镂空工艺展示及拉坯和彩绘陶艺技艺传授等互动节目。

【迎新春文化惠民活动】 2016年春节前夕，清波街道利用辖区文化资源，举办8场迎新春文化惠民活动，内容涉及创意马勺绘画，写春联送“福”字，年糕、面塑制作体验等，吸引辖区居民、单位员工及游客700余人次观看和参加体验。1月20日，辖区“麦田圈”公益组织为60余名失独家庭和独生子女残疾家庭老人举办迎春联欢会，由志愿者表演越剧，邀请失独老人参与唱歌、游戏、猜谜、电子琴弹奏等节目，同时邀请太和堂中医专家为失独老人把脉问诊和按摩，并送上爱心福袋。1月26日，街道连续第16年举办爱心慈善年夜饭，街道领导与近100名孤寡空巢老人、残疾家庭和困难家庭老人及环卫工人共迎新春佳节，街道工疗站工疗员和吴山艺术团到场表演文艺节目，为年夜饭助兴。

2016年8月17日，清波街道组织辖区重点单位和社区进行消防安全演练

（清波街道　供稿）

【中外友人喜迎峰会专题活动】 2016年2月18日，清波街道在杭州孔庙举办“喜迎G20峰会，争做友好使者”中外友人迎峰会专题活动，100余名各界人士在“迎接峰会，当好东道主”的签名墙上签名，表达以实际行动对G20杭州峰会的支持，其中有12人是长期生活工作在清波地区的外国友人。启动仪式后，中外友人身着汉服诵读国学经典，体验杭州深厚的传统文化底蕴，并与峰会志愿者开展英语会话交流，共同学习西湖英语解说词。

【消防安全屋与“微型消防站”联网】 2016年2月，清波街道在劳动路9号建成消防安全屋，安全屋承担消防器具展示和消防安全教育的功能。屋内“火灾报警控制系统”、防毒面具、安全绳等硬件装置齐全，并配有消防安全知识图板。街道依托安全屋，为学校师生、单位员工、社区居民举办消防安全讲座、实物操作演练等活动，提升全民消防意识。同时街道5个社区均建立“微型消防站”，配齐应急设备，由专人值班管理，并与消防安全屋联网，形成消防安全知识宣传、火灾预防和应急处置一体化的消防安全工作网。

【新华社浙江分社副总编调研古井保护工作】 2016年11月22日，新华社浙江分社副总编方益波到清波街道调研市级文物保护单位（点）郭婆井保护情况，并了解“五水共治”工作。清波街道有水井17口，街道结合“五水共治”，出台水井长效养护管理的实施意见，建立比较系统的城管、街道、社区古井巡查机制，定期对水井进行清淤和设施保养维护，每年委托具有专业资质的检测单位开展不少于一次的水质检测，设立民间“井长”共同参与古井保护。方益波对清波街道水井保护工作给予高度评价。

（蒋成杰）

小营街道

【概况】 小营街道东临贴沙河，西濒中河，南接望江路，北至庆春路，总面积2.7平方千米，下辖小营巷、金钱巷、西牌楼、紫金、马市街、大学路、葵巷、老浙大、长明寺巷、茅廊巷、梅花碑、姚园寺巷12个社区。2016年，小营街道有常住人口9.12万人。辖区内有行政事业单位234个、金融机构48个、工业企业68个、房地产开发公司47个。全年完成财政总收入30.41亿元，比上年增长5.2%，其中一般公共预算收入14.62亿元。完成招商项目178个，引进内资19.55亿元，浙商回归到位内资7.75亿元，利用外资3150万美元。推进中河高架、庆春路、解放路、西湖大道、望江路等道路整治提升，完成62个产权单位、25幢居民楼的立面整治及18处亮灯工程。完成工具厂地块临时停车场、建国南路中医街停车场、天工艺苑地下停车场改造。推进地铁5号线江城路站征收，江城路站一期、二期征迁项目全面“清零”。创新深化“红色小营”“健康小营”“最美小营”三大核心品牌。辖区毛主席视察小营巷纪念馆、中共杭州小组纪念馆、钱学森故居及红巷生活广场组成“小营·江南红巷”国家AAA级红色旅游景区。

【张成良等人获“浙江好人”称号】 2016年7月11日，省文明办对评选出的“发现最美浙江人——浙江好人榜”名单予以公示。经群众推荐、基层遴选、网络投票和评委会综合审议，小营街道“成良微公益面馆”店主张成良等30人被评为“浙江好人”。由省委宣传部、省文明办组织评选的“浙江好人”分为助人为乐、见义勇为、诚实守信、敬业奉献、孝老爱亲、勤俭节约六大类。

【实施“优礼小营人”公共文明素养提升工程】 2016年3月28日，小营街道启动“优礼小营人”公共文明素养提升工程。先后组建12支2000余人的G20杭州峰会“营火虫”文明志愿引导队伍，推出“三社联动，七彩自治，助力G20”主题活动，通过优秀骨干“营火虫”的个体行为“闪光”实现对市民群众日常行为的潜移默化，最终将“营火虫”效应汇点成面，助推小营人公共文明素养的全面提升。

2016年3月30日，小营街道邀请社区英语老师为志愿者开展“喜迎G20——开口说英语”教学活动 （小营街道 供稿）

【组建“营火虫”联盟】 2016年5月4日，小营街道组建“营火虫”联盟，将平安共建、群防群治、生产安全等工作打包融合，以生产、生活行为的规范化管理为抓手，按照全地域、全时段、全行业、全人员和全资源的小营安保“五全”保障标准，推进安保志愿工作由被动向主动转变、处置向预防转变、管控向引导转变。5月4日，小营街道以“飞阅小营美，丈量小营变”为主题，开展“快闪活动”，激发小营青年人的峰会主人翁参与意识。来自上海铁路局杭州客运段、杭州邮政局等单位的150余名青年代表宣誓加入峰会“营火虫”大家庭。街道45个直属团组织近3万名团员与浙江东方集团、杭州电力局、杭州联合银行、浙二医院等单位团员青年共同参与“营火虫”志愿服务活动。社区的“营火虫”小分队将“红巷老舅妈”“夕阳红服务队”“退休红袖章”等老年志愿者与青年志愿者进行搭配。全年街道12个社区的“营火虫”小分队招募志愿者3800余人，对街道重要道路沿线商家和人流密集的医院、市场实现安全引导，累计志愿服务40余万小时，劝导不安全行为200余起。

【创建“红巷义集”党建服务模式】 2016年，小营街道党工委结合“奉献季、互动季、跃动季、参与季”四季主题活动，创建具有效应特色的“红巷义集”党建服务模式。在“民情E点通”APP上建立“红巷义集圈”，组织辖区各单位按照梦工场的“四季菜单”，把每个季度集中开展义集、义演所得的爱心款全部用于需要帮助的群体。通过“义仓义集”参与式社区互助方式，凝聚党员力量，激发辖区企事业单位、社会组织、社区居民的愿望，帮助社区解决实际问题。

【基层社会管理】 2016年，小营街道以红巷生活广场为基层社会管理试点，探索打造社区、社会组织和社工“三社联动”社区发展模式，实现三者优势互补、资源共享。全年依托红巷生活广场开展大中型社区活动170余场，服务居民近5万人次，吸引100余个社会组织的项目进驻。完善“三社”

服务体系，打造"社社"联动机制，拓展"三社"服务内涵，进一步夯实基层社会管理基础，提升基层社会管理水平。

【社工队伍建设】 2016年，小营街道以红巷精神为引领，构建"闯关"培育、"放量"激励、"树根"支撑三大体系，培养一批能吃苦、肯奉献、勇克难、善攻坚的排头兵，不断增强社工队伍创造力、战斗力和凝聚力。构建"海选"竞岗、素质过关、专业过级的社工培育体系，提升选人用人效率，实现供需无缝对接，培育一批优秀青年社工。年内，街道青年社工占总数80%以上。激活社区原生态，鼓励社区创新创业。为社区建设及社工发展提供强大支撑，帮助社工解除后顾之忧，筑牢挂包"暖心根"、组织"关怀根"、群众"支持根"。

【破墙开店"顽疾"整治】 2016年，小营街道多方联动、集中攻坚，破除困扰大学路主干道429户居民近10年的环境"顽疾"，对大河下直路300米全路段包括马坡巷、高官弄延伸段开展集中整治，恢复原状42处，拆除违建67处约1500平方米，关停无证经营店面31个，规范经营店面25个，大学路区域破墙开店引起的小区环境脏乱差、食品不卫生和存在通行安全隐患等问题得到有效解决。

【拆除违法建筑7955平方米】 2016年，小营街道借助"快速查处违法建筑互动平台"和"四个三"拆违工作机制，加大存量违法建筑拆除力度。推进居住小区违法建筑拆除，提升拆违工作效率。区拆违办、行政执法二中队、小营派出所等部门联动，对福利新村违法建筑、大学路新村违章破墙和江城路708号、解放路正大酒家、小南阳螺蛳王餐馆顶楼违法建筑等进行拆除。全年小营街道拆除违法建筑166处，面积7955平方米，其中省市督办违法建筑11处、信访举报违法建筑24处，立案41件。通过即查即拆程序拆除新建违法建筑15处，面积500余平方米。

资料

"四个三"拆违工作机制：指"三及时、三第一、三共同、三减少"。"三及时"即及时发现、及时报告、及时劝告；"三第一"即街道、社区和相关职能部门第一时间赶到现场，第一时间制止违法建筑行为，第一时间恢复原状；"三共同"即共同约谈，共同执法，共同善后；"三减少"即减少公共危害，减少违法投入，减少行政成本。通过明确工作职责、目标和要求，提升拆违工作效率。

【生活垃圾减量化】 2016年，小营街道围绕生活垃圾减量化目标，在小营公园引进垃圾分类智能回收平台，引导居民将塑料、玻璃等可回收物品分类投放。在金鸡岭餐饮一条街试点开展厨余垃圾分类收运，配备专用回收桶定时清运、集中处置。在辖区范围内设立低价值物及大件垃圾集中堆放点，与申奇废品回收公司合作开展分类收运和分类利用。在大学路场官弄66号推行大件垃圾、建筑垃圾及低价值(可回收)物品进行统一集中堆放，由专业回收公司负责清运，实现大件垃圾不落地的清运模式。

【物业管理服务水平提升】 2016年，小营街道投入资金200余万元，推行人本化、精细化、科学化和综合化的物业管理模式。自10月16日起，在老浙大社区、大学路社区、葵巷社区实行区域综合物业管理服务，打造老旧住宅小区"准物业"管理样板。该模式依托社区连片的公共资源优势，实施"七合一"(环境卫生、绿化养护、设施维修、楼道亮灯、停车管理、安全防范、垃圾分类)的综合管理服务。年内，3个社区的新老物业公司完成工作交接，小区物业管理实现平稳过渡。

【环境质量管控】 2016年，小营街道统筹推进环境质量保障工作，开展街道综合执法队伍重点巡查与社区环境质量保障小区全覆盖排查。加强治水宣传，举办"扮靓东河，喜迎G20"等主题宣传活动。加强巡查监管，贴沙河、东河和中河沿线实行早、中、晚"三查"措施，严密监控水质状况，发现洗衣、洗拖把、钓鱼、违法排污等行为，第一时间进行处置。8月20日起，贴沙河备用水源取水口实行24小时驻点巡查管控。深入开展"人人动手、清洁家园"活动和小餐饮店、食品店、酒店食品安全专项排查整治。小营地区所有超范围经营、存在油烟污染、无证无照、消防不过关的餐饮店和汽修喷漆店实现关停。

【“舞动小营”排舞大赛】 2016年5月26日,“舞动小营”小营地区首届排舞大赛在上城区青少年活动中心举行。大赛邀请亚太国际排舞联合会中国区浙江委员会秘书长、浙江省文化馆办公室主任、副研究馆员厉剑虹,杭州市舞蹈家协会理事、杭州市排舞推广人王蓉蓉等担任评委。现场采取打分报分的办法,根据选手编排舞蹈的主题、舞姿、队形、舞台效果等进行打分。来自上海铁路局杭州客运段、回音必集团有限公司、杭州浙业后勤服务有限公司3支代表队,以及9个社区代表队和小营街道机关代表队分别获首届排舞大赛好声音的金、银、铜、优秀奖。

(王　芹)

望江街道

【概况】 望江街道东临钱塘江,南至望江路,西接贴沙河,北傍清江路。区域面积4.0平方千米,总人口11.7万人。辖大通桥、始版桥、兴隆、莫邪塘、清泰门、婺江、耀华、近江东园、近江西园、在水一方、徐家埠11个社区。辖区内有行政事业单位51个(含医院4个、中小学和幼儿园12所)、金融机构27个、工业企业6个、房地产开发公司12个、服务业企业1797个。有商务楼宇15幢,总建筑面积95.16万平方米。望江智慧产业园入选杭州市首批总部(浙商)基地;浙江安正科技股份有限公司、浙江易之园林股份有限公司、浙江风盛传媒股份有限公司、杭州顺治科技股份有限公司4个企业在“新三板”挂牌;杭州青年创业大街在孵企业200余个,幼发拉底杭州中心被评为国家级众创空间。全球首个无人机7S店、国内首个VR体验店、浙能资本控股有限公司正式入驻,地区经济实力稳步增长。全年征收居民1354户、企业26个,征收面积22.7万平方米,实现5个地块“清零”。完成“三路两侧”(秋石高架、清江路、望江路和之江路两侧)34个单位、15处住宅楼立面整治。拆除违法建筑1.89万平方米,完成危旧房改造32幢、2.38万平方米。东宝路夜市、甘王支路马路市场被取缔。新增就业岗位4892个,实现失业人员再就业2100人,安置就业困难人员1053人。民生实事公益项目募集资金158万元。建成徐家埠社区居家养老服务中心、清泰门社区便民服务中心,完成“一中心四站点”卫生服务站提升工作,卫生服务中心扩面1167平方米。推进大社区管理模式下的社区公共服务站改革,将6个社区公共服务站合二为一;在大通桥社区试行“居站分离”及居民自治改革,优化社区便民服务。发挥6128名“黄哨子、红袖章”巡防志愿者的作用,构建起由11名“总网格长”、24名“网格长”、61名“片区长”、2023名“楼道长”组成的四级网格架构体系,成立“五位一体”看家护院队95支,对辖区楼道、小区道路进行一对一专人实名看护。望江街道被授予杭州市先进基层党组织称号。

【智慧产业生态体系打造】 2016年,望江街道推进智慧产业与城市建设的融合发展。先后引进全球八大创新中心之一的思科万物互联创新中心、全球唯一的思科webes研发中心、全球首款基于内存计算技术的大数据底层操作系统。5月12日,上城区“科技大厦”在近江时代大厦揭牌,年内引进科技型企业97个,初步形成以咸亨无人机、航舟无人机管控平台系统为支撑的无人机产业,以全国唯一一个HTC的VR产品线上销售商——浙江春派科技股份有限公司为核心的VR产业、以杭州顺治科技股份有限公司为主导的智慧教育产业,以杭州市民卡有限公司智慧医疗板块为核心的智慧医疗产业。

【风盛传媒公司“新三板”挂牌】 2016年7月28日,浙江风盛传媒股份有限公司在“新三板”挂牌,成为望江街道第4个在“新三板”上市的企业。股票简称“风盛股份”,股票代码838071,总股本3000万股。公司位于上城区望江国际中心,主营业务为借助户外广告大牌、户外LED屏、地铁灯箱等各类户外媒体资源,协助客户开展品牌宣传,发布产品广告,为政府及公益机构发布公告信息。

【征收安置工作】 2016年3月1日,望江街道启动始版桥直街以西、贴沙河沿线住户的征收工作。此次征收涉及居民206户,当天签约70余户,首批拆迁户安置房交付,45天完成安置204户。始版桥直街以西征收工作完成后，贴沙河沿线建成占地5.84万平方米的沿河绿化带，脏乱差面貌彻底改观，贴沙河水环境明显改善。1月18日，辖区内最大企业浙江五丰冷食有限公司签订动迁补偿协议，征迁面积1.8万平方米。10月，启动原杭州肉联厂宿舍地块评估征收工作，年内居民签约183户、腾空178户。全年望江街道实现征收居民1218户、企业25个；居民货币化安置568户，实物安置172户。

【存量违法建筑“清零”行动】 2016年，望江街道加大“三改一拆”工作力度，深入开展“无违建街道”创建工作。经过前期摸底调查，望江街道联合区拆违办公室对东宝路一弄61号违法建筑进行拆除，拆除面积177.91平方米，实现望江单元C2-04违法建筑“清零”。自10月起，望江街道按照由易到难的顺序对存量违法建筑进行拆除。至6月末，杭州五丰冷饮厂内最后一幢违法建筑楼被拆除。全年全街道拆除违法建筑31处、面积2340平方米。

【彩钢房(棚)集中整治】 2016年1月，望江街道开展彩钢房(棚)集中整治专项行动，对违法搭建的彩钢房(棚)进行全面整治。整治分摸底准备、集中整治、巡查整治、考核验收、长效管控5个阶段，排查出的290处蓝色彩钢房(棚)全部列入整治计划。在近江海鲜市场彩钢房(棚)整治过程中，街道会同区住房和城建局、区拆违办、望江指挥部等单位，多次上门调研，听取市场经营户意见，耐心做好动员工作，引导群众自改自拆。年内，列入整治计划的彩钢房(棚)全部拆除，拆除面积2.1万平方米。

【“民情E点通”APP功能拓展】 2016年，望江街道拓宽为民服务渠道，做强“民情E点通”的“圈子”功能，新增《红色坐标》《日常走访》《社区服务》等栏目，构筑党员与党组织、党员与群众的互动平台。全年有1360名党员进行APP实名注册，党组织、党员收到信息3.02万条，95%结案。发布“微心愿”2685个，参与认领党员2551人次。5月，试点打造“民情E点通”掌上舆情工作室，累计推送新闻时评、舆情观点80余期，上报重要社情民意80余条、建议类信息150余条、其他信息120余条，该工作室受到中共中央宣传部舆情局肯定。6月，推出“民情E点通”手机定位巡防功能，居民、志愿者通过APP巡防签到即可参加平安巡防，系统会自动记录巡防时间、走访路线、爆料信息数量和发现问题地点，便于“智慧云社区·民情E点通”指挥中心发现巡防盲点和薄弱环节，第一时间进行巡防力量调配。

【“心灵港湾体验日”活动】 2016年1月28日，望江街道“心灵港湾”重新开放。经过提升改造后，“望江心灵港湾”从“异乡姐妹心灵港湾”发展为“整个街道居民的心灵港湾”，从最初的针对外来女性的维权服务，扩大到“24小时心情热线”“心晴加油站专场沙龙”“心情碰碰车主题工作坊”“心情七彩屋沙盘治疗”“心情调解屋”“幸福果乐园”“致远心广角”“社工人才摇篮计划”八大类服务活动。“心灵港湾”以更温馨舒适的场地、更专业的心理学团队，为辖区居民提供融家庭教育、团体心理辅导、心理测评与咨询于一体的服务。开放当天，望江街道组织开展一系列心理学体验活动，为居民送去专业、生动的心理学知识，活动包括各类培训、专题讲座、政策咨询、来访接待、纠纷调解等，132人参与体验日活动。3月7日，“望

2016年2月7日，东宝路夜市被取缔，并实施整治 （望江街道 供稿）

江街道心灵港湾升级焕彩大型启幕活动”在杭州市妇女活动中心举行。市妇联副主席丁立燕,区政协副主席袁巧玲等出席启幕活动。

【健康科普体验馆开馆】 2016年3月31日,望江街道健康科普体验馆开馆。体验馆占地面积200余平方米,以寓教于乐的形式向辖区居民传递绿色生活理念,成为居民群众能学习、能咨询、能动手、能体验的多功能实验体验室。体验馆设舌尖安全实验体验区、体质测试区、综合图书区、低碳环保区、健康互动区五大板块,体验内容有食品安全课程互动培训、农残检测实验体验、食品安全电子触摸屏互动体验、环保酵素现场制作、国民体质测试、综合图书体验等。开馆当天现场体验居民180余人。

【志愿巡防队扩大】 望江街道自2002年成立全区首支“红袖章、黄哨子”志愿巡防队以来,不断优化工作机制,积极开展巡防活动。至2016年年末,“红袖章、黄哨子”志愿巡防队扩大到11支,志愿者2600余人。望江街道推进平安巡防工作从“有形的哨”向“无形的哨”转变、从“群防”向“群网”发展。4月17日,“服务G20,望江在行动”——千名志愿者签名誓师大会在杭州天地实验小学举行。G20杭州峰会期间,“红袖章、黄哨子”志愿巡防队积极参与地块征收、环境整治、治安维稳等工作,成为一支服务保障G20杭州峰会的草根精兵。

【“五位一体”实名看护机制启用】 2016年7月26日,望江街道启用“五位一体”实名看护机制,为辖区安全“防火墙”E点通联动机制按上“双保险”。全街道划分责任片区95个,由责任社工、街道工作人员、片区长、物业管理人员、志愿者“五位一体”共499人组建95支看家护院队,对1762个楼道、小区道路采取专人实名看护。街道在此基础上建立“五必查、五必清”长效机制。全年清理非法分割房423套,取缔违规充电点29个,搬离乱停电瓶车1065辆,整治私拉乱接电线1456处。

资料

“五必查、五必清”机制:出租房必查、堆积物必查、充电点必查、消防栓必查、隐患点必查;私拉乱接电线必清、过期灭火器必清、消防通道堵塞必清、易燃易爆物品必清、非法分割房必清。

【社区、业委会、物业公司三方联动机制形成】 2016年,望江街道为巩固“网格长、片区长、楼道长”三级管理体系,探索形成社区、业委会、物业公司三方联动机制。围绕楼道堆积物、楼道违建等问题,以楼道长带动楼道居民进行清理处置,借助“最美示范楼道”评比,开展楼道自治。围绕物业管理问题,探索实施“自建队伍、自定标准、自聘人员、自管收支”的物业自治模式。围绕电动自行车管理难题,整合物业空间,选聘第三方专业机构安装投币式、刷卡式充电桩,规范电瓶车充电。

【社区居民自治促进会运作模式实施】 2016年,望江街道优化社区治理方式,探索实施“1130”社区居民自治促进会运作模式。该模式为1名社工挂钩1名居民自治委员,1名居民自治委员负责联系30名望江楼道大妈;每个月定期开展1次居民自治工作例会,1次社区“两委”(社区党委和居委会)当月服务信息分析研判会。开展创新试点,通过楼道大妈收集民生所需、居民自治委员辅助帮助、社区承接网格服务,实现诉求快速传达、社区民意及时互通。耀华社区为恢复清静弄便民服务一条街人行道,专门召开听证会,并组织社工、“楼道长”、“片区长”上门劝导,最终11户商户全部搬离。

【青少年校外法治教育】 2016年,望江街道暑假青少年校外法治教育围绕提升青少年安全意识和文明素质开展工作。街道依普办向辖区学校发出“支持G20,从我做起”倡议书。通过组织学生观看法治教育片、普法讲师团开展以案说法、社区民警解读《中华人民共和国未成年人保护法》等活动,引导青少年学法、懂法、知法、守法,增强法治观念。各社区利用模拟法庭、法治征文等形式,开展宪法、消防安全法等法规的宣传。暑假期间,望江街道举办青少年法治讲座52场,参与学生600余人。

(周廷波)

南星街道

【概况】 南星街道东北连万松岭、凤山桥，以飞云江路为中间线与紫阳街道毗邻，东南沿钱塘江中心线与滨江区相望，西北沿玉皇山、凤凰山，与西湖区交界。街道下辖美政桥、海月桥、馒头山、玉皇山、紫花埠、复兴街、水澄桥、白塔岭8个社区，面积4.31平方千米。2016年，有常住人口17900户、4.2万人。辖区内有闸口白塔、梵天寺经幢、施家山吴汉月墓、慈云岭石窟造像、老虎洞窑址、天龙寺、千佛洞、南宋皇城遗址8处国家级文物保护单位及于子三墓、宋京郊坛下官窟址、中河南端古桥、古泉群等省、市级文物保护点。全年完成财政总收入8.59亿元，比上年增长41.7%；完成地方财政收入3.83亿元，增长34.3%，增幅居全区第一。引进内资到位资金27.65亿元，其中市外到位资金24.11亿元，增长30.1%。

【南星街道获评全国创新型社区建设示范街道】 2016年11月17日，南星街道被中国社会工作联合会评为全国创新型社区建设示范街道。南星街道探索实施开放式小区"街道+社区+居民自治管理"管理模式，形成以馒头山邻里中心为核心，社区服务创新基地、社会组织培育基地和社会工作实践基地为基础的"一个中心三大基地"社区服务格局。建立"3+X"式的"三警合一、五保同盟"智能化联动管理机制，对辖区内停车、保洁、治安等进行综合治理，以最强合力创造舒适、便利、安宁、宜居的生活环境。

【创新科普教育】 2016年，南星街道加强科普工作。与杭州市气象体验馆、南宋官窑博物馆等9个单位合作建立科普教育基地，并开展各类科普活动30余次。与60个单位签订科普共建协议书，辖区70%以上的单位均建立全民科学素质行动工作领导小组，领导小组与街道共同开展全民科学素质提升行动。加强科普设施队伍建设，投入100万元打造南星科教文体中心、水澄桥低碳生活科普馆、美政桥小牛顿科普馆。举办以"五水共治"为主题的文艺演出、环保时装秀等科普活动80余次。依托社区科普大学举办"远离雾霾""如何预防肺癌"等健康科普讲座70余次，受益居民5000余人次。依托实践教育基地开展"低碳装点生活"盆栽种植、"厨余垃圾有机腐化"、青少年暑期科技实践等系列活动，提升科普教育实效性、广泛性。水澄桥社区秉持科普惠民原则，以社区低碳馆为依托，引进艾绿社会组织，开展社区水环境、垃圾分类、低碳环保等内容的科普宣传；并利用科普橱窗、宣传栏、电子屏幕等载体普及"生活小窍门""饮食与健康"等知识。全年开展科普培训、咨询、讲座、文艺演出等活动40余场。水澄桥社区被省科协评为浙江省基层科普示范单位。

【上城区护百岁养老中心被认定为全国"互联网+"养老服务实验示范机构】 2016年1月，上城区护百岁养老服务中心被全国老龄办认定为"互联网+"养老服务实验示范机构。该中心位于白塔岭社区居家养老服务中心，通过"优之屋"和"优学堂"两个平台自动生成老年人数字化动态健康体检档案，依托微信等智能交流平台在"云端"向护理人员传输老人健康信息，并依据健康检测大数据，对高血压、慢性肾功能不全、糖尿病、脑血管病等疾病进行预警、筛查、分析、研究，为老年人提供针对性健康养老指导。

2016年3月17日，南星街道举行护百岁慰老服务启动仪式暨"互联网+"社区养老服务实验示范机构授牌仪式 （南星街道 供稿）

【"南星帮客"全民志愿者服务团队成立】 2016年4月5日，南星街道成立"南星帮客"全民志愿者服务团队。服务团队下设"党员先锋队""巾帼(家庭)服务队""少数民族服务队""平安巡防队""环境监察队""辖区单位服务队"6个分队，由辖区党员、居民、商铺商户、少数民族人员、国际友人等人员组成。该团队发挥团队成员专业特长，开展环境提升、帮扶救助、平安巡防等服务。

【南星街道钱江残疾人喊潮队获市"公民爱心公益奖"】 2016年5月30日，南星街道钱江残疾人喊潮队获杭州市"公民爱心公益奖"，喊潮队是上城区唯一获该奖项的团队。钱江残疾人喊潮队成立于2003年，致力于在每年大潮汛期间开展喊潮活动，提醒群众珍惜生命。至2016年末，喊潮队人员从最初的11人发展到61人，累计出动喊潮1万余人次，发放宣传资料10余万份，悬挂横幅标语1300余条，张贴宣传画3000余张，成功劝阻下堤人员5000余人次。

【企业和谐劳动关系构建】 2016年，南星街道多措并举，构建和谐企业劳动关系。对82个加工制造、建筑施工等劳动密集型企业开展4轮有关用工情况、工资支付情况的预警性排查，及时消除欠薪隐患。建立快速处理、依法处理、正确处理三大欠薪处置机制，以30分钟快速反应、24小时联动处理各类欠薪举报投诉案件14件。制定《工人讨薪专项经费使用管理办法》，建立工人工资保证金制度和企业欠薪应急周转金专项账户，对查实案件第一时间向企业进行追讨，并对一时追讨不回的资金由应急账户向农民工提前垫付。

【小区垃圾分类全覆盖】 2016年6月，南星街道8个社区31个小区2.1万户居民全部实施垃圾分类，分类小区覆盖率100%。南星街道通过建立"五员互动"垃圾分类机制增强合力，综合运用垃圾分类"E易学堂"、垃圾分类网上微博、短消息、QQ在线互动等方式，加大垃圾分类工作宣传力度。创新建立垃圾减量实验田，开设绿色账户，开办垃圾分类漫画课堂，组建垃圾分类督导队，提高垃圾分类准确率。10月17日，好望角、江新苑两个小区获杭州市垃圾分类示范小区称号。

【馒头山一期整治工程完成】 2016年4月，南宋皇城遗址馒头山地区一期整治工程完成。该工程以馒头山地区凤凰山脚路、馒头山路、宋城路、梵天寺"一纵三横"道路沿线和高架两侧为重点，着力推进道路整治、违法建筑拆除、群租清退、立面整治、危旧房改造、居民外迁等43个项目，涉及居民2500户、6000余人。集中拆除"一纵三横"沿线和高架两侧违法建筑615处，面积3.19万平方米。480幢单体建筑实施集中改造，完成立面整治26.6万平方米、平改坡24.3万平方米、更换雨棚1.8万平方米、更换和修缮门窗3.6万平方米。完成管线施工2.6千米、强弱电"上改下"15.6千米。拓宽凤凰山脚路—凤凰山东路道路2000米，实施宋城路、凤凰山东路防洪排涝工程。凤凰新村、凤山新村近1000户居民安装燃气管道，改建D级危房28幢，清退群租户1766间(户)，新建3000余平方米邻里活动中心。沿凤凰山脚路新绘800米体现南宋风韵的文化长墙。馒头山地区面貌焕然一新。

【"西湖先锋"线下联盟落户基金小镇党群服务中心】 2016年7月24日，全市首个"西湖先锋"线下联盟落户玉皇山南基金小镇党群服务中心。"西湖先锋"线下联盟借助智慧化手段、项目化运作方式，开展"乐活南山"登山活动、"跑男"党建知识竞赛等开放式、有创意的党组织活动，"互联网+"思维凝聚党员，运用"红芯"智能管理方法对党员进行动态管理，将线上、线下融为一体，推动基金小镇形成发展强、党建强的新局面。

【馒头山山地公园开园】 2016年8月5日，馒头山山地公园开园。山地公园由原废弃菜地改建而成，占地总面积1.4万平方米。山地公园依山地走势分高、中、低三层，高层是静态空间，以植物景观为主，打造馒头山的氧吧公园；中层是动态空间，设置儿童游乐区和健身设备；低层是休闲文化广场，设有上下连廊式管理用房、凉亭、游步道等山林休闲与户外健身相结合的活动和景观设施。该公园的景观设置与馒头山地区的青砖黛瓦的建筑交相映衬，使市民"在自然之中强身健体,在休闲健身之中体验山林景观”。

【馒头山邻里中心开放】 2016年8月5日,馒头山邻里中心开放。邻里中心位于梵天寺路54号,用地面积3240平方米,建筑面积2950平方米,由杭州原先最大群租房拆除重建而成。该中心设立农贸市场、医疗卫生服务点、老年食堂、警务室、居民图书室、室内健身房、书画苑等,为馒头山区域居民近1万人提供集“吃、玩、医、护、养、交、帮”于一体的温馨服务。

【玉皇山南基金小镇通过国家AAAA级旅游景区评审】 2016年,玉皇山南基金小镇通过国家AAAA级旅游景区评审。景区范围涵盖6个主类、15个亚类、32个基本类型共55个资源点。其中有白塔、天龙寺造像、吴汉月墓等国家级文保单位和大资福庙、南观音洞、八卦田遗址等市级文保点,以及安家塘21号等历史建筑。10月11日,55个资源点均通过省级专家组评审。

【美政桥社区新服务中心投入使用】 2016年11月4日,美政桥社区新服务中心投入运营,正式对居民开放。该服务中心位于美政花苑41幢,占地面积150平方米,于5月启动改造。新服务中心以社区改革为蓝本,设立4个功能性服务区块。综合服务窗口由全能社工负责综合性服务事务,党委服务区块由党员居民参与党建工作,居委会服务区块由居民直接负责居务管理,圆桌会议区块开展日常议事协商。

【推进节水改造工程】 2016年,南星街道推进节水改造工程。节水改造中注重水资源循环利用,在馒头山公园实施雨水收集项目,在周边小路建设明渠,将收集雨水引入山脚水池,用于绿化养护。注重水资源节约,在8个社区启动非节水型器具改造,为居民更换抽水马桶配件95套,安装节水型水嘴190套。

【馒头山文化创意街区打造】 2016年,南星街道积极打造馒头山文化创意街区。该街区位于南宋皇城遗址核心区块,占地面积104.67万平方米。街区以凤凰山脚路为主轴,围绕文创产业建成文化创意风情街;依托线上与线下相结合,建成集文化创意、研发、孵化等功能和艺术品及其衍生产品设计、生产、展示、销售为一体的文化创意产业链;借助玉皇山南基金小镇优势,形成以“江南1535”众筹茶馆为重点的文创众创空间,最终打造成“文创+旅游”“文创+商贸”“文创+金融”有机联动的综合型文化街区。

【凤凰山麓文创小镇转型发展】 2016年,南星街道通过推动产业集聚、产业创新和产业融合,加快产业转型升级。引入文创新业态,完善相应的配套设施,打造文创、旅游、宜居等功能叠加的特色小镇。推进“腾笼换鸟”,将凤凰山脚路沿线的旧厂房、旧仓库打造成毛戈平时尚园、凤凰御元、凤凰公社、“凤凰1138”等八大文创产业园区。拉长影视产业链,浙江紫桓华韵影视制作有限公司等文创企业以杭州为中心,向全国推广标准的电影工业化教育体系,同时计划建立国内最大的光学动捕虚拟拍摄摄影棚。引进蒋胜男工作室,对馒头山地区部分路段店铺和陶瓷品市场实施外观改造,完善便民超市、农贸市场、包子店铺、民宿等配套基础设施。

【邵逸夫国际医疗中心落户南星街道】 2016年1月,南星街道引进省内首个具备国际结算和“云诊断”功能医院——邵逸夫国际医疗中心。中心位于玉皇山南基金小镇核心区域,总用地面积800平方米,设置全科医疗科、医疗美容科、康复医疗科、内外科及医学影像的超声和心电检测、医学检验科临床体液和血液检测等科室。中心与邵逸夫医院青春院区实行一体化管理和国际医保结算,实现国际友人医疗服务的无障碍支付。中心的“云诊室”做到在家门口享受与邵逸夫医院专家的在线远程会诊,实现“首诊在小镇、大病去医院、康复回小镇”的闭环诊疗,提高医疗资源的有效利用率。

【医疗设备引进】 2016年12月24日,中国社会福利基金会心唤醒基金的AED(自动体外除颤器)捐赠仪式在南星街道玉皇山社区举行。AED可以诊断特定的心律失常疾病,并且给予电击除颤,系非专业人员也可以使用的抢救心源性猝死患者的医疗设备。AED 的引入将进一步提升辖区医疗应急处置能力,为患者争取最关键的“黄金 4 分钟”。南星街道邀请专业的社会组织为居民举行专项急救知识讲座和技能培训,并在公共场所和人流密集区域设立简便的 AED 设备,方便群众使用。

【馒头山邻居节】 2016 年 11 月 12 日,南星街道联合社区、辖区单位、社会组织,在凤凰御元艺术基地举办首届馒头山邻居节。邻居节以“现实生活+历史文化=馒头山情怀”为主题,设置百家宴、皇城赶集、画说馒头山、文化展示、南宋斗茶大会、烧烤联欢会等活动,吸引馒头山地区居民 2000 余人参与。

【“喜迎 G20,乐在小镇”趣味运动会】 2016 年 5 月 6 日,南星街道在八卦田遗址公园举办“喜迎 G20,乐在小镇”趣味运动会。杭州丰平文化创意有限公司等 26 个企业 18 支队伍参与,参与员工 200 余人。运动会设置 “袋鼠运瓜”“车轮滚滚”“流水作业”“众星捧月”和“毛毛虫竞速”5 个竞赛项目。

【“南星好声音”PK 赛暨文化艺术节】 2016 年 4 月 27 日,南星街道举办以“张扬活力喜迎峰会,青春携手共建南星”为主题的“南星好声音”PK 赛暨文化艺术节。活动设置歌曲比拼、艺术交流等环节,旨在团结凝聚更多青年朋友,共同营造温馨和谐的社会氛围。活动吸引浙江五联律师事务所、杭州东箭贸易有限公司等辖区企事业单位的 50 余名选手报名参与。来自思美传媒股份有限公司的选手严新海以歌曲《像梦一样自由》唱响“南星好声音”最强音。

(沈　忱)

2016 年 5 月 6 日,南星街道在八卦田遗址公园举办“喜迎 G20,乐在小镇”趣味运动会
(区文广新局　供稿)

紫阳街道

【概况】 紫阳街道位于上城区南部,地处南宋皇城遗址,东临钱塘江,南连万松岭、飞云江路,西连紫阳山,北靠望江路。下辖上羊市街、彩霞岭、十五奎巷、太庙、候潮门、北落马营、新工、海潮、木场巷、凤凰、春江、甬江 12 个社区,辖区面积 3.49 平方千米,常住户 27043 户,总人口 74365 人。辖区内有行政事业单位 31 个,金融机构 11 个,工业企业 1 个,三产服务业企业 212 个。2016 年,实现税收 96125 万元,比上年增长 29%;地方财政收入 46051 万元,增长 13.1%。其中金融业实现地方财政收入 1.43 亿元,占街道地方财政收入 33.3%。

全年街道引进企业 441 个,认缴资金 412.37 亿元,到位资金 30.25 亿元;引进市内资金 15.86 亿元、市外资金 14.39 亿元,其中引进浙商回归资金 6.55 亿元。引进资产管理规模 1500 亿元的国同基金和注册资金 2.87 亿元的高锐视讯股份有限公司。盛景网联杭州创新中心正式开业。

【完成有效投资 41.5 亿元】 2016 年,紫阳街道抓住动迁机遇,推进望南安置房、中维房产、融创大家房产、钱塘印象、钱塘御府、金隅学府等大项目的建设,完成有效投资 41.5 亿元,占全区建设改造投资总额的 38.4%。街道全面落实重点项目建设计划,加大项目建设和引进力度,推进多个项目与社会资本合作,扩大有效投资。

【民生保障体系建设】 2016年，紫阳街道完善居家养老体系，实现社区照料中心社会组织全托管，全年支出居家养老费用150余万元，发放高龄津贴230余万元。完善社区精神患者排查、治疗、康复和管理机制，加大精神病人帮扶力度，为11人次精神病人垫付医药费及其他相关费用5.85万元。完善社会救助体系，发放低保、残保金、困难补贴等救助金665万元，全面落实残疾人保障政策。完成“凤凰服务早班车”开通等为民办实事项目10余个，其中十五奎巷社区占地600余平方米的“邻里之家”项目被选为区级为民办实事项目，彩霞岭社区样板楼道打造项目获区妇联资助2万元。落实就业新政，发放社保补贴1142.14万元，开展就业技能培训30场，开发用工岗位2139个，参加职业介绍活动248人次。

【社区服务体系完善】 2016年，紫阳街道推进社区治理和服务创新试点，重新梳理“两委一站”(社区党委、居委会和公共服务站)工作职责，推进“三社联动”，提升基层治理水平。通过制定居民自治公约、打造协商自治平台、拓展楼院自治功能等途径推动居民自治。打造春江国际化社区的做法在市民政局有关会议上做介绍。成立紫阳街道社工协会，开展各类社工培训20余次。梳理辖区社会组织，注销不合格社会组织5个，深度培养社会组织10个，3个社会组织获AAA级以上认证。为11个公益创投项目落实资助资金20.57万元。

【综合治理改革深化】 2016年，紫阳街道全面深化平安创建工作。开展网格基础大排查，根据基础数据制订动态管控方案，推广“平安浙江”APP，加强平安“三率”(知晓率、参与率、满意率)宣传，夯实平安创建工作基础。坚持疑难案件联合调处制度，接受并处理各类信访1559件，比上年上升44.9%，反馈率、办结率均100%，满意率97%。妥善处置峰会群体性事件，确保重要时间节点期间的和谐稳定。开展出租房专项整治，实现辖区“零非法”群租目标。推广智能烟感装置，专项打击非法液化气经营，全力消除安全隐患。着力提升计划生育服务水平，倡导优生优育理念，计划生育率达98.8%。

【城管工作加强】 2016年，紫阳街道在各项城管工作考核中名列前茅。数字城管及时解决率100%，街巷保洁率99.2%；垃圾分类和停车新政有序推进。联合相关部门开展上羊农贸市场、大马弄、南落马营集中整治，并落实长效管理。拓展“邻里服务中心”服务范围，全面发挥其兜底作用，为老旧小区居民解决保绿保序等服务5100余次，受益人群2万余人。

【拆除违法建筑4.6万平方米】 2016年，紫阳街道完成旧住宅、旧厂房、城中村改造24.5万平方米，拆除违法建筑4.6万平方米，各项指标走在全区前列。全年签约腾空住宅2045户、企业12个，超额完成区政府下达的目标任务。完成14个地块(项目)的“清零”任务，清出土地27.3万平方米，在征收中创造“紫阳速度”，为实现“望南蝶变”夯实基础。街道以实施秋石高架、中河高架、之江路沿线治理等15个峰会项目为契机，推进旧住宅区环境整治，按照“跨一步、带一把”的工作思路，帮助居民群众解决屋面补漏、墙面粉刷、雨棚换修等问题270余处，受益居民1万余人。街道通过拆后土地利用，增加小区停车泊位近700个，复绿5.4万平方米。

【紫阳街道获评全市“五水共治”工作先进街道】 2016年，紫阳街道通过层层落实“河长制”、成立民间护河队、加强小微水系管理、坚持以拆促治等举措，确保辖区4条河道水质达到或超过治理目标，被评为全市“五水共治”工作先进街道，治水工作得到副市长戚哮虎、副区长宣寅的批示肯定。街道副主任张建文被评为全省首批优秀基层“河长”和全市“五水共治”工作先进个人，《浙江日报》头版对紫阳街道治水工作进行跟踪报道。

【群众文化生活】 2016年，紫阳街道投入5万元，对街道科教文化中心进行提升改造。斥资120万元，建成街道生活安全科普馆，进一步完善综合文化科普站配套设施。根据群众文化需求，组织第六届“全民快乐向前冲”水上趣味运动会、“快乐文化社区行”“追梦少年在行动”等文体活动31场，参加人数4500余人。全年社区图书阅览室开放时间3万小时，惠及居民1万人次,群众精神文化生活不断丰富。

【群团组织建设】 2016年,紫阳街道推动工会全覆盖,组建工会39个,发展会员2019人,其中外来务工人员1001人。组织“宋城千古情”观演活动、“争当主力军·服务G20”职工摄影大赛等活动30余次。加强团委建设,建立两新团组织4个,组织志愿者活动120余次,建立志愿者长效管理制度。注重妇联工作实效,以“姐妹手工坊”为试点,打造公益性艺术培训基地,帮助困难妇女创业就业。

【人大政协工作】 2016年,紫阳街道重视人大工作,建立人大选举办公室,配齐配强工作人员,圆满完成人大换届。完成“周末有约”工作室改造提升,搭建代表选民无缝对接平台。围绕“找短板、迎峰会,代表在行动”活动,组织人大代表视察6次、接待选民5次。创新政协委员参政议政、履职尽责载体,做好委员换届推荐,将群众呼声高、履职意识强、社会影响力大的优秀人士推荐上报。

【御街·二十三坊建设】 御街·二十三坊以太庙遗址为核心,覆盖杭州烟厂原址以北、伍公山麓以南、中山南路以西、紫阳山麓以东范围,主要由十五奎巷、晓霞弄、井弄、茶啾弄、四牌楼、方井弄、城隍牌楼、花生弄、元宝心、丁衙巷、瑞石亭、燕春里、大马弄、察院前巷、察院前支路、勤远里、周衙弄、太庙巷、白马庙巷、泗水弄、严官巷、严官巷上山道、高士坊巷23条坊巷构成。御街·二十三坊大多源于宋、明两朝,南宋三省六部遗址、南宋太庙遗址、紫阳书院遗址及以佛教、道教、藏教、天主教等为载体的各个时期的庙、观、庵、堂等历史遗痕均在其中。既存老房子、水井多以清末民国初年为主,为杭州保存较为完好的传统市井风貌街区,紫阳街道积极创新,努力为中外游客提供集游、观、听于一体的全方位文化体验。御街·二十三坊服务中心志愿服务站每天安排1名社工和1名居民志愿者实行8小时值班,为游客和居民提供咨询和导游解说服务。街道在二十三坊辖区社工和居民中征集志愿讲解员,并邀请浙江工商大学教授仲向平对解说人员进行专业培训,讲解员统一着民国时期的传统服装,每天定时在二十三坊中为游客免费解说。2015年10月9日,街道在十五奎巷设立“墙门寻访”成果展,集中展示从坊巷居民手中征集到的老物件,通过老百姓的现场解说,使游客从中感受杭城的风貌沿革、传统文化、民俗风情和市井百态。编制二十三坊特色坊巷画册,以图文并茂的形式展现二十三坊的老街老巷和老房子。御街·二十三坊累计接待来访团队560余个。

(盛昕炜)

——玉皇山南水景公园

人物
Figures

区委、区人大、区政府、区政协领导简历

陈　瑾　女，1969年11月出生，籍贯浙江杭州，1989年8月参加工作，1991年1月加入中国共产党。历任萧山市义盛镇团委书记，共青团萧山市委常委，共青团萧山市委副书记、党组成员，市青联主席兼共青团杭州市委常委，萧山市宁围镇党委副书记、镇长，萧山市青联主席，萧山市宁围镇党委副书记、镇长，萧山区新塘街道党工委书记、人大工委主任，中共临安市委常委、组织部部长，高新开发区（滨江）党工委委员、党委常委、宣传部部长、管委会副主任、政府副区长，高新开发区（滨江）党工委委员、党委常委、管委会副主任、政府副区长，中共上城区委副书记、代区长，中共上城区委副书记、区长。2016年10月，任中共上城区委书记。

金承涛　男，1974年10月出生，籍贯浙江义乌，1998年8月参加工作，1997年1月加入中国共产党，杭州大学生命科学学院遗传学专业硕士研究生，浙江大学生命科学学院遗传学专业在职博士研究生。历任浙江大学生命科学学院团委书记，浙江大学团委常委、生命科学院团委书记，上城区科学技术局党组成员、副局长，上城区科学技术局党组成员、副局长，上城区知识产权办公室主任，上城区政府党组成员、办公室主任，杭州市科学技术局副局长，杭州市科学技术局党组成员、副局长，杭州市科学技术局（市知识产权局、市地震局）党组成员、副局长，西湖区委常委、西溪湿地管委会副主任，中共上城区委常委、宣传部部长，中共上城区委常委、副区长，中共上城区委副书记、代区长。2017年2月，任中共上城区委副书记、区长。

周徐胤　男，1977年6月出生，籍贯浙江杭州，1999年9月参加工作，2001年8月加入中国共产党，浙江大学金融与经贸学院经济系工商行政管理专业毕业，在职硕士研究生。历任临安市委办公室秘书科、综合科干部，临安市委办公室综合科副科长，临安市太阳镇党委委员，临安市委办公室副主任（期间在美国肯尼索州立大学公共管理硕士研究生班学习），临安市人民政府驻上海工作处副主任（主持工作），临安市人民政府驻上海工作处主任，杭州市委政策研究室经济发展研究处处长，杭州市委办公厅秘书二处处长，杭州市委办公厅副主任，中共建德市委副书记。2016年11月，任中共上城区委副书记。

富永伟　男，1973年6月出生，籍贯浙江杭州，1994年8月参加工作，1993年6月加入中国共产党，浙江工业大学土木工程系工业与民用建筑专业毕业，中央党校研究生。历任萧山市城厢镇城建办干部，萧山市城厢镇团委书记，共青团萧山市（区）委副书记，共青团萧山区委副书记、青联副主席，共青团萧山区委书记、青联主席，萧山区楼塔镇党委副书记，萧山区楼塔镇党委副书记、镇长，淳安县副县长，中共淳安县委常委、纪委书记、副县长，中共淳安县委常委、纪委书记，中共下城区委常委、纪委书记。2016年11月，任中共上城区委常委、副区长。

金晓东 男,1969年12月出生,籍贯浙江温岭,1987年9月参加工作,1992年2月加入中国共产党,中央党校研究生。历任西湖区城乡建委绿化办公室技术员、团委副书记、团委书记,共青团西湖区委常委(期间在西湖区周浦乡下杨村挂职任党支部副书记16个月),共青团西湖区委副书记、区少工委主任,共青团杭州市委组织部副部长,共青团杭州市委常委、组织部副部长,共青团杭州市委常委、组织部部长,共青团杭州市委党组成员、常委、组织部部长,杭州市中级人民法院政治部副主任、干部人事处处长,杭州市直属机关党工委委员、纪工委书记,杭州市卫生局党委委员、杭州市纪委派驻杭州市卫生局纪检组组长,杭州市卫生和计划生育委员会党委委员、杭州市纪委派驻市卫生和计划生育委员会纪检组组长,杭州市卫生和计划生育委员会党委委员、杭州市纪委派驻市卫生和计划生育委员会纪检监察组组长,中共上城区委常委、纪委书记。2017年2月,任中共上城区委常委、纪委书记、监委主任。

秦　文 女,1966年3月出生,籍贯浙江武义,1986年8月参加工作,1987年11月加入中国共产党,杭州市人民警察学校公安专业毕业,省委党校研究生。历任西湖区公安分局古荡派出所民警,西湖区公安分局户政科副科长,西湖区公安分局科技科科长,西湖区公安分局党委委员、政治处主任,西湖区公安分局党委副书记、政委,中共上城区委常委、区公安分局党委书记、局长。2014年5月,任中共上城区委常委、区公安分局党委书记、局长、督察长。

来剑波 男,1964年6月出生,籍贯浙江杭州,1981年12月参加工作,1990年7月加入中国共产党,在职大学。历任萧山县(市)财政局城北财税所内勤、专管员、检查主办,萧山市地方建设发展公司总经理助理、北京办事处主任,滨江区地税局副局长,滨江区财政局党组成员、地税局副局长,杭州市地税局上城征管局党委书记、局长,杭州市地税局上城税务分局党委书记、局长,上城区财政局党委副书记、局长,上城区财政局党委书记、局长,上城区副区长,中共上城区委常委。2017年1月,任中共上城区委常委、统战部部长。

范卫东 男,1969年6月出生,籍贯浙江杭州,1988年8月参加工作,1992年6月加入中国共产党,杭州市法律学校法律专业毕业,中央党校大学毕业。历任江干区通江街道司法助理员、团委书记,江干区紫阳街道科员、团委书记、宣传干事,共青团江干区委副书记,共青团江干区委书记,江干区彭埠镇党委副书记、纪委书记(正处级),江干区委宣传部副部长(正处级)、区文明办主任,江干区委宣传部副部长(正处级),江干区闸弄口街道党工委副书记、办事处主任,江干区城市管理行政执法局(执法大队)党委书记、局长(大队长),江干区建设局(房产管理局)党委书记、局长,区人防办主任,江干区住建局党委书记、局长,区民防局局长,江干区区长助理(副区级、援宁)。2016年3月,任中共上城区委常委、宣传部部长。

王　歆 男,1978年9月出生,籍贯浙江绍兴,1996年8月参加工作,2000年10月加入中国共产党,浙江大学成人教育学院新闻学专业毕业。历任杭州市委办公厅秘书处干部,杭州市委办公厅秘书处办事员,杭州市委办公厅秘书一处科员,杭州市委办公厅综合二处科员,杭州市委办公厅综合二处副主任科员,杭州市委办公厅综合二处主任科员,杭州市委办公厅法治处副处长,杭州市人大常委会办公厅人事处副处长,杭州市人大常委会办公厅秘书二处处长,杭州市人大常委会办公厅人事处处长,桐庐县副县长。2016年11月,任中共上城区委常委、组织部部长。

张军伟 男,1969年2月出生,籍贯浙江嵊泗,1985年5月参加工作,1990年7月加入中国共产党,南京政治学院经济管理专业大学毕业。历任舟嵊守备区第17团四连战士、班长,南京军区海防六旅定海海防营排长,舟山警备区司令部参谋、教导队中队指导员,浙江省军区炮兵团130加农炮营副教导员,舟山警备区政治部组织科干事,浙江省军区司令部动员处参谋,浙江省人民防空办公室(省民防局)秘书(法规)处主任科员、秘书处副处长、秘书(法规)处处长。2016年6月,任浙江省人民防空办公室(省民防局)秘书(法规)处处长,中共上城区委常委、副区长(挂职)。

宣 寅 女，1976年2月出生，籍贯浙江诸暨，1998年8月参加工作，1997年6月加入中国共产党，杭州师范学院中文系汉语言文学教育专业毕业，在职硕士研究生。历任杭州第六中学教师、少先队大队辅导员，杭州第六中学团队干部，共青团上城区委副书记，共青团上城区委书记，区统计局党组书记、副局长(期间英国诺丁汉特伦特大学公共管理硕士研究生班学习10个月，在杭州市重点工程挂职锻炼12个月)。2012年2月，任上城区副区长。2016年12月，任中共上城区委常委、电子机械功能区管委会主任。

胡永光 男，1975年7月出生，籍贯浙江乐清，1997年8月参加工作，1993年4月加入中国共产党，上海财经大学统计学专业经济学学士，复旦大学国际关系与公共事务学院公共管理专业管理学硕士。历任浙江省级机关事务管理局人事处干部、科员，浙江省政府办公厅财金处借用干部、财金处科员，浙江省政府办公厅财金处、社保处副主任科员，浙江省政府办公厅社保处主任科员，浙江省政府办公厅正科级秘书、副处长级秘书、正处长级秘书、市场金融处处长。2017年6月，任浙江省政府办公厅市场金融处处长，中共上城区委常委、副区长(挂职)。

袁建祥 男，1963年9月出生，籍贯浙江绍兴，1978年8月参加工作，1985年5月加入中国共产党，中央党校大学毕业。历任绍兴县越丰公社相沃大队支农，上城区清泰街道办事处会计，上城区商业局财务科主办会计，上城区商业局财务科科长，上城区商业局办公室主任，上城区商业局党委委员、副局长，上城区政府办公室主任，上城区财政局党委书记、局长，国资局局长、地税局局长，上城区区长助理，区财政局党委书记、局长，国资局局长、地税局局长，上城区副区长，中共上城区委常委、副区长(期间在浙江省委督查室挂职任副主任7个月)，中共上城区委副书记。2016年2月，任上城区人大常委会党组书记、主任。

顾文友 男，1960年2月出生，籍贯浙江杭州，1980年11月参加工作，1980年8月加入中国共产党，全日制高中毕业，中央党校大学毕业。历任杭州市西湖区农业局水利员，半山区康桥公社团委副书记、文化站站长，半山区康桥乡(镇)副乡(镇)长兼工办主任，拱墅区上塘乡党委委员、副乡长兼工办主任，拱墅区经济技术协作办公室党总支书记、主任(期间在北京人文函授大学行政管理专业学习19个月)，拱墅区石桥乡党委副书记、乡长(期间在杭州大学行政管理专业证书班学习16个月)，拱墅区石桥乡党委书记、人大主席，下城区石桥乡党委书记、人大主席(期间在华中师范大学哲学专业研究生课程进修班学习21个月)，下城区副区长、党组成员(期间在中央党校函授学院经济管理专业本科班学习29个月)，上城区副区长(期间在澳门科技大学MBA工商管理专业学习42个月)，上城区副区长、杭州经济技术开发区临平园区管理委员会副主任，中共上城区委常委、副区长，杭州钱江经济开发区(杭州工业新区)管委会副主任（期间在杭州市委党校领导干部进修班学习3个月)，上城区副区长、杭州钱江经济开发区(杭州工业新区)管委会副主任，上城区人大常委会党组副书记、副主任、杭州钱江经济开发区(杭州工业新区)管委会副主任。2012年8月，任上城区人大常委会党组副书记、副主任。

管光尧 男，1963年11月出生，籍贯浙江乐清，1983年8月参加工作，1986年12月加入中国共产党，浙江省台州供销学校商业经济管理专业中专毕业，中央党校大学毕业。历任杭州市江干区供销社干部，江干区财税局笕桥财税所干部（期间在浙江广播电视大学商业企业经济管理专业大专班学习35个月)，江干区财税局人事监察科副科长、党政办公室主任(期间下派任南星街道办事处主任助理、经管办主任13个月)，上城区南星街道党工委委员、办事处副主任（期间在杭州市委党校第14期中青班学习4个月)，南星街道党工委副书记、办事处主任(期间在华东师范大学历史系世界近现代史专业研究生课程进修班学习24个月，在中央党校函授学院领导干部本科班经济管理专业学习29个月)，上城区湖滨街道党工委书记、人大工委主任，上城区政府党组成员、办公室主任（期间在杭州市委党校中青班学习4个月)，上城区副区长，中共上城区委常委、副区长。

2017年2月,任上城区人大常委会副主任。

韦　云　女,1966年2月出生,籍贯江苏江都,1987年8月参加工作,中国农工民主党员,浙江工学院机械工程系腐蚀与防护专业大学毕业。历任浙江省湖州制锁总厂供销科干部(期间在浙江省经济管理干部学院对外经济贸易培训班学习4个月),杭州东南化工厂设备科干部,杭州市上城区南星街道办事处内勤,南星街道办事处妇联主席、文化站站长、计生办主任(期间在杭州市委党校中青年女干部培训班学习2个月,在中央党校函授学院行政管理专业本科班学习29个月),上城区闸口街道办事处副主任,上城区清波街道办事处副主任(期间在杭州市重点工程挂职锻炼一年),上城区政协文史和教文卫体委员会主任,上城区人大常委会副主任(期间在杭州市委党校领导干部进修班学习3个月)。2007年2月,任上城区人大常委会副主任。

沈　民　男,1961年7月出生,籍贯浙江绍兴,1979年11月参加工作,1995年5月加入中国共产党,全日制高中毕业,在职教育浙江大学毕业。历任解放军某部队战士,杭州福华丝绸厂工人,杭州市司法局宣教室干部,杭州市法律学校团委副书记、市司法局团委委员(期间在华东政法学院法律专业在职大专班学习36个月),杭州市监察局监察一处副主任科员,中共杭州市纪委信访室副主任科员、信访室副主任、信访室主任(期间在杭州市委党校中青班学习4个月,在浙江大学行政管理专业在职本科班学习24个月),中共杭州市纪委信访室主任(副局长级),中共上城区委常委、纪委书记。2015年1月,任上城区人大常委会副主任。

顾敏达　男,1964年3月出生,籍贯江苏昆山,1982年11月参加工作,1988年2月加入中国共产党,全日制高中毕业,在职教育中央党校大学毕业。历任杭州市公安局第六期干训班学员,上城区公安分局涌金派出所民警(期间在浙江广播电视大学法律专业在职大专班学习35个月),上城区公安分局政工科科员、团委书记,共青团上城区委副书记,共青团上城区委书记(期间确定为正处级,在杭州市委党校中青班学习4个月,挂职任湖滨街道党工委副书记10个月),上城区湖滨街道党工委副书记(正处级)、办事处主任,上城区近江街道党工委副书记、办事处主任(期间在中央党校函授学院经济管理专业在职本科班学习29个月),上城区小营街道党工委书记、人大工委主任,中共上城区委办公室主任、台办主任(期间在杭州市委党校中青班学习4个月)。2012年2月,任上城区人大常委会副主任。

朱荷芳　女,1964年7月出生,籍贯浙江杭州,1980年8月参加工作,1985年10月加入中国共产党,南京军区军医学校护士专业中专毕业,在职教育省委党校研究生。历任解放军112医院护士,解放军117医院护士,解放军117医院老干部科护师(期间在浙江省高等教育自学考试党政干部基础科专业专科班学习45个月),中共上城区委组织部干事(期间在杭州行政学院军转干部专业培训班学习4个月,在中央党校函授学院经济管理专业在职本科班学习29个月),中共杭州市上城区委组织部主任干事、干部科副科长、干部科科长,中共上城区委组织部干部科科长、副处级组织员(期间在浙江省委党校社会发展专业在职研究生班学习36个月),中共上城区委组织部副部长,中共杭州市上城区委组织部常务副部长(期间在杭州市委党校中青班学习4个月),中共上城区委组织部常务副部长、人才办主任。2012年2月,任上城区人大常委会副主任。

叶　榕　男,1967年2月出生,籍贯浙江庆元,1989年8月参加工作,1985年7月加入中国共产党,浙江大学电机系电机专业毕业。历任杭州红旗电动机械厂技术员、技术科副科长,上城区委办公室干事、副主任干事、副主任、主任,上城区湖滨街道党工委副书记、办事处主任,湖滨街道党工委书记、人大工委主任,上城区发改局党委书记、局长,区物价局局长,上城区电子机械功能区管委会主任(副区长级)。2013年11月,任上城区副区长。

薛鸿翔　男,1974年11月出生,籍贯浙江杭州,1996年8月参加工作,民进党员,全日制大专毕业,大学MPA硕士。历任杭州水泵总厂助理工程师,杭州市上城区人事局人才交流中心工作人员（期间在浙江大学成人高等教育学院计算机应用专业夜大专科起点学习 34 个月），上城区人事局干部、科员，上城区人事局工资福利与离退休科副科长，上城区人事局工资福利与离退休科科长（期间在北京大学政府管理学院公共管理硕士学位学习 35 个月），上城区人事局副局长，上城区人力资源和社会保障局副局长，上城区工商业联合会主席（期间在杭州市委党校中青班学习 4 个月），上城区统计局局长，上城区政协副主席。2017 年 2 月，任上城区副区长。

孙刚锋　男，1972 年 5 月出生，籍贯浙江杭州，1994 年 8 月参加工作，2006 年 12 月加入中国共产党，上海财经大学经济信息管理系管理信息系统专业毕业，在职硕士研究生。历任中国农业银行杭州分行解放路支行职员，中国光大银行杭州分行职员，中国华融资产管理公司杭州办事处职员，杭州市委政研室综合研究处工作人员、副主任科员、主任科员，高新开发区（滨江）发展改革和经济局副局长，高新开发区（滨江）发展改革和经济局党组成员、副局长（期间法国埃克斯—马赛第三大学公共管理专业硕士研究生班学习 11 个月），高新开发区（滨江）发展改革和经济局党组副书记、副局长，高新开发区（滨江）发展改革和经济局党组书记、副局长、局长，高新开发区（滨江）党委、管委会、政府办公室主任，区台办主任。2016 年 11 月，任上城区副区长。

朱黎明　男，1970 年 10 月出生，籍贯浙江余姚，1989 年 8 月参加工作，1997 年 11 月加入中国共产党，中央党校研究生。历任杭州市游泳巷小学教师，江干区闸口街道办事处宣传干事，上城区闸口街道办事处宣传干事，上城区委宣传部宣传科副科长，上城区委宣传部主任干事、宣传科副科长（期间在杭州市委组织部办公室挂职 6 个月），上城区委宣传部助理调研员（期间援藏任那曲县委办公室主任 37 个月），上城区委组织部副部长，上城区湖滨街道党工委副书记、办事处主任，上城区国土分局党组书记、局长，上城区望江街道党工委书记、人大工委主任，上城区委办公室副主任（保留正处级）。2017 年 2 月，任上城区副区长。

毛素云　女，1972 年 11 月出生，籍贯浙江松阳，1990 年 8 月参加工作，1998 年 6 月加入中国共产党，浙江省幼儿师范学校幼儿教育专业毕业，中央党校研究生。历任杭州市上城区胜利幼儿园教师，共青团上城区委常委、科员，上城区近江街道党政办公室副主任、主任，上城区妇联副主席，上城区紫阳街道党工委副书记、办事处主任，上城区湖滨街道党工委副书记、办事处主任、党工委书记、人大工委主任、党工委书记，上城区委办公室副主任（保留正处级）。2017 年 2 月，任上城区副区长。

吾拉木江·阿迪力　男，1974 年 9 月出生，籍贯新疆阿克苏，1993 年 9 月参加工作，2004 年 5 月加入中国共产党，新疆大学汉语言翻译专业。历任新疆维吾尔自治区阿克苏地区劳动就业保险管理处办公室翻译（期间抽调地区纠风办工作 12 个月，在新疆大学汉语言文学专业学习 11 个月，在新疆维吾尔自治区乌什县大桥乡参加集中整治专项工作 11 个月，在新疆维吾尔自治区沙雅县红旗乡任集中整治扶贫工作队队员 11 个月），新疆维吾尔自治区阿克苏地区社会保险管理局业务科副科长（期间在新疆维吾尔自治区乌什县阿合雅乡参加集中整治工作 6 个月），新疆维吾尔自治区阿克苏地区社保局基金管理中心副主任，新疆维吾尔自治区阿克苏地区社保医疗保险科科长，新疆维吾尔自治区阿克苏地区人社局医疗生育保险科科长（期间在红旗坡农场参与专项整治工作 5 个月），新疆维吾尔自治区阿克苏地区社会保险管理局党支部书记。2017 年 5 月，任上城区副区长（挂职）。

占仁义　男，1965 年 3 月出生，籍贯浙江淳安，1985 年 7 月参加工作，1987 年 9 月加入中国共产党，厦门大学哲学系哲学专业毕业。历任杭州市政府办公室干部，上城区委办公室干事、科员级干事、副主任干事、副主任、主任，上城区委组织部部长，中共上城区委常委、组织部部长，中共上城区委常委（正区级、援藏任那曲县委书记），杭州市委副秘书长、市直属机关党工委书记。2016 年 2 月，任上城区政协党组书记、主席。

袁巧玲　女,1963 年 8 月出生，籍贯江苏扬州,1981 年 11 月参加工作,1991 年 12 月加入中国共产党,全日制高中毕业,中央党校大学毕业。历任上城区湖滨街道办事处办事员,上城区工商局办事员,湖滨街道办事处街政科副科长、民政工作科科长、办事处副主任,湖滨街道党工委副书记、办事处主任(期间在杭州市委党校中青班学习 4 个月),湖滨街道党工委书记（期间在中央党校领导干部函授学院经济管理专业本科班学习 29 个月,在中央党校函授学院经济管理专业在职大专班学习 35 个月)，上城区民政局党组书记、局长(期间在杭州市委党校中青班学习 4 个月)。2007 年 2 月,任上城区政协副主席、区委统战部部长。

陈少华　男,1961 年 11 月出生,籍贯浙江义乌,1983 年 8 月参加工作,1984 年 12 月加入中国共产党,杭州师范学院化学系化学专业毕业。历任杭州第十中学教师、教导处副主任、副校长,杭州市景芳中学副校长(期间在杭州大学教学论教管专业研究生课程进修班学习 23 个月),杭州第十一中学副校长,杭州第五中学校长,上城区教育局党委副书记、副局长,上城区南星街道党工委副书记、办事处主任,南星街道党工委书记、人大工委主任(期间在杭州市委党校中青班学习 3 个月)。2012 年 2 月,任上城区政协副主席。

马　彦　男,1968 年 4 月出生,籍贯浙江杭州,1990 年 8 月参加工作,九三学社社员,新疆医学院预防医学系预防医学专业毕业,在职教育研究生。历任杭州市上城区卫生防疫站防疫科干部、计免科干部,上城区卫生防疫站副站长(期间在浙江大学医学院公共卫生系流行病与卫生统计学专业医学硕士学位班学习 34 个月，获公共卫生硕士学位),上城区疾病预防控制中心副主任,上城区疾病预防控制中心副主任（主持工作)，上城区卫生局副局长(期间在美国佐治亚州肯尼索州立大学公共管理专业硕士班学习 12 个月，获公共管理硕士学位)、局长(期间在杭州市委党校中青班学习 4 个月),上城区副区长。2017 年 2 月,任上城区政协副主席。

俞　朔　男,1961 年 8 月出生，籍贯浙江杭州,1980 年 12 月参加工作,1989 年 12 月加入中国共产党,全日制高中毕业,中央党校研究生。历任浙江轻工机械厂企质办质量检验员（期间在浙江广播电视大学中文系汉语言文学专业在职大专班学习 36 个月),杭州市丝绸科学研究所职员，下城区武林街道党委办公室办事员、监察室副主任、组宣科副科长、科长,武林街道党委(党工委)副书记,武林街道党工委副书记、纪检组组长(期间确定为副处级,借调至杭州市委组织部帮助工作 4 个月)，武林街道党工委副书记、纪委书记,中共下城区委宣传部副部长,下城区艮山街道党工委副书记、办事处主任、党工委书记,下城区文晖街道党工委书记、人大工委主任,区和平广场管委会党工委书记（期间在中央党校函授学院公共管理专业在职本科班学习 29 个月,在杭州市委党校中青班学习 28 个月)，下城区文晖街道党工委书记、人大工委主任，下城区武林街道党工委书记(期间在中央党校研究生院经济学经济管理专业在职研究生班学习 35 个月),下城区财政局党组书记、局长,下城区都市产业创新园管委会党组书记、主任(副区长级)，上城区政协副主席候选人。2015 年 1 月,任上城区政协副主席。

周常生　男,1963 年 11 月出生,籍贯浙江缙云,1990 年 8 月参加工作,中国民主同盟盟员,杭州大学教育系教材教法研究专业硕士研究生毕业。历任杭州市上城区教师进修学校教研员、科研室副主任,上城区政府教育督导室副主任,上城区教育局督导室主任、区政府督导室办公室副主任,上城区教育局副局长、区政府教育督导室主任(正处级),上城区行政审批服务管理办公室(公共资源交易管理委员会办公室)主任。2017 年 2 月,任上城区政协副主席。

2016 年区委、区人大、区政府、区政协离任领导简历

黄爱芳　女,1965 年 5 月出生，籍贯浙江诸暨,1987 年 8 月参加工作,1991 年 7 月加入中国共产党,杭州大学体育系体育教育专业毕业，省委党校社会发展

专业研究生。历任绍兴高等专科学校教师，上城区文化馆助理馆员，中共上城区纪委、监察局干事、副主任干事，中共上城区纪委、监察局执法监察室主任，中共上城区纪委副书记（期间在杭州市委党校中青班学习4个月），中共上城区纪委副书记、监察局局长(期间在杭州市委党校中青班学习4个月，在浙江大学行政管理专业研究生课程进修班学习22个月)，上城区副区长(期间在浙江省委党校社会发展专业在职研究生班学习35个月)，中共上城区委常委、副区长，中共上城区委常委(期间在浙江省委党校女领导干部培训班学习2个月，在省住房和城乡建设厅村镇处挂职任副处长7个月)，中共上城区委常委、组织部部长，中共上城区委常委、副区长(期间在杭州市委党校市管干部进修班学习3个月)，中共上城区委副书记。2016年11月起，不再担任中共上城区委副书记、常委，组织另有任用。

陈秋芳 女，1965年8月出生，籍贯浙江义乌，1988年8月参加工作，1992年3月加入中国共产党，吉林大学哲学系哲学专业毕业，浙江省委党校行政管理专业研究生。历任江干区笕桥中学教师，江干区教委干部、教委团委书记、教委人事科副科长、教委(教育局)党办主任、教育局党委副书记、纪检组长(期间在中央党校函授学院经济管理专业在职本科班学习29个月)，中共江干区委组织部副部长、区直机关党工委书记，中共江干区委组织部副部长(正处级)(期间在浙江省委党委党校行政管理专业在职研究生班学习35个月)，江干区教育局党委书记、局长(期间在杭州市委党校中青班学习4个月)，中共上城区委常委、组织部部长。2016年11月起，不再担任中共上城区委常委、组织部部长，组织另有任用。

李　静 女，1957年6月出生，籍贯浙江杭州，1975年6月参加工作，1984年12月加入中国共产党，中央党校函授学院经济管理专业研究生。历任临安县河桥公社知青，上城区文化馆办事员，上城区工人俱乐部出纳，上城区工会办事处办事员，上城区总工会副主席、党组书记、主席，上城区人大常委会副主任。2017年2月起，不再担任上城区人大常委会副主任，任上城区人大常委会副区级干部。

周国如 男，1972年11月出生，籍贯江西新干，1995年7月参加工作，1999年5月加入中国共产党，华东政法学院法律系法学专业毕业，浙江省高教自考会计学专业浙江大学公共管理专业硕士。拱墅区检察院书记员、助理检察员、检察员(期间借调至中共拱墅区委政法委帮助工作8个月，借调至拱墅区政府办公室帮助工作8个月)，拱墅区政府办公室秘书(期间在浙江省高等教育自学考试会计学专业在职本科班学习38个月)，拱墅区政府办公室综合科副科长、经济体制改革办公室副主任，拱墅区政府办公室副主任、法制局局长(期间在浙江大学公共管理专业硕士学位班学习36个月)，拱墅区政府办公室副主任、主任、法制办主任(期间在杭州市委党校中青班学习4个月)，中共拱墅区委办公室主任、政研室主任、保密局局长，拱墅区科技工业功能区管委会主任(副区长级)，上城区副区长。2016年11月起，不再担任上城区副区长，组织另有任用。

刘志安 男，1958年3月出生，籍贯江苏宝应，1977年10月参加工作，1984年6月加入中国共产党，全日制高中毕业，中央党校函授学院经济管理专业毕业。历任富阳县新桐乡小桐洲知青，上城区工商局清泰工商所办事员、局团支部书记，上城区工商局企业登记股副股长，上城区人大常委会办公室科员(期间在浙江省电大商业企管专业大专班函授学习35个月)、副主任，上城区人大常委会办公室主任(期间在中央党校函授学院经济管理专业本科班学习29个月，在杭州市委党校中青班学习3个月)，上城区人大常委会副主任，上城区副区长(期间在杭州市委党校领导干部进修班学习2个月)，上城区副区长，杭州市钱江新城建设指挥部(管委会)党委委员、副总指挥、副主任(期间在杭州市委党校领导干部进修班学习3个月)，上城区政协副主席，杭州市钱江新城建设指挥部(管委会)党委委员、副总指挥、副主任，上城区政协副主席。2017年2月起，不再担任上城区政协副主席，任上城区政协副区级干部。

（区委组织部）

上城区非物质文化遗产省级代表性传承人名录

表 18

姓名	性别	出生年月	籍贯	代表的“非遗”项目	被认定为省级代表性传承人时间	备注(经营或任职公司)
朱炳仁	男	1944 年 11 月	浙江	杭州铜雕技艺	2008 年 1 月	金星铜集团有限总公司
冯根生	男	1934 年 7 月	浙江	胡庆余堂中药文化	2008 年 1 月	已去世
俞柏堂	男	1949 年 5 月	浙江	方回春堂传统膏方制作技艺	2008 年 1 月	杭州方回春堂国药馆有限公司
唐　军	女	1951 年 5 月	浙江	杭州金银饰艺	2008 年 1 月	杭州信源银楼有限公司
徐君跃	男	1959 年 10 月	浙江	浙派古琴艺术	2008 年 1 月	西湖琴社
包文其	男	1951 年 9 月	浙江	振兴祥中式服装制作技艺	2009 年 9 月	杭州利民中式服装厂
陈水琴	女	1946 年 7 月	浙江	杭州刺绣	2009 年 9 月	杭州陈水琴工艺美术大师工作室
赵杏云	女	1959 年 6 月	浙江	知味观杭帮传统点心制作技艺	2009 年 9 月	杭州饮食服务集团有限公司杭州知味观
丁灶土	男	1945 年 5 月	浙江	知味观杭帮传统点心制作技艺	2009 年 9 月	杭州饮食服务集团有限公司杭州知味观
郭　基	男	1928 年 10 月	浙江	吴山庙会	2009 年 9 月	已去世
俞康发	男	1958 年 1 月	浙江	吴山庙会	2009 年 9 月	擅长“小热昏”说唱
金益荣	男	1962 年 11 月	浙江	南宋官窑瓷烧制技艺	2013 年 11 月	杭州龙宝堂青瓷艺术馆有限公司
金家虹	女	1969 年 12 月	浙江	杭州刺绣	2013 年 11 月	上城区映山静水刺绣馆
潘文彪	男	1937 年 9 月	浙江	潘永泰棉花手工弹制技艺	2009 年 9 月	已去世

(张雪梅)

2016 年上城区“最美”人物

孙阿定　小营街道葵巷社区老党员,84 岁,7 次被评为上城区优秀党员。25 年来，孙阿定和老伴省吃俭用,用退休金持续捐助 13 个贫困学生,其中 9 人捐助到大学毕业。孙阿定制作手工小报《家》100 余期,手工小报记录孩子们的成长点滴，激励孩子们相互学习、相互鼓励、克服困难、追求理想。

李之春　清波街道劳动路社区电工。2012 年,李之春的父亲得了肺结核，他就请长假全职照顾患病的父亲。2014 年,父亲病逝。两年多时间里,他过着家和医院“两点一线”的生活。父亲的一日三餐全是他从家里做好送去。父亲去世后,李之春不放心家里一个人生活的母亲,放弃高薪从原单位辞职,到母亲所住的劳动路社区做一名普通电工。在李之春看来,孝顺不仅是一种美德,更是一种责任。

李兔儿　小营巷社区民警,从警 30 余年。他把社区民警工作总结为“四个不要”:不要因群众一时埋怨就有怨气,不要因群众不理解就感到委屈,不要因个别群众不信任就放弃，不要因个别群众不支持就半途而废。李兔儿调解的邻里纠纷成功率 100%,没有一起“民转刑”案件。李兔儿先后被评为浙江省优秀派出所民警、杭州市模范警察、杭州市优秀社区民警,并立过个人三等功。他负责的小营巷社区警务室被市公安局命名为“李兔儿警务室”,多次被评为优秀警务室、“五星级警务室”和市级示范警务室。

沈　虎　百年老字号杭州羊汤饭店的经理，是一名慈善人士。连续 15 年举办“慈善年夜饭”,先后捐出善款150余万元，志愿服务时长7500余小时。沈虎将敬老的优良传统融入羊汤饭店的企业文化，经常带领员工去看望清波街道敬老院的孤寡老人。他动员辖区企业参与社会建设和公益慈善，联合爱心人士成立上城区“爱馨互助会”。先后担任第八届全国残运会火炬手、上城区慈善总会副会长，被评为清波地区第二届“美丽心灵人物”。

张能庆　2000年，从为老人义务理发开始，一直从事公益服务。2013年，张能庆在腾讯微博发起“清篮行动美丽杭城”行动，组织清理公共自行车车篮垃圾和马路“牛皮癣”。2014年，成立“张能庆公益服务站”，开展助老、助学、助困等公益服务。2015年，成立“银丝坊”助老项目，成为“银丝坊”掌门人，并获全国优秀青年志愿服务项目银奖。在服务保障G20杭州峰会工作中，张能庆策划成立“益起来”峰会公益项目，组织1.2万人次开展志愿服务活动4万小时。并策划“礼让斑马线，为司机点赞”“我用我的方式爱杭州”等主题活动。

陈步增　电器私营业主，也是文艺爱好者。他热衷公益事业，连续5年每周五晚上往返80余千米，穿越大半个杭城去帮扶一群患有自闭症、脑瘫、唐氏综合征等心智障碍的孩子，引导他们跟着节奏敲出鼓点。通过陈步增的“音乐疗法”，孩子们的情感能力、人际交往和沟通能力有了质的飞跃。5年来，陈步增带着他的“天使”团参加全国无数场公益活动，其事迹被拍成微电影《微笑的鼓声》，入围亚洲最大规模的户外电影节“2013行者影像节”最佳公益片，并获“壹基金”组织颁发的“特别推荐奖”。他也是杭州市的功勋志愿者。在2014年第四届“浙江慈善奖”评选中，陈步增执教的爱馨大课堂获浙江省慈善项目奖。

孟　晨　紫阳街道凤凰社区环保卫生委员，是浙江省第265个造血干细胞捐献者，也是杭州市首个捐献造血干细胞的社区干部。从2010年参加工作开始，每年第一个报名献血。2013年7月加入“造血干细胞捐献者资料库”，成为一名志愿者。与北京的一名患者配对成功后，他于2016年3月25日到省中医院进行造血干细胞抽血捐献。

姚志伟　涌金门社区保安，多年来一直为社区安全把好第一道关。社区还未安装摄像头时，曾发生多起盗窃事件，为此姚志伟加大夜间巡逻力度，抓获小偷。一次巡逻中发现住户家中灶台起火，他立刻冲入现场扑灭火苗，避免火灾事故发生。他发起成立“安心防骗”工作室，收集分析社会案件和群众报警及排摸发现的问题，通过微信、短信、宣传手册在辖区进行告知，提高居民尤其是老年居民对花样翻新的诈骗手法的警惕性。在居民眼中，他是社区的“活摄像头”。

姜金泉　南星街道复兴街社区居民，是一名身体残疾、无退休金、每月依靠低保金生活的64岁独居老人。他省吃俭用并通过收集废品资助5名贫困山区的孩子读书，每人每年寄去1200元助学金，帮助他们完成学业。他曾在汶川大地震时捐款1000元，还捐款1000元给海月桥社区一名癌症患者。

胡勇萍　紫阳街道新工社区保安。2015年12月9日，胡勇萍在执勤时，发现地上有一个装有住院单与大量现金的紫色帆布袋，他第一时间拿着袋子赶到社区，通过多方联系，找到失主。此前，胡勇萍是一名出租车司机，多次及时送还乘客落在出租车上的财物，并帮助公安机关抓获抢劫团伙和小偷，被评为杭州市第一批“五好驾驶员”。

唐延胜　“小乐胃”老年食堂负责人。他在餐饮业做了25年，靠着诚信经营赚到第一桶金，他经营的“大唐海鲜”餐厅曾在杭州开了7个分店，年营业额上千万元。2014年，他发起开办老年食堂，在全区率先试行“小乐胃”老年食堂连锁经营模式，通过与街道、社区合作，给老人们提供便捷、安全、可口的饭菜。为保障食品安全，唐延胜组建“大拇指”监督队，由社区志愿者和食堂工作人员定期抽查原料、菜肴质量和价格，并根据老人建议及时更新菜单。

（沈伟霞）

2016年上城区优秀文创企业家

毛戈平 1964年7月出生于浙江温州。上海戏剧学院化妆系毕业，中国民进党党员，文化部一级形象设计师、国际彩妆大师、中国著名化妆艺术家。2000年7月，创建国内第一个以化妆师名字命名的毛戈平形象设计艺术学校。2010年10月，担任毛戈平化妆品股份有限公司董事长。毛戈平以东方美学理念及人体生态学为基础，在世界各地讲授东方美学课程，传播东方美学理念。先后为40余部电影、电视剧和20余台舞台剧进行化妆造型设计。毛戈平对中国彩妆业的贡献得到政府、行业、媒体及社会各界的广泛认可，应邀担任中国化妆研创中心主任、中国人民大学特邀客座教授、亚洲时尚联合会中国委员会理事等职务，曾担任2008年北京奥运会开幕式化妆造型设计师、庆祝中华人民共和国成立60周年阅兵式女兵方阵造型指导等。获中国影视化装金像奖、北京2008年奥运会特别贡献奖、中国化妆杰出艺术贡献奖、20世纪中国杰出贡献奖、世界美容师协会“最佳形象设计专家”等奖项，2014年在上海国际服装文化节获“中国时尚20年功勋人物”奖，2015年在香港获得首届全球华人影响力盛典之美妆艺术特别贡献奖。

方志达 1962年出生，浙江宁波人。1983年毕业于浙江大学建筑系，1999年成立浙江南方建筑设计有限公司，任公司董事长兼总建筑师。曾提出“乡村再生”概念，实现临安指南村的蜕变。2016年，方志达带领团队完成钱江世纪城沿江景观带、东阳横店整体风貌、杭州湖滨国际名品街等重点项目的提升改造，以及西湖大道、解放路、教工路、保俶路等道路的整治设计，将“拾起历史的碎片”理论完美应用于实践。公司采用“以联合体来共同面对系统性课题”的做法，创造出基金小镇、梦想小镇、云栖小镇等各具特色的小镇作品，累计完成设计项目2000余项，其中杭州湖滨国际名品街项目获全球最优异项目大奖。2016年2月16日，杭州市召开特色小镇规划建设工作现场推进会，方志达作为唯一一个设计单位代表受邀做主旨演讲。

王　珉 1985年1月出生，浙江杭州人。上城区杰出青年企业家、上城区工商业联合会第九次会员代表大会代表，任浙江益彰文化创意发展有限公司董事长。2004年，王珉成立杭州利安消防安全技术有限公司，带领员工抓住机遇，在行业内取得较好成绩。2010年，成立浙江工业大学建筑规划设计研究院有限公司灯光照明所，做精做大专业化。2013年，王珉尝试文创与商业地产的全新融合，投身特色文化创意园的创建，成立浙江益彰文化创意发展有限公司。2016年，公司运营“长城·178”、南落马营体育文化公园等大型特色文化创意园区，创造一体化运营的商业模式，助推文创产业发展，将“益彰”打造成颇具影响力的文创品牌。

白友其 1965年出生，任浙江易之园林股份有限公司董事长。1993年进入园林景观行业，先后在浙江省林科院园林绿化工程有限公司担任项目经理、公司副总经理，2005年创立易之园林公司。白友其秉承“具匠心、筑意境、尚为品”的发展理念和精益求精的精神，将公司打造成为行业中的模范企业。公司在国内房地产行业中建立良好的业绩和信誉，与杭州、西安、昆明、上海、苏南万科公司和新湖集团、富力集团建立长期战略合作关系。获万科公司的“从未有过的精良奖”、2011年浙商最具投资潜力奖、2012年浙江省优秀园林工程奖金奖。2012~2013年，连续2年获浙江省优秀园林工程双金奖。2013年，白友其被评为上城区劳动模范，并获评“2013年十大新锐杭商”年度人物；2014年获评“望江十大风云人物”。2013年3月21日，他随习近平总书记到俄罗斯访问，与俄罗斯专家交流，共同探讨以人为本的人居理念。

朱军岷 1969年11月出生于浙江杭州。1990年毕业于浙江科技学院。任金星铜集团有限公司董事长，高级工程师，国家非物质文化遗产铜雕技艺第五代传承人，是杭州市政府“131”和浙江省政府“151”青年科技人才重点培养对象。曾多次获国家、省、市级工艺美术金奖、特别创意奖，以及省、市科技技术进步二、三等奖。朱军岷热爱铜工艺品，在北京、上海、大连、无锡、长沙等城市开设朱炳仁·铜专卖店 11 个。朱军岷带领企业在铜建筑方面取得显著成绩，代表项目有杭州雷峰塔、杭州香积寺铜工程、桂林铜塔、南京大剧院、东极宝塔黑瞎子岛、浙江西子宾馆铜工程、武汉大剧院铜工程、南京博物馆铜工程、广州大佛寺铜工程、上海静安寺铜工程等，以及 G20 杭州峰会主会场铜工程，留下这个时代最好的中国铜印记。

朱明虬 1964 年 2 月出生，浙江杭州人。复旦大学高级管理人员工商管理硕士(EMAB)毕业，1993 年进入广告行业，2000 年组建浙江思美传媒股份有限公司，任公司董事长。朱明虬以"敢为人先"的拼搏信念、"细节成就经典"的做事原则和"讲究诚信、注重细节"的企业文化，将一个本土广告公司打造成为业界典范，公司于 2014 年 1 月 23 日在深圳中小板上市。公司在全国广告行业排名前 10 位，被评为全国文化企业 30 强。2016 年，朱明虬获世界杭商大会优秀杭商称号。先后担任中国商务广告协会副会长、中国 4A 协会副理事长、浙商研究会副会长、杭州市政协委员、杭州市工商联副主席、上城区人大代表等职。

李克良 1981 年 1 月出生，浙江平阳人。1997 年参加工作，2001 年 8 月加入中国共产党，任杭州丰平文化创意有限公司董事长、浙商研究会副会长，上城区青年联合会委员。2013 年，创办杭州丰平文化创意有限公司，由其牵头打造凤凰御元艺术基地。2016 年，凤凰御元艺术基地入选杭州市"五个一批"示范园区和浙江省重点文化产业园区。中国作家书画院浙江分院、浙江省朗诵协会、张望工作室、蒋胜男工作室、江南 1535 茶馆等在文创科技领域有一定影响力的企业相继入驻凤凰御元艺术基地。该公司在凤凰御元成立众创天堂设计孵化中心，在延安路打造"匠·无界"文化交流中心，致力于挖掘南宋文化，传承和发展中国优秀的传统文化，讲好上城故事，同时挖掘地域文化，以新渠道、新营销、新传播的互联网思维发展创新文化产业。

吴家平 1969 年出生，浙江青田人。1992 年毕业于浙江农业大学，2009 年在杭州成立杭州佳平影业有限公司(简称佳平影业公司)，任公司董事长。2009 年 4 月，佳平影业公司作为上城区招商引资企业注册成立，陆续出品有影响力的影视作品。其中，非物质文化遗产主题电影《十里红妆》入围 2009 年第十二届上海国际电影节传媒大奖单元和第三十三届开罗国际电影节展映单元；反映时代发展和变革的数字电影《夫妻站》在中央电视台播出；大型史诗电视剧《东方》、反映反战同盟题材的电视剧《日本八路》、纪念抗日战争胜利 70 周年献礼片《大染坊续》均被列入省、市文化精品工程；大型人文纪录片《钱塘江》在中央电视台综合频道和捷克巴兰多夫电视台播出；展现浙商精神大型电视剧《鸡毛飞上天》入选中共中央宣传部、财政部重点扶持和国家新闻出版广电总局推荐的以"中国梦"为主题的电视剧目。

张　望 1962 年出生于浙江天台。国际摄影评委、国家高级摄影师、中国摄影家协会会员、台湾《摄影天地》杂志编辑顾问、文融文化艺术研究院摄影客座教授。2015 年，张望在上城区凤凰御元艺术基地成立个人工作室。张望的佛门摄影作品别具一格，具有迥异于他人的精神境界。其所著《佛泽》是一本"影像中国佛学文化"的普及读本。国际权威摄影杂志《德国摄影》、法国《欧洲时报》、奥地利《皇冠》及国内《人民画报》《人民中国》《中国摄影》《中国摄影报》《中国摄影家》《新周刊》等 39 家国内外新闻媒体都曾介绍过他的摄影作品与艺术人生。

周立钢 1975 年 10 月出生，浙江嵊州人。杭州博乐工业设计股份有限公司创始人、董事长，上城区政协常委，毕业于浙江大学计算机学院工业设计专业，企业管理研究生，并到美国辛辛那提大学 DAAP 设计学院访问学习，获中国设计业十大杰出青年、中国工业设计十佳杰出设计师等荣誉，兼任全国工业设计产业创新联盟副主席、浙江省工业设计协会副会长，并担任国家级工业设计中心评委、光华龙腾奖评委、中国好设计奖评委、中国优秀工业设计奖评委。周立钢长期从事创新设计与商业策略的研究与服务，在国内最早创立集产品、品牌、渠道、传播于一体的整合设计服务模式，带领博乐设计团队，以“设计+销售”的理念，助推企业创造数百亿的商业价值，培育10余个品牌成长为行业一线品牌。成立产品设计公司、品牌策划公司、商业展具公司、橙舍文创公司、乐品科技公司、爱陆玖情趣公司、伍休文化传播公司、诸暨工业设计园区。探索创新设计与优势制造的深度融合发展模式，与行业领先的优势制造企业携手，共同打造“橙舍”竹品家居品牌、“Kalar kitchen”厨房生活品牌。公司发展为拥有“创新设计服务、自主品牌孵化、设计生态打造”三大板块协同发展的集团化创新设计公司。2016年，公司获批浙江省首批重点企业设计院。周立钢曾策划运作全国及国际性的创意设计竞赛、评奖、高峰论坛等设计公益性活动60余场，担任“西子杯”“镇海杯”“张三丰杯”等国内外诸多设计大赛评委；个人获得发明、实用新型及外观专利100余项。担任执行主编出版《国际工业设计研讨会论文集》《国际计算机辅助工业设计与概念设计学术会议论文集》等论文专著11本。

徐荣培 1970年出生于浙江龙泉。市民进委员会会员。任杭州特美刻日用品有限公司董事长、上城区政协常委、杭州市来杭投资企业联合会副会长、上城区工商联合会副会长、上城区清波街道商会会长等职。先后获上城区劳动模范、上城区最美劳动者、上城区优秀社会主义建设者、功勋浙商等。2016年，徐荣培率领公司团队研发设计具有杭州独特韵味的保温杯壶，成为G20杭州峰会选用产品。公司产业规模稳步增长，总产值近5年每年增幅20%~30%。作为政协常委，他关心民生经济，积极参政议政。先后个人或联名撰写提交《关于在南宋御街发展文化创意茶馆的几点建议》《关于帮助优秀品牌企业发展文创的几点建议》《关于如何促进社区邻里关系改善的几点建议》等提案6篇。他积极参与社会公益事业，曾赞助公益电影《海洋天堂》的拍摄，参加政协组织的西藏那曲县援藏活动和小营巷社区组织的公益活动。携手浙江省机关书画院、浙江省德胜书画院慰问省政府警卫中队，为雅安地震捐赠保温杯壶，每年为上城区“春风行动”和淳安清溪中学捐款，参与市商务委发起的“联乡结村”帮扶活动等。联合杭州文广集团承办《我们读诗》公益栏目。创办杭州市德盛书画院，借文人墨客的作品展现、宣传“美丽杭州”。

蒋胜男 1970年出生于浙江温州。中国作家协会第九届全国委员会委员、浙江省网络作家协会副主席、温州市文联副主席。著名作家、国家二级编剧。20世纪90年代，蒋胜男开始在报刊杂志发表诗词、评论类作品，至2000年互联网在国内兴起后投入网络写作，是中国最早的网络作家之一。2004年从事专职戏曲编剧。累计创作各类文学体裁作品近2000万字，出版长篇小说10余部。代表作有长篇历史小说《芈月传》《凤霸九天》《铁血胭脂》《燕云台》，武侠小说《魔刀风云》《玉手乾坤》《鹰王》《紫星传奇》，历史评述类作品《历史的模样》《权力巅峰的女人》，戏曲剧本《妲己之死》《未央长歌》等。其中《芈月传》获评国家新闻出版广电总局2015年优秀网络文学原创作品，并在第十届作家榜全民阅读节暨文化盛典颁奖礼上登上作家榜金榜，获年度最具商业价值作品奖。蒋胜男被上海市剧本创作中心聘为特约剧作家、特约专家。2016年，蒋胜男在上城区馒头山文化街区成立个人工作室。

（张玉瑛）

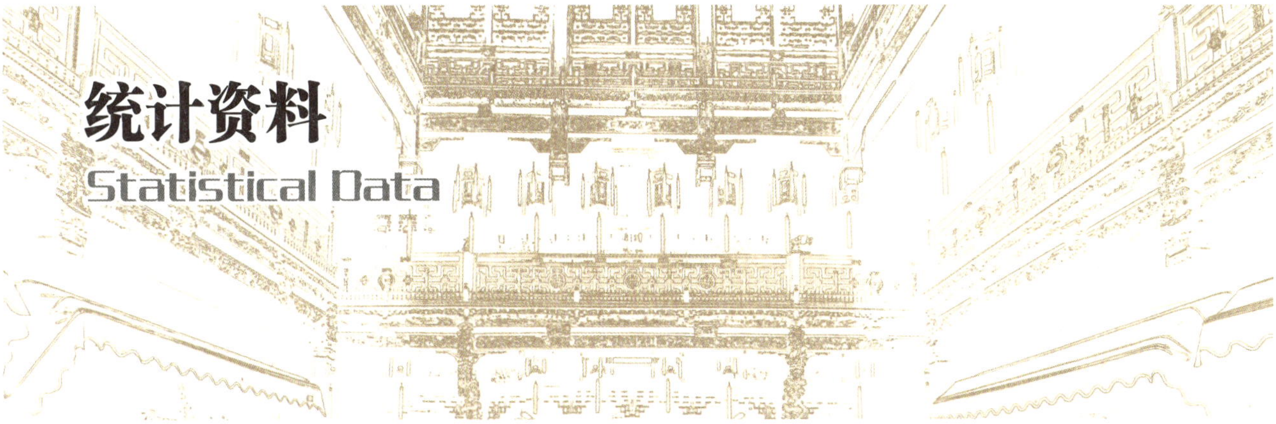

统计资料

Statistical Data

统计表

2016 年上城区国民经济主要指标

表 19

指标名称	计量单位	实绩	增幅(%)
地区生产总值	亿元	928.35	6.2
规模以上工业增加值	亿元	312.47	-1.5
社会消费品零售总额	亿元	379.47	11.0
地方财政收入	亿元	72.39	8.9
固定资产投资	亿元	109.08	23.1
外贸出口总额	亿美元	12.96	9.7

2012~2016 年上城区生产总值及发展指数

表 20

年份	2012 年	2013 年	2014 年	2015 年	2016 年
生产总值(亿元)	664.48	738.93	807.62	861.02	928.35
发展指数	107.0	106.5	107.8	109.2	106.1

2016 年上城区规模以上工业企业主要经济指标

表 21

指标名称	计量单位	数量
规模以上工业企业数	个	43
规模以上工业企业平均人数	人	14 257
规模以上工业企业总产值	亿元	715.85
规模以上工业企业销售产值	亿元	745.92
规模以上工业产品销售收入	亿元	388.63
规模以上工业企业利润总额	亿元	36.86
规模以上工业企业利税总额	亿元	280.48

2016年上城区工业企业主要产品产量

表22

产　品　名　称	计量单位	生产量	为上年(%)
软饮料	万吨	54.1	93.6
碳酸饮料类(汽水)	万吨	2.9	55.8
包装饮用水类	万吨	24.3	102.5
果汁和蔬菜汁饮料类	万吨	5.3	88.3
卷烟	亿支	583.1	96.8
服装	万件	63.7	100.2
塑料制品	万吨	1.1	91.7
钢结构	万吨	4.0	74.1
电动机	万千瓦	4.0	74.1
变压器	万千伏安	59.2	144.7
家用电冰箱(家用冷冻冷藏箱)	万台	3.8	67.9
家用冷柜(家用冷冻箱)	万台	0.2	200.0
工业自动调节仪表与控制系统	万台(套)	1.1	137.5
电工仪器仪表	万台	924.5	106.2
眼镜成镜	万副	5.5	93.2
自来水生产量	万立方米	5.0	102.0

2016年上城区固定资产投资情况

表23

固定资产投资项目	单位	投资额	为上年(%)
固定资产投资完成额	万元	1 090 808	123.1
房地产开发投资	万元	691 644	106.4
工业投资	万元	7 900	31.0

2016年上城区主要经济指标占杭州市的比重

表24

指标名称	计量单位	实绩	占杭州市比重(%)
地区生产总值	亿元	928.35	8.2
规模以上工业企业增加值	亿元	312.47	10.5
社会消费品零售额	亿元	379.47	7.3
地方财政收入	亿元	72.39	6.9
固定资产投资	亿元	109.08	1.9
外贸出口额	亿美元	12.96	9.7

(区统计局)

2016 年上城区外商直接投资情况

表 25

指　　标	计量单位	实　　绩	比上年(%)
批准项目数	个	24	–33.3
总投资额	万美元	19 027	–29.3
合同外资金额	万美元	11 183	–72.4
实际利用外资	万美元	23 610	–5.2

2016 年上城区进出口情况

表 26

指　　标	实绩(万美元)	比上年(%)
全区进出口总值(海关口径)	219 033.16	9
出口总额	129 579.13	9.7
中外合资企业	17 755.87	–11.9
进口总额	89 454.03	8.0

(区商务局)

2016 年上城区环境保护情况

表 27

指　标　名　称	全　　年
空气质量优良天数(天)	236
集中式饮用水源地水质达标率(%)	100

(上城环保分局)

2016 年上城区社会保障情况

表 28

单位:人

城镇居民社会养老保险参保人数	基本养老保险参保职工人数	基本医疗保险参保人数	工伤保险参保人数	生育保险参保人数	失业保险参保人数
132 445	132 245	132 245	143 437	127 991	132 445

(区人力资源和社会保障局)

附 录
Appendix

先进集体

2016 年度国家级和部级先进集体

表 29

获奖单位	先进荣誉称号	颁奖单位	颁奖时间
上城区	2011~2015 年全国法治宣传教育先进县(市、区)	中共中央宣传部、司法部	2016 年 5 月
上城区	2016 年度复审确认全国基层中医药工作先进单位	国家中医药管理局办公室	2016 年 12 月
上城区	实施中国妇女、儿童发展纲要国家级示范县(市、区)(2016~2020 年)	国务院妇女儿童工作委员会	2016 年 3 月
区教育局	全国义务教育均衡优秀工作案例	教育部	2016 年 4 月
上城消防大队近江中队	集体一等功	公安部	2016 年 12 月
区公安分局清波派出所	全国老年法律维权工作先进集体	全国老龄工作委员会办公室、最高人民法院、最高人民检察院、公安部、民政部、司法部	2016 年 3 月
区法院司法后勤服务中心	全国法院先进集体	最高人民法院	2016 年 1 月
团区委	G20 杭州峰会志愿服务工作先进集体	中国青年志愿者协会	2016 年 10 月
区妇儿工委办公室	全国实施妇女儿童发展纲要先进集体	国务院妇女儿童工作委员会	2016 年 11 月
区科协	2016 年全国科普日活动优秀组织单位	中国科协	2016 年 11 月
区红十字会	2016 年度中国红十字会总会报刊宣传先进集体一等奖	中国红十字会总会	2016 年 9 月
区城管局湖滨环卫所湖滨路清扫班	全国巾帼文明岗	中华全国妇女联合会	2016 年 9 月
区文广新局(杭州牙雕技艺)	中国工艺美术“百花奖”金奖	中国工艺美术学会、中国轻工业联合会、中国轻工珠宝首饰中心	2016 年 4 月

续表 29

获 奖 单 位	先 进 荣 誉 称 号	颁 奖 单 位	颁奖时间
清波街道	2015 年度全国社区侨务工作示范单位	国务院侨务办公室	2016 年 1 月
望江街道	全国创新型社区建设示范街道	中国社会工作联合会社区工作委员会	2016 年 11 月
湖滨街道	全国“2015~2016 年度禁毒舆情研判”先进集体	中国禁毒网	2016 年 10 月
“湖滨晴雨”工作室	中宣部 2015 年度“好信息”奖	中共中央宣传部	2016 年 3 月
杭州新世纪外国语学校、杭州市胜利实验学校	中华人民共和国驻外使领馆阳光学校合作基地学校	外交部	2016 年 6 月
杭州市胜利小学	数字化校园国家级数字化示范学校	教育部	2016 年 4 月
杭州市清泰实验学校、杭州市勇进实验学校、杭州市建兰中学	全国青少年校园足球特色学校	教育部	2016 年 7 月
杭州市金都天长小学	第十九届全国青少年五好小公民主题教育活动示范学校	教育部全国青少年“五好小公民”主题教育活动组委会	2016 年 8 月
杭州市天长小学	第五届全国教育科学研究优秀成果三等奖	全国教育科学规划办公室	2016 年 10 月
杭州路通市政园林工程有限公司	钱江路道路设施项目在 2013~2014 年度全国 “城镇市政养护示范设施活动中获”“扁鹊杯”	中国市政工程协会、市政设施管理专业委员会	2016 年 12 月
杭州娃哈哈集团有限公司	2016 年度全国“质量标杆”(娃哈哈集团实施保障食品安全质量管理链的经验)	工业和信息化部	2016 年 7 月
杭州娃哈哈集团有限公司	“守合同重信用”企业	国家工商行政管理总局	2016 年 7 月
杭州娃哈哈集团有限公司	中国轻工业联合会科学技术进步奖二等奖(基于 CMC、黄原胶和瓜尔胶的流变学测试及其在乳饮料中的应用研究)	中国轻工业联合会	2016 年 1 月
杭州娃哈哈集团有限公司	全国轻工业卓越绩效先进企业特别奖	中国轻工业联合会	2016 年 5 月
杭州娃哈哈集团有限公司	2015 年度中国轻工业百强企业	中国轻工业联合会	2016 年 6 月
杭州娃哈哈集团有限公司	中国轻工业食品饮料智能制造及装备重点实验室(精机公司)	中国轻工业联合会	2016 年 7 月
杭州娃哈哈集团有限公司	“十二五”轻工业科技创新先进集体	中国轻工业联合会	2016 年 10 月
杭州娃哈哈集团有限公司	2016 年轻工业企业管理现代化创新成果一等奖(民营企业集团基于“两化融合”的标准化管理体系建设助推企业管理升级)	中国轻工业联合会	2016 年 12 月
杭州娃哈哈集团有限公司	2016 年轻工业企业管理现代化创新成果二等奖(“大党建”概念下“五位一体”企业文化建设组织架构创新)	中国轻工业联合会	2016 年 12 月
杭州娃哈哈集团有限公司	第二十二届国家级企业管理现代化创新成果(饮料行业以“智慧工厂”为导向的设备管理)	全国企业管理现代化创新成果审定委员会	2016 年 1 月

续表 29

获奖单位	先进荣誉称号	颁奖单位	颁奖时间
杭州娃哈哈集团有限公司	第二十三届国家级企业管理现代化创新成果二等奖(民营企业集团基于“两化融合”的标准化管理体系建设)	全国企业管理现代化创新成果审定委员会	2016年12月
杭州娃哈哈集团有限公司	“搜索中国正能量,点赞2015”中国品牌奖	中国搜索信息科技股份有限公司	2016年2月
杭州娃哈哈集团有限公司	获两化融合管理体系认证证书	工业和信息化部电子第五研究所	2016年2月
杭州娃哈哈集团有限公司	十大影响力品牌企业	中国质量万里行促进会	2016年3月
杭州娃哈哈集团有限公司	2016中国桶装饮用水优秀企业	中国饮料工业协会、中国饮料工业协会包装饮用水分会	2016年4月
杭州娃哈哈集团有限公司	2016年中国食品工业智能制造试点示范企业	中国食品和包装机械工业协会、食品工业互联网产业联盟	2016年5月
杭州娃哈哈集团有限公司	食品安全创新示范项目(食品安全质量链管理体系)	2016中国国际食品安全与创新技术展览会组委会	2016年6月
杭州娃哈哈集团有限公司	产品创新大奖(爱迪生奶酪酸奶)	中国(北京)国际妇女儿童产业博览会组委会	2016年7月
杭州娃哈哈集团有限公司	产品创新大奖(激活π)	中国(北京)国际妇女儿童产业博览会组委会	2016年7月
杭州娃哈哈集团有限公司	品质金奖(晶钻水)	中国(北京)国际妇女儿童产业博览会组委会	2016年7月
杭州娃哈哈集团有限公司	公众大拇指奖	中国(北京)国际妇女儿童产业博览会组委会	2016年7月
杭州娃哈哈集团有限公司	质量管理优秀企业	中国乳制品工业协会	2016年8月
杭州娃哈哈集团有限公司	2016年度技术进步一等奖(褐色常温酸奶关键工艺技术及产业化研究)	中国乳制品工业协会	2016年8月
杭州娃哈哈集团有限公司	获中国合格评定国家认可委员会实验室认可证书	中国合格评定国家认可委员会秘书处	2016年9月
杭州娃哈哈集团有限公司	2015年度扶贫大使奖	中国扶贫基金会	2016年3月
杭州娃哈哈集团有限公司	2016苏宁易购善行者公益徒步筹款活动给力支持奖	中国扶贫基金会	2016年9月
杭州娃哈哈集团有限公司	2016企业扶贫优秀案例	中国扶贫基金会、中国社会科学院社会责任中心	2016年12月
杭州娃哈哈集团有限公司	中国食品科学技术学会科技创新奖——产品创新奖一等奖(高位高速码垛机)	中国食品科学技术学会	2016年11月
杭州娃哈哈集团有限公司	中国食品科学技术学会科技创新奖—技术进步奖三等奖(机器人码垛包装工作站)	中国食品科学技术学会	2016年11月
杭州娃哈哈集团有限公司	中国食品七星经典奖(营养快线)	2016中国食品发展大会	2016年12月
浙江华日实业投资有限公司	2014~2015年度“守合同重信用”企业	国家工商行政管理总局	2016年7月
浙江华日实业投资有限公司	全国产品和服务质量诚信示范企业	中国质量检验协会	2016年3月
杭州华日电冰箱股份有限公司CD-251WKED	2015~2016度冰箱行业全温区无霜之星	中国家电行业高峰论坛组委会	2016年5月
杭州华日电冰箱股份有限公司CD-418WDEB	2015~2016度冰箱行业线上变频净鲜之星	中国家电行业高峰论坛组委会	2016年5月

续表 29

获奖单位	先进荣誉称号	颁奖单位	颁奖时间
杭州华日电冰箱股份有限公司	2015~2016 度冰箱行业专业科技品牌	中国家电行业高峰论坛组委会	2016 年 5 月
浙江华日实业投资有限公司	2014~2015 年度全国轻工业卓越绩效先进企业	中国轻工业联合会	2016 年 5 月
杭州华日电冰箱股份有限公司壁虎 QC 小组	被命名为 2016 年全国轻工业优秀质量管理小组	中国轻工业联合会质量分会	2016 年 7 月
杭州华日电冰箱股份有限公司飞虎 QC 小组	被命名为 2016 年全国轻工业优秀质量管理小组	中国轻工业联合会质量分会	2016 年 7 月
杭州华日电冰箱股份有限公司制造部三工段	被命名为 2016 年全国轻工业质量信得过班组	中国轻工业联合会质量分会	2016 年 7 月
浙江华日实业投资有限公司	优质服务先进单位	中国消费者报社	2016 年 10 月
杭州华日电冰箱股份有限公司	用户满意企业	中国质量协会、全国用户委员会	2016 年 11 月

2016 年度省级和省属部门级先进集体

表 30

获奖单位	先进荣誉称号	颁奖单位	颁奖时间
上城区	创建法治县(市、区)工作示范单位	中共浙江省委、浙江省人民政府	2016 年 7 月
上城区	“无违建创建”先进单位	浙江省人民政府	2016 年 8 月
上城区	2012~2015 年度全省无偿献血先进县（市、区）	浙江省人民政府	2016 年 11 月
区司法局	“2011~2015 年全省法治宣传教育先进单位”	中共浙江省委、浙江省人民政府	2016 年 7 月
清河坊、小营巷、中山中路、湖边邨、思鑫坊、五柳巷、中山南路—十五奎巷、泗水坊、安家塘 9 处	浙江省历史文化街区	浙江省人民政府	2016 年 7 月
区公安分局	全省“百日维稳攻坚大会战”先进集体	浙江省委办公厅、浙江省人民政府办公厅	2016 年 1 月
区人大常委会办公室	2015 年度浙江省人大信息工作先进集体	浙江省人大常委会办公厅、浙江省人大常委会研究室	2016 年 1 月
区直机关工委	2015 年度全省机关党建信息工作一等奖	中共浙江省直机关工委	2016 年 3 月
区教育局	2016 年中小学教师培训工作绩效考核总分全省第一	浙江省教育厅	2016 年 12 月
区教育局	2015 学年全省教育宣传工作先进集体	浙江省教育厅新闻办	2016 年 4 月
区文广新局	浙江省文化体系服务保障 G20 杭州峰会工作先进集体	浙江省文化厅	2016 年 9 月

续表 30

获奖单位	先进荣誉称号	颁奖单位	颁奖时间
区文广新局	浙江省第二届女子体育节一等奖	浙江省体育局、中共浙江省直属机构机关工作委员会、浙江省旅游局、浙江省妇女联合会、浙江省总工会、浙江省体育总会	2016 年 11 月
南星街道社区卫生服务中心	浙江省百强社区卫生服务中心	浙江省卫生和计划生育委员会	2016 年 11 月
区市场监管局	浙江省食品药品监管系统先进集体	浙江省食品药品监督管理局和省人力资源社会保障厅	2016 年 9 月
区市场监管局	服务保障 G20 杭州峰会先进集体	浙江省工商行政管理局	2016 年 9 月
区市场监管局	服务保障 G20 杭州峰会工作先进集体	浙江省质量技术监督局	2016 年 9 月
区市场监管局	G20 杭州峰会食品药品安全、保障工作先进集体	浙江省食品药品监督管理局	2016 年 9 月
上城消防大队	全省公安机关 G20 杭州峰会安保工作先进集体	浙江省公安厅	2016 年 10 月
区公安分局站前派出所	全省公安机关 G20 杭州峰会安保工作先进集体	浙江省公安厅	2016 年 10 月
区公安分局望江派出所	2014~2015 年度“全省优秀公安基层单位”	浙江省公安厅	2016 年 1 月
上城交警大队 G20 杭州峰会交通安保工作专班	集体二等功	浙江省公安厅	2016 年 10 月
区公安分局 G20 杭州峰会安保工作组	集体二等功	浙江省公安厅	2016 年 10 月
区公安分局“三位一体”制高点管控工作组	集体二等功	浙江省公安厅	2016 年 10 月
区公安分局经侦大队	全省“2015—云剑行动”成绩突出集体	浙江省公安厅、浙江省打击侵犯知识产权和制售假冒伪劣商品领导小组办公室	2016 年 2 月
张能庆家庭	2016 年省级绿色家庭	浙江省妇女联合会、浙江省环境保护厅	2016 年 8 月
楼九斤、于再秒、张能庆 3 户家庭	浙江省文明家庭	浙江省精神文明建设委员会	2016 年 11 月
区教育局关工委	浙江省关心下一代工作先进集体	浙江省关心下一代工作委员会	2016 年 12 月
团区委	浙江省 G20 杭州峰会先进集体	浙江省志愿者协会	2016 年 10 月
玉皇山南基金小镇	省级特色小镇创建对象优秀小镇	浙江省发展和改革委员会	2016 年 6 月
吴山宋韵小镇	浙江省特色小镇文化建设示范点	浙江省文化厅	2016 年 12 月
清河坊历史街区管委会	浙江省放心消费创建示范区	浙江省工商行政管理局、浙江省消费者权益保护委员会	2016 年 3 月
区人力社保局仲裁院	2016 年度全省劳动争议案件处理工作优秀单位	浙江省劳动人事争议仲裁院	2016 年 12 月
区人防办公室	全省学校人防教育优质课的评选一等奖	浙江省人民防空办公室、浙江省教育学会	2016 年 10 月

续表 30

获 奖 单 位	先 进 荣 誉 称 号	颁 奖 单 位	颁奖时间
区市场监管局	2015 年度打击传销工作成绩突出集体	浙江省打击传销办公室	2016 年 3 月
区市场监管局行政审批中心注册大厅	浙江省巾帼文明岗	浙江省巾帼建功和双学双比活动协调小组	2016 年 2 月
区市场监管局行政审批中心	浙江省巾帼文明号	浙江省巾帼建功和双学双比活动协调小组	2016 年 2 月
湖滨街道社区卫生服务中心老年病房	浙江省巾帼文明岗	浙江省巾帼建功和双学双比活动协调小组办公室	2016 年 2 月
区精神卫生服务中心精神康复病房	浙江省巾帼文明岗	浙江省巾帼建功和双学双比活动协调小组办公室	2016 年 9 月
湖滨街道	浙江省级基层科普示范单位(科普示范街道)	浙江省科学技术协会	2016 年 10 月
湖滨街道吴山路社区	浙江省综合减灾示范社区	浙江省减灾委员会、浙江省民政厅	2016 年 10 月
小营街道武装部	浙江省基层建设标兵单位	浙江省军区	2016 年 1 月
小营街道妇联	浙江省 G20 杭州峰会志愿服务工作先进集体	浙江省志愿者协会	2016 年 10 月
小营街道小营巷社区	浙江省先进基层党组织	中共浙江省委	2016 年 6 月
望江街道近江东园社区	浙江省星级社区居家养老服务照料中心	浙江省养老服务质量星级评定委员会	2016 年 4 月
望江街道近江二园小区	浙江省节水型小区	浙江省住房和城乡建设厅	2016 年 5 月
望江街道近江东园社区	浙江省基层科普单位	浙江省科学技术协会	2016 年 10 月
区国税局纳税服务科办税服务厅	2015 年度省青年文明号	浙江省“青年文明号”、“青年岗位能手”活动组委员会	2016 年 3 月
杭州市天长小学	浙江省首批数字校园示范学校	浙江省教育厅	2016 年 9 月
杭州市天长小学、杭州新世纪外国语学校	浙江省基础教育教学成果一等奖	浙江省教育厅	2016 年 11 月
杭州市娃哈哈小学	浙江省中小学生艺术节小学组二等奖	浙江省教育厅	2016 年 11 月
杭州市建兰中学	浙江省中小学生校园足球联赛总冠军	浙江省教育厅、浙江省体育局	2016 年 4 月
杭州市服装职业高级中学	希望杯浙江省校园足球联赛总决赛高中女子组一等奖	浙江省教育厅、浙江省体育局	2016 年 7 月
杭州市金都天长小学	浙江省中小学书香校园	浙江省教育技术中心	2016 年 12 月
杭州市金都天长小学	浙江省少先队先进集体	浙江省少工委、浙江省教育厅	2016 年 6 月
杭州市抚宁巷小学	2016 年全国青少年模型教育竞赛活动选拔赛小学组团体三等奖	浙江省体育局	2016 年 7 月
杭州市抚宁巷小学	2016 年浙江省青少年电子制作锦标赛先进单位	浙江省青少年电子制作锦标赛组委会	2016 年 2 月
杭州市饮马井巷小学	浙江省义务教育精品课程《悦读》	浙江省教育厅教研室	2016 年 11 月
杭州市饮马井巷小学	浙江省绿色学校	浙江省环保局	2016 年 12 月

续表 30

获奖单位	先进荣誉称号	颁奖单位	颁奖时间
杭州市服装职业高级中学语文组	浙江省巾帼文明示范岗	浙江省巾帼建功和双学双比活动协调小组	2016 年 2 月
杭州娃哈哈集团有限公司	第五届浙江慈善奖机构捐赠奖	浙江省人民政府	2016 年 12 月
杭州娃哈哈集团有限公司	2016 年省级两化融合示范企业	浙江省经济和信息化委员会	2016 年 8 月
杭州娃哈哈集团有限公司	浙江省制造业网络营销示范企业	浙江省经济和信息化委员会	2016 年 12 月
杭州娃哈哈集团有限公司	浙江省著名商标(娃哈哈)	浙江省工商行政管理局	2016 年 1 月
杭州娃哈哈集团有限公司	第三届"健康卫士杯"乒乓球比赛团体第五名	浙江省卫生监督协会	2016 年 11 月
杭州娃哈哈集团有限公司	爱心证书	浙江省残疾人福利基金会	2016 年 12 月
杭州娃哈哈集团有限公司	2016 年度企业管理现代化创新成果二等奖(大型民营企业集团标准化管理体系建设助推企业管理升级)	浙江省企业联合会、浙江省企业家协会	2016 年 9 月
杭州娃哈哈集团有限公司	浙江省百强企业	浙江省企业联合会、浙江省企业家协会、浙江省工业经济联合会	2016 年 9 月
杭州娃哈哈集团有限公司	浙江省制造业百强企业	浙江省企业联合会、浙江省企业家协会、浙江省工业经济联合会	2016 年 9 月
杭州娃哈哈集团有限公司	2015 年企业信息化创新项目优秀奖(基于流程驱动的企业管理变革项目)	浙江省企业信息化促进会	2016 年 1 月
杭州娃哈哈集团有限公司	2016 年浙江企业信息化项目优秀奖(移动端信息平台)	浙江省企业信息化促进会	2016 年 12 月
杭州娃哈哈集团有限公司	G20 杭州峰会官方用品娃哈哈晶钻水等珍贵物件入选浙商博物馆馆藏	浙商博物馆	2016 年 11 月

2016 年度市级先进集体

表 31

获奖单位	先进荣誉称号	颁奖单位	颁奖时间
上城区	2015 年度区、县(市)综合考评特色创新目标第一名,杭州市创新奖	中共杭州市委、杭州市人民政府	2016 年 4 月
上城区	2015 年度全市综合考评第二名	中共杭州市委、杭州市人民政府	2016 年 4 月
上城区	2015 年度区、县(市)创新发展专项考核优胜单位	中共杭州市委、杭州市人民政府	2016 年 6 月
上城区	2015 年度城乡区域统筹发展(新农村建设)工作达标单位	中共杭州市委、杭州市人民政府	2016 年 2 月
上城区	2015 年度城乡区域统筹发展(新农村建设)工作区、县(市)协作贡献单位	中共杭州市委、杭州市人民政府	2016 年 2 月
上城区	2015 年度安全生产目标责任制考核优秀单位	杭州市人民政府办公厅	2016 年 2 月
上城区	2015 年度全市招商引资目标责任制考核完成任务奖	中共杭州市委办公厅、杭州市人民政府办公厅	2016 年 3 月

续表 31

获奖单位	先进荣誉称号	颁奖单位	颁奖时间
上城区	2015 年度全市服务外包综合考核三等奖	中共杭州市委办公厅、杭州市人民政府办公厅	2016 年 3 月
上城区	2015 年度全市支持浙商创新工作目标责任考核三等奖	杭州市人民政府办公厅	2016 年 3 月
区委办公室	2015 年度区、县(市)协作贡献单位	中共杭州市委、杭州市人民政府	2016 年 2 月
区司法局	杭州市 2015 年度综治维稳工作先进集体	中共杭州市委、杭州市人民政府	2016 年 2 月
区卫计局	G20 杭州峰会爱国卫生保障工作先进集体	杭州市人民政府办公厅	2016 年 12 月
区市场监管局	杭州市 2015 年度综治维稳工作先进集体	中共杭州市委、杭州市人民政府	2016 年 2 月
区公安分局湖滨派出所	杭州市先进基层党组织	中共杭州市委	2016 年 6 月
区绿化办公室	杭州市城区绿化养护管理综合考核优秀管理奖	中共杭州市委、杭州市人民政府	2016 年 4 月
团区委	杭州市综治维稳工作先进集体	中共杭州市委、杭州市人民政府	2016 年 2 月
玉皇山南指挥部	2015 年度投资及重点项目建设先进集体	杭州市人民政府	2016 年 2 月
湖滨街道	杭州市 2015 年度平安综治维稳“示范乡镇”(街道)	中共杭州市委、杭州市人民政府	2016 年 2 月
湖滨街道东平巷社区	杭州市先进基层党组织	中共杭州市委	2016 年 6 月
“湖滨晴雨”工作室	2015 年度全市党委系统信息工作社情民意直报点先进单位	杭州市委办公厅	2016 年 3 月
清波街道	2011~2015 年杭州市法制宣传教育先进集体	杭州市人民政府	2016 年 7 月
清波街道	G20 峰会期间爱国卫生保障工作先进集体	杭州市人民政府	2016 年 12 月
小营街道	杭州市 2015 年度综治维稳工作先进集体	中共杭州市委、杭州市人民政府	2016 年 2 月
小营街道	优秀培育类服务业集聚区	杭州市人民政府办公厅	2016 年 3 月
望江街道	杭州市先进基层党组织	中共杭州市委	2016 年 6 月
望江街道	杭州市 2015 年度综治维稳工作先进集体	中共杭州市委、杭州市人民政府	2016 年 2 月
南星街道	杭州市 2015 年度综治维稳工作先进集体	中共杭州市委、杭州市人民政府	2016 年 2 月
南星街道水澄桥社区	杭州市先进基层党组织	中共杭州市委	2016 年 6 月
紫阳街道	杭州市无违建创建先进乡镇(街道)	杭州市人民政府办公厅	2016 年 8 月
杭州市紫阳小学	杭州市示范平安校园	中共杭州市委	2016 年 12 月
杭州海兴电力科技股份有限公司	杭州市先进基层党组织	中共杭州市委	2016 年 6 月
郁达夫故居	第三批杭州市党史教育基地	中共杭州市委	2016 年 12 月
区公安分局经济犯罪侦查大队	杭州市劳动模范集体	中共杭州市委、杭州市人民政府	2016 年 4 月
区城管局数字城管信息处置中心	杭州市劳动模范集体	中共杭州市委、杭州市人民政府	2016 年 4 月
浙江工程设计有限公司总包部	杭州市劳动模范集体	中共杭州市委、杭州市人民政府	2016 年 4 月
杭州捷尔思阻燃化工有限公司	杭州市劳动模范集体	中共杭州市委、杭州市人民政府	2016 年 4 月

续表 31

获 奖 单 位	先 进 荣 誉 称 号	颁 奖 单 位	颁奖时间
区贸促会	杭州市服务保障 G20 杭州峰会先进集体	中共杭州市委、杭州市人民政府	2016 年 9 月
杭州维景大酒店有限公司	杭州市服务保障 G20 杭州峰会先进集体	中共杭州市委、杭州市人民政府	2016 年 9 月
杭州商旅新侨酒店管理有限公司	杭州市服务保障 G20 杭州峰会先进集体	中共杭州市委、杭州市人民政府	2016 年 9 月
杭州娃哈哈集团有限公司	杭州市服务保障 G20 杭州峰会先进集体	中共杭州市委、杭州市人民政府	2016 年 9 月
杭州娃哈哈集团有限公司	2015 年春风行动爱心奖	中共杭州市委、杭州市人民政府	2016 年 1 月
杭州娃哈哈集团有限公司	2016 年春风行动爱心奖	中共杭州市委、杭州市人民政府	2016 年 12 月
杭州娃哈哈集团有限公司	杭州市科技进步奖三等奖（机器人码垛包装工作站）	杭州市人民政府	2016 年 6 月

【浙江省服务保障 G20 杭州峰会先进集体】

上城区委区政府、上城区委办公室、上城区政府办公室、上城区委宣传部、上城区委政法委、杭州市公安局上城区分局、上城区城管局、杭州市环保局上城区分局、上城区风景旅游局、杭州市公安消防支队上城区大队、上城区湖滨街道、上城区清波街道、上城区小营街道、上城区望江街道、上城区南星街道、上城区紫阳街道、上城区望江指挥部、上城区湖滨指挥部、上城区玉皇山南指挥部(根据浙委发〔2016〕29号《中共浙江省委、浙江省人民政府关于表扬在服务保障 G20 杭州峰会工作中作出突出贡献的集体和个人的通报》整理)

【杭州市服务保障 G20 杭州峰会先进集体】

上城区纪委、上城区委组织部、上城区信访局、上城区教育局、上城区民族宗教局、上城区民政局、上城区财政局、上城区住房和城建局、上城区商务局、上城区市场监管局、上城区安全监管局、上城区审管办、杭州市城站广场管委会、共青团上城区委、上城区人武部、上城区吴山指挥部、上城区投资控股集团有限公司、杭州市公安局交警支队上城大队、上城区湖滨街道吴山路社区党委(居委会)、上城区清波街道柳翠井巷社区党委(居委会)、上城区小营街道梅花碑社区党委(居委会)、上城区望江街道大通桥社区党委(居委会)、上城区南星街道玉皇山社区党委(居委会)、上城区紫阳街道太庙社区党委(居委会)(根据市委发〔2016〕30 号《中共杭州市委、杭州市人民政府关于表彰服务保障 G20 杭州峰会先进集体和个人的通报》整理)

【2015 年度综合考评优秀单位】

优胜单位

区民政局、区法制办、区公安分局、区司法局、区卫计局、南星街道

先进单位

区人力社保局、区委组织部、区财政局、区统计局、区科技局、区编委办、区风景旅游局、小营街道、紫阳街道

创新奖

区民政局

【2015 年度非综合考评优秀单位】

优胜单位

区人大机关、区政府办公室、上城消防大队

先进单位

区委办公室、区检察院、区政协机关、上城地税分局、区国税局

【上城区先进基层党组织】

杭州利星名品百货广场有限公司党支部、湖滨

街道涌金门社区党委、湖滨街道吴山路社区党委、湖滨街道“湖滨晴雨”工作室党支部、湖滨街道岳王路社区第二党支部、清波街道党工委、清波街道柳翠井巷社区党委、清波街道劳动路社区党委、清波街道定安路社区惠民路党支部、浙江宇天科技有限公司党支部、小营街道梅花碑社区党委、小营街道西牌楼社区党委、小营街道金钱巷社区党委、回音必集团有限公司党委、小营街道长明寺巷社区第十党支部、望江街道现场动迁指挥部临时党支部、望江街道在水一方社区党委、望江街道在水一方互助会联合党支部、望江街道兴隆社区党委、望江街道近江西园社区党委第五党支部、南星街道玉皇山社区党委、南星街道馒头山社区党委、南星街道美政桥社区党委、南星街道白塔岭社区党委、美丽健乳业集团有限公司党委、紫阳街道党工委、紫阳街道现场动迁指挥部党支部、紫阳街道北落马营社区党委、紫阳街道木场巷社区第十党支部、紫阳街道太庙社区第六党支部、区法院机关第一党支部、区委宣传部机关党支部、区风景旅游局机关党支部、区信访局机关党支部、区府办机关第二党支部、区纪委机关党支部、望江指挥部机关党支部、湖滨指挥部机关党支部、杭州市崇文实验学校党总支、杭州师范大学第一附属小学党总支、杭州市清河实验学校党总支、区建设工程质量安全监督站党支部、小营街道社区卫生服务中心党支部、紫阳街道社区卫生服务中心党支部、区公安分局望江派出所党支部、区公安分局巡特警大队党支部、区城管局机动中队党支部、区市场监管局小营市场监管所党支部、思创医惠科技股份有限公司党委、浙江华日实业投资有限公司第二党支部

【上城区服务保障 G20 杭州峰会先进集体】

区直机关工委、区人大常委会办公室、区发改经信局、区科技局、区卫计局、区总工会、区妇联、区检察院、区国土分局、清河坊管委会、上城规划分局、上城运管处、区拆违办、区卫计监督所、区建设工程质量安全监督站、区市场监管局清波市场监督管理所、区市场监管局紫阳市场监督管理所、区城管局市容景观管理科、区数字城管信息处置中心、区河道绿化监管中心、区市容环卫监管中心、区市政园林管理所、区城管局湖滨执法中队、区城管局清波执法中队、区城管局小营执法中队、区城管局望江执法中队、区城管局紫阳执法中队、区城管局南星执法中队、区城管局城站中队、区城管局机动中队、区城市管理基础设施工程建设指挥部、区道路停车收费服务中心、区城管局汽车场、湖滨市容环境卫生管理所、清波市容环境卫生管理所、小营市容环境卫生管理所、望江市容环境卫生管理所、紫阳市容环境卫生管理所、南星市容环境卫生管理所、区公安分局清波派出所、区公安分局南星派出所、区公安分局巡特警大队、区公安分局反恐大队、区公安分局网警大队、区公安分局警务督察大队、上城交警大队湖滨中队、湖滨街道涌金门社区、湖滨街道东坡路社区、清波街道清波门社区、清波街道定安路社区、清波街道清河坊社区、小营街道小营巷社区、小营街道大学路社区、小营街道葵巷社区、小营街道茅廊巷社区、小营街道西牌楼社区、小营街道姚园社区、小营街道紫金社区、望江街道在水一方社区、望江街道近江东园社区、望江街道耀华社区、望江街道莫邪塘社区、望江街道婺江社区、望江街道始版桥社区、南星街道水澄桥社区、南星街道复兴街社区、南星街道紫花埠社区、紫阳街道上羊市街社区、紫阳街道彩霞岭社区、紫阳街道十五奎巷社区、紫阳街道候潮门社区、紫阳街道凤凰社区、紫阳街道甬江社区、区茶文化研究会、中铁二十四局、四川驻浙团工委、杭州服装职业高级中学、杭州师范大学第一附属小学、北京中博诚通国际技术培训有限责任公司、张能庆公益服务站、浙江近江集团公司、浙江梅地亚新闻交流中心、浙江捌益久食品有限公司、浙江杭州红楼大酒店有限公司、浙江省通信产业服务有限公司清江路汽车维修站、浙江中烟工业有限公司杭州卷烟厂、浙江省三建建设集团有限公司、浙江永安建设工程有限公司、浙江浙银资本管理有限公司、浙江诚邦园林股份有限公司、浙江天策市政园林工程有限公司、浙江耀厦控股集团有限公司、杭州望江股份经济合作社、杭州新湖滨商业发展有限公司、杭州陶瓷品市场有限公司、杭州外滩丝绸针织服装市场有限公司、杭州中维歌德大酒店、杭

州华辰国际饭店有限公司、杭州浙润酒店投资管理有限公司银江宾馆、杭州香溢浣纱宾馆有限责任公司、杭州解百商贸集团有限公司、杭州湖滨国际商业发展有限公司、杭州利星名品百货广场有限公司、杭州近江水产农副产品综合市场、杭州西柚文化创意有限公司、杭州望江路农贸市场有限公司、杭州国成建设工程有限公司、杭州振业建筑工程有限公司、杭州睿沣资产管理有限公司、杭州望海潮建设有限公司经营核算部、杭州丽思教育咨询有限公司

优秀项目

西湖大道街容提升工程、南山路艺术休闲特色街区提升改造工程、中河中路街容提升工程、馒头山区域综合整治工程、城站火车站入城口整治工程、钱塘江两岸(一桥—三桥)北岸亮灯工程、中河高架沿线整治工程(含临时停车场(库))上城段、思鑫坊历史街区整治工程、部分重要宾馆周边道路彩化和美化项目、饮马井巷区块综合整治工程、贴沙河沿线区块综合整治工程南落马营区块综合整治工程

先进个人

2016年度国家级和部级先进个人

表32

获奖单位	获奖人姓名	先进荣誉称号	颁奖单位	颁奖时间
区市场监管局	毛学庆	全国质监系统G20杭州峰会保障工作突出贡献个人	国家质量技术监督总局	2016年9月
区计划生育协会	严小青	全国计划生育协会先进个人	国家计划生育协会	2016年5月
区城管局小营环卫所	孔水高	全国五一劳动奖章	中华全国总工会	2016年9月
区残联	林　森	全国残疾人工作先进个人	国务院残疾人工作委员会	2016年9月
望江街道	胡兰珍	全民科学素质行动计划纲要实施工作先进个人	中国科学技术协会、中共中央组织部、中共中央宣传部、国家发展和改革委员会、教育部、科学技术部、财政部、人力资源和社会保障部、农业部	2016年8月
杭州娃哈哈集团有限公司	宗庆后	第二十三届国家级企业管理现代化创新成果二等奖	全国企业管理现代化创新成果审定委员会	2016年12月
杭州娃哈哈集团有限公司	宗庆后	第十届人民企业社会责任奖十周年特别致敬人物奖	人民网	2016年1月
杭州娃哈哈集团有限公司	宗庆后	第十一届人民企业社会责任奖年度人物奖	人民网	2016年12月
杭州娃哈哈集团有限公司	宗庆后	2016年轻工业企业管理现代化创新成果一等奖	中国轻工业联合会	2016年12月
杭州华日电冰箱股份有限公司	郑利国 钟　优 任　志 陆楼军 汪元顶	受理服务消费者投诉工作“优质服务先进个人”	中国消费者协会	2016年10月

2016 年度省级和省属部门级先进个人

表 33

获奖单位	获奖人姓名	先进荣誉称号	颁奖单位	颁奖时间
区司法局	陈晓璐	2011~2015 年全省法治宣传教育先进个人	中共浙江省委、浙江省人民政府	2016 年 9 月
区委组织部	周朝星	浙江省优秀党务工作者	中共浙江省委	2016 年 6 月
南星街道馒头山社区	郑鸳鸯	浙江省优秀共产党员	中共浙江省委	2016 年 6 月
杭州市建兰中学	饶美红	浙江省优秀共产党员	中共浙江省委	2016 年 6 月
区纪委	陈国英	浙江省“万名好党员”	中共浙江省委组织部	2016 年 6 月
区住房和城建局	倪佳佳	浙江省“万名好党员”	中共浙江省委组织部	2016 年 6 月
区市场监管局	陶雄军	浙江省“万名好党员”	中共浙江省委组织部	2016 年 6 月
区法院	程煜峰	浙江省“万名好党员”	中共浙江省委组织部	2016 年 6 月
湖滨街道	朱　虹	浙江省“千名好支书”	中共浙江省委组织部	2016 年 9 月
区直机关工委	祝　端	2015 年度机关党建信息工作优秀个人	浙江省直属机关工作委员会	2016 年 3 月
区档案局	陆建春	全省档案系统先进工作者	浙江省人力资源和社会保障厅、浙江省档案局	2016 年 1 月
区科技局	姜豪民	2013~2015 年度全省科技工作先进个人	浙江省科学技术厅	2016 年 12 月
区住房和城建局	陈梦娇	全省住房建设系统“服务两美浙江，共建美好城市”主题征文活动优秀奖	浙江省住房和城乡建设厅	2016 年 12 月
区城管局南星环卫所	任　方	浙江省优秀城市美容师	浙江省住房和城乡建设厅、浙江省人力资源和社会保障厅、浙江省总工会	2016 年 10 月
区市场监管局	毛学庆等24人	G20 杭州峰会食品安全保障监管工作突出贡献奖	浙江省食品药品监督管理局、浙江省人力资源和社会保障厅	2016 年 9 月
区市场监管局	罗　宏	浙江省市场监管系统“十佳基层所长”	浙江省工商行政管理局、浙江省食品药品监督管理局	2016 年 11 月
区市场监管局	余　浩	第一批全省竞争执法人才库人员	浙江省工商行政管理局	2016 年 11 月
上城交警大队	陈　欣	全省优秀人民警察	浙江省公安厅	2016 年 1 月
上城交警大队	朱宝善	全省公安机关 G20 杭州峰会安保工作先进个人	浙江省公安厅	2016 年 10 月
区公安分局	夏洪涛等10人	全省公安机关 G20 杭州峰会安保工作先进个人	浙江省公安厅	2016 年 10 月
区公安分局	徐国庆	个人一等功	浙江省公安厅	2016 年 10 月
区公安分局治安大队	蔡征宇	个人二等功	浙江省公安厅	2016 年 10 月

续表 33

获奖单位	获奖人姓名	先进荣誉称号	颁奖单位	颁奖时间
区公安分局清波派出所	陈　维	个人二等功	浙江省公安厅	2016 年 10 月
区公安分局湖滨派出所	沈　宁	个人二等功	浙江省公安厅	2016 年 10 月
区公安分局反恐大队	王　宏	个人二等功	浙江省公安厅	2016 年 10 月
区公安分局警务保障室	李　漪	个人二等功	浙江省公安厅	2016 年 10 月
上城交警大队	陈　欣	个人二等功	浙江省公安厅	2016 年 10 月
上城消防大队	孙　红	个人三等功	浙江省公安厅	2016 年 10 月
区关工委	俞国强	浙江省关心下一代工作先进个人	浙江省关心下一代工作委员会	2016 年 12 月
区法院	苏仲文	个人二等功	浙江省高级人民法院	2016 年 1 月
区法院	王　林	全省法院信息化工作先进个人	浙江省高级人民法院	2016 年 1 月
区法院	周　智	全省法院民事审判工作先进个人	浙江省高级人民法院	2016 年 3 月
区国税局	陈淑君	个人三等功	浙江省国家税务局	2016 年 11 月
区政府办公室	陈伟刚	2015 年度浙江省“五水共治”工作先进个人	浙江省“五水共治”工作领导小组办公室	2016 年 2 月
区市政园林管理所	陈　伟	2016 年度浙江省“五水共治”工作先进个人	浙江省“五水共治”工作领导小组办公室	2016 年 12 月
小营街道紫金社区	徐丽君	2015 年度浙江省“五水共治”工作优秀基层河长	浙江省“五水共治”工作领导小组办公室	2016 年 2 月
区妇联	朱俊丽	浙江省巾帼建功标兵	浙江省巾帼建功和双学双比活动协调小组办公室	2016 年 9 月
区公安分局指挥中心	夏　凡	浙江省巾帼建功标兵	浙江省巾帼建功和双学双比活动协调小组办公室	2016 年 9 月
紫阳街道北落马营社区	邹紫娟	浙江“最美妇女主任”	浙江省妇女联合会	2016 年 2 月
小营街道社区卫生服务中心	邓丽蓉	浙江省优秀接种医生	浙江省疾病预防控制中心	2016 年 8 月
杭州市天长小学	钟　玲	浙江省“师德楷模”	浙江省教育厅、浙江省人力资源和社会保障厅、浙江省财政厅	2016 年 9 月
区人力资源和社会保障局	孙　锦	浙江省“绿叶奖”	浙江省人民教育基金会	2016 年 9 月
杭州市胜利小学	俞　珺	浙江省“春蚕奖”	浙江省人民教育基金会	2016 年 9 月
杭州市清泰实验学校	张娟萍	浙江省“春蚕奖”	浙江省人民教育基金会	2016 年 9 月
杭州市勇进实验学校	周原琦	浙江省 G20 杭州峰会城市志愿服务优秀志愿者	浙江省志愿者协会	2016 年 10 月
杭州市金都天长小学	魏　芬	浙江省 G20 杭州峰会城市志愿服务优秀志愿者	浙江省志愿者协会	2016 年 10 月
杭州娃哈哈集团有限公司	宗庆后	爱越护花使者奖	浙江小百花越剧团、浙江小百花越剧基金会	2016 年 1 月
杭州娃哈哈集团有限公司	宗庆后	2016 年度浙江省企业管理现代化创新成果二等奖	浙江省企业联合会、浙江省企业家协会	2016 年 9 月

2016 年度市级先进个人

表 34

获奖单位	获奖人姓名	先进荣誉称号	颁奖单位	颁奖时间
区委组织部	周朝星	杭州市优秀党务工作者	中共杭州市委	2016 年 6 月
区市场监管局	俞家铭	杭州市优秀党务工作者	中共杭州市委	2016 年 6 月
湖滨街道	毛素云	杭州市优秀党务工作者	中共杭州市委	2016 年 6 月
小营街道姚园寺巷社区	杨　程	杭州市优秀党务工作者	中共杭州市委	2016 年 6 月
紫阳街道上羊市街社区	邹紫娟	杭州市优秀党务工作者	中共杭州市委	2016 年 6 月
清波街道社区卫生服务中心	黄君萍	杭州市优秀共产党员	中共杭州市委	2016 年 6 月
望江街道	蒋　明	杭州市优秀共产党员	中共杭州市委	2016 年 6 月
南星街道馒头山社区	郑鸳鸯	杭州市优秀共产党员	中共杭州市委	2016 年 6 月
杭州市建兰中学	饶美红	杭州市优秀共产党员	中共杭州市委	2016 年 6 月
清波街道	郑　刚	杭州市“双百”优秀街道干部、市优秀共产党员	中共杭州市委	2016 年 6 月
清波街道柳翠井巷社区	郑志远	杭州市第二批“双百”优秀村(社区)干部	中共杭州市委	2016 年 6 月
区科技局	杨永清	杭州市劳动模范	中共杭州市委、杭州市人民政府	2016 年 4 月
区青少年活动中心	王　珍	杭州市劳动模范	中共杭州市委、杭州市人民政府	2016 年 4 月
区城管局汽车场	蒋立祥	杭州市劳动模范	中共杭州市委、杭州市人民政府	2016 年 9 月
区公安分局紫阳派出所	夏　军	杭州市劳动模范	中共杭州市委、杭州市人民政府	2016 年 4 月
玉皇山南指挥部	顾斌辉	杭州市劳动模范	中共杭州市委、杭州市人民政府	2016 年 4 月
南星街道社区卫生服务中心	许美群	杭州市劳动模范	中共杭州市委、杭州市人民政府	2016 年 4 月
清波街道清波门社区	高竹卿	杭州市劳动模范	中共杭州市委、杭州市人民政府	2016 年 4 月
杭州娃哈哈集团有限公司	李夏玲	杭州市劳动模范	中共杭州市委、杭州市人民政府	2016 年 4 月
杭州海兴电力科技股份有限公司	周良璋	杭州市劳动模范	中共杭州市委、杭州市人民政府	2016 年 4 月
浙江近江集团公司	吴卫祥	杭州市劳动模范	中共杭州市委、杭州市人民政府	2016 年 4 月
区市场监管局	陆永华	G20 杭州峰会期间爱国卫生保障工作先进个人	杭州市人民政府办公厅	2016 年 12 月
区人力资源和社会保障局	钱建林	杭州市 2015 年度综治维稳工作先进个人	中共杭州市委、杭州市人民政府	2016 年 2 月
紫阳街道凤凰社区	汪彬华	杭州市社会治安综合治理先进个人	中共杭州市委、杭州市人民政府	2016 年 12 月

【浙江省服务保障G20杭州峰会先进个人】

金承涛 陈秋芳 管光尧 秦文 范卫东
顾文友 李静 朱荷芳 宣寅 刘志安
袁巧玲 俞朔 童邵恩 朱辞 陈勇
李晋楠 范丹 倪优优 徐斌 沈琪
费军伟 朱洪昌 陈宏萍 吴伟胜 吕啸
丁剑宇 沈国强 韦伟 徐小夏 曹翔
徐芳 钱旭立 陈鹏程 余晓川 傅萍
郑侃 王栋 鲁彬 姚杰 陈晓明
侍杰 冯明涛 柴闻乐 陈伟刚 徐娟妹
朱旭成 吴国庆 潘杰军 刘大公 陈希
黄崇杰 崔文清 杨荣勇 周影 陈伟
华琼 刘兵 孙胜 竺永杰 虞志东
徐尧 王宏伟 曹天艳 王元屏 张毕波
钱牧禾 张萍 许幼芳 樊振 吴军
王海琦 邵虹 郑红卫 楼泉武 周剑
陈建楚 赵志年 应林燕 蒋晓斌 沈军
李晟曙 刘静 徐晓光 王建鑫 陈燕
吕春民 陈梦娇 胡斌 祝永坚 杨闵茗
薛迓冰 善挺栋 王建强 潘志超 王杭平
陈婷 潘德明 杨玲琴 许书岭 何伟钦
徐恺 葛希 沈丽英 庄红美 薛仁亮
高杭 罗宏 胡振林 陈罡 陈绍强
李卫星 贺一民 陆奇枫 田宝庆 杜强
黄涌泉 楼志刚 徐晓 陈健 包兴旺
刘梅春 沈彬彬 周伟元 江澜 陆勇
邱昌平 裘国华 陆英 宋硕琦 谢纲强
胡建生 李迦南 刘倩 杨寅杰 蔡雨清
马向东 张品华 严峻 朱玲明 杜玉泉
章雅瑜 罗伟东 颜子龙 郦兵 吴东
蒋正波 孔磊 汤安 沈益涛 贾晓东
唐晋凯 薛正山 王华 王旭涛 王雪峰
任思恩 陆泽华 张瑞康 项剑 缪志军
陆宏 夏军 金一飞 朱大根 周伟国
张少泽 赵飞 陈堃 潘戟 翁家琦
缪兆丰 顾亮 王益民 江兰兰 唐恬
姜红华 池学红 陈全江 吴威 郑庆辉
韩卓琦 汤洪浩 袁兴 楼斌义 华山
王钢 邓飞 司马杭军 许玉洁 胡国平
戈翔 盛晓兵 罗万甘 韩跃军 李军
汪雨薇 汤丽君 许铭 张晶辉 钱佳
包挺进 毛素云 龚军成 黄晓明 王潞
张卫军 吾莺 郑蔚 傅义强 林必成
严洪建 姜群 朱盛 连斌 夏洪涛
孔蓓蕾 朱虹 沈雯 李啸杰 郑欣
王杭(湖滨街道) 屠玉聪 赵有根 周忠诚
倪受南 周骆斌 罗立中 何峰 沈志远
宋洁健 季桂莲 周律 韩丽娜 朱华琦
林超 俞雅颖 郑刚 叶强威 王瑜瑛
鲁坚 彭顺玉 俞凯 陈亮 高建华
丛培龙 惠海涛 金志惠 黄文明 朱军
王家力 李国明 彭强 游广敏 崔魁
吴汶蓥 张怡 杨程 宋月兰 戴丽君
张碧薇 俞虹 吴晓靓 杨萍 陈惠琴
韩俊杰 俞水仙 朱黎明 陈敏雅 赵产军
厉文妙 唐祖辉 叶斐 汤超群 傅竹玮
陈美珍 李晓莺 王颖 叶郁青 沈金囡
陈炯 余虹 王敏 郑英捷 马鹏飞
段晓菊 王杭(望江街道) 张建明 耿丽
鲁军 游文程 陈斌 王飞舟 姚志强
项光旗 裘梦洁 陈鹏 韩斌 许建
应凤娟 孙磊 杨帆 徐月英 郑鸳鸯
陈骏 王梦怡 沈宗弘 吴钥园 邵桂凤
李千荣 屠吕祥 谢宁 李杨勇 汪彬华
陈浩 黄玉珍 莫飞丹 孔莉萍 展燕群
管艳娟 向亮春 任亮 郦俊 谭越
李淑艳 王斌达 陈慧芳 俞坚民 袁洲江
张建文 孙志刚 留爱荣 吴志忠 陆峰
伍天舒 邵军 何阿奎 曹烨 朱俊丽
应福阳 徐海亮 陈威 陈清亮 吴纪平
陈月影 叶军清 王巧芳 赵亮 吕志成
符舍华 徐晓勇 姚申明 张雷 张清
陈峰 吴红强 张欣 徐一东 魏金根
张志悦 吴青松 胡丽亚 周颖 陈凌军
王建军 董敏剑 傅侃 何英杰 缪志坚
谭鹰 甘雪梅 方金 徐伶俐 黄兰芬
孙红 张阳 杨恺远 张雯 宋盛翔
杨建新 俞则丰 王轶峰 宋靖锋 宗魁

周　超　洪璐健　李　斌　袁球明　芮佳南
张能庆　施路平　沈廷冲　王　强　徐光华
周炎珍　张炳森　周　爽　祝　越　徐志高

【杭州市服务保障 G20 杭州峰会先进个人】

金晓东　来剑波　童玉玲　张军伟　韦　云
沈　民　顾敏达　马　彦　叶　榕　周国如
张　涛　陈少华　薛鸿翔　马世亮　俞浪进
朱国新　黄　晶　陈　烨　郑　倩　叶　啸
杨文博　王　斌　毛静波　张卫平　李安坤
严国庆　李　岚　林系州　周焕泽　沈　滟
张汉斌　郑渭国　李　莺　高　波　蔡伟利
陈忠明　付哲婷　许　强　赵　鹏　朱惠强
汪　峰　何力强　周吕宏　朱久余　俞杭钧
张鹭翔　周　燕　马永康　王建民　段毓锋
楼杭杰　蒋志高　俞林亚　于孟良　姜豪民
李　敏　张　丽　陶轶鹏　王文强　叶仲武
陈　璐　沈武洪　郑社来　楼土新　俞开君
施良兴　康云强　李田忠　毛　军　黄宝森
吕建春　陈永权　陈奕东　邵子怡　陈普照
许延龙　单文勇　刘志华　全红军　陶雄军
许勇强　田海峰　许国祥　方向华　徐　艳
顾　卿　何莉莉　冯建军　王建国　朱　剑
张燮巍　谭鸣宇　杨国英　袁　祺　王仁韬
梁　斌　周　蓓　石黎明　谢　勐　王　坚
曹　虎　虞立森　许建生　沈敏慧　杜美洁
王海铭　李兔儿　戴　军　杨　勇　汪慧民
叶　军　江良军　谢　刚　姚建国　王育青
孙　永　徐利华　宦　军　周海凡　王旭峰
徐文剑　高畅畅　陈　奇　丰宗华　潘薇娜
刘庭满　汪建兵　杨盛强　严民强　余丽丽
周　勤　谢永坚　蒋剑俊　王维诗　张云鸿
王璀佶　吴　涵　谢君树　谭亦颛　黄　莺
方春光　王　伟　蔡　嵘　何雪婷　何　颖
毛琦颖　任江媛　施　哲　鄢　宇　刘兴龙
郭玉珍　徐国兴　李　洁　王天元　郭中生
徐松江　叶长青　许　烨　李　海　吴一鸣
杨　莹　曲达炜　朱恩峰　赵　杰　成徐芳
朱春晓　单清平　倪国惠　华　侃　俞佳菲
金意明　王　骅　陈　江　顾振毅　杨　挺
高　俊　蒋慧英　张　敏　李　俊　陆黎蓉
夏　衍　刘　颖　王世钰　支凤秋　陈学友
林友柏　周　旻　丛维维　王文波　胡　韡
吴　萍　马庆文　王　晶　王瑞华　梁尧芬
胡　勇　吴　坚　张　璐　陈彩萍　李佳杰
杨　琳　郦仁峰　杜玉娟　魏朝清　施金良
李森红　倪晓红　丁　琦　甘俊如　刘寅峰
俞　昆　楼佳宁　徐志杭　徐志伟　姚凯文
汪　坚　谢泽卿　陈　曦　戴兴宝　刘承展
邱伟坚　赵晓英　吕　晓　耿　方　张宇宾
宋元德　胡俊俊　赵立军　魏　斌　马平超
金幼庭　蒋嘉豪　赫列维　徐自成　谢钢荣
王建华　陈　明　丁　毅　张　黛

【2015 年度上城区记三等功公务员】

杨欣蔚　鲁　彬　陈　佳　李小丹　王希发
周　剑　陈秀英　俞浙晖　赖恒源　徐　伟
徐贤丰　杨军民　李　洁　来　非　罗　宏
陈　刚　王福华　沈　芳　陈绍强　朱冬祥
赵产军　周燕军　陆建华　俞小平　朱　耀
沈彬彬　闫永杰　冯小妹　孙金平　严　盛
高　波　周　民　王　洲　张　泓　胡颐滨
吴　骏　戈　翔　杨　林　李晓明　陆　飞
黄　群　崔资砚　余富强　毛　伟　周　炯
沈国翔　余　刚　叶　军　王国明　俞振江
储德兵　牛卫卫　汪慧民　司马杭军

【2016 年上城区劳动模范】

赵志年　朱玲明　赵　頔　高建强　刘晖军
陈丽丽　孙　平　徐华芳　申居乔　胡　郁
高瑞锋　陈勇荣　冯幼国　罗亨斌　金　涛
周静月　邱华平　张建华　罗　宏　鲍志良
李迦南　谭鸣宇　王素梅　孔水高　冯良凤
刘　斌　方卫红　魏忠祥　余成刚　陆泽华
李兔儿　汪慧民　毛利民　王卫民　程　锐
吴美艳　王　燕　沈　艳　王轶磊　李国军
徐　彬　段　军　闫永杰　娄李嘉　马　翔
朱江伟　罗旭峰　王小军　陈　慧　夏鹏飞

费华成　施　哲　施宗贤　王大冲　徐荣培
侯寅玲　笪善根　王永祥　杨　程　张　瑾
王金海　刘五义　白友其　韩永华　赵　鹏
何丽华　蒋　明　王志龙　许剑群　方志达
陈杭闽　张国昀　宋虹佺　吴　波　陈德仁
马　俊　戴金娟　刘　隽　潘　浩　陈学友
刘文美　裘云龙　劳水珍　张　莉　吕志成
戴永保　申云苏　张　雷　陈　理　杨　军
章海森　夏　丹　金志祥　龚理政　周　颖
赵永峰　钟林源　叶顺宝　沈　颖　申屠宇星

【上城区优秀共产党员、优秀党务工作者和“好书记”】

优秀共产党员

张卫军　黄晓明　娄李嘉　郑　蔚　林必成
蒋剑俊　陈伟新　郝锡莲　张云鸿　吾　莺
何雪婷　包正宇　蒋　程　沈郑华　王小冠
张能庆　高　红　吴　莹　陈　亮　高建华
朱　军　唐　敏　曹　琛　张　怡　徐丽君
祝梅君　张碧薇　朱强荣　孟敏姿　吴汶蓥
王　敏　纪伟恺　朱良昱　汤才赓　厉文妙
郑英捷　周良英　赵建荣　黄　晶　周伟娟
郑鸳鸯　傅水珍　吴佳容　房建霞　沈宗弘
陈　斌　蒋晓伟　楼海峰　裘梦洁　项光旗
张建文　陈学友　林渭龙　周　昱　缪海英
沈　黎　汪彬华　许帮群　刘　璐　蔡纪森
冯连顺　操国鑫　高和强　郑渭国　潘杰军
周　洁　高晓燕　钱旭立　潘罗定　袁洲航
汪　菁　陈继明　陈　云　方　斌　黄科飞
陈静宜　俞浙晖　沈丽敏　龙伟明　王双英
王　珺　李　晋　徐国庆　朱新炎　缪志军
毛　伟　杜美洁　邢智华　袁　祺　冯志明
杨永清　全红军　陶雄军　王志萍　温俊明
汪继江　李来富　楼贺军　萧　云　黄成功

优秀党务工作者

朱小琴　张绍正　郑　欣　龚军成　孙新宝
何金培　季桂莲　齐光照　叶　敏　陆雅芳
陈惠琴　倪艳艳　章　舒　陈文英　祝春燕
李晓莺　成徐芳　黄卫国　汪丽萍　冯洪君
鲁　军　杨　帆　杜文卫　吴雯斐　王林福
管艳娟　陈慧芳　赵力争　曹嘉娴　沈雪鸿
姚　杰　陈宏萍　陈邹红　王建斌　罗　欢
耿　丽　吴青松　魏建军　周美娟　孔宪法
倪佳佳　杜秀芬　朱峥泓　黄春燕　王旭峰
陆　英　傅　蕾　沈　鋆　胡巍华　曲鸿秀

上城区“好书记”

郑鸳鸯　王　敏　陈惠琴　邹紫娟　孔蓓蕾
季桂莲　李小青　杜文卫　王小冠　胡巍华
沈雪鸿　俞国娣　黄春燕　沈培红　陆　英
罗　宏　曲鸿秀　黄卫国　陈文英　孙新宝

【上城区首届杰出金融人才和突出贡献金融人才】

杰出金融人才

王铁飞　王昌南　徐小庆　肖国平　谢世煌
石浙明　张长弓　马晓立　徐永红　陈　斌

突出贡献金融人才

王　黎　王　锋　郭海晖　相纪宏　郭　涛
丁浚哲　孙石根　余南军　劳洪波　郗　庆
唐　宁　张明利　汤志勇　张志洲　黄峥嵘
蓝　翔　刘继民　凌俊杰　王　真　阮志毅

【上城区服务保障G20杭州峰会先进个人】

丁　一　丁　旻　丁　骏　丁　斐　丁小玲
丁云潇　丁伟韦　丁伟民　丁春燕　丁须豪
丁跃明　卜沈涛　于利云　于淑娟　干伟鼎
马　云　马　俊　马　骏　马　翔　马　磊
马水莲　马建华　马鸣岗　马海萍　孔小英
孔林燕　孔繁荣　尹飞翔　戈海光　支松桦
文成晶　方　军　方　宏　方　勇　方　琪
方　磊　方小兵　方平凡　方立民　方欢欢
方竹芳　方红香　方国耀　方泽晨　方玲玲
方重建　方锤卿　方德香　毛文瀚　毛剑波
毛剑勇　毛晔旦　毛雪菲　王　丹　王　正
王　任　王　伟　(区城管局南星执法中队)
王　伟　(杭州秋涛物业管理有限公司)
王　伟　(凤凰社区)　王　先　王　刚
王　丽　王　坚　王　杨　王　灵　王　芹

王　芳(吴山路社区)　王　芳(金钱巷社区)
王　佳　王　诚　王　俊　王　剑　王　烁
王　哲　王　骋　王　敏　王　盛　王　菲
王　斌　王　祺　王　铿　王　群　王　颖
王　磊(区市场监管局)　王　磊(区商务局)
王　燕　王　蕾　王　馨　王　鑫　王义生
王卫华　王子伟　王子昂　王小红　王中峰
王天鹰　王文兴　王木清　王水英　王对山
王永祥　王立晨　王节梅　王兴安　王印华
王旭东　王行景　王丽娜　王利扬　王利信
王志平　王志萍　王杏梅　王迎军　王里达
王卓俊　王国飞　王国平　王国根　王坤荣
王学荣　王建军　王建荣　王建盛　王怡琳
王拥军　王金尧　王金炎　王金海　王恒富
王战奎　王春珠　王科达　王钦校　王顺根
王家祥　王晓平　王海军　王培松　王晨书
王淑云　王清明　王智刚　王新象　王福华
王鹏飞　王德明　王德清　王翼瑛　王耀华
邓沈军　邓晓丽　乐　音　乐　敏　付美华
付晓桢　冯　俊　冯水建　冯吉艳　冯志红
冯来友　冯良凤　冯连顺　冯寒骋　包天旺
包王彬　包尔串　包正宇　包龙坤　包良华
卢　剑　卢小慧　史至玉　叶　可　叶　军
叶　倩　叶　健　叶　勤　叶　慧　叶云武
叶利锋　叶志萍　叶杜韡　叶信晓　叶培剑
叶慧芳　叶耀东　甘晓红　田　力　田寅义
由胜海　申屠宇星　白丹娜　石　云　石　磊
石佳妮　边清扬　仲　玥　任　方　任　斌
任献东　伊红梅　伏　晓　刘　军　刘　冰
刘　微　刘　筱　刘　锟　刘　毅　刘兰萍
刘延君　刘妍君　刘建耀　刘勇平　刘战友
刘海强　刘润泉　刘婷婷　刘媛媛　刘德山
刘翰羲　华　泓　华海滨　华益栋　向　东
吕　莹　吕文杰　吕火良　吕永金　吕洪英
吕美红　吕敏菁　吕雪平　孙　波　孙　荟
孙　琦　孙　越　孙　毅　孙飞芳　孙云柯
孙向荣　孙怀谷　孙忠于　孙金平　巩　伟
庄　妍　成建国　朱　民　朱　军　朱　劼
朱　桦　朱　艳　朱　莉　朱　捷　朱　敏
朱晨(区委防范办)　朱晨(小营市容环卫所)
朱　琛　朱　勤　朱　颖　朱　耀　朱一帆
朱小琴　朱毛毛　朱乐娟　朱冬祥　朱永菊
朱江平　朱宏枫　朱宏鸣　朱辰翔　朱佳音
朱建清　朱金富　朱剑波　朱娜伽　朱娜婴
朱峥泓　朱炳法　朱凌翔　朱晓良　朱校年
朱海峰　朱艳娜　朱尉蓝　朱维希　朱鸿名
朱雁鸣　朱雄文　朱静霞　朱馥承　江　铁
汤　丽　汤贵平　汤晓东　汤滢滢　竹美敏
竹新学　纪伟恺　许　丹　许　亮　许　勇
许　静　许三思　许卫锋　许世豪　许玉石
许宏波　许杭锋　许质军　许剑群　许顺根
许晓燕　许祥凤　许蒋耀　许嘉立　邬国平
邬晓华　阮　娴　阮　颖　阮伟哲　阮金荣
阮琴华　齐　杭　严　勇　严　峻　严　莺
严峻杰　严震威　何平　何超(西牌楼社区)
何　超　(区风景旅游局)　何友海　何天麒
何水泉　何业强　何宇帆　何昌林　何铁斌
何敏文　何晨杰　何淳健　何嘉成　何静云
余　飞　余　冰　余　岚　余巧娥　余金雄
余娟花　余琴珠　余德利　余慧儿　劳　勇
劳励敏　吴　卫　吴　丹　吴　平　吴　华
吴　倩　吴　哲　吴　艳　(区城管局)
吴艳(婺江社区)　吴　莹　吴　澈　吴　霞
吴　巍　吴月英　吴主恩　吴加祥　吴圣钦
吴伟龄　吴传利　吴壮垚　吴红星　吴丽丽
吴佳容　吴佳琳　吴佳臻　吴其文　吴学瑜
吴经纬　吴倩岚　吴倩倩　吴海富　吴鸿雁
吴雯斐　吴赪军　吴毅飞　吴璐莹　姒丽萍
宋　涛　宋　勤　宋广谟　宋园华　宋欣玲
宋春跃　宋胜华　宋菊华　宋霞兵　寿巧玲
寿林华　寿晓松　应　娜　应永健　应志祥
应国华　应洪贵　应海峰　张　平　张　帆
张　伟(柳翠井巷社区)　张　伟(望江街道)
张　丽　张　妮　张　玮　张　迪　张　亮
张　勇　张　洁　张　倩　张　海　张　莉
张　敏　张　琦　张　琰　张　雯　张　勤
张　瑾　张　磊(南星市容环境卫生管理所)
张　磊　(杭州银行股份有限公司之江支行)

张一萍　张小华　张天鹏　张文锋　张月圆
张月新　张宁飞　张玉瑛　张立超　张伟剑
张兆元　张宏光　张志远　张灵芳　张灿明
张佰卡　张佳清　张学诚　张建华　张建峰
张育科　张青源　张保民　张玲巧　张美英
张茹英　张海元　张甜甜　张银科　张强根
张惠民　张智勇　张微莉　张颖霞　张慧彪
张毅勇　李　一　李　云　李　军　李　侠
李　岭　李　明　李　松　李　金　李　政
李　洁　李　倩　李　峰　李　涛　李　舰
李　敏　李　超　李　新　李　嫣　李　赟
李　徽　李文君　李世宏　李付前　李光勋
李红敏　李阿桃　李佳佳　李国峰　李国富
李建春　李金山　李顶峰　李恒均　李洁萍
李顺华　李顺钱　李振彬　李晓明　李晓慧
李培良　李维俏　李道康　李慧倩　杜　瑾
杜成林　杜江凌　杜征飞　杜晓宇　来　艳
来　源　来小萍　来国春　来建华　来杰刚
杨　东　杨　帆　杨　舫　杨小妮　杨小燕
杨文娟　杨永清　杨旭靖　杨利学　杨志成
杨洁敏　杨秋婵　杨爱蓉　杨焕文　杨章耀
杨雪梅　杨晶晶　杨燕娟　汪　俊　汪　乾
汪　菁　汪永芳　汪　琳　（美政桥社区）
汪琳(区工商联)　汪光旺　汪将明　汪秋琴
汪秋霞　沈　军　沈　华　沈　坚　沈　佳
沈　鸣　沈　剑　沈　彦　沈　洪　沈　铃
沈　铭　沈　斌　沈　琦　沈　楚　沈民侃
沈丽敏　沈良福　沈财良　沈国翔　沈建霞
沈玮丽　沈郑华　沈金金　沈春红　沈树森
沈泉伟　沈炳镕　沈玲媛　沈荣华　沈梦旦
肖　斌　肖　静　肖兆飞　芦　坤　辛立军
邱　俊　邵　勤　邵雨诗　邵晓军　邸博涵
邹紫娟　陆　杭　陆　波　陆　玮　陆　啸
陆巧玲　陆华杰　陆建华　陆建春　陆莉莉
陆铌婷　陆唯洁　陆舒怡　陆雅芳　陆燕军
陈　飞　陈　云　陈　乐　陈　阵　陈　肖
陈　芳　陈　伟　（区人大城建环保工委）
陈　佳　陈　伟　（杭州市崇文实验学校）
陈　林　陈　泓　陈　栋　陈　铁　陈　航
陈　峰　（紫阳街道社区卫生服务中心）
陈　峰　（区科技局）　陈　莉　陈　骏
陈　弼　陈　敏　（清波街道劳动路社区）
陈　敏　（区科技局）　陈　琦　陈　静
陈　磊　陈　蕾　陈　薇　陈　曙　陈　璐
陈　曦　陈　鑫　陈一良　陈卫东　陈卫国
陈小林　陈小瑞　陈凤琴　陈文俊　陈兰芬
陈召华　陈平华　陈亚玲　陈伟年　陈伟林
陈伟新　陈光渭　陈华玉　陈华锋　陈旭锋
陈丽娟　陈伯年　陈利生　陈志林　陈灵丹
陈秀英　陈国民　陈国富　陈学军　陈岳山
陈建平　陈泽云　陈金根　陈俊杰　陈凌信
陈振樑　陈晓玲　陈桂仙　陈爱平　陈爱忠
陈善义　陈鲁明　陈颖洁　陈嘉宏　陈稳茂
陈慧芳　陈燕萍　陈鹭霞　陈鑫坤　陈鑫根
卓　东　单晓静　周　刚　周　丽　周　沈
周　亮　周　俊　周　娜　周　晗　周　漪
周　霞　周小萍　周才娇　周云华　周引萍
周文滨　周可佳　周玉玉　周廷波　周旭强
周红霞　周志刚　周志强　周来春　周良英
周国有　周国宏　周宝珍　周南京　周春发
周春媚　周清荣　周强华　周璐翡　孟　瑾
孟孙军　孟慧君　季小平　季元懿　季永平
居兰红　屈红梅　房建霞　於　铭　於东兰
易淑芳　林　俊　林　洁　林　捷　林　强
林千惠　林小茵　林文立　林文杰　林国平
林宜静　林战涛　林晓晓　林渭龙　瓮文允
竺为军　练　晔　罗　洪　罗　清　罗　腾
罗芳鸿　罗佳根　罗建国　罗述增　罗晓卿
苗　军　苗丹丹　范　理　范保卫　范春英
范美娟　范晶波　范蓓芸　茅　凌　郁　峰
郁　霖　郁加荣　郁旷明　郁曾度　郎　静
郎建伟　郎冠涛　郑　文　郑　坚　郑　涛
郑　敏　郑　超　郑允泉　郑六娥　郑孙津健
郑红泽　郑孝丽　郑阿高　郑国伟　郑树荣
郑洪良　郑秋子　郑晓梅　郑晓寒　郑梅珊子
郑梦捷　郑斯锋　郑碧芸　金　兴　金　怡
金　勇　金　津　金　凌　金　鹰　金　露
金一婧　金小马　金允征　金光宇　金全坤

金志伟　金志亮　金远臻　金国强　金相藏
金海燕　金鸿泉　金源顺　金福泉　金锡美
俞　杰　俞　琳　俞　瑛　俞　樑　俞　磊
俞小平　俞玉静　俞企望　俞伟伟　俞纪林
俞丽青　俞国荣　俞国强　俞明辉　俞锋平
姚　凯　姚　菁　姚　勤　姚大鹏　姚孜超
姚纯琦　姚国琴　姚道友　姜卫国　姜逸彬
姜暑荫　姜琦文　娄林涯　宣达武　施宗贤
施晓松　柯程炜　柳　旋　段　东　洪　伟
洪东晓　洪秀芳　洪秀芬　洪莲莲　洪斯斯
洪瑛颖　皇甫剑斌　祝　翔　祝　霆　祝志红
祝海波　祝雪玲　胡　丹　胡　杰　胡　炜
胡　郁　胡　青　胡　梁　胡　蓉　胡大进
胡文英　胡日华　胡兰珍　胡民喜　胡永兰
胡立章　胡伟康　胡关明　胡杭东　胡晓洁
胡朝云　胡淼水　胡福喜　胡筱娟　胡筱筱
胡颖萍　胡熊熊　胡燕燕　茹　东　荀筱筱
费华成　费思涛　赵　庆　赵　晨　赵　渭
赵　越　赵　毅　赵小娟　赵小章　赵伟成
赵佰坚　赵建伟　赵苗成　赵金珍　赵青川
赵洪波　赵语嫣　赵海军　赵雪琴　赵超男
赵颖莹　赵燕虹　郦　达　郦　忠　郦月美
郦丽英　郦桂宝　钟　诚　钟　婕　项周益
项洁月　骆　频　骆永鹰　倪　伟　倪　君
倪　俭　倪丰平　倪文琪　倪东俊　倪志斌
倪佳佳　倪柏全　倪艳艳　倪赛杰　原　艳
唐　辉　唐中杰　唐水林　唐幸忠　唐娅婷
唐惠根　夏　凡　夏　兰　夏　芳　夏　轩
夏　峥　夏　虹　夏卫东　夏利川　夏培庆
奚晓渊　徐　立　徐　伟（水澄桥社区）
徐伟(区卫计局)　徐　军　徐　坚　徐　良
徐　虎　徐　俊　徐　勇　徐　娜　徐　晨
徐　添　徐　渊　徐　菁　徐　琦　徐　瑛
徐　翔　徐一健　徐子凯　徐小红　徐云飞
徐元臻　徐水娟　徐韦杰　徐叶玲　徐伟敏
徐利民　徐河磊　徐玮栋　徐英平　徐贤丰
徐迪风　徐恺吉　徐春明　徐春英　徐晔琼
徐晨辉　徐清奉　徐鸿铭　徐森军　徐慧平
徐震宇　朗兴明　柴红燕　柴智慧　桑能定

殷晓静　秦　迅　莫　凡　莫　晨　莫水龙
莫巍巍　袁　东　袁　凯　袁长富　袁冬敏
袁立新　袁伟萍　袁吉英　袁其炳　袁洲航
袁晓婷　袁维华　袁静峰　袁蕙婷　诸　栋
贾元元　贾立强　贾建根　贾晔唯　贾聚梁
郭左辉　郭亚红　郭红君　郭志芬　郭汪洋
郭泽旭　郭荣虎　郭凌云　郭晓波　钱　哲
钱一江　钱四省　钱建华　钱美丽　钱凌姗
陶丽南　陶宵云　陶琴梯　陶黎琳　顾　锋
顾　蕾　顾文君　顾灵锋　顾剑伟　顾莲珠
顾渝迥　顾煜栋　高　云　高　红　高　凯
高　珊　高　峰　高　颖　高竹卿　高晓燕
高祥松　高敏骏　高璐杰　商洪波　尉　云
屠志钢　屠建义　屠建平　屠康敏　崔　鑫
崔凤友　崔家林　崔资砚　崔鹤明　常婷婷
康　丽　戚宝银　戚莉娜　戚敏杰　曹永华
曹执中　曹旭骅　曹良军　曹俞华　曹琪玥
梁　亮　梁　颖　梁冬之　梁宁生　梁美琴
梁荣庆　梁雯蕊　梅　波　盛永涛　盛朝晖
章　铭　章　斌　章文平　章文玉　章生林
章丽立　章宏昱　章志英　章秀花　章佰锋
章怡成　章明磊　章威铭　章科理　章荣跃
章益飞　章素娟　章敏波　黄　伟　黄　昊
黄　健　黄　鹂　黄大磊　黄慧(区城管局)
黄　慧（区商务局）　黄　慧（海月桥社区）
黄世平　黄志娟　黄卓真　黄国强　黄建祥
黄炜如　黄彩凤　黄嘉庆　黄燕波　龚理政
傅　辰　傅　燕　傅小红　傅春蓉　傅祖平
傅晓红　傅新民　喻　涛　富吉勇　富丽亚
彭　健　彭卫清　彭向东　彭菊华　斯　文
斯　晔　曾　武　曾亦青　曾国忠　植维茂
温泮婧　程　宏　程　序　程　杰　程　洁
程亚群　程再新　程建喜　程嘉铭　童　丁
童　斌　童　皓　童元峰　童佳涟　童佳晨
童桂芬　童森泉　舒　萍　舒　野　舒儿娟
葛云燕　葛宁儿　葛永佳　葛观足　葛海萍
葛焕国　葛维俊　葛惠良　董小妹　董伟海
董秀琳　董荷花　蒋　明　蒋　波　蒋　烽
蒋　琪　蒋　程　蒋小忠　蒋永林　蒋成杰

蒋於清 蒋金莲 蒋敏杰 蒋喜建 蒋群蕾
蒋碧云 谢小红 谢云芳 谢成邦 谢丽遐
谢若姮 谢青萍 谢晓东 谢根福 谢浩宇
谢菁菁 韩 庆 韩 红 韩 佳 韩 峰
韩少英 韩永华 韩立波 韩伟华 韩康明
鲁 斌 鲁丽佳 楼 杨 楼 海 楼 姚
楼 骏 楼立武 楼明华 楼重卫 楼跃明
练军民 虞旭东 虞桂英 虞燕青 虞燮嘉
裘 是 裘 瑜 裘 影 裘水泉 裘唯唯
詹昭余 赖 敏 鲍 康 鲍 颖 管林华
缪之彦 缪乐民 缪兴祥 缪忠建 缪理清
蔡利娟 蔡苗苗 蔡显俊 蔡振华 蔡浩东
蔡莉莉 谭 君 谭 辉 谭添天 阚晓冬
樊丽娟 滕 凯 滕亦君 潘 俊 潘骏潘
登 潘 孙 彪 潘守卫 潘旭明 潘泽林
潘育璐 潘俊安 潘海琴 颜 扬 颜晓梅
黎 均 黎德峰 薛凤玲 戴 铁 戴 理
戴 翔 戴永民 戴金娟 戴彦隆 濮思红
鞠德伦 魏 芬 魏 勤 魏凤霞 瞿 浩
瞿文斌 瞿旭平

南宋遗址陈列馆

文件辑录

关于在全区党员中开展“学党章党规、学系列讲话，做合格党员”学习教育的实施方案

根据中央和省、市委部署要求，区委决定，2016年在全区党员中开展“学党章党规、学系列讲话，做合格党员”学习教育(简称“两学一做”学习教育)。现提出如下方案。

一、总体要求

1.深刻领会重要意义。开展“两学一做”学习教育，是落实党章关于加强党员教育管理要求、面向全体党员深化党内教育的重要实践，是推动党内教育从“关键少数”向广大党员拓展、从集中性教育向经常性教育延伸的重要举措，是加强党的思想政治建设的重要部署，体现了党中央持续抓党的思想政治建设的决心，体现了环环相扣、步步深入推进全面从严治党的政治定力，对于加强党的思想建设、组织建设、作风建设、纪律建设和制度建设，保持发展党的先进性和纯洁性，引导广大党员奋发有为、建功立业，确保圆满完成“十三五”奋斗目标，夺取全面建成小康社会新胜利，都具有十分重要的意义。

2.全面认清目标要求。“两学一做”学习教育不是一次活动，要突出正常教育，真正把党的思想政治建设抓在日常、严在经常，把全面从严治党落实到每个支部、落实到每名党员。开展“两学一做”学习教育，基础在学，关键在做。要把党的思想建设放在首位，以尊崇党章、遵守党规为基本要求，以用习近平总书记系列重要讲话精神武装全党为根本任务，教育引导党员自觉按照党员标准规范言行，进一步坚定理想信念，提高党性觉悟；进一步增强政治意识、大局意识、核心意识、看齐意识，坚定正确政治方向；进一步树立清风正气，严守政治纪律政治规矩；进一步强化宗旨观念，勇于担当作为，在生产、工作、学习和社会生活中起先锋模范作用，为党在思想上政治上行动上的团结统一夯实基础，为协调推进“四个全面”战略布局和贯彻落实“五大发展理念”在上城的生动实践提供坚强组织保证。

3.查摆解决问题短板。开展“两学一做”学习教育，要增强针对性，“学”要带着问题学，“做”要针对问题改。每名党员都要结合思想、工作、生活实际，查找和补齐自身存在的短板，着力解决理想信念模糊动摇、党的意识淡化、宗旨观念淡薄、精神萎靡不振、道德行为不端五个方面问题；区管及以上党员干部还要着力解决好在带头坚定理想信念、带头严守政治纪律和政治规矩、带头树立和落实新发展理念、带头攻坚克难敢于担当、带头落实全面从严治党责任等五个“带头”方面存在的问题。要持之以恒纠正“四风”，抓好不严不实突出问题整改，推动党的作风不断好转。

4.紧密服务中心工作。开展“两学一做”学习教育，要坚持以服务保障G20杭州峰会为圆心，与推进“十三五”规划开局起步等紧密结合，与打好“一号工程”“五水共治”“三改一拆”等转型升级组合拳紧密结合，与完成本单位重点工作任务紧密结合，着力锻造党员队伍过硬作风和能力，始终保持昂扬向上的干劲韧劲，增强攻坚克难的意志品质，交出经济、平安、民生、生态、党建的亮丽报表。机关事业单位党员要践行“三承诺”、推进“六行动”、当好“五大员”；基层站所和窗口服务行业党员开展“三亮三比”活动，争创“最美窗口”；两新组织党员要抓好党员示范岗和党员责任区制度，助推企业转型升级、构建和谐劳动关系；社区要抓好党员民情联系服务和民主协商工作，发挥党员在服务群众、凝聚人心中的作用，学校、医疗卫生机构要加强行业作风建设，发挥党员在敬业服务、奉献社会中的作用，离退休党组织要开展“好家风传承”活动，践行邻里价值观，“寻找身边的微美”。

5.准确把握推进方式。开展“两学一做”学习教

育，要坚持正面教育为主，把增强政治属性摆在首位，组织党员凝心静学，用科学理论武装头脑；坚持学用结合，知行合一，着力以学促思、以思促改、以改促干；坚持问题导向，深入对标检视，全力补齐短板；坚持领导带头，以上率下；坚持从实际出发，分类指导。要以党支部为基本单位，以“三会一课”等党的组织生活为基本形式，以落实党员固定活动日以及先锋指数、堡垒指数等教育管理制度为基本依托，充分调动党支部自我净化、自我提高的积极性和主动性，防止大而化之，力戒形式主义。要突出分层分类，针对领导班子和党员领导干部、普通党员的不同情况作出安排，联系机关、学校、医院、社区、两新组织等基层党组织提出举措，确保学习教育全员覆盖、取得实效。

二、学习内容

1.学党章党规。着眼明确基本标准、树立行为规范，逐条逐句通读党章，认真学习廉洁自律准则、纪律处分条例、党员权利保障条例等规章制度，深入领会党的性质、宗旨、指导思想、奋斗目标、组织原则、优良作风，领会党员条件、义务、权利和行为规范，进一步明确做合格党员的标准和条件，引导党员不断提升尊崇、敬畏、遵守党章党规的思想和行动自觉。注重学习党的历史，学习革命先辈、“草根民师”等身边先进典型，从周永康、薄熙来、徐才厚、郭伯雄、令计划等违纪违法案件以及近年来我区查处的典型案件中汲取教训，见贤思齐、见不贤而自省，牢记党规党纪、党的优良传统和作风，树立崇高道德追求，守住为人、做事的基准和底线。

2.学系列讲话。着眼加强理论武装、统一思想行动，认真学习习近平总书记关于改革发展稳定、内政外交国防、治党治国治军的重要思想，认真学习以习近平同志为总书记的党中央治国理政新理念新思想新战略，认真学习习近平总书记在浙江工作时提出的“八八战略”，以及在浙江和杭州考察时的重要讲话精神，引导党员深入领会系列重要讲话的丰富内涵和核心要义，深入领会贯穿其中的马克思主义立场观点方法。要把学习系列讲话，同学习马克思列宁主义、毛泽东思想、邓小平理论、“三个代表”重要思想、科学发展观结合起来，同学习党的历史结合起来，深刻理解党的科学理论既一脉相承又与时俱进的内在联系，坚定中国特色社会道路自信、理论自信、制度自信。

3.做合格党员。要着眼党和国家事业的新发展对党员和干部的新要求，坚持以知促行，做有铁一般信仰、铁一般信念、铁一般纪律、铁一般担当的“四铁”干部和讲政治、有信念，讲规矩、有纪律，讲道德、有品行，讲奉献、有作为的“四讲四有”合格党员。要引导党员强化政治意识，保持政治本色，把理想信念时时处处体现为行动的力量；坚定自觉地在思想上政治上行动上同以习近平同志为总书记的党中央保持高度一致，经常主动向党中央看齐，向党的理论和路线方针政策看齐，做政治上的明白人；践行党的宗旨，保持公仆情怀，密切联系群众，全心全意为人民服务；加强党性锻炼和道德修养，诚实守信，言行一致，说老实话、办老实事、做老实人；坚持廉洁从政、从严治家，心存敬畏、手握戒尺，筑牢拒腐防变的防线；始终保持干事创业、开拓进取的精气神，平常时候看得出来，关键时刻冲得上去，为加快服务保障G20杭州峰会、开创“十三五”新局、基本建成“现代化美丽上城”而贡献力量。

三、主要措施

1.大体检行动。坚持问题导向，开展党员“党性体检”，从机关事业、街道社区、“两新”组织、离退休等类别制定正向和反向党性体检指标，按照“自己找、相互提、上级点、组织议”四步法，开具“党性体检报告单”，有针对性地点出存在问题和不足，提出下一步整改目标和建议。开展基层党组织“查问题、找短板”排查活动，认真查找各方面存在的“短板”，深入分析“短板”产生的根源，研究提出补齐“短板”的对策措施。

2.大轮训行动。全面组织“学党章党规、学系列讲话”千名书记万名党员集中轮训。区层面组织基层党组织书记进行集中培训，并结合季学季考制度，抓好区委党(工)委组工干部和社区党务工作者培训。区直各党(工)委要组织基层党组织副书记、组织委员、组织员等人员轮训，系统培训“三会一课”、党员固定活动日、组织生活会、民主评议党员等党建业务，帮助他们掌握工作方法；同时，结合落实党员固定活动日、党课等制度，对所属党员进行全年不少于4天或32课时的集中培训。要采取“线上”与“线下”相结合的学习方式,通过组织开展"百题测试、千字征文"、午学夜学、送学上门等活动,用好"民情E点通"时代先锋、上城发布、上城先锋、上城清风等平台,引导党员开展自学,并明确自学要求,增强自学主动性和自觉性。要系统总结党员日常教育培训的好做法,建立党员集中培训常态机制。

3.大宣讲行动。开展千名书记讲党课,各级党组织书记要带头在支部讲党课,党员领导干部要到所在支部讲党课。书记讲党课一般在党支部范围内进行,每年不少于2次,党支部结合专题学习讨论,对党课内容、时间和方式等作出安排,重点围绕学习领会党章党规和习近平总书记重要讲话精神,以及服务保障G20杭州峰会等主题进行。开展百场宣讲到基层,区管及以上党员干部要带头到基层联系点讲党课,每年不少于1次;要积极对接基层需求,制定宣讲菜单,组织讲师团成员、先进模范、草根民师、"最美"党员到基层一线讲党课,引领党员对标检视,见贤思齐,奋发有为。"七一"前后,各党支部要结合开展纪念中国共产党成立95周年活动,集中安排一次"学党章、迎峰会、当先锋"专题党课,专题党课要突出主题、聚焦问题、贴近基层,切实增强吸引力和感染力,鼓励普通党员联系实际讲微型党课,营造"人人登台、个个讲课"的氛围。

4.大研讨行动。各级党组织每季度要结合党员固定活动日组织一次专题学习讨论,每名党员要紧密联系个人思想工作生活实际,谈认识、谈体会、谈落实,深入讨论、找到差距,明确努力方向。专题研讨要与服务保障G20杭州峰会结合起来,切实做到以干促学、以学促干,具体分三个阶段:5~6月,围绕《党委会的工作方法》进行讨论,重点研讨如何深入领会《党委会的工作方法》,不断提高工作能力和水平。7~8月,围绕"学党章党规增强党性"进行讨论,重点研讨如何强化党性意识和规矩意识,将学党章党规的成效落实在服务保障G20杭州峰会的实际行动上。9~10月,围绕"学系列讲话主动看齐"进行讨论,重点研讨如何以习近平总书记系列讲话为指导,增强看齐意识,在"后G20时代"引领上城勇立潮头。

5.大比武行动。把服务保障G20杭州峰会作为加强和检验我区"两学一做"专题教育的重要平台。深入开展"扮靓杭城迎峰会、上城党员当先锋"主题行动,对接全市"大比武、大督查、大考核",围绕"四个满意"目标,结合全区党员领导干部每日"四问"和每周"三比"工作,组织党员带头参加岗位建功、志愿服务、美化家园系列活动,引导他们立足岗位作贡献、担当有为树形象、融入邻里促和谐,时时处处铭记党员身份。要充分发挥党组织和党员的示范带动作用,积极引领群团组织、两新组织、高层次人才创新团队对接服务峰会,形成全社会支持峰会的强大合力。区委将结合纪念中国共产党成立95周年活动,评选表彰优秀共产党员、优秀党务工作者、先进基层党组织,各级党组织也要大力选树一批身边的"最美"党员,展现新时期共产党员风采。

6.大整改行动。坚持边学边查边改,各级党组织要针对面上共性问题列出问题清单、整改清单和责任清单,专项查改突出问题;党员和党员领导干部要分别对照5个方面问题、5个"带头",主动查改自身存在的突出问题,真正把合格的标尺立起来、把做人做事的底线划出来、把党员的先锋形象树起来。要同抓好党的群众路线教育实践活动和"三严三实"专题教育的问题整改结合起来,扎实开展党员日常管理工作专项整治,用好"先锋指数",认真做好不合格党员处置工作,切实解决党员先进性纯洁性问题;深入开展党员干部"不担当、不作为、不落实"专项整治,切实解决在履职尽责,特别是服务保障G20杭州峰会、推进重点工程项目中的"三不"问题;全面开展基层干部为官不为执法不公侵害群众利益问题专项整治,推进基层党风廉政巡查工作,切实解决一批群众反映强烈、影响面大的问题;在机关部门开展"深改革、强规范、提能效"专项整治,切实解决"虚招式、假把式、慢动作、软钉子"等慵懒散问题;继续联动开展"百千万"信访督查专项整治,切实解决在维护群众合法权益方面的突出问题;持续开展正风肃纪专项行动,对党章党规党纪执行、"八项规定"等制度落实情况等进行明察暗访、督促检查,始终保持高压态势。

7.大评议行动。根据《上城区基层党组织组织生活会和民主评议党员工作操作流程》,各基层党支部要在年底前高标准开好专题组织生活会和开展民主评议。专题组织生活会前,要面向党员和群众广泛征求意见,支部班子成员要与每名党员谈心谈话。会上,要严肃认真开展批评和自我批评,由支部班子及其成员对照职能职责，进行党性分析，查摆存在问题，并针对突出问题和薄弱环节提出整改措施;组织党员开展民主评议,按照个人自评、党员互评、民主测评、组织评定的程序,对理想信念、宗旨观念、遵守纪律、道德品行、发挥作用等情况进行民主评议。会后,党支部综合民主评议情况和党员日常表现,确定评议等次。对优秀党员予以表扬;对有不合格表现的党员要区分情况，稳妥慎重给予组织处置。党小组可参照党支部要求,召开专题组织生活会,开展民主评议。

8.大提升行动。全面推行党员“固定活动日”,落实“三会一课”制度,组织开展集中学习、交流讨论、志愿服务等教育活动，确保学习有内容、活动有主题、效果有保障。深化拓展党员“先锋指数”管理,严格落实“十条红线”管理,完善“量、教、改、劝、除”不合格党员退出机制。健全流动党员教育管理制度,全面开展“六问一必查”,完善“查、建、联、管、用”工作机制,规范和提升组织关系转接工作。建立党员政治生日制度,完善党内激励、关怀、帮扶机制。健全落实党员干部直接联系服务群众制度,着力抓好“上门看、当面谈、马上干”工作,落实“七必到、四必访”要求，街道党工委书记每年要走遍所有社区和困难户,街道其他党员干部每年要走遍联系户,社区党员干部要做到分片联系,承包到户、一户不漏;持续开展“点亮微心愿·共筑中国梦”和最美义工服务活动,推动在职党员到社区报到,认领项目、开展服务。按照“一区域一中心”要求,加强区域党群服务中心建设,使之成为区域内党员日常教育管理和党性锻炼的重要基地,发挥其在不合格党员帮扶整转、两新党组织孵化器等方面的积极作用。推进“智慧党建”建设,深化“民情E点通”、“红芯”系统、“平安365”平台,完善网上发展党员全程记实、党员“先锋指数”考评管理、党组织活动质量管理,推进业务流、工作流、数据流融合。

四、组织领导

我区“两学一做”学习教育在区委常委会领导下进行,由区委组织部牵头,区纪委、区委办公室、区委宣传部等为配合单位,共同参与组织实施。区纪委主要抓好整改落实情况的监督和专项整治有关工作。区委办公室主要抓好区委常委会学习教育有关工作的安排和联络服务工作。区委宣传部主要抓好区委常委会专题学习研讨和舆论宣传工作。区委组织部主要负责八大行动的面上推进工作。区直各党(工)委、党组要按照区委的部署,结合实际谋划开展学习教育。

1.落实主体责任。各级党组织要把抓好学习教育作为一项重要政治任务,切实履行主体责任,制定具体方案，周密安排部署，精心组织推动。区直各党(工)委要加强督促指导,对所辖基层党组织进行全覆盖、全过程的指导，帮助党支部制定学习教育计划,派员参加党支部各项活动。区教育局、区卫计局等部门要加强对本系统学习教育的具体指导。要把组织开展学习教育情况作为今年基层党建工作述职评议考核的首要内容。

2.强化领导带头。各级党组织负责人要担负起第一责任人职责,对工作方案亲自审定,对重要任务亲自部署,从严从实抓好学习教育;要做榜样示范,带头参加学习讨论,带头谈体会、讲党课,带头参加组织生活会、民主评议,带头立足岗位作贡献,确保组织到位、措施到位、落实到位。党员领导干部要充分发挥带头作用,深学一层、走在前面;要严格执行双重组织生活制度,与党员一起学习讨论、一起查摆解决问题、一起接受教育、一起参加党员民主评议;要以党组织会议或理论中心组等形式，定期组织集中学习,开展交流研讨;年度民主生活会要以“两学一做”为主题,领导班子和领导干部要把自己摆进去,认真开展批评和自我批评，剖析的问题及整改的措施,要在一定范围内公示,接受监督。

3.坚持整体推进。以“两学一做”学习教育为带动,高标准落实市委“双基十条”“整乡推进、整县提升”工作意见和区委“双基”意见和“双整”方案,分领域制定党建工作标准，创新运用“四抓四促”方法,努力实现“五个齐头并进”。重视抓好互联网企业、文化创意企业和特色小镇等新领域新业态党建工作,不断扩大党的组织和工作有效覆盖,发挥两新组织党组织实质性作用。持续整顿转化软弱落后基层党组织,配齐配强基层党组织带头人,确保“两学一做”学习教育有人抓有人管、抓得实抓得好。全面开展党员组织关系集中排查,进一步理顺党员组织关系，努力使每名党员纳入党组织的有效管理并参加学习教育。

4.营造良好氛围。充分运用《上城报》、上城网以及微博、微信等新媒体平台，广泛深入宣传中央和省、市、区委要求，及时反映“两学一做”学习教育进展和成效，总结推广好经验好做法，宣传各行业各领域的优秀党员和学习教育中涌现出来的先进典型，为“两学一做”学习教育营造良好氛围。

中共杭州市上城区委办公室

2016 年 4 月 27 日

上城区推行经济社会发展和党群工作责任制考核管理细则（试行）

第一章 总 则

第一条 为贯彻落实党的十八大和十八届三中、四中、五中全会精神和市委党建工作和经济社会发展“双百分制”考核要求，扎实推进全面从严治党，着力构建主体明确、内容具体、程序周密、运行高效、方法科学的党群工作责任管理考核机制，不断强化党员领导干部政治意识、大局意识、核心意识、看齐意识，结合我区实际，特制定本细则。

第二条 区直党（工）委、党组党群工作责任制考核管理在区委和区委党建工作领导小组的领导下，由区委党建工作领导小组办公室（简称区委党建办，设在区委组织部）牵头统筹，区纪委、区委组织部、区委宣传部和区委统战部、区委保密局、区直机关党工委、区委老干部局、区委防范办、区委档案局、区委党史研究室（地方志办）、区总工会、团区委、区妇联、区科协、区残联等 15 家部门共同组织实施，坚持目标管理、过程管理和绩效评估。

第二章 考核分组和主要内容

第三条 考核管理分两类四组进行，区直各党（工）委为甲类下设 A 组、B 组、C 组等三组，区直各党组为乙类 D 组。其中，6 个街道党工委为 A 组，区教育局党委、区卫计局党委、区市场监管局党委、区城管局党委、区公安分局党委、区住建局党委为 B 组，区直机关党工委、区发改经信局党委、区科技局党委、区财政局党委、区人社局党委、区商务局党委、区工业基地党工委、区投控集团党委、清河坊联合党委、望江新城改造建设联合党委为 C 组。

第四条 区直各党（工）委、党组党建工作责任制考核管理包括领导班子建设、意识形态、党风廉政建设、党群工作等，具体考核内容、标准和方式由党群部门分头制定和执行，区委党建办牵头统筹汇总，形成年度全区党建和群团工作责任考核指标，并定期予以修订完善。

第五条 区直各党（工）委、党组党群工作责任制考核区纪委、区委组织部、区委宣传部各占 30 分，区委党建办占 10 分；区委统战部占 20 分，区委保密局、区委老干部局、区委防范办、区委档案局、区委党史研究室（地方志办）、区总工会、团区委、区妇联、区科协、区残联等工作各占 8 分。区直机关党工委负责做好区直党组基层党建和工青妇工作责任考核（区风景旅游局妇女和团组织除外，仍由区妇联、团区委负责）。

第六条 区纪委、区委组织部、区委宣传部考核内容由基准分和创新创优分组成，其中基准分占 80%，创新创优分占 20%。其他党群部门可在各自分值范围内根据实际设定创新创优分和基准分。

第三章 考核方式

第七条 基准分采取定期督查、随机抽查、交叉互查、年底自查以及通报扣分等方式进行，考核情况由相关考核单位于每年年底报送区委党建办。

第八条 创新创优分包括党建和群团工作获得重要荣誉、工作成果被推广介绍、批示肯定、宣传报道等情形，一般为市级及以上。每年年底由区直各党

(工)委、党组提出申报,相关考核单位审定,区委党建办汇总。

第九条 区委党建办考核内容由履行党建工作责任制述职评议、领办党建工作项目完成情况和区委重点工作专项考核等组成。其中履行党建工作责任制述职评议占4分,领办党建工作项目占1分,区委重点工作专项考核占5分,如无专项考核,述职评议和党建工作项目分值相应扩大。

第十条 履行党建工作责任制述职评议包括口头述职和书面述职、区党代表问询、区委常委点评、书面评议等程序,评议结果以“好、较好、一般、差”确定等次,并分别按照100分、80分、60分、0分进行量分,其中区委委员、候补委员打分占50%,区直党(工)委、党组书记打分占20%,区纪委副书记、区委组织部副部长和区委宣传部副部长打分占20%、“两代表一委员”打分占10%。

第十一条 领办党建工作项目被评为年度十佳领办项目的计1分,未被评为年度十佳领办项目的计0分。

第十二条 区委重点工作专项考核由区委党建工作领导小组结合区委年度重点工作确定。

第十三条 区直各党(工)委、党组应当建立本单位的党建和群团工作责任清单体系,制定年度党建和群团工作计划,明确重点党建工作项目、书记领办项目,报区委党建办备案。

第十四条 建立完善党群工作报表制度,细化、量化工作目标,通过数据报表反映工作进展,评估工作效果。

第四章 结果运用

第十五条 党建和群团工作责任制考核结果是年度综合考评和机关工作目标考核的重要内容,是确定领导班子和领导干部年度考核等次,以及领导班子调整和干部选拔任用的重要依据。

第十六条 区委党建办牵头加权汇总由党群部门提供的区直各党(工)委、党组考核得分和考核意见,并报区委和区委党建工作领导小组研究决定,以书面方式进行反馈和通报。

第十七条 党群工作责任制考核结果每组排名前列的单位,通报表扬,综合考评按考核排名依次以相应比例计分。党群工作责任制考核结果每组排名最后的单位,不能确定为综合考评优胜单位,并下降一个等次(等次为优胜的,则降为先进等次;等次为先进的,则降为合格等次;等次为合格的,如无一票否决事项的,一般不降为不合格等次),其党(工)委、党组书记年度个人考核不能确定为优秀等次,并将被约谈,责令整改。

第十八条 对于履职不及时、不到位的,由区委党建办及相关考核管理单位派发联系单、督办单或意见书,视情面谈改进。收到联系单或督办单的单位应当按要求作出书面答复或说明,并提出举措落实整改。对落实从严治党责任不力,导致问题频发、党员群众反映强烈的,予以组织调整,并按照有关规定严格追究责任。对弄虚作假的,所考核项目分值计为零分,并追究相关责任人责任。

第十九条 区直各党(工)委、党组应当将考核反馈的问题列为重点整改任务,明确整改目标、整改措施、整改期限和责任人,并形成整改方案报区委党建办及相关考核管理单位。

第二十条 设立区委党群工作责任制考核单项奖,考核奖励对象为区直党(工)委、党组班子成员及其党群干部、基层站所党组织班子成员,区党群部门工作人员以及区委大党建工作督查指导组成员。党群干部人数由各单位申报,区纪委、区委组织部、区委宣传部把关,区委编办审核,区委党建办汇总。

第二十一条 区委党群工作责任制考核单项奖,一等奖为每组前30%,二等奖为每组前60%,三等奖为每组后40%;一、二、三等奖分别按总额100%、90%、75%发放奖励经费;区管正职干部、区管副职干部、科级干部、普通干部分别按每个等次奖励经费的100%、80%、60%、50%发放奖励经费。

第二十二条 涉及党风廉政建设“一票否决”以及落实从严治党责任不力,导致问题频发、党员群众反映强烈的单位,取消当年区委党群工作责任制考核单项奖。

第五章 创新运用智慧手段推进责任考核

第二十三条 街道党工委依托“民情E点通”手机APP系统“党建责任”模块,将街道党工委书记党建工作职责按月、季、半年、全年等编制成行事历,由

APP平台自动按月罗列，每月1日零时更新，未完成项目自动置顶；区委、区委组织部及相关考核管理单位也可把重要、紧急、临时性的党建工作以任务交办的形式，依托“党建责任”模块“交办任务”功能部署给街道党工委，并赋予相应期限和分值。街道党工委书记对照当月任务要求，通过上传图片和文字资料等形式，记录履责情况。

第二十四条 除街道党工委外，其他区直党(工)委、党组日常履责分主要依据《关于推行区直党(工)委、党组书记基层党建“第一责任”清单底线管理的实施意见》和《关于开展区直党(工)委书记履行党建“第一责任人”职责月报、季查、年评工作的通知》进行，由各单位在领导干部实绩记录研判系统录入月报表所涉及内容，区委党建办定期检查通报。

第六章 附 则

第二十五条 本细则由区委党建办负责解释，于2016年起实施。

第二十六条 未设立党(工)委、党组的区直机关各单位参照区直党组进行考核。

第二十七条 区直各党(工)委要参照本细则规定，对下属单位开展党群工作责任制管理考核，推动层层落实党建和群团工作责任。

中共杭州市上城区委办公室

2016年10月17日

关于全力补短板加快国际化的若干意见

为全面贯彻《中共浙江省委关于补短板的若干意见》和《中共杭州市委关于全面提升杭州城市国际化水平的若干意见》精神，更好落实“十三五”规划，补齐、拉长短板，加快国际化，提高发展质量，尽早建成“现代化美丽上城”，确保继续走在省市发展前列，特提出如下意见。

一、指导思想

全面贯彻党的十八大和十八届三中、四中、五中全会精神，深入学习贯彻习近平总书记系列重要讲话精神，认真落实省委十三届九次全会、省委城市工作会议和市委十一届十一次全会总体部署，坚持创新、协调、绿色、开放、共享发展理念，把补齐创新力、国际化、环境功能、社会公平四大短板作为重要抓手，抢抓机遇，全力突破，推动发展、文化、生态、健康、平安五大品质再上新台阶，尽早建成现代化美丽上城，确保继续走在省市发展前列，在浙江高水平全面建成小康社会和杭州建设“独特韵味、别样精彩”的世界名城中发挥先行和示范作用。

二、基本原则

——坚持系统谋划、统筹推进。补短板是解决对改革发展稳定大局产生制约作用的关键性薄弱环节，是一项系统工程。必须着眼长远，科学设计，全盘规划，稳步实施；同时立足当前，统一指挥，协调各方，有序推进。

——坚持品质导向、彰显特色。补短板首先必须定标对标，强调高标准。要学习先进城市发展理念，以国际国内一流为标杆，强化高品质城区共性特征。同时，也要坚持植根本土、个性发展，进一步展示上城的自身特质和特色。

——坚持扬长补短、软硬结合。既要着力破解难题、补齐短板，又要巩固和厚植原有优势；既要注重经济实力、基础设施等硬件指标提升，又要重视文化品质、市民素质等软实力增强，两方面相辅相成、相得益彰，才能实现高水平发展。

——坚持资源整合、借势借力。深化信息化、标准化等手段运用，健全绩效管理，着力整合资源办大事、强化协调抓落实、精准发力补短板，把有限的财力物力用在关键处。积极对接国家、省、市重点发展战略，争取上级支持，借力实现发展最大效益。

——坚持政府主导、多方参与。既要强调政府的主导作用，形成补短板的核心推动力；又要充分发挥市场机制和人民群众主体作用，引导鼓励社会资本投入,充分调动人民群众的积极性和主动性,实现补短板的多元主体同向发力和共建共享。

三、总体目标

到2020年,城区经济竞争力和发展潜力继续保持全省前列,创新力进入全省30强;国际化程度明显提高,商业环境基本与国际接轨,主要服务功能接近国际一流城市中心城区水平;生态环境和人居环境更加完善;公共服务水平和均衡性显著增强,基本建成现代化美丽上城。

四、具体措施

(一)全力补齐创新力短板

深入实施创新驱动发展战略,把创新作为引领发展的第一动力,打造各要素综合集成、各环节紧密协同的创新生态系统,努力补齐产业集聚规模不大、科技创新能力不强、行业领军人才缺乏、体制机制运行不畅等问题,提升整体创新力。

1.推动平台建设创新。大湖滨商圈要紧紧抓住消费升级、国家品牌消费集聚区建设等机遇,围绕体验式消费、品牌消费、信息消费、文化消费等消费新热点,找准结合点和发力点,加快转型升级步伐,打造时尚与经典完美结合的最具魅力的国家品牌消费集聚区核心区。

玉皇山南基金小镇要紧紧抓住国家深化金融体制改革、推广"小镇建设"经验和浙江省开展钱塘江金融港湾、创投改革试验区建设等机遇,进一步拓展空间、做美环境、创新机制、扩大优势,借势借力引进更多国际国内具有重要影响力的母基金、创投资本,做大做强金融服务特色产业,加快打造基金研究院、培训中心、项目路演平台、创投社区等服务平台,打造钱塘江金融港湾的耀眼明珠和具有国际影响力的特色小镇。

望江智慧产业园要紧紧抓住杭州国家自主创新示范区建设和"一号工程"实施、沿江开发等机遇,以发展信息技术产业为重点,进一步加大土地招商、楼宇招商力度,统筹加快建设规划、产业规划、管理体制、服务机制的落地,推动"科技+金融""生产+生活"融合发展,努力打造千亿级产值的智慧产业园和产城融合的样板。

吴山宋韵小镇要紧紧抓住G20国际峰会、2022年亚运会和杭州全力推进国际化的机遇,完善和落实整体规划,重点围绕老字号、中医药、博物馆、非物质文化遗产、民俗节庆等传统特色文化活化,盘活资源,凸显主题,创新文化与旅游、商贸、休闲、健康、创意等产业融合发展模式,打造"南宋风情"城市旅游和文化金名片。

科技工业基地要紧紧抓住创业创新、城西科创大走廊建设等机遇,以信息技术、智能制造业为核心,加大科技型、创新型企业培育引进力度,支持企业开展科技研发和技术、管理等创新,加快园区管理转型升级,打造工业4.0杭州实践示范区。

2.推动产业体系创新。以高端化、特色化、集约化为导向,重点发展金融服务、文化创意、信息技术、旅游商贸、健康服务五大主导产业,推进"信息化+工业和服务业""金融+实体经济""文化+产业",重点加快互联网、物联网、大数据、云计算、智能装备制造、私募股权投资、新媒体、数字出版、创意设计、高端商贸、个性化旅游、体育休闲、康复护理、高端专科、第三方检测等行业的企业引进和培育,推动传统优势产业转型升级。

以平台建设为牵引,着力引导"平台+核心产业"的差异化发展模式,优化各平台的产业生态、环境生态和服务生态,积极培育融合产业、跨界产业和产业生态链,努力壮大核心产业规模;提升平台环境特色,打造风格各异的产城融合和省市现代服务业生态圈样板。不断优化产业布局,提升经济发展竞争力。力争到2020年,五大主导产业对我区财政贡献达到70%以上且年均增幅高于区地方财政收入的年均增幅。

3.推动企业主体创新。完善鼓励科技创新的政策机制,在科技经费管理使用、科技成果转移转化、政产学研合作机制、科技公共服务体系建设等方面取得新突破。实施科技企业"双倍增"计划,加强对创新主体的精准扶持,力争培育一批创新型企业、高新技术企业和科技型中小企业,在某些"高精尖缺"领域取得重大突破,到2020年,帮助科技型企业上市10家以上,科技贡献率提高5%以上。

坚持市场主导,引入专业机构进行管理和运营,加快建设一批低成本、便利化、全要素、开放式的众创空间。完善由众创空间、孵化器到加速器、园区的创新企业成长空间体系，打造杭州创业创新高地。提升全球对冲基金西湖峰会等一批创新资源交流载体，加快搭建各类技术与项目、项目与资本、产品与市场有效对接的创新服务平台，完善精细、周到、便捷的“店小二”式服务，努力构建高端要素资源有效整合互通的创新生态系统。力争5年内新增各类众创空间10家、完成创新型企业孵化20家以上。

4.推动人才工作创新。结合区情实际，着力完善人才引进和发展机制。重点围绕科研型、管理型、技术型人才，健全以企引才、以项目引才、以才引才等各类市场化引才机制。完善人才数据库，健全人才信息动态管理制度。加强人才工作的统筹协调和目标管理，提高人才工作绩效。落实省市人才新政，深化金融人才管理改革试验区建设，落实好重点企业、重点人才的扶持政策。探索开展科学化、社会化、市场化人才评价，进一步优化人才生态。深入实施全民科学素质行动计划，不断提升基础人力资源质量。到2020年，力争实现国际国内顶尖人才引进“零突破”，入选国家“千人计划”3人、浙江省“千人计划”10人左右。

5.推动体制机制创新。深入落实“上改六条”，每年排出一批重点改革项目，有序实施，滚动推进。围绕加快转型升级，积极推动落实上级战略部署、创新创业服务、招商稳商、国有资产管理运营、政府投融资体制等方面的改革，坚决破除影响经济发展质量和效益提高的制度藩篱。围绕转变政府职能，着重查找和整改“四单一网”改革、行政审批制度改革、效能建设等过程中存在的问题，切实把行政效能提上来。确保到2020年，基本形成系统完备、科学规范、运行高效的制度体系。

(二)全力补齐国际化短板

强化国际化理念，深化国际化战略，把上城国际化与杭州建设世界名城的部署要求紧密结合起来，贯穿到城区发展全过程，着力打响国际知名度，扩大国际影响力，增强国际吸引力，打造一流的中心城区，为提升杭州国际地位和竞争力提供有力支撑。

6.加快商业环境国际化。依托杭州“两区”建设叠加效应，加强国际经济合作参与的广度和深度。积极构建国际化招商平台和海外招商网络，着力招引国际高端产业项目和研发总部、财务总部、销售总部，重点在优势领域培育一批具有国际竞争力的创新型领军企业。花大力气引进国际化人才，特别是符合上城产业定位、引领转型升级的国际领军人才。强化市场运用和国际规则推广，加快营造高标准的国际化营商环境。

7.加快旅游发展国际化。全面提升旅游产品、营销、功能、服务、管理国际化水平，着力构建上城全域化旅游新格局。加快消费环境与国际接轨，优化湖滨路、南山路、清河坊等特色街区商贸业态布局，提高延安路商业街国际知名度，推进湖滨、吴山、城站等商圈融合发展，努力成为杭州建设国际消费中心城市的核心区域。积极融入国际旅游营销体系，做强中医药、茶艺、老字号、传统手工技艺等独特优势，着力打造一批集观光游览、休闲度假、文化体验于一体、面向国际游客的深度旅游线路，加快建设国际化的游客服务体系和导游队伍，实现吃、住、行、游、娱、购综合效益最大化。

8. 加快文化品牌国际化。加强历史文化特色挖掘，发挥西湖世界文化遗产带动效应，推动南宋皇城、钱塘江古海塘等文化遗址保护与开发，传承弘扬浙派古琴艺术、杭州铜雕、南宋官窑传统烧制技艺等非物质文化遗产，加强东方儒学、世界佛教文化交流，做好历史与现实、传统与创新的有机结合。坚持文化振兴战略，依托杭州打造国际会议目的地城市、东方文化国际交流重要城市的有利条件，积极开展和参与国际经济技术、国际学术会议、国际文化、城市文化等领域的交流。创新文化产品，策划和举办具有国际影响的文化活动，扩大中国民间艺人节、杭州美术节、杭州国际设计周、吴山庙会等特色文化活动的影响力，不断增强文化的国际传播合力。鼓励社会力量参与对外文化交流事业，支持重点文创企业参与国际展会，开拓海外文化市场，不断创新对外传播、文化交流、文化贸易方式。

9.加快城市功能国际化。坚持有机更新理念，不断完善城市功能和美学设计，构建国际性都市形态。突出项目带动，按照国际标准，进一步完善酒店、道路、停车场库、城市家具、标识标牌、无障碍设施等公共基础设施和公共文化空间建设，进一步提升国际与本地网络交换能力，全面提升国际化配套功能。发挥中心城区优势，加快打造国际化的商务中介、居住环境、社区建设和教育、医疗等生活服务。深化政府购买服务，强化社会组织专业化、规范化建设，建立与国际先进城市相适应的公共服务体系。

10.加快公共意识国际化。积极开展国际理解教育，拓展国际视野，增强政府、企业和市民的国际意识，提升融入国际社会的能力。深化开放式学习型城区建设，不断完善"最美精神""邻里价值观"等品牌，培育多样共融、开放包容的城市文化氛围，增进来自世界各地人们的归属感和认同感。进一步强化公共道德意识和现代文明意识，深入开展市民文明素质提升工程，倡导文明出行、文明行为、文明服务等系列文明行动，提升社会文明程度。

(三)补齐环境功能短板

充分发挥上城区的区位和自然环境优势，着力补齐空间资源、土地利用、环境承载力、城市管理等方面的短板，努力在拓展发展空间、提升环境质量、彰显精致和谐风貌、提高宜居和美丽指数上实现新突破。

11.优化功能布局。深化产城融合，按照"多规合一"原则，完善"十三五"时期区域城市设计，加强空间布局、土地利用、人口、产业、建设、公共服务、基础设施、生态环境等方面规划落实的统筹协调。立足"有限空间、无限发展"，切实推动沿湖、沿江、沿山发展规划落地，拓展城市发展空间。加强城市立体开发，推进吴山广场地下综合体、城站周边、地铁上盖物业、之江路沿线、地下公共停车场库等工程建设。以"三改一拆"为带动，推动传统市场、重点道路周边业态转型。进一步加大征迁力度，提高货币化安置和异地安置比例，开辟新的发展空间。深挖土地和楼宇潜能，加强低效用地再开发，突出重点实施楼宇提升行动计划，提高空间资源的利用效率和质量。

12.优化环境生态。紧跟杭州创建国家生态城市步伐，实施新一轮生态文明建设三年行动计划。认真落实生态文明建设领域各项改革措施，建立健全生态保护社会参与和监督机制。坚持综合施策、长效治理，深入推进"五水共治"，强化饮用水源安全保障，开展海绵城市建设试点，保持全区所有水体接近或达到Ⅲ类水质。严格控制综合能耗和污染物排放，统筹推进"五气共治"，减少建筑垃圾和扬尘污染。牢牢把握共建共享原则，深入开展低碳社区、绿色社区建设，落实生活垃圾"三化四分"，积极发动机关、企业、学校、家庭推行绿色环保的生产生活方式，打造优良人居环境。

13.优化城市治理。按照"绝不把脏乱差环境带入全面小康"要求，继续开展"峰会后"阶段馒头山、始版桥、南落马营等重点地块综合整治，打造"上城之变"升级版。到2020年，全面完成棚户区、危旧房改造，基本完成望江新城建设，形成具有上城特色的城区风貌。落实"互联网+"战略，主动拓展多领域特别是自然灾害和公共安全领域的智慧应用，深入打造"智慧城市先导区"。充分运用物联网、大数据、人工智能等信息化技术，完善智慧城管服务，强化综合执法力量下沉，完善联动机制，提升城市运行效率。持续打造国内最清洁城市，以重点地区、窗口单位、主次干道、校园周边等区域为重点，加强环境问题专项整治，做好"四化"工作，使城区景观更加整洁美丽。

(四)补齐社会公平短板

要坚持民生优先战略，着眼于不同人群的不同需求和不同困难，补齐供给短板，缩小相对差距，切实提高公共服务的可及性、均衡性、标准化和有效性，增强居民群众获得感和幸福感。

14.增强社会保障精准度。坚持"广覆盖、保基本、多层次、可持续"方针，继续加大民生领域投入，不断完善社会保障体系、社会救助能力、社会福利体系建设，努力提高民生保障水平。兜住民生保障底线，不断完善帮扶救助机制，拓展帮扶内容。立足精准保障，有效推进困难人群生活保障、"救急难"、劳动者权益维护等工作，努力实现从制度全覆盖到人的全覆盖。健全扶残助残体系，支持残疾人事业发展。

完善养老服务设施布局，鼓励和支持社会资本举办各级各类养老机构，推进社区日间照料机构和老年食堂全覆盖。推进居家养老专业化、标准化、特色化建设，健全医养护结合长效机制，提高居家养老服务水平。到2020年，将65岁以上老人全部纳入健康管理。把老年教育纳入终身教育体系，支持发展老年大学和老年文体团队，鼓励老有所乐、老有所为。

树立创新促进创业、创业带动就业的理念，深化“充分就业城区”和“创业型城区”建设，实施灵活积极的就业和创业政策，着力培育新的就业增长点。深入开展劳动者就业能力提升和蓝领人才培养工程，积极开展劳动技能培训和技术比武，提高劳动者就业竞争力，推动实现更高质量的就业。完善失业保障制度，创新企业和谐劳动关系建设长效机制。夯实区、街道、社区三级劳动保障服务平台，突出抓好困难家庭、高校毕业生、残疾人等重点群体就业援助机制，动态消除“零就业家庭”。

15.增强公共服务均衡性。围绕健康上城、教育现代化区、体育强区目标，严格专项规划执行，增加供给，优化布局，完善多层次、有特色、高品质的公共服务网络。认真研究全面二孩政策实施后面临的新形势新需求，尽早谋划对策措施，保证妇幼保健、计划生育、学前和义务教育等方面工作的有效衔接。

率先实现教育现代化。继续坚持教育优先发展，落实立德树人根本任务。以推进“管办助评”教育治理体系现代化为核心，深化教育领域综合改革。加快中学、小学、幼儿园规划建设落地，优化增加教育资源配置，坚持阳光招生，促进教育公平。推进学前教育、义务教育、特殊教育、社区教育、校外教育等各级各类教育高水平均衡发展。深化教育国际化、信息化、小班化内涵建设，满足学生个性化发展需要。加强人才梯队建设，开展卓越教师培育行动，打造“四有”上城教师。围绕核心素养，推进课程改革，扎实开展全面育人行动，促进学生全面发展。

继续深化医药卫生体制改革，全面加强与辖区省市医院合作，落实分级诊疗和双向诊疗机制，全面提高基层健康服务水平。优化社区卫生服务网点布局，完成望江地区社区卫生服务中心和站点建设。完善公共卫生服务体系，加强妇幼保健、慢性非传染性疾病和重点传染病防控、精神心理卫生等工作，进一步提高突发公共卫生事件应急处置能力和重大活动保障能力。健全覆盖全过程的食品药品安全监管体系，重点加强对无证无照餐饮以及农贸市场、学校周边、夜市、网络订餐和保健品、中药等方面的专项整治，确保居民群众“舌尖上的安全”。

依托“互联网+”，按照公共文体服务硬件标准化要求，基本完成具有上城特色的文化馆、图书馆、非遗展示中心、体育中心“二馆二中心”区级文体骨干设施建设，完善街道社区标准化文体设施布局和管理。推动公共文体资源共享和向社会开放，优化居民“10分钟文化圈”和“10分钟健身圈”。坚持公共文化惠民，继续深入开展“七送”文体惠民工程和群众性文体活动，切实提升惠民实效。

16.增强平安稳定持久性。坚决打赢峰会维稳安保攻坚战，确保平安区十二连创，深入实施新一轮平安上城创建。深化社会治安综合治理，健全专群结合长效工作机制，增强防范打击各类犯罪能力。完成“省平安建设信息系统”“平安365”“民情E点通”三网整合对接，实现重点公共区域视频监控全覆盖、全整合，加快构建以信息化为支撑的立体化治安防控体系和应急联动体系。持续推进社会治理创新，完善社会矛盾调解化解机制，依法依规妥善解决各类信访问题。总结推广社区治理改革试点经验，践行多元共治理念，拓展基层协商民主，倡导群众的事情由群众商量着办。

持之以恒落实安全生产责任制，切实强化主体责任和监管责任，消除行业监管“盲区”。加大重点单位、重点场所、重要设施、重要物品的安全隐患排查治理力度，建立安全生产黑名单制度，严格实行责任追究。加强网络安全管理。始终保持安全生产形势平稳，杜绝重特大安全生产事故发生。

坚持依法执政，推进法治政府和法治社会建设，落实“七五”普法和依法治区规划，深入打造“法治上城”。围绕“努力让人民群众在每一个司法案件中都感受到公平正义”目标，不断提高公正司法能力，积极稳妥实施司法改革。继续深化法治惠民工程，完善司法便民措施，扩大公共法律服务的覆盖面和有效性。推进信用体系建设，夯实法治社会根基。

五、实施保障

1.强化组织领导。把补短板工作作为“一把手”工程，列入重要议事日程，亲自牵头抓总，协调和落实各项工作。建立补短板联席会议制度，明确责任分工和任务分解，研究出台有关配套政策，定期开展情况交流和协同推进工作。

2.强化落实保障。将补短板工作逐年细化,纳入年度重点工作目标计划,明确时间表、路线图,开展项目化管理。区直各部门、各街道要围绕年度计划,制定具体目标和工作方案,抓好任务落实。补短板相关项目经费列入年度财政预算,给予充分保障。

3.强化检查监督。依托区委大督查机制,定期开展补短板专项督查,确保工作有效推进。健全完善补短板问题收集和解决反馈制度,及时落实问题解决,对落实不力的实行问责。通过开展专家论证、公述民评、第三方满意度调查等形式,鼓励社会各界参与,确保补短板工作扎实有效。

4.强化氛围营造。要大力宣传在工作中涌现的先进典型和经验,积极弘扬团结进取、勇于担当、精益求精、善于创新的工作精神,激发广大党员干部的干事创业热情,进一步形成全力补短板、加快国际化的良好氛围。

中共杭州市上城区委员会

2016年8月4日

关于巡察工作的实施意见

区委巡察工作是巡视工作的延伸和拓展，是实现党内监督全覆盖、推动全面从严治党向基层延伸的重要抓手。根据《中共浙江省委办公厅关于开展市、县(市、区)党委巡察工作的意见》和《中国共产党杭州市委员会巡视工作实施办法》等规定,结合上城实际,现就开展区委巡察工作提出如下实施意见。

一、指导思想

区委巡察工作以马克思列宁主义、毛泽东思想、邓小平理论、“三个代表”重要思想、科学发展观为指导,深入贯彻习近平总书记系列重要讲话精神,认真落实中央巡视工作方针和省、市、区委关于巡视巡察工作的决策部署,聚焦党的领导、党的建设、全面从严治党、党风廉政建设和反腐败斗争,发现问题,形成震慑,推动党的先进性和纯洁性建设。

二、工作原则

区委巡察工作坚持上级统一领导、区委负责;坚持实事求是、依法依规;坚持挺纪在前、从严治党;坚持群众路线、发扬民主。

三、机构和人员

区委承担巡察工作主体责任，切实加强对巡察工作的领导,按照职责清晰、规范有效的要求,采取专兼职相结合的方式,参照省、市委巡视机构的组织架构,建立健全区委巡察机构。

(一)成立区委巡察工作领导小组。巡察工作领导小组向区委负责并报告工作，对全区巡察工作实施全面领导。组长由区纪委书记担任,为组织实施巡察工作的主要负责人；副组长由区委组织部部长担任;成员由区纪委分管副书记、区委组织部分管副部长及巡察工作领导小组办公室主任组成。

(二)设立区委巡察工作领导小组办公室(简称区委巡察办)。区委巡察办作为区委巡察工作领导小组的日常办事机构，设在区纪委，主要承担统筹规划、综合协调、组织指导、制度建设、监督管理等工作。巡察办设主任、副主任、巡察专员。

(三)设立区委巡察组。区委巡察组根据每次巡察任务进行确定和授权，向区委巡察工作领导小组负责并报告工作。巡察组设组长、副组长、巡察专员,其他工作人员从相关单位选配或抽调。巡察组组长履行巡察监督第一责任人的责任。专项巡察时,也可委派区相关部门区管干部担任巡察组组长，一次一授权。建立巡察人才库,选配熟悉纪检监察、组织人事、财务、审计、法律、工程建设等业务或部门的优秀专业干部入库。每轮巡察前,可根据工作需要,抽调一定数量的新提拔区管干部或区管后备干部到巡察机构挂职锻炼，把巡察岗位作为培养和锻炼干部的重要平台。

设立巡察工作专项经费,纳入区纪委部门预算。在巡察机构工作期间,选配、抽调干部的编制及相应的工资、福利待遇等，仍然保留在原单位，因巡察工作需要而发生的支出在巡察工作专项经费中列支。

四、对象和范围

区委巡察组的巡察对象和范围主要包括：区委工作部门领导班子及其成员，政府部门、人民团体党组(党委、党工委)领导班子及其成员；人大常委会机关、政协机关领导班子及其成员，人民法院、人民检察院党组领导班子及其成员；区属国有企业、事业单位党委(党组)领导班子及其成员；街道党工委领导班子及其成员；社区、经合社党组织领导班子及其成员；区委要求巡察的其他单位的党组织领导班子及其成员。

五、主要任务

区委巡察组对巡察对象执行党章和其他党内法规，遵守党的纪律，落实全面从严治党责任等情况进行监督，着力发现以下问题：违反政治纪律和政治规矩，存在违背党的路线方针政策的言行，有令不行、有禁不止，执行上级党委重大决策部署不力、搞上有政策下有对策等问题；违反组织纪律，违规用人、拉票贿选、买官卖官、“带病提拔”等不正之风，违反民主集中制原则、拉帮结派、独断专行，以及班子软弱涣散、严重不团结等问题；违反廉洁纪律，以权谋私、贪污贿赂、腐化堕落等问题；违反群众纪律，侵害群众利益的不正之风和腐败等问题；违反工作纪律和生活纪律，搞形式主义、官僚主义、享乐主义和奢靡之风等问题；在上级巡视组反馈意见整改和移交事项办理中存在的问题；区委要求巡察组了解的其他问题。

六、工作方法和程序

区委巡察组可以采取以下方式开展工作：听取工作汇报，民主测评，问卷调查，个别谈话，明查暗访，召开座谈会，列席有关会议，抽查核实领导干部报告个人有关事项，受理来信、来电、来访，调阅、复制有关文件、财务账册、档案、会议记录等资料。必要时，经区委巡察组按有关规定报批后，可以提请有关单位予以协助。

区委巡察组不干预被巡察单位的正常工作，不履行执纪审查的职责，对巡察工作中的重要情况和重大问题及时向区委巡察工作领导小组请示报告。巡察工作结束后，巡察组形成巡察报告，如实报告了解的重要情况和问题，并提出处理建议。

区委常委会定期研究巡察工作。区委“五人小组”和巡察工作领导小组及时听取巡察情况汇报。对巡察发现的问题和线索，根据干部管理权限和职责分工进行分类移交，并加强跟踪督办。被巡察单位党组织要严格落实巡察整改主体责任，主要负责人是第一责任人，要认真组织落实整改，及时报告整改情况。巡察及整改落实情况纳入党风廉政建设责任制考核。

区委巡察工作要结合上城实际，借鉴运用上级巡视工作方法，积极探索全面巡察、专项巡察等方式，机动灵活、务实高效地开展工作。建立巡察机构与纪检、组织、财政、审计、建设、信访、政法等部门及其他有关单位的工作协调机制，规范巡察准备、了解、报告、反馈、移交、整改等环节工作程序，不断提高巡察工作发现问题、反映问题和推动问题解决的能力和水平。相关工作细则由区委巡察工作领导小组根据实际另行制定。

本实施意见自发布之日起试行，《中共杭州市上城区委关于党风廉政巡查工作的实施意见（试行)》同时废止。若今后上级对巡察工作有新规定的，从其规定。

中共杭州市上城区委员会

2016 年 10 月 31 日

杭州市上城区人民政府重大行政决策程序制度

为规范区政府重大行政决策行为，推进科学决策、民主决策、依法决策，提高行政决策水平，根据《中华人民共和国地方各级人民代表大会和地方各级人民政府组织法》《浙江省重大行政决策程序规定》《中共杭州市委关于全面深化法治杭州建设的若干意见》和《杭州市人民政府关于深入推进依法行政加快建设法治政府的实施意见》《杭州市人民政府重大行政决策程序规则》等规定，制定本制度。

一、总则

（一）本规则所称区政府重大行政决策（以下简称决策）包括下列事项：

1. 经济和社会发展等方面的重要规划和重大改革措施；

2.社会保障、卫生和计划生育、教育等民生领域和环境保护、资源分配等方面的重大政策；

3.由政府组织实施、对相关主体利益可能造成较大影响的重大建设项目；

4.区政府确定的其他决策事项。

决策事项的具体范围，由区政府各部门、各直属单位、各街道办事处根据前款规定并结合决策具体内容提出，报区政府确定。

（二）突发事件的应急处置、立法等决策事项，按照《中华人民共和国突发事件应对法》《中华人民共和国立法法》等法律、法规的规定执行。

法律、法规、规章对决策程序另有规定的，从其规定。

（三）除依法应当保密或为保障公共安全、社会稳定及执行上级机关的紧急命令需要立即作出决定的情形外，决策工作应当遵循公众参与、专家论证、风险评估、合法性审查和集体讨论决定等决策程序。

（四）决策信息的公开，依照《中华人民共和国政府信息公开条例》的有关规定执行。

二、决策作出

（五）决策事项可以通过下列途径提出：

1.区长、副区长依照各自职责提出决策事项；

2.区政府各部门、各直属单位、各街道办事处依照其职责向区政府提出决策事项；

3.区人大代表、区政协委员通过建议、提案等方式提出决策事项建议，或者公民、法人和其他组织提出决策事项建议的，经区长或副区长批示后交由区政府各部门、各直属单位、各街道办事处进行研究。经研究认为需要决策的，参照第 2 项向区政府提出决策事项。

通过前款第 2 项、第 3 项途径提出决策事项的，须经区政府分管副区长审核，并报区长同意。

（六）决策方案由决策承办单位负责制订并提请审议。决策承办单位依照下列原则确定：

1.区长、副区长提出的决策事项，按照政府部门法定职能确定决策承办单位。涉及多个部门或者因职能交叉难以确定决策承办单位的，由区长、副区长指定；

2.区政府各部门、各直属单位、各街道办事处提出的决策事项，由提出单位或者有关政府部门作为决策承办单位；

3.人大代表、政协委员或者公民、法人和其他组织提出的决策事项建议，经研究列入决策事项的，由区长、副区长指定决策承办单位。

（七）决策承办单位负责决策方案的起草和论证工作。

决策承办单位可以自行起草决策方案，也可以委托有关专家或者专业机构起草决策方案。决策方案草案应当包括决策目标、工作任务、措施方法、时间步骤、决策执行单位等内容，并附决策方案制订说明。

起草决策方案，应当开展调查研究，全面掌握和分析决策事项所涉及的信息。对较为复杂或者存在较大争议的决策事项，应当拟订 2 个（含）以上决策备选方案。

（八）决策承办单位起草决策方案，涉及相关部门、单位或者街道办事处的，应当进行充分协商或者事先征求意见。

决策承办单位起草决策方案，应当注重听取有关政协组织、基层组织和社会组织的意见，并进行充分协商。

（九）对有关决策事项中直接涉及相关主体切身利益或者公众普遍关注的问题，决策承办单位应当通过座谈会等方式组织公众参与，听取基层、相关利益主体代表和有关部门的意见、建议。

决策承办单位应当通过公告栏、政府门户网站或者新闻媒体等便于决策影响范围内公众知晓的方式，公告决策方案或者内容，听取社会公众意见，但依法应当保密的事项或者内容除外。

（十）法律、法规、规章规定应当听证以及涉及重大公共利益和群众切身利益的决策事项，应当进行听证。

听证由决策承办单位组织，听证程序按照有关规定进行。听证后，决策承办单位应当作出书面报告，作为决策的重要依据。

（十一）对有关决策事项中专业性较强的问题，决策承办单位应当组织相关领域的专家或者专业机构，就有关专业性问题以及决策的可行性和成本效益等问题进行重点论证。

专家、专业机构可以从有关专家资源库中选取，也可以根据需要邀请对决策相关问题富有经验或者研究的其他人员。

专家、专业机构应当独立、客观、公正、科学地开展论证工作，并出具由其署名或者盖章的书面论证意见。

（十二）对有关决策事项中涉及公共安全、社会稳定、环境保护等方面且意见分歧较大的问题，决策承办单位应当组织开展决策风险评估并形成书面风险评估报告。评估内容应当包括决策实施对公共安全、社会稳定、环境保护等方面的影响，决策方案的合法性、合理性、可行性、可控性，以及相应的风险防范措施和化解处置预案。

（十三）根据决策具体情况，决策承办单位可以一并开展公众参与、专家论证和风险评估相关工作，也可以委托第三方专业机构具体实施。

（十四）决策承办单位应当依据社会公众和有关单位的意见、专家论证意见、风险评估报告完善决策方案，并在决策方案制订说明中对意见采纳情况作出说明。对未采纳的意见，应当说明理由。

（十五）决策方案经决策承办单位法制部门合法性审查、领导班子集体讨论通过后报送区政府。

（十六）决策承办单位提请区政府审议决策方案，应当报送下列材料：

1.决策方案草案及其制订说明；

2.法律、法规、规章和政策依据；

3.决策论证相关材料，包括社会公众和有关单位意见、专家论证意见、风险评估报告等材料，进行听证的还应当提交听证报告；

4.需要报送的其他材料。

区政府办公室按照区政府全体会议或者区政府常务会议相关要求，对报送材料是否齐全进行审核。

（十七）决策方案相关材料齐全的，由区政府办公室将材料送区法制办进行合法性审查。区法制办自收到决策方案相关材料之日起10个工作日内提出合法性审查意见并反馈区政府办公室。

区法制办在合法性审查过程中，可以要求决策承办单位补充材料或者完善程序；对特别重大、疑难、复杂的决策方案，可以组织区政府法律顾问等有关专家、相关单位参与论证。补充材料、完善程序、专家论证的时间不计入合法性审查时间。

合法性审查内容包括：

1.决策事项是否符合区政府的职责权限；

2.决策方案内容是否合法；

3.决策方案起草过程是否符合法定程序；

4.其他合法性问题。

（十八）区政府办公室收到区法制办提出的合法性审查意见后，应当报请区长审定是否将决策方案提交审议。经批准提交审议的，按规定安排会议议程；暂不提交审议的，退回决策承办单位。

决策承办单位应当对合法性审查意见进行认真研究，根据意见对决策方案作相应修改。

（十九）决策方案应当经区政府全体会议或者区政府常务会议审议决定。

（二十）审议决定程序由区长启动，并按照下列步骤进行：

1.决策承办单位汇报决策方案的内容；

2.参加会议的有关部门和单位负责人发表意见；

3.区政府有关领导发表意见；

4.根据审议情况，区长对决策方案作出通过、不通过、修改、暂缓或者再次审议的决定。

区政府办公室负责记录会议讨论情况、意见及决定,并形成会议纪要。

(二十一)决策事项依法应当向区人大及其常委会报告或者提请审议的,依照法定程序办理。

决策事项应当报党委决定或者上级政府批准的,按照有关规定办理。

决策方案暂缓审议或者修改后再次提请审议的,期限一般不超过2年;超过期限未再次提请审议的,退出决策程序。

(二十二)涉及全域性或者区域性群众重大利益的决策事项,除依法不得公开或公开后不利于决策实施和社会稳定外,宜实行开放式决策程序。

(二十三)区政府审议开放式决策事项,区政府办公室应当在会议召开前5个工作日通过区政府门户网站预告会议时间、内容及市民参与方式等信息,将决策方案草案的有关材料在区政府门户网站上开设专栏予以公布,并征求意见。

(二十四)区政府审议开放式决策事项时,应当邀请区人大代表、区政协委员和市民代表列席会议,并听取其意见和建议。

根据决策事项的审议需要,可以邀请有关专家或咨询机构、行业协会、中介组织、利益相关主体、人民团体等的代表列席会议。

(二十五)本区市民可以通过自愿报名,申请列席开放式决策事项相关会议。

(二十六)区政府审议开放式决策事项按下列程序进行:

1.决策承办单位汇报决策事项草案内容;

2. 参加会议的区政府有关部门和单位负责人发表意见;

3.列席会议的区人大代表、区政协委员、市民代表发表意见和建议;

4.列席会议的专家或咨询机构、行业协会、中介组织、利益相关主体、人民团体等的代表发表意见和建议;

5.列席会议的市民发表意见和建议;

6. 区政府办公室主任或相关副主任汇报市民网上参与情况及有代表性的意见和建议;

7.区政府有关领导发表意见;

8.区长作出决策。

未邀请专家或咨询机构、行业协会、中介组织、利益相关主体、人民团体等的代表列席会议的,前款所列第4项程序相应取消。

(二十七)开放式决策事项承办单位应当在会议召开后3个工作日内,对市民通过区政府门户网站提出的意见和建议作出在线答复;遇特殊情况无法在规定时间内答复的,报经区政府领导批准后可适当延期答复。

(二十八)区政府应加强信息化建设,积极探索开放式决策会议网络直播等方式,使本区市民能实时参与决策。

三、决策执行和监督

(二十九)区政府办公室负责对决策承办和执行情况实施检查、督促和考核,掌握决策承办和执行中的情况、进度和问题,并及时向区政府报告。

区监察局按照法定职责对决策承办和执行情况实施行政监察。

区审计局按照法定职责对决策涉及的有关审计事项实施审计监督。

(三十)区政府办公室应当明确决策执行单位的具体工作要求,分解决策执行任务和执行责任,加强对决策执行的指导和监督。

决策执行单位应当根据执行任务、执行责任的要求,制定执行方案,明确执行机构,落实执行措施,跟踪执行效果,确保执行的质量和进度。

(三十一)区政府办公室应当督促决策执行单位建立决策后评估机制,明确评估方法和标准,落实决策后评估工作。决策后评估情况作为对决策执行单位工作评价的重要依据。

(三十二)决策实施满一年,决策执行单位应当对决策执行情况进行评估并向区政府作出书面报告。

决策评估报告包括:

1.决策执行的基本情况;

2.决策执行的经济效益和社会效益;

3.社会公众和决策利益相关主体的评价意见;

4.相关执法体制、机制适应情况;

5.后续措施建议。

决策执行单位可以委托第三方专业机构开展决策评估。

(三十三)决策方案在执行中因不可抗力或者客观情况变化导致决策目标全部或者部分不能实现的,决策执行单位应当立即采取补救措施,并向区政府提出决策方案调整建议。

公民、法人和其他组织认为决策方案需要调整的,可以向决策执行单位提出建议。

区政府根据决策方案执行中的实际情况以及决策评估报告,可以对原决策方案作出暂缓执行、停止执行或重大修正的决定。

(三十四)区政府按照规定向区人大及其常委会报告有关决策情况,认真听取意见和建议,主动接受监督。

区政府主动接受政协的民主监督,认真听取对决策工作的意见和建议。

公民、法人和其他组织可以向区政府、决策承办单位、决策执行单位及监察机关反映情况,提出意见或者建议,对决策承办及执行工作进行监督。

四、决策责任

(三十五)建立决策终身责任追究制度及责任倒查机制，对决策严重失误或者依法应当及时作出决策但久拖不决造成重大损失、恶劣影响的,依法追究行政首长、负有责任的其他领导人员和相关责任人员的法律责任。

(三十六)决策承办单位、决策执行单位违反本制度和有关法律、法规、规章规定的决策程序的,由区政府责令改正;对造成重大损失、恶劣影响的,依法追究单位负责人、直接负责的主管人员和其他直接责任人员的法律责任。

(三十七)参与决策的专家、专业机构,违反有关法律、法规、规章规定,造成严重后果的,应当依法承担法律责任。

五、附则

(三十八)本制度自发布之日起施行,由区政府办公室负责组织实施。区政府各部门、各直属单位、各街道办事处应当结合各自实际，制定并实施重大行政决策相关工作制度。

杭州市上城区人民政府

2016 年 12 月 7 日

杭州市上城区科技创新“十三五”规划

党的十八大和十八届五中全会将科技创新置于国家发展全局的核心位置。“十三五”时期是上城区实施创新驱动发展战略、建设国家可持续发展实验区的关键时期,科技引领、创新驱动无疑是未来五年上城区突破空间约束、资源瓶颈，实现产业转型升级、可持续发展的重要引擎。为进一步增强科技创新的支撑引领作用,顺应大众创业、万众创新的新形势新要求,加强创新的政策环境建设,根据区委、区政府打造“现代化美丽上城”的总体部署和目标要求,结合《上城区国民经济和社会发展第十三个五年(2016~2020)规划纲要》的精神,特制定本规划。

一、“十二五”科技发展的基本情况与形势分析

“十二五”时期,在国家和省市科技主管部门的关心和指导下、在区委区政府的正确领导下,上城区科技工作取得了明显进步,先后获“全国科技进步考核先进区”“国家可持续发展实验区”和“浙江省首批创新型试点城区”等称号,科技在推动经济发展、推进平台与创新载体建设、优化创新创业环境、培育创新人才、发展公共事业等方面发挥了引领、示范作用,为“现代化美丽上城”建设提供了强有力的科技支撑。

——科技进步贡献明显提升。“十二五”以来,科技进步为上城经济发展领跑全省提供了有力支撑。截至“十二五”末,上城区拥有国家级高新技术企业 61 家,占规模以上企业的 38%;拥有省级创新型试点企业 3 家,市级创新型试点企业 15 家,区级创新型试点企业 23 家,高新技术产业和文化创意产业实现增加值 164.36 亿元,占全区 GDP 的 20.4%,科技进步对经济发展的贡献率达 58.5%。

——科技平台建设不断推进。“十二五“期间,上

城区与大院名校共建省市级公共科技创新服务平台及创新载体6家,引进院士创新团队4个,建立院士工作站4家、博士后工作站8个,拥有市级以上科技企业孵化器5家。区科技工业基地已成为创新都市工业和高新技术产业发展的主战场,望江智慧产业园成为杭州市“信息经济、智慧应用”一号工程的重要平台,区科技创业中心被评为浙江省运行绩效优秀科技企业孵化器,众创空间等创新载体快速发展,“大众创业,万众创新”氛围渐浓。

——科技创新环境日趋优化。“十二五”期间,上城区先后两次召开科技创新大会,出台了《上城区创新型城区创建规划》等5个规划和《关于实施科技创新战略、加快创新型城区建设的意见》及《关于实施科技创新战略、加快建设创新型城区的若干扶持政策》等“1+3”扶持政策。五年累计投入技术创新专项资金1.412亿元,引导企业R&D年投入5亿元左右。辖区企业共获得国家创新基金项目22项、火炬计划项目10项、重点新产品项目15项,累计获得市级以上科技进步奖27项,获得市级以上各类资助、配套和奖励经费8854万元。

——科技人才队伍不断壮大。“十二五”期间,上城区先后出台了《关于吸引海内外领军型人才来上城区创新创业“1211”计划的实施意见》和《上城区“128”人才提升工程实施意见(2011~2015年)》,全区累计入选浙江省“151”、杭州市“131”人才培养工程55人,入选上城区“128人才提升工程”129人,为上城科技发展提供了人才保障和智力支持。

——科技合作交流不断深化。“十二五”期间,上城区积极推进与浙江大学等地方院校共建合作交流平台,努力推动产学研协同发展,累计开展产学研合作100多项,完成技术成果转化119个,解决企业技术难题200多件,组织创新载体开展技术服务与咨询数千次,为企业创造新增产值10亿元以上,有力地发挥了科技创新的引领作用。截至目前,上城区建立省级专利示范企业6家、市级专利试点(示范)企业11家;全区累计获得专利授权6631件,其中发明专利授权数量为541件,是“十一五”期间的2倍以上。

“十二五”期间上城区科技创新工作取得的成绩,为未来五年的发展打下了良好的基础,但同时也还存在一些“短板”,主要表现在:受老城区区域面积狭小所限,上城发展空间、环境承载有限,建设众创空间、孵化器,培育科技型中小企业发展受到限制;传统工业及部分高新技术企业(产业)增长缓慢,R&D经费支出占地区生产总值的比重偏低,高新技术产业产值占比偏低,创新主体创新能力有待加强,科技创新集聚效应还未全面体现;科技投融资体系有待进一步完善,创新要素尚未有效集聚,科技创新体制机制有待进一步推进,以更好地适应新形势和新发展的要求。

“十三五”期间,随着国际国内发展环境的变化,上城区经济社会和科技发展将面临来自新业态、新趋势的挑战。首先,创新、创造正在改变市场经济的传统规则,在国际竞争日趋激烈和我国发展动力转换的新形势下,区域发展的基点必须落在创新上,“大众创业、万众创新”将具有无限可能。其次,新一代信息技术快速发展,极大地压缩了时间和空间,经济增长方式从要素驱动转向创新驱动,这种趋势性特征为上城区“有限空间,无限发展”提供了历史性机遇。第三,信息、健康、时尚、高端装备制造等新兴产业的崛起凸显了上城区的都市中心的区位优势。传统产业出现细分化、智能化、专业化等新特征,互联网与经济社会的融合发展将成为新常态。第四,科技创新正受到资本市场的青睐,新技术、新产品、新业态、新商业模式的投资机会大量涌现,为投融资方式创新提出了新要求。“始于技术、成于资本”正成为全球科技创新的新特征。

二、“十三五”科技创新的总体思路和发展目标

(一)总体思路

全面贯彻党的十八大和十八届三中、四中、五中全会精神,紧紧抓住市委市政府推进“信息经济,智慧应用”的“一号工程”和创建“两区”的重要机遇,深入落实区委区政府全面深化改革的要求,坚持创新、协调、绿色、开放、共享发展理念,主动适应和引领新常态,以上城区“123+2”产业平台建设为载体、以提升“发展、文化、生态、健康、平安”五大品质为抓手,以建设“现代化美丽上城”为目标,以科技支撑、创新驱动、产城融合、智慧发展为主线,扎实推进科技体制机制改革,深入实施创新驱动发展战略,以改革促创新,以创新促发展,进一步激发大众创业、万众创

新活力，确保上城区“十三五”经济社会可持续发展。

（二）发展目标

战略目标：上城区的自主创新能力、科技竞争力和科技综合实力全面增强；科技进步对经济发展的贡献率有明显提高；“大众创业、万众创新”的良好氛围形成；高新技术产业增加值占工业增加值的比重有较大增加；某些关键技术、核心领域、战略产业达到国内领先水平；展示上城科技成果的上城科技馆初步建成；顺利通过国家可持续发展实验区验收。

具体目标：“一个七、两个十、三个百、四个增长、五个深化”。“一个七”，即力争科技进步对经济发展的贡献率提高七个百分点至65.5%。“两个十”，即引进或建立市级以上众创空间10家以上，争取10家科技型企业上市。“三个百”，即创新型企业增至100家，高新技术企业数量增至100家，技工贸产值达到100亿元；“四个增长”，即财政科技经费支出总额增长至1.3亿元，规模以上高新技术产业增加值占工业增加值的比重年均增长1%，科技型和创新型中小企业数量增长至500家，发明专利授权量增长至200件、占比提高至20%以上。“五个深化”，即在科技体制机制改革、科技金融互联互通、知识产权保护、产学研协同创新、科技服务民生社会发展等五个方面深化。

三、重点任务：打造“科技+”工程，实现上城区可持续发展

“科技引领、创新驱动”是上城区“十三五”释放新活动、创造新供给和推动新技术、新产业、新业态蓬勃发展，实现发展动力转换的强大引擎。要把握现代科技全方位渗透和影响经济社会发展的特点，着力打造“科技4”工程，实现上城区可持续发展。

（一）打造“科技+金融”，深入推进科技资本桥梁建设

充分借力玉皇山南基金小镇的资本优势，借助科技产业引导基金，利用金融资本的溢出效应，引导金融资本关注科技型、创新型、成长型企业的发展，推进“科技+金融”融合，加快形成多元化、多层次、多渠道的科技投融资体系，实现科技创新链条与金融资本链条的有机结合，为创新创业提供坚实的保障。

1.多层次探索创新，发挥科技金融示范效应。促进带动金融资本在产品、组织和服务模式等方面与科技不断融合，在科技金融体制创新、科技金融产品创新、科技金融资源集聚及环境建设等方面发挥示范引领作用，引导金融资本和民间资本支持科技企业发展。

2.依托信贷机构，构建科技金融扶持体系。依托科技支行、科技担保、小额贷款公司、科技信贷专营机构等科技金融服务机构，提升其为科技企业提供融资、担保、上市等全方位金融服务的能力和水平，形成“无偿资助——政策担保——科技贷款——引导基金——培育上市”的科技金融扶持体系。探索无偿资助、贷款贴息、事后补助等方式，建立科技型中小企业信贷风险分担机制和创业投资风险补偿机制，鼓励商业信贷、社会风险资本加大对科技型中小企业的支持力度。

3.借力产业引导资金，构建科技融资新模式。探索政策性创业资金与社会资本、民间资本和产业资本的互补融合新形式，有目标的引领科技企业的发展方向，发挥政府科技产业投资基金的引导与杠杆作用，通过阶段参股、跟进投资和风险补助等方式扶持创业投资企业发展，逐级放大，引导社会资本加大对处于种子期和初创期科技企业的投资力度，引导民间资本转化为产业资本，推动科技保险发展，推进建立知识产权质押融资体系。

4.依托现有金融资源，打造专业化金融服务平台。依托玉皇山南基金小镇建立“科技金融中心”，并将其打造成全省资本市场创新中心，通过提供综合性、“一站式”科技金融服务，为科技型、创新型、成长型企业提供股权转让、股权融资、企业并购、企业上市等专业化金融服务。与北京天使汇合作，专注科技领域，打造杭州本土的对接投资人和创业者的网络平台，助力初创企业迅速获得创业资金和实现快速成长，助力天使投资人迅速发现优质项目，为科技金融供需双方对接搭建桥梁。

（二）打造“科技+两创”，全力推进“大众创业、万众创新”

依托上城独特的地理和人文环境优势，把“大众创业、万众创新”作为经济发展的强大动力，培育一批新型众创孵化平台，大力发展市场化、专业化、集成化、网络化的“众创空间”，形成有利于创业创新的体制机制，形成一批具有较强影响力和较高知名度

的“众创空间”和“创客品牌”,营造创业创新的良好氛围。

1.优化创业创新的政策环境。根据国家、省市的有关“两创”的政策和意见,认真落实关于发展众创空间推动“大众创业、万众创新”的若干政策意见,进一步完善科技创新政策体系和服务体系,加大财政科技资金整合力度,推动建立以财政性资金为引导、以社会资本为主体的科技创业创新投入体系,设立至少1个亿的科技投资产业引导基金。完善科技创业和科技金融政策,着力落实国家支持企业技术创新的研发经费加计扣除、高新技术企业所得税优惠、固定资产加速折旧、股权激励和分红、技术服务和转让税收优惠等激励政策。

2.优化创业创新的硬件环境。依托玉皇山南基金小镇、南宋皇城小镇、望江智慧产业园、科技工业基地四大平台,利用整合好市场资源,加快推进硬件建设。利用房租补贴,出租税减免等政策,调动区内更多优质物理空间资源为创业创新搭造硬件平台。借助杭州小微企业创业创新基地建设,加快推进各众创空间百兆宽带全覆盖,为各创业创新主体提供良好的网络环境。充分发挥政府在资源配置中的协调作用,鼓励科研机构、高校等的仪器设备科技资源向上城企业开放,根据开放的科技资源量及市场评价的服务业绩,给予后补助支持,实现科技资源的开放共享。

3.优化创业创新的服务体系。探索“创新券”等科技公共服务新模式,支持企业开展合作研发、检验检测、委托开发、研发设计等技术创新活动,鼓励民营科技企业建设高水平研发机构,发挥政府采购支持中小企业的技术创新,降低企业技术创新的风险和成本。建立面向民营企业自主创新的技术中介服务体系,进一步发挥企业在研究开发投入、技术创新活动、创新成果应用的主体作用。

(三)打造“科技+平台”,进一步推进区科技平台能力提升

不断提升科技平台的专业能力和服务水平,按政府支持平台,平台服务企业,企业创新发展的要求,打造“技术资本融合、技术服务创新、仪器设备共享、咨询服务活跃”四位一体的创新服务平台,加快对产业共性技术的推广应用。

1.提升望江智慧产业园整合服务能力。依托杭州市“信息经济,智慧应用”的“一号工程”,全面提高望江智慧产业园的自主创新和辐射带动能力,进一步增强望江智慧产业园整合物联网产业创新资源和服务杭州智慧城市战略的能力,使望江智慧产业园成为省市“互联网+”解决方案提供商集聚地、引领信息经济产业发展、精准定位云计算和大数据为核心的研发技术以及以物联网为方向的信息智慧产业,为智慧城市建设提供强大的科技支撑。力争到2020年,望江智慧产业园技工贸总收入达到1000亿元,年销售收入上100亿元的大型企业超过5家,成为自主创新的示范区域。

2.提升科技工业基地集群创新能力。发挥园区科技创新优势和基础,做大做强科技产业,围绕龙头企业、有自主知识产权的产品和大型项目,提高产业集中度和综合配套能力,重点围绕电子仪器仪表、自动化控制、新型功能材料、高端装备制造、在线环保监测等产业领域推进行业科技创新和产品创新,形成行业优势。依托“工创空间”平台,整合园区内部科技资源,吸引来自高等院校和科研院所的外部科技资源,集成创新要素、集聚创新动力、集约创新成果,形成创新增量,推进产业迈向中高端水平。支持工业基地内企业沿产业链开展纵向兼并重组、在产业链各个相同环节上横向聚集并关联互动,开展集成创新,实现集群企业的优势互补和创新要素的系统集成。

3.提升科创中心培育孵化能力。以培养高新技术企业为目标,培育研发、销售在内,中间生产在外,具有自主知识产权和一定品牌知名度,在行业内具有竞争优势和持续发展潜力的初创型企业,积极主动承接众创空间里种子期的优秀企业。根据区域实际,重点引进信息技术、生物医疗、文化创意等对物理空间需求小,与区内其他产业平台联动性较强的初创型企业。以全方位服务在孵企业为出发点,改革和完善孵化管理体系,推动科创中心和在孵企业共同发展,使之成为充满活力的科技创新平台。

4.提升公共服务平台产学研协同能力。强化部门协调,综合运用规划、产业政策、财税、金融等措施,推进传统产业升级和战略性新兴产业培育,集中力量攻克一批制约产业升级发展的共性关键技术和引领新兴产业发展的重大项目,为上城区产业转型升

级提供技术支撑。以大企业为龙头,建设一批高水平的创新平台和公共服务平台,强化产业、科技和金融的有机结合,引导创新资源有效聚集,激发创新要素释放能量。完善浙江省网上技术市场上城分市场,建立产学研合作常态化机制,支持鼓励企业、高等院校、科研机构和其他组织成立产业技术联盟,开展多渠道、多层次的技术转移工作,切实将研发成果向企业转移,不断提高技术转移的效率和质量,把产学研协同创新提升到一个新水平。

(四)打造"科技+民生",不断推进公众生活品质提升

继续坚持科技投入公益性、普惠式、惠民化方向,坚持科技服务民生的原则,通过运用互联网、大数据、云计算、物联网等现代信息技术在民生服务和保障领域的应用力度,建成覆盖面广、全民共享的智慧民生信息服务体系。

1.发挥科技支撑作用,助推"智慧上城"建设。一是继续助推"智慧社区"建设,通过移动信息技术、生态环境技术、防灾抗灾、安全防盗技术推广应用,大力推进社区信息化、低碳化、智能化等示范项目的建设,让公众感受到新科技、智慧产品为生活品质带来的改善。二是继续助推"智慧城管"建设,充分运用物联网、云计算、大数据、智能感知、智能视频等现代信息技术,推进智能设施、设备在智慧城管中的应用,解决城市管理领域中的各类"城市病",提升城市品质和广大市民的生活幸福感。三是继续助推"智慧养老""智慧医疗"建设,提升智慧养老信息服务平台,形成覆盖全区统一的居家养老公共服务信息平台。利用"智慧医疗"推广新型医疗技术、设备和产品,让公众感受到新技术带来的高效便捷的医疗体验。

2.发挥科技支撑作用,助推"现代化美丽上城"建设。广泛动员科技人员在以"治堵、治水、治气、治废"等"四治"工作中贡献智慧和力量,加快技术难题攻关和成果转化应用。将大气、水和土壤污染监测、预警与防治技术,节能、节水、节地、节材适用新技术及产品研究与开发等研发项目作为优先支持对象,鼓励开展"海绵城市"建设项目研究。加强"四治"领域技术成果落地转化和应用示范,推动节能环保产业转型升级,发挥技术应用示范效用。打造具有上城特色的现代化科技馆,提升"现代化美丽上城"建设的科技水平和技术含量。

3.发挥科技支撑作用,助推"南宋皇城小镇"建设。突出科技与文化、旅游融合实验主题,充分展示上城区历史文化积淀与现代科技的融合。运用高新技术优化和提升传统文化产业,助推南宋皇城小镇建设。充分运用物联网、云计算、智能数据挖掘等高新技术,积极推进"智慧旅游"建设,利用科技的力量,使旅游物理资源和信息资源得到系统化整合和深度开发激活,让游客在旅游信息获取、旅游计划决策、旅游产品预订支付、享受旅游和回顾评价旅游的整个过程中都能感受到智慧旅游带来的全新服务体验。着力打造南宋文化和科技融合聚集区,利用现代数字技术和传媒手段,让游客感受南宋150多年的历史变迁。

4.发挥科技支持作用,助推青少年学生科技素养整体提升。一是积极推进"智慧教育"建设,构建完善的教育信息化公共服务体系,为学校、社会提供方便快捷的信息化服务体验,实现基于大数据的精准化教育管理,全面提高教育治理水平,为师生提供多元、开放的数字化学习支持,建成"随时随地、人人可享"的以优质教育资源为基础的智慧学习环境,开展基于移动终端智慧教育云的学习方式变革研究。通过对学情动态的数据分析、挖掘与运用,为学生提供多样化、个性化的学习支持,提升课堂教育品质。二是广泛动员院士工作站、博士后工作站的专家学者走进上城中小学,为青少年学生介绍目前最先进的科学新技术。着力支持上城中小学开展创客教育课程、活动和搭建创新创业平台,协助学校为青少年学生营造一个良好的科普教育和科学探究氛围,让"大众创业、万众创新""有限空间、无限发展"的理念在青少年中渗透。

四、保障措施

(一)推进科技体制机制改革,实现组织保障。一是结合区委区政府科技体制机制改革要求,解放思想、转变观念,立足改革创新,推动政府职能从研发管理向创新服务转变,在省市"四张清单一张网"基础上,梳理并公开科技行政权力清单和科技专项资金清单,坚持用政府权力的"减法"换取科技创新创业的"乘法",解决科技进步、创新创业中面临的各种体制机制问题。加强各职能部门的统筹协调,优化科

技资源配置,提升科技创新创业的服务质量,着力解决创新创业的具体问题。二是调动社会各方参与科技创新创业的主动性、积极性。加强街道、工业园区科技管理人才队伍建设,充分发挥人大政协及群团组织智力密集、人才荟萃的优势,为实施创新驱动汇聚力量、建言献策。

(二)强化多渠道、多元化科技投入,实现资金保障。一是完善财政对科技投入的稳定增长机制,确保区科技经费安排按要求稳定增长。发挥财政资金和1个亿创业投资引导基金的杠杆作用,引导社会资本投入科技创新,根据国家和省、市要求,加快形成多元化、多层次、多渠道的科技投入体系。二是明确区财政科技投入方向和支持重点,优化投入结构,加大财政对基础研究和关键核心技术研发的扶持力度,进一步关注科技型中小企业的发展,建立科技活动资助制度,采用政府采购方式,对科技活动进行评价、资助,促进科技活动的广泛开展。三是改革和完善科技经费投入的统筹使用、管理监督和绩效评估体系,强化区财政资金的整合、统筹和优化配置,着力提高资金使用效率,实现政策效益的最大化。加大政府财政科技拨款监督检查力度,强化科技经费监督管理,确保财政扶持政策的创新导向与服务导向。

(三)强化科技政策法规的完善与落实,实现制度保障。一是落实好国家和省市区出台的科技政策法规。严格执行国家、省、市重大科技创新项目配套,对于各级科技进步奖项奖励、各类研发中心资助等经费做到及时落实、规范使用。强化科技普惠性政策支持,认真落实各类企业研究开发(R&D)费用税前扣除政策、高新技术企业所得税减免政策、技术交易营业税减免政策等贯彻落实。二是提升知识产权创造、运用、保护和管理能力,发挥企业关键技术在战略性新兴产业中的支撑作用,强化科技创新的知识产权目标导向和管理。完善科技成果知识产权归属和利益分享机制,保护职务发明人和单位的合法权益。引导企业采取知识产权转让、许可、质押等方式实现知识产权的市场价值,加快知识产权市场应用和科技成果的转化。提升知识产权保护能力,让创新者获得应有的回报与收益。

(四)引进与培育并重,实现科技人才保障。一是紧密围绕优势产业发展和战略性新兴产业发展的需要,提高人才政策的针对性,加快集聚和培育一批海内外高层次科技人才及创新团队。二是面向基础研究、应用研究、成果转化、科技服务,在金融、智慧产业、生物、新能源、新材料等重点领域,大力培养和引进领军人才、学科带头人、创新团队、核心技术骨干、高技能人才和复合型人才,建设结构优化、素质卓越的科技人才队伍。三是遵循人才成长规律,注重青年科技人才培养。落实国家和省市科技和人才政策措施,依托院士专家工作站、博士后工作站等载体,让青年科技人才培养分层级递进、延伸,形成体系。通过项目扶持实践培养的方式,为青年科技人才创新创业提供更多的发展机会和更大的展示平台。

杭州市上城区人民政府办公室

2016年8月25日

上城区推进教育国际化行动计划

教育国际化是实现教育现代化的重要途径,是全面贯彻和落实国家、浙江省和杭州市《中长期教育改革和发展规划纲要(2010~2020)》的重要内容,是上级政府和广大人民对教育的新要求和期望,也是上城教育改革发展进入新的历史时期的必然选择。为提升我区教育品质,加快教育现代化进程,服务上城国际化战略,根据《杭州市加快推进城市国际化行动纲要(2015~2017年)》《杭州市推进教育国际化行动计划》和区委、区政府推进上城国际化工作部署,特制定本行动计划。

一、总体要求

上城教育国际化的未来发展,将紧密结合“具有国际水准的高品质中心城区”的创建,积极构建教育国际化发展的支持系统,着力在国际交流与合作机制建设、国际化师资队伍建设、国际理解教育课程建设、国际化教育体系建设等四个方面加以推进,为中小学校教育国际化发展提供支持，着力促进教育文化的双向平等交流与融合，努力培养具有国际眼光、国际胸怀、国际素养、国际竞争能力的新一代有用人才，为上城经济社会的发展、为杭州建设与世界名城相媲美的“东方品质之城”提供人力支持和环境支持，力争站在杭州国际教育前列，在长三角地区乃至全国的区域教育国际化发展中起示范带头作用。

二、发展目标

教育国际化进程加速推进，平等参与国际教育交流合作能力显著提高，全区教育国际交流与合作取得明显进展，与上城国际化相适应的教育国际化体系和运行机制初步形成，教育国际化主要指标全市领先。到2020年，全区中小学与国(境)外学校结对率达100%，幼儿园与国(境)外幼儿园结对率逐年提高；每年交流互访学生不少于300名、教师不少于100名，进一步拓展教师海外培训研修范围；建立海外师训基地2个；建立专门招收外籍人员子女的国际学校2所，有外籍教师的中小学校数量逐年增长。

三、工作原则

1.分段实施、分类指导。义务教育阶段积极开展国际理解教育，拓展学生的国际视野，培养学生的国际素养。非义务教育阶段适当引进优质国际课程，开设高质量的中外合作办学项目，推进非义务教育阶段的中外课程融合，促进课程改革，满足多样化的教育需求。社区教育创造条件开展市民外语普及活动，为上城国际化做出新的努力。

2.引进输出，双向交流。扎实做好教育国际化先进理念、课程和办学机制的引进，同时也要做好中华传统文化、区域精品课程、教育教学先进理念的对外输出。建立上城区教育国际化信息与资源平台，积极创建杭州市教育国际化示范学校，推动资源和经验的共享。

3.建章立制，有序推进。从办学机制、投资渠道、政府管理和质量保障等多种路径着手，着力建设上城区教育国际化的规章与制度体系，建立本区中方学校与国际学校的合作机制，探索各类教育国际化的新机制与新方法。设立专项资金，保障政府在开展区域性教育交流合作方面的投入。

四、主要举措

(一)推进师生海外交流，校校有结对

进一步拓展师生海外交流渠道和途径，丰富交流的形式和领域，在实现“校校有结对”的基础上，向“园园有结对”延伸。进一步扩大“千校结好”“百校结对”成果，加强结对学校间的校际沟通与协作，鼓励并支持学校开展实质性的交流互访活动，积极培育和创建教育国际化示范校。支持并创造条件资助学校组团参加各类艺术、体育、文化等重要国际赛事，丰富阅历，提升素质，展示上城学子风采。建立区域教育交流与合作机制，与加拿大高贵林教育局开展区域教育交流与合作，全面推动上城教育国际化。鼓励通过互联网开展线上校际交流与合作，促进学校、家庭、社会多形式全方位的互动，促进中外教育交流，打造上城国际化教育新模式。(责任单位：区教育局、区财政局、区商务局)

(二)推进教师海外研训，校校有机会

积极推进教师海外研训工作，依托长三角中外合作办学机构和海外优质培训团队等资源，探索内地培训与出国(境)研训相配套的海外师训项目。实施骨干校长海外研修计划，开展现代学校制度建设、学校治理现代化专题培训与实习，深化学校治理能力与校长领导力建设。继续实施“丰叶”计划，公派各学科种子教师出国研训，进行现代教育思想、内容、方法、技术等培训与实践，提高学术水平和国际教育能力。加强与海外优质教师教育机构的协作，拓展师训渠道，丰富师训类型，启动上城区教师海外培训基地项目，在英国和美国建立教师海外师训基地，到2020年建立区级海外师训基地2个。充分挖掘国(境)境优质教育资源，有针对性地开展项目合作，促进本土教育理念更新、课程改革、方式转变，满足公众接受国际化教育的需求。(责任单位：区教育局、区财政局、区商务局)

(三)推进海外人才引入，校校有外教

充分利用区域结对与校际结对平台，建立教育协作网络，积极引进海外优质智力资源。支持民办学校和研究机构引进海外高层次人才、学术团队，开发全外语授课课程或双语课程，提升学科(专业)建设水平。支持有条件的中小学校开展双语教学实验，借鉴国际教育理念推进小班化教学改革。推动课程与教学改革。鼓励有条件的中小学以直接招聘、结对学校互聘互派或通过专业机构购买服务等方式，引进语言类以及其他学科(专业)类外籍教师,实现“校校有外教”。加强规章制度建设,进一步规范外教的管理。(责任单位:区教育局、区财政局、区商务局、区公安分局)

(四)推进国际理解教育,共享教育资源

以杭州市国际理解教育特色品牌项目打造为抓手,探索不同学段、不同学科统整的路径,通过现代教育技术、设施等资源的国际共享,将国际化教育内化于教育教学过程,促进教育国际化内涵发展。依托外交学院建立上城区“国际理解教育研发基地”,合作开展《基于学生发展的国际理解课程》研发项目,对国际理解教育、国际教育理念、国际核心价值观等课程体系的统筹和规划,研制开发中小学国际理解教育区域大课程体系及校本教材,提高学生外语应用与跨文化交际能力。开展Realpe英国创意体育、戏剧课程培训,加入中国特有的文化元素,实现中外课程的交融。与英国总领事馆文化教育处合作,开展英语教师专项培训项目。以新思维数学教材的推广与应用为途径,通过请进来、送出去的形式,开展课程研发与教师培训活动。联合绿城足球俱乐部共同研发《玩转足球》创意足球体验课程,以“足球”为媒介,密切与世界的联系,以此为原点开展足球嘉年华、国际青少年足球赛事活动。强化校园文化建设,推进国际理解教育学生社团组织建设,共建共享国际教育资源。(责任单位:区教育局、区财政局、区商务局)

(五)推进国际教育服务,完善国际化教育体系

进一步做好杭州西湖国际博览会项目中国杭州名师名校长国际论坛,力邀国际知名教育专家报告最新研究,发挥其在推进中外教育交流中的作用。鼓励学校和教师参加国际学术会议,参与国际合作研究项目,开阔教师的国际视野。鼓励更多中小学招收外籍人员子女入学,完善涉外课程体系建设,健全管理服务制度,为海外人员子女在杭就读、接受本土课程教育提供便利。完善外籍人员子女学校布局结构,增加数量,扩大规模,提升娃哈哈外籍人员子女学校办学品质,创新投资模式,建设国际化民办幼儿园,满足在杭外籍人员子女多样化的教育需求。积极引进成熟的国际化教育研究机构,统筹区域内外籍教师的引进、中外教师培训、中外学校的交流活动。(责任单位:区教育局、区财政局、区商务局、区公安分局)

(六)推进市民外语普及,促进中华文化传播

实施市民外语应用能力提升工程,以增进国际交往为主线,以营造良好的语言环境为指向,以社区教育四级网络为载体,编撰《背包族英语》口袋书,举办市民外语系列公益讲座,开展送《背包族英语》进社区活动,推动市民外语培训,推进实用外语普及。加强华文教育基地建设,进一步吸引各国华裔青少年来杭游学,增进其对中华文化的了解和认同。与外交部合作,建立“中华人民共和国驻外使领馆阳光学校合作基地”,选派优秀教师到阳光学校授课。引导中小学教师加入“汉语志愿者”行列,在加强课程国际交流的同时,创造条件开展课堂教学交流与研讨。鼓励有条件的学校建立国际交流中心,通过夏(冬)令营等形式,吸引海外学生来杭游学,增进汉语国际推广,推动对外文化交流。(责任单位:区教育局、区财政局、区商务局)

五、保障措施

(一)机制保障

切实加强教育国际化的组织领导,建立健全教育国际化推进工作机制,成立区教育国际化专业委员会,负责教育国际化的规划制定、政策设计、组织协调、项目管理、资源保障等工作,加强统一调控和综合管理。在区教育国际化专业委员会的统一部署下,区教育局牵头,建立推进教育国际化进程的常态机制,形成指导、管理、服务教育国际化的工作网络。

(二)政策保障

建立适合教育国际化发展的政策,以保障和推进教育国际化。区财政局、区商务局等部门要在政策允许的范围内,促进教育国际化交流项目落实,确保学校间交流合作的持续、深入开展。区教育局要在国际化视野下进一步完善现代学校制度,支持和促进学校拓展国际交流与合作空间。

(三)经费保障

区财政局要加大在教育国际化方面的经费投入,进一步推进教师研修、教师培训、国际理解教育课程研发、国际青少年足球赛事活动和引进外籍教师等国际化项目,为上城区教育国际化的深入推进提供经费保障。鼓励社会组织和个人出资或捐资,支持和促进学校拓展教育国际交流与合作。

（四）督导保障

依法加强对教育国际交流合作事务的管理监督，切实维护交流合作秩序以及相关各方的合法权益。严格执行公派出国规定，确保国际交流有序、健康推进。将推进教育国际化相关指标纳入上城区教育督导评估体系，探索开展第三方评估。鼓励支持各级各类教育研究机构和社会组织开展教育国际化研究、咨询与评估。

本计划自发布之日起施行，有效期至2020年12月31日，由上城区国际化推进工作委员会教育专门委员会负责牵头组织实施。与港、澳、台的教育交流合作事宜参照本计划执行。

杭州市上城区人民政府办公室

2016年12月21日

上城区公共文化服务体系建设工作方案

为认真贯彻落实现代公共文化服务体系建设，切实保障我区人民群众的基本文化权益，推动上城区文化事业发展繁荣，根据浙江省《关于加快构建现代公共文化服务体系的实施意见》文件精神，结合我区实际，特制定本工作方案。

一、指导思想

以党的十八大、十八届三中、四中、五中全会和习近平总书记系列重要讲话精神为指导，坚持“统筹规划、重心下移、加大投入、因地制宜”的理念，以满足人民精神文化需求为出发点和落脚点，逐步完善“结构合理、发展均衡、网络健全、运行有效、惠及全民”的公共文化服务体系，着力解决人民群众最关心、最直接、最现实的基本文化权益的问题，提高公共文化产品和服务的供给能力，推动我区文化建设与经济建设、政治建设、社会建设协调发展。

二、基本原则

（一）坚持科学规划、以人为本的原则。认真贯彻落实浙江省关于公共文化服务体系建设的部署要求，科学规划，从满足人民群众基本文化的需求出发，集中力量解决公共文化服务体系建设中存在的突出问题和薄弱环节。

（二）坚持保证基本、惠及全民的原则。切实保障广大人民群众的基本文化权益，积极探索实现公共文化服务普惠、均等、路径、方式和方法，促进基本公共文化服务均等化。

（三）坚持资源共享、社会参与的原则。引入市场机制，积极引导各类社会主体参与公共文化服务体系建设，鼓励群众自办文化，增强公共文化发展活力，形成共建共享的格局。

三、主要任务

（一）加强公共文化设施建设，完善文化设施网络

1.加强区级公共文化设施建设。健全公共文化设施规划布局、土地使用、建设规模、设计施工等技术标准，按照城区发展和人口分布，坚持均衡配置、严格预留、功能优先、规模适当、经济适用、节能环保的原则，合理规划、建设、使用公共文化设施。(1)文化馆：在新建的钱江新城科技文化馆中，建设一个符合文化部部颁一级标准的上城区文化馆，完善其各项公共文化设施及服务功能。(2)图书馆、博物馆：利用、整合辖区内的省市图书馆、博物馆资源，实现资源共享。(4)非遗馆：建设区级独立建制的非遗展示馆，面积不少于500平方米。(5)上城区体育中心：建设总建筑面积5.57万平方米的上城区体育中心，内设置水球馆、篮球馆、轮滑馆、国民体质监测中心以及其他小型场馆等配套服务设施。(6) 城市文化公园：把吴山文化广场打造成全市、全省城市文化公园的样板和试点，努力展现上城历史和现代文化。

2.加强基层综合性公共文化设施建设。根据省市基本公共文化服务体系建设的要求，原则上每个街道要通过自办或资源整合等方式，建成一座综合文化站。服务人口在5万人(含)以上的街道，综合文化站建筑面积不低于2000平方米，其设备配置、活动开展、人员配备、综合管理等应达到《乡镇(街道)文化站建设标准》；服务人口在3万人~5万人的街道，综合文化站建筑面积不低于1500平方米，室外活动场地不低于1000平方米。

3.提升公共文化设施的管理、利用与服务水平。

一是区公共图书馆、文化馆、非遗馆等公共文化设施应做到免费开放,基本服务项目健全。二是充分释放我区公共文化资源的活力,区教育局、区总工会等部门所管辖的文化设施要充分发挥其公共文化的服务作用。三是针对未成年人、老年人、现役军人、残疾人和低收入人群参观文物建筑及遗址类博物馆应实施门票减免,实行文化遗产日免费参观。四是学校体育馆等公益性体育场馆应向公众免费或低收费开放,着力缓解公共文化设施资源不足的情况。五是充分发挥文化志愿者的作用,组织专家、学者、艺术家、优秀运动员等社会知名人士参加志愿服务,努力推动专业艺术院团、体育运动队和艺术体育院校等优秀专业骨干人员到基层教、学、帮、带,实现"人尽其才"。

(二)增强公共文化服务供给能力,丰富服务项目内容

1.大力开展公益性的文化培训活动。加强公共文化免费培训工作,一是突出公共服务属性,开设课程要尽可能地满足广大群众基本的文化需求;二是体现内容多样性,课程设置要照顾群众多种需求,力求种类齐全,涵盖面广;三是兼顾对象多样性,招收对象不仅面向辖区普通群众,更应侧重于残疾人、候鸟儿童、部队战士、外来务工者等社会群体。

2.切实保障特殊人群的基本文化权益。不断深化文体"惠民工程",坚持以群众为主线,有针对性地加强对老年人、未成年人、残疾人、外来务工者、生活困难群众等特殊群体的文化服务工作,充分保障其基本文化权益。以老年大学、青少年宫为主要阵地,进一步加强老年人、未成年人的公共文化服务产品的供给。做好残疾人、外来务工人员等群体的公共文化服务工作,将外来务工人员文化建设纳入公共文化服务体系,以公共文化机构、社区、用工企业为主体,满足外来务工者群体尤其是新生代外来务工者的基本文化需求。

3.提高文化服务产品的供给能力。要不断增强公共文化产品的供给能力,增加公共文化产品总量,提高公共文化产品质量,向人民群众提供优质的公共文化产品。积极推进数字化图书馆、电子阅览室、网上服务平台等媒介建设,实现公共文化服务区域全覆盖免费无线网络。大力推进文化科技创新,围绕构建现代公共文化服务体系的科技需求,确定重点,落实项目,把科技与文化融合创新的专项建设纳入全区科技发展规划。

4. 丰富群众的文化生活。一是坚持面向基层群众,利用节庆时节,开展一系列主题鲜明、艺术性强、群众参与度高的文化活动。二是加强国民体质监测工作,不断创新和开展群众喜闻乐见、形式多样、参与性强的体育活动。三是提升文化服务的针对性,推进"菜单式"管理,利用网络等媒介,提前把各类文化体育活动信息公开发布,努力实现群众文化供需无缝对接。

(三)完善公共文化管理体制和运行机制

1.建立公共文化服务体系建设的协调机制。完善党委领导、政府管理、部门协同、权责明确、统筹推进的公共文化服务体系建设的工作格局。建立公共文化服务体系建设协调机制,充分发挥各有关部门职能作用和资源优势,形成全区统一配套的现代公共文化服务协调体系,在规划编制、政策衔接、标准制定和实施建设等方面加强统筹兼顾、整体设计、协调推进。推进区级公共文化服务体系示范单位(项目)创建,努力打造一批思路创新、成效显著、引领方向的建设成果。充分发挥党委政府的引导作用,建立统一的全区公共文化服务平台,统筹推进各类重大文化项目的有序实施。

2.健全公共文化服务体系建设的评价机制。完善公共文化机构绩效考核评价制度,将考评结果作为确定预算、收入分配与负责人奖惩的重要依据。加强对重大文化项目资金使用、实施效果、服务效能等方面的监督和评估。完善服务质量监测体系,研究制定公众满意度指标,建立群众评价和反馈机制。探索建立公共文化服务第三方评价机制,增强公共文化服务评价的客观性和科学性。

3.完善文化队伍管理体制和运行机制。一是加大文化人才队伍建设工作力度,按照核准的编制数逐步配齐工作人员,招录和吸纳一批具有专业特长和水平的中高端文化体育人才,解决业务干部配置不全、年龄结构老化等问题。各街道、社区要按照专人专岗的要求,逐步解决文化工作者兼职太多,编制被挪用等问题,加强社区文教员队伍的稳定性。二是加强公共文化服务队伍培训力度,区级以上公共文化机构从业人员每年参加脱产培训时间不少于15天,

街道(社区)文化专兼职人员每年参加集中培训时间不少于5天。三是加强辖区文化体育志愿者队伍建设，鼓励动员辖区内有专业特长和闲暇时间的文化名人、文体骨干、退休教师、运动员等有关专业人员参加上城区文化志愿者大队，推动我区群众文化工作不断发展。积极发展壮大社会体育指导员队伍。

四、工作步骤

1.第一阶段(2015年10~12月)完成工作方案、建立领导小组、布置工作任务。

2.第二阶段(2016年1月至2018年12月)具体实施。

3.第三阶段(2019年1月至2020年6月)检查、整改。

五、保障措施

(一)加强组织领导。把文化体育事业的繁荣发展纳入全区国民经济和社会发展总体规划，建立健全以政府为主导的公共文化体育工作体制，定期研究制订切实可行的政策、措施。文化体育部门要定期向区委区政府汇报群众文化体育工作的发展情况，及时提出需要解决问题的思路和举措。财政、教育、人事、民政、住建、公安等相关职能部门要积极配合，加大对文化体育事业的支持力度。

(二)加大资金投入。根据浙江省《关于加快构建现代公共文化服务体系的实施意见》文件精神，加大对文化事业的资金投入，建立稳定的投入增长机制。加强对政府投入资金使用情况的审计和绩效考核，提高专项资金的使用效益。积极拓宽文化事业资金投入渠道，鼓励社会力量参与公共文化事业的繁荣发展。

(三)加强督导检查。各街道、部门要根据各自的任务要求制定具体工作计划，统筹安排各项工作，充分发挥公共文化设施的阵地作用，不断完善区、街道、社区三级公共文化服务网络体系，切实提高公共文化服务水平。要及时成立专项督导检查组，通过实地调研、督导检查等方式，加强对公共文化服务体系建设工作的指导和督查。充分发挥评价机制作用，确保各项工作按照省市相关要求顺利完成。

中共杭州市上城区委办公室

杭州市上城区人民政府办公室

2016年1月29日

关于进一步加强非物质文化遗产保护和扶持工作的若干意见

区政府各部门、各直属单位，各街道办事处：

为进一步促进全区非物质文化遗产的传承与发展，依据《中华人民共和国非物质文化遗产法》《浙江省非物质文化遗产保护条例》和省、市有关政策，按照“保护为主、抢救第一、合理利用、传承发展”的工作方针，结合实际，现就我区非物质文化遗产保护和扶持工作提出以下意见。

一、适用范围

本意见适用于列入上城区非物质文化遗产保护项目名录的各级急需保护的非物质文化遗产项目和各级代表性传承人。

二、扶持政策

(一)加大对非遗保护企业的扶持

1.场地租金扶持。急需保护的非物质文化遗产项目保护企业租赁区属国有房产作为经营场地的，租金按照其非遗级别，分别给予相应面积的租金优惠。超出优惠部分的房产租金由非遗项目保护单位和出租单位协商解决。

租赁上城辖区内非国有房产开展非遗经营与保护的单位，资金补贴的比例可参照租赁国有房产租金优惠政策执行，计算资金补贴的租金基数不得高于市场评估价。

2.享受文创企业配套扶持。鼓励非遗项目实施产业化保护。按照杭州市人民政府办公厅《关于统筹财税政策扶持文化创意产业发展的意见》文件精神，对纳入文化创意产业的非遗项目，加强重点扶持，并享受文化创意产业的配套政策。

(二)加大非遗传承人的扶持

1.鼓励非遗传承人传承、展示。鼓励非遗传承人成立非遗传习所、展示馆，其所用办公用房、传习场地、展示场地等按照传承人所处级别,享受相应的扶持与优惠政策。

2.落实小微企业扶持政策。鼓励非遗传承人和民间艺术家按照国务院《关于进一步支持小型微型企业健康发展的意见》和文化部、工业和信息化部、财政部《关于大力支持小微文化企业发展的实施意见》等文件精神兴办文化企业,并享受相应的国家扶持政策。

(三)加大对非遗的宣传与交流活动的扶持

1.建设非遗特色校园。有条件的中小学校要建立非遗课堂和非遗传习所,聘请我区各级非遗代表性传承人担任传承教学任务。大力开展非遗进校园活动。经认定的非遗特色校园,一次性给予5万元的扶持经费,并按照每年的评估结果,予以相应补贴。

2.宣传推广非遗代表性项目。区风景旅游部门要着力打造一批非遗旅游景点和非遗旅游路线,同时充分利用各种旅游推介会、游博会的时机,宣传推广非遗保护项目,并按相关政策落实扶持与优惠。

3.积极开展非遗宣传与交流。由区文化部门组织代表性传承人参加各级非遗展示和交流活动的,按其活动费用实际发生额的50%给予补贴,最高不超过1万元。

4.给予授课、展演资金补贴。代表性传承人参加由区文化部门组织的非遗展演、展示和传承授课活动的,可给予传承人参演(展)或授课补贴,具体标准另行制定。

三、实施管理

1. 非遗保护单位和非遗传承人租赁区属国有房产,由传承人或责任保护单位提出申请,经区文化部门资格审查、房产单位(招商单位)审核认定,报区长办公会议审定后享受扶持政策。租赁其他类型房产的,参照租赁区属国有房产政策执行。

2.建立非遗保护扶持与优惠项目评估体系(评估方案另行制定)。由区文化部门联合出租或招商单位、区财政部门组成评估小组,对非遗保护单位和传承人进行一年一次的综合评估。评估不合格的单位和传承人,责令整改。整改后评估仍不合格的,取消优惠与扶持。

3. 区属国有房产租金优惠额度纳入房产出租单位年度经济指标。

4.对特别重大、急需引进的其他地区的非遗保护项目,经区长办公会议认定、批准后,可参照本意见予以扶持。

5.文化类"老字号"企业参照本意见执行,由区商务部门、文创办联合出租(招商)单位、区财政部门评估实施。实施办法由区商务部门另行制定。

四、附则

1.《上城区非物质文化遗产代表性传承人补贴暂行办法》《上城区非物质文化遗产名录申报认定奖励(扶持)暂行办法》中与本意见不一致的,按本意见执行。

2.由区文广新局牵头制定本政策的具体实施办法。

3.本政策由区文广新局负责解释。

4.本政策自2016年3月25日起开始实施,期限3年。

杭州市上城区人民政府

2016年2月26日

上城区服务业强区培育试点实施方案

服务业是国民经济的重要组成部分,服务业的发展水平是衡量现代社会经济发达程度的重要标志。加快发展服务业是推进上城经济结构调整、转变经济发展方式的战略任务,是培育新的经济增长点、加速产业转型升级的关键所在,也是服务城市发展,解决民生问题,促进社会和谐的内在要求。上城区人民政府高度重视全省服务业强区争创工作,根据《浙江省人民政府关于开展服务业强县(市、区)培育工作的通知》和《关于做好浙江省服务业强县(市、区)试点地区申报工作的函》文件精神,特制定本方案。

一、服务业发展的基础和现状

(一)服务业总量不断增长

从产业增速来看,近年来上城服务业发展较快,2015年实现服务业增加值495.5亿元,增长12.2%,

高于地区生产总值增速3个百分点，服务业增加值占地区生产总值比重为92.06%(剔除杭州卷烟厂和杭州市电力局)。服务业在我区经济社会发展中的作用日益突出,已成为推动全区转型发展的重要引擎。

(二)服务业结构持续优化

近年来,我区服务业结构转型升级趋势明显,传统服务业稳定增长,新兴服务业加速发展,城市综合服务功能不断丰富和完善，初步形成了以金融、文创、信息、商贸、旅游等产业为主导的服务业体系,服务业已成为全区经济社会发展的重要增长点。

(三)服务业就业人数显著扩大

"十二五"期间,18个人才项目入选区"1211"引才计划,引进海外留学回国人才500名,培养入选市"521"人选3名,引进和选拔省"千人计划"5名,国家"千人计划"1名。近年来,服务业就业人数增长迅猛,就业潜力不断释放，成为我区吸纳新增就业的主要渠道,2015年末,我区服务业就业人数达到29.06万人，比上年增加0.48万人，占全区从业人员的89.69%。

(四)服务业集聚区建设成效明显

杭州山南国际设计创意产业园成功入围2015年省级现代服务业集聚示范区前20强。湖滨南山路综合体成功列入杭州市第四批服务业重点类集聚区。上城高端医疗集聚区等三个服务业集聚区在杭州市现代服务业集聚区评估中获得优秀。目前,上城拥有1个省级服务业集聚区,5个市级服务业集聚区。

二、服务业培育目标

(一)发展质效不断提高

经济保持稳健、可持续增长，经济结构明显优化,"十三五"期间,服务业增加值年均增长8.5%。服务业发展迈上中高端水平，信息化和服务业融合发展水平显著提高,现代产业体系基本形成,创业创新体制机制进一步完善,服务业集聚区建设不断提升,辐射范围、带动作用不断增强。

(二)功能布局更加优化

立足产业基础,突出重点产业和项目,促进新兴服务业与传统服务业、生产性服务业与生活性服务业协调发展,以五大服务业集聚区为依托,构建重点产业突出、空间布局合理、配套功能完善的服务业发展体系。从产业规划上,聚焦重点产业,明确金融、文创、信息、商贸旅游、健康等五大重点产业的发展方向和重点,培育服务业特色和优势。

(三)企业支撑大力提升

以提高自主创新能力为核心,以优化企业结构、打造企业品牌、增强企业核心竞争力为重点,加快培育一批服务业重点龙头企业。以市场为导向,结合上城服务业发展趋势,积极引进金融、文创、健康等优质服务业企业。以大企业支撑大产业、大发展,以大湖滨和吴山商圈为载体,以企业为主体,以创新为驱动,以项目为抓手,逐步健全区域商业品牌体系,构建国内外品牌互促共进的长效发展机制，品牌消费集聚区建设走在全国前列。

(四)人才建设统筹推进

全区人才总量进一步扩大、人才素质进一步提升、人才结构进一步合理、人才生态环境进一步优化,到2020年,新引进、培养10名国家"千人计划"、省"千人计划"、市"521"计划以及海内外高层次创业创新人才,100名以上符合省、市、区各类高层次人才培养计划的高层次人才。引进领军型创新创业团队10个，打造一批引领全区服务业快速发展的领军人才和团队。

三、努力构建高端引领的产业发展体系

从上城地理位置与发展定位出发，根据产业基础和比较优势,明确了服务业发展方向、重点领域和支持措施,筛选了具有战略性、前瞻性的五个产业,构建起以五大主导产业为重点，其他新兴服务业为补充的服务业强区建设产业发展导向。

(一)集聚发展金融服务业

紧紧抓住省市打造"钱塘江金融湾"契机,以建设股权基金集聚区、中小金融机构总部集聚区为重点,以政策拉动、服务促动、监管推动为抓手,大力推动金融服务业集聚发展。以玉皇山南基金小镇、勾山里金融集聚区为主平台，形成具有广泛影响的投资基金资产管理中心。以庆春路、解放路、西湖大道、延安路及周边商务区为依托,通过楼宇"腾笼换鸟"和老旧厂房改造,发展多元化金融机构、多层次资本市场、多样化金融产品。加强金融生态圈建设,充分发挥"基金经理人之家"的积极作用,推进项目与资金对接平台建设,推动国际会议中心建设,举办全球基

金峰会等有影响力的论坛和峰会，着力优化金融生态环境。

(二)融合发展文化创意产业

着力打造“全国文化创意产业中心核心区”,促进文化创意与信息技术、休闲旅游、金融服务等融合发展,完善“一轴三带多点”文化创意产业空间布局。深度挖掘旧厂房、旧仓库等空间资源,培育和引进一批具有核心竞争力的创意设计、现代传媒、影视动漫、在线教育培训等企业,推进风铃45工坊创意园等一批文创基地建设。吸引一批具有一定影响力的文化名人、非遗传承人,把新生代文创企业家、艺术家、创意人才的培养放到全局和战略的高度来谋划,使其成为文创产业提速发展的人才支柱。依托中国美院等名校资源,以文广集团等龙头企业为引领,推动传统媒体与新兴媒体融合发展。促进文化创意与科技创新深度融合,积极发展新兴业态,打造一批有影响力的文化创意空间。

(三)大力发展信息技术产业

主动对接杭州“一号工程”,以思科(中国)总部为龙头,以扩大智慧应用和信息消费为导向,积极推动信息技术发展,着力形成智慧产业链。以望江智慧产业园为主平台,加快吸引信息和智慧产业集聚,辐射带动新媒体创意带、电子商务带、金融集聚带发展,打造都市中心的“智慧硅谷”。进一步延伸信息技术在服务业中的应用领域，积极培育和发展智慧旅游、智慧消费、智慧养老等新型业态,不断提升产业融合度。以设计数字化、装备智能化、生产自动化、管理现代化、营销服务网络化为导向,鼓励支持企业进行技术创新、产品创新、组织创新、商业模式创新和市场创新,促进产业智慧化,引领和带动传统产业转型升级。

(四)积极发展商贸旅游产业

优化旅游产品结构,推动旅游产业国际化、全域化、品质化发展。以整合开发历史文化风情街区为重点，积极发展精品民宿酒店，加快智慧旅游项目建设,着力构建集“吃、住、行、游、购、娱”为一体的国际化旅游产业链。实施文商旅大融合战略,推动文化、商贸、餐饮、休闲、娱乐等产业融合发展。加快吴山、城站、延安路、南山路、解放路等传统商贸区块业态转型升级,积极培育沿江商圈。抓住地铁建设契机,在地铁沿线及站点周边,大力发展“地铁经济”。充分运用“互联网+”战略思维,改造提升传统商贸企业,着力引进电子商务公共平台运营商、电子商务公司和网商,促进传统商贸模式向“网上+网下”现代商贸模式转型。

(五)加快发展健康服务产业

巩固高端医疗服务、药品物流等产业领先地位,加快发展健康管理、健康信息、健康旅游、健康会展和健康产品物流等潜力产业。挖掘清河坊、五柳巷中医药产业优势，大力推进中医药养生和旅游产业融合发展。依托浙医一院、浙医二院等优势资源,积极打造区域医学影像、检验、消毒和护理等平台,健全高端医疗服务全产业链。深化与科研院所合作,支持自主知识产权药品、医疗器械、新型生物医药材料和其他相关健康产品的研发制造与成果转化。鼓励信息技术、生物技术在健康相关产业上的开发应用。突出品牌发展、集群发展,打造一批具有较高知名度的健康产业品牌。

(六)加快发展新兴服务业

积极发展电子商务、体育服务、家庭服务、中介服务等新兴服务业。加大“电商换市”力度,着力培育中小微电商企业,不断吸引潜力企业落户,引导品牌企业线上线下融合发展。大力发展跨境电子商务,积极培育跨境电子商务经营主体，鼓励和引导企业建立“海外仓”。着眼于多元化、便民化的群众需求,积极发展体育服务业、社区服务业、家庭服务业。加大国内外著名中介机构引进力度,大力发展法律服务、会计税务服务、咨询服务等高端中介服务机构,形成行业门类齐全、专业结构优化、市场环境规范、辐射竞争力强的高端中介服务体系。

四、不断推进特色载体建设

(一)提升发展大湖滨商圈

以“一核、四点、七路、九提”为主要内容,着力推进湖滨三期、五期以及工联二期等工程建设,继续推进思鑫坊业态调整，推动湖滨银泰逐步向体验式服务转型,加强高端项目引进和建设,特色发展电子商务,打响文化和旅游品牌,积极打造国际化商贸旅游中心、历史文化保护区,构建时尚与经典完美结合的最具魅力商圈。

(二)做强做优玉皇山南基金小镇

进一步完善玉皇山南基金小镇规划，推进玉皇山南基金小镇创建AAAA级景区项目申报，积极与沿江、沿山规划做好对接，做好环凤凰山、玉皇山，环西湖区域现有资源整合。未来三年，集约化引进和培育100家以上、辐射带动周边1000家以上各类私募(对冲)基金、私募证券期货基金、量化投资基金及相关财富管理中介机构，管理资产规模超过1万亿元。在未来五到十年，推动杭州市私募(对冲)基金机构数和管理资产额在全国省会城市占据榜首，推动浙江省私募基金机构数和管理资产额在全国省域经济居于前列，打造成与上海协同错位发展、民间资本活跃的财富管理高地。

(三)全力打造望江智慧产业园

以思科(中国)为龙头，发挥中国铁塔浙江分公司、浙江产权交易所、杭报集团系列子公司等重点企业的辐射带动能力。建立创新科技平台、创新金融平台、创新孵化平台、创新服务平台等四大创新平台，打造杭州市国家自主创新示范区的创新中心，集聚创新要素。加快推动望江地块建设，推进思科(杭州)研发中心入驻，完善基础设施配套，打造千亿级产值的智慧产业园区。

(四)稳步建设南宋皇城小镇

突出文化旅游特色，强化"南宋古都"市井空间印象，打造"南宋150"古都文化体验线，结合移动互联网技术，实现古都形象的空间活化和网络化渗透，串联南宋150年各时代的标志性空间。加快业态提升，着力优化吴山商圈、中山路、高银街等核心街区，加快推进鼓楼南宋文化体验点、劳动路国学文化体验街区、浙江旅游展示中心等项目，打造"承南宋古韵、揽市井风情"的城市旅游和文化金名片。

(五)强化高端医疗集聚区核心竞争力

以小营、湖滨地区为核心，将全区健康服务资源串珠成链，加快建设河坊街、五柳巷中医药以及中山中路妇幼及老年人健康养护等特色区域，加强高端护理、康复、养老等机构引进，推进杭州高端医疗服务业集聚区展示中心建设进程，构建公共医疗服务平台，努力打造全市医养护结合示范点、全省城市健康旅游示范区和全省健康服务业发展示范区。

(六)继续优化城站现代商圈

按照时尚、繁华的目标和"城市门户、都市驿站"的要求，依托周边中高档商务写字楼，大力引进知名商贸企业，加快发展连锁经营、电子商务、配送中心、物流等商贸流通业态，加强金融中介、餐饮娱乐、特色购物等功能配套，着力将城站广场打造成为融合旅游集散、商贸展示、商务休闲等功能的品质体验消费休闲区。

(七)大力发展杭州中部科创软件园

充分发挥国家级科创中心和国家级软件基地拓展区的积极作用，积极推进雏鹰计划和科技型中小企业工程，大力培育特、专、精小巨人企业。完善"风险投资+孵化器""融资平台+科技经费""创业导师+创业辅导员"模式，构筑"政策、技术、资金、服务"四大支撑平台，加大科创机构、人才、成果和项目引进力度，增强研发创新和科技孵化功能，建设中心城区特色科技创新平台。

五、推进措施

(一)加强组织领导，提高服务业发展认识

不断健全与服务业发展新形势、新要求相适应的现代服务业工作领导小组、楼宇经济领导小组工作推进机制。服务领导小组办公室要对上城服务业发展情况进行全面梳理分析，制定切实可行的工作清单，做到有发展目标、有重点任务、有责任分工、有保障措施、有完成时限。做到年初有部署、季度有调度，半年有检查，全年有绩效。各相关部门和街道要健全服务业领导和工作机构，明确分工，落实责任，形成发展合力。同时要强化重点产业和重点工作协调推进机制，发挥好对服务业工作的组织协调、统筹规划，推进重点产业发展、研究解决服务业发展重大问题。

(二)加强招商引资，激发服务业发展活力

加快招商队伍整合，探索建立区招商引资平台，完善"招大、引强、选优"工作机制。积极利用网络招商、驻外机构招商等方式，大力招引健康服务业、金融服务业等项目，着重引进国内外行业龙头等区域型总部、职能型总部。充分利用外资的技术溢出功能，引进外资研发机构，引导和带动上城区产业结构向高端攀升。鼓励和引导企业探索收购兼并、股权置换、境外上市等对外投融资和跨国经营方式，引导有条件的企业对外贸易向对外投资延伸，以境外投资带动出口贸易。

(三)完善人才机制,增强服务业管理能力

以《上城区"十三五"人才发展规划》为引领,深入实施人才发展战略,大力开展人才培育工程、重视高端人才计划、推进平台载体建设、完善人才服务,重点引进海内外领军型人才团队和产业紧缺人才,激发人才的创新创造活力,充分发挥高层次人才的引领作用。积极创建金融人才改革试验区和人才生态示范区,主动融入杭州创建人才管理改革试验区建设,完善我区人才工作体制机制。

(四)提升为企服务,优化服务业发展环境

加强服务业政策扶持和资金扶持力度,并积极推进配套政策落实,按照《上城区产业发展类财政专项资金管理办法》的要求,规范服务业资助资金的使用管理,提高资金使用效益。鼓励和引导企业加快技术改造、新产品开发、新市场拓展等,支持企业申报各类科技创新项目与引导资金项目,为企业提供项目申报信息和渠道,优化项目申报流程。加大服务业市场监督管理力度,规范管理、简化程序、提高效率,营造良好的政务环境。

(五)加强监测分析,提升服务业研判能力

根据省、市发改委关于加强服务业监测的统一部署,利用浙江省服务业一体化平台,做好全区服务业经济监测工作。不断拓展服务业监测企业的广度和深度,更新调整样本数据,增强样本的代表性。不断完善监测机制和提高监测服务,及时反馈企业问题和建议,深化"店小二"服务业意识。充分利用监测成果,加强对每季度的经济形势分析,编制监测月报和季度经济形势分析报告,提高季度经济形势分析的时效性,积极服务领导决策,为领导决策提供参考。

杭州市上城区人民政府办公室

2016年9月30日

杭州市上城区社会信用体系建设"十三五"规划

为进一步深化我区社会信用体系建设,加快建立体系完备、机制健全、运转有序、奖惩有度的社会信用体系,有效发挥社会信用体系建设在促进经济发展和加强社会治理中的作用,根据国家、省、市有关精神,以及《社会信用体系建设规划纲要(2014~2020)》《浙江省社会信用体系建设"十三五"规划》《杭州市"十三五"社会信用体系建设规划》和《杭州市上城区国民经济和社会发展第十三个五年规划纲要》内容,编制本规划,规划期为2016~2020年。本规划是"十三五"时期我区社会信用体系建的政策性、指导性文件。

一、规划背景

(一)发展现状

"十二五"时期是我区信用建设的起步时期,依托产业发展基础,不断完善发展环境,居民生活得到有效改善,荣获了国家可持续发展实验区、浙江省首批创新型试点城区、住建部首批智慧城市试点城区、第七届"中国地方政府创新奖"等荣誉,在社会信用体系建设中,也初步形成了完整的工作机制,制度保障逐步完善。

1.组织保障体系初步建成。"十二五"期间,成立了上城区信用建设工作领导小组,形成包含36个部门单位的领导小组,基本形成了信用办牵头、部门配合的组织架构。信用建设体系逐步完善,出台了包含实施意见、红黑名单发布机制、守信激励失信惩戒、事项清单在内的4项规章制度,并每年制定出台信用上城建设工作要点,将信用工作纳入区直机关综合考评范围。

2.信用信息应用逐步推广。依托省、市公共信用信息平台,开展各类行政管理事项中查询应用信用记录工作。在财政补助、评先评优、招投标、政策采购等领域率先实现政府用信。"十二五"期间,共查询涉及科技经费、服务业经费、政府采购、创业资助等多个事项的企业、个人信用记录六百余次。不断拓宽信用记录查询渠道,在行政审批中心及时开通信用记录现场查询窗口。

3.守信联合激励失信联合惩戒机制初步形成。制定出台《杭州市上城区信用红黑名单发布制度》《杭州市上城区社会法人守信激励和失信惩戒管理办法》等制度性文件，积极创建信用社区，以湖滨街道为试点，对社区“银龄互助”守信志愿者初步实现联合激励。创建“信用上城”页面，并建立信用红黑名单专栏，已公示安全生产、消防安全、食品安全、价格失信等10个领域失信“黑名单”和诚信统计、先进体育文化场所等2个领域信用“红名单”。

4.初步营造良好社会诚信氛围。随着社会信用体系建设工作的推进，社会诚信观念和守信意识不断加强。“十二五”期间，开展了食品工业企业诚信体系建设培训工作，建立了信用示范企业培育库，强化认定的科学性和公信力，确保推荐企业信用管理基础良好、制度完善具有示范作用，“十二五”期间，共有10家企业成功入选省级信用管理示范企业。

“十二五”时期是我区信用建设的起步时期，取得初步进展，但与经济发展水平和社会发展阶段不匹配的矛盾依旧突出。信用建设中存在问题主要有：守信激励和失信惩戒机制尚未全面发挥作用，失信事件仍有发生。信用记录查询未全面推广，企业、个人守信意识仍不高。拒不履行生效裁判义务，拒不履行协助法院执行的义务，利用各种方法手段逃避执行、规避执行的现象仍时有发生。

（二）形势要求

1.国家对社会信用体系建设高度重视，为社会信用体系建设营造了良好氛围。党的十八大首次将“诚信”纳入社会主义核心价值体系，明确提出要加强政务诚信、商务诚信、社会诚信和司法公信建设。十八届二中、三中、四中和五中全会就社会信用体系建设作出专门部署，国务院出台了我国首部信用专项规划，并印发了《征信业管理条例》，各部委相续出台一系列信用相关制度文件。

2.省、市全面推进社会信用体系建设。近年来，省、市政府认真贯彻中央决策部署，高度重视信用建设，先后出台《浙江省企业信用联合奖惩实施办法（试行）》《杭州市法人失信惩戒和守信激励管理办法》等系列规章制度，并相继制定信用建设“十三五”专项规划，为我区加强信用体系建设带来强有力的制度保障。

3. 经济社会发展步入新常态为社会信用体系建设带来新挑战。“十二五”期间，我区年均GDP增长10.3%，经济发展进入转型升级的关键期，同时，不断加大对民生领域投入，“十二五”时期累计向民主领域投入81.6亿元，“平安上城”建设等工作深入推进。社会信用体系建设能有效降低市场交易成本，优化诚信经营环境，并促进社会互信、减少社会矛盾，推动信用服务业的发展。

二、总体要求

（一）指导思想

坚持以邓小平理论、“三个代表”重要思想、科学发展观和“四个全面”战略布局为指导，按照党中央、国务院以及浙江省、杭州市有关社会信用体系建设部署要求，全面加强社会信用体系建设。以信用信息的应用为重点，推进四大诚信建设，形成上城特色信用建设工程，提高全社会诚信意识和信用水平。以改善经济社会运行环境为目的，以人为本，完善惩戒激励制度，引导和培育信用服务市场，在全社会广泛形成守信光荣、失信可耻的良好氛围，使诚实守信成为全民自觉行为规范，为建成“现代化美丽上城”打下更加坚实的基础。

（二）主要原则

政府推动，社会共建。科学定位政府职责，立足上城实际，发挥政府的组织、引导、推动和示范作用。同时，更好发挥市场作用，协调并优化资源配置，加强政府与金融机构在信用建设方面的合作，鼓励和调动社会力量，广泛参与，统筹推进，形成建设合力。

统筹规划，分步实施。针对社会信用体系建设的长期性、系统性和复杂性，强化顶层设计，规划上城信用建设重点，立足当前，着眼长远，统筹全局，系统规划，有计划、分步骤的组织实施。

重点突破，强化应用。选择重点领域开展信用示范建设。在信用社区建设中做好示范，全面推广信用信息查询应用，鼓励和支持市场主体在创新、应用信用产品和实施信用奖惩中发挥更大作用。

（三）发展目标

到“十三五”末期，实现失信黑名单制度的全面建立，使守信激励失信惩戒制度得到有效发挥，信用信息应用广泛推广，各方面信用主体在经济社会生活中主动应用信用产品的意识增强。四大领域信用建设取得一定成效，信用社区建设有较好示范作用，社会信用体系建设在经济社会发展中的基础性作用得到较好发挥,营商环境和社会互信关系明显改善,全社会诚信意识大幅提升。

"十三五"时期社会信用规划具体目标

序号	指标名称	2020 年目标
1	将区级各部门信用信息互通至市级平台	100%
2	应用信用信息的区级部门覆盖率	100%
3	全区落实社会信用统一代码制度	100%
4	公众对信用体系建设认同度	大幅增长
5	公众对自身信用状况关注度	大幅增长

三、加强基础,做好重点领域信用建设

(一)加快推进政务诚信建设

——坚持依法行政。加快转变政府职能，推进"四张清单一张网",做好简政放权,严格控制部门新增权力事项,强化事中事后监管,完成街道办事处权力清单、责任清单并予以公开。完善政府决策机制和程序,提高决策透明度,拓宽公众参与政府决策的渠道,加强对权力运行的社会监督和约束,提升政府公信力,树立政府公开、公平、清廉的诚信形象。

——发挥政府诚信建设示范作用。加强自身诚信建设,以政府的诚信施政,带动全社会诚信意识的树立和诚信水平的提高。在行政许可、政府采购、招标投标、申请政府资金支持、干部选拔任用和管理监督等领域,率先应用信用信息和信用产品,培育信用服务市场发展。

——加快政府守信践诺机制建设。积极营造公平竞争、统一高效的市场环境,对依法作出的政策承诺和签订的各类合同要认真履约和兑现。支持统计部门依法统计、真实统计。政府收支必须强化预算约束,提高透明度。自觉接受本级人大的法律监督和政协的民主监督，加强和完善群众监督和舆论监督机制。加大监察、审计等部门对行政行为的监督和审计力度。

——加强公务员诚信管理和教育。建立公务员诚信档案,将公务员诚信记录作为干部考核、任用和奖惩的重要依据。深入开展公务员诚信、守法和道德教育,扎实开展初任培训、任职培训、专门业务培训等各类培训,大力实施公务员职业道德教育工程,努力培养造就一支勤政务实、清正廉洁、守法诚信的公务员队伍。

(二)加快推进商务诚信建设

——生产领域信用建设。建立健全安全生产责任制,健全安全生产准入和退出信用审核机制,完善安全生产失信行为惩戒制度。以食品、药品、日用消费品为重点,加强各类生产经营主体生产和加工环节的信用管理,加强部门协同,深入推进"质量强区"工作,对产品质量、服务质量信用信息及时予以公开。

——流通领域信用建设。根据区情实际,加强批发零售、商贸物流、住宿餐饮及其他服务业企业信用管理,开展"透明厨房"等监管工程,建立餐饮企业食品追溯体系。鼓励企业扩大信用销售,促进个人信用消费。结合省、市信用信息平台,加强企业信用管理,建立信用企业培育库,强化科学认定及推荐管理办法。

——市场监管领域信用建设。加强市场监管,根据省、市工作安排,做好"五证一照"合并工作。全面落实社会信用统一代码工作，健全失信企业黑名单管理制度,加快落实失信联合惩戒制度,强化企业信用约束。加强消费维权工作,积极推进消费维权社会共治。

——金融领域信用建设。以资本市场诚信数据库为依托,做好辖区上市公司、证券期货经营机构等信用信息的应用。加强对小贷公司、融资性担保机构的监管,做好企业资金链风险相关工作,加强与司法机关的合作，认真开展排查，防范非法集资相关工作,加强金融企业的信用宣传。围绕山南基金小镇,做好私募基金等金融机构信用管理。

——税务领域信用建设。规范开展欠税公告和阻止欠税人出境工作。全面落实纳税信用管理办法,做好欠税黑名单工作，建立跨部门信用信息共享机制,落实联合惩戒,完善工作机制。

——价格领域信用建设。实行经营者明码标价和收费公示制度,深入开展"明码实价"试点工作,坚持定期开展价格政策培训，与商家积极沟通主动协调,做好明码实价工作的现场指导。督促经营者加强内部价格管理,强化价格执法,规范市场价格秩序。依据《杭州市价格信息黑名单管理制度》,落实区级价格失信黑名单建设。

——工程建设领域信用建设。充分用好“杭州建设信用网”,推进工程建设市场信用体系建设。深入开展工程质量诚信建设，加大对发生重大工程质量、安全责任事故或有其他重大失信行为的企业及负有责任的从业人员的惩戒力度。落实建设领域从业人员信用评价机制和失信责任追溯制度。

——政府采购领域信用建设。加强政府采购信用管理,强化联合惩戒,加强省、市信用信息平台的利用,对有不良行为记录的供应商,在准入中作出限制,完善政府采购市场的准入和退出机制。

——招投标领域信用建设。充分利用省、市建立的招投标情况信用评价指标，在招投标领域做好信用信息公开工作。落实好省重点建设工程招投标领域应用企业信用报告制度。鼓励市场主体在招标中运用省、市公共信用信息平台中的信用信息或第三方信用评价结果。

——电子商务领域信用建设。促进电子商务信用信息与社会其他领域相关信息的交换和共享,推动电子商务与线下交易信用评价。完善电子商务信用服务保障制度,推动信用调查、信用评估、信用保险、信用支付、商账管理等第三方信用服务和产品在电子商务中的推广应用。

——统计领域信用建设。开展统计诚信企业建设,营造依法报数光荣、失信造假可耻的社会风气。加强统计执法检查，依法严厉查处统计领域的弄虚作假行为,建立对统计失信行为的通报制度。

——中介服务业信用建设。逐步建立完善律师、公证仲裁、司法鉴定、会计、担保、职业介绍、咨询、交易、检验检测等类型中介服务机构及从业人员的信用档案，并作为市场行政执法部门实施信用分类管理的重要依据,推动促进中介服务市场规范发展。

——会展、广告领域的信用建设。推动会展主办机构诚信办展,践行诚信服务公约,推广信用服务和产品的应用。打击各类虚假广告,突出广告制作、传播环节各参与者责任,加强检查,完善相关制度。

——企业诚信管理制度建设。开展各行业企业诚信承诺活动，加大诚信企业宣传和典型失信企业案件曝光力度,引导企业增强社会责任感。鼓励企业建立客户诚信档案、开展客户诚信评价,将客户诚信交易记录纳入应收账款管理等企业信用管理流程,建立企业信用管理制度。

(三)全面推进社会诚信建设

——医药卫生和计划生育领域信用建设。加强医疗卫生机构信用管理和行业诚信作风建设。培育诚信执业、诚信采购、诚信诊疗、诚信收费、诚信医保理念,加强对医护人员的医德、诚信教育,依托“智慧医疗”信息化系统建设,开展公平公正的医护人员医德定期考核和综合考核评价。惩戒收受贿赂、过度诊疗等违法和失信行为。加强人口计生领域信用建设,加大人口计生政策宣传。

——社会保障领域信用建设。在救灾、救助、养老、社会保险、慈善、彩票等方面落实各项信用制度。对社会救助、保障性住房等申请、审核、退出等各环节,加强诚信宣传。建立社会救助诚信黑名单,将虚报瞒报、违反政策规定等情况列入黑名单。对养老服务中的守信联合激励政策在湖滨街道试点先行的基础上,全面推广。积极探索社会保障领域其他方面的守信联合激励和失信联合惩戒办法。

——劳动用工领域信用建设。加强人力市场资源信用建设,落实欠薪处理责任制,加大对违反最低工资制度、拖欠工资案件的查处力度,打击各种黑中介、黑用工等违法失信行为。建立用人单位拖欠工资违法行为公示制度,创新构建和谐劳动关系活动载体。

——教育、科研领域信用建设。加强学生诚信教育,培养诚实守信良好习惯。积极落实省、市建立的教育机构及从业人员、教师、学生、科技社团和科研人员的评价制度,落实信用评价与考试招生、学籍管理、评选表彰等挂钩,努力解决学历造假、论文抄袭、学术不端、考试招生作弊等失信问题。

——食品药品领域信用建设。加大对食品、药品、医疗器械等行业的监督管理，加强企业信用培育,完善食品安全信用黑名单制度,扩大信用信息的应用范围,落实市级出台的相关政策,全区逐步推广“阳光厨房”等提升企业信誉的信息化管理项目。

——文化、体育、旅游领域信用建设。加强文化、体育、旅游市场的动态监管,配合省、市做好文化、体育和旅游领域市场经营主体及从业人员的信用信息整合上报，建立旅游业消费者意见反馈和投诉记录与公开制度。在文化、体育、旅游行业加强守信激励失信惩戒工作,形成诚实、自信、守信的良好氛围。

——知识产权领域信用建设。将知识产权侵权行为纳入失信记录，开展知识产权服务机构信用建设,探索建立各类知识产权服务诚信评价制度,提升知识产权保护意识。

——环境保护和能源节约。建立环境管理、监测信息公开制度,完善企业环境行为信用评价制度,根据企业的信用等级予以相应的鼓励、警示和惩戒。

——社会组织诚信建设。根据省、市要求,做好社会组织相关信用信息分类等级数据收集，推进社会组织评估等级、信用记录在承接政府职能、购买服务、年度检查等方面的应用,进一步加强社会组织诚信自律建设。

——互联网应用及服务领域信用建设。大力推进网络诚信建设,培育依法办网、诚信用网理念,推动网络信用信息在社会各领域推广应用。

——消防安全领域信用建设。依托城市消防物联网项目,将企业的消防设计、消防设备安装等遵守消防法律法规情况纳入诚信管理，做好信用信息的归集,并作为单位信用等级的重要参考依据。

(四)大力推进司法公信建设

——法院公信建设。完善法院执行信息公开平台建设，严格落实失信被执行人名单及信息公开制度,做好联合惩戒工作,提高执行效率。发挥审判职能工作,鼓励诚信交易、倡导互信合作,制裁商业欺诈和恣意违约毁约等失信行为。

——检察公信建设。深化检务公开,创新检务公开的手段和途径,深入推行人民监督员制度,保障人民群众对检察工作的知情权、参与权、表达权和监督权,积极推进司法过程公开,完善行贿犯罪档案信息收集和查询制度,并逐步推进案件判决书、起诉书互联网查询。

——公共安全领域公信建设。定期向公众公布火灾高危单位消防安全评估结果,并纳入市级平台数据收集范围,做好信息归集工作,作为对单位信用等级评定的重要参考,加强信息共享,扩大信息公开程度,加强企业和个人的防范能力,规范市场经济秩序。

——司法行政系统公信建设。进一步提高社区矫正机构管理的规范化、制度化水平,大力推进司法行政信息公开,进一步规范和创新律师、基层法律服务等信息管理和披露手段。严格实行行政执法人员持证上岗和资格管理制度，明确行政执法人员行为规范,加强文明执法。

——司法执法和从业人员信用建设。推进律师、基层法律工作者、法律援助人员等诚信规范执业,建立司法从业人员诚信承诺制度。对各级公安、司法行政等工作人员加强诚信宣传与教育。

四、完善机制,做好上城特色工作

(一)做好大数据归集分析

实时动态信息归集。根据市级要求,做好数据的归集。建立公共信用信息归集的长效机制,明确信用信息归集责任，以统一的社会信用代码作为信用标识,依法及时、准确、规范、完整地记录和采集信息,建立完善公共信用信息共享交换机制，做好与市公共信用信息平台的数据交换,以完善扩充信用数据。

推进信用信息互连共享。依托智慧上城公共信息平台，加强区级信用信息与市级信用信息的共享共连,同时,推动各行业、各相关企业组织信用信息系统的共享,做好信用大数据管理与应用。

(二)强化信用治理效能

全面落实社会统一信用代码制度。完善企业登记制度,全面实施“五证合一、一照一码”企业登记模式。通过统一代码实现市场监管、税务、公安等监管部门的业务联动,实现信用信息的共享。赋码单位要及时把增量代码和基础信息在部门门户网站和信用上城网页进行公开。到 2016 年底前,统一社会信用代码覆盖率达到 100%，到 2017 年底前全部完成已登记企业的证照换发工作。

营造良好的市场监管体系。建议市场主体事前信用承诺机制。引导市场主体在准入前,向社会作出公开信用承诺，违法失信经营后将自愿接受约束和惩戒。强化事中事后监督,广泛应用信用审查,行政机关及具有行政管理职能的公共事业单位在各类财政资金、政策性贷款、优惠政策享受、评优评选等其他公共资源分配活动中，依托杭州市公共信用信息平台对社会法人及自然人进行信用审查。有关部门或单位，要加快推广应用第三方信用服务机构出具的信用报告,加快信用报告共享共认。鼓励市场主体运用信用报告,并将其作为投标人资格审查、评标、定标和合同签订的重要依据。

做好信用示范企业培育。积极梳理区级信用示范企业名单,完善培育库,加强对企业信用建设的培育与指导,强化认定的科学性和公信力,确保推荐企业信用管理基础良好,有示范作用。

(三)构建联动机制

做好重点领域的信用联动管理。在食品药品、税务、消防、安全生产等重点领域,加大信用信息查询应用,加强联动监管,完善信用评价制度。

建立自我纠错、主动自新的社会鼓励和关爱机制。建立针对未成年人失信行为的教育机制为重点,对已悔过改正旧有轻微失信行为的社会成员予以适当保护,在部分领域实行信用修复管理,形成正向激励。配合做好公共信用信息异议处理事件。

在重点领域做好守信联合激励。落实好关于对"银龄互助"志愿者守信联合激励合作备忘录各项工作,同时,积极推动其他领域的守信联合激励和失信联合惩戒。

(四)培育信用产业市场

大力培育信用服务市场。在行政管理中率先应用信用服务和信用产品,鼓励第三方信用机构开发满足不同主体、不同层次、不同阶段、多样化的信用服务产品。

倡导在市场交易和社会交往中应用信用产品。鼓励公民、法人和其他组织在融资贷款、大宗交易、经济合同、合资合作、劳动用工等经济社会活动中应用信用产品,并将相关信用状况作为决策的重要参考。

(五)创建信用社区示范工程

探索社区信用惠民应用。以社区为单位,结合各项社区工作,在为老服务、医疗卫生、低保领取、教育培训、相亲联谊等各领域陆续引入信用便民服务应用。对社区守信者,在各项办事中予以优待,特别是结合我区老龄化严重的特点,重点做好银龄互助守信联合激励工作,将信用工作结合在日常工作中,互助推进。

建立信用惠民合作机制。依托区社会信用体系组织保障,建立政银联动、政企联动、区域信用联动工作机制,不断拓宽信用信息共享和应用领域,出台各领域信用惠民政策制度,为信用惠民保驾护航。

(六)加强诚信文化宣传

开展诚信主题宣传活动。充分运用《上城报》、上城网以及微博、微信等新媒体的宣传引导作用,加强典型宣传,加大对信用文件、政策的宣传,有序开展"安全生产月""质量月"等与诚信主题相关的宣传活动。

开展诚信主题教育活动。以青少年为主要教育对象,开展"诚信立身"主题教育,将诚信教育纳入日常教育管理,开展系列课程。以机关公务员、事业单位工作人员为主要对象,开展"诚信为民"主题教育。以社会法人为主要对象,开展诚信专题宣传,落实《杭州市上城区社会法人守信激励失信惩戒管理办法》。

五、健全保障措施

(一)加强组织领导,强化责任机制

明确全区信用建设牵头管理部门以及各相关部门信用建设管理科室,每年至少召开1次全区性的信用建设工作大会,不定期召开信用领导小组会议,研究和解决信用建设过程中的重大事项。进一步依托省、市信用行业协会力量,加强行业自律。

(二)合理分解任务,强化推进机制

建立以信用上城"十三五"规划为依据的信用上城工作要点分年度计划实施机制,明确任务责任主体,完成时限,加大绩效考核力度,进一步完善信用建设考核评价,加强对部门工作的考核落实。

(三)做好预算管理,强化资金保障

根据信用建设体系需要,将信用建设有关费用纳入财政预算予以保障。加大对信息系统的建设,信用社区示范工程等方面的资金支持。鼓励和引导社会资金投向信用服务业,形成信用体系建设多元化投融资新格局。

(四)提高保密意识,强化信息安全

区公共信息平台建设中搭载的信用数据需严格按照规章制度和工作规范办事,健全信用信息使用的全过程管理机制,明确安全管理职责,强化保密意识。建立信用信息共享和使用保密协议制度。加强第三方信用服务机构安全管理,确保信用信息安全。

(五)加强队伍管理,强化人才建设

建设高素质信用建设队伍,推进信用建设队伍正规化、专业化、职业化,提高专业水平。推进和加强信用从业人员、信用管理人员的交流与培训,加强信用职业教育,注重对专业人才的培育与引进。

杭州市上城区人民政府办公室

2016年12月28日

上城区创建全国社区治理和服务创新实验区实施方案

为进一步加强社区治理和服务创新工作，按照党的十八届五中全会提出的“加强和创新社会治理，推进社会治理精细化，构建全民共建共享的社会治理格局”总体要求，根据民政部《关于同意将北京市西城区等40个单位确认为全国社区治理和服务创新实验区的批复》《关于加强全国社区管理和服务创新实验区工作的意见》以及省、市有关文件精神，结合上城区情实际，特制定本实施方案。

一、主要内容

在党委和政府引领下，从解决社区的薄弱环节和突出问题入手，通过优化“三社联动”体制机制、建构“三社联动”社区协商体系、创新社区服务方式、厘清社区各相关主体之间的职能边界、完善社区功能定位、大力培育社区社会组织和发展专业社会工作，建立起社区、社会组织和专业社工以及相关主体间联动协商的常态化机制和协商共治的内外循环结构，营造社区多元主体“共建、共治、共享”的社区复合治理新生态。

二、工作举措

立足“三社联动”的体制机制，构建以社区为主体，社会组织和专业社会工作队伍为两翼，吸纳多元主体和力量广泛参与协商共治的社区协商服务体系，为社区居委会减负增能，促成社会组织发展壮大和社会工作者服务能力提升，推进“三社”主体的协同推进和纵深发展。

(一)深化街道管理体制改革

1.完善街道职责定位。完善街道相应的政府服务和管理职能，明确街道主要履行加强党的建设、统筹社区发展、组织公共服务、维护社区平安和服务经济发展等职能。强化街道对基层社会治理的属地责任，提升社区治理和服务居民的能力，切实推动街道工作重心转移到统筹协调公共服务、公共管理和公共安全等基层治理工作上来。

2.优化街道机构设置。强化街道党工委领导、统筹、协调与指导功能，推动街道办事处由“行政机关”向“民生窗口”转型。积极推进街道内设机构职能整合与功能优化。按照面向社区、服务群众、提高效能的原则，综合设置党政工作、城市管理、民生服务、综合治理、经济服务等服务管理机构和街道行政服务中心，清理在街道设立的各类非常设机构，将事务性服务事项统一纳入相应的服务管理机构或街道行政服务中心。

3.强化街道终端服务。将街道办事处作为基层社会治理中提供公共服务与管理的最终结点，按照街道实际与公众需求，依据其专业性和个性化的特点，灵活采用外包和第三方合作等方式交由社会组织承接。强化街道行政服务中心的公共服务辐射职能，将更适合由街道承担的公共服务事项进行收回管理，经许可的公共服务，可下放到由街道分设在区域内的若干个公共服务工作站。

(二)加快部门工作重心转移

1.推动角色转换。建立“两张清单”动态调整机制，积极推动职能部门在基层社会治理中由“领导者”的角色向“服务者”转换。在法律、法规允许范围内，属事务性服务职能要加快向社会转移，充分发挥社会主体在社会管理和公共服务中的作用。

2.管理服务下沉。将公共管理与服务等职能重心下移、力量下沉、权力下放，逐步实现职能部门的公共服务与街道和社区的居民自治有效衔接。按照“权随责走、费随事转、事费配套”的原则，进一步将服务与管理职能下沉到街道，立足街道与社区提供各类服务。

3.履行监管责任。凡下放街道和社区的公共服务事项，部门充分履行指导监管责任，做好下放事项的指导评价工作。涉及法定授权的专业性执法管理事项，由职能部门根据责任主体唯一的原则依法行政，承担主体责任。

(三)完善社区功能定位

按照社区党组织是社区组织和社区工作的领导核心、居委会承担居民自治、居务监督委员会发挥监督功能以及公共服务工作站承担公共服务和政务代办的定位，进一步理顺社区党组织、居委会、居务监督委员会和公共服务工作站等社区组织机构间的关系与职责。

1.强化社区党组织领导。推行社区“大党委制”，吸纳属地共建单位、业委会和物业管理机构中的党员负责人担任社区党委兼职委员，完善社区党建联席会议制度。进一步理顺社区党委管理体制，加强对社区居委会、公共服务工作站、居务监督委员会和业委会的领导。

2.抓好两张清单制定。将制定社区居委会工作清单和社区公共服务工作站服务项目清单作为理顺社区组织机构关系与职责的重要内容和主要抓手，把现有不应由社区居委会承担的公共服务和政务代办事项以清单的方式进行剥离，确保社区居委会引领居民开展协商自治功能的实现与强化。同时，充分发挥居务监督委员会在居务决策、资产管理、财务支出等社区重大问题中的监督职责，为两张清单落实提供保障。

3.优化居委会班子结构。通过法定程序将关心社区发展的优秀居民代表吸纳到居委会班子中来，逐步提高其在居委会班子成员中的比例，为深入推进社区居民自治、实现多元参与的基层民主与协商机制创造良好条件。

4.完善公共服务工作站功能架构。尝试以若干个社区为单位，以有利于整合社区资源、有利于方便居民办事的原则重新设置公共服务工作站，利用辐射效能实现社区便民服务资源的集约化，明晰并细化各类服务的办理条件、工作程序、办结时限和服务责任，规范公共服务工作站运行。

(四)推进社区协商自治

1.制定居民自治公约。强化社区居民(成员)代表会议的决策地位，涉及社区居民利益的重大事务应经居民(成员)代表会议讨论后决定。社区党组织、居委会引导居民代表、业主委员会、物业公司等各类社区主体和组织，在法律法规框架下，共同制定具有公信力和约束力的居民自治公约，开辟共同参与社区事务管理的新路径。

2.打造协商自治平台。搭建由社区党组织领导，社区居委会牵头，居民代表、业主委员会、物业公司、社区社会组织和驻地单位等共同参与的社区发展协会，打造具有居民议事、居民决策、居民执行和居民监督等功能的社区协商自治综合性平台，为开展社区协商自治，解决社区治理热难点问题提供平台保障。

3. 落实社区协商机制。认真落实社区民情恳谈会、事务协调会、工作听证会和成效评议会等民主协商制度，重视和吸纳威望高、办事公道的老党员、老干部、群众代表、党代表、人大代表、政协委员，以及基层群团组织负责人、社会工作者的参与作用，确保民主选举、民主决策、民主管理和民主监督等机制的实现。

4.拓展楼院自治途径。在社区居委会的指导下，根据社区公共事务与居民切身利益的相关度以及居民参与意愿，拓展以小区、楼宇和院落为单元的社区居民协商自治模式，不断丰富自治形式内涵，完善自治服务功能。

(五)创新社区服务方式

1.培育社会组织品牌。以满足社区居民的民生需求为落脚点和出发点，大力开展公益创投项目，强化项目落地与公益资本的有效对接，为社会组织服务社区居民提供更多资源。加大社会组织服务社区的“筑巢引凤工程”“精品亮点工程”和“旗舰式发展工程”等项目的资金与场地保障力度，打造一批社会组织服务社区居民的特色品牌。

2.完善社区发展基金会。依托上城社会组织发展基金会，充分发挥其在吸纳政府部门和辖区单位、企业、爱心人士等社会力量捐赠中的积极作用。通过定向捐赠、公益创投、项目申领、绩效评估等方式，为各类社区组织开展社区公共服务，解决社区治理难题提供更多财力支持，实现服务本土社区的发展目标。

3. 引入属地社会资源。以共同需求和发展为纽带，以区域化党建和共驻共建活动为抓手，建立与属地企事业单位和群团组织的长效沟通联系机制，实现人、财、物的资源共享和优势互补，为社区服务提供更多补充和支持。

4.发展社区志愿服务。着重构建以社区居民为主体的、常态化的社区志愿服务机制，不断壮大志愿者服务队伍，倡导居民自我管理和服务；建立健全以服务时间、服务质量为主要内容的志愿服务星级评比制度，激发广大志愿者服务社区的爱心和能量。

(六)强化社区治理支撑

以社会工作人才培养和提升，社区治理信息化手段为主要抓手，不断改善社区公共空间，为深化社区治理提供更为有力的保障。

1.健全人才培养机制。根据专业社工和全能社工不同的岗位要求，围绕“培养、使用、激励、评价”四个环节，分类设置职称考试、登记管理、继续教育、培训课程、表彰奖励等培养标准，为专业社工开展个性化服务和全能社工开展“一口式”服务提供人才支撑。根据社区居委会、公共服务工作站及社会工作服务等岗位差异，按需合理设置与适时调整社区居委会和社区公共服务工作站人员，科学核定社区工作者主线、辅线和网格的工作数量、难易程度、工作成效、特殊贡献等因素，制定绩差薪酬标准。落实社工考核结果运用，实行“末位淘汰制”，加快建立健全科学合理、优质高效的社工绩效考核体系。

2.提升智慧服务手段。充分整合现有数字电视社区频道、“平安365”社会服务管理联动平台等信息资源，建立区域联动的信息采集、数据共享和服务应用系统，为服务居民办事推行“一口式”受理提供支撑。升级“民情E点通”社区移动智慧服务平台，有效对接区行政服务应用系统和市智慧社区平台，实现社区基础数据、便民服务、社工走访、OA系统、审批事项等信息的采集、受理和流转，达成社区信息兼容和共享的目标。

3.改善社区公共空间。调整优化现有社区公共服务资源，社区配套服务用房按照每百户不低于50平方米的标准（其中20平方米为居家养老服务用房）配备，确保60%以上社区配套用房用于居民公共活动。倡导“一室多用”，建设功能设置多元、场馆布局合理和出行环境便利的社区公共复合空间，为居民提供敞开式、多功能服务。

三、分期规划

力争用三年的时间，通过优化“三社联动”的体制和机制，建构多元主体参与联动协商的服务体系，推进社区自治组织、社会组织和社会工作协商联动式发展等方式，最终将社区建设成依法共治、民生幸福、民心汇聚、和谐互信、充满活力的社会生活共同体。

(一)2015年夯实基础

按照试点先行、分步推进的原则，明确湖滨街道、清波街道和上羊市街社区为实验试点，完成街道、职能部门与社区之间的职责界定和清单梳理，形成权责明晰、协力推进的“三社联动”与协商共治服务的组织架构。修订完善社会组织“2+5”文件，出台社会工作政策新规，优化社区治理和服务的体制基础，巩固社会组织和社会工作者面向社区联动的平台，探索有效的技术手段，夯实实验区步入“三社联动”和协商共治常态化运行的基础。

(二)2016年实效运行

积极探索和构建社区党委领导的多元多层协商机制，创新多元主体参与社区治理和服务的途径。在巩固已有体制、机制的基础上，充分发挥社会组织、社会工作者和社区内外多元主体在协调互助和平等协商方面作用，共同参与社区治理与服务，形成政府、市场与社会等多元主体共建共享社区繁荣的良好局面。

(三)2017年总结提升

引入专家学者和研究机构全程跟进实验区建设，及时总结并形成试点经验工作报告。在总结前期试点单位运行成效与不足的基础上，研究巩固与提升的具体策略，发挥试点单位的示范引领作用，带动全区上下共同参与实验区建设，实现全区铺开、遍地开花的局面。

(四)2018年全面推广

健全完善“三社联动”和协商共治机制，提升社区治理与服务的品质，全面实现社区治理和服务创新的上下联动、三社共融、服务高效、多元共治、群众满意的目标，实现基层社会治理体系和治理能力的现代化和法治化。

四、工作保障

(一)建立组织体系

明确由区社区建设指导委员会领导和统筹全区的社区治理和服务创新工作，由区主要领导担任组长，围绕转变区相关部门和街道职能、社区减负增能、健全协商共治体系、完善社区服务体系、激发公众参与、建设智慧社区、改进评价办法等，不断加强对社区治理和服务创新推进工作的统筹协调；各相关单位细化实施方案，定期汇报工作进度；全程监测实验区推进过程中遇到的热难点问题，邀请社区建设领域的专家，共同商讨解决对策，保证实验区建设稳步推进。

（二）加强资金保障

将实验区建设资金纳入区政府财政预算，每年投入 2000 万元专项资金，用于推动三社联动平台建设、服务购买和各类组织培育扶持。2016 年起，按照社区常住人口每人每年 30 元的标准，区财政安排社区居委会自治经费，主要用于保障社区居民自治工作的有序开展。探索建立具有民间性质的社区发展基金制度，广泛吸纳社会资金，繁荣社区公益事业。

（三）确立激励机制

确立实验区建设实践的双向评价激励机制，优化区级政府部门和街道对社区的指导评价机制，引入社区公众和社区自治组织对区级政府部门和街道的评价机制，激励各方主体参与实验区建设。确立"关爱基层、关爱社区"的人才激励机制，加大从优秀社区工作者中定向考录公务员、事业编制人员力度，尽快实现每个街道至少有 1 名班子成员有社区工作经历的目标。

杭州市上城区人民政府办公室

2016 年 4 月 28 日

上城区第七个法治宣传教育和依法治区五年规划（2016～2020 年）

党的十八大以来，以习近平同志为总书记的党中央，进一步明确了法治宣传教育作为推进全面依法治国的基本环节和重要内容的定位，进一步明确了法治宣传教育的深刻内涵，进一步明确了法治宣传教育的重要措施，为法治宣传教育工作指明了前进的方向，提供了基本遵循。面对党中央对法治宣传教育工作提出的新目标新任务新要求，根据《中共中央、国务院关于转发〈中央宣传部、司法部关于在公民中开展法治宣传教育的第七个五年规划〉的通知》以及省、市七五规划要求，制定本规划。

一、指导思想、主要目标和工作原则

（一）指导思想

高举中国特色社会主义伟大旗帜，全面贯彻党的十八大和十八届三中、四中、五中全会精神，以马克思列宁主义、毛泽东思想、邓小平理论、"三个代表"重要思想、科学发展观为指导，深入贯彻习近平总书记系列重要讲话精神，牢固树立创新、协调、绿色、开放、共享的发展理念，紧密围绕我区"十三五"时期经济社会发展的目标任务，深入开展法治宣传教育，扎实推进依法治理和法治实践，健全普法宣传教育机制，大力弘扬社会主义法治精神，推动全社会树立法治意识，为我区"十三五"期间的经济社会全面协调发展，初步建成"现代化美丽上城"营造良好的法治环境。

（二）主要目标

法治宣传教育体系和法治创建活动体系基本完善，多层次多领域法治实践进一步深化，法治宣传教育方式方法更加丰富，法治宣传教育在推进依法治理中的基础作用进一步发挥，全社会法治化管理水平显著提高，全民尊法守法的意识和行动力进一步增强，全区厉行法治的氛围基本形成。

（三）工作原则

——坚持围绕中心，服务大局。要把"普法宣传要围绕重点工作走"作为今后五年普法宣传的重要思想和行动框架，实现法治宣传与中心工作精准结合。要围绕党委政府中心任务和重点工作、重点任务以及重要时段和节点，集中开展各类主题法治宣传活动和法律服务，真正把普法工作落实到重点工作中去。

——坚持服务群众，依靠群众。要进一步树立以人为本的理念，着力宣传与人民群众生产生活密切相关的法律、法规，尊重人民群众的主体地位，采取人民群众喜爱、便于群众接受的方式方法，引导人民群众掌握相关法律知识，依法表达利益诉求，维护自身合法权益，进一步完善"大普法"格局，引导人们群众共同关心和参与法治宣传教育工作，努力实现全民普法,共同普法。

——坚持学用结合,普治并举。要坚持法治宣传教育与法治实践相结合,在宣传法律、法规知识的同时,引导居民积极参与法治实践活动,在法治实践中接受法治熏陶,提升法治素养。坚持法治宣传教育与道德教育有机结合,使法律内化为道德准则,外化为行为习惯。

——坚持分类指导,突出重点。要进一步以需求为导向组织策划法治宣传教育活动,坚持分类指导、分类施教,增强法治宣传教育的针对性。突出抓好重点对象,带动促进全民普法,进一步深化“法律六进”活动,推动法治宣传教育向纵深延展。

——坚持创新发展,注重实效。推动法治宣传教育工作理念、机制、内容、载体和方式方法的创新,加强对时代特征、宣传重点、受众人群、信息传播手段等与普法效果密切相关问题的研究,切实提高法治宣传教育的实效性和渗透力。

二、主要任务

(一)深入学习宣传习近平总书记关于全面依法治国的重要论述。党的十八大以来,习近平总书记站在坚持和发展中国特色社会主义全局的高度,对全面依法治国作了重要论述,提出了一系列新思想、新观点、新论断、新要求,深刻回答了建设社会主义法治国家的重大理论和实践问题,为全面依法治国提供了科学理论指导和行动指南。要深入学习宣传习近平总书记关于全面依法治国的重要论述,深入学习宣传党中央关于全面依法治国的重要部署,宣传科学立法、严格执法、公正司法、全民守法的生动实践,使全社会了解和掌握全面依法治国的重大意义和总体要求,更好地发挥法治的引领和规范作用。

(二)深入学习宣传宪法。大力宣传党的领导是宪法实施最根本的保证,大力宣传宪法确立的中国特色社会主义道路、制度、理论,大力宣传依宪治国、依宪理政等理念,宣传宪法确立的国家根本制度、根本任务和我国的国体、政体,宣传人民代表大会制度相关法律,宣传公民的基本权利义务等内容,实行宪法宣誓制度,努力让广大人民群众认识到,宪法不仅是全体公民必须遵守的行为规范,而且是保障公民权利的法律武器,充分相信宪法、主动运用宪法。认真组织“12·4”国家宪法日暨全国法治宣传日活动,集中开展宪法宣传教育,推动全社会掀起学习宣传宪法、贯彻实施宪法的热潮,使宪法家喻户晓、深入人心,教育引导一切组织和个人都必须以宪法为根本活动准则,增强宪法观念,维护宪法尊严。

(三)深入学习宣传党内法规。适应全面从严治党新要求,切实加强党内法规宣传教育力度。突出宣传党章,教育引导广大党员以党章为根本遵循,坚决维护党章权威。大力宣传《中国共产党廉洁自律准则》《中国共产党纪律处分条例》等,教育引导广大党员做党规党纪自觉尊崇者、模范遵守者、坚定捍卫者。发挥各类廉政、法纪、革命传统等教育基地的作用,将党内法规宣传教育与政治理论教育、理想信念教育、职业道德教育、党的优良传统教育和作风教育相结合,提高党内法规宣传教育实效。

(四)深入学习宣传中国特色社会主义法律体系。大力宣传民商法、刑法、行政法、经济法、社会法、诉讼与非诉讼程序法等方面的法律,促进政府法治建设,培育社会法律信仰;大力宣传宗教、金融、网络、消防、禁毒、知识产权保护、安全生产、食品药品安全、突发事件应急管理、社会治安、国家安全等相关法律法规,助力维护国家安全、公共安全和社会稳定;深入宣传教育、就业、医疗卫生、收入分配、社会救助、社会保障、信访、仲裁、人民调解、法律援助、司法救助和妇女儿童、老年人、残疾人合法权益保护等相关法律法规,引导人们依法理性表达利益诉求,维护自身合法权益。

(五)深入学习宣传重点工作和重点领域的法律法规。树立“普法工作跟着重点工作走”理念,将法治宣传教育与我区“十三五”规划确定的重点工作结合起来。深入宣传浙商回归、“五水共治”、“三改一拆”、“四换三名”、“一打三整治”、小微企业成长和特色小镇建设等相关法律法规,助推经济转型升级,大力宣传G20杭州峰会、世界互联网大会、“一带一路”、新型城市化、生态文明建设等相关法律法规,助力提升区域发展水平。

(六)深入推进多层次多领域依法治理。坚持法治宣传教育与法治实践相结合,深化基层组织和部门、行业依法治理,深化法治上城、法治街道等法治创建活动。以“四民主三公开”为核心,不断深化民主法治社区创建活动,提高创建质量。整合社区律师、社区工作者、法律志愿者队伍的作用,教育引导基层群众自我约束、自我管理。深入开展“诚信守法企业”“依法治校示范校”等法治单位创建活动,发挥居民公约、行业规章、团体章程等社会规范在社会治理中的积极作用,深化基层组织和部门行业依法治理。

(七)深入推进法治教育与道德教育相结合。法治是社会主义核心价值观的重要内容,推动把社会主义核心价值观贯彻到依法治国、依法执政、依法行政实践中,落实到执法、司法、守法各个方面。弘扬中华传统美德,培育社会公德、职业道德、家庭美德、个人品德,用法律的权威增强人们践行社会主义核心价值观的自觉性,以法治的力量推进道德建设,强化规则意识,倡导契约精神,弘扬公序良俗,促进实现法律教育和道德培育相辅相成、法治理念和德治精神相得益彰,为实施全面依法治国创造良好人文环境。

三、对象和要求

法治宣传教育的对象是一切有接受教育能力的公民,重点是国家工作人员、企(事)业经营管理人员、青少年和新居民。

(一)加强国家工作人员学法用法工作。认真贯彻落实《关于完善国家工作人员学法用法制度的意见》,推动国家工作人员学法用法工作进一步制度化、规范化,切实提高国家工作人员法治素养和依法法办事能力。健全完善领导干部日常学法用法制度,坚持季度学法、常委(常务)会前学法、中心组学法、年度述法、任职前法律知识考试等学法用法制度,区委理论学习中心组、区政府常务会议集中学法每年安排不少于2次;各单位各街道法治专题培训每年1期以上,讲座每年不少于4次。创新学法形式,拓宽学法渠道,定期组织开展法治讲座、法治论坛、法治研讨等活动,建立网络学法学校、网络学法课堂、手机客户端学法专栏等,丰富国家工作人员学法平台。通过集中考试、网络考试、学分制学习等形式,推进国家工作人员年度法律考试制度化、规范化。探索建立领导干部法治素养和法治能力测评指标体系,逐步建立和完善国家工作人员学法考勤、学法档案、学法情况通报制度。把法治教育纳入单位部门干部职工教育培训计划安排,实施分级培训考试制度,保证法治培训课时数量和培训质量,把法治观念、法治素养作为干部德才的重要内容,把能不能带头遵守宪法法律、带头依法办事作为考察干部的重要依据。健全完善重大决策合法性审查机制,积极推行政府法律顾问制度。

(二)加强企(事)业经营管理人员学法用法工作。完善落实企(事)业经营管理人员学法用法制度,保证规上企业、新产业新经济企业经营管理人员每年集中学法时间不少于40小时。健全企(事)业经营管理人员法律知识培训制度,根据企(事)业自身条件,建立法治教育基地、法治学校、图书室等,搭建企(事)业经营管理人员学法平台。以“法律进企业”“诚信守法企业”创建为载体,教育引导企业经营管理人员增强法治意识和信用意识,推进企业信用体系的建立和完善。大力开展具有地方、行业特色的企业法治文化活动。加强事业单位、非公有制经济组织、新社会组织管理人员的法治培训,提高依法管理、依法办事能力。认真履行经营管理责任,建立完善职工学法用法制度,确保职工法治教育落到实处。

(三)加强青少年学法用法工作。以培养具备现代法治理念与法律素质的合格公民为目标,推动法治教育纳入国民教育体系。将法治教育纳入学校教学计划,科学界定和划分每个阶段学校法治教育的内容和目标,进一步发挥课堂教学主渠道作用,在小学普及宪法基本常识,在中小学设置专门法治课程,配备专职法治教师,开展法治课教师、法治副校长、法治辅导员轮训。教育行政部门要将学生法治教育纳入教育督导范围,探索建立学生法治教育考核评价体系。健全学校、家庭和社会“三位一体”的青少年法治教育网络。建立健全与政府相关部门、社会组织的普法协作机制,积极整合和动员社会力量推进青少年法治教育基地建设,重点开展公民素养教育实践和学生依法自治实践等普法实践项目,力争到2020年,全区至少有一所以上的新设青少年法治教育基地。加强对有不良行为青少年、闲散青少年等特定青少年群体的法治宣传教育,创设具体、生动的学校普法教育形式与载体,引导成立学生法治社团,开展青少年易于接受的体验式、警示式主题活动,将学校法治教育和社会主义核心价值观教育、中华优秀传统文化教育相互结合,增强学校法治教育的互动性、趣味性、渗透性和感染力。

(四)加强新居民学法用法工作。根据《关于进一步加强新居民法治宣传教育的意见》,推进新居民法治宣传教育制度化,提高新居民法律素质。加强新居民法治宣传教育阵地建设,在新居民集中的社区、规上企业等建立"有人员、有场地、有制度、有计划、有教材"的"五有"法治宣传教育点。加强与新居民工作、生活密切相关的法律法规宣传教育和社会责任意识教育,提高新居民融入社会、服务社会的意识和能力。遴选知法、懂法的新居民,组建新居民普法讲师团,以法治夏令营等活动为载体,加强新居民未成年子女的法治宣传教育。

(五)加强其他人员学法用法工作。建立"街道为主导、社区为主责"的基层法治宣传教育工作机制,重点加强社区工作者、党员、居民小组长、居民代表等法治培训。积极发挥社区法律顾问、人民调解员的作用,创办"普法超市",用身边人、身边事开展"以案释法"活动。充分利用社区公园、广场等场所,开展行之有效的法治宣传主题活动。坚持课堂教育和辅助教育相结合,教育服刑人员、社区矫正人员剖析犯罪根源,分析犯罪危害,增强遵纪守法意识和法律知识水平,提高教育改造质量。

四、工作机制和措施

第七个法治宣传教育和依法治区五年规划从2016年开始实施,至2020年结束。各单位各街道要根据本规划,认真制定本系统、本街道规划,深入宣传发动,健全各项机制,创新各项举措,全面组织实施,确保第七个法治宣传教育五年规划各项目标任务落到实处。

(一)全面落实"谁执法谁普法"的普法责任制。建立普法责任清单制度,细化分解落实各单位各街道的普法责任,逐步实行普法责任落实情况年度报告、讲评、通报制度,发挥依普领导小组成员单位作用,在管理服务过程中,结合行业特点和特定群体的法律需求,针对性开展法治宣传教育。加强与法院、检察院、行政执法部门和纪检监察机构的沟通协调,通过媒体庭审直播、群众旁听庭审、案件宣讲,建立司法、行政执法典型案例发布等举措,广泛开展以案说法、警示教育学习,努力探索法治宣传教育多元共治新实践。坚持将开展法治教育情况列入年度目标考核,健全法治宣传教育工作考评指导标准和指标体系,加强工作考核评估,完善考核办法和机制,注重考核结果的运用。

(二)逐步完善社会普法教育机制。党委和政府要加强对普法工作的领导,宣传、文化、教育部门和人民团体要在普法教育中发挥职能作用,健全完善普法协调协作机制,统筹协调各部门各行业的普法力量,分层分类建立社会化法治宣传教育队伍和普法志愿者队伍,实行法治宣传教育项目化制度,通过政府购买服务的形式,广泛鼓励动员社会力量、社会资源参与法治宣传教育,依托司法所、法律资讯站、法律服务热线等平台,为志愿者开展工作创造条件,建立健全管理制度,加强政治业务培训,着力培育一批普法志愿者品牌团队,运用好第三方社会组织在《浙江省法治宣传教育绩效评估指标体系》下开展的绩效评估结果,提高我区普法宣传的实效性。

(三)积极推进法治宣传教育工作创新。加强新媒体技术在法治宣传教育中的运用。加大对网络新媒体的探索和运用,做强以普法网站、普法微信公众平台、普法政务微博等为核心的新媒体普法集团军,鼓励运用多种新媒体、新技术、新形式创作普法产品,延伸法治宣传教育的触角,加强统筹协调力度,通过政府购买服务的方式,探索建立新媒体法宣工作室。利用新闻媒体、户外电子屏、城市广告牌、灯箱等多种渠道增加法治公益广告的投放数量,提升公益广告制作水平,增强公益法治宣传的传播力和影响力。

(四)大力发展法治文化创意产业。坚持文化引领、法治融入,培育法治理念,倡导法治生活,深入挖掘各类法治文化资源,加快法治文化示范点建设,推动法治文化与民俗文化、行业文化、地域文化、动漫文化、影视文化融合发展。通过政府购买服务的方式,引导支持各类企业、文化团体参与法治文化建设,扶持法治文创产品的创作和推广,培育完善法治讲堂、法治广场、公园、街区、小镇等一批各具特色的法治文化阵地,广泛开展群众性法治文化活动、法治文明体验活动,展现法治上城建设成果,增强基层法治文化特色。

(五)加快推进全区基本公共法律服务体系建设。以建立全区基本公共法律服务体系为依托,深入开展多层次多领域的依法治理活动,向基层群众提供便捷的学法用法通道和基本法律服务，注重法治宣传与法治实践、法律服务等工作的融合，将法治融入深化改革、推动发展、化解矛盾、维护稳定之中，通过区、街道、社区统筹共建，打造覆盖全区、方便群众、共建共享的“基本公共法律服务圈”。

五、工作步骤和安排

第七个法治宣传教育和依法治区五年规划从2016年开始实施，到2020年结束。共分三个阶段：

（一）宣传发动阶段（2016年上半年）。召开全区“七五”普法启动会议，进行动员部署，制定下发责任分工方案。各单位、各街道根据本规划制定本单位本街道法治宣传教育五年规划，做好宣传发动工作。各单位各街道制定的“七五”普法规划，报区依普办备案。

（二）组织实施阶段（2016年下半年至2020年上半年）。区依普办依据本规划确定的目标和任务，结合实际，制定年度法治宣传教育工作要点计划，开展年度考核和专项督查。各单位各街道每年制定年度法治宣传教育工作要点、计划、总结，报区依普办备案。2018年全区开展中期督查，确保“七五”普法规划分步实施、全面落实。

（三）检查验收阶段（2020年下半年）。在区委、区政府的统一领导下，成立区“七五”普法检查验收组对全区各单位、各街道的“七五”普法规划实施情况进行总结验收，并迎接省、市“七五”普法检查验收组的总结验收，表彰先进集体和个人。

六、组织领导和保障

（一）加强组织领导。进一步完善党委领导、人大监督、政府实施、政协支持、各部门齐抓共管、全社会共同参与的法治宣传教育机制。把法治宣传教育纳入我区经济社会发展规划，纳入政府目标管理责任制，进一步强化依法治区普法教育领导小组职能，积极研究、指导、协调和督促完成各项依普工作；加强各级普法教育领导小组办公室建设，配齐配强专门工作人员，为法治宣传教育和依法治理工作深入开展提供组织保证；进一步完善人大代表、政协委员视察评议制度，对规划实施情况进行年度视察、中期检查和总结验收，对重点对象学法用法、对执法部门依法行政、对基层依法治理等情况进行专题视察和调研。

（二）加强工作指导。各单位各街道依普领导小组每年要切实履行好组织、协调、指导、检查法治宣传教育实施的职责，向区依普办汇报，加强沟通协调，发挥自身优势和积极性，形成推进法治宣传教育的合力。坚持问题导向，分析不同对象的法律需求，深入基层、深入群众调查研究，分类指导，增强法治宣传教育的针对性和有效性。加强考核表彰，发挥先进典型的示范和带头作用，健全激励机制，认真开展“七五”普法中期检查和终期总结验收，按照规定开展法治宣传教育先进集体、先进个人表彰工作。

（三）加强经费保障。落实经费保障，把普法依法治理工作经费纳入财政预算，区普法教育专项经费按每年人均不低于3元（含外来常住人口）的标准予以安排，按时足额拨付到位。同时建立法治宣传教育工作经费动态增长机制，根据本地经济社会发展水平逐年予以增加。各单位、街道要安排相应的专项经费，鼓励社会团体、企事业单位对法治宣传教育的公益性投入，积极利用社会资金开展法治宣传教育，以保障法治宣传教育工作的顺利开展。

中共杭州市上城区委员会

杭州市上城区人民政府

2016年5月23日

关于加强街道“四个平台”建设完善基层治理体系的实施意见

为深入贯彻落实省委办公厅、省政府办公厅《关于加强乡镇(街道)“四个平台”建设 完善基层治理体系的指导意见》和《市委办公厅、市政府办公厅关于加强乡镇(街道)“四个平台”建设完善基层治理体系的实施意见》精神,进一步整合资源力量,增强街道管理服务功能,全面提升街道社会管理和服务群众水平,经区委、区政府同意,现就加强我区街道综治工作、市场监管、综合执法、便民服务等四个平台(简称“四个平台”)建设,完善基层治理体系提出如下实施意见。

一、总体要求

(一)指导思想

深入学习贯彻党的十八大和十八届三中、四中、五中、六中全会精神和习近平总书记系列重要讲话精神,围绕推进基层治理体系和治理能力现代化,深化街道“四个平台”建设,加快建成边界清晰、分工合理、权责一致、便民高效的基层政府职责体系和组织体系。

(二)工作原则

一是加强党的领导。充分发挥基层党组织的领导核心作用,切实强化政治引领功能,加强对基层各类组织的统一领导和对群众的教育引导。

二是严格权责法定。严格按照权责一致、依法依规的要求,理顺区级部门与街道条块关系,合理划分事权,明确职责边界,减少交叉重叠。

三是突出务实创新。从基层实际出发,根据街道功能定位以及区位、规模、产业特点、经济社会发展水平等因素,建立相适应的“四个平台”管理体制机制。

四是强化统筹协调。强化街道对属地事务管理的统筹协调和综合管理职能,推进街道内部机构精干综合设置,加快部门派驻队伍与街道机构和力量的融合,形成工作合力。

二、功能定位和主要任务

(一)综治工作平台。综治工作平台以街道综合治理科(安全生产管理科、消防安全管理办公室)为主体,统筹街道人武部和司法所、信访科、公安派出所等方面力量,充分发挥街道社会服务管理中心的综合协调作用,承担基层综合治理、平安建设等功能。建立综治工作平台协调组,组长一般由街道分管领导担任,综治科(司法所、信访科)、人武部、公安派出所等负责人为成员,街道综治科承担日常管理协调工作。

平台工作任务主要包括:完善基层社会治理“一张网”体系,逐步固化网格;实现“平安365”社会服务管理平台、“浙江省平安建设信息系统”与“网格化管理、组团式服务”的融合,协调处理网上网下各类信息,做到一网联动、限时办结,推进社会共治;组织开展社会不稳定因素和矛盾纠纷排查化解、社会治安和公共安全突出问题排查整治工作,推动基层平安创建。

(二)市场监管平台。市场监管平台以街道食安办为主体,加强与市场监管所、公安派出所、综合行政执法中队等派驻机构以及卫生计生监督管理等监管力量的联动,承担面向企业和市场经营主体的行政监管和执法功能。组建市场监管平台协调组,组长一般由街道分管领导担任,街道食安办、市场监管所以及公安、综合行政执法等派驻机构负责人为成员,街道食安办承担日常管理协调工作。

平台工作任务主要包括:建立和完善“双随机”抽查机制,制定并实施与综合行政执法相结合的联合抽查计划,加强抽查结果运用,规范事中事后监管;推进随机抽查与社会信用体系相衔接,依托政府企业信用联动监管平台,将随机抽查结果纳入市场主体的社会信用记录,建立健全市场主体诚信档案、失信联合惩戒和黑名单制度;强化生产经营者主体责任,突出食品药品、儿童用品、建筑材料等重点商品的市场检查和质量抽检力度,强化重点领域治理和日常监管。

(三)综合执法平台。综合执法平台以派驻街道综合行政执法中队为主体,统筹街道城市管理科相关力量,承担一线日常执法巡查和现场监管功能。组建综合执法平台协调组，组长一般由街道分管领导担任，街道城市管理科、派驻街道综合行政执法中队等与综合执法关系密切的基层派驻机构负责人为成员，综合行政执法中队承担日常管理协调工作。

平台工作任务主要包括：建立街道行政执法统筹协调指挥机制，统一协调指挥、统一考核监督，加强联合执法、加强应急配合，实现与上级统筹协调指挥机制的全面对接；建立行政执法定期会商制度，通报工作情况，研究解决热点难点问题；依托浙江政务服务网，建立统一的行政执法信息平台，强化联合执法部门、各平台之间及与刑事司法的有效衔接。

（四）便民服务平台。便民服务平台以街道社会事务科（人力资源和社会保障科）为主体，统筹街道民政、计生、人力社保、社区服务、行政审批等方面力量，加强与医疗、卫生、文化、司法行政等基层站所的协作联动，承担基层各类公共服务和便民服务功能。组建便民服务平台协调组，组长一般由街道分管领导担任，社会事务科（人力资源和社会保障科）、街道综合服务中心、进驻窗口部门（站所）等公共服务机构负责人为成员，社会事务科（人力资源和社会保障科）承担日常管理协调工作。

平台工作任务主要包括：办好街道便民服务大厅，拓展便民服务功能，实行集中办公、集约管理、集成服务；建立健全服务窗口运行管理制度，实行一窗受理、协同办理、限时办结；全面梳理公开街道、社区服务事项，将浙江政务服务网向街道、社区延伸，实现行政权力和服务事项一站式网上运行。

各街道可根据基层治理体系建设要求，在“四个平台”功能划分的大原则下，结合实际，灵活设置“四个平台”具体组织形式，对个别功能相近的平台可综合设置。

三、完善机制

（一）建立指挥协调机制。发挥街道党工委、办事处的统筹领导作用，建立健全统一指挥协调、统一考核监督的社会治理综合指挥机制和行政执法指挥机制，统筹、协调、指挥、监督区域内社会服务管理和各行政主体的执法活动。加强执法联动，强化日常监管，开展区域内统一的联合执法和综合整治，提升管理执法效能。各街道要统筹街道社会服务管理中心与“四个平台”建设工作，加强联动，完善“一个中心”与“四个平台”有效衔接、紧密配合的基层治理体系。

（二）建立智慧治理机制。加快推进“互联网+”行动，加强信息化与政务服务、社会管理、行政执法等工作的深度融合，搭建统一的信息收集分办系统，对浙江政务服务网、政务咨询投诉举报平台等交办的信息，浙江省平安建设信息系统、“平安365”社会服务管理平台等系统中基层网格上报的信息以及其他各类渠道接收的信息，进行统一归集、分流交办、反馈督办。街道各平台协调组要做好信息任务执行处置，一般每周召开一次例会。

（三）完善网格综合管理机制。夯实网格基础，拓展网格功能，在原有党建和综治的基础上，加大条线工作融入，推进全区基层社会治理“一张网”体系建设，实现“一网统管”。整合街道、社区各类协辅力量，明确网格员工作职责，实现“多元合一”“一员多用”。鼓励基层群众通过“平安浙江”APP等方式参与网格管理，探索建立信息奖励等机制加强网格志愿者队伍建设，增强社会力量协同参与。

（四）强化属地管理考核机制。各相关部门要大力支持基层派驻机构融入属地“四个平台”工作，并加强业务指导和工作配合。将部门支持配合街道“四个平台”建设情况纳入部门大党建考核。加强基层派驻机构属地管理，辖区纳入街道“四个平台”管理的司法、综合执法、市场监管等部门派驻机构负责人的任免需事先征求街道党工委同意，派驻机构和人员纳入街道日常管理和考核。

（五）建立经费待遇保障机制。区、街道两级财政要加强对“四个平台”工作的经费保障。部门业务和事项纳入相应“四个平台”的，根据“费随事转”原则，可由街道统筹集中使用。各街道可结合实际，根据相关规定，建立考核激励机制，适当提高派驻机构人员待遇水平，充分调动派驻机构人员工作积极性。

四、组织实施

（一）提高思想认识。整合街道及基层派驻机构各类管理服务资源，构建“四个平台”，是完善基层社会治理体系的重要途径，也是科学配置区域资源，促进街道运行管理制度化、规范化的有力举措。各部门、各街道要统一思想，提高认识，将加强街道“四个平台”建设列入全面加强基层党组织和基层政权建设的重要议事日程，确保“四个平台”有效建成、高效运行。

(二)加强组织领导。建立由区长担任总召集人,纪检、组织、综治、机构编制、考评、政府办公室、财政、民政、人力社保、法制、司法、市场监管、综合执法、公安、行政审批等相关部门和各街道负责人组成的"四个平台"推进工作联席会议制度,切实做好指导协调和督促检查工作,联席会议办公室设在区政府办公室,具体负责日常工作。

综治、民政部门要指导加强智慧治理机制和网格综合管理机制建设;考评部门要建立"四个平台"工作建设情况考核机制;组织、人力社保部门要创新派驻机构的人员属地管理机制;财政部门要加强"四个平台"工作经费保障。区综治办牵头指导综治工作平台工作,区市场监管局牵头指导市场监管平台工作,区综合行政执法局牵头指导综合执法平台工作,区行政审批服务办牵头指导便民服务平台工作。

各街道要建立由党政主要领导牵头的工作组,加强统筹协调,明确目标任务,制定具体实施方案,扎实有序推进"四个平台"建设。

(三)加快工作推进。明确小营街道为我区"四个平台"建设示范街道;示范街道在2016年底前按照本实施意见要求,结合辖区工作实际,制定具体实施方案,构建工作机制,全面推进"四个平台"建设。2017年,在总结示范街道建设经验基础上,所有街道全面完成"四个平台"建设,努力形成富有"上城"特色的基层治理体系。

"四个平台"联席会议制度成员单位要按照各自职责做好对各街道、相关部门的组织、指导、协调和督查工作,为街道"四个平台"建设的顺利推进创造良好工作条件。

各相关部门要大力支持"四个平台"建设,积极推进关口前移、重心下移、资源下沉、权力下放,尽可能充实基层派驻机构力量,没有基层派驻机构覆盖的可以街道为单位确定具体工作人员,负责参与属地"四个平台"建设工作。

各街道要处理好构建"四个平台"与基层派驻机构、基层原有管理服务网络和平台的关系,做好街道工作人员、基层派驻机构工作人员和各类协管人员的宣传动员工作,充分发挥其主力军作用。

中共杭州市上城区委办公室
杭州市上城区人民政府办公室
2016年12月29日

索 引
Index

·说 明·

一、本类目设主题索引、表两个分目。

二、主题索引采用分析索引方法,中文条目按第一字汉语拼音(同音字按声调)顺序排列;第一字相同,按第二字音序排列。依次类推。数字开头的条目按数字0~9顺序排列。

类目、分目用黑体字标示。标引词后的阿拉伯数字表示内容所在页码。数字后的拉丁字母a、b分别表示从左到右第一、二栏。

本年鉴的“特载”“大事记”“人物”“统计资料”“附录”均未做主题索引。

三、表格按序号排列。

主题索引

0~9

A

B

C

D

E

F

G

J

R

S

表